Chili
île de Pâques

2023-2024

Cofondateurs : Philippe GLOAGUEN et Michel DUVAL

Directeur de collection et auteur
Philippe GLOAGUEN

Secrétaire général
Gavin's CLEMENTE-RUIZ

Rédacteurs en chef
Amanda KERAVEL (France)
Benoît LUCCHINI (Étranger)

Directrice administrative
Bénédicte GLOAGUEN

Conseiller à la rédaction
Pierre JOSSE

Responsable voyages
Carole BORDES

Direction éditoriale
Élise ERNEST

Rédaction
Isabelle AL SUBAIHI
Emmanuelle BAUQUIS
Mathilde de BOISGROLLIER
Marie BURIN des ROZIERS
Camille CAMPET
Véronique de CHARDON
Laura CHARLIER
Florence CHARMETANT
Fiona DEBRABANDER
Anaëlle HASCOËT
Géraldine LEMAUF-BEAUVOIS
Alain PALLIER
Anne POINSOT
Alexia POULAIN

hachette

TABLE DES MATIÈRES

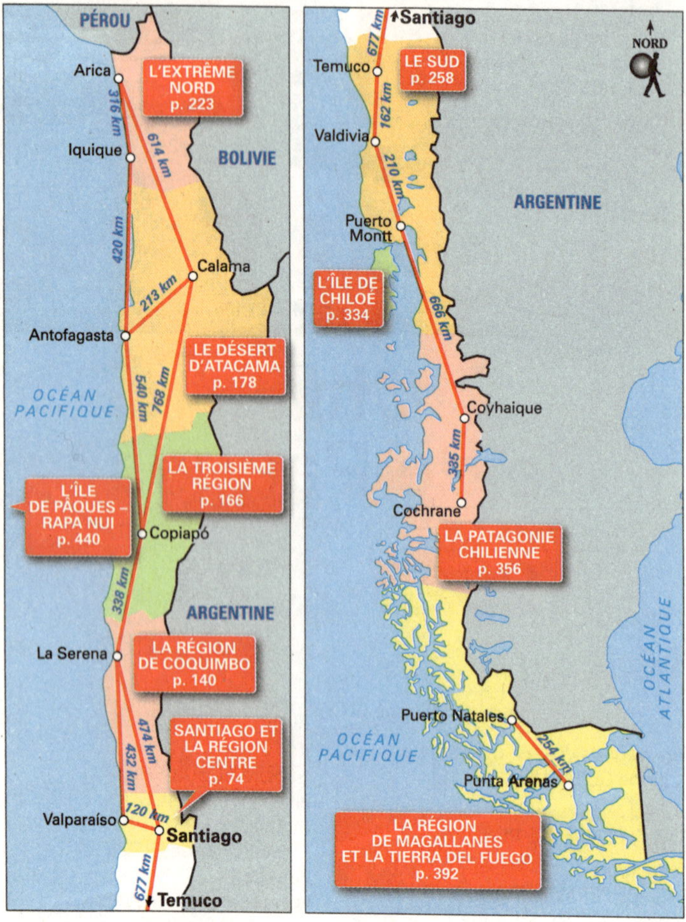

PRÉAMBULE

CHILI UTILE ... 45

SANTIAGO ET LA RÉGION CENTRE ... 74

LA RÉGION DE COQUIMBO ... 140

DE SANTIAGO À LA SERENA ... 140

EL VALLE DEL ELQUÍ (LA VALLÉE DE L'ELQUÍ) ... 155

VERS LE NORD ... 164

LA TROISIÈME RÉGION ... 166

LE DÉSERT D'ATACAMA ... 178

L'EXTRÊME NORD ... 223

Pictogrammes du Routard

Établissements

- Hôtel, auberge, chambre d'hôtes
- Camping
- Restaurant
- Terrasse
- Boulangerie, sandwicherie
- Pâtisserie
- Glacier
- Café, salon de thé
- Café, bar
- Bar musical
- Club, boîte de nuit
- Salle de spectacle
- Boutique, magasin, marché

Infos pratiques

- Office de tourisme
- Poste
- Accès Internet
- Hôpital, urgences
- Adapté aux personnes handicapées

Sites

- Présente un intérêt touristique
- Point de vue
- Plage
- Spot de surf
- Site de plongée
- Recommandé pour les enfants
- Inscrit au Patrimoine mondial de l'Unesco
- Pas de côté

Transports

- Aéroport
- Gare ferroviaire
- Gare routière, arrêt de bus
- Station de métro
- Station de tramway
- Parking
- Taxi
- Taxi collectif
- Bateau
- Bateau fluvial
- Piste cyclable, parcours à vélo

NORD DU CHILI

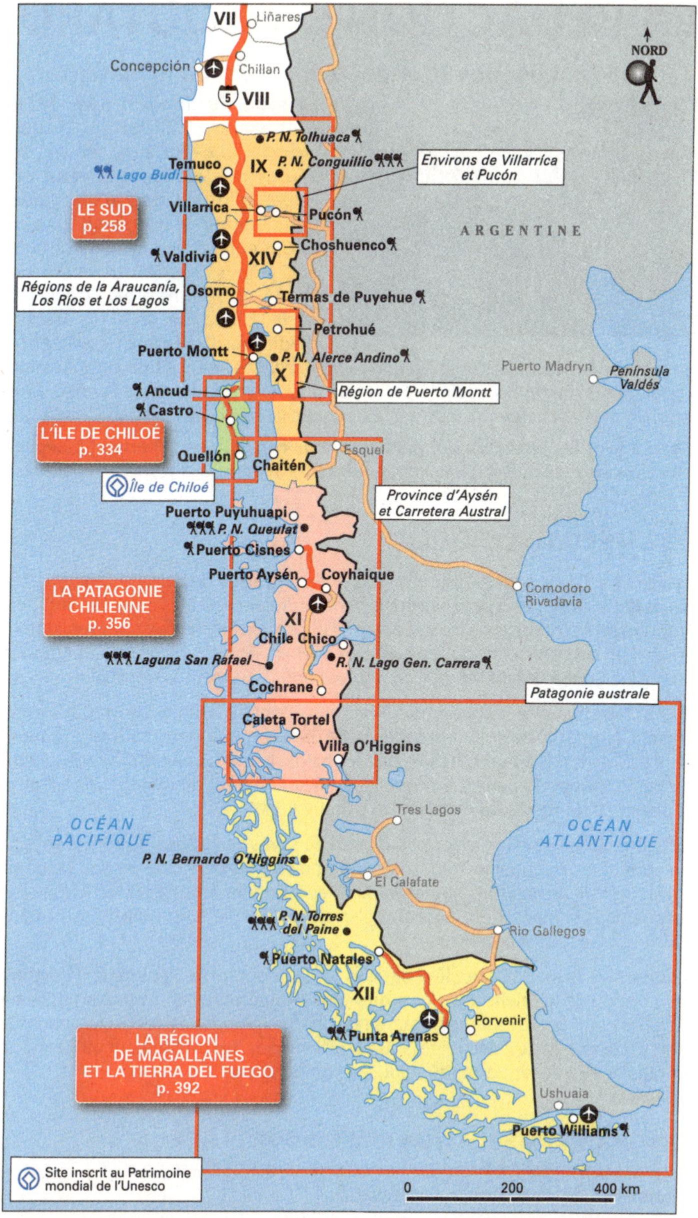
NORD
VII
Liñares
Concepción
Chillan
VIII
5
P. N. Tolhuaca
Temuco
IX
P. N. Conguillío
Lago Budi
Environs de Villarrica et Pucón
LE SUD p. 258
Villarrica
Pucón
ARGENTINE
Choshuenco
Valdivia
XIV
Régions de la Araucanía, Los Ríos et Los Lagos
Osorno
Termas de Puyehue
Petrohué
Puerto Montt
P. N. Alerce Andino
X
Puerto Madryn
Península Valdés
Ancud
Région de Puerto Montt
Castro
L'ÎLE DE CHILOÉ p. 334
Esquel
Quellón
Chaitén
Île de Chiloé
Province d'Aysén et Carretera Austral
Puerto Puyuhuapi
P. N. Queulat
Puerto Cisnes
Puerto Aysén
Coyhaique
Comodoro Rivadavia
LA PATAGONIE CHILIENNE p. 356
XI
Chile Chico
Laguna San Rafael
R. N. Lago Gen. Carrera
Cochrane
Patagonie australe
Caleta Tortel
Villa O'Higgins
Tres Lagos
OCÉAN PACIFIQUE
OCÉAN ATLANTIQUE
P. N. Bernardo O'Higgins
El Calafate
P. N. Torres del Paine
Rio Gallegos
Puerto Natales
XII
Porvenir
Punta Arenas
LA RÉGION DE MAGALLANES ET LA TIERRA DEL FUEGO p. 392
Ushuaia
Puerto Williams
Site inscrit au Patrimoine mondial de l'Unesco
0
200
400 km

SUD DU CHILI

LA RÉDACTION DU ROUTARD

(sans oublier nos 50 enquêteurs, aussi sur le terrain)

© R. Delalande et E. Dessons

La saga du *Routard* : en 1971, 2 étudiants, Philippe et Michel, avaient une furieuse envie de découvrir le monde. De retour du Népal germe l'idée d'un guide différent qui regrouperait tuyaux malins et itinéraires sympas, destiné aux jeunes fauchés en quête de liberté. 1973. Après 19 refus d'éditeurs et la faillite de leur 1re maison d'édition, l'aventure commence vraiment avec Hachette. Aujourd'hui, *Le Routard*, c'est plus d'une cinquantaine d'enquêteurs impliqués et sincères. Ils parcourent le monde toute l'année dans l'anonymat et s'acharnent à restituer leurs coups de cœur avec passion.

Merci à tous les Routards qui partagent nos convictions : liberté et indépendance d'esprit ; découverte et partage ; sincérité, tolérance et respect des autres.

NOS SPÉCIALISTES CHILI

Laura Charlier : bercée par des récits de voyages depuis l'enfance, cette Marseillaise curieuse et observatrice aime les adresses secrètes et les sentiers peu empruntés. Accompagnée de son appareil photo, elle immortalise ses rencontres et se nourrit des histoires qu'elle capte en chemin. Après avoir étudié les langues étrangères, elle a rejoint l'équipe du *Routard* pour partager ses trouvailles.

Fiona Debrabander : franco-britannique, passionnée d'histoire, de musique et de cinéma, elle apprécie autant prendre le thé après un trek qu'un café au comptoir, les bains de foule sur les marchés que les bains de minuit en bord de mer. Avide de rencontres et de nature, au coin de la rue ou au bout du monde, elle sillonne la planète avec l'envie de partager ses découvertes.

Grégory Dalex : engagé avec *Le Routard* depuis près de 20 ans, il a choisi le voyage en solo et en immersion totale. Le moyen d'être au plus près de son sujet en privilégiant les rencontres humaines… et leurs bonnes adresses ! Une immersion jusque dans la mer, l'autre passion de sa vie, qu'il brûle en travaillant aussi dans l'archéologie sous-marine.

Emmanuel Juste : sa première passion fut la géographie. Petit déjà, il dévorait les atlas qui le faisaient rêver plus que tout ! Aujourd'hui, après une maîtrise en langues et un peu d'enseignement, sa fascination pour les cartes est intacte mais c'est sur le terrain qu'il découvre la surface du monde. Un ravissement qu'il partage depuis 15 ans, en tant qu'enquêteur, sans modération !

UN GRAND MERCI À NOS AMI(E)S SUR PLACE

Pour cette nouvelle édition, nous remercions particulièrement :

- **Jonathan de Valp'Otop,** à Valparaíso.

NOS ENQUÊTEURS-FURETEURS

Nous tenons à remercier tout particulièrement Fabrice Argelas, Gabriel Bertrand, Loup-Maëlle Besançon, Thierry Bessou, François Chauvin, Grégory Dalex, Fabrice Doumergue, Cédric Fischer, Carole Fouque, Guillaume Garnier, Nicolas George, Michelle Georget, Claude Hervé-Bazin, Emmanuel Juste, Fabrice de Lestang, Éric Milet, Pierre Mitrano, Olivier Page, Jean Sébastien Petitdemange, André Poncelet, Thomas Rivallain et Jean Tiffon pour leur collaboration régulière.

Aurélia Andriamampianina, Pauline Bezzina, Jean-Jacques Bordier-Chêne, Philippe Coupy, Zoé Danner, Agnès Debiage, Jérôme Denoix, Tovi et Ahmet Diler, Clélie Dudon, Alain Fisch, Adrien et Clément Gloaguen, Émilie Lambert, Marie Maurel, Chantal N'Guyen, Martine Partrat, Odile Paugam et Didier Jehanno, Lucie Royer, Prakit Saiporn, Antoine Sibelle et Maureen Sorgnard.

DU CÔTÉ D'HACHETTE LIVRE

Direction : Sidonie Chollet

Direction éditoriale : Élise Ernest

Édition : Morgane Zambrelli et Margaux Lefebvre

Cartographie : Frédéric Clémençon et Aurélie Huot

Fabrication : Nathalie Lautout, Liza Sacco et Aude Cauchet

Relations presse : COM'PROD, Fred Papet et Laëtitia de Cerval. ☎ 01-70-69-04-69. • info@comprod.fr • Martine Levens (Belgique) ☎ +32-47-568-35-76.

Contact Partenariats : Jérôme Denoix • jeromedenoix@gmail.com •

Contact Partenariats et régie pub : Florence Brunel-Jars • fbrunel@hachette-livre.fr •

Silhouette du Routard : Clément Gloaguen (d'après Solé) ; **couverture :** le-bureau-des-affaires-graphiques.com ; **logo des « 50 ans » (couverture) :** So BAM ; **maquette intérieure :** le-bureau-des-affaires-graphiques.com, Thibault Reumaux et npeg.fr

Laguna Miscanti

© Carrie Lyman/shutterstock.fr

Cactus aux environs del Tatio

« Qui ne connaît pas la forêt chilienne, ne connaît pas cette planète »
Pablo Neruda

Magnifique et **lointain,** le Chili possède la géographie la plus extravagante au monde. Imaginez une incroyable bande de terre, étroite et longue de 4 300 km qui se termine en un semis d'îlots qui lie 2 océans… Du nord au sud, soit la distance de Paris à Téhéran, que d'extrêmes et de diversité dans ses paysages ! Le Chili connaît des records de sécheresse (dans l'Atacama, il pleut par endroits aussi peu que dans le désert d'Arabie) et d'humidité : en Patagonie chilienne, il tombe parfois près de 10 m de pluie en 1 an !

Étrange et fascinant **pays adossé à la cordillère des Andes,** son rempart de feu et de neige, voilà un superbe balcon naturel qui domine l'**océan Pacifique.** En fait, vous avez sous les yeux une barrière séparant les Chiliens du reste du continent sud-américain. D'où l'impression en arrivant à Santiago de tourner le dos au monde, d'être arrivé au bout d'un chemin…

« Notre territoire sec, hirsute, sablonneux, humide, broussailleux, a des phosphorescences magnétiques. » La gentillesse et l'**hospitalité de ses habitants** sont une de ces phosphorescences.

Du désert d'Atacama, au nord du pays, jusqu'à la barrière des Andes en passant par les vignobles de la plaine centrale au climat méditerranéen, que de kilomètres vous attendent. Ici, l'échelle des cartes est multipliée par 10 ! De Santiago à Puerto Montt, de l'île de Chiloé à Punta Arenas, le Grand Sud austral se faufile vers l'extrémité du continent avec des airs d'Alaska latino-américain.

Le Chili a une **géographie folle,** mais cette démesure reste malgré tout à la portée de tous, à condition de savoir où et quand y aller. Quand on crève de chaud dans le Nord, il peut geler dans le Sud. N'oublions pas enfin l'**île de Pâques,** ce confetti perdu dans le Pacifique. À 5h d'avion de Santiago, c'est l'île habitée la plus isolée du monde, où d'étranges et fabuleux colosses de pierre regardent le ciel étoilé sans jamais révéler vraiment leur mystère.

« OSONS LE PAS DE CÔTÉ »

Le surtourisme ? Tous concernés. Et pourtant, à l'écart des grands flux touristiques, il existe des pépites méconnues, souvent oubliées des circuits trop encombrés. Ici un site ignoré ; là un quartier secret ; plus loin un village caché au charme discret, avec un troquet d'une autre époque. Autrement dit, une infinité de lieux peinards que l'on a envie de mettre en avant avec ce pictogramme. Un vagabondage au calme favorisé aussi par les **visites aux heures creuses**. Vive le *slow trip* !

#osonslepasdecote

Important : dernière minute

Entre 2 parutions du *Routard,* des événements fortuits (conditions sanitaires, catastrophes naturelles mais aussi formalités, taux de change, conditions d'accès aux sites, fermetures inopinées, etc.) peuvent modifier vos projets de voyage. Pour éviter les déconvenues, nous vous recommandons de consulter la rubrique « Guide » par pays de notre site • **routard.com** • et plus particulièrement les dernières ***Actus voyageurs.***

NOS COUPS DE CŒUR

1 À Santiago, grimper au cerro San Cristóbal et prendre un bol d'air dans le parque Metropolitano.

Pour comprendre l'histoire ancienne et récente du pays, visiter le magnifique museo chileno de Arte precolombino, l'émouvant museo de la Memoria y los Derechos humanos ou encore le museo de la Solidaridad Salvador Allende. Le soir, boire un verre ou dîner dans les petits quartiers nocturnes Italia ou Lastarria, où l'on trouve quantité de bars et de restos. *p. 108*

Bon à savoir : *une vraie curiosité dans le chic barrio Yungay, la* Peluqueria Francesa, *salon de coiffure du XIX*[e] *s classé « magasin historique » (bd Lavaud).*

© Len Kaufman/Alamy/Hemis

2 **Explorer les vignobles autour de Santiago et goûter les meilleurs vins du Chili.**

Les domaines viticoles Concha y Toro (le plus célèbre), Cousiño Macul, Undurraga et Santa Rita organisent des visites guidées avec dégustation à la clé. Les vins de cette plaine centrale profitent d'un emplacement géographique idéal, d'un climat quasi méditerranéen, d'une terre et d'un savoir-faire remarquables. La plupart des cépages débarquèrent de France au XIXe s. *p. 110*

Bon à savoir : certains vignobles cultivent le carménère, *ce fameux cépage importé du Bordelais au XIXe s, puis disparu en France à cause du phylloxéra et finalement redécouvert ici dans les années 1990.*

3 **Arpenter les collines de Valparaíso, à la recherche des plus beaux points de vue sur la baie et le port.**

Flâner à pied dans les ruelles aux maisons colorées des cerros Alegre et Concepción. On y accède par des funiculaires *(ascensores)* d'un autre âge. Admirer au passage un nombre incroyable de peintures murales réalisées par les meilleurs *street artists* du moment. Ces quartiers, naguère paupérisés, ont été revitalisés et embellis par le talent débridé des graffeurs, architectes et designers chiliens. p. 112

Bon à savoir : un lieu emblématique à ne pas rater, La Sebastiana, *l'une des belles maisons du poète Neruda, perchée sur la colline.*

4 **Suivre les pas de Pablo Neruda dans sa maison d'Isla Negra, à 80 km au sud de Valparaíso.**

C'est la plus symbolique des 3 maisons qu'il possédait. Face à la mer, cette demeure renferme une collection remarquable d'objets rares, de meubles anciens et d'antiquités marines. Une photo de Baudelaire, son poète préféré, est posée sur le bureau où il n'écrivait qu'à l'encre verte, tandis qu'il buvait de l'eau dans des verres bleus. C'est là que le Prix Nobel de littérature (1971) écrivit une grande partie de son œuvre. Sa tombe, dans le jardin, est simple comme lui. p. 131

Bon à savoir : le lieu est fermé le lundi.

5 Avoir la tête dans les étoiles le temps d'une visite de l'observatoire astronomique del Pangue.

La région de Vicuña est réputée pour son ciel d'une rare pureté, ce qui a favorisé l'apparition de plusieurs observatoires. Installé sur son propre sommet, Éric Escalera, astronome français, distille avec brio les secrets des constellations australes. Les visites passionnantes offrent une occasion unique de s'émerveiller de l'intensité de la Voie lactée. *p. 159*

***Bon à savoir :** infos et résas sur • observatoriodelpangue.blogspot.com •*

© Michael S. Nolan/Age fotostock

6 **Voguer vers la reserva nacional Pingüino de Humboldt.**

Regroupée autour de 3 îles, cette réserve a été créée afin de protéger sa faune exceptionnelle : manchots de Humboldt, dauphins (une soixantaine de résidents à l'année !), otaries, loutres, cormorans, pélicans… Cette liste n'est pas un simple appât : durant l'excursion, on peut vraiment observer tout cela, notamment des dauphins, et parfois des otaries, qui batifolent autour de l'étrave. *p. 164*

Bon à savoir : la réserve n'est ouverte au public que du mercredi au dimanche, de 9h à 16h. En principe, résa des billets obligatoire le jour même de la visite, à effectuer en ligne sur le site • aspticket.cl • Rens auprès de la Conaf ☎ *(+56) 9-95-44-30-52.*

© Dewinter-Vanrossem/hemis.fr

7 **Admirer les concrétions salines dans la valle de la Luna, aux environs proches de San Pedro de Atacama.**

Modelée durant des millénaires par l'érosion, cette vallée porte bien son nom, avec des paysages lunaires de toute beauté. Le sol est formé de canyons, de crêtes pointues, de ravins vertigineux, de cavernes de sel, de roches torturées et de monticules aux tons gris et ocre. Le seul être vivant qui y habite est un petit lézard. *p. 211*

Bon à savoir : le site n'ouvre pas avant 9h, et l'achat du ticket d'entrée se fait obligatoirement en ligne, sur • puntoticket.com •

8 Toujours dans les environs de San Pedro, compter les taches roses des flamants dans les *salares* qui émaillent le coin.

Et notamment sur la *laguna* de Chaxa, au cœur du *salar* de Atacama, qui est l'un des secteurs de la reserva nacional Los Flamencos. On peut y contempler de près, dans un silence étourdissant, 3 espèces de flamants : flamant de James à la livrée très claire et aux pattes rouges, flamant du Chili aux « genoux » roses et au bec essentiellement noir, et le spectaculaire flamant andin, aux plumes des ailes écarlates. Spectaculaire aussi de les voir s'envoler ainsi, par petits groupes ! *p. 216, 218*

Bon à savoir : y aller plutôt le matin ou en fin d'après-midi. En journée, le soleil tape et il y a moins d'oiseaux.

9 Découvrir le spectacle étonnant des geysers du Tatio.

À environ 80 km de San Pedro et 4 500 m d'altitude, ce champ géothermique comprend plus de 80 geysers actifs qui se manifestent avec une intensité maximale au lever du jour. On se balade (avec grande prudence) entre les colonnes de vapeur et on peut se baigner dans une piscine naturelle. *p. 220*

Bon à savoir : on peut y aller par soi-même, mais avec un véhicule type SUV plutôt qu'une voiture de tourisme standard, car l'état de la piste qui y mène est généralement assez mauvais. Sinon, s'adresser à une agence à San Pedro.

10 **Flâner dans les rues de la ville fantôme de Humberstone, pour une fabuleuse remontée dans le temps.**

Sa construction débuta en 1862 autour d'un gisement de salpêtre, exporté dans le monde comme engrais naturel. Au plus fort de son activité, Humberstone compta jusqu'à 5 000 habitants. Aujourd'hui, la cité n'est plus qu'une ville fantôme. Le climat sec a contribué à préserver les bâtiments, désormais protégés par l'Unesco. Avec un peu d'imagination, on croirait voir ressusciter de la rouille et de la poussière l'activité frénétique qui régnait ici autrefois. *p. 235*

Bon à savoir : accès possible en bus depuis Iquique, qui vous dépose au pied de la passerelle enjambant l'autoroute, à 5 mn à pied du site.

11 **Observer la faune dans le parque nacional Lauca et la réserve nationale Las Vicuñas.**

Depuis Putre, on rejoint le parc national jusqu'au bofedal de Parinacota, où paissent en liberté lamas, vigognes et alpagas. Ils vivent autour de plans d'eau dans lesquels se reflètent les cônes enneigés des volcans environnants… Plus loin, la zone du *salar* de Surire constitue le refuge de 3 espèces de flamants dont la population dépasse les 10 000 têtes. Avec un peu de chance, on peut y apercevoir le nandou et le suri (sorte de petite autruche). *p. 253*

Bon à savoir : il est vivement recommandé de passer au départ une nuit à Putre, pour s'acclimater à l'altitude.

12 **Se sentir tout petit dans le parque nacional Conguillío, avec ses forêts d'araucarias millénaires.**

Outre ses forêts ancestrales – de nombreuses scieries s'y étaient établies autrefois – on y admire ses lacs et lagunes et les incroyables coulées de lave du volcan Llaima, laissées par les éruptions de 1957 et 2008. Des paysages d'un autre temps, où l'on s'attendrait presque à voir surgir des dinosaures. *p. 269*

Bon à savoir : à Melipeuco, village à 12 km de l'entrée sud du parc, le Parador Turístico Melipeuco *abrite un petit musée très bien fait sur les arbres de la région.*

13 **Dans les environs de Pucón, grimper jusqu'au magnifique point de vue du santuario El Cañi.**

De là-haut, par beau temps, les volcans Villarrica, Quetrupillán, Llaima et Lanin s'offrent à votre regard. Cette réserve naturelle abrite aussi pumas, condors, pics de Magellan, ainsi que les plus vieilles forêts d'araucarias de la région. p. 284

Bon à savoir : après l'effort, le réconfort ! Rien de mieux que d'aller se prélasser dans les thermes situés dans la même vallée que la réserve.

14 Sur l'île de Chiloé, déguster des huîtres ou un plat de *mariscos* (fruits de mer), face à la mer.

Chiloé a conservé les vestiges de son passé et 16 églises jésuites sont inscrites au Patrimoine mondial de l'Unesco. Côté paysages, l'île évoque l'Irlande ou la Bretagne, avec des lumières changeantes spectaculaires. La pêche est l'une des principales ressources, et la cuisine est riche en produits de la mer. Les grandes spécialités sont le *curanto*, méthode de cuisson millénaire, mais aussi les huîtres – géantes – que l'on peut savourer à Caulín. *p. 334*

***Bon à savoir :** le temps peut alterner entre trombes d'eau et soleil radieux. Le parapluie y est plus utile que le maillot de bain !*

© Hugues Hervé/hemis.fr

15 Explorer l'incroyable forêt moussue du parc national Queulat.

Cette magnifique réserve naturelle abrite lacs, torrents, forêt vierge humide et glaciers – dont le spectaculaire Ventisquero Colgante, suspendu, qui joue à cache-cache avec les nuages… En dehors du belvédère du Ventisquero, facile d'accès, c'est en arpentant les sentiers de randonnée que vous profiterez vraiment de ce joli concentré de Patagonie. *p. 367*

***Bon à savoir :** il y tombe entre 3,5 et 4 m de pluie par an ! Puerto Puyuhuapi constitue une excellente base pour explorer le parc. À 2 pas, des thermes permettent de se remettre de ses efforts.*

© Azam Jean-Paul/hemis.fr

16 **Remonter en bateau le golf Elefantes, pour découvrir l'immense glacier du parque nacional Laguna San Rafael.**

L'un des musts en Patagonie chilienne. Au terme de la navigation, on s'approche du glacier San Rafael en se frayant un passage entre des icebergs aux couleurs bleutées. D'énormes blocs se détachent avec fracas, créant de hautes vagues – et quelques frayeurs aux passagers. Déclarée réserve mondiale de la biosphère, la Laguna fait partie d'une immense zone protégée de 17 420 km², encore difficile (et donc chère) d'accès. p. 373

Bon à savoir : les bateaux arrivent et partent de Puerto Chacabuco, à 15 km de Puerto Aysén, où l'on fait étape pour rejoindre la lagune. La Conaf administre le parc ; il est nécessaire de réserver son entrée sur le site • aspticket.cl • (règlement sur place).

17 **Cheminer le long de la Carretera Austral jusqu'à en atteindre l'extrémité sud, à Villa O'Higgins.**

C'est à Puerto Montt que démarre cette prolongation de la Panamericana, qui naît en Alaska. Entrecoupée de plusieurs passages en bac ou ferry, elle s'achève à la frontière argentine, aux portes de l'immense calotte glaciaire du célèbre Campo de Hielo Sur – parcourant plus de 1 200 km de paysages incroyables ! Un périple rêvé pour ceux qui ont le goût de l'aventure, car peu de kilomètres sont asphaltés. p. 390

Bon à savoir : pick-up ou véhicule 4x4 plus que conseillé ; la vitesse sur les pistes est de 50-60 km/h en moyenne. Le périple attire aussi des cyclistes chevronnés. À Caleta Yungay, 85 km au nord de Villa O'Higgins, le ferry de la compagnie Transbordadora Austral Broom *rejoint Puerto Natales en 41h à travers les fjords de Patagonie.*

18 **De Punta Arenas, naviguer dans le détroit de Magellan jusqu'à l'isla Magdalena et sa colonie de manchots.**

Une fois débarqué, on se promène sur un sentier balisé bordé de centaines de terriers où grandissent les petits manchots une fois sortis de leur œuf. Quelle chance de pouvoir observer de si près ces attendrissants palmipèdes qui avancent de leur pas chaloupé sur la colline aride balayée par les vents ! *p. 410*

Bon à savoir : la meilleure période pour observer les manchots de Magellan s'étend d'octobre à début février.

19 **S'éblouir des beautés du mythique parque nacional Torres del Paine hors saison.**

C'est en automne ou en hiver, une fois la saison touristique passée, que vous pourrez arpenter les sentiers de randonnée dans les meilleures conditions. Les bourrasques de vent sont apaisées, les prix dégonflés, alors qu'aiguilles rocheuses, glaciers millénaires et lacs aux eaux bleutées s'offrent à vous dans toute leur splendeur, avec souvent de la neige ! *p. 424*

Bon à savoir : le parc n'est pas desservi par les transports en commun hors saison, et les sentiers sont accessibles uniquement avec un guide.

20 Sur l'île de Pâques, admirer les immenses statues *(moaï)*, dressées, enfouies ou renversées le long du littoral.

3 sites incontournables : les versants du volcan Rano Raraku, Tongariki et le cratère du Rano Kau. On se demande comment ces colosses de pierre volcanique (10 à 88 tonnes) ont été transportés et érigés, et pourquoi. À 3 760 km à l'ouest du Chili, et à 4 100 km de Tahiti, au cœur de l'océan Pacifique, c'est l'une des terres les plus isolées au monde. *p. 440*

***Bon à savoir :** accès en avion (env 5h). Pour visiter les sites, une carte touristique* (pass) *est obligatoire (env 80 US$), ainsi que l'accompagnement d'un guide local.*

Un ascensore à Valparaiso

ITINÉRAIRES CONSEILLÉS

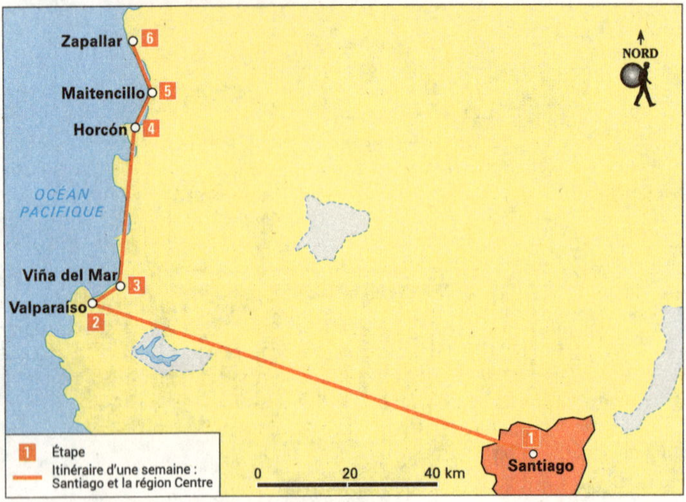

Le Nord ou le Sud ? Plutôt les 2 ? À vous de voir ! Dans le Nord, vous serez séduit par l'immensité du désert qui plonge dans l'océan, les *salares* peuplés de vigognes et de flamants roses, les petits villages de l'altiplano, la cordillère parsemée de volcans. Dans le Sud, la région des Lacs et la Patagonie sont tout aussi superbes. Entre volcans, forêts moussues, calottes glaciaires et fjords immenses baignés par la lumière australe, vous ne saurez plus où donner de la tête !

Dans un pays qui s'étend sur près de 4 300 km de long et offre des paysages tellement diversifiés, vous devrez vous résoudre à faire des choix. Voici quelques suggestions d'itinéraires, qui peuvent évidemment s'enchaîner…

Santiago et Valparaíso : 1 semaine

1er et 2e jours : Santiago (1), grande métropole aux atouts relativement modestes, ne vous retiendra que le temps d'une courte étape : promenade autour de la plaza de Armas, visite de quelques musées, dont le formidable museo chileno de Arte Precolombino ; et flânerie dans les quartiers animés d'Italia, de Lastarria et de Providencia.

Du 3e au 5e jour : direction **Valparaíso (2),** à une centaine de kilomètres à l'ouest de Santiago. Cette large baie, chantée naguère par les marins et les aventuriers, s'adosse à une ligne de collines où s'agrippent des maisons multicolores, couvertes de peintures murales. 2 collines parmi les autres méritent une étape d'au moins 2 jours : le cerro Alegre et le cerro Concepción. Il faut parcourir à pied ces quartiers magnifiés par une bande d'architectes créatifs, d'urbanistes et de graffeurs. Emprunter les escaliers pentus, se perdre au milieu des passages étroits et des venelles menant à des belvédères, sans oublier de monter dans l'un des fameux *ascensores.* Ne pas manquer de visiter *La Sebastiana,* maison où Pablo Neruda écrivit nombre de ses poèmes.

6ᵉ jour : pour piquer une tête dans le Pacifique, il suffit de prendre le métro depuis Valparaíso pour rejoindre **Viña del Mar (3).** Plus au nord, **Horcón (4), Maitencillo (5)** et **Zapallar (6)** peuvent faire l'objet d'une belle journée d'excursion.

7ᵉ jour : retour à **Santiago.**

Le Nord : 12 jours

Du 1ᵉʳ au 5ᵉ jour : aller à l'essentiel, dans le Nord, c'est aller à **San Pedro de Atacama (1),** aux confins du désert du même nom. Là, une ribambelle d'excursions peuvent vous éblouir près d'une semaine : paysages irréels de la vallée de la Lune, geysers du Tatio à 4 500 m d'altitude, lagunes de Chaxa et Tebenquiche fréquentées par les flamants roses, *ruta de los salares* pour se perdre dans un grand nulle part, volcans à gravir (plus accessibles qu'on ne le pense), observation des étoiles au cœur de la nuit, et on en passe !

6ᵉ et 7ᵉ jours : non loin d'**Iquique (2),** visiter **Humberstone (3),** une ville fantôme, formée durant l'exploitation d'une incroyable mine de salpêtre, aujourd'hui classée par l'Unesco. Découvrir ensuite le beau patrimoine architectural d'Iquique, financé par les industriels du salpêtre au début du XXᵉ s (théâtre, casino espagnol, maisons en bois, palais…). Et pourquoi ne pas effectuer un survol en parapente de la ville, dominée par une falaise gigantesque ?

8ᵉ et 9ᵉ jours : visiter le Musée archéologique de la vallée d'**Azapa (4),** dans les environs d'Arica où reposent les fascinantes momies chinchorros, avant de commencer l'ascension de l'altiplano jusqu'à **Putre (5),** tout doucement, et y passer la nuit pour s'habituer à l'altitude (3 500 m)…

10ᵉ et 11ᵉ jours : une fois un peu acclimaté, parcourir le parque nacional **Lauca (6)** et son lac Chungará, à 4 500 m, l'un des plus hauts du monde. Pour les accros, pousser le lendemain jusqu'au **salar de Surire (7),** dans la réserve nationale Las Vicuñas, pour observer les vigognes et peut-être voir le nandou.

12ᵉ jour : retour tranquille vers **Arica (8),** avec une halte déjeuner à **Putre (5).**

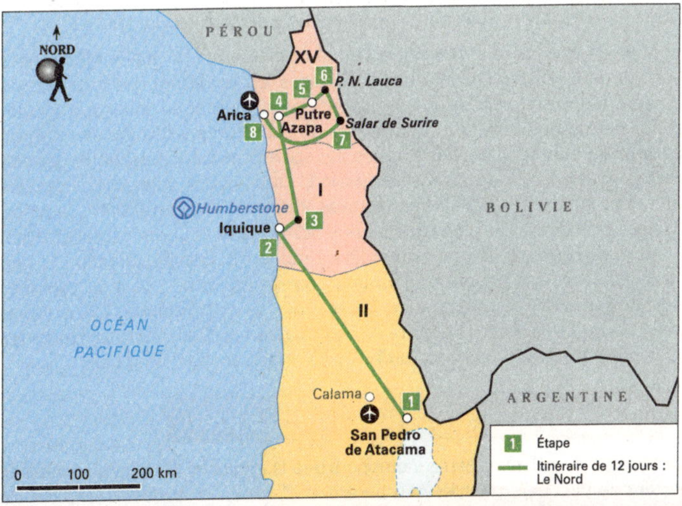

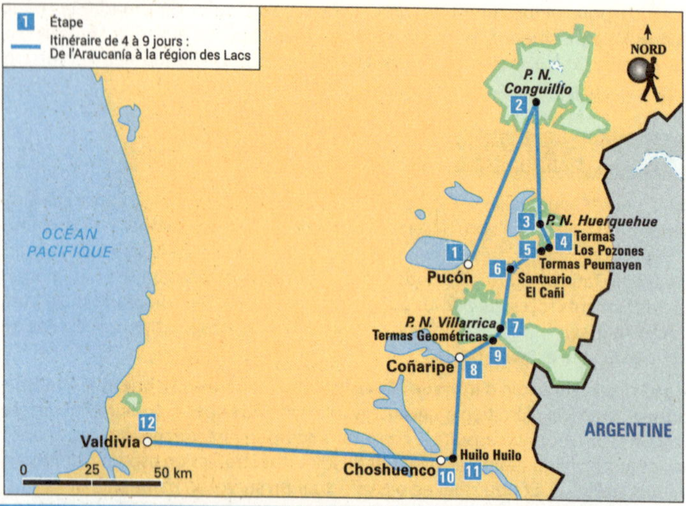

De l'Araucanía à la région des Lacs : de 4 à 9 jours

Comprise entre Temuco et Puerto Montt, cette superbe région se prête à un séjour allant de 3 ou 4 jours (pour de simples balades et profiter des sources thermales) à une dizaine de jours si l'on souhaite pratiquer des activités de pleine nature ou encore explorer les parcs nationaux.

Du 1er au 4e jour : Pucón (1) constitue une bonne base pour sillonner la région. S'offrir une journée de farniente sur la *playa negra* ou la *playa blanca,* et piquer une tête dans le lac Caburgua, une eau minérale à 22 °C ! Puis s'aventurer au nord de Pucón et Villarrica pour explorer le magnifique **parque nacional Conguillío (2)** et ses paysages lunaires. Depuis Temuco, il peut être judicieux de passer 1 ou 2 nuits dans les environs du parc, pour descendre ensuite vers Pucón.

Du 5e au 9e jour : dans le **parque national Huerquehue (3),** belles randonnées au cœur de forêts d'araucarias et de bambous, en traversant des paysages de cascades, lagunes et nombreux lacs. Et pour clore la journée en douceur, quelques heures délicieuses dans l'un des thermes du coin, comme **Los Pozones (4)** ou les **termas Peumayen (5),** entre autres. Les sportifs peuvent aussi opter pour du rafting, kayak ou trekking dans le **santuario El Cañi (6).** Une quinzaine de sentiers sillonnent également le **parque nacional Villarrica (7),** entre forêts, lagunes, rivières et cascades. Les plus aguerris se lanceront à l'assaut du volcan Villarrica. En hiver, place au ski et aux randonnées à raquettes. Ensuite, direction le sud, autour de **Coñaripe (8),** pour s'offrir une « remise en forme » dans les superbes **termas Geométricas (9),** ou, dans les environs de **Choshuenco (10),** explorer la réserve de **Huilo Huilo (11),** terre du *huemule* (cerf du Sud andin). On peut aussi poursuivre vers le sud-ouest et **Valdivia (12)** en passant par Panguipulli.

La Patagonie et la Terre de Feu : 16 jours

Du 1er au 8e jour : il n'en faut pas moins pour une 1re approche de la Carretera Austral. Partant de **Puerto Montt (1),** vous buterez déjà sur un 1er obstacle : le volcan du

parque Pumalín Douglas Tompkins (2), du nom de son créateur. Une journée de rafting à **Futaleufú (3),** à la frontière argentine, ou une baignade dans les thermes de **Puerto Puyuhuapi (4).** La piste caracole ensuite vers des petits ports oubliés, comme **Puerto Cisnes (5).** Passé **Coyhaique (6),** capitale régionale, voici l'invraisemblable château de roche du **Cerro Castillo (7),** des torrents impétueux, des lacs glaciaires, des forêts mortes et d'autres vives, puis la vaste mer intérieure du **lago General Carrera (8).** À Puerto Río Tranquilo, on navigue vers la fantastique **Laguna San Rafael (9).** Plus au sud, **Puerto Bertrand (10)** invite à s'oublier un instant, le long des eaux turquoise de son río, né du grand Campo de Hielo Sur. Passé **Cochrane (11),** il ne reste rien, ou presque : juste les maisons sur pilotis de l'étonnante Caleta Tortel et des paysages sauvages menant jusqu'au bout de la route.

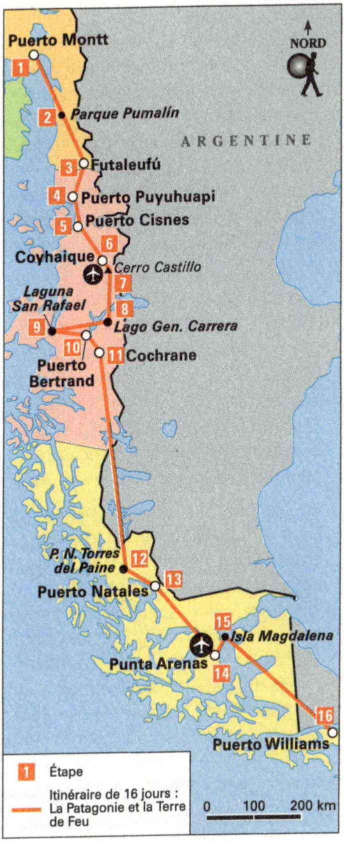

9e et 10e jours : on pourrait y entrevoir la fin du périple, ou un nouveau départ. Un coup de ferry, 2 postes-frontières, 1 randonnée et 1 bus plus tard, voici la Patagonie australe, avec l'Argentine et le fameux Fitz Roy de l'autre côté.

11e et 12e jours : passer au moins 2 jours dans le mythique **parque nacional Torres del Paine (12),** le temps de parcourir quelques sentiers et d'approcher, en bateau, le glacier Grey, dont la fonte pathétique forme un grand lac parsemé d'icebergs. Les randonneurs prévoiront 4-5 jours pour boucler le célèbre trek du « W », qui peut se poursuivre par le sentier « O » en 8-10 jours au total.

13e jour : une journée à **Puerto Natales (13)** permet de se reposer et de découvrir l'ancienne usine frigorifique de Puerto Bories, friche industrielle devenue musée et partiellement transformée en un étonnant hôtel de luxe. Les amoureux des glaciers repartiront en excursion vers ceux de Balmaceda et Serrano.

14e et 15e jours : voici **Punta Arenas (14),** charmante petite ville ancienne sur le flanc du mythique détroit de Magellan, parsemée d'étonnants palais et de petits musées historiques, dans une ambiance de bout du monde. Une priorité s'il en est : naviguer jusqu'à l'**isla Magdalena (15)** pour visiter sa colonie de manchots.

16e jour : en option, en ferry ou en avion, on peut rejoindre **Puerto Williams (16),** village le plus austral de la planète niché au bord de l'isla Navarino, si près du cap Horn. Les randonneurs prévoiront encore 5 jours pour explorer le massif de Los Dientes.

SI VOUS ÊTES…

Plutôt nature : de la Patagonie au désert de l'Atacama, de la côte déchiquetée aux sommets culminant à 5 000 m, le Chili passe par toutes les couleurs. Le Nord invite à une traversée du désert d'Atacama pour atteindre des sommets embrumés, voire enneigés (parc de Lauca, réserve Las Vicuñas), avant de regagner les plages (Arica, Iquique). Quant à l'incontournable San Pedro de Atacama, c'est toute la palette qu'elle offre d'un seul coup ! La Araucanía, la région de Los Ríos et celle de Los Lagos regorgent de superbes randonnées. En Patagonie, les volcans se font (un peu) plus discrets, cédant la place à des rivières sauvages, des forêts de mousses et de lichens, des lacs abreuvés par les eaux de fonte de 2 immenses calottes glaciaires.

Plutôt culture et « vieilles pierres » : Valparaíso est certainement l'une des villes les plus séduisantes du pays. On arpente ses rues escarpées, d'une colline à l'autre, et on visite une des 3 demeures du poète Pablo Neruda. Dans le Nord, ce sont essentiellement les anciennes villes du salpêtre (Humberstone) et les mines à ciel ouvert (Chuquicamata) qui tiennent lieu de sites historiques. N'oublions pas les cultures locales, notamment celle des Atacamènes avec leurs *pukaras* (forteresses) et leurs géoglyphes, ou encore les fascinantes momies *chinchorros* (Arica). Cerise sur le gâteau, l'île de Pâques ravira tous les amateurs de culture traditionnelle ET de vieilles pierres !

En famille : le Chili ne manque pas de plages propices à la baignade. Néanmoins, l'eau du Pacifique ne l'est pas autant que son nom le laisse entendre, et s'avère un peu frisquette… sans oublier les courants traîtres ! Les enfants apprécieront la faune locale : flamants roses autour des salines, vigognes, alpagas, guanacos (lamas) et nandous, éléphants de mer, pélicans et manchots sur la côte, dauphins et baleines au large. Pour ceux qui souhaiteraient randonner, la Aracaunía et la région des lacs offrent un large choix de balades accessibles à tous. Quant aux thermes, pendant que les parents s'y prélassent, les petits usent leurs maillots sur les toboggans aquatiques, comme aux termas Vergara.

Vigognes dans le parc national Torres del Paine

Interview #experienceroutard

Par la rédaction du *Routard*

En quoi cette destination est-elle unique ?

Sa configuration géographique est déjà une particularité, avec une exceptionnelle variété de paysages et des variations climatiques extrêmes : du désert d'Atacama aux forêts d'araucarias du centre, en passant par la côte Pacifique, et, à plus de 3 700 km au large, la légendaire île de Pâques, pour finir par les lacs, glaciers et vastes étendues balayées par le vent de Patagonie.

Une activité à faire absolument ?

Une étape à Valparaíso pour arpenter cette ville aux 45 collines reliées par des funiculaires, magnifiée par les *street artists* qui rivalisent de talent pour décorer les immeubles et rues des différents quartiers. Dans un registre « nature », un trek dans le parc de Torres del Paine, une randonnée dans un des nombreux parcs nationaux, l'exploration du désert d'Atacama, une soirée à observer les étoiles, dans la région de Coquimbo, ou une sortie en mer pour observer la faune marine.

Un souvenir de voyage ?

Une excursion dans le détroit de Magellan, au départ de Punta Arenas, en Patagonie. Cap vers la colonie de lions de mer : une vision spectaculaire où tous les sens sont sollicités car les mâles font un bruit du tonnerre et dégagent une odeur tenace de... fauve ! Enfin, débarquement sur l'île abritant la colonie de manchots, une chance incroyable de les observer de très près.

Une rencontre étonnante ?

Après une journée à visiter Puerto Natales, petite ville du fin fond de la Patagonie, tomber nez à nez avec un ami d'enfance venu tout droit de... Normandie ! Ou encore, retrouver un copain éditeur chilien, à Santiago, qui nous fait visiter la capitale et découvrir ses coins secrets.

La spécialité culinaire à goûter absolument ?

Le *ceviche,* plat de poisson cru mariné au citron vert, oignons, coriandre... Un régal ! Toujours dans le registre marin, goûter aux huîtres géantes de l'isla de Chiloé ou à la spécialité locale, le *curanto* : mélange de coquillages, viandes et pommes de terre cuites sur la pierre. Autre plat populaire, le *pastel de choclo,* variation andine du hachis Parmentier avec une purée de maïs. Nourrissant et délicieux !

Un livre à emporter avec soi ?

Un des romans de Luis Sepúlveda, en particulier *Le vieux qui lisait des romans d'amour,* son plus grand succès et, bien sûr, l'œuvre de Pablo Neruda ou encore la fiction teintée de poésie de Roberto Bolaño.

LES QUESTIONS QU'ON SE POSE AVANT LE DÉPART

• Infos détaillées dans le chapitre « Chili utile » *p. 45*

➢ Quels sont les documents nécessaires ?

Passeport obligatoire, valable au moins 6 mois après la date d'entrée au Chili. Pour un séjour inférieur à 3 mois, aucun visa n'est exigé pour les ressortissants de l'Union européenne, les Suisses et les Canadiens.

➢ Quelle est la meilleure saison ?

Vu l'étendue du pays, tout dépend de l'endroit où vous allez ! Dans le Nord, toute l'année. Dans le Sud, le temps est – en principe – plus clément de novembre à mars. Dans le centre, où le climat est de type méditerranéen, on privilégiera aussi plutôt l'été (austral). Enfin, sachez que les grandes vacances chiliennes ont lieu en janvier-février et que la fréquentation et les prix peuvent grimper à ce moment-là.

➢ Quel est le taux de change ? Comment payer sur place ?

Début 2023, ***1 euro (€) = env 900 pesos chiliens ($Ch).*** Sur place, on peut changer dans les *casas de cambio* et aussi dans certaines banques. Changez de préférence dans les grandes villes où le taux est un peu meilleur. Les cartes de paiement sont acceptées presque partout, souvent même pour des petites sommes.

➢ Quel budget prévoir ?

Le coût de la vie est à peine meilleur marché qu'en Europe, et plus élevé que dans les pays voisins (Pérou et, surtout, Bolivie). Un peu partout dans le pays, il faut compter 40-70 € pour une chambre double convenable, et 15-20 € pour un repas dans un resto à prix moyens. Quant à l'essence, elle est presque au même prix que chez nous. Et on ne parle même pas des excursions ! Bref, prévoir un budget conséquent !

➢ Comment se déplacer dans le pays ? Quels moyens de transport privilégier ?

Un excellent réseau de bus très confortables sillonne le pays, le long de la Panamericana. Pour les pressés, il y a de très nombreux vols intérieurs qui relient toutes les villes, moyennes ou grandes. C'est une option pratique (à défaut d'être écologique), d'autant que des compagnies *low-cost* ont fait leur apparition. Dans certaines régions (San Pedro de Atacama, par exemple), la location d'un véhicule permet de découvrir les sites naturels plus facilement. Sinon, on peut passer par des agences locales. Pour se rendre sur l'île de Pâques, prévoir 5h d'avion depuis Santiago.

➢ Y a-t-il des problèmes de sécurité ?

Pas véritablement, mais comme un peu partout en Amérique latine, il convient d'être vigilant, notamment en ville, et d'éviter certains quartiers la nuit. En prenant les mesures de sécurité de base, tout devrait néanmoins bien se passer !

➢ Quel est le décalage horaire ?

Pendant l'hiver européen, il y a 4h de moins au Chili qu'en France ; pendant l'été, 6h. Le Chili continental est en avance de 2h sur l'île de Pâques.

➢ Quel est le temps de vol moyen ?

De Paris à Santiago, compter environ 14h en vol direct.

➢ Côté santé, quelles précautions prendre ?

Aucun vaccin n'est obligatoire. Dans le nord désertique du Chili et sur l'île de Pâques, les rayons ultraviolets (UV) sont très intenses. Prévoir de bonnes lunettes de soleil, un chapeau et une protection solaire adaptée.

➢ Peut-on y aller avec des enfants ?

Bien sûr ! Les transports sont pratiques, l'hygiène très correcte. Et il y a de l'espace pour gambader ! Par ailleurs, ils ne supportent pas plus mal l'altitude que les adultes, à condition d'y aller par étapes.

➢ Quelle(s) langue(s) parle-t-on ?

Au Chili, on parle l'espagnol *(castellano)*. Mais les Mapuches continuent à parler leur langue, tout comme certains Aymaras dans le nord du pays et les Pascuans, habitants de l'île de Pâques. Dans la plupart des lieux touristiques, on parle toujours quelques mots d'anglais. Bref, on arrive toujours à se débrouiller, d'autant que la population est bienveillante.

➢ Quelles activités sportives peut-on pratiquer ?

La randonnée est à l'honneur partout, le long du Sendero de Chile, mais aussi dans les nombreux parcs nationaux qui s'égrènent de la Cordillère jusqu'à la Patagonie. Sans oublier le ski, près de Santiago et dans quelques secteurs de Patagonie. On pratique aussi le rafting, le kayak et le *paddle board* dans le sud du pays, le parapente à Iquique et le surf sur une bonne partie de la côte, ainsi que sur l'île de Pâques. Mais les eaux du Pacifique sont parfois dangereuses et souvent froides !

COMMENT Y ALLER ?

EN AVION

▲ AIR FRANCE

Infos et résas : ☎ 09-69-39-36-54 (appel non surtaxé tlj) et sur • airfrance.fr •

➢ Air France propose env 1 vol direct/j. vers Santiago, au départ de Roissy-Charles-de-Gaulle.

▲ KLM

Infos et résas : ☎ 09-69-36-86-05 (lun-ven 8h-20h, w-e 10h-18h). • klm.com •

➢ KLM propose env 1 vol direct/j. vers Santiago, au départ d'Amsterdam.

▲ LATAM

☎ 01-85-14-87-25 (depuis la France). • latamairlines.com •

➢ 1-2 vols/j. entre Paris (Orly-Ouest) et Santiago via Madrid (partage de codes avec Iberia sur la partie européenne) ; ainsi que 1 vol/j. entre Paris et Santiago via São Paulo.

LES ORGANISMES DE VOYAGES

En France

▲ ALTIPLANO VOYAGE

– Annecy (Metz-Tessy) : route de la Bouvarde, Park Nord, Les Pléiades nº 35, 74370. ☎ 04-50-57-35-52. • altiplano-voyage.com • Agence ouv lun-ven 9h-13h, 14h-18h.

Agence de passionnés d'Amérique latine proposant des voyages 100 % personnalisés avec des tours pointus sur la Patagonie, des autotours et des circuits multi-destinations (Argentine, Bolivie, Pérou). À votre écoute, la spécialiste du Chili chez Altiplano organise un circuit à votre image, pour découvrir une mosaïque de paysages et rencontrer une population bienveillante.

▲ ANAPIA VOYAGES

– 5, Oletako Bidea, 64310 Ascain. 📱 06-88-62-62-66. • anapiavoyages.fr •

L'équipe d'Anapia Voyages s'appuie sur l'expérience de ses créateurs pour proposer des séjours et circuits, notamment en Amérique latine. Le plus d'Anapia : offrir, en plus des visites de sites incontournables, une qualité d'accueil dans les hébergements (charme, petites structures) et surtout une vraie rencontre avec les populations grâce à des repas, des activités et des nuits chez l'habitant. Le mélange est dosé selon le cahier des charges de chaque client, du sur-mesure au cousu main.

▲ CERCLE DES VOYAGES

– Paris : 4, rue Gomboust (angle 31, av. de l'Opéra), 75001. ☎ 01-40-15-15-03. • cercledesvoyages.com • Lun-ven 9h-20h, sam 10h-18h30.

Le vrai voyage sur mesure, à destination de l'Amérique latine : Chili, mais aussi Argentine, Bolivie, Brésil, Costa Rica, Cuba, Équateur, Guatemala, Mexique, Pérou.

Cercle des Voyages propose un large choix de voyages adaptés à chaque client : circuits privés, trekking, voyages au volant d'une voiture de location, croisières, circuits en petits groupes, combinés, voyages de noces... Les experts partagent leurs conseils et leurs petits secrets pour faire de chaque voyage une expérience inoubliable. Cercle des Voyages offre également un service liste de mariage gratuit. Les petits plus qui font la différence : une virée en tyrolienne dans la forêt tropicale, une excursion en rafting, un tour en vieille voiture américaine, un cours de salsa...

▲ COMPTOIR DES VOYAGES

• comptoirdesvoyages.fr • Lun-sam 9h30-18h30.

Cercle des Voyages
Votre voyage
sur-mesure
01 40 15 15 03
www.cercledesvoyages.com
31, avenue de l'Opéra - 75001 Paris
Chili & Île de Pâques

Nos 1200 coups de cœur
MONDE
Routard
Routard

– Paris : 2-18, rue Saint-Victor, 75005. ☎ 01-53-10-30-15.
– Bordeaux : 26, cours du Chapeau-Rouge, 33800. ☎ 05-35-54-31-40.
– Lille : 76, rue Nationale, 59160. ☎ 03-28-04-68-20.
– Lyon : 10, quai de Tilsitt, 69002. ☎ 04-72-44-13-40.
– Marseille : 12, rue Breteuil, 13001. ☎ 04-84-25-21-80.
– Nice : 62, rue Gioffredo, 06000. ☎ 04-97-03-64-80.
– Toulouse : 43, rue Peyrolières, 31000. ☎ 05-62-30-15-00.

En plus de 30 ans, Comptoir des Voyages s'est imposé comme la référence incontournable du voyage sur mesure en immersion, avec plus de 90 destinations sur les 5 continents. Leurs conseillers-spécialistes construisent des voyages uniques en s'adaptant à votre budget, vos goûts et vos envies. Pour favoriser les rencontres et l'immersion dans la vie locale, ils privilégient des hébergements typiques et des expériences authentiques. Sur place, des *Welcome Hosts* francophones vous partagent conseils et bonnes adresses le temps d'un café. Sur votre smartphone, l'application mobile *Luciole* vous informe sur le déroulement de votre voyage et vous guide grâce à un GPS hors connexion.
Comptoir des Voyages est membre d'Agir pour un Tourisme Responsable depuis 2009. Sa labellisation ATR a été renouvelée par Ecocert Environnement cette année.

▲ EMOTIKA VOYAGES

– Bandol : 178, rue Jean-Jacques-Rousseau, 83150. 📱 06-48-36-76-28. • contact@emotikavoyages.fr • emotikavoyages.fr • Lun-sam 9h-18h.

Spécialiste du Chili, Emotika Voyages crée pour vous des voyages authentiques entièrement sur mesure, ou en petits groupes. La particularité de cette agence est de vous faire découvrir en toute sécurité des destinations hautes en couleurs, en rencontrant la population, ou en immersion au cœur de la nature. Emotika Voyages vous propose des hébergements de charme, parfois chez l'habitant, ainsi que des visites originales et toujours de qualité. C'est une option idéale pour ceux qui souhaitent voyager hors des sentiers battus, sans passer à côté des incontournables.

▲ MONDE AUTHENTIQUE

– Paris : 5, rue Thorel, 75002. ☎ 01-53-34-92-78. • monde-authentique.com • Ⓜ Bonne-Nouvelle. Lun-ven 9h-19h, ou à domicile à Paris, Bordeaux, Marseille-Aix, Chartres et Lille (moyennant une participation de 80 €, déductible des frais de voyages).

Spécialiste reconnu de la destination, Monde Authentique compose votre voyage sur mesure selon vos goûts et votre budget. Ses conseillers experts de la destination attachent une importance particulière à vos envies pour vous proposer des itinéraires sur mesure hors des sentiers battus et vous conseiller les hébergements de charme adaptés à chacun.

▲ NOMADE AVENTURE

Infos : • nomade-aventure.com • Agences ouv lun-sam 9h30-18h30.
– Paris : 40, rue de la Montagne-Sainte-Geneviève, 75005. ☎ 01-46-33-71-71.
– Lyon : 10, quai de Tilsitt, 69002. ☎ 04-72-44-13-50.
– Toulouse : 43, rue Peyrolières, 31000. ☎ 05-62-30-10-77.

Nomade Aventure propose des circuits inédits partout dans le monde à réaliser en famille, entre amis, avec ou sans guide. Également la possibilité d'organiser, hors de groupes constitués, un séjour libre en toute autonomie et sur mesure. Spécialiste de l'aventure avec plus de 600 itinéraires (de niveau tranquille, dynamique, sportif ou sportif +), faits d'échanges et de rencontres avec les habitants, Nomade Aventure donne la priorité aux expériences authentiques à pied, à VTT, à cheval, à dos de chameau, en bateau ou en 4x4.

▲ NOSTALATINA

– Paris : 19, rue Damesme, 75013. ☎ 01-43-13-29-29. • ann.fr • Ⓜ Tolbiac. Sur rdv : lun-ven 10h-13h, 15h-18h.

NostaLatina propose des voyages sur mesure en Amérique latine, notamment au Chili. Plusieurs formules au choix, dont 2 qui sont devenues des formules de référence depuis quelques années

pour les voyageurs indépendants : *Les Estampes* avec billets d'avion, logement, transferts entre les étapes, en mixant avec astuce avion, bus, train ou encore location de voitures ; et *Les Aquarelles* avec, en plus, un guide et une voiture privée à chaque étape. Vous trouverez sur le site internet des idées d'itinéraires que vous pourrez ensuite personnaliser et adapter selon vos envies avec Ylinh, la chaleureuse directrice qui connaît parfaitement le terrain, et son équipe de jeunes passionnés qui vous donneront des conseils avisés.

▲ ROUTE DES VOYAGES (LA)

• laroutedesvoyages.com • Agences ouv lun-jeu 9h-19h, ven 9h-18h. Rdv conseillé.

– Paris : 10, rue Choron, 75009. ☎ 01-55-31-98-80.

– Angers : 6, rue Corneille, 49000. ☎ 02-41-43-26-65.

– Annecy : 4 bis, av. d'Aléry, 74000. ☎ 04-50-45-60-20.

– Bordeaux : 19, rue des Frères-Bonie, 33000. ☎ 05-56-90-11-20.

– Lyon : 59, rue Franklin, 69002. ☎ 04-78-42-53-58.

– Toulouse : 27, rue Perchepinte, 31000. ☎ 05-62-27-00-68.

25 ans d'expérience de voyages sur mesure sur les 5 continents ! 15 pays en Europe complètent à présent leur offre de voyages sur mesure. Cette équipe de voyageurs passionnés a développé un vrai savoir-faire du voyage personnalisé : écoute, conseils, voyages de repérage réguliers et des correspondants sur place soigneusement sélectionnés avec qui ils travaillent en direct. Son engagement à promouvoir un tourisme responsable se traduit par des possibilités de séjours solidaires à insérer dans les itinéraires de découverte individuelle. Elle a aussi créé un programme de compensation solidaire qui permet de financer des projets de développement locaux.

▲ TERRA CHILE

Infos et résas : ☎ 09-70-44-86-98. • terra-chile.com •

Depuis 25 ans, l'agence de voyages locale Terra Chile, basée à Valparaíso, crée pour vous des voyages sur mesure au Chili et à l'île de Pâques. Marie et son équipe d'experts voyage francophones se font un plaisir de partager avec vous leurs expériences de voyage pour créer un itinéraire personnalisé, adapté à votre rythme, vos envies et votre budget. Terra Chile fait partie du réseau d'agences locales Terra, spécialiste du voyage sur mesure depuis 1998.

▲ TERRES LOINTAINES

• terres-lointaines.com • Sur rdv uniquement, lun-ven 9h-19h, sam 10h-18h.

– Paris : 21, bd des Batignolles, 75008. ☎ 01-75-60-63-50.

– Bordeaux : 4, rue Esprit-des-Lois, 33000. ☎ 05-33-09-09-10.

– Lyon : 39, rue de la République, 69002. ☎ 04-65-07-02-70.

– Lille : 6, rue Jean-Roisin, 59800. ☎ 03-59-61-59-40.

– Nantes : 22, rue Crébillon, 44000. ☎ 02-52-59-48-00.

Spécialiste du voyage sur mesure et en petits groupes jusqu'à 12 personnes, Terres Lointaines a pour ambition de démocratiser le voyage au prix le plus juste.

Convaincu qu'un voyage réussi est un voyage qui dépasse les attentes du client, c'est en visant l'excellence que Terres Lointaines met le monde à votre portée, sur près de 50 destinations en Afrique, Amériques, Asie, Europe, Océanie.

La palette de destinations et d'expériences proposées est vaste, avec des conseillers à l'écoute de vos envies. Grâce à leur expertise et à des partenaires locaux de confiance, Terres Lointaines crée des voyages de qualité pour vous offrir des découvertes exceptionnelles et de merveilleux souvenirs.

▲ TERRE VOYAGES

– Paris : 28, bd de la Bastille, 75012. ☎ 01-44-32-12-81. • terre-voyages.com • Lun-ven 8h-18h30, sam 10h-18h.

Les créateurs de voyages de Terre Voyages sont de fins connaisseurs, des experts des pays proposés, car tous natifs ou passionnés de

leur destination. Ils sauront écouter vos attentes pour créer une offre de voyages sur mesure qui réponde à vos envies de découverte et vous proposeront une approche authentique des cultures et des peuples, dans le respect de leur environnement naturel et au juste prix. Pour tous les voyageurs qui attendent d'une échappée lointaine plus qu'une simple visite mais, au contraire, une véritable connaissance et un apprentissage responsable des différentes cultures du Chili et de l'Île de Pâques en totale immersion, Terre Voyages est le spécialiste qu'il leur faut.

▲ TERRES D'AVENTURE

• terdav.com •
– Paris : 30, rue Saint-Augustin, 75002. ☎ 01-70-82-90-00 Ⓜ Opéra ou Quatre-Septembre.
– Agences également à Bordeaux, Grenoble, Lille, Lyon, Marseille, Nantes, Rennes, Strasbourg et Toulouse.
Depuis 1976, Terres d'Aventure, spécialiste du voyage à pied, propose aux voyageurs passionnés de marche et de rencontres des randonnées hors des sentiers battus à la découverte des grands espaces de notre planète. Voyages à pied, à cheval, en bateau, en raquettes... Sur tous les continents, des aventures en petits groupes ou en individuel encadrées par des professionnels expérimentés sont proposées. Les hébergements dépendent des sites explorés : camps d'altitude, bivouac, refuges ou petits hôtels. Les voyages sont conçus par niveaux de difficulté : de la simple balade en plaine à l'expédition sportive, en passant par la course en haute montagne.
En province, leurs agences sont de véritables *Cités des Voyageurs* dédiées au voyage. Consultez le programme des manifestations sur leur site internet.

▲ TERRES CHILIENNES

Infos et résas : • terres-chiliennes.com •
Contactez Terres Chiliennes, une agence locale de confiance, pour organiser votre voyage sur mesure au Chili. Leurs conseillers, fins connaisseurs du terrain et de la réalité du pays, vous accompagnent dans la préparation de votre voyage, en couple, en famille ou en groupe d'amis. Vous avez ainsi accès à un service personnalisé en bénéficiant d'un prix accessible. Membre de *bynativ,* la communauté des agences de voyage locales, Terres Chiliennes propose le maximum de garanties et de services : règlement sécurisé de votre voyage en ligne, possibilité de souscrire à une assurance voyage et de bénéficier de garanties solides en cas d'imprévu. De quoi voyager de façon authentique et en toute tranquillité.

▲ VOYAGEURS DU MONDE – VOYAGEURS EN AMÉRIQUE DU SUD

Infos et résas : ☎ 01-42-86-17-70. • voyageursdumonde.fr •
– Paris : la Cité des Voyageurs, 55, rue Sainte-Anne, 75002. ☎ 01-42-86-16-00. Ⓜ Opéra ou Pyramides. Lun-sam 9h30-19h. Avec une librairie spécialisée sur les voyages.
– Également des agences à Bordeaux, Grenoble, Lille, Lyon, Marseille, Montpellier, Nantes, Nice, Rennes, Rouen, Strasbourg et Toulouse, ainsi qu'à Bruxelles, Montréal, Québec, Lausanne et Genève.
Parce que chaque voyageur est différent, que chacun a ses rêves et ses idées pour les réaliser, Voyageurs du monde conçoit, depuis plus de 30 ans, des projets sur mesure. Les séjours proposés sur 120 destinations sont élaborés par leurs 180 conseillers voyageurs. Spécialistes par pays et même par région, ils vous aideront à personnaliser les voyages présentés à travers une trentaine de brochures d'un nouveau type et sur le site internet, où vous pourrez également découvrir des hébergements exclusifs et consulter votre espace personnalisé. Au cours de votre séjour, vous bénéficiez des services personnalisés Voyageurs du Monde, dont la possibilité de modifier à tout moment votre voyage, l'assistance d'un concierge local, la mise en place de rencontres et de visites privées, et l'accès à votre carnet de voyage via l'application iPhone et Android.
Voyageurs du monde est membre de l'association ATR (Agir pour un tourisme responsable) et a obtenu sa certification Tourisme responsable AFAQ AFNOR.

Voir aussi au sein de chaque ville les agences locales que nous avons sélectionnées.

Comment aller à Roissy et à Orly ?

Toutes les infos sur notre site ● *routard.com* ● et à l'adresse suivante : ● *http://parisaeroport.fr/passagers/acces* ●

Conservez dans votre bagage cabine vos médicaments, vos divers chargeurs et appareils ainsi que vos objets de valeur (clés et bijoux). Et, on ne sait jamais, ajoutez-y de quoi vous changer si vos bagages n'arrivaient pas à bon port avec vous.

En Belgique

▲ CONNECTIONS

Rens et résas : ☎ 070-233-313. ● *connections.be* ●

Fort d'une expérience de plus de 20 ans dans le domaine du voyage, Connections dispose d'un réseau de 32 *travel shops* dont une à Brussels Airport. Connections propose des vols dans le monde entier à des tarifs avantageux, et des voyages destinés à des voyageurs désireux de découvrir la planète de façon autonome. Connections propose également une gamme complète de produits : vols, hébergements, location de voitures, autotours, vacances sportives, excursions...

▲ CONTINENTS INSOLITES

– Bruxelles : rue César-Franck, 44 A, 1050. ☎ 02-880-55-41. ● *continents-insolites.com* ● *Lun-ven 10h-18h ; sam 10h-16h30 sur rdv.*

Continents Insolites, organisateur de voyages lointains sans intermédiaire, propose une gamme étendue de formules de voyages détaillées sur leur site internet.

– *Voyages découverte sur mesure :* à partir de 2 personnes. Un grand choix d'hébergements soigneusement sélectionnés : du petit hôtel simple à l'établissement luxueux et de charme.

– *Circuits découverte en minigroupes :* de la grande expédition au circuit accessible à tous. Des circuits à dates fixes dans plus de 60 pays en petits groupes francophones de 7 à 12 personnes. Avant chaque départ, une réunion est organisée. Voyages encadrés par des guides francophones, spécialistes des régions visitées.

▲ PAMPA EXPLOR

– Bruxelles : av. du Parc, 10, 1060. ☎ 02-340-09-09. ● *pampa.be* ● *Lun 13h-19h, mar-ven 10h-19h ; sam 10h-18h sur rdv uniquement.*

Spécialiste des voyages à la carte, Pampa Explor propose plus de 70 % de la « planète bleue », selon les goûts, attentes, centres d'intérêt et budget de chacun. Pampa Explor privilégie les découvertes authentiques et originales pour ceux qui apprécient la jungle et les Pataugas ou pour ceux qui préfèrent les voyages de luxe. En individuel ou en petits groupes, mais toujours sur mesure.

▲ TERRES D'AVENTURE

– Bruxelles : chaussée de Charleroi, 23, 1060. ☎ 02-543-95-60. ● *terdav.com* ● *Lun-sam 9h30-19h.*

Voir le texte dans la partie « En France ».

▲ VOYAGEURS DU MONDE

– Bruxelles : chaussée de Charleroi, 23, 1060. ☎ 02-543-95-50. ● *voyageursdumonde.com* ●

Le spécialiste du voyage en individuel sur mesure.

Voir le texte dans la partie « En France ».

En Suisse

▲ ALTIPLANO VOYAGE

– Carouge : pl. du Temple, 3, 1227. ☎ 022-342-49-49. ● *altiplano-voyage.ch* ● *En sem, sur rdv seulement.*

Voir aussi le texte dans la partie « En France ».

▲ L'ÈRE DU VOYAGE

– Nyon : Grand-Rue, 21, CH-1260. ☎ 022-365-15-65. ● *ereduvoyage.ch* ● *Mar-ven 8h30-12h30 et 13h30-18h ; sur rdv en dehors de ces heures.*

Agence fondée par 4 professionnelles

qui ont la passion du voyage. Elles pourront vous conseiller et vous faire part de leur expérience dans plus de 80 pays. Des itinéraires originaux testés par l'équipe de l'agence : voyages sur mesure pour découvrir un pays en toute liberté grâce à une voiture privée avec ou sans chauffeur, guide local et logements de charme ; petites escapades pour un week-end prolongé ; et voyages en famille.

▲ JERRYCAN

– Genève : rue Sautter, 11, 1205. ☎ 022-346-92-82. • jerrycan-voyages.ch • Lun-ven 9h-12h30 et 13h30-18h.

Tour-opérateur de la Suisse francophone spécialisé dans l'Afrique, l'Asie et l'Amérique latine. 3 belles brochures proposent des circuits individuels et sur mesure. L'équipe connaît bien son sujet et peut construire un voyage à la carte.

▲ ROUTE DES VOYAGES (LA)

☎ 078-400-83-94. • laroutedesvoyages.com •

Voir le texte dans la partie « En France ».

▲ TERRES D'AVENTURE

– Genève : rue de la Rôtisserie, 19, 1204. ☎ 022-519-12-20. • geneve@terdav.com • Lun-ven 10h-19h ; sam 9h-18h.

Voir le texte dans la partie « En France ».

▲ TERRES LOINTAINES

• terres-lointaines.com •
– Genève : ☎ 022-510-15-90.
– Zurich : ☎ 044-512-25-90.

Voir le texte dans la partie « En France ».

▲ VOYAGEURS DU MONDE

• voyageursdumonde.com •
– Genève : rue de la Rôtisserie, 19, 1204. ☎ 022-519-12-10. Lun-ven 9h30-19h, sam 9h30-18h30.
– Lausanne : rue du Bourg, 6, 1003 (2e étage). ☎ 021-519-10-65. Lun-ven 9h-18h30, sam sur rdv.

Le spécialiste du voyage en individuel sur mesure.
Voir le texte dans la partie « En France ».

Au Québec

▲ EXOTIK TOURS

Rens sur • exotiktours.com • ou auprès de votre agence de voyages.

Exotik Tours offre une importante programmation en été comme en hiver, notamment au Chili. Dans la rubrique Grands Voyages, le voyagiste suggère des périples en petits groupes ou en individuel.

▲ EXPÉDITIONS MONDE

• expeditionsmonde.com •

Expéditions Monde est à l'avant-garde du voyage d'aventure, de découverte, de trekking, de vélo et d'alpinisme sur tous les continents. Les voyages en petits groupes facilitent les déplacements dans les régions les plus reculées et favorisent l'interaction avec les peuples locaux pour vivre une expérience authentique. Expéditions Monde offre aussi la possibilité de voyager en Europe à pied ou à vélo en liberté.

▲ EXPLORATEUR VOYAGES

– Montréal : 328, Ontario Est, H2X 1H6. Rens : ☎ (514) 847-1177. • explorateurvoyages.com • Ouv lun-ven 9h-18h (20h ven).

Cette agence de voyages montréalaise propose une intéressante production maison, axée sur les voyages d'aventures en petits groupes (de 5 à 13 personnes maximum) ou en individuel. Ses itinéraires originaux, en Amérique latine, en Asie, en Afrique et au Moyen-Orient, se veulent toujours respectueux des peuples et des écosystèmes, guidés par un accompagnateur de l'agence. Intéressant pour se familiariser avec ces différents circuits : les soirées Explorateur (gratuites), avec présentation audiovisuelle.

CHILI UTILE

ABC du Chili

- ***Population :*** env 19,5 millions d'habitants. Les Européens et les métis représentent 89 % de la population chilienne totale, les autochtones n'étant plus que 11 %.
- ***Superficie :*** 756 102 km² (et plus de 6 400 km de côtes pour 6 300 km de frontières !).
- ***Capitale :*** Santiago (environ 6,5 millions d'habitants, soit un tiers de la population du pays).
- ***Langue :*** l'espagnol est la langue officielle.
- ***Religion :*** catholiques 68 %, évangélistes 16 %, autres 5 %, sans religion 11 %.
- ***Espérance de vie :*** 75 ans pour les hommes, 81 ans pour les femmes.
- ***Monnaie :*** peso ($Ch). 1 € = environ 900 $Ch.
- ***Régime politique :*** démocratie présidentielle.
- ***Chef d'État :*** Gabriel Boric depuis mars 2022, succédant à Sebastián Piñera.
- ***Ressources :*** le cuivre (1er producteur mondial) et les produits miniers (argent, or, fer et lithium), l'agriculture et l'industrie agroalimentaire, la pêche et, enfin, le bois et la cellulose.
- ***Indice de développement humain :*** 0,855 (42e rang ; source PNUD 2022).

AVANT LE DÉPART

Adresses utiles

En France

- ***Ambassade du Chili :*** *2, av. de La Motte-Picquet, 75007 Paris. ☎ 01-44-18-59-60. • chile.gob.cl/francia • Ⓜ La Tour-Maubourg. Lun-ven 9h-13h, 15h-18h.*
- ***Consulat du Chili :*** *64, bd de La Tour-Maubourg, 75007 Paris. ☎ 01-44-18-59-96. • chile.gob.cl/paris • Ⓜ La Tour-Maubourg. Pour les demandes de visa. Sur rdv uniquement.*

En Belgique

- ***Ambassade et consulat du Chili :*** *rue des Aduatiques, 106, 1040 Bruxelles. ☎ 02-743-36-60 ou 02-280-16-20 (consulat). • chile.gob.cl/belgica • Lun-ven 9h-19h (13h pour le consulat).*

En Suisse

- ***Ambassade et section consulaire du Chili :*** *Eigerplatz, 5, 3007 Berne. ☎ 031-370-00-50. • chile.gob.cl/suiza • Lun-ven 9h-17h (13h pour le consulat).*

Au Canada

- ***Ambassade et consulats du Chili :*** *50 O'Connor St, suite 1413, Ottawa*

*(Ontario) K1P 6L2. ☎ (613) 235-44-02. ● chile.gob.cl/canada ● Lun-ven 9h-17h (13h pour le consulat). Autre consulat à **Montréal** : 1010 Sherbrooke St West, suite 710, Montréal (Québec PQ) H3A 2R7. ☎ (514) 499-04-05. Lun-ven 9h-14h.*

Sur Internet

● ***routard.com*** ● Le site de voyage nº 1, avec près de 250 000 membres et plusieurs millions d'internautes chaque mois, ainsi que 600 000 abonnés sur Instagram et Facebook. Pour s'inspirer et s'organiser, près de 300 guides destinations actualisés, avec les infos pratiques, les incontournables et les dernières actus, ainsi que les reportages terrain et idées week-end de la rédaction. Partagez vos expériences avec la communauté des voyageurs : forums avec avis et bons plans, carnets de route et photos de voyage. Et retrouvez les meilleurs prix pour réserver vos voyages, vols, hébergements, voitures et activités.

– ***Bon à savoir :*** entre 2 millésimes, des événements fortuits (formalités, taux de change, catastrophe naturelle, conditions d'accès aux sites, fermetures inopinées, etc.) peuvent intervenir et modifier vos projets de voyage ou de visite. Pour éviter les déconvenues, nous vous recommandons de consulter la rubrique « Inspirations » par destination et cliquer sur l'onglet « Actus ».

● ***chile.travel*** ● Traduit en français. Site de l'office de tourisme du Chili. Documentation assez complète sur les différentes régions du pays ; activités par thème, infos générales et même des itinéraires suggérés.

● ***visitchile.com*** ● En espagnol et en anglais. Pour préparer son voyage, informations sur les sites touristiques, les transports, hébergements et activités diverses par région. Site très complet.

● ***conaf.cl*** ● En espagnol. Site de la *Conaf,* organisme qui gère les parcs nationaux du Chili.

● ***aspticket.cl*** ● En espagnol et en anglais. Site dédié à la réservation et/ou à l'achat des entrées aux différents réserves et parcs nationaux gérés par la *Conaf.* En général, on réserve son entrée et on règle sur place, aux postes d'accès des parcs.

● ***fundacionsenderodechile.org*** ● Site dédié à la sensibilisation à l'environnement et à la promotion de l'écotourisme. Des vidéos présentent notamment des initiatives visant à protéger le patrimoine naturel et culturel du pays. En espagnol.

● ***elmostrador.cl*** ● Un site d'infos et d'actualités (en espagnol), apprécié pour son esprit critique.

● ***subturismo.gob.cl*** ● Le site du secrétariat au Tourisme pour avoir les dernières infos sur tous les sites, plus les éventuels problèmes d'accès suite à des intempéries.

● ***rutas.bienes.cl*** ● Portail du ministère des Biens nationaux, qui permet de consulter, ou de télécharger gratuitement, plus d'une cinquantaine de topoguides concernant différents sites d'intérêt.

● ***abc-latina.com/chili*** ● En français. Des infos touristiques, politiques, historiques, économiques... Pas toujours très à jour, cela dit.

Formalités

Pensez à ***scanner*** passeport, visa, cartes de paiement, billets d'avion et *vouchers*. Ensuite, adressez-les-vous par e-mail, en pièces jointes. En cas de perte ou de vol, rien de plus facile pour les récupérer. Les démarches administratives en seront bien plus rapides.

– ***Passeport :*** obligatoire. Doit être valable au moins 6 mois après la date d'entrée au Chili. Un justificatif de sortie du territoire (billet d'avion retour) peut être demandé.

– ***Visa :*** aucun visa n'est demandé aux ressortissants européens, aux Suisses et aux Canadiens pour un séjour touristique n'excédant pas 90 jours.
– Une ***Tarjeta de Turismo*** ou *Tarjeta Unica Migratoria* est délivrée à l'entrée du pays par les douaniers, donnant droit à 90 jours de séjour (renouvelable d'autant). ***La garder précieusement, car elle est indispensable pour sortir du pays.*** En cas de perte : possibilité de la renouveler en ligne sur le site ● *pdivirtual.cerofilas.gob.cl* ● Pour ***prolonger le séjour*** *(prórroga de Permanencia Transitoria)*, faire la demande en ligne (avant la date d'échéance) au *Servico Nacional de Migraciones* (● *serviciomigraciones.cl* ●). Il vous en coûtera l'équivalent de 100 US$. Autre option : effectuer un voyage rapide en Argentine ou au Pérou. Au retour, on vous donne une nouvelle fiche blanche valable 90 jours. En revanche, il est interdit de travailler avec ce type de document.
– ***Cas particulier :*** un séjour sur l'île de Pâques ne peut excéder 30 jours consécutifs.
– Les ***mineurs*** doivent être munis de leur propre pièce d'identité (carte d'identité ou passeport). Pour l'autorisation de sortie de territoire lorsque les enfants ne sont pas accompagnés par un de leurs parents, chaque pays a mis en place sa propre régulation. Ainsi, pour ***les mineurs français,*** une loi entrée en vigueur en janvier 2017 a ***rétabli l'autorisation de sortie du territoire.*** Pour voyager à l'étranger, ils doivent être munis d'une pièce d'identité (carte d'identité ou passeport), d'un formulaire signé par l'un des parents titulaires de l'autorité parentale et de la photocopie de la pièce d'identité du parent signataire. Renseignements auprès des services de votre commune et sur ● *service-public.fr* ●
– ***Permis de conduire international :*** même s'il est rarement demandé, il est plus sûr de l'avoir sur soi si vous conduisez. Les agences de location de voitures se contentent, en effet, le plus souvent du permis national, mais il arrive que les policiers, eux, l'exigent lors de contrôles sur les routes.
– ***Attention :*** les denrées périssables, de type fruits (même secs) ou fromages, sont strictement interdites. Si vous vous apercevez en arrivant au Chili que vous transportez un de ces produits, surtout déclarez-le avant le contrôle des bagages. Autrement vous risquez de payer une forte amende.

Ariane, ayez les bons réflexes sur le site du ministère de l'Europe et des Affaires étrangères

– Consultez les conseils aux voyageurs : préparez soigneusement votre voyage (risques liés à la sécurité, formalités de séjour, conseils et obligations sanitaires...) en vous connectant sur ● *diplomatie.gouv.fr* ● ou via l'application mobile.
– Inscrivez-vous sur Ariane : en quelques clics, créez votre compte sur ● *diplomatie.gouv.fr* ● pour recevoir par e-mail ou sms des alertes et des consignes de sécurité, en cas de nécessité.

Assurances voyage

■ ***Routard Assurance par AVI International :*** *Le Colisée Gardens, 10, av. de l'Arche, 92400 Courbevoie.* Ⓜ *La Défense.* ☎ *01-44-63-51-00. Pour tte demande d'informations :* ● *routard@avi-international.com* ● *avi-international.com* ● Enrichie au fil des années par les retours des lecteurs, Routard Assurance reste l'assurance voyage référence des globe-trotters. Tout y est inclus, même la Covid : frais médicaux, assistance rapatriement, bagages, responsabilité civile... Avant votre départ, contactez AVI pour un conseil personnalisé. À la recherche d'une attestation Covid ? Vous la recevrez automatiquement après chaque souscription. Besoin d'un avis médical, d'une prise en charge dans un hôpital ? Le plateau d'Assistance AVI dispose d'un vaste réseau médical à travers le monde disponible 24h/24 pour une réponse en temps réel. De simples frais de santé en voyage ? Téléchargez vos factures depuis l'espace assuré AVI, ils vous remboursent sous une semaine.

■ **AVA :** 25, rue de Maubeuge, 75009 Paris. ☎ 01-53-20-44-20. • ava.fr • Ⓜ Cadet. Un autre courtier fiable pour ceux qui souhaitent s'assurer en cas de décès-invalidité-accident lors d'un voyage à l'étranger, mais surtout pour bénéficier d'une assistance rapatriement, perte de bagages et annulation. Attention, franchises pour ses contrats d'assurance voyage.

■ **Pixel Assur :** 10, rue du Maréchal-Gallieni, BP 35, 78601 Maisons-Laffitte. ☎ 01-39-62-28-63. • pixel-assur.com • RER A : Maisons-Laffitte. Assurance de matériel photo et vidéo tous risques (casse, vol, immersion), dans le monde entier. Devis en ligne basé sur le prix d'achat de votre matériel. Avantage : garantie à l'année.

Carte internationale d'étudiant (carte ISIC)

Elle prouve le statut d'étudiant dans le monde entier et permet de bénéficier d'avantages, services et réductions dans les domaines du transport, de l'hébergement, de la culture, des loisirs, du shopping...
La carte ISIC (payante) permet aussi d'accéder à des avantages exclusifs (billets d'avion spécial étudiants, hôtels et auberges de jeunesse, assurances, cartes SIM internationales, location de voitures...).

Renseignements et inscriptions

– ***En France :*** • isic.fr •
– ***En Belgique :*** • isic.be •
– ***En Suisse :*** • isic.ch •
– ***Au Canada :*** • isicanada.com •

Carte d'adhésion internationale aux auberges de jeunesse (carte FUAJ)

Cette carte vous ouvre les portes de plus de 2 400 auberges de jeunesse du réseau *HI-Hostelling International* en France et dans le monde. Vous pouvez ainsi loger dans plus de 75 pays à des prix avantageux et bénéficier de tarifs préférentiels avec les partenaires des auberges de jeunesse *HI*. De plus, vous intégrez une communauté mondiale de voyageurs partageant les mêmes valeurs : plaisir de la rencontre, respect des différences et échange dans un esprit convivial. Il n'y a pas de limite d'âge pour séjourner en auberge de jeunesse. Il faut simplement être adhérent.

Renseignements et inscriptions

– ***En France :*** • hifrance.org •
– ***En Belgique :*** • lesaubergesdejeunesse.be •
– ***En Suisse :*** • youthhostel.ch •
– ***Au Canada :*** • hihostels.ca •
– ***En France et dans le monde :*** • hihostels.com • Si vous prévoyez un séjour itinérant, vous pouvez réserver plusieurs auberges en une seule fois !

ARGENT, BANQUES, CHANGE

Si vous comptez effectuer des retraits d'argent aux distributeurs, il est ***vivement conseillé d'avertir votre banque*** avant votre départ (pays visités et dates). En effet, ***votre carte peut être bloquée*** dès le 1er retrait pour suspicion de fraude. C'est de plus en plus fréquent. Bonjour les tracasseries administratives pour faire rentrer les choses dans l'ordre, et on se retrouve vite dans l'embarras !

Monnaie et change

– La monnaie est le ***peso chilien ($Ch).*** Il existe des billets de 1 000, 2 000, 5 000, 10 000 et 20 000 $Ch, et des pièces de 1, 5, 10, 50, 100 et 500 $Ch.
– ***Début 2023, 1 € valait environ 900 $Ch.***
– ***Pour disposer d'argent liquide,*** le mieux est de changer dans les *casas de cambio,* qu'on trouve dans toutes les villes, grandes ou moyennes. Pas de commission, et le taux est proche du taux officiel. Dans les bourgades, le taux est parfois un peu moins bon. Sinon, il y a partout des distributeurs acceptant les cartes de paiement internationales, mais l'opération peut comporter des frais.
– Les ***casas de cambio*** sont le plus souvent fermées le samedi après-midi et le dimanche. On les trouve généralement dans une même rue ou regroupées autour d'un carrefour. Du coup il est facile de comparer les taux, même si ceux-ci varient assez peu d'une enseigne à l'autre. Comme partout, bien recompter ses sous au comptoir avant de partir.
– Les ***banques*** sont ouvertes en semaine seulement, de 9h à 14h. En revanche, leurs distributeurs automatiques (ou DAB) sont souvent accessibles 24h/24. Le change aux guichets est assez aléatoire. Certaines banques le proposent, d'autres non. Mieux vaut de toute façon changer dans les *casas de cambio...*

Cartes de paiement

Quand vous partez à l'étranger, pensez à ***relever le plafond de retrait d'argent aux distributeurs*** et pour les paiements par carte, quitte à le rebaisser à votre retour.
– ***Les paiements par cartes*** *Visa, MasterCard* et *American Express* sont très bien acceptés à travers le pays, dans la plupart des hôtels, restos, commerces et stations-service. En revanche, il peut y avoir des problèmes de connexion dans les endroits reculés (par exemple, en Patagonie ou à San Pedro de Atacama, régions pourtant très touristiques...), vous empêchant de régler une note de cette manière. Toujours prévoir du liquide par sécurité, donc.

> Petite mesure de précaution : si vous retirez de l'argent dans un distributeur, utilisez de préférence les distributeurs attenants à une agence bancaire. En cas de pépin avec votre carte, vous aurez un interlocuteur dans l'agence pendant les heures ouvrables.

– ***Le retrait d'argent liquide avec les cartes de paiement :*** vu le nombre de distributeurs automatiques (ou DAB) affichant les logos des cartes *Visa, MasterCard* et *American Express,* on pourrait penser qu'il est facile de retirer de l'argent à toute heure, même dans les pharmacies comme *Cruz Verde* et dans de nombreux supermarchés. Mais les distributeurs sont parfois vides, en panne ou en maintenance. Sans compter que certaines banques chiliennes refusent parfois le retrait aux cartes étrangères. Quand ça marche (en général, c'est le cas), le montant du retrait est en principe limité à 200 000 $Ch (env 220 €) par opération, laquelle comporte aussi des frais. ***Notre conseil*** donc : partez au Chili avec une réserve d'argent liquide, et changez de l'argent régulièrement auprès des *casas de cambio.*
– Pour ***louer une voiture,*** une carte de crédit (et non de débit !) internationale est nécessaire comme garantie pour la franchise. Voir aussi plus loin la rubrique « Transports. Voiture »

En cas de perte ou vol de cartes de paiement

Avant de partir, notez bien le numéro d'opposition propre à votre banque (il figure souvent au dos des tickets de retrait, sur votre contrat, ou à côté des distributeurs

de billets), ainsi que le numéro à seize chiffres de votre carte. Bien entendu, conservez ces informations en lieu sûr et séparément de votre carte.
Et, surtout, n'oubliez pas aussi de ***VÉRIFIER LA DATE D'EXPIRATION DE VOTRE CARTE BANCAIRE*** avant votre départ !
Se reporter aussi plus loin à la rubrique « Urgences ».

ACHATS

À Santiago, les magasins sont généralement ouverts de 10h à 18h – ou 19h. Dans de nombreuses villes de province, pause pour l'*almuerzo,* souvent entre 13h ou 14h et 16h. *Attention :* dans tout le pays, y compris dans la capitale, la plupart des magasins ferment le samedi en début d'après-midi et ne rouvrent que le lundi matin. Seuls les centres commerciaux et supermarchés (modernes et très bien approvisionnés) sont ouverts tous les jours, même le dimanche, généralement jusqu'à 20h au moins.

Dans le Nord

Sans vouloir jouer les rabat-joie, sachez que la plupart des vêtements vendus sur les marchés ou dans les boutiques sont fabriqués au Pérou ou en Bolivie. Et même... en Chine.
– ***San Pedro de Atacama :*** tapis et pulls en laine, objets en bois de cactus, sculptures en pierre de Toconao, reproductions de pièces incas en bronze, crèches miniatures (très kitsch). Mais attention, les boutiques de la rue principale vendent de tout : du tricoté-main sur place et du fait-machine à Taïwan.
– ***Région d'Arica :*** il faut se rendre jusqu'au minuscule hameau de Parinacota, à 4 400 m d'altitude (voir le chapitre « De Putre au lago Chungará »), pour trouver de vraies étoffes tissées à la main, pulls, gants, bonnets et ponchos en laine d'alpaga et de lama. Les mamies qui réalisent ces œuvres tondent les bêtes, cardent la laine, filent et tricotent elles-mêmes. Il en reste une poignée, alors n'hésitez pas à les soutenir en achetant leur production. Sinon, on trouve dans la région des miniatures de clochers d'églises de l'*altiplano* et des instruments de musique andins.
– ***Région de La Serena :*** osier, objets en pierre de Combarbalá, imitations de poteries Diaguitas et tout ce que l'on peut faire à partir de papayes (confitures, nectar, bonbons, etc.).

Santiago et environs

– ***Bijoux et objets en lapis-lazuli :*** on le trouve seulement dans 2 endroits au monde : le Chili et l'Afghanistan. La pierre ayant le plus de valeur est bleu foncé, parsemée de petites pointes dorées (pyrite). Attention aux pierres teintées.
– ***Poteries de Pomaire*** très répandues au Chili, on les emploie beaucoup dans la cuisine, par exemple les petits plats ronds à gratin.

Dans le Sud

– ***À Chiloé :*** pulls, bonnets et tapis en laine. Objets utilitaires en bois.
– ***Artisanat mapuche :*** beaucoup de textiles, *mantas* (couvertures), *chales* (châles) et gros pulls, en laine de brebis ou d'alpaga, colorés avec des teintes naturelles (d'écorces ou de racines). Également la *cestería* (vannerie), les bijoux et les instruments de musique : *trutruca* (trompe de 1,50 à 4 m de long), *pifilca* (sifflet en bois), *kultrun* (tambour), *cascahuillas* (clochettes). Enfin, l'artisanat en bois dans la région des Lacs, des ustensiles de cuisine aux objets décoratifs, en passant par une kyrielle de babioles...

– ***En Patagonie :*** pas grand-chose, il faut bien le dire... Les artisans travaillent le bois ou les pierres (lapis-lazuli, là aussi), proposent des tissages et des lainages de facture assez grossière. On trouve aussi des essences naturelles de plantes.

BUDGET

Le coût de la vie au Chili, du moins pour le voyageur étranger, est à peine plus bas qu'en Europe. En gros, il est comparable à celui de l'Argentine et du Brésil, et plus élevé que celui des pays andins (Pérou, Bolivie...). Pour les voyageurs au long cours arrivant du nord, donc, le choc peut être rude pour le porte-monnaie...
Pour limiter les frais (et le bilan carbone !) sur place, on privilégiera le ***bus*** par rapport à l'avion, encore que des compagnies à bas coût (*Sky Airline* et *JetSmart*) aient fait leur apparition dans le pays et que la différence de prix sur les longues distances ne soit plus aussi claire qu'avant. Pour se loger, il y a des ***hostales*** (petits hôtels) un peu partout, offrant des chambres doubles convenables autour de 40-70 € (petit déj souvent inclus), ou des ***hostels*** (dans les coins touristiques) qui disposent de lits en dortoir (autour de 15-20 €/pers). Enfin, pour manger, le mieux est de profiter des ***menus du jour*** (entrée-plat et parfois dessert, pour 5-10 €), servis à midi dans bon nombre de restaurants, toujours d'un bon rapport qualité-prix.
– ***Budget moyen :*** compte tenu de ce qui précède, en voyageant à 2 à l'économie, on peut s'en sortir à partir de 40-50 € par jour et par personne, à savoir 20-25 € pour l'hébergement (chambre double à 40-50 €) et 20-25 € pour les repas (en profitant des menus économiques dans les restos). Mais cela n'inclut ni les transports, ni les visites, ni les frais divers, et encore moins les éventuelles excursions (qui peuvent chiffrer fort selon les régions). À vos calculettes donc !
– ***Variations selon les régions :*** le Nord est globalement un peu moins cher que le Sud pour l'hébergement. D'une façon générale, le coût de la vie – isolement oblige – est plus élevé en Patagonie et sur l'île de Pâques.
– ***Variations saisonnières :*** pour l'hébergement dans les coins touristiques, les différences de prix entre l'été (qui va grosso modo de mi-décembre à mi-mars) et le reste de l'année peuvent être importantes (jusqu'à 50 %). Les tarifs peuvent grimper à nouveau lors des vacances d'hiver (2 semaines en juillet) ainsi que pour les longs week-ends. En période creuse, n'hésitez pas à négocier, surtout si vous restez plusieurs jours, c'est une pratique bien acceptée.
– Pour les ***transports,*** il en va de même : les tarifs peuvent varier d'une période à l'autre et même d'un jour (ou d'une heure de départ) à un autre, quoique beaucoup moins pour les bus que pour l'avion. C'est pourquoi nous n'indiquons aucun prix dans le guide. Consultez les sites internet (ou les réseaux sociaux) des compagnies pour connaître les tarifs précis.
– Si vous louez une voiture, le ***carburant*** est un peu moins cher qu'en Europe. En 2023, il fallait compter 1 300-1 400 $Ch (env 1,50 €) le litre d'essence sans plomb et un peu moins pour le diesel.
– ***Paiement dans les hôtels :*** dans bon nombre d'établissements, plutôt appartenant à la catégorie « chic », les étrangers ne résidant pas au Chili peuvent être ***dispensés de payer la TVA*** (IVA), de 19 %. Se renseigner auprès des établissements car tous n'offrent pas cette possibilité. Pour prouver votre statut de touriste, il vous faudra montrer votre passeport et la fiche remise par les services de l'immigration à votre arrivée (à garder précieusement jusqu'au vol retour !).
– Le ***pourboire*** *(propina)* est d'usage fréquent au Chili. Dans les restaurants et les bars, on laisse habituellement 10 % du montant de l'addition. Depuis quelque temps, ce pourboire est même souvent « suggéré » sur l'addition qui vous est présentée. C'est un complément important aux salaires (très bas) des employés... Dans les hôtels, la personne qui vous aide à porter vos bagages attendra aussi un petit geste. Ailleurs, le pourboire est moins attendu.

Hébergement

Les tarifs que nous vous indiquons ci-dessous sont ceux d'une ***chambre double (ou twin)***. Dans la rubrique « Bon marché », on trouve aussi des dortoirs, dont les prix sont évidemment donnés par personne. Le petit déjeuner est généralement inclus dans les adresses « Prix moyens » et au-delà, plus rarement dans les petits hôtels bon marché.

– ***Très bon marché :*** moins de 30 000 $Ch (env 33 €). Concerne assez peu d'adresses.
– ***Bon marché :*** de 30 000 à 50 000 $Ch (env 33-55 €).
– ***Prix moyens :*** de 50 000 à 80 000 $Ch (env 55-90 €).
– ***Chic :*** de 80 000 à 120 000 $Ch (env 90-130 €).
– ***Plus chic :*** de 120 000 à 160 000 $Ch (env 130-175 €).
– ***Très chic :*** plus de 160 000 $Ch (plus de 175 €).

Restaurants

Ici, les prix indiqués sont ceux d'un ***repas moyen,*** sans la boisson.
– ***Très bon marché :*** moins de 5 000 $Ch (env 5,50 €).
– ***Bon marché :*** de 5 000 à 10 000 $Ch (env 5,50-11 €).
– ***Prix moyens :*** de 10 000 à 20 000 $Ch (env 11-22 €).
– ***Plus chic :*** 20 000-30 000 $Ch (env 22-33 €).
– ***Très chic :*** plus de 30 000 $Ch (33 €).

CLIMAT

S'étendant du nord au sud sur près de 4 300 km, le Chili connaît des variations climatiques extrêmes : on se dessèche sous le soleil du désert d'Atacama (le plus aride au monde !) et on grelotte sous la pluie dans le sud du pays, où le climat, venteux, est très humide et influencé par les masses d'air froid venant de l'Antarctique.

Quelques constatations valables pour tout le pays :
– le Chili étant situé dans l'hémisphère sud, ***les saisons sont inversées par rapport à l'Europe*** : c'est l'hiver en juillet-août ; et l'été en janvier-février. En revanche, les Chiliens ne marchent pas sur la tête (!) ;
– outre la longueur du pays, 2 éléments influencent particulièrement le climat. La présence du courant maritime froid de Humboldt, dans l'océan Pacifique, produit un épais brouillard côtier, la *camanchaca,* lorsqu'il rencontre les terres chaudes. Les cordillères provoquent aussi des variations climatiques importantes à l'intérieur du pays. C'est ainsi qu'il peut faire 30 °C la journée à Arica et geler la nuit à Putre, à 2h30 de route. En Patagonie, les montagnes littorales font barrage : il peut pleuvoir 10 fois plus en bord de mer que dans une vallée intérieure.

ÇA SOUFFLE !

La Patagonie est, avec la Nouvelle-Zélande et la Tasmanie, la seule terre australe qui entrave le passage des puissants vents d'ouest formés au contact du plateau antarctique. Les marins du cap Horn les ont baptisés « les quarantièmes rugissants ». Puis, trouvant pires conditions au-delà, ils se sont mis à parler de « cinquantièmes hurlants » et même de « soixantièmes mugissants » ! Au large de la Terre de Feu, d'effrayantes rafales nommées les « tornades des cordillères » prennent parfois par surprise les bateaux de passage. Sur terre, les vents sont à peine plus sages... suffisamment violents pour emporter une portière de voiture entrouverte !

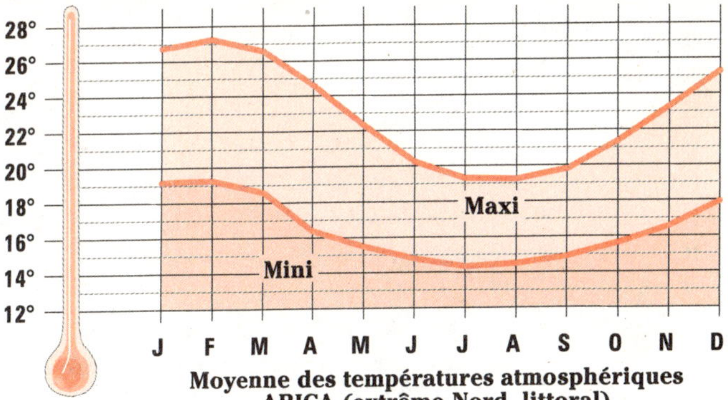

Moyenne des températures atmosphériques
ARICA (extrême Nord, littoral)

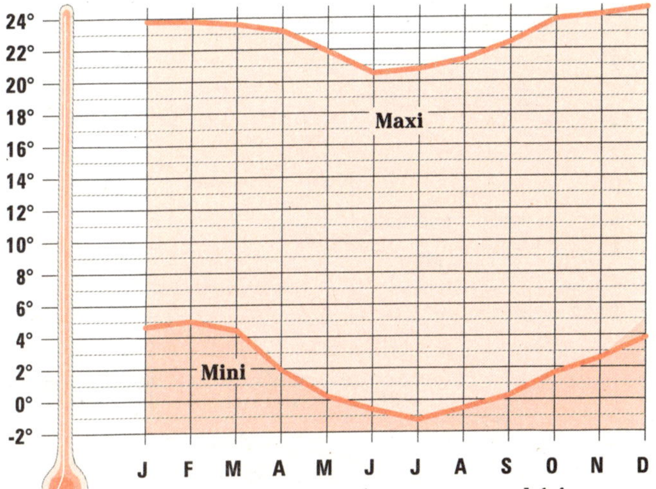

Moyenne des températures atmosphériques
CALAMA (désert de l'Atacama)

CHILI

On distingue grosso modo 6 zones climatiques.
– ***Le Grand Nord*** *(Norte Grande)* **:** de Chañaral à Arica, le territoire est désertique. L'air est asséché par la masse froide du courant de Humboldt, qui longe la côte, et le peu d'humidité produite reste bloqué sur les flancs des montagnes côtières. Conséquence : l'immense désert d'Atacama est le plus sec du globe (mais pas le plus chaud), avec par endroits moins d'1 mm de précipitations par an.
– ***Le Petit Nord*** *(Norte Chico),* de Chañaral au río Aconcagua, est une région semi-désertique, zone de transition entre les déserts du Nord et les zones plus humides du Sud. La plupart de l'année, le ciel est extraordinairement clair et sans nuages. Les pluies y sont rares.

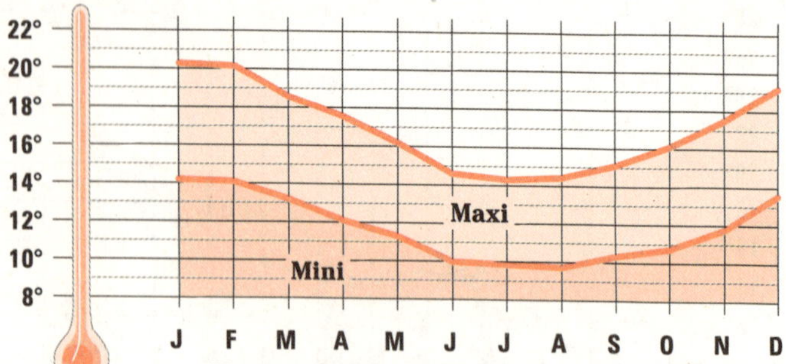

Moyenne des températures atmosphériques
VALPARAISO (côte centrale)

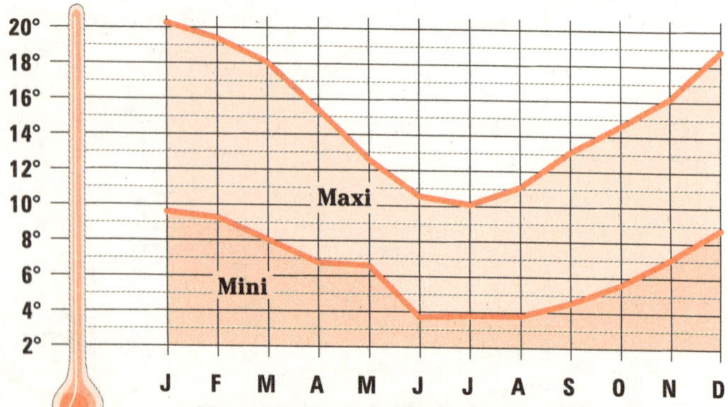

Moyenne des températures atmosphériques
PUERTO MONTT (région des Lacs)

CHILI

– ***Le Centre,*** autour de Santiago et Valparaíso, bénéficie d'un climat presque de type méditerranéen, avec des étés chauds et secs, des hivers doux et pluvieux. Moyenne des températures diurnes de 28 °C en été et de 10 °C en hiver.
– ***Le Sud et la région des Lacs*** ont un climat pluvieux tempéré. Beaucoup de pluie toute l'année, sauf en été où les dômes des volcans enneigés scintillent au soleil... bien qu'il puisse aussi pleuvoir à cette saison. Chiloé, la plus grande île du Chili, est réputée pour son climat humide : seulement 60 jours de soleil par an !
– ***La Patagonie et la Terre de Feu,*** de Chiloé au cap Horn, se caractérisent par un climat froid, pluvieux, avec des rafales de vent d'une violence incroyable une grande partie de l'année. En été, quelques belles journées ensoleillées, question de chance, et des lumières superbes, mais le temps peut changer en un clin d'œil. Dans la province de Magallanes et en Terre de Feu (la mal nommée !), les températures estivales moyennes oscillent autour de 10 °C. Cela n'empêche pas de bénéficier, parfois, d'un beau ciel bleu et d'un mercure grimpant jusqu'à 20 °C, voire plus. En hiver, il fait raisonnablement froid : autour de 2-4 °C.

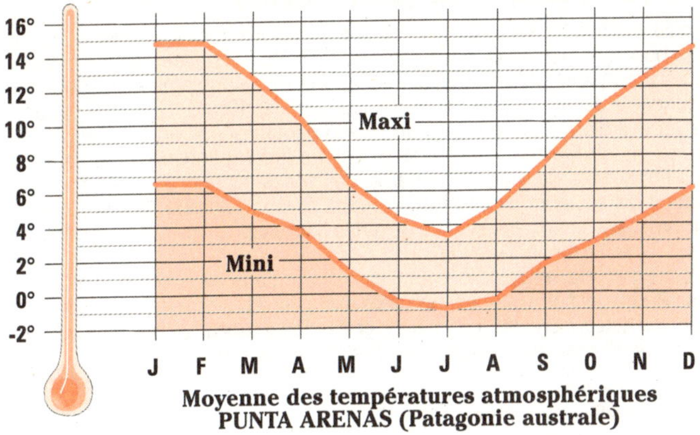

Moyenne des températures atmosphériques
PUNTA ARENAS (Patagonie australe)

CHILI

– À ces zones, il faut ajouter les ***îles du Pacifique*** : l'***île de Pâques*** a un climat subtropical, avec des pluies éparses toute l'année. Les températures oscillent entre 15-17 °C en août et durant l'été austral (de décembre à mars) la moyenne journalière avoisine les 24 °C. L'archipel Juan Fernández (Robinson Crusoé), au large de Valparaíso, bénéficie d'un climat méditerranéen avec des pluies en hiver et une température moyenne de 14 °C.

Le phénomène El Niño

Surnommé « l'Enfant Jésus » parce qu'il apparaît sur les côtes sud-américaines aux alentours de Noël, ce phénomène climatique se manifeste tous les 2 à 7 ans, avec des épisodes plus intenses tous les 50 ans – comme ce fut le cas en 1997-1998. Il s'est reproduit depuis plus faiblement, mais plus fréquemment, avec encore, en 2009-2010, de sérieuses conséquences jusqu'en Asie et causant de dramatiques inondations dans le désert d'Atacama en 2015.
Dans le Pacifique, les alizés soufflent depuis les zones de haute pression atmosphérique des côtes occidentales des Amériques vers l'Indonésie et le nord de l'Australie. En traversant l'océan, ces vents se chargent en humidité et, arrivés de l'autre côté, la libèrent sous forme de pluies – nourrissant aussi, indirectement, la mousson indienne. Asséchées, les masses d'air repartent à grande altitude vers l'est. C'est comme un tapis roulant qui pousse les eaux d'est en ouest en surface, et d'ouest en est en profondeur. Lorsque El Niño intervient, les alizés s'affaiblissent ou même s'inversent et le tapis roulant s'arrête.
Les eaux chaudes (supérieures de 2 à 5 °C à la normale) se répandent vers l'est, favorisant les remontées d'air humide sur les côtes américaines. Des pluies souvent ravageuses s'abattent, permettant, au nord du Chili, l'apparition du *desierto florido* – les précipitations exceptionnelles faisant fleurir le désert. L'augmentation des pluies affecte aussi l'agriculture : l'abondance de végétation multiplie le nombre de rongeurs et d'insectes, et les dégâts sont importants. À contrario, l'hiver est doux au Canada, l'Australie et l'Asie sont soumises à une importante sécheresse.
Récemment, les chercheurs ont mis en lumière 2 phénomènes « complémentaires » : le Niño classique et le Niño Modoki, correspondant à un réchauffement des eaux plus localisé au centre du Pacifique et aux conséquences moins fortes. Il semblerait que la récurrence grandissante de ce Modoki soit favorisée par le réchauffement climatique.

L'*invierno altiplánico* (ou *boliviano*)

Rien à voir avec El Niño. Ce phénomène climatique appelé « l'hiver altiplanique » ou « bolivien » se produit tous les ans en plein été austral (de janvier à mars), dans le nord du pays, dans la région de San Pedro de Atacama et au-delà. À cette période, le soleil s'approche du tropique du Capricorne. Une forte évaporation se produit alors dans la région du Chaco paraguayen et argentin et génère des pluies parfois violentes qui se déversent sur le nord du Chili. Elles peuvent être accompagnées de grêle et de neige. Les zones les plus arrosées sont généralement les secteurs de San Pedro, Putre, Belén, Colchane, Surire, Chungará et Visviri. C'est ainsi qu'au sein du désert le plus aride du monde, en plein été, soudain, il pleut à torrent !
À cette période, renseignez-vous avant d'aller dans cette région, car la route de San Pedro peut être coupée, certaines excursions provisoirement interrompues et certains hôtels inondés... Les médias et les sites • *subturismo.gob.cl* • *sernatur.cl* • donnent généralement les informations nécessaires.

Conseils

– Si vous voulez faire des ***randonnées*** en Patagonie, la meilleure période s'étend de fin novembre à début mars. Il faut cependant s'attendre à des pluies, même en plein été, et donc s'équiper en conséquence. Dans le Grand Nord, il fait beau pratiquement toute l'année, avec de fortes chaleurs en janvier-février et des risques de pluie dans la cordillère, liés à l'*invierno boliviano.*
– Pour les amateurs de ***ski,*** il neige dans le centre et le sud du pays entre mi-mai et mi-octobre, avec un pic en juillet et août.

DANGERS ET ENQUIQUINEMENTS

Si le Chili n'est pas le pays le plus dangereux d'Amérique latine, il convient néanmoins de prendre quelques précautions.
– ***Conseils :*** évitez de vous promener avec des objets de valeur. Laissez toujours un double de vos papiers (passeport, permis de conduire...) à l'hôtel. Comme dans tous les pays, sortez avec le minimum d'argent sur vous, et soyez discret au moment de payer.
– ***Dans les gares routières :*** les vols sont fréquents. Gardez vos affaires sur vous, restez vigilant envers toute tentative de détourner votre attention. Idem dans les marchés et dans les transports à Santiago.
– ***À Santiago :*** comme dans toutes les grandes capitales, il y a plus de risques. Les cas les plus souvent rapportés sont les vols à la tire, les agressions étant plus rares.
– ***À Valparaíso :*** gardez un œil attentif sur vos affaires. Certains quartiers, notamment dans la ville basse, connaissent une petite délinquance plus importante qu'ailleurs. Des bandes organisées repèrent les étrangers qui se promènent ostensiblement avec des objets de valeur : appareils photo, smartphones... Bien fermer votre voiture, ne rien laisser dedans, et si possible la garer dans des parkings fermés et surveillés. Nous vous indiquons, dans la partie consacrée à cette ville, les quartiers qu'il est préférable d'éviter.
– ***Sur la route :*** mieux vaut rouler de jour que de nuit. Voir également la rubrique « Transports. Voiture ». Attention aux interminables lignes droites sur la panaméricaine. L'endormissement cause de graves accidents !
– ***Tremblement de terre, éruption volcanique et tsunami :*** ne l'oublions pas, le Chili se situe sur l'arc de feu du Pacifique. Un séisme peut générer un tsunami dans les 20 mn qui suivent. Des panneaux indiquent dans toutes les villes les voies d'évacuation sur toute la côte. Outre l'évidente nécessité de s'éloigner rapidement des plages, quitte à abandonner ses affaires personnelles, il est également

conseillé de quitter son véhicule si la terre tremble (risques de fissures sur la route) et de gagner un point situé au moins 30 m au-dessus du niveau de la mer.

DÉCALAGE HORAIRE

Le décalage horaire varie selon les saisons. Durant le printemps et l'été austral (d'octobre à mars-avril), il y a 4h de différence entre la France et le Chili. Quand il est 12h à Paris, il est 8h à Santiago. Entre avril et octobre (hiver austral) : 6h de décalage. Pour l'île de Pâques, ajouter encore 2h de différence (quand il est 12h à Santiago, il est 10h sur l'île de Pâques), toute l'année.
– ***Heure d'hiver, heure d'été :*** chaque année, le Chili passe à l'heure d'hiver à une date fixée par le gouvernement... sauf la Patagonie australe (région de Magallanes), qui reste donc à l'heure d'été toute l'année (quand il est 12h à Santiago en hiver, il est 13h à Punta Arenas). En général, le changement s'opère vers avril. L'heure d'été est généralement adoptée début septembre.

ÉLECTRICITÉ

Le voltage au Chili est de 220 V et la plupart des prises sont compatibles avec les appareils européens, sauf ceux nécessitant des prises avec terre (ce qui est notamment le cas des ordinateurs portables). Dans le doute, apportez un adaptateur universel. On en trouve cependant sur place sans difficultés, dans les supermarchés.

FÊTES ET JOURS FÉRIÉS

Fêtes

Voici quelques fêtes (dont beaucoup sont régionales) qui se déroulent au cours de l'année.
– ***Janvier :*** tous les 2 ans, le *Nguillatun,* fête de la Fertilité de la terre chez les Mapuches.
– ***Février :*** le très célèbre festival de la *canción,* le plus important d'Amérique latine, à Viña del Mar. Le carnaval est célébré en de nombreux endroits pendant 6 jours, jusque dans les villages de l'altiplano. Celui d'Arica rassemble des dizaines de groupes folkloriques des communautés andines. Semaine *Tapati Rapa Nui* (île de Pâques), avec danses, chants et activités sportives traditionnelles.
– ***7 mai :*** fête des Aymaras du nord du pays, danses folkloriques avec costumes, à grand renfort de fanfares.
– ***29 juin :*** dans tous les ports chiliens, et notamment celui de Valparaíso, fête de San Pedro, patron des pêcheurs. Processions maritimes.
– ***16 juillet :*** *La Tirana* (Iquique), fête de la Vierge del Carmen. Confréries de danseurs venus de tout le nord du pays.
– ***18 septembre :*** fête nationale. Et c'est vraiment la grande fête partout dans le pays, le jour des *empanadas* et de la *cueca* !
– ***8 décembre :*** pèlerinage de la Vierge de Lo Vásquez, près de Valparaíso. Le plus grand du Chili, réunissant 600 000 fidèles qui parcourent une cinquantaine de kilomètres à pied, dont les derniers se font à genoux, en signe de pénitence.
– ***26 décembre :*** à *Andacollo* (près de La Serena), fête de la Vierge, avec 150 000 pèlerins venus de tout le pays.
Et en plus petit comité :
– les ***despedidas*** sont les fêtes organisées quand quelqu'un s'en va ;
– les ***carretes*** sont les soirées très arrosées...

Jours fériés

– ***1er janvier :*** Nouvel An.
– ***Mars-avril :*** Pâques. Le Vendredi saint et le Samedi saint sont fériés.
– ***1er mai :*** fête du Travail *(Día del Trabajo)*.
– ***21 mai :*** bataille navale d'Iquique *(Día de las Glorias Navales)*.
– ***Fin juin :*** San Pedro et San Pablo.
– ***15 août :*** *Asunción de la Virgen* (fête de la Vierge Marie).
– ***18 septembre :*** jour de l'Indépendance (1810), fête nationale.
– ***19 septembre :*** jour des Forces armées.
– ***Entre le 9 et le 12 octobre :*** jour commémorant la découverte de l'Amérique par Christophe Colomb.
– ***27 octobre :*** *Día de las Iglesias Evangélicas*.
– ***1er novembre :*** Toussaint *(Día de Todos los Santos)*.
– ***8 décembre :*** fête de l'Immaculée Conception *(Immaculada Concepcíon)*.
– ***25 décembre :*** Noël *(Navidad)*.

HÉBERGEMENT

On trouve un grand choix d'hébergements au Chili, du camping sans aucun aménagement à l'hôtel 5 étoiles ultracontemporain. En haute saison (de mi-décembre à mi-mars), les prix augmentent, et dans les endroits les plus touristiques, il est prudent (parfois même nécessaire) de réserver à l'avance. Sachez aussi que les AJ, *hospedajes, residenciales* et *hostales,* bref, les adresses les moins chères, ne sont pas toujours chauffées pendant l'hiver austral (juillet-août) – ou alors uniquement avec un poêle central pour toute la maison.

Camping

Pour ceux qui ont soif de grands espaces et de nature, c'est le moyen idéal et le plus économique. Il est ***souvent possible de camper dans les parcs nationaux*** : la plupart disposent d'une aire de camping simple, souvent avec w-c et douches (pas toujours très propres). Certains ne sont ouverts qu'en période estivale. Il existe également de nombreux ***petits campings privés*** disséminés dans tout le pays, où l'aménagement et l'entretien vont de basique, voire franchement limite, à plutôt bon. Mais ne vous attendez pas à trouver des campings 4 étoiles à l'européenne. Leur principal défaut, le plus souvent, est la promiscuité entre les emplacements. Niveau calme et intimité, on fait mieux... Notez qu'il est possible de planter sa tente au fond du jardin de certains *hospedajes* ou *hostales.* On peut acheter ou louer du bon matériel de camping dans la plupart des villes chiliennes. Sinon, dans certains parcs, vous trouverez des refuges gérés par l'office des parcs, la *Conaf,* souvent assez rudimentaires.

Auberges de jeunesse, *hostels*

Les auberges de jeunesse membres de l'association *Hostelling International* tendent à disparaître au Chili. De plus, celles qui existent encore ne se distinguent guère des autres AJ privées, et la carte de membre n'est pas requise pour y séjourner. Nous ne nous attardons donc pas trop sur le sujet.
En revanche, les *hostels* indépendants sont assez nombreux partout dans le pays. Comme ailleurs, il s'agit souvent de maisons ou de petites structures proposant des dortoirs mais aussi des chambres doubles, pas tellement plus chères pour les couples que 2 lits en dortoir. La plupart disposent d'une cuisine commune. En général, il y règne une atmosphère internationale sympa et propice aux rencontres. Aucune limite d'âge pour y séjourner, et elles sont ouvertes à tous.
Un des meilleurs sites pour trouver des *hostels* dans la ville ou région de votre choix : ● *hostelworld.com* ●

Hostales, hospedajes et residenciales

Il s'agit de petits hôtels bon marché, parfois plus proches de la pension, voire de la chambre d'hôtes. Il est fréquent de devoir partager les sanitaires dans ce type d'établissements. Certains se confondent même un peu avec les *hostels,* quand ils proposent aussi quelques lits en dortoirs. Bien sûr, la qualité de l'accueil, la propreté, le confort, le charme... et les prix varient d'une maison à l'autre. Certains proposent le petit déjeuner, mais beaucoup ne le font pas. Si vous voyagez avec un budget limité, vous y séjournerez forcément à un moment ou à un autre.

Hôtels

Comme ailleurs, il y en a de toutes les sortes et catégories : du moins cher (qui peut s'apparenter furieusement à un *hostal*) à l'établissement de chaîne internationale 4 ou 5 étoiles, en passant par l'hôtel de charme, ou le « boutique-hôtel » comme on dit plutôt au Chili.

– ***Précision importante :*** dans un certain nombre d'hôtels, plutôt de la catégorie supérieure, il est possible, pour les étrangers ne résidant pas au Chili, d'être exemptés de la TVA *(IVA).* Parfois cependant, les tarifs annoncés le sont déjà hors TVA. Renseignez-vous, le gain (19 %) n'est pas négligeable !

Bed & Breakfast

Une mode d'hébergement qui se développe au Chili, notamment à Valparaíso. Il s'agit de maisons particulières, souvent anciennes et charmantes, disposant de quelques chambres, et où vivent les propriétaires. Pour ceux qui auraient quelques petites lacunes en anglais, le petit déj est toujours compris ! On y trouve plusieurs niveaux de confort, des prix souvent raisonnables et un accueil généralement charmant.

LANGUE

La langue parlée est l'***espagnol,*** appelé ici ***castellano.*** Les descendants des Mapuches continuent à parler leur langue, certains groupes aymaras dans le nord du pays également, et les Pascuans, habitants de l'île de Pâques, se battent pour que leur langue ancestrale revive...

Au Chili, l'accent est très différent de celui de l'Espagne, le débit rapide mais plus doux, moins guttural. La créativité et l'humour chiliens, en mêlant quelquefois mots importés, néologismes et argot, donnent à l'espagnol une touche toute personnelle et souvent très savoureuse.

Un conseil : essayez d'avoir quelques rudiments d'espagnol avant le départ, car l'anglais est peu pratiqué (et puis ça fait toujours plaisir !).

Vocabulaire espagnol de base utilisé au Chili

Pour vous aider à communiquer, n'oubliez pas notre ***Guide de conversation du routard en espagnol.***

oui / non	*sí / no* (mais *ya* est plus utilisé que *sí*)
Politesse	
merci	*gracias*
s'il vous plaît	*por favor*
salut !	*¡ hola !*
bonjour	*buenos días* (matin), *buenas tardes* (à partir de midi)
bonsoir, bonne nuit	*buenas noches*
au revoir	*chao* (entre copains), *hasta luego*

Expressions courantes

d'où venez-vous ?	*¿ de dónde viene ?*
je suis français(e)	*soy francés, francesa*
je ne comprends pas	*no entiendo*
comment t'appelles-tu ?	*¿ cómo te llamas ?*

Vie pratique

ville	*ciudad*
centre	*centro*
bureau de poste	*correos*
office de tourisme	*oficina de turismo*
banque	*banco*

Transports

gare des bus	*terminal de buses*
gare des trains	*estación de ferrocarriles*
billet, ticket	*pasaje, boleta*
à quelle heure y a-t-il un bus pour... ?	*¿ a qué hora hay un bus para... ?*

Argent

argent	*dinero*
payer	*pagar*
prix	*precio*
combien ça coûte ?	*¿ cuánto vale ?*

À l'hôtel

hôtel	*hotel, hostal*
chambre chez l'habitant	*casa particular*
puis-je voir une chambre ?	*¿ se puede ver una habitación ?*

Au restaurant

nourriture, repas	*comida*
manger	*comer*
petit déjeuner	*desayuno*
déjeuner	*almuerzo, colación*
dîner	*cena*

Jours de la semaine

lundi	*lunes*
mardi	*martes*
mercredi	*miércoles*
jeudi	*jueves*
vendredi	*viernes*
samedi	*sábado*
dimanche	*domingo*

Nombres

1	*uno*	8	*ocho*
2	*dos*	9	*nueve*
3	*tres*	10	*diez*
4	*cuatro*	20	*veinte*
5	*cinco*	50	*cincuenta*
6	*seis*	100	*cien (ou ciento)*
7	*siete*	1 000	*mil*

Petit lexique chilien

– *Abrazo :* accolade que se donnent 2 amis qui se rencontrent. Selon la relation et la durée de la séparation, l'*abrazo* sera plus ou moins long et vigoureux !
– *Boleta :* ticket de caisse, de bus, de musée...
– *Buena onda, mala onda :* peut s'employer pour un lieu, une personne, un événement ou une action. Quelqu'un *buena onda* est une personne que l'on trouve sympa, dégageant de « bonnes ondes ».
– *¿ Cachai ? :* tu piges ? Employé à tout bout de champ.
– *Carrete :* virée, fête.
– *Cebolla :* oignon au sens propre. Employé pour exprimer « pleurnicheur » ; par exemple, *una teleserie cebolla* est un feuilleton rempli de tragédies, d'amours bafouées, d'histoires pathétiques... Il existe même un festival de la *Canción cebolla* !
– *¡ Chucha ! :* expression de surprise, équivalant au français « merde ! », « zut ! ». Signifie, populairement, le sexe de la femme.
– *Condoro :* erreur, bêtise, connerie. À l'origine, vient de la B.D. chilienne la plus connue, *Condorito.*
– *Confort :* à l'origine, marque de papier toilette. Devenu le mot le plus courant pour désigner n'importe quel papier toilette.
– *Gringo, gringa :* mot adressé à l'origine aux Nord-Américains mais appliqué actuellement à tout étranger à la peau claire et non hispanophone.
– *Huevón, huevona* ont de nombreuses significations : peut être très familier pour s'adresser à un copain, comme « mec ! », ou péjoratif signifiant « imbécile », « abruti », « couillon ». Le sens dépend du contexte et de la phrase. Un livre entier existe sur les dérivés du mot *huevo,* qui signifie « œuf » et plus familièrement, au pluriel, *huevos,* « couilles ».
– *Lolo, lola :* adolescent(e) de 13 à 18 ans environ.
– *No estar ni ahí :* s'en foutre. *No estoy ni ahí,* « je m'en fous ».
– *Paco :* flic.
– *Patiperro :* les « pattes de chien », en référence aux chiens errants, devenu synonyme de routard ! On dit aussi *mochilero.*
– *Pololear :* la traduction la plus proche serait « flirter ». *Pololo* et *polola* : petit(e) ami(e). Plus qu'une relation passagère, c'est surtout un rite social, et la *polola* est en quelque sorte la petite amie officielle.

LIVRES DE ROUTE

Lire aussi les textes qui sont consacrés à certains des écrivains mentionnés ici dans la rubrique « Personnages » du chapitre « Hommes, culture, environnement », où d'autres œuvres sont également citées.
– ***La Folie de Pinochet,*** de Luis Sepúlveda (Métailié, 2003). Une lecture indispensable pour se plonger dans l'horreur des années Pinochet, avec la plume alerte du grand auteur chilien pour nous guider à travers les méandres de ce régime dictatorial. Il s'agit là d'un recueil d'articles politiques, chroniques et textes littéraires publiés dans plusieurs quotidiens européens (*El País, Le Monde, La Repubblica...*) entre fin 1998, au moment de l'arrestation du tyran en Angleterre, et 2000.
– ***Le Monde du bout du monde,*** de Luis Sepúlveda (Le Seuil, coll. « Points » nº 32, 1996). Le récit se passe en Patagonie, ce monde « du bout du monde ». Au travers de l'aventure du capitaine Nilssen, fils d'un marin danois et d'une Ona (Selk'nam), on découvre la mer hantée, celle des marins audacieux, des vents terribles. Par ailleurs, même s'ils ne traitent pas tous du Chili, on ne saurait trop vous conseiller la lecture des autres romans du grand Luis, tels *Le vieux qui lisait des romans d'amour, Histoire d'une mouette et du chat qui lui apprit à voler, Journal d'un tueur sentimental, Les Roses d'Atacama, Un nom de torero, Le Neveu d'Amérique* et le loufoque *L'ombre de ce que nous avons été* ou encore *Dernières Nouvelles du Sud.*

– ***Tierra del Fuego,*** de Francisco Coloane (Phébus, 1963 ; Le Seuil, coll. « Points »). Coloane, géant barbu et ancien marin, était une figure légendaire des lettres sud-américaines. Né sur l'île de Chiloé en 1910, il fut aussi le chantre le plus fervent du Grand Sud. Ce recueil de nouvelles raconte tout cela, avec ses chercheurs d'or inquiets, ses chasseurs de baleine égarés, ses colons devenus fous et ses marins ivrognes. Et à chaque fois, le froid qui s'installe comme chez lui, le vent qui souffle et la mer qui reprend ses droits.
– ***El Guanaco,*** de Francisco Coloane (Le Seuil, coll. « Points », 1995). Les Onas (Selk'nam), originaires de la Terre de Feu, furent victimes à la fin du XIXe s d'un véritable génocide, car ils empêchaient les éleveurs de moutons de faire paître leurs troupeaux en rond... Les guanacos disparus à cause de l'extension des *estancias,* ils se mirent en effet en tête de chasser le « guanaco blanc » (mouton), signant par là même leur arrêt de mort.
– ***Cavalier seul,*** de Patricio Manns (Phébus, 1996). Écrivain très célèbre au Chili mais installé en France, Manns est originaire de la Terre de Feu. Ancien marin, il est poète, chanteur et romancier. Tout son talent éclate dans l'histoire romancée du légendaire Julio Popper, exilé roumain et cavalier solitaire, qui créa son propre royaume en Terre de Feu après l'avoir débarrassée sans ménagement de ses habitants autochtones.
– ***Les Sept Fils de Simenon,*** de Ramón Díaz-Eterovic (Métailié, 2001). On suit de près les déambulations de Heredia, détective privé un peu paumé et bohème, à travers le Chili d'aujourd'hui. Coups de griffes (sur les injustices), coups de gueule (sur la politique et les problèmes sociaux) et coups de cœur saisissent tour à tour cet antihéros, sous l'œil goguenard de son chat Simenon. Haut en couleur et plein d'humour.
– ***La Maison aux esprits,*** d'Isabel Allende (Le Livre de Poche, 1982). Nièce du président Salvador Allende, Isabel s'exile en 1975 au Venezuela pour fuir la dictature de Pinochet. Son 1er roman, intense, drôle, émouvant, est issu d'une lettre qu'elle écrivit à son grand-père agonisant, âgé de 99 ans. Servi par un style dense et foisonnant, il explore l'évolution de la société chilienne tout au long du XXe s à travers le prisme d'une famille excentrique, dominée par les figures opposées d'une mère fantasque et d'un père réactionnaire. *La Maison aux esprits* a été adapté au cinéma en 1994 par Billie August, avec Meryl Streep, Glenn Close, Jeremy Irons et Antonio Banderas. Isabel Allende a écrit de nombreux autres romans, pour la plupart traduits en français.
– ***J'avoue que j'ai vécu,*** de Pablo Neruda (Gallimard, coll. « Folio », 1987). Les mémoires du grand poète national, dont la poésie fut si foisonnante *(Vingt Poèmes d'amour et une chanson désespérée, Chant général...).* Voir aussi la rubrique « Personnages » dans « Hommes, culture, environnement ».
– ***Une ardente patience,*** d'Antonio Skármeta (Le Seuil, coll. « Points Virgule » n° 85, 2005). Mario, un jeune homme léthargique, facteur de son état, noue une relation amicale avec son seul client d'Isla Negra, le grand poète Pablo Neruda. Tombé raide amoureux de la belle Beatriz, fille de l'aubergiste, il s'inspire des vers du grand homme pour la séduire... Une histoire aussi drôle qu'érotique, et bien entendu poétique, jusqu'à ce que la politique fasse irruption. Adapté au cinéma sous le titre *Le Facteur* (*Il Postino,* en italien), avec Philippe Noiret, et par l'écrivain lui-même sous son titre original – inspiré d'un vers de Rimbaud.
– ***En Patagonie,*** de Bruce Chatwin (Grasset, coll. « Les Cahiers Rouges », 1977). Un fragment de peau de brontosaure aperçu chez sa grand-mère, et le petit Chatwin n'a dès lors qu'un seul but dans la vie : partir explorer la Patagonie. Voici comment naissent les vocations... et, plus rarement, les meilleurs récits de voyage. Sans le savoir, l'écrivain britannique a renouvelé un genre : le *travel writing.* Voyageur modèle (curieux et érudit), Chatwin enquête comme un privé obsessionnel. Dans un récit assez décousu mais souvent palpitant, il traque le moindre détail, recoupe chaque témoignage susceptible de faire revivre ce pays inconnu,

parvenant finalement à reconstituer des tranches de vies humaines, des légendes bien vivaces, des pans entiers d'une vie sociale truculente et magique.
- ***Magellan,*** de Stefan Zweig (Le Livre de Poche, 2012). En 1518, un Portugais exilé du nom de Magellan convainc Charles Quint de soutenir un projet fou : « Il existe un passage conduisant de l'océan Atlantique à l'océan Indien. Donnez-moi une flotte et je ferai le tour de la terre en allant de l'est à l'ouest. » Partie en 1519, l'expédition revient 3 ans plus tard, disloquée, victorieuse, mais sans son capitaine. Malgré les fausses cartes, les mutineries, le froid, la faim et les maladies, Magellan force le détroit qui porte aujourd'hui son nom. Un destin héroïque magistralement conté par le grand écrivain autrichien.
- ***En Magellanie,*** de Jules Verne (Gallimard, coll. « Folio », 1999). La Magellanie était le nom donné aux terres situées au sud de la Patagonie (Terre de Feu incluse) avant leur partage entre le Chili et l'Argentine. Une nuit de 1881, un quatre-mâts chargé d'un millier d'immigrants fait naufrage près du cap Horn. Un certain Kaw-djer, transfuge du monde occidental et protecteur des autochtones, sauve les passagers du bateau et devient le chef d'une petite république autonome, placée sous le signe de l'Utopie. Ce livre posthume fut achevé par Michel Verne, fils de Jules. À la fois un roman d'aventure et une belle parabole humaniste.
- ***Voyage d'un naturaliste autour du monde : fait à bord du navire* Le Beagle *de 1831 à 1836,*** de Charles Darwin (La Découverte). Raconté par Darwin lui-même, le 2d voyage du *Beagle,* conduit par le capitaine Robert Fitzroy, touche longuement à la Patagonie australe. Les autochtones, le mont Tarn, le détroit de Magellan, tout y est. La traversée se poursuit vers le nord, direction Chiloé, les forêts de Valdivia, Santiago, Valparaíso, Coquimbo, le Pérou... et bientôt les Galápagos. Une odyssée aussi humaine que scientifique.
- ***Nocturne du Chili,*** de Roberto Bolaño (Bourgois, 2002). Un livre à mi-chemin entre fiction et poésie, où l'auteur, à travers l'histoire de son pays, s'interroge sur le pouvoir de la littérature sur la réalité. Du même auteur, lire aussi *Les Détectives sauvages* (Gallimard, coll. « Folio », 2010) ou *2066* (Gallimard, coll. « Folio », 2011).

POSTE, TÉLÉCOMMUNICATIONS

Poste *(correos)*

- ***Horaires :*** ils varient assez largement. En général, les bureaux sont ouverts du lundi au vendredi de 9h à 13h-14h et de 14h-16h à 18h-19h, ainsi que le samedi matin de 9h-10h à 12h-13h. Dans les grandes villes, ils font souvent la journée continue en semaine, de 9h à 18h ou 19h.
- Compter 900 $Ch pour envoyer une carte postale ou une lettre en Europe, et environ 10 jours pour que le destinataire la reçoive. Si vous postez une carte de l'île de Pâques vers la France, elle peut mettre un mois ou plus pour parvenir à son destinataire.
- À l'intérieur du pays, pour un envoi rapide de lettres ou de colis, s'adresser aux compagnies de bus qui ont un service spécial, rapide et efficace.

Téléphone

- ***Europe → Chili :*** 00 + 56 + numéro de votre correspondant.
- ***Chili → Europe :*** 00 + code du pays + numéro de votre correspondant (sans le 0 initial).

- ***Appeler depuis un fixe chilien :*** pour joindre un autre fixe, il faut composer l'indicatif régional, y compris pour des appels passés dans la même région. Pour appeler un portable, composer le 9, puis le numéro du portable.

– ***Appeler depuis un portable chilien :*** pour joindre un téléphone fixe, faire comme depuis un téléphone fixe. Pour appeler un autre portable, composer tout le numéro précédé de 00-56.
Bien sûr, évitez d'appeler en Europe depuis le Chili avec votre portable, les appels étant très chers. Privilégiez les applis *(WhatsApp, Signal, Facetime...)* qui permettent de communiquer gratuitement une fois connecté au wifi.
– Au Chili, certains services ont des numéros de téléphone commençant par 600, permettant d'appeler d'autres régions au prix d'une communication locale. Les numéros commençant par 800 sont gratuits depuis un fixe (pas depuis un portable).
– ***Renseignements téléphoniques nationaux :*** ☎ *103.*

Téléphone portable

– ***Activer l'option « international » :*** elle est en général activée par défaut. Pensez sinon à contacter votre opérateur pour souscrire à l'option (gratuite) au moins 48h avant le départ.
– ***Le « roaming » ou itinérance :*** c'est un système d'accords internationaux entre opérateurs. Concrètement, cela signifie que lorsque vous arrivez dans un pays, le nouveau réseau s'affiche automatiquement.
– ***Tarifs (hors UE) :*** ils sont propres à chaque opérateur et varient en fonction des pays (le globe est découpé en plusieurs zones tarifaires). ***N'oubliez pas qu'à l'international, vous êtes facturé aussi bien pour les appels sortants que les appels entrants.*** Donc, quand quelqu'un vous appelle à l'étranger, vous payez vous aussi.
– ***Acheter une carte SIM sur place :*** l'option à privilégier au Chili ! La carte SIM ne coûte quasi rien... et les forfaits (téléphone et Internet) non plus ! De plus, on vous l'installe rapidement sur votre téléphone, dans les boutiques ou revendeurs des opérateurs locaux (*Entel, Claro* et *Movistar*). Vraiment pratique, cela permet non seulement d'être facilement joignable par téléphone sur place et de passer des appels très bon marché dans le pays, mais aussi d'être connecté en permanence à Internet. Aucune raison de se priver donc ! À noter aussi que le pays est assez bien couvert, en gros seules certaines zones désertiques et les vallées reculées de Patagonie sont hors réseau.

Internet / wifi

Le wifi est accessible gratuitement (pour les clients) dans tous les hôtels (pas toujours jusque dans les chambres pour les *hostales* les moins chers), ainsi que dans certains cafés et restaurants. Certaines municipalités offrent une connexion gratuite aussi autour de la *plaza*. Attention toutefois, ce type de connexion n'est jamais sécurisé.

Connexion Internet en voyage

– ***Se connecter au wifi*** à l'étranger est le seul moyen d'avoir accès au web gratuitement. Attention, si vous n'avez pas acheté une carte SIM locale, ne vous connectez jamais aux réseaux 3G ou 4G, au risque de faire exploser votre facture en un temps record !
Le plus sage consiste à ***désactiver la connexion*** « Itinérances des données » dès votre départ (ou à votre arrivée dans le pays). On peut aussi mettre le portable ***en mode « Avion »*** et activer ensuite le wifi.
– Une fois connecté au wifi, vous avez accès à tous les services de la **téléphonie par Internet** *comme* **WhatsApp, Messenger, Viber, Facetime, Signal...**

SANTÉ

Le Chili ne pose que peu de problèmes sanitaires pour le voyageur. L'hygiène est bonne, et les risques de maladies infectieuses vectorielles (moustiques, etc.) sont des plus réduits.

Accidents

En Amérique du Sud comme ailleurs, les accidents constituent la 1re cause de rapatriement sanitaire et de mortalité.
Attention aux interminables routes chiliennes : dans le désert du Nord, ***l'éblouissement du soleil et la chaleur*** sont très fatigants et occasionnent de nombreux accidents. Pour s'en convaincre, il n'y a qu'à compter le nombre d'autels dédiés aux victimes, établis le long des routes... En plus, chiens, ânes et chèvres peuvent surgir à tout moment ! Ce n'est pas mieux sur les axes grimpant vers l'altiplano, surtout ceux empruntés par les camionneurs des pays voisins – comme la route reliant Arica à la Bolivie. Au sud, la Carretera Austral est belle mais glissante : par fortes pluies, la piste se transforme parfois en bourbier. Ne relâchez jamais votre vigilance.
Où que vous soyez, ***urgences médicales*** : ☎ *131.*

Soleil

Dans le Nord, le soleil tape fort ! Dans le Sud, depuis les années 1980, on observe les conséquences du fameux trou dans la couche d'ozone, qui rend le rayonnement solaire encore plus dangereux pour la peau (lire également la rubrique « Environnement » dans « Hommes, culture, environnement »). Prévoyez une crème solaire écran total ou à indice élevé, un baume à lèvres, des lunettes de soleil efficaces, un chapeau et, idéalement, des vêtements légers mais à manches longues. Munissez-vous aussi d'un collyre (la poussière et le soleil dessèchent les yeux). Pensez, enfin, à bien vous hydrater, notamment si vous vous trouvez en altitude.
– ***Rayons UV (ultraviolets) à l'île de Pâques :*** l'indice de radiation UV de cette île atteint le maximum de l'échelle, c'est-à-dire 11+ sur une échelle de 1 à 11 ! Cela signifie que vous devez vous couvrir la tête et protéger votre peau en mettant de la crème solaire.

Mal d'altitude (ou *soroche*)

Il se produit surtout au-dessus de 3 000 m d'altitude. Il est essentiel de s'y préparer : la veille d'un départ en altitude, boire beaucoup d'eau plate, éviter l'alcool, le café, le thé et la cigarette, manger léger, bien dormir. Essayez de ***monter par paliers*** (évitez, par exemple, Arica-Chungará dans la même journée, même si des agences proposent l'excursion !). Idéalement, pas plus de 500 m d'ascension par jour au-delà de 3 000 m. Le(s) 1er(s) jour(s), il convient de laisser l'organisme s'adapter aux conditions d'altitude et donc de ne pas le fatiguer : moins vous ferez d'efforts physiques, mieux vous vous porterez. En cas de maux de tête légers, ne prenez que du paracétamol. La prise préventive de *Diamox* est aujourd'hui d'efficacité reconnue (prescrit au mieux par un médecin spécialiste), mais ce médicament a des effets secondaires. Optez pour les remèdes locaux : les décoctions de feuilles de coca ou les tisanes locales comme la *rica-rica* et la *chachacoma.* En cas de symptômes violents, descendez au plus vite de 500 m minimum.

Vaccins

Pas de vaccination obligatoire. Comme pour tout voyage, il convient d'être à jour pour les vaccinations dites « universelles ». Demandez conseil à votre médecin.
- diphtérie, tétanos, polio, coqueluche ;
- pour les enfants rougeole-oreillons-rubéole (ROR) ;
- hépatite B et A et fièvre typhoïde.

– Pas de fièvre jaune au Chili ; aucune obligation administrative en ce qui concerne ce vaccin (sauf pour se rendre à l'île de Pâques lorsqu'on vient d'une zone d'endémie) ;

– Pas de paludisme au Chili ;
– Un vaccin antirabique (rage) peut vous être proposé selon les conditions et lieux de séjour.

Centres de vaccination

Pour les centres de vaccination partout en France, dans les DOM-TOM, en Belgique et en Suisse, consulter le site internet • *astrium.com/espace-voyageurs/centres-de-vaccinations-internationales.html* •

Conseils divers

– Éviter les contacts avec les ***insectes*** (et notamment avec les *vinchucas,* les punaises), qui transmettent une redoutable – mais heureusement rare – maladie : la trypanosomiase américaine ou maladie de Chagas. Pour les peaux sensibles, se prémunir contre les puces !
– Quant aux ***rongeurs*** de tout poil, ils peuvent transmettre des fièvres hémorragiques virales, parfois redoutables. Le virus s'attraperait par le contact ou la respiration d'excréments de certains rats. En pratique, vous ne courez aucun risque.
– Mentionnons aussi le ***didymo*** : cette algue blanche, qui fait comme une croûte de papier humide aux endroits où elle se dépose, a envahi d'innombrables rivières du continent américain. Elle n'est pas dangereuse pour l'homme mais se répand et modifie les écosystèmes. Vous verrez de nombreux panneaux préventifs en Patagonie. Une seule solution : désinfecter ses chaussures et son équipement de pêche à fond.
À ceci, on ajoute les règles d'hygiène bien connues :
– prévenir les piqûres d'insectes (répulsifs, moustiquaires imprégnées, etc.) ;
– des médicaments stoppant les diarrhées peuvent être achetés en pharmacie sans ordonnance avant le départ.

■ ***Catalogue Santé-Voyages :*** les produits et matériels utiles aux voyageurs, assez difficiles à trouver, peuvent être achetés par correspondance sur le site • *astrium.com* • Infos complètes toutes destinations, boutique en ligne (paiement sécurisé), expéditions So Colissimo (48h) ou Chronopost (24h). ☎ *01-45-86-41-91.*

TRANSPORTS

Bus, micros et *colectivos* urbains

Les grandes villes disposent d'un service de ***bus urbain*** (souvent appelé ***micro***). La destination et les principaux points de passage sont inscrits à l'avant du véhicule et sur le côté droit. Souvent assez galère pour s'y retrouver quand on débarque. Plus confortable, le ***colectivo urbano*** est une voiture, toute noire, semblable au taxi mais avec un panneau sur le toit indiquant numéro, destination et points de passage. Le trajet est fixé à l'avance, et il prend et dépose les passagers le long de cet itinéraire. On paie une somme forfaitaire quelle que soit la longueur du trajet, variable selon la ville ; tarif majoré de minuit à 7h. Le soir, vous pouvez demander que le *colectivo* fasse un léger crochet pour vous laisser *a domicilio,* moyennant un petit supplément. Légèrement plus cher que le bus mais plus économique que le taxi, c'est une bonne solution s'il y en a sur votre itinéraire.
– ***Taxis :*** on en trouve partout en ville, du moins à Santiago. Dans les villes moins importantes, c'est plus variable, *Uber* ayant parfois détrôné le taxi ordinaire. Facilement reconnaissables, ils sont noirs avec le toit jaune. Les prix sont raisonnables, sans vraiment d'arnaques, d'autant qu'ils fonctionnent en principe au compteur (assurez-vous-en avant le début de la course). Si ce n'est pas le cas

(cela peut arriver dans certains coins), bien se mettre d'accord sur le prix, évidemment. En principe, le tarif est majoré de 22h-minuit à 5h-7h.
Enfin, les ***colectivos rurales*** sont jaunes et peuvent vous conduire dans les environs éloignés des villes, mais ils ne sont pas autorisés à sortir de la région administrative.

Bus

Efficace, rapide, populaire et plutôt bon marché, le bus est le moyen de transport collectif le plus utilisé au Chili. Toutes les villes du pays sont desservies quotidiennement par de nombreuses compagnies, dont les 2 plus importantes sont *TurBus* (940-72-89-31 ; ● new.turbus.cl ●) et *Pullman Bus* (☎ 233-048-912 ; ● pullmanbus.cl ●).
– Au choix, ***plusieurs types de bus :*** le *clásico* (le moins cher, c'est le bus courant) et, surtout, les *semi-cama, salon-cama* ou encore *cama-premium,* autant de « classes » qui se distinguent par le degré d'inclinaison des sièges (de 140° pour le *semi-cama* à 180° – équivalent couchette – pour le *cama-premium*). Dans ces bus, le confort est au rendez-vous, avec le chauffage ou la clim, port USB et même toilettes et écran à chaque siège pour les plus chers.
– Sur le bord de la route, vous pouvez toujours faire signe aux bus *clásicos* en indiquant avec les doigts le nombre de places désirées. S'ils ont des sièges disponibles, ils s'arrêtent.
– En ce qui concerne les ***tarifs,*** ils peuvent varier un peu selon le jour et la saison mais sont grosso modo assez stables. À classe égale, les compagnies pratiquent aussi, peu ou prou, les mêmes prix. Pour vous donner une idée, voici les tarifs moyens de quelques trajets :
– Santiago-Valparaíso (1h30-2h) : env 6 000 $Ch *(semi-cama).*
– Santiago-La Serena (6h-6h30) : env 30 000 $Ch *(salon-cama).*
– Santiago-Antofagasta (18h) : 50 000-70 000 $Ch *(semi-cama* ou *premium).*
– Santiago-Iquique (25h) : env 60 000-75 000 $Ch *(semi-cama* ou *premium).*
– Iquique-Arica (4-5h) : env 10 000-20 000 $Ch *(semi* ou *salon-cama).*
– Valdivia-Puerto Montt (env 3h30) : 8 000-12 000 $Ch *(semi* ou *salon-cama).*
– L'***achat des billets*** se fait dans les gares routières ou en ligne, sur les sites internet des compagnies. À titre indicatif, il existe aussi des sites permettant de comparer l'offre de différentes compagnies (mais toutes les liaisons et compagnies ne sont pas prises en compte) : ● recorrido.cl ● horariodebuses.cl ●

Avion

Étant donné les distances entre certaines parties du pays, c'est parfois un choix qui s'impose (en dehors de toute considération écologique)... d'autant qu'il existe désormais, outre *LATAM* (la compagnie nationale), des compagnies *low-cost* : *Sky Airline* et *JetSmart.*
Comme ailleurs dans le monde, tarifs (très) variables selon le jour du voyage et le moment de la réservation... mais parfois, et même assez souvent, inférieurs à ceux du bus sur les longues distances. Comparer en ligne les offres et les prix.

■ ***LATAM :*** ● latamairlines.com ●
■ ***Sky Airline :*** ● skyairline.com ●
■ ***JetSmart :*** ● jetsmart.com ●

Bateau

Voyager en ferry dans le sud du pays permet, dans certains cas, d'aborder des régions autrement inaccessibles, faites de canaux, d'îles et de fjords enchevêtrés. Les principales routes maritimes relient ***Puerto Montt*** à la Carretera Austral, à ***Puerto Chacabuco*** et à ***Puerto Natales*** (se reporter au chapitre « Puerto Montt »). La 1re de ces liaisons constitue une vraie croisière de 3 jours !
➢ Liaisons ***entre l'île de Chiloé et le continent.***

➢ Liaisons ***de Punta Arenas à Porvenir (Terre de Feu) et à Puerto Williams.*** Depuis Punta Arenas, des croisières (chères) de 5 jours et demi permettent de gagner le ***cap Horn*** et de terminer sa route à ***Ushuaia,*** ou vice versa (voir « Punta Arenas »).
– *Étudiants :* emportez votre carte internationale, qui vous permet de bénéficier de réductions avec certaines compagnies.

Voiture

Elle permet évidemment d'être autonome et mobile, ce qui est loin d'être négligeable dans les régions isolées, où les transports en commun ne desservent pas les sites intéressants.

Location de véhicules

Les principales agences ont toutes des comptoirs aux aéroports et parfois aussi des bureaux en ville. On trouve aussi de bonnes compagnies locales, parfois moins chères, comme *Econorent* ou *First Rent-a-Car.* Si vous souhaitez rendre la voiture dans une autre ville, ce qui est bien pratique au Chili, n'oubliez pas que vous devrez payer un surcoût appelé *drop off* (frais d'abandon) – souvent assez important.
– ***Franchise (assurances) :*** en principe, pas besoin de racheter la franchise si vous avez payé votre location de véhicule avec une carte de paiement haut de gamme (style *Premier* ou *Gold*) : pensez à le vérifier avant de partir tout en vous informant sur la marche à suivre en cas de pépin, ça vous épargnera un surcoût inutile.
– ***Carte de paiement (caution) :*** les loueurs demandent toujours de fournir une carte bancaire pour régler la location de voiture et bloquer une somme en guise de caution. Mais attention, il existe une ***différence entre une carte de débit et une carte de crédit*** et il arrive que certaines agences refusent votre location de voiture en cas de paiement par carte de débit. Certains loueurs acceptent quand même les cartes de débit mais ils vous demanderont alors de souscrire une assurance complémentaire souvent très chère en supplément. ***Il faut donc avoir une carte de crédit.*** Vérifiez bien si une mention « CREDIT » (débit différé) ou « DEBIT » (débit immédiat) est inscrite sur votre carte bancaire, sinon renseignez-vous auprès de votre banque avant votre départ. Vous pouvez accéder à ces informations concernant les conditions de location des loueurs sur le site ● *bsp-auto.com* ● après avoir lancé votre recherche dans la rubrique « Informations détaillées ».
– ***Attention :*** si vous voulez ***passer la frontière argentine*** avec une voiture louée, il faut demander une autorisation spéciale (souvent payante) lors de la réservation, prendre ***une assurance supplémentaire*** et vous renseigner sur les formalités douanières. Si vous venez en voiture d'Argentine, il est aussi nécessaire d'avoir l'autorisation spéciale du loueur. Il est, en outre, interdit d'importer toute marchandise végétale ou animale.
– Enfin, il faut savoir que la prise d'un véhicule à l'aéroport de Santiago entraîne une taxe aéroportuaire (variable selon le loueur) sur le coût total de la location !

MARTYRS DE LA ROUTE

Les routes chiliennes sont bordées d'animatas. C'est le nom donné aux petites (ou grandes) chapelles érigées sur le bas-côté. Vous l'avez compris, il s'agit de mémoriaux en hommage aux accidentés de la route. Ils sont incroyablement décorés avec guirlandes lumineuses, bougies électriques, photos des défunts... Ces morts ont acquis une sorte de statut de martyrs, auprès desquels on vient prier évidemment, mais également demander des faveurs, car ils ont un lien particulier avec le ciel. Petite précision : les accidents des lignes droites de la Panaméricaine sont souvent dus... à l'endormissement.

Distances en km	ANTOFAGASTA	ARICA	CALAMA	COYHAIQUE	IQUIQUE	LA SERENA	PUERTO NATALES	PUERTO MONTT	PUNTA ARENAS	SANTIAGO	TEMUCO	VALDIVIA	VALPARAÍSO
ANTOFAGASTA		701	213	3011	492	887	4464	2377	4541	1361	2038	2202	1319
ARICA	701		614	3712	316	1588	5165	3078	5152	2062	2739	2903	2020
CALAMA	213	614		3224	410	1100	4677	2590	4664	1574	2251	2415	1532
COYHAIQUE	3011	3712	3224		3503	2124	1593	634	1580	1649	973	850	1769
IQUIQUE	492	316	410	3503		1377	4956	2869	4943	1853	2530	2694	1811
LA SERENA	887	1588	1100	2124	1377		3577	1490	3564	474	2151	1313	432
PUERTO NATALES	4464	5165	4677	1593	4956	3577		2299	254	3103	2424	2295	3223
PUERTO MONTT	2377	3078	2590	634	2869	1490	2299		2286	1016	339	210	1136
PUNTA ARENAS	4541	5152	4664	1580	4943	3564	254	2286		3090	2413	2284	3210
SANTIAGO	1361	2062	1574	1649	1853	474	3103	1016	3090		677	839	120
TEMUCO	2038	2739	2251	973	2530	2151	2424	339	2413	677		162	797
VALDIVIA	2202	2903	2415	850	2694	1313	2295	210	2284	839	162		961
VALPARAÍSO	1319	2020	1532	1769	1811	432	3223	1136	3210	120	797	961	

Pour une longue durée, il est plus économique de louer un véhicule dans une agence de la capitale. Si vous préférez réserver une voiture avant votre départ (ce que l'on conseille de toute façon), vous pouvez vous adresser aux agences internationales classiques :

■ ***BSP Auto :*** *☎ 01-43-46-20-74 (tlj 9h-21h30, w-e 20h). • bsp-auto.com • Remise de 5 % aux lecteurs de ce guide avec le code « ROUTARD23 ».* Les prix proposés sont attractifs et comprennent le kilométrage illimité et les assurances. *BSP Auto* propose exclusivement les grandes compagnies de location sur place, assurant un très bon niveau de service. Les plus : vous ne payez votre location que 5 jours avant le départ.

Et aussi :

■ ***Wicked Campers :*** *à Santiago, ☎ 2-32-10-66-20 ou 📱 942-07-37-90. • wickedsouthamerica.com •* Très bien implanté en Nouvelle-Zélande et en Australie, *Wicked Campers* a débarqué en Amérique du Sud avec ses vans colorés, aménagés spécialement pour le camping. À l'intérieur : une table-couchette, une cuisine, une table et des chaises. Ne reste plus qu'à tailler la route ! Succursales à Santiago, Puerto Varas (Puerto Montt), San Pedro de Atacama et Punta Arenas. Signalons tout de même que ces vans ont l'inconvénient d'être, en général, mal isolés (pas génial en Patagonie !) et, surtout, aisément repérables avec leurs graffitis et par conséquent parfois « visités » en votre absence.

Infos pratiques

– ***L'essence*** coûte un peu moins cher qu'en Europe (voir la rubrique « Budget »).
– ***GPS :*** l'instrument désormais indispensable lorsqu'on se déplace par ses propres moyens en terre inconnue. Inutile de louer un GPS avec la voiture, il existe des applications GPS pour smartphone gratuites qui fonctionnent sans connexion internet, comme *Maps.me*. Pour chercher une adresse précise, mieux vaut toutefois être connecté, ce qui permet d'utiliser ensuite Google. Raison pour laquelle on vous conseille d'acheter une carte SIM locale (voir plus haut la rubrique « Poste, télécommunications. Téléphone portable »).

– La compagnie pétrolière *Copec* produit chaque année un guide touristique, le **Chiletur** (*Zona Norte, Zona Centro, Zona Sur, Todo Chile* et *Outdoor*), en espagnol. Intéressant pour tout ce qui est plans de villes et de régions, descriptions des routes et des lieux. On le trouve dans les aéroports et certaines stations-service ou librairies, mais le plus simple est de le télécharger (compter 4 000-5 000 $Ch par guide) : *• chiletur.cl •*

Infos et conseils de conduite

– La conduite est à droite.
– Il est obligatoire de rouler avec les phares allumés en dehors des villes.
– Sur la Panaméricaine, la vitesse est limitée à 100-120 km/h, ce qui peut paraître lent sur des lignes droites qui n'en finissent pas. Méfiez-vous, cependant, car des contrôles sont effectués par des patrouilles mobiles, notamment à l'approche des villes, mais aussi, parfois, en plein désert...
– En ville, la vitesse est limitée à 50 km/h. À l'approche des villes et à certains endroits de contrôle, des panneaux vous font ralentir jusqu'à 20 ou 30 km/h.
– ***Dans le Nord,*** en plein désert, il y a des ***panneaux « Stop »*** quand une voie ferrée coupe la route. Respectez-les ! Les ***amendes*** sont en effet élevées et on vous retire le permis (en échange d'un papier vous permettant de circuler quelques jours). Le seul moyen de le récupérer est de se présenter dans la ville la plus proche des lieux de l'infraction, le jour indiqué... Bref, le genre de galère qu'on évite volontiers en voyage !

- ***La priorité à droite n'existe pas au Chili.***
- En ce qui concerne la ceinture de sécurité et le téléphone au volant, la loi est la même que chez nous. Quant au taux d'alcoolémie, la tolérance est tout simplement de zéro.
- ***Stationnement :*** pas facile dans les centres-villes, où les rues ne permettent pas toujours de stationner et où les parkings sont chers. Cela dit, il suffit généralement de s'en éloigner un peu pour trouver à se garer – et gratuitement – dans la rue. Du reste, nombre d'hôtels disposent d'un parking, généralement gratuit pour les clients. Pas vraiment un souci, donc.

Les routes

- ***Panaméricaine*** (Panamericana ou ruta 5) ***:*** elle traverse le Chili du nord au sud, depuis Arica jusqu'à Quellón, la ville située à la pointe sud de l'île de Chiloé. Elle est en général en excellent état et les tronçons abîmés sont très régulièrement réparés. Elle s'élargit sur 4 voies de Santiago à La Serena et de Santiago à Puerto Montt ; elle est alors payante.
- ***Distances :*** n'oubliez pas qu'elles sont parfois énormes entre 2 villes. Antofagasta est à 1 350 km de Santiago... et Arica (frontière péruvienne) à plus de 2 000 km ! Entre ces villes s'étend seulement le désert, traversé par la Panaméricaine. La route, souvent rectiligne, se confond avec le ciel, les camions semblent flotter dans l'air brûlant, le vent fouette le bitume en tourbillonnant. Une expérience un rien extrême, qui nécessite de rester vigilant au volant. Par ailleurs, avant de quitter une ville, ***toujours faire le plein d'essence,*** on peut ensuite ne plus croiser de station sur de longues distances. Prévoir de l'eau également et de bonnes lunettes de soleil.
- ***Évitez de rouler la nuit :*** notamment à cause de tout ce qui se promène en bord de route sans le moindre éclairage (piétons, vélos, animaux, etc.).
- De plus en plus de **routes secondaires** sont *pavimentadas* (asphaltées), les autres sont des *caminos de ripio* (pistes) dont l'état est en général bon mais où il convient de rouler prudemment.
- Au sud de Puerto Montt démarre la **Carretera Austral** *(ruta n 7),* qui se faufile entre la cordillère des Andes et la mer jusqu'au village pionnier de Villa O'Higgins (1 200 km). C'est une route en terre (avec quelques tronçons asphaltés) parfois large, parfois étroite et tortueuse, qui traverse les paysages les plus remarquables de la Patagonie chilienne. Cette route est interrompue par des fjords qu'il faut traverser en ferry *(transbordador).* Il se pourrait qu'un jour, elle soit totalement goudronnée.

Voiture de tourisme, SUV ou 4x4

Le choix du véhicule dépend grandement de ce que vous souhaitez faire et des régions parcourues. Sur les axes principaux, une voiture standard suffit. En revanche, si vous souhaitez être le plus autonome possible, en particulier sur les pistes du Nord et dans la région de San Pedro de Atacama, on vous conseille plutôt de ***louer*** une voiture type ***SUV*** ou ***pick-up*** *(camioneta),* avec des capacités de conduite hors route plus ou moins importantes, une garde au sol plus haute et des pneus plus résistants que ceux d'une berline. En effet, certaines pistes se résument en trous-cailloux-tôle ondulée, et cela peut être pire s'il a plu. Bref, cela vous épargnera de faire rouler votre petite berline de location comme un escargot apeuré, de crever au 1er caillou aiguisé, voire de percer le réservoir d'huile en plein désert... L'avantage du SUV est d'avoir un coffre qui masque vos bagages à la vue, ce que ne permet pas le pick-up qui ne dispose que d'une plate-forme à l'arrière.
En revanche, si vous vous en tenez aux sites décrits dans ce guide, le ***4x4,*** qui revient bien plus cher à la location (comme en carburant), n'est pas vraiment nécessaire. D'autant que, si vous voulez vraiment sortir des sentiers battus, il vaut mieux recourir aux services d'une agence, laquelle possède souvent ses propres véhicules.

À noter tout de même, la plupart des 4x4 de location ne sont pas des 4x4 permanents (pas de différentiel central), ce qui veut dire que vous devez vous-même effectuer le passage de 2 roues (H2) en 4 roues motrices (longue H4 ou courte L4). Dans tous les cas, il faut s'arrêter pour passer de 2x4 en 4x4.
Quelques règles importantes à retenir :
– ne jamais rouler en 4x4 sur le goudron ;
– sur piste, préférez rouler en 4x4 long (levier de la boîte de transfert en position H4) pour garder le maximum d'adhérence et avoir un confort de conduite optimal ;
– toujours sur piste (et uniquement sur piste) et seulement si votre vitesse maximale est inférieure à 40 km/h, préférez rouler en vitesses courtes (L4) ; c'est plus confortable et vous « collerez » au terrain ; passez vos vitesses normalement ;
– sur la tôle ondulée, plus on roule vite, moins on sent les secousses. Mais attention ! Sur les voitures modernes, le système d'assistance au freinage (type ABS) peut vous jouer de vilains tours : sous l'effet des vibrations, il peut vous empêcher de freiner, tout simplement ; prudence, donc ;
– enfin, que ce soit en berline, SUV, pick-up ou 4x4, renseignez-vous toujours sur l'état de la piste avant de la prendre, a fortiori s'il a plu quelques jours avant. Les gendarmes *(carabineros)* sont là pour ça dans chaque localité.

Vélo

La beauté des paysages chiliens invite au voyage à vélo, même s'il n'est pas de tout repos... Il faut être très entraîné pour se balader dans les montagnes andines et prêt à recevoir des seaux d'eau sur la tête dès que l'on s'aventure dans la région des Lacs – ou, plus encore, en Patagonie ! Mieux vaut éviter l'Atacama, trop chaud, trop aride, à part quelques excursions dans les environs de San Pedro. Dans les coins reculés, on emprunte essentiellement des pistes caillouteuses. Il est indispensable d'avoir un vélo solide et de bons pneus, de prévoir de quoi réparer les crevaisons, de s'attendre à quelques glissades inopinées sur le *ripio* (piste) et de beaux nuages de poussière soulevés par les voitures... Sachez aussi qu'en Patagonie, il y a toujours du vent, parfois violent. Selon sa direction, on peut faire des étapes de 150 km sans presque forcer (le vent dans le dos), ou parcourir 30 km, après 6h d'efforts épuisants... Dans certains endroits, les points de ravitaillement sont rares et il vaut mieux prévoir une autonomie de 3 à 4 jours. Autant dire qu'il faut être bien préparé et très motivé pour envisager un voyage au Chili à la force des mollets !

Cheval

C'est un moyen original et passionnant de découvrir certains coins. Les grands espaces désertiques du nord et les steppes de Patagonie combleront de bonheur les fous d'équitation aussi bien que les débutants.
Les possibilités de louer des chevaux sont indiquées fréquemment. Dans la région des Lacs, n'hésitez pas à vous renseigner directement dans les ranchs (on les appelle ici *estancias* ou *haciendas*). Plusieurs prestataires proposent également de belles randonnées équestres autour de San Pedro de Atacama. En Patagonie, c'est encore mieux : on peut séjourner dans certaines *estancias* et partir en rando à cheval sur les traces des *huasos* (les *gauchos* locaux).

URGENCES

Numéros nationaux

– ***Police :*** ☎ *133.*
– ***Urgences médicales :*** ☎ *131.*
– ***Pompiers :*** ☎ *132.*

Perte/vol de cartes de paiement

En cas de perte, de vol, ou de fraude, quelle que soit la carte que vous possédez, chaque banque gère elle-même le processus d'opposition et le numéro de téléphone correspondant. Le plus simple est de faire opposition en ligne via le site de votre agence bancaire ou leur application mobile, ou en les appelant directement. Voici les numéros des centres d'assistance des différentes cartes.

- **Carte Visa :** *numéro d'urgence depuis le Chili, ☎ 1-230-020-2136.* • *visa.fr* •
- **Carte MasterCard :** *numéro d'urgence depuis le Chili, ☎ 0-1-230-020-2012.* • *mastercard.fr* •
- **Carte American Express :** ☎ *(00-33) 1-47-77-72-00.* • *americanexpress.com* •
- Il existe sinon un ***serveur interbancaire d'opposition*** à carte bancaire : ☎ *0-892-705-705 (service 0,34 €/mn + prix d'appel).*

Besoin urgent d'argent liquide

Vous pouvez être dépanné en quelques minutes grâce au système ***Western Union Money Transfer.*** L'argent vous est transféré en moins de 1h. La commission, assez élevée, est payée par l'expéditeur. Possibilité d'effectuer un transfert auprès d'un des bureaux *Western Union* ou, plus rapide, en ligne, 24h/24 par carte de paiement *(Visa* ou *MasterCard).*
Même principe avec d'autres organismes de transfert d'argent liquide comme ***MoneyGram*** ou ***PayTop.*** Transfert en ligne sécurisé, en moins de 1h.
Dans tous les cas, se munir d'une pièce d'identité. Toutefois, en cas de perte/vol de papiers, certains organismes permettent de convenir d'une question/réponse-type pour pouvoir récupérer votre argent. Chacun de ces organismes possède aussi des applications disponibles sur téléphone portable. Consulter les sites internet pour connaître les pays concernés, les conditions tarifaires (frais, commission) et trouver le correspondant local le plus proche : • *westernunion.com* • *moneygram.fr* • *paytop.com* •

En cas de perte ou de vol de votre téléphone portable

Suspendre aussitôt sa ligne permet d'éviter de douloureuses surprises au retour du voyage ! Le plus simple est de demander la suspension de votre ligne depuis le site internet ou l'appli de votre opérateur.
Voici sinon les numéros des 4 opérateurs français, accessibles depuis la France et l'étranger :

- **Free :** *depuis la France : ☎ 3244 ; depuis l'étranger : ☎ + 33-1-78-56-95-60.*
- **Orange :** *depuis la France : ☎ 3900 ; depuis l'étranger : ☎ + 33-969-39-39-00.*
- **SFR :** *depuis la France : ☎ 1023 ; depuis l'étranger : 📱 + 33-6-10-00-10-23.*
- **Bouygues Télécom :** *depuis la France, ☎ 1064 ; depuis l'étranger : 📱 + 33-6-60-61-46-14.*

SANTIAGO ET LA RÉGION CENTRE

• Carte p. 75

Au pied de la majestueuse cordillère des Andes, s'étend Santiago, la capitale du Chili, au cœur d'une vaste vallée fertile peuplée de plus de 7 millions d'habitants. Sa position centrale, son climat de type méditerranéen tempéré, la présence d'eau (bassin du *río Maipo*) et la proximité de la mer (la côte est à 120 km à l'ouest, 2h de voiture) font de Santiago le cœur administratif, politique et économique du Chili. C'est là que l'histoire du pays a commencé en 1541 et qu'elle perdure aujourd'hui par-delà les vicissitudes du temps. C'est le centre de gravité géographique de cet énorme pays longiligne en forme de haricot, son « cœur battant », encastré entre les hautes montagnes enneigées et l'océan Pacifique.
Le triangle formé par la *région de Santiago* constitue un exemple unique de diversité humaine et touristique : ici les *vignobles,* là les stations de ski, plus loin les plages de *Viña del Mar* (la station balnéaire de Santiago), de *Concón,* de *Zapallar* et de *Papudo,* sans oublier le port historique et légendaire de *Valparaíso,* dont la partie ancienne est aujourd'hui classée au Patrimoine mondial de l'Unesco.

SANTIAGO

7,1 millions d'hab.

• Le Grand Santiago p. 77 • Plan d'ensemble p. 78-79
• Plan I p. 80-81 • Plan II p. 83 • Plan III p. 86-87 • Métro p. 89

Flanquée sur son côté est par la cordillère des Andes coiffée de neiges éternelles et à l'ouest par la cordillère de la Costa, beaucoup moins haute, Santiago fut fondée en 1541 par le conquistador Pedro de Valdivia. Celui-ci était fasciné par la verdure et la fertilité de cette vallée encadrée par les 2 chaînes montagneuses, arrosée par le *río Mapocho.* Et puis 2 collines *(cerros)* dominent la cité : le *cerro San Cristóbal* et le *cerro Santa Lucía,* qui marquent la fin de la vieille ville et le commencement des quartiers neufs. Tout séjour à Santiago devrait commencer par là. Du cerro San Cristóbal, vue exceptionnelle sur toute la métropole !

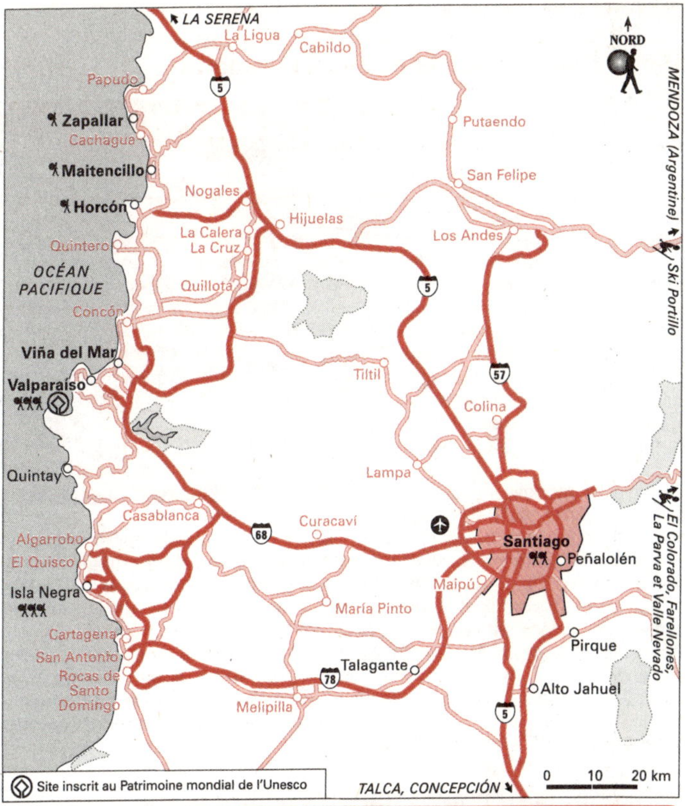

SANTIAGO ET LA RÉGION CENTRE

Santiago est plus une ville-étape qu'une ville de séjour. On y arrive en avion, on y revient pour repartir après avoir fait le tour de ce grand pays dont la carte forme une immense silhouette longiligne. Il faut reconnaître que les atouts de cette métropole très étendue sont relativement limités. Santiago vous retiendra le temps de visiter des musées, de flâner dans quelques quartiers animés et de faire un tour dans les vignobles des environs. *¡ No más !*

UN TIERS DE LA POPULATION DU PAYS

Rares sont les capitales qui abritent un tiers de la population totale d'un pays. Santiago est de celles-là ! L'exode rural massif et le boom économique ont bouleversé les grands équilibres démographiques, tout comme la récente arrivée massive d'immigrants des pays voisins (Venezuela, Colombie...). Des millions d'hectares déserts, vides de toute population... et des encombrements monstres dans le centre de Santiago ; tel est le contraste !

UN PEU D'HISTOIRE

1541 : Santiago de la Nueva Extremadura

Parti de Cuzco (Pérou) à la fin de janvier 1540, ***Pedro de Valdivia,*** conquistador accrédité par Pizarro, souhaite explorer et conquérir le Chili, déjà reconnu par Diego de Almagro. Contrairement à ce dernier, il évite de suivre la piste des Andes (le cauchemar d'Almagro) et longe la côte Pacifique en passant par le désert d'Atacama. Il est accompagné d'à peine 20 soldats, d'un millier de porteurs autochtones réduits en esclavage et de son amante Inés Suarez, sa femme officielle étant restée en Espagne.

INÉS LA CONQUISTADORA

Née à Plasencia en Estrémadure, Inés Suarez (1507-1580) est une conquistadora oubliée de l'Histoire. 1re femme espagnole à entrer au Chili en 1541, auprès de son amant Pedro de Valdivia, elle se bat à l'épée comme un soldat. Courageuse, elle sauve des vies. Cruelle, elle tue et décapite des autochtones. Analphabète, elle apprend à lire et à écrire passé l'âge de 50 ans et épouse finalement Rodrigo de Quiroga, nouveau gouverneur de la Nueva Extremadura. Inés devient ainsi la 1re dame du Chili. Une station de métro de Santiago porte aujourd'hui son nom.

Le pays lui rappelle l'Estrémadure, sa province natale. Il nomme donc ces terres inconnues : Nueva Extremadura, la Nouvelle-Estrémadure. Le 24 février 1541, il fonde ***Santiago de la Nueva Extremadura*** et trace l'emplacement de la *plaza de Armas,* non loin de la petite colline de Santa Lucía. Près de 400 porteurs s'enfuient et les autochtones attaquent les Espagnols. Le campement des colons est rasé 6 mois plus tard (septembre 1541) par les guerriers *Picunches* et leur chef ***Michimalongo,*** puis immédiatement reconstruit. Valdivia demande des renforts à Lima. Cupide, il vole les richesses de ses associés. Ambitieux, il participe à la chute de Gonzalo Pizarro (guerre civile entre conquistadors). Il est récompensé : Pedro de Valdivia est nommé ***gouverneur et capitaine général du Chili*** !

Santiago, sur l'arc de feu du Pacifique

Au XVIIIe s, les peuples autochtones ne sont plus une menace. Le danger vient du sous-sol. Les ***tremblements de terre*** de 1647 et de 1730 endommagent plusieurs édifices. En 1780 arrive dans la capitale don Joaquín Toesca, célèbre architecte qui construit dans un style néoclassique d'une grande sobriété le *palacio de la Moneda,* la *iglesia Catedral, la basílica de la Merced* et le *Museo histórico nacional.* ***Le feu est une autre menace*** pour la capitale. Le 8 décembre 1863 Santiago connaît l'incendie le plus meurtrier de tous les temps dans un lieu de culte. Les 2 500 fidèles réunis dans l'église de la Compagnie des Jésuites périssent dans un chaos dramatique, faute de secours. La population s'émeut. Un appel aux volontaires est lancé. L'affluence est telle que 3 compagnies de pompiers sont formées quelques jours plus tard. Ainsi naissent les célèbres *Bomberos de Santiago.* Entre 1865 et 1875, la population de Santiago croît considérablement en raison du très fort mouvement d'exode rural touchant le nord du Chili. ***Cette croissance se poursuit au XXe s.*** Dans les années 1950 et 1960, la forte industrialisation du pays attire de nombreux Chiliens dans la capitale, où ils espèrent pouvoir trouver de quoi subsister : les bidonvilles apparaissent dans les quartiers périphériques.
Durant la ***dictature Pinochet*** (1973-1990), Santiago du Chili, capitale fermée à double tour et sévèrement surveillée, devient la « ville calvaire » des opposants pourchassés et persécutés par la police politique. Beaucoup d'intellectuels et d'artistes fuient à l'étranger. Mais, comme sous la dictature de Franco en Espagne, l'économie libérale provoque un essor de la capitale sous l'effet de la promotion immobilière...

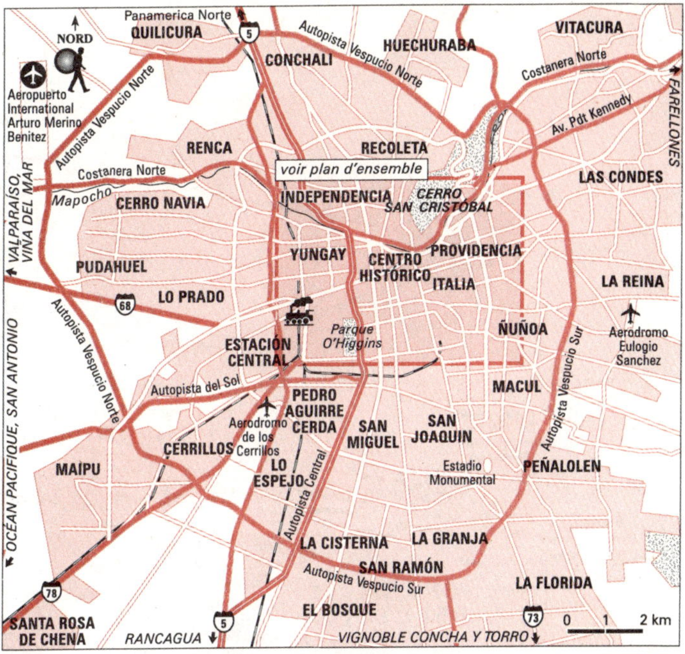

LE GRAND SANTIAGO

De nos jours, le grand Santiago s'étend sur près de 35 km du nord au sud et de 40 km d'est en ouest. Divisé en 24 communes autonomes, il représente véritablement le centre administratif, politique, industriel, commercial et culturel du pays.

LES DIFFÉRENTS QUARTIERS

Le *río Mapocho,* rivière de montagne aux eaux terreuses, traverse la ville d'est en ouest. Dans le même sens a été tracée la principale avenue de la capitale : l'*avenida Libertador-Bernardo-O'Higgins,* que les Chiliens appellent plus couramment l'*Alameda.* Chaque partie de la ville a une ambiance différente.

– ***Centre historique :*** c'est là que se trouvent la plupart des musées, ainsi que de très nombreux magasins et banques. Comme dans la plupart des vieilles villes coloniales d'Amérique, les grandes rues piétonnes se croisent à angle droit : *Ahumada, Huérfanos* et celles qui constituent ledit « *barrio cívico* » (quartier civique), avec les rues *Moneda, Morandé* et *Teatinos.* Au cœur du centre, *la plaza de Armas,* qui est aussi le point de référence géographique du pays (Km 0). Ici, beaucoup d'animation et de vendeurs ambulants. Inutile de s'aventurer en voiture dans le centre historique. Mieux vaut marcher ! Autant ce quartier est animé en journée, autant il est déserté (et à éviter) le soir. Et juste au sud, le minuscule et pittoresque ***barrio París-Londres*** se montre bien agréable avec ses quelques rues pavés, bordées de grandes maisons du début XXᵉ s...

– ***Autour du cerro Santa Lucía,*** agréable colline à l'est immédiat du centre historique, sur laquelle ont été aménagés des fontaines et tout un réseau d'escaliers. Entre le *cerro* et le *Parque forestal* se trouve un quartier, grand comme un mouchoir de poche, assez provincial et paisible, le ***barrio Lastarria,*** où il fait

■ **Adresses utiles**

1 Información turística Sernatur

2 Información turística municipal

3 Conaf

Où manger ?

56 Zarita
57 Peluquería Francesa
73 Las Lanzas

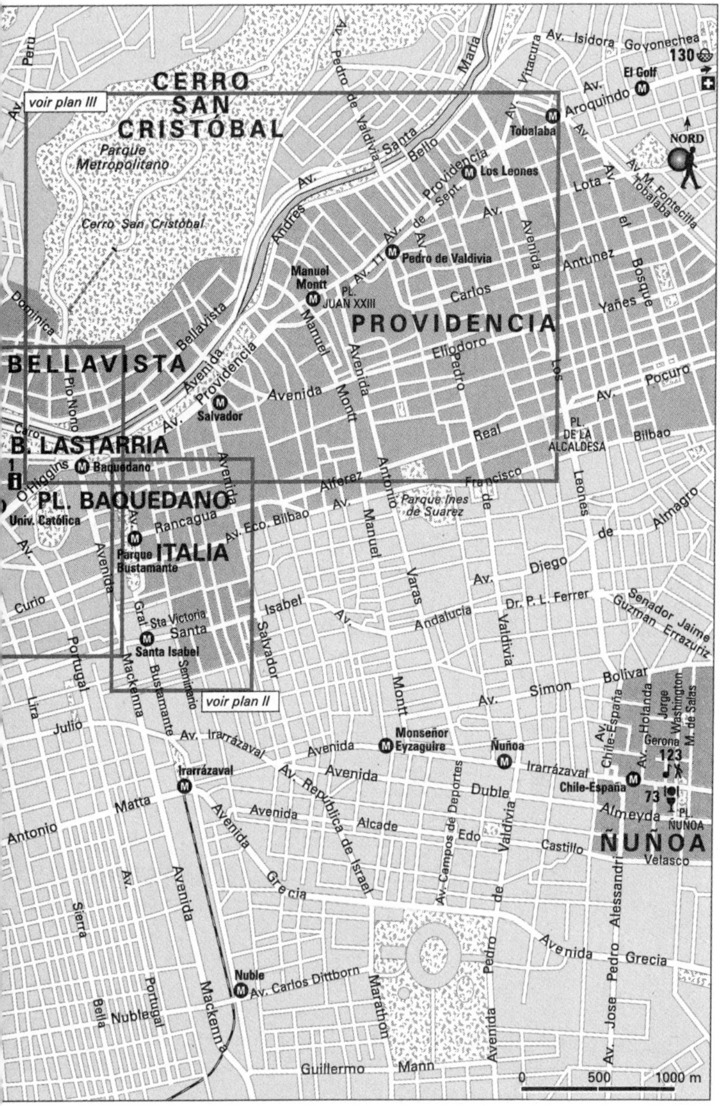

SANTIAGO – Plan d'ensemble

Où boire un café ? Où déguster une pâtisserie ?

57 Peluquería Francesa

Où boire un verre ? Où sortir ?

73 Las Lanzas
123 La Batuta

Achats

130 Centro Artesanal de los Domínicos

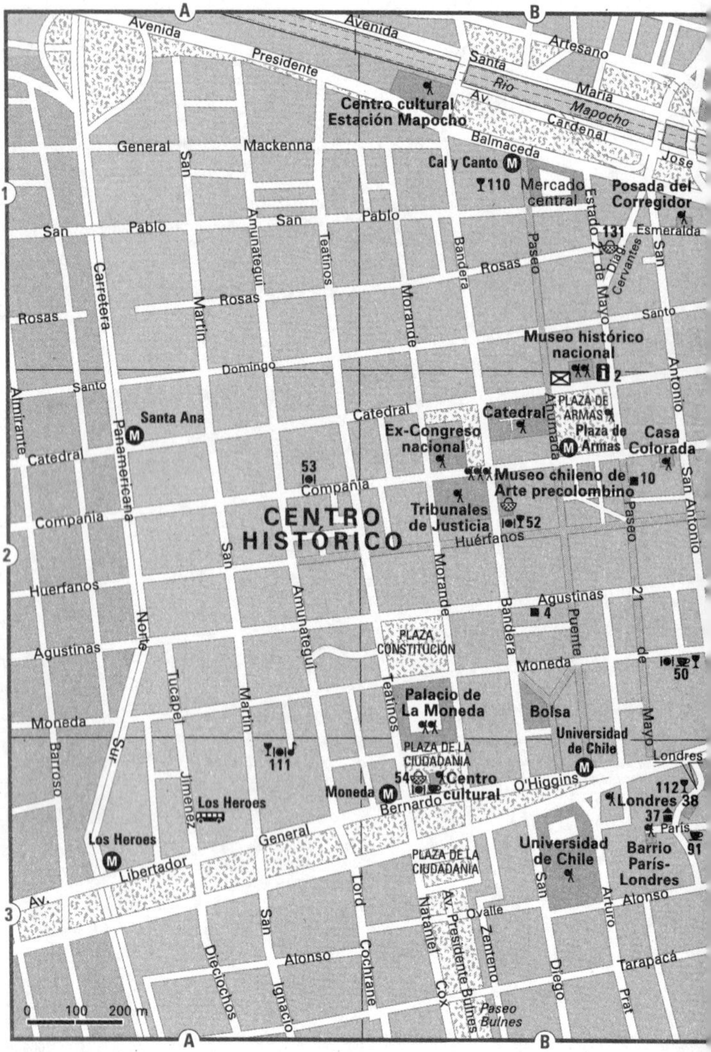

■ **Adresses utiles**	**Où dormir ?**	40 Apart Hotel B (C1)
1 Información turística Sernatur (D2)	23 Hostal Río Amazonas (D2)	41 Almacruz Hotel (C2)
2 Información turística municipal (B1-2 et C2)	31 Lastarria Hotel & Aparts (C2)	**Où manger ?**
4 Casa de cambio (B2)	32 Ismael Hotel (C1)	50 El Naturista (B2)
8 Feria Chilena del Libro (C2)	33 Hotel Cumbres Lastarria (C2)	51 Nave Tierra (C1)
10 Librairie française (B2)	36 Hotel París (C3)	52 Bar Nacional (B2)
11 Cine El Biógrafo (C2)	37 Hotel Vegas (B3)	53 Sabores del Perú (A2)
	38 Park Plaza Apart Hotel et Hotel Magnolia (C2)	54 Cívico Moneda et Café Torres (B3)
	39 Hotel Pasco (C2)	

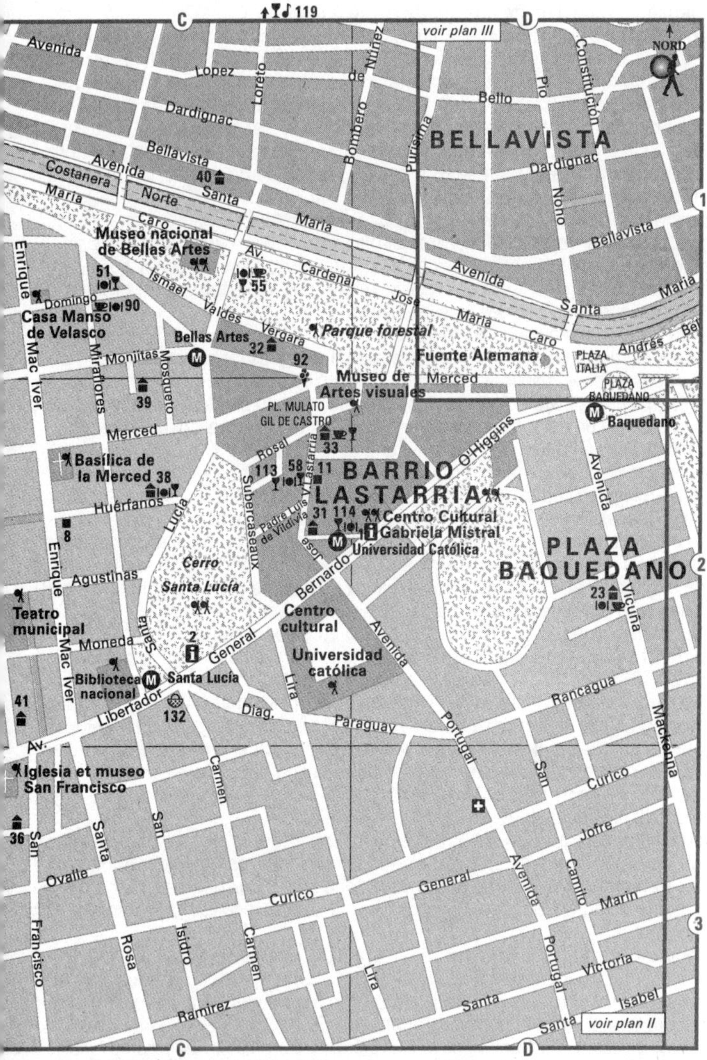

SANTIAGO – Plan I

55 Castillo Forestal (C1)
58 Papachecos Lastarria, Chipe Libre – República Independiente del Pisco et Bocana'riz (C2)

Où boire un café ? Où déguster une glace, une pâtisserie ?

90 Café Triciclo (C1)
91 Pan de Vila (B3)
92 Emporio La Rosa (C1-2)

Où boire un verre ? Où sortir ?

110 La Piojera (B1)
111 La Chimenea (A3)
112 Londres45 (B3)
113 Café Escondido (C2)
114 José Ramón 277 (C2)
119 Onaciu (hors plan par C1)

Achats

54 Fundación Artesanías de Chile (B3)
131 Sombreros Donde Golpea el Monito (B1)
132 Centro Artesanal Santa Lucía (C2)

bon flâner à toute heure. En soirée, les restos et bars distillent une ambiance sympathique. C'est l'un de nos quartiers préférés !

– ***Barrio Bellavista :*** un quartier un peu bohème que les nombreux exilés, revenus au pays, ont baptisé « le Quartier latin de Santiago », rassemblant les acteurs du monde culturel et artistique contestant l'ordre militaire imposé en 1973... Au pied du *cerro San Cristóbal,* c'est un gros village fait de petites rues tranquilles bordées de maisonnettes colorées avec jardinets. C'est là aussi que se trouve la célèbre ***Chascona,*** maison de Pablo Neruda. Ambiance jeune et relax autour des nombreux restos et bars. Mais c'est en soirée que ça se gâte du côté des boîtes de nuit ; soyez alors sur vos gardes !

– ***Barrio Providencia :*** au nord-est de Santiago, celui-ci s'étend des avenues *General Bustamante* à *Tobalaba.* Immeubles modernes, bureaux et magasins, c'est le quartier des bureaucrates et des hommes d'affaires. C'est aussi une grande zone résidentielle avec des rues calmes et des allées arborées, bordées de maisons cossues où vivent les classes aisées.

– ***Barrio Italia :*** juste au sud de Providencia, autour du carrefour de l'avenue *Santa Isabel* et des rues *Italia* et *Condell.* Avec ses quelques rues résidentielles verdoyantes, bordées de belles maisons anciennes, c'est un agréable quartier de jour comme de nuit, où se sont installés antiquaires, designers, petits créateurs, restos et bars branchés. Bref, l'un de nos quartiers préférés à Santiago, un vrai coup de cœur !

– ***Barrio Brasil :*** à l'ouest du centre historique, éviter de s'y aventurer le soir. À la fin du siècle dernier, c'était un quartier chic, avant d'être délaissé, puis peu à peu repeuplé avec l'arrivée d'artistes et d'intellectuels... Aujourd'hui, les façades des maisons anciennes abandonnées sont couvertes de graffs sauvages. Car ce *barrio* affiche un déclin ostensible, ses hébergements ont fermé, ses commerces et restos se sont barricadés, la prudence est de mise... Pourtant, au sud du quartier, le minuscule et iconique ***barrio Concha y Toro*** montre un charme insolent avec ses rues bordées d'hôtels particuliers des années 1920 au style européen, débouchant sur une adorable placette où jaillit une fontaine !

– ***Barrio Yungay :*** petit quartier résidentiel chic situé à l'ouest du *barrio Brasil.* Jusqu'en 1835, ces 350 hectares appartenaient à un seul riche proprio. À sa mort, les héritiers se partagèrent le terrain qu'ils construisirent et vendirent par lots. Aujourd'hui, c'est un agréable quartier aéré, classé *zona típica,* avec quelques demeures uniques bien conservées comme ***La Peluquería Francesa,*** emblématique et pittoresque salon de coiffure-resto-salon de thé, tenu par une famille chilienne d'origine française. Alors qu'à 2 pas se trouve aussi la résidence – bien gardée – du président chilien...

– ***Barrio Ñuñoa :*** au sud de Providencia. Entre les artères principales, on trouve des rues tranquilles, des maisons familiales traditionnelles, et on sent chez ses habitants un sentiment d'appartenance à leur quartier. L'endroit le plus animé à toute heure est certainement la *plaza Ñuñoa,* plutôt fréquentée par les jeunes.

– ***À l'est de la ville :*** le *barrio alto* (quartier chic) commence avec l'avenue *Providencia* et se poursuit jusqu'à *Las Condes,* s'enfonçant peu à peu dans les contreforts de la cordillère des Andes. Les grandes artères qui le traversent donnent leurs noms à autant de micro-quartiers : *El Golf, Apoquindo, Las Condes, Kennedy, Vitacura, Lo Curro, La Dehesa* (le chic du chic !)... Excentrés, moins affairés que Providencia, ils abritent, quelquefois derrière de grands murs, les résidences et les maisons les plus luxueuses de Santiago. Dans le secteur de ***Los Domínicos,*** voici la belle église de San Vicente Ferrer, connue sous le nom de « Los Domínicos », construite au XVIIIe s par l'architecte italien Toesca. À quelques mètres de l'église, se trouve un ***grand centre d'artisanat*** et l'Observatoire national.

– ***Au sud de la ville :*** ici s'étendent les *poblaciones,* les quartiers ouvriers et populaires, très combatifs durant l'époque de l'Unité populaire. Ils ont absorbé la récente immigration et se sont beaucoup appauvris. On déconseille de s'y rendre car ils ne sont plus sûrs.

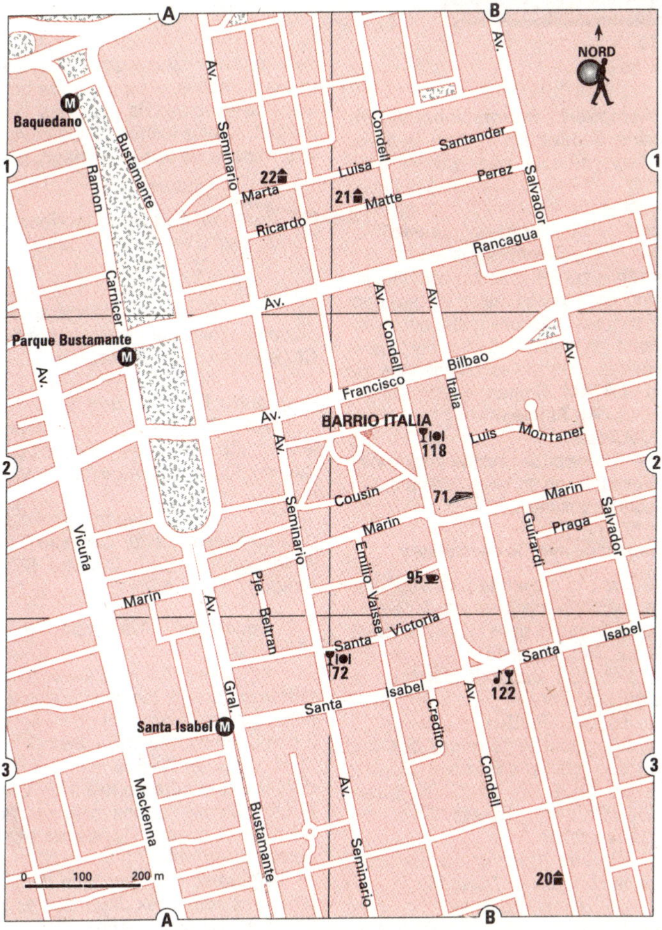

SANTIAGO – PLAN II

Où dormir ?

20 Hostal Vitalia (B3)
21 Hostal Casa La Barca (B1)
22 Eco-hotel Carménère (A1)

Où manger ?

71 La Argentina Pizzeria (B2)
72 Ciudadano (A-B3)

Où déguster une pâtisserie ?

95 La Panadera (B2)

Où boire un verre ? Où sortir ?

118 Ruca Bar (B2)
122 The Jazz Corner (B3)

Arriver – Quitter

Avion

✈ ***Aeropuerto internacional Arturo Merino Benítez*** *(SCL ; plan Le grand Santiago et hors plan d'ensemble)* **:** *Cortinez, 1704, à* ***Pudahuel.*** *• nuevo pudahuel.cl • À 16 km au nord-ouest du centre-ville.* Le ***terminal internacional – T2*** fait face au ***terminal nacional – T1.*** Desservis par les grandes compagnies aériennes internationales et plusieurs compagnies chiliennes reliant quotidiennement les principales villes du pays et certaines métropoles d'Amérique du Sud : ***LATAM Airlines*** *(• latamairlines.com •),* ***Sky Airline*** *(• skyairline.com •)* et ***JetSmart*** *(• jetsmart.com •).* Sur place : bureaux de change (taux moins intéressants qu'en ville), distributeurs, loueurs de voitures...

Connexions avec le centre-ville

Bus : le moyen le plus économique. Liaisons assurées par 2 compagnies (comptoirs dans le hall d'arrivée). Les bus ***Centropuerto*** *(• centropuerto.cl •)* s'arrêtent à côté de la ***station de métro Los Heroes*** *(plan I, A3).* Alors que les bus ***TurBus*** *(• new.turbus.cl •)* rejoignent le ***terminal des bus Alameda*** *(plan d'ensemble).* Départs ttes les 10-30 mn, 6h-23h30. Billet : 2 000 $Ch/pers. Trajet : 30-60 mn, selon circulation.

Minibus *(transfer compartido)* **:** avec la compagnie ***Trans Vip*** *(• transvip.cl •)* ; s'inscrire à leur comptoir dans le hall d'arrivée. Départs ttes les 1-3h, 5h-19h (parfois de l'attente). Tarif selon le quartier où vous allez ; compter 8 400 $Ch/pers pour le centre-ville. Ce sont des minibus de 8 places qui vous déposent ou viennent vous chercher à l'endroit que vous souhaitez.

Taxi : à l'aéroport, plusieurs comptoirs de ***taxis officiels*** sans arnaque. Compter 22 000 $Ch pour le centre-ville (tarif fixe prépayé).

Bus

Les bus sont confortables. Certaines compagnies proposent aussi des bus de luxe : *semi-cama* (sièges inclinables très confortables et repas servi à bord) ou *cama* (avec des lits !) pour les destinations les plus lointaines. On compte **4 terminaux de bus à Santiago.** *Infos et résas : • recorrido.cl •*

Terminal San Borja *(ex-Terminal Norte ; plan d'ensemble)* **:** *San Borja, 184.* Ⓜ *Estación-Central. Au 1ᵉʳ étage du vaste centre commercial de la gare ferroviaire.* Regroupe une soixantaine de compagnies desservant le ***nord du Chili.*** Parmi elles, ***Plusschile*** *(• plusschile.cl •)* et ***Cikbus*** *(• cikbus.cl •) ;* mais aussi ***Pullman Bus*** *(• pullmanbus.cl •)* et ***TurBus*** *(• turbus.cl •)* sont les plus réputées et demandées ; opérant quelques liaisons avec les villes du sud.

➢ Très nombreux départs quotidiens pour ***La Serena*** *(6h30),* ***Copiapó*** *(11h),* ***Antofagasta*** *(19h),* ***Calama*** *(22h),* ***Iquique*** *(25h)* et ***Arica*** *(30h).*

Terminal Alameda *(plan d'ensemble)* **:** *O'Higgins, 3750.* Ⓜ *Universidad-de-Santiago.* Facile de s'y retrouver dans ce terminal moderne et bien organisé, seulement opéré par les 2 compagnies, ***Pullman Bus*** *(• pullmanbus.cl •)* et ***TurBus*** *(• turbus.cl •),* desservant la ***côte centrale du Chili.*** Aussi quelques liaisons avec les villes du nord et du sud. N'hésitez pas à comparer les tarifs !

➢ ***Valparaíso*** *(1h30)* ***et Viña del Mar*** *(2h)* **:** très nombreux départs, ttes les 30 mn en moyenne, de 6h à 23h.

Terminal Santiago – TBEC *(ex-Terminal Sur ; plan d'ensemble)* **:** *O'Higgins, 3850.* Ⓜ *Universidad-de-Santiago.* Regroupe une trentaine de compagnies reliant le ***sud du Chili*** (galerie centrale) et l'***Argentine*** (galerie de gauche).

➢ Nombreux départs quotidiens pour ***Temuco*** *(10h),* ***Valdivia*** *(11h),* ***Pucón*** *(11h),* ***Puerto Montt*** *(13h),* ***Chiloé*** *(14h),* avec les compagnies ***Transantin*** *(• transantin.cl •),* ***Condor*** *(• condorbus.cl •),* ***Buses Jac*** *(• jac.cl •),* ***ETM*** *(• etm.cl •),* ***Queilen Bus*** *(• queilenbus.cl •)...* ; sans oublier

Pullman Bus *(• pullmanbus.cl •)* et ***TurBus*** *(• turbus.cl •).*

➢ ***Argentine :*** nombreux bus quotidiens pour ***Mendoza*** *(8h),* ***Bariloche*** *(19h)* et quelques-uns pour ***Buenos Aires*** *(21h),* avec les compagnies ***Cata*** *(• catainternacional.com •)* et ***Andesmar*** *(• andesmar.com •).*

Terminal Los Heroes *(plan d'ensemble et plan I, A3) : Jimenez, 21. Ⓜ Los Heroes.* Petit terminal tranquille, tout proche du centre-ville. Plusieurs bus quotidiens vers les ***villes du Sud (Temuco, Valdivia, Puerto Montt, Chiloé...)*** avec la compagnie ***Cruz del Sur*** *(• webcds.cl •).* Et quelques liaisons hebdomadaires pour l'Argentine (***Mendoza*** et ***Buenos Aires***) avec ***Buses Ahumada*** *(• busesahumada.cl •).*

Train

Estación central *(gare ferroviaire centrale ; plan d'ensemble) : O'Higgins. • efe.cl • Ⓜ Estación-Central.* En tout 4 lignes de chemin de fer reliant la périphérie de Santiago et ***quelques villes de la vallée centrale,*** au sud de la capitale. Fréquences réduites. Citons le *tren San Fernando* qui dessert ***Rancagua,*** puis ***San Fernando.*** Et le *tren Chillán* ralliant aussi ***Rancagua*** et ***San Fernando,*** puis ***Talca*** (changement pour Concepción) et enfin ***Chillán.***

Transports en ville

Métro

Infos : • metro.cl • Circule tlj 6h (7h sam, 8h dim)-23h. Il fonctionne très bien et ses ***7 lignes desservent la plupart des lieux importants de la ville.*** Pour prendre le métro, il faut obligatoirement être muni d'une ***carte magnétique BIP!*** *(1 550 $Ch ; • tarjetabip.cl •),* qui s'achète et se recharge dans les stations. Ensuite, ***le prix du trajet varie selon l'heure*** *(640-800 $Ch ; le plus cher aux heures de pointe)* et permet aussi de ***combiner métro, bus et trains de l'agglomération.***

Bus

Santiago est quadrillée par un immense réseau de bus, mais pas d'une grande utilité si vous y restez 2 ou 3 jours. Avant de se déplacer en bus et pour ne pas se perdre, mieux vaut consulter le site *• red.cl •* Comme le métro, les bus de Santiago fonctionnent avec la ***carte magnétique BIP!,*** qui s'achète et se recharge dans les stations de métro.

Taxis

Noir et jaune, avec une plaque minéralogique orange, ils pullulent dans les rues de Santiago ! On en trouve tout le temps et partout. Plutôt ***bon marché,*** ils sont munis d'un compteur que les chauffeurs enclenchent généralement spontanément... mais il faut parfois gentiment le leur rappeler. On les recommande absolument pour ***se déplacer de nuit*** ou faire des sauts de puce dans des coins mal desservis sans perdre de temps. Avant de monter, prenez une photo de la plaque d'immatriculation ; cela facilite les réclamations. L'appli ***Easytaxi,*** téléchargeable gratuitement sur smartphone, permet d'appeler ou de réserver un taxi identifié, quel que soit l'endroit ou l'heure.

Colectivos

Pas d'un grand secours si vous séjournez peu de temps à Santiago. Ce sont des voitures semblables aux taxis mais avec un ***panneau sur le toit,*** indiquant son itinéraire fixe. Autre différence avec les taxis : ils peuvent prendre d'autres passagers en cours de route. C'est moins pratique que le taxi mais moins cher aussi. Tout le monde paie le même forfait *(600-1 500 $Ch selon la ligne),* quelle que soit la course.

Voiture

On la déconseille à cause des embouteillages et du stationnement difficile, surtout dans le centre historique de Santiago, au cœur de

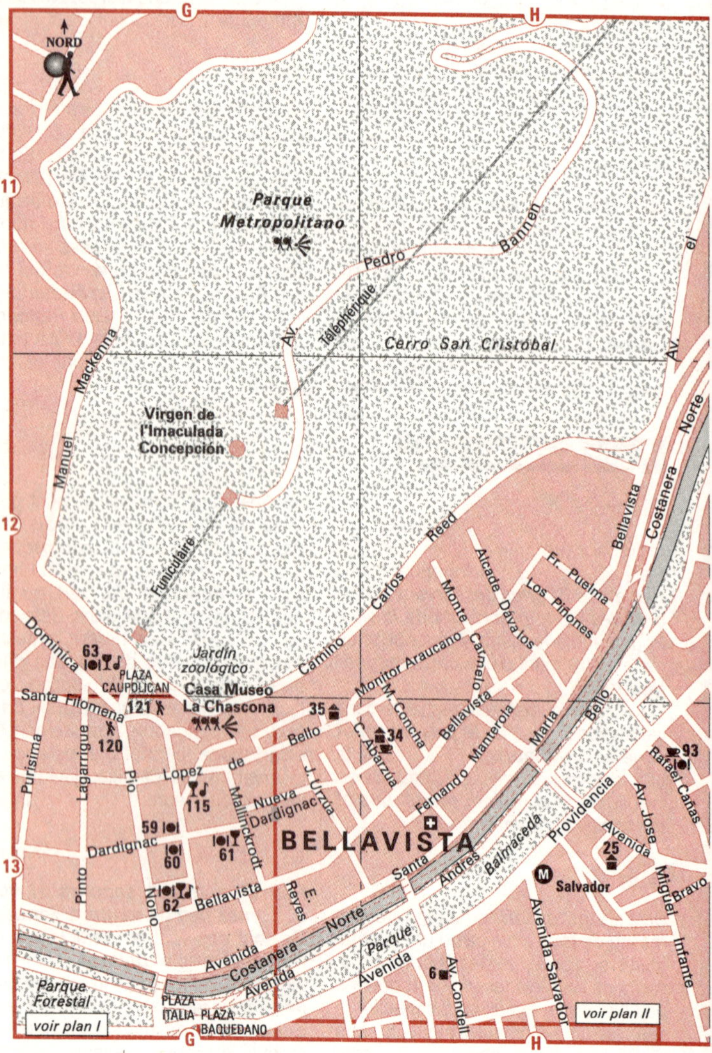

Adresses utiles

- **5** Casa de cambio (J11)
- **6** Consulat de France (H13)
- **7** Institut culturel français (I11)
- **9** Feria Chilena del Libro (J11)

Où dormir ?

- **24** Yogi Hostel (hors plan par J12)
- **25** Ají Hostel (H13)
- **26** Chilhotel (I12)
- **27** Hotel Las Flores (I13)
- **28** Casa de Todos B & B (I12)
- **29** Tagle Hotel (I13)
- **30** Hotel Le Rêve (J11)
- **34** Eco-hostal Tambo Verde (H13)
- **35** Casa Bellavista Hotel (G13)

Où manger ?

- **59** Galindo (G13)
- **60** Ciudad Vieja Sanguchería (G13)

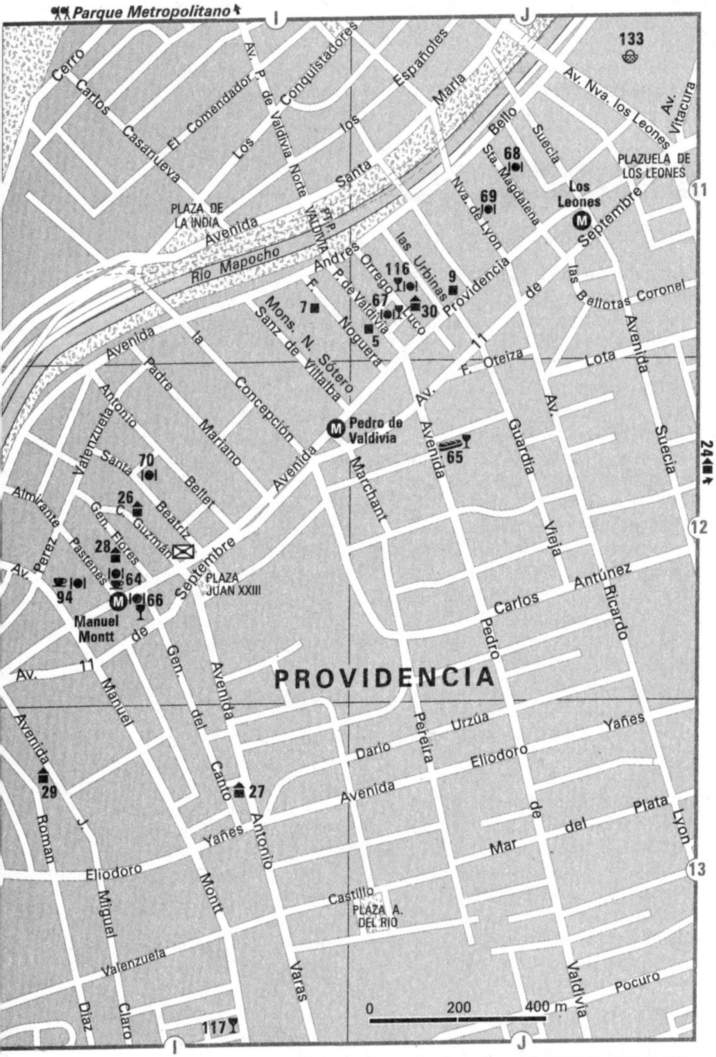

SANTIAGO – Plan III

61 Krossbar Bellavista (G13)
62 Patio Bellavista (G13)
63 El Mesón Nerudiano (G12)
64 Eggy Cafetería (I12)
65 Fuente Alemana (J12)
66 Bar Liguria (I12)
67 El Huerto (J11)
68 La Burguesia (J11)
69 Ambrosia Bistro (J11)
70 El Ancla (I12)

Où boire un café ? Où déguster une pâtisserie ?

93 Café Black Mamba (H13)
94 Café Altura (I12)

Où boire un verre ? Où sortir ?

62 Patio Bellavista (G13)
66 Bar Liguria (I12)
115 La Casa en El Aire (G13)
116 De La Ostia (J11)
117 Bao Bar (I13)
120 La Maestra Vida (G13)
121 La Feria (G13)

Achats

133 Mall Costanera Center (J11)

Providencia... Rabattez-vous sur les parkings. Sinon, dans les rares rues où l'on peut se garer, il faut payer le stationnement – au moment du départ – à une personne munie d'une petite machine qui calcule le prix à payer en fonction du temps passé. Bref, le plus simple est encore de ***laisser votre voiture à votre hôtel et de prendre le métro ou des taxis,*** vraiment pratiques et plus reposants !

Adresses et infos utiles

Infos touristiques

■ ***Información turística Sernatur*** *(plan d'ensemble et plan I, D2,* ***1****)* ***:*** *O'Higgins, 227, dans le Centro cultural Gabriela Mistral (GAM). ☎ 994-58-04-53. • chile.travel • Ⓜ Universidad-Católica. Lun-ven 9h-18h (17h ven).* Infos variées sur Santiago, ses environs et le reste du Chili. Compétents et attentionnés.

■ ***Información turística municipal*** *(plan d'ensemble et plan I, B1-2,* ***2****)* ***:*** *plaza de Armas. ☎ 227-13-67-45. • santiagoturismo.cl • À côté du Museo histórico nacional. Lun-ven 9h30-17h, w-e 10h-16h.* Organise plusieurs visites guidées thématiques gratuites en espagnol ou anglais *(tlj à 10h ; résa en ligne)* : les monuments du centre, les églises, les quartiers, *cerro Santa Lucia... Aussi un* ***autre bureau*** *(plan d'ensemble et plan I, C2,* ***2****) sur le cerro Santa Lucía, à gauche de la fontaine de Neptune (accès par l'arrière). Lun-ven 9h30-14h, 15h-17h.*

■ ***Conaf*** *(plan d'ensemble,* ***3****)* ***:*** *Bulnes, 285. ☎ 226-63-00-00. • conaf.cl • Ⓜ La Moneda. Lun-ven 9h-17h30 (16h30 ven).* Pour tout renseignement concernant les parcs nationaux du pays. Important : dorénavant, les billets d'accès aux parcs s'achètent ***uniquement en ligne*** : *• aspticket.cl •*

Argent, change

■ ***Distributeurs*** très nombreux dans le centre et dans le quartier de *Providencia.*

■ ***Casas de cambio*** *(bureaux de change)* ***:*** *dans le centre historique, concentration sur* ***Agustinas*** *(plan I, B2,* ***4****), entre Ahumada et Bandera ; dans le quartier de Providencia, sur* ***Pedro-de-Valdivia*** *(plan III, J11,* ***5****). Ouv tlj sauf sam ap-m et dim.* Certainement les taux les plus avantageux du pays !

Urgences

■ ***Police :*** *☎ 133.*

■ ***Ambulance :*** *☎ 131.*

■ ***Médecins généralistes francophones :*** *Benoît Cordier (Juan XXIII, 6260 ; ☎ 992-32-43-50) ou Roger Claudet (Vitacura, 6255 ; ☎ 982-48-99-79) ;* tous 2 médecins conseils auprès de l'ambassade de France, qui propose aussi une liste de spécialistes en ligne *(• cl.ambafrance.org •).*

✚ ***Clinica Alemana*** *(hors plan d'ensemble au nord-est)* ***:*** *Vitacura, 5951. ☎ 222-10-11-11.*

✚ ***Hospital de Urgencias Asistencia Publica*** *(Posta Central ; plan I, D3)* ***:*** *Curicó, 345. ☎ 225-68-11-00. Ⓜ Universidad-Católica.*

Consulats

■ ***Consulat de France*** *(plan III, H13,* ***6****)* ***:*** *Condell, 65 (Providencia). ☎ 224-70-80-00. • cl.ambafrance.org • Ⓜ Salvador ou Boquedano.*

■ ***Consulat du Canada :*** *Nueva-Tajamar, 481, Torre Norte, piso 12 (Providencia). ☎ 226-52-38-00. • canadainternational.gc.ca/chile-chili • Ⓜ Tobalaba.*

■ ***Consulat de Belgique :*** *Providencia, 2653, piso 11, oficina 1103 (Providencia). ☎ 226-94-04-00. • chile.diplomatie.belgium.be • Ⓜ Tobalaba.*

■ ***Consulat de Suisse :*** *Vespucio Sur, 100, piso 14 (Las Condes). ☎ 229-28-01-00. • eda.admin.ch/santiago • Ⓜ Escuela-Militar.*

■ ***Consulat de Bolivie :*** *Santa María, 2796 (Providencia). ☎ 222-32-81-80. • consulados.cancilleria.gob.bo/santiago • Ⓜ Tobalaba.*

■ ***Consulat du Pérou :*** *Bellet, 444 (Providencia). ☎ 228-60-67-00. • consulado.pe/es/santiago/ • Ⓜ Pedro-de-Valdivia.*

MÉTRO DE SANTIAGO DU CHILI

SANTIAGO

■ ***Consulat d'Argentine :*** *Mackenna, 41 (Providencia).* ☎ *225-82-26-06.* • *csigo.cancilleria.gob.ar* • Ⓜ *Baquedano.*

■ ***Consulat du Brésil :*** *Los Militares, 6191 (Las Condes).* ☎ *228-20-58-00.* • *gov.br/mre/pt-br/consulado-santiago* • Ⓜ *Manquehue.*

Culture

Le site • *estoy.cl* • recense de manière assez exhaustive les principaux événements culturels de la capitale.

■ ***Institut culturel français*** *(plan III, I11,* ***7****) :* *Noguera, 176.* ☎ *232-21-09-10.* • *institutofrances.cl* • Ⓜ *Pedro-de-Valdivia. Lun-ven 9h-21h30 ; sam 10h-13h45.* Médiathèque (horaires en ligne), projections, théâtre, lectures, etc. ; consulter le programme !

■ ***Librairie française*** *(plan I, B2,* ***10****) :* *Estado, 337, Galería España (local 22).* ☎ *226-39-24-07.* • *libreriafrancesa.cl* • Ⓜ *Plaza-de-Armas. Tlj sauf sam ap-m et dim.* De bons livres en français, naturellement plus chers que dans l'Hexagone.

■ **Feria Chilena del Libro :** *Huérfanos, 670 (plan I, C2,* ***8****) ou Providencia, 2124 (Drugstore ; plan III, J11,* ***9****). • feriachilenadellibro.cl • Tlj sauf sam ap-m et dim.* L'une des librairies les mieux fournies du Chili (beaux livres en espagnol, etc.).

■ **Cine El Biógrafo** *(plan I, C2,* ***11****) : Lastarria, 181. ☎ 226-33-44-35. • elbiografo.cl • Ⓜ Universidad-Católica.* Un cinéma qui projette des films d'auteurs ; francophones de temps en temps.

Où dormir ?

Dans le barrio Italia

De bon marché à prix moyens (env 30 000-80 000 $Ch / env 33-88 €)

Hostal Vitalia *(plan II, B3,* ***20****) : Italia, 1689. ☎ 243-67-02-77. 📱 977-02-96-28. • hostalvitalia@gmail.com • Ⓜ Irarrázaval. Lit en dortoir (4 pers) 17 000 $Ch ; doubles 34 000-42 000 $Ch ; pas de petit déj.* Une aubaine que cette petite AJ, nichée en plein cœur de ce quartier résidentiel verdoyant et sympa, bien connu pour ses restos et ses bars. Plusieurs dortoirs avec sanitaires extérieurs. Aussi une poignée de chambres simples et pratiques avec ou sans salle de bains. Propreté sans faille. Cuisine commune et agréable petit patio pour papoter entre routards du monde entier. Une belle adresse à prix copain.

Hostal Casa La Barca *(plan II, B1,* ***21****) : Pérez, 366. 📱 999-98-03-53. • casalabarca.cl • Ⓜ Baquedano. Doubles 55 000-80 000 $Ch.* Plantée dans une rue paisible, c'est une charmante maison de 1929, dont la façade se fend d'une étrave de navire, d'où son nom ! Intérieurs pittoresques, conservés dans un joli jus patiné par la gentille *dueña.* Une huitaine de chambres spacieuses et fonctionnelles, avec salle de bains partagée pour les moins chères ; vieux parquets en prime. Les plus onéreuses avec balcon ou terrasse. Rapport qualité-prix très honnête. On aime !

De plus chic à très chic (120 000 $Ch à plus de 160 000 $Ch / env 131 € à plus de 175 €)

Eco-hotel Carménère *(plan II, A1,* ***22****) : Santander, 292. ☎ 229-93-50-40. • hotelcarmenere.com • Ⓜ Baquedano. Doubles 145-220 US$.* Dans cette rue verte alignant les demeures anciennes, celle-ci – édifiée au début du XXe s – propose une poignée de belles chambres confortables et cosy, donnant sur l'agréable jardin à l'arrière. Accueil aux petits soins, avec un verre de *carménère,* ce fameux cépage bordelais importé au Chili au XIXe s, puis disparu en France à cause du phylloxéra et finalement redécouvert ici dans les années 1990. Bref, un formidable havre de paix pour qui a des sous !

Près de la plaza Baquedano

Prix moyens (50 000-80 000 $Ch / env 55-88 €)

Hostal Río Amazonas *(plan I, D2,* ***23****) : Mackenna, 47. 📱 964-68-07-41. • hostalrioamazonas.cl • Ⓜ Baquedano. Double 55 000 $Ch. Parking payant.* Un vrai coup de cœur ! Dans cette belle demeure de style Tudor, construite en 1929, un *hostal* chaleureux et tranquille, décoré des toiles du jovial proprio et de ses 2 filles. Plus ou moins grandes et lumineuses, une trentaine de chambres aménagées avec une simplicité colorée et soignée. Cuisine commune, laverie et agréable salle à manger donnant sur un petit patio tranquille. C'est sûr, on reviendra !

Dans le barrio Providencia

Bon marché (30 000-50 000 $Ch / env 33-55 €)

Yogi Hostel (*hors plan III par J12*, **24**) : *Traiguén, 2420. 979-84-75-74. • yogihostels.negocio.site • Ⓜ Los-Leones. Lit en dortoir (4 pers) 20 000 $Ch ; doubles 40 000-50 000 $Ch.* Nichée au fond d'une impasse bien en retrait de l'avenue, cette charmante maison ancienne abrite une huitaine de chambres et dortoirs bien tenus, avec ou sans salle de bains privée. Élégant salon, cuisine commune et micro-patio. Une bonne adresse où l'on croise des routards du monde entier.

Ají Hostel (*plan III, H13*, **25**) : *Triana, 863. ☎ 222-36-44-01. • ajihostel.cl • Ⓜ Salvador. Lits en dortoir (4-8 pers) 14 000-18 000 $Ch ; doubles 35 000-44 000 $Ch.* Dans une rue en « U » bordée de maisons Art déco, c'est un *hostel* jeune et économique. Dortoirs colorés (mixtes ou non) plutôt exigus, avec salles de bains communes. Aussi quelques doubles aux sanitaires privés. L'ensemble est un peu vieillot, mais bien tenu. Cuisine et salon communs. Belle ambiance routarde, surtout lors des soirées à thème quasi quotidiennes.

Prix moyens (50 000-80 000 $Ch / env 55-88 €)

Chilhotel (*plan III, I12*, **26**) : *Guzmán, 103. ☎ 222-35-07-13. 997-75-27-85. • chilhotel.cl • Ⓜ Manuel-Montt. Double 59 000 $Ch.* Petit hôtel pimpant, bien situé dans une rue tranquille du cœur de *Providencia*. Derrière cette façade blanche, voici des chambres sobres et fonctionnelles, plus ou moins spacieuses. Préférer celles dans les étages supérieurs, parfois dotées d'un balcon. Une bonne affaire pour le quartier.

Hotel Las Flores (*plan III, I13*, **27**) : *Varas, 423. ☎ 222-64-22-48. 976-21-64-79. • hotel-lasflores.cl • Ⓜ Manuel-Montt. Doubles 53 000-58 000 $Ch.* Cette maison jaune de caractère renferme une poignée de chambres pratiques et bien équipées (ventilo, frigo, etc.), dont une avec terrasse privée. L'ensemble est un peu fatigué, mais impeccable et très abordable. Une bonne adresse quand même !

Casa de Todos B & B (*plan III, I12*, **28**) : *Flores, 120. 953-29-03-50. • casadetodos.com • Ⓜ Manuel-Montt. Doubles 42 000-65 000 $Ch.* Cette belle maison ancienne de style toscan livre une dizaine de chambres toutes blanches, pratiques et bien équipées, à la déco minimaliste. Certaines donnent sur le gentil patio à l'arrière, arrangé façon jardin japonais. Agréable salon commun côté façade.

De chic à très chic (80 000 $Ch à plus de 160 000 $Ch / env 88 à plus de 175 €)

Tagle Hotel (*plan III, I13*, **29**) : *Claro, 219. ☎ 223-59-85-68. 957-52-78-84. • taglehotel.cl • Ⓜ Manuel-Montt. Doubles 74-94 US$.* Au cœur du *Providencia* résidentiel, vert et tranquille, petit hôtel d'une grosse quinzaine de chambres de bon confort et plus ou moins grandes, au look contemporain assez neutre. Les plus chères avec balcon ou terrasse. Resto sur place.

Hotel Le Rêve (*plan III, J11*, **30**) : *Luco, 23. ☎ 227-57-60-00. 991-91-83-00. • lereve.cl • Ⓜ Pedro-de-Valdivia. Doubles 190-215 US$.* LA belle adresse de charme ! Classée *monumento nacional*, cette vénérable maison française affiche une élégante façade à volets, littéralement envahie de lierre. Une trentaine de chambres confortables et douillettes, aménagées sur une touche classique raffinée. Salon intime et cosy. Sublime jardin pour se mettre au vert après une bonne journée de visites.

Dans le barrio Lastarria

De chic à plus chic (80 000-160 000 $Ch / env 88-175 €)

Lastarria Hotel & Aparts *(plan I, C2, **31**)* **:** *Lastarria, 43 et 61.* ☎ *226-38-32-30.* *994-96-17-93.* • *lastarria.cl* • Ⓜ *Universidad-Católica. Double 115 US$; apparts (2-6 pers) 60-200 US$.* Dans une ruelle attenante à la *calle Lastarria,* bien connue pour ses restos, ses bars et sa gentille animation nocturne, cet établissement moderne offre une huitaine de chambres spacieuses et tout confort. Style contemporain, sobre et design, usant de matériaux nobles et chaleureux. Aussi quelques beaux apparts du même tonneau, avec balcon pour certain.

Ismael Hotel *(plan I, C1, **32**)* **:** *Vergara, 312.* ☎ *226-16-76-00.* • *ismaelhotel.com* • Ⓜ *Bellas-Artes. Doubles 142-160 US$.* Face à l'agréable *parque Forestal* et cerné de vénérables immeubles bourgeois, ce bâtiment design détonne ! Une quarantaine de chambres, pas bien grandes, mais tout confort et dotées d'un balcon. Déco contemporaine sans fioriture, avec mobilier et luminaires design. Les plus chères s'ouvrent sur la verdure du parc.

Hotel Cumbres Lastarria *(plan I, C2, **33**)* **:** *Lastarria, 99.* ☎ *224-96-90-00.* • *cumbreslastarria.com* • Ⓜ *Bellas-Artes. Double 150 US$.* Dominant le haut de la pétillante *calle Lastarria,* c'est un bâtiment moderne et design, à la façade graphique. Dans la même veine, une soixantaine de belles chambres spacieuses et minimalistes, avec salle de bains ouverte. Nos préférées donnent sur la terrasse et le jardin contigu, à l'arrière.

Dans le barrio Bellavista

De bon marché à prix moyens (30 000-80 000 $Ch / env 33-88 €)

Eco-hostal Tambo Verde *(plan III, H13, **34**)* **:** *Abarzúa, 131.* ☎ *223-16-01-28.* *951-25-60-96.* • *hostal-tamboverde.com* • Ⓜ *Salvador. Lit en dortoir (4 pers) 21 000 $Ch ; doubles 46 000-56 000 $Ch.* D'abord une rue résidentielle verdoyante et paisible, où s'alignent les maisons anciennes. Celle-ci s'ouvre sur un charmant patio, idéal pour musarder. Une dizaine de chambres et dortoirs, pratiques et nickel, décorés avec du bois brut, des couleurs et cette élégante simplicité qui nous plaît. Cuisine, salle à manger et salons communs, arrangés sur une note vintage et récup'. Café sur place. Une excellente adresse éco-durable, sans se ruiner.

Casa Bellavista Hotel *(plan III, G13, **35**)* **:** *Lopez de Bello, 374.* *979-63-92-35.* • *casabellavistahotel.com* • Ⓜ *Salvador. Doubles 65 000-95 000 $Ch.* En plein Bellavista vert et tranquille, à 2 pas de la fascinante maison de Pablo Neruda. Cette villa moderne, cubique et blanche, recèle une dizaine de belles chambres, confortables et plus ou moins grandes. Aménagements chaleureux : têtes de lit en bois brut, tableaux colorés, etc. Aussi des *single* à prix plancher. Agréable patio verdoyant. Excellent rapport qualité-prix-accueil. On recommande !

Dans le centro histórico et à proximité

De bon marché à prix moyens (30 000-80 000 $Ch / env 33-88 €)

Hotel París *(plan I, C3, **36**)* **:** *Paris, 813.* ☎ *226-39-40-37.* • *hotel.paris@outlook.com* • Ⓜ *Universidad-de-Chile. Doubles 30 000-40 000 $Ch ; pas de petit déj.* Niché dans un alignement de maisons mitoyennes des années 1920, c'est un hôtel vieillot, aux murs peints en jaune poussin, moquette rouge dans les escaliers et quelques meubles anciens dépareillés par-ci, par-là. Au choix, une cinquantaine de chambres propres, pratiques et dotées du strict nécessaire : salle de bains et ventilo. Au final une bonne adresse au rapport qualité-prix imbattable ; le charme du pittoresque et minuscule *barrio París-Londres* en prime.

Hotel Vegas (plan I, B3, **37**) : *Londres, 49. ☎ 226-38-32-25. 934-47-25-23. • hotelvegassantiago.com • Ⓜ Universidad-de-Chile. Doubles 55 000-70 000 $Ch.* Au cœur du *barrio París-Londres,* cette vénérable maison à oriel abrite un petit hôtel familial à l'accueil adorable. Une vingtaine de chambres fonctionnelles et spacieuses, parfaitement tenues. Parties communes rutilantes mais un peu austères. Un autre bon plan, parmi les meilleurs du quartier !

De prix moyens à chic (50 000-120 000 $Ch / env 55-131 €)

Park Plaza Apart Hotel (plan I, C2, **38**) : *Huérfanos, 545. ☎ 223-72-40-30. • parkapartments.cl • Ⓜ Santa-Lucía ou Bellas-Artes. Doubles 55-95 US$.* L'immeuble moderne et l'entrée ne paient pas de mine. Mais la quarantaine de chambres, confortables et toutes dotées d'une cuisine et d'un balcon, arborent une déco lambrissée, classique et chaleureuse. Rapport qualité-prix très correct.

Hotel Pasco (plan I, C2, **39**) : *Almirante Montt, 439. ☎ 232-91-74-24. 931-22-36-11. • pasko.cl • Ⓜ Bellas-Artes. Doubles 72-108 US$.* Au fond d'une impasse tranquille, on est séduit par ce petit hôtel d'une quinzaine de chambres confortables, décorées sur une chaleureuse note à la fois rustique (bois brut) et design. Les plus spacieuses sont plus chères. Excellent rapport qualité-prix-accueil pour cette belle adresse de charme en plein *centro.*

Apart Hotel B (plan I, C1, **40**) : *Bellavista, 234. ☎ 227-32-62-29. • aparthotelb.cl • Ⓜ Bellas-Artes. Doubles 70-130 US$.* À 2 pas du centre historique, cet élégant immeuble du XXe s livre une petite vingtaine de chambres confortables et proprettes, aménagées sur une belle touche rétro noir et blanc. Nos préférées s'ouvrent sur le charmant patio verdoyant à l'arrière, alors que celles de la façade – bien isolées du bruit de la rue – sont dotées d'un balcon pour certaines. Rapport qualité-prix imbattable.

Almacruz Hotel (ex-Galerías ; plan I, C2, **41**) : *San Antonio, 65. ☎ 224-70-74-00. • almacruz.cl • Ⓜ Santa-Lucía ou Universidad-de-Chile. Doubles 70-130 US$.* Bon rapport qualité-prix pour cet hôtel moderne, niché à 2 pas du *casco histórico.* Une centaine de chambres claires et confortables, d'allure classique passe partout, à la manière des grands hôtels internationaux. Mon tout dispatché autour d'un grand patio seventies. Petite piscine perchée avec terrasse verdoyante. Bref, un bon point de chute.

De plus chic à très chic (120 000 $Ch à plus de 160 000 $Ch / env 131 € à plus de 175 €)

Hotel Magnolia (plan I, C2, **38**) : *Huérfanos, 539. ☎ 226-64-40-43. 951-28-71-72. • hotelmagnolia.cl • Ⓜ Santa-Lucía ou Bellas-Artes. Doubles à partir de 160 US$.* Étonnante façade néo-Renaissance de 1929, élevée d'une extension moderne. Parties communes intimistes et cosy, parsemées de petits salons élégants et un rien design. Une quarantaine de chambres tout confort, sobres et contemporaines. Resto-bar sur l'inattendu toit-terrasse verdoyant, avec vue sur le *cerro Santa Lucía.* Une belle adresse de charme.

SANTIAGO

Où manger ?

Dans le centro histórico

– ***Important :*** beaucoup de monde en journée dans le centre historique, qui se vide littéralement en fin d'après-midi et devient alors un peu moins sûr. Les restos suivent la vague et sont fermés en soirée et le dimanche pour la plupart. Si vous résidez ici, allez dîner en dehors du quartier et rentrez en taxi !

Bon marché (5 000-10 000 Ch$ / env 5,50-11 €)

🍽 ***Les restos de la plaza de Armas*** *(plan I, B2)* **:** sous les arcades de la **calle Compañía de Jesus – Merced,** se concentre une ribambelle de sandwicheries et de snacks à la mode chilienne. On y mange sur le pouce, dehors ou à l'intérieur, après avoir fait son choix parmi les nombreux plats exposés en vitrine. Pas cher du tout, mais, bien sûr, ne pas s'attendre à de la grande cuisine ! Et sous les arcades côté ***calle 21 de Mayo – Estato,*** alignement de restos plus sérieux – japonais, italiens et espagnols – et plus chers aussi.

🍽 ☕ 🍷 ⛱ ***El Naturista*** *(plan I, B2,* ***50****)* **:** *Moneda, 846.* ☎ *226-72-76-27.* Ⓜ *Universidad-de-Chile. Tlj sauf dim 8h30-20h (9h30-16h sam).* Depuis 1927, ce resto régale les amateurs de cuisine végétarienne. Beau choix de plats sains et naturels, comme ces risottos bien mijotés, gratins de légumes savoureux et autres salades composées de 1re fraîcheur. Aussi un plat du jour, des jus de fruits frais et quelques formules de petit déj. À dévorer debout au comptoir avec les habitués pressés, ou dans la longue salle moderne et minimaliste, flanquée d'un patio-terrasse. Bref, une bonne adresse, simple et à prix doux.

🍽 🍷 ***Nave Tierra*** *(plan I, C1,* ***51****)* **:** *Santo Domingo, 547.* ☎ *226-38-34-65.* Ⓜ *Bellas-Artes. Tlj 13h (18h w-e)-2h.* Minuscule resto aux murs ornés de photos que le patron, ex-routard, a rapportées de ses voyages et qui éclairent cette salle un peu sombre. On y vient surtout pour l'*almuerzo* à prix défiant toute concurrence. Sinon, sandwichs, *fajitas* et *tablas,* à accompagner d'une bière locale ou d'un verre de *tinto* jusque tard. L'un des rares restos-bars à rester ouverts en soirée.

🍽 🍷 ⛱ ***Bar Nacional*** *(plan I, B2,* ***52****)* **:** *Bandera, 317.* ☎ *226-95-33-68.* Ⓜ *Plaza-de-Armas. Tlj sauf dim 9h-18h.* Institution populaire très animée à midi. On prend une table ou on reste au comptoir, au coude à coude. Clientèle d'habitués et d'employés, parmi lesquels les serveurs en tenue se faufilent comme ils peuvent jusqu'en terrasse ! Cuisine chilienne simple et fraîche, surtout des sandwichs et du poisson servis à prix copain. La carte est longue ; voir aussi les suggestions du jour.

De prix moyens à chic (10 000-30 000 $Ch / env 11-33 €)

🍽 ***Sabores del Perú*** *(plan I, A2,* ***53****)* **:** *Compañia de Jesús, 1359.* ☎ *226-39-08-02. Tlj sauf dim, 12h-22h30.* Ce bon petit resto péruvien est réputé chez les habitués du quartier pour ses *ceviches.* Aussi des viandes et des poissons cuits, bien maîtrisés et copieux, servis par des gars souriants et tirés à 4 épingles. Une bonne adresse ouverte en soirée.

🍽 ☕ ***Cívico Moneda*** *(plan I, B3,* ***54****)* **:** *Centro cultural La Moneda, plaza de la Cuidadanía, 26.* ☎ *226-71-42-60. Tlj sauf sam 10h-18h.* Niché sous la *plaza La Cuidania,* au pied du *palacio de la Moneda,* le *Cívico* sert une cuisine chilienne bistrotière très honnête : menu du midi imbattable, sandwichs, etc. Le lieu idéal aussi pour siroter un café avec une pâtisserie maison, après la visite du *Centro cultural.* Sinon, dans cette même galerie, essayez encore le ***Café Torres,*** dont la cuisine est plus élaborée...

🍽 ☕ 🍷 ⛱ ***Castillo Forestal*** *(plan I, C1,* ***55****)* **:** *Caro, 390.* 📱 *944-44-85-31. Tlj 10h-22h (13h jeu-sam, 17h dim).* Face au musée des Beaux-Arts, c'est un curieux petit manoir en brique à tourelle de 1910, flanqué d'une agréable extension moderne avec terrasse perchée au-dessus du verdoyant *parque Forestal.* Dans l'assiette, cuisine d'inspiration française, autour de quelques goûteux classiques de brasserie parisienne. Menu imbattable à midi en semaine. Propose aussi petit déj, brunch et des options veg'. Impec' encore pour siroter un café ou un verre en journée, accompagné d'une pâtisserie maison. On aime !

Dans le barrio Yungay

Voici 2 belles adresses dans ce petit quartier résidentiel chic où vit le président chilien, à 2 pas de l'incontournable et émouvant ***museo de la Memoria y los Derechos humanos.***

De prix moyens à chic (10 000-30 000 $Ch / env 11-33 €)

IOI ***Zarita*** *(plan d'ensemble,* ***56****) : Compañia de Jesus, 3023. ☎ 226-82-18-16. Ⓜ Quinta-Normal. Tlj sauf dim 11h-16h.* Chaleureux resto péruvien installé dans cette vieille maison patinée, où les petites salles intimes sont décorées de vieux objets. À la carte, de délicieux *ceviches, empanadas...* Et leur fameux *leche de tigre,* ce jus salé et piquant dans lequel le *ceviche* a mariné, à siroter à part ! Aussi l'un des meilleurs *pisco sour* de Santiago, c'est dit.

IOI ***Peluquería Francesa*** *(plan d'ensemble,* ***57****) : Compañía de Jesus, 2789. ☎ 226-82-52-43. • boulevardlavaud.cl • Ⓜ Quinta-Normal. Tlj sauf dim 10h-19h30.* À la fin du XIXe s, les bonnes manières se conjuguaient à la française. De cette époque subsiste ce salon de coiffure français, toujours en activité et qui n'a pas bougé d'un cheveu ! Juste à côté, plusieurs petites salles, elles aussi restées dans leur jus et parsemées d'antiquités, affiches anciennes, etc. C'est que le patron Christian Lavaud est un furieux collectionneur, soucieux aussi de la sauvegarde de son quartier... Dans l'assiette, excellente cuisine d'inspiration française, avec quelques options veg' et sandwichs pour les fauchés. Mais on vient aussi pour prendre le thé, accompagné d'une pâtisserie maison ; comme l'écrivaine Isabel Allende, les cinéastes Pablo Larrain et Alejandro Jodorowski... *Música en vivo (ven-sam soir ; programme en ligne).* Bref, un endroit adorablement décalé et original, pour un véritable voyage rétro.

Dans le barrio Lastarria

Bon marché (5 000-10 000 $Ch / env 5,50-11 €)

IOI ***Papachecos Lastarria*** *(plan I, C2,* ***58****) : Lastarria, 160. 📱 978-93-04-47. Ⓜ Universidad-Católica. Tlj sauf dim 13h-21h.* Pris d'assaut à toute heure, ce petit comptoir de *street food* est spécialisé dans les gros cornets de frites, à garnir de *salsas y agregados* au choix. Quel succès auprès des jeunes et des familles, qui vont pique-niquer sur les bancs du *parque Forestal* voisin !

De prix moyens à chic (10 000-30 000 $Ch / env 11-33 €)

IOI ***Chipe Libre – República Independiente del Pisco*** *(plan I, C2,* ***58****) : Lastarria, 282. ☎ 226-64-05-84. Ⓜ Universidad-Católica. Tlj sauf dim 12h30-minuit (1h jeu-sam). Résa conseillée le soir.* « Pub gastronomique » réputé pour ses délicieux *piscos* mais aussi pour sa cuisine chilienne soignée et goûteuse. Belle salle, vieux bar en bois, terrasse sur rue, ambiance fraternelle et service enjoué. Le patron fait partie des « fondamentalistes » du *pisco sour* ! L'une des meilleures adresses de la rue. On recommande !

IOI ***Bocana'riz*** *(plan I, C2,* ***58****) : Lastarria, 276. ☎ 226-38-98-93. Ⓜ Universidad-Católica. Tlj sauf dim 13h-minuit. Résa conseillée le soir.* LA bonne table du *barrio Lastarria* mitonne une cuisine chilienne pleine de saveurs et servie à prix raisonnables. En plus des sérieux *platos de fondo,* voici quelques salades plus légères et d'appétissantes *tablas* à partager en sirotant un bon verre de vin. Car ici la cave est remarquable ! Aussi des cocktails signature pour les amateurs. Déco sobre et moderne, pour une ambiance chic et décontractée. Quelques tables en terrasse sur cette rue animée.

Dans le barrio Bellavista

De bon marché à prix moyens (5 000-20 000 $Ch / env 5,50-22 €)

Galindo (plan III, G13, **59**) : *Dardignac, 98. ☎ 227-77-01-16. Ⓜ Baquedano. Tlj 11h30-23h.* Un genre de cantine améliorée, proposant une cuisine familiale franche et correcte. À la carte, toutes les spécialités chiliennes. Terrasse animée sur rue. Une adresse qui fait régulièrement le plein pour sa cuisine, copieusement servie, à des prix raisonnables.

Ciudad Vieja Sanguchería (plan III, G13, **60**) : *Constitución, 92. ☎ 222-48-94-12. Ⓜ Baquedano. Tlj sauf lun 12h30-minuit (1h ven-sam, 18h dim).* C'est une vieille demeure de caractère, à la façade bleue avec balcon en bois. On y sert une belle panoplie de sandwichs, burgers et salades. Des plats simples et gourmands, à dévorer jusqu'en terrasse sur rue. Simple et efficace.

Krossbar Bellavista (plan III, G13, **61**) : *Dardignac, 127. ☎ 227-59-54-34. Ⓜ Baquedano. Tlj 12h30-minuit (2h ven-sam, 21h dim).* On vient ici pour descendre une savoureuse bière maison, accompagnée de bonnes spécialités de *bar food,* simples mais soignées : burgers, sandwichs, salades, pizzas... Belle salle haute de plafond qui résonne au rythme de la pop-rock, flanquée d'un gentil patio et d'une terrasse sur rue.

Patio Bellavista (plan III, G13, **62**) : *Nono, 31-73 ou Constitución, 30-70. • patiobellavista.cl • Ⓜ Baquedano. Tlj 10h-1h (3h ven-sam).* Une pléiade de restos et de bars étalent leurs terrasses à côté de quelques boutiques de souvenirs. On peut y manger ou simplement prendre un verre ; il y en a pour tous les goûts et tous les budgets ! L'atmosphère est assez *gringo,* mais c'est l'un des endroits les plus animés (et sécurisé) de *Bellavista.*

Chic (20 000-30 000 $Ch / env 22-33 €)

El Mesón Nerudiano (plan III, G12, **63**) : *Dominica, 35. ☎ 227-37-15-42. Ⓜ Baquedano. Tlj sauf lun 12h30-23h (17h dim). Résa très conseillée le soir et w-e.* LA bonne table de Bellavista est une véritable institution, installée dans une ravissante demeure ancienne aux murs en adobe, flanquée d'un adorable jardin à l'arrière. À la carte, fine cuisine de la mer et de la terre, inspirée par les poèmes de Pablo Neruda. On s'est régalé ! *Musica en vivo* les soirs de fin de semaine.

Dans le barrio de Providencia

Bon marché (5 000-10 000 $Ch / env 5,50-11 €)

Eggy Cafetería (plan III, I12, **64**) : *Pastene, 31, local 48. ☎ 229-93-56-25. Ⓜ Manuel-Montt. Lun-ven 8h30-14h.* Tenu par des filles sympas, ce local tout jaune est le rendez-vous des habitués du quartier pour un sérieux petit déj à base d'œufs : omelette, miroir, brouillés... À accompagner de toasts, café, jus de fruits frais, etc. Impec' aussi à l'heure de l'*almuerzo.* On s'est régalé simplement et pour pas cher, foncez !

Fuente Alemana (plan III, J12, **65**) : *Valdivia, 210. ☎ 228-19-68-25. Ⓜ Pedro-de-Valdivia. Tlj sauf dim 11h-21h30.* Ouvert en 1954, ce resto populaire a des allures de *diner* américain vintage, avec son long comptoir en formica bordé de tabourets, ouvert sur la cuisine, et sa fontaine à bière centrale, la fameuse *fuente* ! Une foule de délicieux et copieux sandwichs, mitonnés en un tour de main par une armada de dames en blouse blanche. Terrasse sur rue. Une adresse qui ne désemplit pas !

Prix moyens (10 000-20 000 $Ch / env 11-22 €)

Bar Liguria (plan III, I12, **66**) : *Providencia, 1373. ☎ 222-35-79-14. Ⓜ Manuel-Montt. Tlj sauf dim 10h30-0h30 (1h30 jeu-sam).* Étonnante et superbe brasserie « à l'ancienne », ornée de vieilles pubs émaillées, d'affiches de réclame et de photos noir et blanc, dans une ambiance très « instagramable » et rugissante d'habitués. Côté fourneaux, belle sélection quotidienne d'une quinzaine de plats simples, goûteux et copieux, d'une lointaine inspiration italienne et présentés à l'ardoise. Bières pression, vins au verre et bon choix de cocktails colorés. Midi et soir, arriver tôt pour avoir une place. D'autres succursales en ville. C'est sûr, on reviendra !

El Huerto (plan III, J11, **67**) : *Luco, 54. 📱 973-81-04-42. Ⓜ Pedro-de-Valdivia. Tlj 12h30-23h (16h30 dim).* Très agréable resto végétarien à la déco chaleureuse et soignée, tout en bois brut, et aux serveurs en tablier de jardinier. Au menu, soupes et salades, bien sûr, mais aussi quelques *platos de fondo* originaux et savoureux, et de bonnes formules de petit déj. Mon tout mitonné avec des produits frais et choisis. Aussi des vins naturels, cocktails d'auteurs et jus de fruits frais, à siroter en terrasse sur rue, avec vue sur les élégantes façades anciennes enrobées de verdure. On recommande !

La Burguesia (plan III, J11, **68**) : *Santa Magdalena, 99. ☎ 222-31-34-07. Ⓜ Los-Leones. Tlj sauf dim 12h30-22h30.* Des burgers classiques, où d'autres aux saveurs aussi originales qu'inattendues. Telle est la promesse tenue de cette excellente adresse, parmi les meilleures du genre à Santiago. À dévorer en terrasse dans le patio d'un immeuble moderne. Pas donné, mais on aime !

De chic à plus chic (20 000 $Ch à plus de 30 000 $Ch / env 22 € à plus de 33 €)

Ambrosia Bistro (plan III, J11, **69**) : *Lyon, 99. 📱 945-17-81-95. Ⓜ Los-Leones. Tlj sauf dim 13h-22h. Résa obligatoire.* Classé dans le top 50 des meilleurs restos d'Amérique latine, cette bonne table mitonne des petits plats originaux et hauts en saveurs, fusion réussie entre l'Espagne, l'Asie... Mon tout réalisé avec des ingrédients frais et la dextérité incroyable d'une bande de *muchachos* sympas qui maîtrisent leur affaire ! À déguster au comptoir, ouvert sur la cuisine pour mieux profiter du spectacle ; sinon quelques tables jusqu'en terrasse sur rue. Une adresse formidable et finalement pas si chère !

El Ancla (plan III, I12, **70**) : *Santa Beatriz, 191. 📱 944-67-35-83. Ⓜ Manuel-Montt. Tlj 12h30-22h (16h30 dim). Résa très conseillée.* Belle maison d'angle blanc et bleu, bordée d'une agréable terrasse verdoyante. On vient ici pour les délicieux *percados y mariscos,* préparés avec doigté et sous toutes les formes possibles (grillé, frit, chaud, froid, en sauce...). Un endroit qui bourdonne midi et soir, foncez !

Dans le barrio Italia

De bon marché à prix moyens (5 000-20 000 $Ch / env 5,50-22 €)

La Argentina Pizzeria (plan II, B2, **71**) : *Italia, 989. 📱 953-28-00-20. Ⓜ Parque-Bustamante ou Santa-Isabel. Tlj 12h30-22h (23h ven-sam, 20h dim).* Quel succès ! Succursale de la célèbre pizzeria fondée en 1949 à Buenos Aires, celle-ci ne désemplit pas non plus de ses habitués, copains et familles, séduits par les fameuses *pizzas argentinas,* à pâte épaisse, généreusement garnies de fromage et cuites au poêlon. Mon tout servi avec gentillesse dans une belle ambiance fraternelle et bourdonnante, jusqu'en terrasse. Bravo ! Conseil : venir tôt pour ne pas faire la queue.

Ciudadano *(plan II, A-B3,* ***72****) : Seminario, 400. ☎ 222-48-95-48. Ⓜ Santa-Isabel. Tlj sauf dim 12h30-minuit (1h mer-jeu, 1h30 ven-sam).* Un resto-bar à la mode dans ce quartier vert et résidentiel chic de Santiago, plébiscité par les noctambules. De l'ancienne demeure, on a gardé les vieilles poutres et quelques murs égayés par des peintures contemporaines. Cuisine bien tournée et servie à prix sage : excellentes pizzas, viandes fondantes, bonnes pâtes et sandwichs pour les fauchés.

Dans le barrio Ñuñoa

De bon marché à prix moyens (5 000-20 000 $Ch / env 5,50-22 €)

Las Lanzas *(plan d'ensemble,* ***73****) : Trucco, 25. ☎ 222-25-55-89. Ⓜ Chile-España. Tlj sauf dim 12h-22h (20h dim).* Nichée au coin de la plaza Ñuñoa, ce bar, très apprécié pour passer la soirée (voir plus loin « Où boire un verre ? »), est aussi une bonne adresse pour déjeuner sur l'agréable petite terrasse. Quelques plats simples et pas chers à la carte : *carnes, pescados y mariscos* ; mais aussi salades, sandwichs et plats à partager. *Almuerzo* d'un excellent rapport qualité-prix.

Où boire un café ?
Où déguster une glace, une pâtisserie ?

Dans le centro histórico

Café Triciclo *(plan I, C1,* ***90****) : Santo Domingo, 598. Ⓜ Bellas-Artes. Tlj sauf dim 8h (14h sam)-20h.* Agréable café de poche, dont la déco est assurée par des artistes inconnus ; c'est le concept ! On y sirote des caouas avec les gens du quartier. Aussi quelques pâtisseries et salades en cas de petite faim.

Pan de Vila *(plan I, B3,* ***91****) : París, 834. Ⓜ Universidad-de-Chile. Lun-ven 9h-19h30.* Au cœur du *barrio París-Londres,* minuscule boulangerie-pâtisserie artisanale, dotée d'un comptoir à l'avant du fourneau. Délicieux *pasteles* à dévorer sur les quelques tables en terrasse. Miam !

Dans le barrio Lastarria

Emporio La Rosa *(plan I, C1-2,* ***92****) : Merced, 291. Ⓜ Bellas-Artes. Tlj 10h30-19h30.* Face au *parque Forestal,* un glacier-salon de thé populaire qui ne désemplit pas aux heures les plus chaudes de la journée. Réputé pour ses bons sorbets et ses parfums surprenants, comme la glace au miel d'Ulmo, au piment, à la rose, etc.

Dans le barrio Providencia

Café Black Mamba *(plan III, H13,* ***93****) : Huelén, 71. Ⓜ Salvador. Tlj sauf w-e 10h-17h.* Souriant petit salon de thé de quartier (résidentiel), où les habitués papotent en sirotant leur p'tit noir, accompagné de pâtisseries maison. Aussi des *bowls* de salade pour l'*almuerzo,* à déguster en terrasse sous un palmier.

Café Altura *(plan III, I12,* ***94****) : Manuel Montt, 53. Ⓜ Manuel-Montt. Lun-ven 8h-20h.* Autre petit café de quartier, toujours plein d'*aficionados* de la caféine. Il faut dire que la maison torréfie elle-même ses grains et en tire des jus d'une belle réputation. Et, pour se joindre aux tasses, voici quelques pâtisseries, pizzas et sandwichs maison ; à dévorer un coude sur le comptoir.

Dans le barrio Italia

La Panadera *(plan II, B2,* ***95****) : Condell, 1097. Ⓜ Parque-Bustamante. Tlj sauf dim 8h-20h.* C'est la petite boulangerie-pâtisserie de quartier, rendez-vous des coutumiers à toute heure qui dévorent sur le pouce leurs délicieux *pasteles. Adelante !*

Dans le barrio Yungay

☕ 🍽 ***Peluquería Francesa*** *(plan d'ensemble,* ***57****) :* *Compañía de Jesus, 2789. • boulevardlavaud.cl • Ⓜ Quinta-Normal. Tlj sauf dim 10h-19h30.* Incontournable dans ce quartier chic, avec sa déco unique et son atmosphère « à l'ancienne ». On conseille d'y aller pour le *teatime* et de ne pas manquer le salon de coiffure rétro. *Musica en vivo (ven-sam soir ; programme en ligne).* Il est aussi possible d'y manger (voir « Où manger ? »).

Où boire un verre ?

Dans le centro histórico

🍷 ***La Piojera*** *(plan I, B1,* ***110****) : Aillavilú, 1030. Ⓜ Cal-y-Canto. Tlj sauf dim 12h-minuit.* Tenu par la même famille depuis 1886, l'un des cafés les plus anciens de Santiago. En 1922, lors d'une descente de police, on y surprit le président de la République chilienne ! Dans ce lieu immuable et conservé dans son jus, il règne encore aujourd'hui une odeur de houblon et d'alcool comme dans les vieilles brasseries artisanales. Chaude ambiance populaire, même si l'on y retrouve toutes les couches de la société chilienne. Commandez-y une *chicha* (alcool de raisin) ou un *terremoto* (sorbet au vin blanc et à la grenadine), c'est la spécialité du lieu !

🍷 🍽 ♩ ***La Chimenea*** *(plan I, A3,* ***111****) : Gales, 90. Ⓜ Moneda. Dans une impasse entre Amunategui et San Martín. Tlj sauf dim 8h (10h sam)-1h (3h ven-sam).* Cette vieille bâtisse patinée abrite un chaleureux bar-resto, idéal pour boire un verre en soirée. Plusieurs salles, dont une dédiée au poète Pablo Neruda, accueillent étudiants, employés, artistes... Longue liste de cocktails, bonnes *tablas* pour accompagner les godets et aussi quelques plats pas chers. Soirées musicales avec groupes *en vivo* certains soirs *(entrée parfois payante).*

🍷 ⛱ ***Londres45*** *(plan I, B3,* ***112****) : Londres, 45. Ⓜ Universidad-de-Chile. Lun-ven 12h-22h.* Une terrasse tranquille et plaisante pour se rafraîchir d'un *cóctel de autor,* au cœur du *barrio París-Londres,* dont les quelques rues pavées alignent de vieilles et pittoresques maisons de maître. On peut aussi y grignoter.

Dans le barrio Lastarria

🍷 ⛱ **Café Escondido** *(plan I, C2,* ***113****) : Rosal, 346. Ⓜ Bellas-Artes. Tlj sauf dim 18h-3h.* « Le café caché » est niché au fin fond d'une impasse et doté d'une gentille terrasse arborée, qu'il partage avec d'autres micro-bistrots. Bon choix de cocktails à base de *pisco,* sans oublier le *terremoto,* spécialité locale. Aussi de quoi grignoter.

🍷 🍽 ⛱ ***José Ramón 277*** *(plan I, C2,* ***114****) : Gutiérrez, 277. Ⓜ Bellas-Artes. Tlj 12h-minuit.* Sérieux choix de bières artisanales chiliennes, affichées au tableau noir et tirées à la pression. Aussi des vins au verre et des cocktails, escortés d'une palanquée de bons sandwichs, mitonnés avec des ingrédients frais et goûteux, dans la tradition chilienne. Salle rustique ou agréable terrasse verdoyante dans la ruelle.

Dans le barrio Bellavista

Le quartier, réputé chez les noctambules pour ses bars et ses boîtes de nuit, attire une faune pas toujours bienveillante aux abords des discothèques...

🍷 ♩ ***La Casa en El Aire*** *(plan III, G13,* ***115****) : Bello, 125. • lacasaenelaire.cl • Ⓜ Baquedano. Mar-sam, 17h-3h.* C'est un café-concert coloré – dehors comme dedans – proposant des soirées *musica en vivo,* contes, tango... Belle ambiance animée et quelques *tablas* pour accompagner les binouzes. Le lieu est si connu que la télé chilienne y a réalisé une émission musicale ! Aussi une ***annexe*** à 2 pas, dans le ***Patio Bellavista*** *(plan III, G13,* ***62*** *; tlj 10h-3h).*

SANTIAGO

Nombreux bars dans le ***Patio Bellavista*** *(plan III, G13,* ***62****)*, dont les terrasses font le plein en été, surtout le week-end. Souvent des concerts gratuits. L'atmosphère est plutôt *gringo*, mais c'est l'un des endroits les plus animés (et sécurisé) de *Bellavista* !

Dans le barrio Providencia

Bar Liguria *(plan III, I12,* ***66****) : Providencia, 1353.* Ⓜ *Manuel-Montt. Tlj sauf dim 10h30-0h30 (1h30 jeu-sam).* Incontournable dans le quartier, c'est une grande brasserie rétro, distillant une ambiance bourdonnante et débonnaire jusqu'en soirée ! Dans les verres : bière pression, vins et cocktails bien « shakés ». On y mange aussi très bien (voir « Où manger ? »).

De La Ostia *(plan III, J11,* ***116****) : Luco, 65.* Ⓜ *Pedro-de-Valdivia. Tlj sauf dim 13h-2h.* Installé dans une jolie rue résidentielle aux élégantes façades enrobées de végétation, on recommande ce bar à tapas et *pintxos* à la mode espagnole, *olé* ! Vins locaux et cocktails rendent la soirée chaleureuse et un rien festive. *Adelante !*

Les bars de la rue Manuel Montt *(plan III, I12-13) :* Ⓜ *Manuel-Montt.* Bien connue des noctambules, cette rue aligne les bars dans une effervescence nocturne à peine contenue. Au n° 925, on a un gros faible pour le ***Bao Bar*** *(plan III, I13,* ***117****)* concoctant des cocktails à base de gin qui font le grand écart avec l'Asie ! À siroter sur la terrasse de cette maison de caractère.

Dans le barrio Italia

Ruca Bar *(plan II, B2,* ***118****) : Condell, 868.* Ⓜ *Parque-Buscamante. Tlj sauf dim 17h-1h (2h jeu-sam).* Aux antipodes de l'agitation du quartier, c'est un bar tout en sagesse avec sa gentille terrasse sous les platanes de la rue et son fond sonore pop. On y vient siroter, jusque dans l'agréable patio à l'arrière, de délicieux cocktails maison à base de gins artisanaux chiliens. Aussi quelques *tapas* et burgers goûteux, histoire de mettre un peu de solide dans le liquide !

Les bars du barrio Italia *(plan II, B3) :* Ⓜ *Santa-Isabel.* Au cœur de ce quartier résidentiel vert, chic et sûr de jour comme de nuit, le ***carrefour des rues Santa Isabel, Condell et Italia*** constitue le centre névralgique de l'animation locale. Une foule de bars et restos vous tend les bras ; allez-y à l'instinct !

Dans le barrio Ñuñoa

Las Lanzas *(plan d'ensemble,* ***73****) : Trucco, 25.* Ⓜ *Chile-España. Tlj sauf dim 12h-22h (20h dim).* Au coin de la plaza Ñuñoa, c'est un rendez-vous du quartier, cher aux étudiants, artistes et jeunes urbains. La société change, mais ce bistro demeure ! En été, la terrasse est bondée, il faut arriver tôt pour avoir une place. Pas cher, ce qui lui permet de garder son caractère populaire. Essayer le traditionnel *vino con frutas* (vin blanc avec des fruits, servi en carafe). On peut aussi s'y restaurer (voir « Où manger ? »).

Où sortir ?

Jeter un coup d'œil également aux adresses de la rubrique « Où boire un verre ? », plus haut. Plusieurs d'entre elles proposent des concerts en soirée.

Dans le barrio Bellavista

– ***Attention :*** ce quartier est réputé pour ses *bares y discotecas*, mais draine une faune pas toujours amicale autour des boîtes de nuit. Pas de panique, mais restez sur vos gardes !

La Casa en El Aire *(plan III, G13,* ***115****) : Bello, 125.* ● *lacasaenelaire.cl* ● Ⓜ *Baquedano. Voir précédemment « Où boire un verre ? ».* Concerts ou animations tous les soirs.

Onaciu *(hors plan I par C1,* ***119****) : Loreto, 460.* ● *onaciu.cl* ● Ⓜ *Baquedano. Jeu-sam 23h-3h30.* Dans le secteur de Recoleta, un bar-resto proposant de bons concerts en fin de semaine *(petit droit d'entrée)*, à dominante pop-rock. Cadre patiné et clientèle mélangée. Un des meilleurs endroits de la ville !

La Maestra Vida (plan III, G13, **120**) : *Nono, 380.* • *maestravida.cl* • Ⓜ *Baquedano. Mar-dim 23h-3h30. Entrée payante. Cours de salsa certains soirs (se renseigner).* La plus vieille *salsoteca* de la capitale ne fait jamais salle comble avant 1h du mat. Excellente musique et bonne ambiance. Moins chère, plus décontractée et plus populaire que les autres boîtes de salsa de Santiago.

La Feria (plan III, G13, **121**) : *Constitución, 275 (pas d'enseigne, mais vous serez guidé par le bruit).* Ⓜ *Baquedano. Jeu-sam 23h-5h (4h jeu). Entrée payante.* Derrière cette façade toute noire, se cache l'une des meilleures boîtes de musique électro d'Amérique latine ! Gros filtrage à l'entrée.

Dans le barrio Italia

The Jazz Corner (plan II, B3, **122**) : *Santa Isabel, 451.* • *thejazzcorner.cl* • Ⓜ *Santa-Isabel. Tlj sauf lun 13h-1h. Concert tous les soirs. Entrée payante.* Au cœur de la zone des bars et de l'animation du *barrio Italia,* ce petit bar-club de jazz, installé dans une vénérable maison en brique, est réputé pour sa programmation de qualité. À écouter en savourant les originaux *cocteles de la casa.* On peut aussi y manger sandwichs, burgers, pizzas et *tablas*.

Dans le barrio Ñuñoa

La Batuta (plan d'ensemble, **123**) : *Washington, 52.* Ⓜ *Chile-España. Jeu-sam 23h-5h (4h jeu). Entrée payante.* À 2 pas de la plaza Ñuñoa, une des discothèques les plus cosmopolites et branchées du quartier, véritable institution à Santiago. Tranche d'âge : 20-30 ans. De nombreux groupes s'y produisent, avant de laisser la place au DJ. On y passe de tout sauf de la salsa !

Achats

Centro Artesanal de los Domínicos (hors plan d'ensemble au nord-est, **130**) : *Apoquindo, 9085 (Las Condes).* • *pueblolosdominicos.cl* • Ⓜ *Los Domínicos. Au bout de l'av. Apoquindo. Tlj 10h30-19h30 (18h dim).* Loin de l'effervescence du centre, un endroit agréable et paisible pour se balader, attenant à un pittoresque monastère dominicain du XVIIe s toujours en activité (visite du cloître et de l'église). Dans un espace en plein air, près de 150 artisans exposent et vendent leurs créations : sculptures en bois, céramiques, lainages, tissus, vêtements, bijoux, pierres taillées, vannerie...

Fundación Artesanías de Chile : • *artesaniasdechile.cl* • Plusieurs points de vente, notamment au **Centro cultural La Moneda** *(plan I, B3, **54** ; plaza de la Ciudadanía, 26 ; tlj 10h-18h – 18h30 w-e),* au **museo chileno de Arte precolombino** *(plan I, B2 ; Bandera, 361 ; tlj sauf lun 10h-14h, 15h-18h),* au **Centro Artesanal de los Domínicos** (lire ci-dessus) et à l'***aéroport.*** Une sélection soignée d'artisanat du Chili. Très belles céramiques, sculptures en bois, cuir, vannerie, bijoux, tissus et lainages traditionnels...

Sombreros Donde Golpea el Monito (plan I, B1, **131**) : *21 de Mayo, 707.* • *dondegolpeaelmonito.cl* • Ⓜ *Cal-y-Canto. Tlj sauf sam ap-m et dim.* Depuis 1915, « Où frappe le singe » est une étonnante boutique historique de chapeaux, casquettes, bérets basques, panamas, etc. Fabrication maison ou nationale, pour femmes et hommes. À chacun son style !

Centro Artesanal Santa Lucía (plan I, C2, **132**) : *O'Higgins, 510.* Ⓜ *Santa-Lucía. Tlj 10h30-18h30.* Face au *cerro Santa Lucía,* petit marché populaire vendant des objets artisanaux : tissus traditionnels, vêtements, articles en bois sculpté ou en cuivre, bijoux, jouets, instruments de musique... Pas le plus bel artisanat, mais des prix très abordables.

Mall Costanera Center (plan III, J11, **133**) : *Bello, 2425.* Ⓜ *Los-Leones.* • *mall.costaneracenter.cl* • *Tlj 10h-20h30.* Ce building moderne, l'un des plus grands d'Amérique latine, renferme un gigantesque centre commercial à l'américaine, dont un étage complet est dédié aux grandes marques internationales de vêtements et d'équipements de sport *outdoor*. Bien pour trouver les quelques trucs qui manquent, avant de randonner dans le reste du pays. Parfois des soldes.

À voir. À faire

Visites guidées à vélo : *avec* **La Bicicleta Verde** *(plan III, G13), Constitución, 153. 972-15-69-61. • labicicletaverde.com • Ⓜ Baquedano. Visites guidées (3h) en anglais et en espagnol. Compter 33 000 $Ch/pers.* Une agence tenue par des passionnés, proposant des visites guidées de la ville à vélo. Celle du matin est consacrée aux endroits atypiques (marchés, vie locale...), alors que celle de l'après-midi, plus classique, se cantonne aux monuments majeurs du centre historique. Loue aussi des vélos *(15 000 $Ch/j.).*

Dans le centro histórico

Plaza de Armas *(plan I, B2) :* *Ⓜ Plaza-de-Armas.* C'est ici que ***Pedro de Valdivia fonda la ville de Santiago en 1541,*** en lui donnant dès le début son plan quadrillé et rectiligne. À l'origine, l'armée y avait ses quartiers, d'où le nom. Autour de la place : la cathédrale, le *palacio de la Real Audiencia* abritant le *Museo histórico nacional* et, à côté, l'office de tourisme et la *Municipalidad.* C'est le cœur battant de la ville, toujours animé avec ses marchands ambulants, ses cireurs de chaussures, ses caricaturistes, ses diseuses de bonne aventure et ses joueurs d'échecs. Un îlot de verdure planté de grands arbres et jets d'eau. En face du palais de l'archevêque *(palacio Arzobispal),* le monument aux peuples autochtones (1992).

Catedral *(plan I, B2) : plaza de Armas.* C'est le 5e édifice religieux à avoir été construit à cet emplacement, tremblements de terre et incendies ayant eu raison des précédents. Édifiée à partir de 1584, elle présente une façade néoclassique à pilastres. Style assez sobre, contrastant avec l'exubérance courante de l'architecture coloniale espagnole. À l'intérieur, plan rectangulaire simple à 3 nefs. Voûtes en berceau et gros piliers. Décor pierre et or. Nombreux autels en marqueterie de marbre.
Sur le parvis de la cathédrale, une des 2 statues représente le cardinal ***Raúl Silva Henríquez*** (1907-1999). Il fut archevêque de Santiago de 1961 à 1983 et un opposant farouche à la dictature de Pinochet. À l'annonce de son décès, 5 jours de deuil national ont été décrétés par le gouvernement chilien.

Museo histórico nacional *(plan I, B1-2) : plaza de Armas, 951. ☎ 224-11-70-10. • mhn.gob.cl • Ⓜ Plaza-de-Armas. Tlj sauf lun 10h-18h. GRATUIT. Audioguide payant (anglais et espagnol).* Installé dans le *palacio de la Real Audiencia* (1804), ce musée – assez riche et bien conçu – ***retrace chronologiquement l'histoire du Chili,*** depuis les peuples autochtones jusqu'à l'époque moderne. Aussi des expos temporaires.
– Le parcours commence au ***rez-de-chaussée*** avec une petite collection d'objets précolombiens. Puis c'est la modeste salle de la ***découverte des Amériques*** (peintures, vieux coffres, etc.). Des peintures du XIXe s montrent les conquistadores espagnols : Pedro de Valdivia, Diego de Almagro... Sans tarder, place au thème de la christianisation du pays, avec notamment ce remarquable retable néoclassique de 1800. Les salles suivantes sont consacrées à la société coloniale : beau mobilier, objets domestiques, cuivres, coffres en cuir ou marquetés, etc.
– ***Au 1er étage,*** la visite débute avec une expo sur le XVIIIe s puis se poursuit avec le XIXe s, la partie la plus importante du musée : la ***lutte pour***

l'Indépendance (peintures illustrant notamment les batailles décisives), l'émergence des idées de liberté et d'une nouvelle nation. Différentes salles abordent ensuite quelques aspects fondamentaux de la nouvelle société : transports, éducation, activités économiques, vie parlementaire, etc. La visite s'achève par un zoom sur les événements majeurs du XXe s. Noter un morceau des lunettes de Salvador Allende.

Ex-Congreso nacional *(plan I, B2)* **:** *Compañia de Jesús, 1175. Ⓜ Plaza-de-Armas.* ***Ne se visite pas.*** Inauguré en 1876 et flanqué d'un joli jardin paysager, ce bâtiment néoclassique est l'œuvre de l'architecte français Lucien Hénault. Il fut le ***siège du Congrès jusqu'au coup d'État de 1973.***

Tribunales de Justicia *(plan I, B2)* **:** *Compañia de Jesús, 1140. Ⓜ Plaza-de-Armas.* ***Ne se visite pas.*** Construit en 1929 sur les plans de l'architecte français Emilio Doyere, C'est un édifice néoclassique, siège de la *Corte Suprema,* ***l'instance judiciaire la plus haute du pays.***

Museo chileno de Arte precolombino *(plan I, B2)* **:** *Bandera, 361. ☎ 229-28-15-00. • museo.precolombino.cl • Ⓜ Plaza-de-Armas. Tlj sauf lun 10h-18h. Entrée : 8 000 $Ch ; réduc ; gratuit moins de 10 ans. Café et boutique* Artesanías de Chile.

– ***Au sous-sol :*** la visite débute par un escalier sombre qui semble descendre indéfiniment dans les entrailles de la terre. Il mène à la salle – ***Chile antes de Chile*** – consacrée aux populations précolombiennes qui peuplaient l'actuel territoire chilien, du nord au sud. Un hommage rendu au Chili d'avant la conquête espagnole et à ses 13 peuples autochtones *(Mapuche, Chono, Yamana...),* dans une atmosphère de recueillement favorisé par un éclairage tamisé. Parmi les pièces étonnantes, on note les ***momies Chinchorro,*** les plus anciennes du genre au monde – 2 000 ans avant celles des Égyptiens ! – retrouvées dans le nord aride du Chili, autour d'Arica. Aussi de curieux instruments pour inhaler les substances hallucinogènes, de grandes statues funéraires en bois et ce superbe *quipu,* ingénieux système de cordelettes à nœuds consignant – à l'instar de l'écriture – tout ce qui pouvait être utile à l'empire des Incas.

– ***Au 1er étage :*** l'expo – ***Americana precolombina*** – montre l'***art précolombien d'Amérique du Sud,*** à travers une riche collection de céramiques, de textiles et de sculptures. C'est tout un pan de l'histoire du continent américain qui est présenté ici ! La diversité et la richesse des cultures précolombiennes y sont remarquablement mises en lumière. Chaque salle représente une zone géographique différente, l'ensemble couvrant un énorme territoire qui s'étend ***de la Terre de Feu au Mexique actuel.***

Casa Colorada *(plan I, B2)* **:** *Merced, 860. • santiagocultura.cl • Ⓜ Plaza-de-Armas.* ***Fermé pour restauration, réouverture prévue prochainement.*** Construite en 1769, c'est ***l'une des 3 demeures coloniales les mieux conservées de la ville.*** Don Mateo de Toro y Zambrano, président de la 1re junte de gouvernement en 1810, y vécut.

Basílica de la Merced *(plan I, C2)* **:** *Merced, 628. Ⓜ Plaza-de-Armas ou Bellas-Artes. Lun-ven 7h-13h30, 15h-19h30 ; w-e 10h30-13h30, 18h-20h.* Bâtie au XVIIIe s sur un plan à 3 nefs, elle succéda à 2 églises détruites par des séismes. Belle chaire en bois sculpté du XVIIIe s. Ce fut longtemps l'église où les riches se faisaient enterrer ! Ainsi peut-on y voir de nombreuses tombes de personnages célèbres, comme Rodrigo de Quiroga et sa femme Inés Suarez, la « Conquistadora » et la 1re femme espagnole du Chili colonial. Sur place, le petit ***museo La Merced*** *(Mac Iver, 341 ; lun, mer et ven, 10h-13h30, 14h30-16h, sauf mer ap-m ; entrée : 500 $Ch, gratuit moins de 7 ans)* évoque l'évangélisation du Nouveau Monde et le métissage artistique qui résulta du choc des cultures chrétienne et autochtones. Le clou, c'est l'inattendu ***cloître verdoyant*** et sa fontaine glougloutante !

Teatro municipal *(plan I, B-C2)* **:** *Agustinas, 784. ☎ 224-63-10-00. • municipal.cl • Ⓜ Santa-Lucía. Voir aussi la programmation en ligne. Visite guidée (1h) gratuite en espagnol (se renseigner).* Beau bâtiment de style néoclassique, construit en 1857 sur les plans de l'architecte français Brunet des Baines. Endommagé par un séisme en 1906, puis l'incendie de 1927, il a été restauré et de nouveau endommagé par le tremblement de terre de 2010... C'est ici qu'ont lieu les principaux ***opéras, ballets et concerts de musique classique*** de la ville. Des musiciens et des comédiens de renommée mondiale y ont joué !

Biblioteca nacional de Chile *(plan I, C2)* **:** *O'Higgins, 651. ☎ 229-97-98-30. • bibliotecanacional.gob.cl • Ⓜ Santa-Lucía. Lun-ven 9h15-17h45 (16h45 ven). GRATUIT.* Dans un imposant édifice de style « français Beaux-Arts » datant de 1925 (architecte chilien). Fondée en 1813, c'est ***l'une des plus anciennes d'Amérique latine*** et, avec plus de 6 millions d'ouvrages, la plus importante du Chili. Au 1er étage, ***magnifique salle Medina*** pour les livres de géographie et d'histoire. Organise des expos temporaires.

Iglesia San Francisco *(plan I, B-C3)* **:** *O'Higgins, 834. Ⓜ Universidad-de-Chile. Tlj. Concerts d'orgue fréquents.* L'église et son couvent forment ***l'édifice le plus ancien de Santiago,*** reconnaissable à sa grande façade latérale rouge. Construite entre 1586 et 1628, l'église a miraculeusement résisté à 15 tremblements de terre ! Le clocher actuel date de 1857. À l'intérieur, large nef, voûtes massives en plein cintre, gros appareillage de pierre de la construction initiale, plafond à caissons. Au-dessus de l'autel principal, toute petite ***Virgen del Socorro,*** apportée par Pedro de Valvidia, le fondateur de la ville, en 1541 !

Museo San Francisco *(plan I, B-C3)* **:** *O'Higgins, 834. 📱 942-13-88-32. • museosanfrancisco.com • Ⓜ Universidad-de-Chile. Tlj sauf sam ap-m et dim 10h-14h, 15h-17h. Entrée : 3 000 $Ch.* Sur le côté de l'église San Francisco, dans de vieux bâtiments bordant l'ancien cloître planté d'arbres et entouré d'allées tranquilles. Importante ***collection de reliques et d'art religieux de l'époque coloniale.*** Dans la grande salle, une cinquantaine de tableaux illustrent la vie de saint François d'Assise. Peints spécialement pour l'église de Santiago par des artistes péruviens, ils sont considérés comme les meilleurs exemples de l'***école de Cuzco.*** Aussi des expos temporaires.

Barrio París-Londres *(plan I, B3)* **:** *Ⓜ Universidad-de-Chile.* L'urbanisation des anciens jardins du monastère San Francisco date de 1923. Au fil de ces quelques paisibles rues pavées, on admire plusieurs demeures bourgeoises et hôtels particuliers pittoresques, naguère habités par les notables de la ville avant qu'ils ne déménagent plus à l'est, vers les nouveaux quartiers chics de *Providencia* et *Las Condes.*

Londres 38 – Espacio de memorias *(plan I, B3)* **:** *Londres, 38. ☎ 226-32-78-59. • londres38.cl • Ⓜ Universidad-de-Chile. Mar 10h-13h ; mer-jeu 11h-13h30, 15h-17h30. GRATUIT.* C'est au cœur du *barrio París-Londres,* dans cette ancienne demeure cossue, que ***la DINA*** – organisme de répression de la dictature Pinochet – ***enfermait ses détenus pour les interroger et les torturer.*** Elle possédait dans la capitale 3 autres centres de détention et d'interrogatoire, aujourd'hui détruits. *Londres 38* demeure donc le seul qui ait été conservé en l'état et racheté à l'armée en 2005 par le gouvernement démocratique pour en faire un espace consacré à la mémoire des victimes de la terreur d'État.

Près de 2 000 détenus passèrent par ce sinistre centre entre 1973 et 1975. Au total 98 personnes y furent exécutées (militants du MIR, du Parti communiste et du Parti socialiste). On visite plusieurs pièces sur 2 étages : salle de détention, salle d'interrogatoire et de torture, pièce où étaient entreposés les instruments de torture (vide aujourd'hui)...

Palacio de La Moneda *(plan I, B2-3)* : *plaza Ciudadanía. Ⓜ Moneda. Visite guidée (50 mn) gratuite en espagnol lun-ven à 9h, 11h, 15h et 16h30 sur résa : • visitasguiadas.presidencia.cl •* Construit entre 1784 et 1799 par l'architecte italien Toesca, à l'origine pour abriter la frappe de la monnaie. Ce palais de pur style néoclassique servit de résidence aux présidents de la République à partir de Manuel Bulnes en 1846. Le palais fut mitraillé et bombardé par l'aviation chilienne lors du ***coup d'État du 11 septembre 1973,*** fomenté par Pinochet. ***Le président Salvador Allende*** tenta alors de se défendre mais ***finit par s'y suicider.*** Ce drame a laissé des images pathétiques encore présentes dans toutes les mémoires. La Moneda abrite toujours aujourd'hui le bureau du président et de ses collaborateurs.

– Vers 10h *(les jours pairs en fév-mars, mai-juil et sept-oct ; impairs le reste de l'année),* **relève de la garde** avec tout le cérémonial.

UNE DATE SOMBRE

Le palais de La Moneda reste intimement lié au coup d'État de 1973. À l'aube du 11 septembre 1973, l'armée, avec le soutien de la CIA, prit le pouvoir sans passer par les urnes. L'image du bâtiment bombardé et criblé de balles fit le tour du monde. Le président Allende se suicida dans son bureau. Pinochet usurpa le pouvoir.

Centro cultural Palacio La Moneda (CCLM ; *plan I, B3)* : *plaza de la Cuidadanía, 26. ☎ 223-55-65-00. • ccplm.cl • Ⓜ Moneda. Tlj sauf lun 10h-19h30. Accès libre ; expos temporaires payantes : 3 000 $Ch ; réduc ; gratuit moins de 12 ans.* Étonnant bâtiment ultramoderne et lumineux malgré son emplacement en sous-sol, devant le palais de La Moneda. Il abrite plusieurs ***galeries d'expositions d'art contemporain,*** une cinémathèque, un centre de documentation artistique, une médiathèque, une belle boutique *Artesanías de Chile* (voir plus haut « Achats ») et 2 bons restos : *Cívico Moneda* et *Café Torres* (lire plus haut « Où manger ? – Centro histórico »).

Sur O'Higgins, 2 importantes universités : d'abord l'***Universidad de Chile,*** au nº 1058 *(plan I, B3 ; Ⓜ Universidad-de-Chile),* fondée en 1842 ; ensuite l'***Universidad católica,*** au nº 440 *(plan I, C-D2 ; Ⓜ Universidad-Católica, simple là aussi !),* créée en 1895.

Parque Forestal *(plan I, C-D1)* : *Ⓜ Bellas-Artes ou Baquedano.* Créé au début du XXᵉ s par 2 paysagistes français, le parc s'étend le long du ***río Mapocho,*** entre la *plaza Arturo Prat* (à l'ouest) et la *plaza Baquedano* (à l'est). Le dimanche, c'est un rendez-vous des familles et, tous les jours, celui des amoureux ! Au niveau de la *plaza Baquedano,* s'élève la ***fuente Alemana,*** fontaine offerte par la communauté allemande en 1910 pour le centenaire de l'Indépendance.

Museo nacional de Bellas Artes *(plan I, C1)* : *Barra, 650. ☎ 229-97-87-00. • mnba.gob.cl • Ⓜ Bellas-Artes. Tlj sauf lun 10h-17h30. GRATUIT.* ***1er bâtiment d'Amérique latine construit pour abriter un musée*** en 1910, ce n'est pas un hasard si l'édifice rappelle de loin le Grand Palais de Paris car l'architecte (Émile Jéquier) était franco-chilien. Le rez-de-chaussée, le sous-sol et la *Sala Chili* au 1er étage sont réservés aux expos temporaires. Le reste du 1er étage est occupé par une assez riche collection permanente d'environ 5 000 pièces : peintures et sculptures chiliennes et étrangères, depuis la période coloniale jusqu'à l'époque moderne. La coupole de verre, de facture belge, diffuse une belle lumière dans le grand hall.

Casa Manso de Velasco *(plan I, C1)* : *Santo Domingo, 689. Ⓜ Bellas-Artes.* ***Ne se visite pas.*** Construite en 1730, c'est l'un des rares édifices coloniaux de la ville. On admire juste sa façade magistrale, bordée de 2 balcons en bois.

Posada del Corregidor *(plan I, B1)* **:** *Esmeralda, 749. ☎ 226-33-55-73. Ⓜ Cal-y-Canto ou Bellas-Artes. Lun-ven 10h-17h ; plus sam 10h-13h en cas d'expo. GRATUIT.* Construite en adobe à la fin du XVIIIe s, ***c'est l'une des 3 demeures de style colonial subsistant à Santiago*** (les 2 autres étant la *casa Colorada* et la *casa Manso de Velasco*). En fait, ce ne fut jamais une maison mais un hôtel *(posada)* destiné aux voyageurs, puis une taverne. Balcon de bois ajouré soutenu par des colonnes, au 1er étage. Depuis 1830, cette maison réunit écrivains et artistes de renom. Aujourd'hui, fidèle à sa vocation, elle abrite un centre culturel présentant des ***expos temporaires*** généralement consacrées aux jeunes artistes.

Centro cultural Estación Mapocho *(plan I, B1)* **:** *plaza de la Cultura. ☎ 227-87-00-00. • estacionmapocho.cl • Ⓜ Cal-y-Canto. Gratuit ou payant selon programmation.* Achevée en 1915, cette ancienne gare ferroviaire fonctionna jusqu'en 1987, desservant Valparaiso, l'Argentine et le nord du Chili. Élégante architecture métallique, typique du début XXe s, construite en France, au Creusot. Le lieu abrite désormais des expos, concerts, pièces de théâtre et même la foire nationale du livre *(en nov).*

Le cerro Santa Lucía et le barrio Lastarria

Cerro Santa Lucía *(plan I, C2)* **:** *Ⓜ Santa-Lucía. Tlj sauf lun 9h-18h. Sur place, l'annexe de l'office de tourisme municipal propose des visites guidées gratuites (espagnol et anglais) dim à 10h (sur résa en ligne : • santiagoturismo.cl •).* Juste à l'est du centre historique, ***cette colline culmine à 630 m.*** Ancienne cheminée volcanique, elle fut ainsi baptisée par Pedro de Valdivia, qui y établit un campement le 13 décembre 1540, le jour de la Santa Lucía. L'ensemble constitue un agréable ***parc ombragé*** avec de nombreux escaliers, statues et fontaines. Une curiosité : le monument aux protestants, aux athées et aux suicidés ; un étrange amalgame !

Grimpez donc à la ***Torre Mirador*** pour profiter d'une superbe vue panoramique sur la ville.

À l'entrée sur la gauche, voir aussi le ***Centro de exposición de Arte indígena,*** qui propose son artisanat à la vente.

Barrio Lastarria *(plan I, C2)* **:** *Ⓜ Universidad-Católica ou Bellas-Artes.* Autour de la *plaza Mulato Gil de Castro,* ce petit quartier consiste en quelques rues urbanisées au début du XXe s. Les demeures affichent un style dit « français » (Art déco, années 1940, historiciste, etc.), notamment dans les rues *Victorino Lastarria, Villavicencio* et *Padre Luis de Valvidia.* Quartier tranquille, essentiellement habité par des artistes et des jeunes plutôt aisés. Depuis les années 1990, c'est un ***lieu de vie nocturne animé*** et réputé pour ses restos et ses bars. Dans la rue *Lastarria,* une jolie église à façade rouge (1855) et des mimosas.

Museo de Artes visuales *(MAVI UC)* **et Museo arqueológico de Santiago** *(plan I, C-D2)* **:** *Lastarria, 307. ☎ 226-64-93-37. • mavi.cl • Ⓜ Universidad-Católica ou Bellas-Artes. Mar-dim 11h-18h. Entrée (pour les 2 musées) : 2 000 $Ch ; réduc ; gratuit dernier dim du mois. Café dans le patio.* Beau musée moderne abritant des ***expos temporaires sur l'art visuel chilien depuis les années 1960.*** Beaucoup d'espace et de belles perspectives grâce aux ingénieux garde-corps en verre de l'architecte Cristián Undurraga. Aussi une salle consacrée à l'***art précolombien*** *(Museo arqueológico de Santiago).*

Centro cultural Gabriela Mistral *(GAM ; plan I, D2)* **:** *O'Higgins, 227. ☎ 225-66-55-00. • gam.cl • Ⓜ Universidad-Católica. Mar-dim 10h-20h. GRATUIT. Visite guidée gratuite sur l'histoire et l'architecture du lieu (1h ; en espagnol et sur résa par mail : • publicos@gam.cl •). Sur le parvis se trouve le bureau de l'office de tourisme national* Sernatur. C'est un bâtiment à l'architecture surprenante, à l'histoire chargée et à la reconversion symbolique. ***Construit en 1972, il abrita le bureau de Pinochet*** de 1973 à 1981 (le palais de *La Moneda* ayant été bombardé). Les responsables de la junte militaire y restèrent jusqu'en 1990. Seules les colonnes en béton et le toit sont d'origine. L'ensemble a été recouvert d'une structure en métal rouillé et ajourée, assez spectaculaire. Il portait le nom de Gabriela Mistral, femme de lettres née au nord du Chili, qui a obtenu le prix Nobel de littérature en 1945. Depuis 2006, après avoir été restauré de façon audacieuse après un incendie, il se nomme *GAM.* Un lieu de théâtre, danse, musique (concerts), spectacles divers et expos, qui abrite aussi le ***museo de Arte popular americano*** *(● mapa.uchile.cl ●).* Une belle revanche sur l'Histoire !

Dans le barrio de Bellavista

Coincé entre le *cerro San Cristóbal,* au nord, et le *río Mapocho,* au sud, c'est un quartier un peu bohème baptisé « Quartier latin de Santiago », car il rassembla nombre d'artistes contestant l'ordre militaire de 1973. Une allure de village, avec ses petites rues paisibles bordées de jolies demeures colorées, à l'architecture parfois audacieuse, avec quelques petits jardins exubérants. *Bellavista* est aussi réputé chez les noctambules pour sa ribambelle de restos, de bars et de discothèques, qui attirent parfois – en soirée seulement – une faune pas toujours bienveillante. C'est dit !

Casa Museo La Chascona *(maison de Pablo Neruda ; plan III, G13)* **:** *Fernando Márquez de la Plata, 192. ☎ 227-77-87-41. ● fundacionneruda.org ● Ⓜ Baquedano. Mar-dim 10h-19h. Entrée : 8 000 $Ch ; réduc ; audioguide (espagnol et anglais) inclus.*

C'était la ***résidence du poète Pablo Neruda*** (1904-1973) et de sa compagne Mathilde Urrutia Cerda lorsqu'ils séjournaient à Santiago ; leurs 2 autres maisons se trouvaient à Valparaíso et Isla Negra. Construite entre 1953 et 1958, et saccagée au moment du coup d'État de 1973, La Chascona abrite aujourd'hui la ***fondation Neruda*** et demeure ouverte au public.

LE POÈTE A JETÉ L'ANCRE

Pablo Neruda adorait la mer mais en avait peur. Il se définissait comme un marin terrestre. Sa fascination pour l'univers marin est omniprésente à « La Chascona », sa résidence de Santiago. La 1re maison évoque une cabine de bateau avec ses hublots, ses lampes-tempête et sa vue sur un ancien bassin. La 2e ressemble à un phare. Le plancher de la 3e craque comme le pont d'un vieux bateau. Ce dernier est même légèrement incliné, comme en mer... à moins que ce ne soit la conséquence d'un séisme ?!

L'ensemble est accroché sur le flanc du cerro San Cristóbal, dans une végétation exubérante. La ***1re maison*** est conçue à la manière d'une cabine de bateau et abrite le bar et la salle à manger. L'œil est tout de suite ravi par les innombrables touches de couleurs chatoyantes. Vieux zinc parisien, tableaux de son ami Roberto Matta, statues ethniques, etc. On accède ensuite au 1er étage par une ***porte secrète.*** Là se trouve le ***bureau et la chambre de Mathilde,*** qui vécut ici jusqu'à sa mort en 1985. Œuvres d'art asiatiques, bouddha, estampes chinoises et autres souvenirs du temps où Neruda était consul du Chili à Ceylan, à Java, en Birmanie, etc.

Plus haut sur la colline, la ***2e maison*** est celle où il vivait et dont on ne visite que le superbe ***salon panoramique.*** Là, copie du tableau de Diego Rivera qui représente Mathilde, la femme illégitime de Neruda (noter dans la courbe de la chevelure le profil du poète), aquarelle de Siqueiros, statuettes de l'île de Pâques... Plus haut encore, voici la ***3e maison,*** avec sa vue sur la ville. Elle livre un ***bar d'été,*** puis la ***bibliothèque,*** qui aurait contenu 9 000 ouvrages ; quasi tous brûlés sous le régime Pinochet ! On y admire aujourd'hui les livres de Neruda et leurs traductions internationales, le bureau où il écrivait, la copie d'une toile de Fernand Léger, les photos de ses poètes préférés : Rimbaud, Baudelaire, Walt Whitman... La bibliothèque se prolonge par une salle abritant des cartes anciennes du Chili et autres gravures, les médailles du poète (prix Nobel, Légion d'honneur française, etc.), des photos de ses funérailles (1973) qui constituent le 1er acte de défiance au pouvoir de Pinochet, après son coup d'État ! Une visite émouvante pour les amoureux de la poésie et, surtout, du personnage. Chaque livre, chaque objet semble encore respirer et témoigner de la présence du grand poète ! Une 4e maison devait être bâtie, mais Neruda mourut avant sa construction.

Le cerro San Cristóbal

Cette grosse colline et petite abrite le très beau ***parque Metropolitano*** *(plan III, G11)* qui domine la ville à 880 m d'altitude (dénivelée de 320 m par rapport au centre historique). Ultime contrefort des Andes, qui servit pendant la période coloniale de repère pour se diriger vers Santiago (d'où son nom d'ailleurs, San Cristóbal étant le saint patron des voyageurs). D'en haut, la vue est spectaculaire et étendue sur les différents quartiers (mais hélas troublée par la pollution à certaines heures !).

D'une superficie de 740 ha, le parque Metropolitano est ***l'un des plus grands parcs urbains au monde*** (plus de 2 fois Central Park à New York !). On peut s'y promener dans d'agréables jardins fleuris et emprunter un sentier qui débute au pied d'une statue de la Vierge de l'Immaculée Conception... *Infos : • parquemet.cl •*

➢ ***Accès en funiculaire et téléphérique*** *(plan III, G12)* **:** *départ de la plaza Caupolicán.* Ⓜ *Baquedano. • turistik.com • Tlj sauf lun 10h-20h (horaires restreints en hiver). Funiculaire + téléphériques : 3 400 $Ch A/R (4 080 $Ch w-e et j. fériés) ; réduc.* Depuis la plaza Caupolicán, où se trouve un zoo, le funiculaire monte au sanctuaire de la vierge de l'Imaculada Concepción – ***secteur Cumbre.*** On emprunte alors un téléphérique pour rejoindre le ***secteur Tupahue,*** où se situent la Casa de la Cultura, 2 piscines creusées dans la roche et un jardin botanique. De là, un autre téléphérique redescend vers le ***secteur Oasis,*** son jardin japonais et son parque Aventura (accrobranche) ; tout près de la 2de entrée, sur rue Pedro de Valdivia *(hors plan III par I11).*

Vers le parque Quinta Normal

Museo de la Memoria y los Derechos humanos *(MMDH ; plan d'ensemble)* **:** *Matucana, 501. ☎ 225-97-96-00. • museodelamemoria.cl •* Ⓜ *Quinta-Normal. Tlj sauf lun 10h-18h. GRATUIT. Audioguide en français (2h ; donation libre). Visite guidée w-e (1h, sur résa) en espagnol et en anglais. Photos interdites. Centre de documentation, espace audiovisuel, auditorium et café sur place.* « Faire la lumière sur les ténèbres », telle est l'ambition de ce musée installé dans cet imposant bâtiment contemporain de béton et de verre. La visite offre de regarder, sans détour et avec lucidité, l'obscurantisme du passé et les ***années sombres de la dictature Pinochet.*** Un espace muséographique qui revient sur les événements du 11 septembre 1973 et résonne comme un ***vibrant hommage aux milliers de morts et de disparus*** pendant la dictature. Films, coupures de presse, dessins réalisés par les détenus, nombreux objets donnés par les familles, carte montrant les pays d'exil. L'atmosphère de recueillement face au mur entièrement recouvert de photos noir et blanc des victimes est particulièrement saisissante. Expos temporaires au dernier étage.

Parque Quinta Normal (plan d'ensemble) **:** *Matucana, 502.* Ⓜ *Quinta-Normal. Tlj sauf lun 8h-20h (horaires restreints en hiver). GRATUIT.* Grand parc de 35 ha un peu à l'écart du centre-ville, agréable pour prendre l'air. Nombreuses fontaines servant de pataugeoires aux enfants l'été. Plusieurs ***musées*** sur place.

Museo nacional de Historia natural *(MNHN ; plan d'ensemble)* **:** *parque Quinta Normal. ☎ 226-80-46-03. • mnhn.gob.cl •* Ⓜ *Quinta-Normal. Mar-sam 10h-17h30. GRATUIT. Audioguide en espagnol et en anglais sur leur site web.* Dans son genre, ***ce musée est l'un des plus anciens d'Amérique latine,*** fondé en 1830 par Claude Gay, scientifique français. Grand bâtiment de la fin du XIXᵉ s où l'on découvre squelettes de cétacé, bébêtes empaillées et expos (un peu confuses) sur la géologie, la faune et les peuples premiers du pays. Le 2ᵉ étage accueille aussi un petit ***musée du Cuivre,*** bien fait, montrant l'importance et l'omniprésence dudit métal dans notre société. Les mines de cuivre du Chili comptent parmi les plus importantes au monde !

Museo ferroviario (plan d'ensemble) **:** *parque Quinta Normal. ☎ 226-81-46-27. • corpdicyt.cl/mferroviario •* Ⓜ *Quinta-Normal. Tlj sauf lun 10h (11h w-e)-18h. Entrée : 1 000 $Ch ; réduc. Visite guidée possible.* En plein air, ***toute l'histoire du chemin de fer chilien*** – le 1ᵉʳ d'Amérique du Sud –, depuis 1851, nous est contée à travers une quinzaine de locomotives, wagon présidentiel, wagon de passagers...

Planetario (planétarium USACH ; plan d'ensemble) **:** *O'Higgins, 3349. ☎ 227-18-29-00. • planetariochile.cl •* Ⓜ *Estación-Central. Entrée : 5 000 $Ch ; réduc.* Consulter le site web pour connaître la programmation et les heures de projection.

Au sud-est de la ville

Museo de la Solidaridad Salvador Allende *(MSSA ; plan d'ensemble)* **:** *República, 475. ☎ 226-89-87-61. • mssa.cl •* Ⓜ *República. Mar-dim 10h-18h. Entrée : 2 000 $Ch.* Ce musée a été ***fondé par Salvador Allende*** avant le coup d'État de 1973, puis fermé pendant la dictature. Durant les années Pinochet, des artistes étrangers créèrent un « musée international et itinérant de la Résistance »... Rouvert en 1991, il expose par roulement les ***œuvres confisquées par la junte militaire.*** Aussi des peintures et sculptures offertes par différents artistes du monde entier.

SOLIDARITÉ ARTISTIQUE

Sous le gouvernement de Salvador Allende, de nombreux artistes étrangers témoignèrent leur solidarité en offrant au Chili près de 500 œuvres ! Après le coup d'État, cette collection disparut dans les caves du Museo de Arte contemporáneo...

Museo palacio Cousiño *(plan d'ensemble)* **:** *Dieciocho, 438. ☎ 223-86-74-49. • santiagocultura.cl/palacio-cousino/ •* Ⓜ *Toesca. Tlj sauf dim 9h30-17h (10h-13h sam). Visite guidée obligatoire (espagnol ou anglais ; horaires en ligne) sur résa. Entrée : 4 000 $Ch ; réduc. Photos interdites.* Superbe palais construit entre 1870 et 1878 pour la richissime famille Goyenechea Cousiño, propriétaire de mines d'argent et de charbon. Il fut la résidence des invités du gouvernement avant d'être reconverti en musée. On se balade dans les diverses salles décorées de tapisseries, peintures et meubles d'époque.

Au nord de la ville

Cementerio general Recoleta (plan d'ensemble) **:** *Zañartu, 951. ☎ 226-37-78-00. • cementeriogeneral.cl •* Ⓜ *Cementerios. Tlj 8h-18h. Visite guidée en journée* *(gratuite) ou nocturne (payante, brrrr !).* Immense cimetière créé en 1821. Le « Walhalla » de la bourgeoisie de Santiago. D'imposants mausolées au milieu d'une exubérante végétation. Y sont enterrés des ***personnages importants*** comme Bernardo O'Higgins, Salvador Allende, Violeta Parra... Accès au fameux ***muro de los Desaparecidos*** par l'*avenida Recoleta.*

LE MUR DES DISPARUS

Desaparecidos, *c'est ainsi qu'on désigne le mur du cimetière sur lequel figurent les noms des personnes disparues sous la dictature de Pinochet. Sans commentaire.*

Festivals

Nombreux festivals de musique, cinéma et théâtre en janvier à Santiago. Voici 2 des plus connus :

– ***Festival Santiago a Mil :*** *2 sem en janv.* • *teatroamil.cl* • Consacré aux arts de la scène (théâtre, musique, danse, cirque...). Nombreux spectacles en salle ou dans les rues, dans différents quartiers de la ville, aussi bien résidentiels que populaires.

– ***Lollapalooza :*** *1 w-e en mars.* • *lollapaloozacl.com* • Grand festival de musique à programmation nationale et internationale.

Les vignobles autour de Santiago

Les grands domaines viticoles ***se visitent toute l'année sauf parfois pendant la saison des vendanges (début mars à mi-avril).*** Plus on va vers le sud du pays, plus les vendanges commencent tard. La découverte se limite habituellement aux caves, aux installations de mise en bouteilles et au parc qui entoure la maison de maître. Compter 45 mn à 1h de visite. Mais le plus important, c'est de ***réserver*** avant de s'y rendre !

Concha y Toro : *Subercaseaux, 210, à* ***Pirque.*** *☎ 224-76-51-00.* • *conchaytoro.cl* • *À 20 km au sud de Santiago. Tlj 9h-17h. Visites guidées (1h10-2h ; résa obligatoire) : 20 000-75 000 $Ch ; dégustations comprises.* ***Concha y Toro est la maison viticole la plus connue du Chili*** et aussi la plus importante d'Amérique latine. C'est donc l'une des plus visitées ! Une dizaine de vignobles sont exploités autour de Santiago, dans la vallée du Maipo, dans les régions de Rancagua et de San Fernando. Ici, à Pirque, se trouve une partie seulement du vignoble, fondé en 1883 par Don Melchor Concha y Toro. La compagnie possède au total 10 800 ha de vignoble au Chili, mais aussi en Argentine et en Californie. Commercialisé dans plus de 140 pays du monde, Concha y Toro est le 1er exportateur de vin du Chili et ses actions sont cotées à la Bourse de New York ! On visite les caves, on fait un petit tour dans le parc (dessiné par le paysagiste français Gustave Renner) pour admirer la maison mère...

Cousiño Macul : *Quilín, 7100, à* ***Peñalolén.*** *☎ 223-51-41-00.* • *cousinomacul.cl* • *À 10 km à l'est de Santiago. Visites guidées tlj (1h-2h ; résa obligatoire) : 18 000-40 000 $Ch ; dégustations comprises.* Considérée comme ***la plus ancienne propriété viticole du Chili,*** *Cousiño Macul* fut créée en 1546, soit 5 ans après la fondation de Santiago par Pedro de Valdivia ! En 1856, la maison est acquise par Don Matias Cousiño, puissant industriel de l'époque. Aujourd'hui encore la compagnie appartient à 100 % à la même famille Cousiño. Dessiné à l'origine par un paysagiste français, Gustave Renner, puis remodelé par un Anglais, le ***superbe parc*** abrite des essences variées d'arbres. Malheureusement, on n'y entre pas, mais on peut l'admirer depuis le chemin de visite.

Undurraga : *camino a Melipilla (Km 34), à **Talagante.** ☎ 223-72-28-50. • undurraga.cl • À 34 km au sud-ouest de Santiago. Tlj 9h-17h. Visites guidées (1h15-1h30 ; résa obligatoire) : 19 000-30 000 $Ch ; dégustations comprises.* La maison doit beaucoup à la France ! Les 1ers cépages et les 1ers foudres venaient de là-bas. Le parc a été aménagé en 1890 par George-Henri Dubois, paysagiste français, et la 1re récolte de vin en 1891 se fit sous le contrôle de l'œnologue français Pacoteaux. En 1965, l'acteur Alain Delon visita le domaine et y laissa sa photo dédicacée !

Santa Rita : *camino Padre Hurtado, 695, à **Alto Jahuel.** ☎ 223-62-25-20. • santarita.com • À 35 km au sud de Santiago. Visites guidées (1h-1h30 ; résa obligatoire) : 20 000-45 000 $Ch ; dégustations comprises.* Maison fondée en 1880, qui propose aujourd'hui des visites originales, en charrette à chevaux, bar à pédales, etc. Les différents parcours explorent l'historique ***« bodega de los 120 patriotas »,*** entendez les caves de la maison de maître, où Bernardo O'Higgins – père de la nation chilienne et 1er président du nouveau pays – et 120 hommes se seraient cachés lors de combats avec l'armée espagnole pour l'indépendance nationale !

SANTIAGO

Les stations de ski

Skier en juillet-août, c'est possible ! Eh oui, n'oubliez pas que les saisons sont inversées par rapport à l'Europe. La saison de ski commence ici vers la mi-juin et se termine vers la mi-septembre. Le pays compte ***une quinzaine de stations de ski nichées dans plusieurs vallées des Andes,*** de taille et d'intérêt différents. Les plus réputées pour l'importance de leur domaine skiable et la qualité de leurs infrastructures se trouvent près de Santiago, à 1h30-2h de route. Mais le ski reste une activité onéreuse ! Si l'on ne dort pas sur place, on ne commence à skier que vers 11h du matin, pas avant. Et les pistes ferment à 17h. Pour être à pied d'œuvre et faire l'ouverture, il faut loger là, ce qui n'est pas très abordable pour un routard au budget modeste.
– ***Accès aux stations ci-dessous :*** *depuis Santiago avec les minibus quotidiens de **Skitotal** (• skitotal.cl •).*

El Colorado, Farellones et La Parva : *à 32-38 km au nord-est de Santiago. • elcolorado.cl • laparva.cl • Compter 30 000 $Ch (A/R dans la même journée ; loue aussi les équipements).* Ces 3 stations forment, ensemble, ***les « Trois Vallées » locales*** ! Les pistes, reliées entre elles, constituent un domaine skiable considérable : plus de 110 pistes culminant à 3 650 m. *El Colorado* et *Farellones* sont les stations les plus proches de Santiago, les plus jeunes et les moins chères. Des trois, c'est *El Colorado* qui est la mieux adaptée aux skieurs débutants. C'est aussi une station réputée idéale pour le snowboard (planche à ski), alors que l'héliski est autorisé à La Parva (mais c'est très, très cher !).

Valle Nevado : *à 44 km au nord-est de Santiago, dans la même direction que les 3 stations précédentes. • vallenevado.com •* Domaine exceptionnel, avec près de 40 km de très belles pistes allant jusqu'à une altitude de 3 700 m. Serait classé comme la station de ski la plus moderne du Chili.

Ski Portillo : *à 165 km au nord-est de Santiago, par la route qui conduit à Mendoza (Argentine). • skiportillo.com •* Située à près de 3 000 m d'altitude et offrant une petite quarantaine de pistes, cette station accueillit les championnats du monde de ski en 1966...

Conseils et infos

– ***Repas :*** les cafés, les restos et l'alimentation en général dans les stations de ski sont hors de prix ! Achetez vos victuailles (et louez vos skis) à Santiago la veille. De plus, vous gagnerez du temps et serez plus vite sur les pistes.
– ***Météo :*** avant de partir, renseignez-vous sur les conditions météorologiques dans chaque station. Couvrez-vous bien : une splendide journée peut vite se transformer en tempête de neige !
– ***Forfaits :*** *le forfait (pass) quotidien pour une station coûte près de 55 000-60 000 $Ch en juil-août.*

VALPARAÍSO

env 300 000 hab.

• Plan *p. 114-115*

À 115 km à l'ouest de Santiago (1h30 de voiture par l'autoroute), la baie de Valparaíso forme un vaste amphithéâtre en forme de demi-lune, adossé à 45 collines *(cerros),* naguère sauvages, aujourd'hui toutes très urbanisées. Où que l'on soit, c'est l'océan Pacifique qui capte le regard, avec au 1er plan les vastes docks. Et voilà la ville basse avec ses quais, ses cargos, ses conteneurs, ses grues, les marins et les mouettes qui piaillent dans le ciel : preuve que l'on est bien dans un port vivant et actif, même s'il n'est plus que l'ombre de ce qu'il était à son âge d'or, au début du XXe s.
Aujourd'hui, après une longue période de déclin et de paupérisation, Valparaíso (surnommée « Valpo », ça fait plus local) est entrée dans une phase de renaissance et de vitalité. Inscrit au Patrimoine de l'humanité en 2003, le vieux Valparaíso des hauteurs est progressivement réhabilité par des architectes. Les immeubles sont restaurés et embellis par des designers et des *street artists* inspirés. Les cerros Concepción et Alegre se sont mués en quartiers branchés et alternatifs, grâce notamment à une politique municipale ambitieuse et à l'imagination sans limite de ses graffeurs de talent.
On y accède par plusieurs funiculaires *(ascensores)* très rétro, ou par des escaliers particulièrement pentus, on flâne à pied dans des passages et des ruelles pavées. Celles-ci forment un insolite labyrinthe à taille humaine où le promeneur découvre d'innombrables peintures murales qui couvrent les façades. Il s'agit souvent d'œuvres d'art remarquables !
Ville étonnante, artistique, vivante, inventive et bohème, elle a retrouvé une santé et des couleurs vives, tout en conservant son caractère. Indéniablement, la ville est chargée de *buena onda* (bonne vibration), comme on dit ici. On comprend pourquoi le poète Pablo Neruda, fasciné par ce port, écrivit nombre de ses poésies dans sa maison, *La Sebastiana,* perchée sur les hauteurs telle une vigie.
– ***Attention :*** à Valpo, les larrons et autres pickpockets sévissent, y compris dans les quartiers touristiques de cerro Concepción, cerro Alegre ou Bellavista, mais pas de parano excessive. Soyez vigilant et surveillez vos affaires.

UN PEU D'HISTOIRE

« La perle du Pacifique »

En 1536, le conquistador ***Juan de Saavedra*** descend du Pérou pour retrouver ***Diego de Almagro*** (le découvreur du Chili), dont on est sans nouvelles. Il le rejoint dans cette immense baie qu'il baptise Valparaíso, du nom de son village

en Espagne (près de Cuenca). Dès lors, c'est à Valparaíso que les conquérants et les colons espagnols débarqueront après un long voyage depuis le Pérou.
C'est historiquement le plus vieux port du Chili, avec celui de Concepción, plus au sud. Arriver autrefois à Valparaíso par la mer était une récompense pour les marins épuisés par des semaines de navigation sur un océan tumultueux. Valparaíso devient le havre de paix, le port bienfaisant et tant espéré après l'enfer du cap Horn et des quarantièmes rugissants : « La perle du Pacifique ».
Malgré plus de 300 naufrages sur ses côtes, maintes destructions par des séismes, des attaques de pirates ou encore des guerres, Valparaíso s'impose au XIXe s comme le ***principal port du continent sud-américain.*** Les bateaux européens apportent des cotonnades, des soieries, des meubles et des articles de Paris, et repartent chargés de cuivre, de cuir, d'argent et d'étain.
Les plus robustes voiliers partent alors à la ***chasse à la baleine,*** et d'autres cinglent vers le nord du pays pour charger le nitrate du désert de l'Atacama. Les plus hardis transportent des pionniers vers l'***or de la Californie.*** Et, « jours féroces et fantastiques où les océans ne communiquaient que par le lointain détroit de la Patagonie » (Pablo Neruda), les clippers venus d'Europe ou de la côte est des États-Unis font ici une escale bien méritée, après avoir franchi le cap Horn. À la fin du XIXe s, il règne une activité économique intense, et les commerçants anglais occupent une place importante dans l'expansion du port. Ils sont alors près de 30 000 ! La colonie française compte quant à elle environ 200 personnes.

Marins, aventuriers, et grands voyageurs

Cette escale devient ainsi un ***lieu mythique et légendaire*** pour les aventuriers et les marins. Valparaíso est chantée par les marins du monde entier. En 1811, on clame : « *Nous irons à Valparaiso, Ha'l matelot ! Hé oula tchalez ! Où d'autres y laisseront leur os !* » Ce sont surtout les Anglais et, dans une moindre mesure, les Français qui y font escale. Même Alexander Selkirk, qui inspira ***Robinson Crusoé*** à Daniel Defoe, y passe en 1709 après son séjour solitaire dans l'archipel Juan Fernández au large. ***Flora Tristan,*** l'aïeule péruvienne du peintre Gauguin, débarque à Valparaíso en août 1833 après 133 jours de navigation ! Épuisée, elle ne sait plus marcher, mais se croit « dans une ville française : tous les hommes que je rencontrais parlaient français ».
Le savant britannique ***Charles Darwin*** y fait escale en 1835 en route vers les Galapagos, ainsi que ***Pierre Loti*** en 1872, jeune aspirant de marine en route pour l'île de Pâques et Tahiti. La comédienne ***Sarah Bernhardt*** y débarque en octobre 1886 (lire plus loin l'anecdote dans « À voir. À faire »).

Âge d'or, déclin et renouveau

Si l'âge d'or de Valparaíso – *la Perla del Pacífico* – débute véritablement avec la découverte de l'or en Californie (1848), la date de son déclin est également précise. C'est en 1914, date de l'ouverture du canal de Panamá qui rend le passage du cap Horn obsolète, que Valparaíso connaît le début de sa fin. La chute est soudaine et brutale.
Tout au long du XXe s, la ville est marquée par une douce décadence et ne vit plus que sur le souvenir d'un glorieux passé maritime et économique. Si quelques luxueux navires de croisière y font parfois escale, Valparaíso est délaissée, devenue sans objet. Elle ne vit plus, elle nostalgise.
Il faut attendre la fin de la dictature, un nouvel élan économique et une vigoureuse politique de zones franches pour que la ville connaisse un ***2e souffle.*** Avec le retour des émigrés de la dictature et le dynamisme de sa jeunesse, la ville redevient à la mode, poussée par un tourisme en pleine expansion. Les artistes transforment les murs de la cité, les portes de garage et les façades d'immeubles en une énorme expo à ciel ouvert, en permanente mutation.

Adresses utiles

- Terminal des bus Rodoviário Valpo (hors plan par C3)
- Informations touristiques (zoom et hors plan par C3)
- 2 Hospital Van Buren (plan C3)
- 3 Clínica Red de Salud (plan C2)

Où dormir ?

- 10 Hostal Po (zoom)
- 11 Hostal Casa Volante (zoom)
- 12 Maki Hostel Valparaíso (zoom)
- 13 Hostal La Maison de la Mer (plan B3)
- 14 Hostal Destino Bellavista (plan B3)
- 15 Casa Verde Limón (zoom)
- 16 La Bicyclette (zoom)
- 17 Hostal La Casa Azul (plan B3)
- 18 Hostal Barrio Paraíso (zoom)
- 20 The Yellow House B & B (hors plan par A1)
- 21 La Galería B & B (zoom)
- 22 Val Paradou (zoom)
- 23 Hotel Brighton (zoom)
- 24 Puerta Escondida B & B (zoom)
- 25 17 Hotel Boutique (zoom)
- 26 Ayca La Flora Boutique-Hotel (zoom)
- 27 Hotel Fauna (zoom)
- 28 Casa Puente Hotel Boutique (zoom)
- 29 Hotel Boutique Thomas Somerscales (zoom)

Où manger ?

- 18 Allegretto (zoom)
- 25 Concepción (zoom)
- 27 Fauna (zoom)
- 40 Le Pató (zoom)
- 41 Inglamorosa Cafetería (zoom)
- 42 Café del Pintor (zoom)
- 43 Circular (zoom)
- 44 Café Entre Cerros (zoom)
- 46 Cocina Puerto (zoom)
- 47 El Internado (zoom)
- 48 Café Vinilo (zoom)
- 49 Il Paparazzo (zoom)
- 50 Samsara (plan B3)
- 51 Delicias Express (zoom)
- 52 Ciudad de Pie (plan B2)
- 53 Neptuno (plan A1)
- 54 J. Cruz M (plan B2)
- 55 Marisquerías du Mercado Puerto (plan A1)

Où faire une pause sucrée ?

- 70 Café Zeit (zoom)
- 71 Café Turri (zoom)
- 72 Bogarín (plan B3)
- 73 Pastelería Stefani (plan B2-3)
- 74 Café Sello Verde (plan B3)

Où boire un verre ? Où sortir ?

- 41 Inglamorosa Cafetería (zoom)
- 48 Café Vinilo (zoom)
- 80 Bar La Playa (plan A1)
- 81 Ilicito (zoom)
- 82 El Canario (zoom)
- 83 Bar El Irlandés (plan B2)
- 84 Pagano Industry (plan B2)
- 85 Cinzano et Máscara (zoom)
- 86 El Gato en la Ventana (zoom)
- 87 Casa Cervecera Altamira (zoom)
- 88 Hotzenplotz (plan B3)

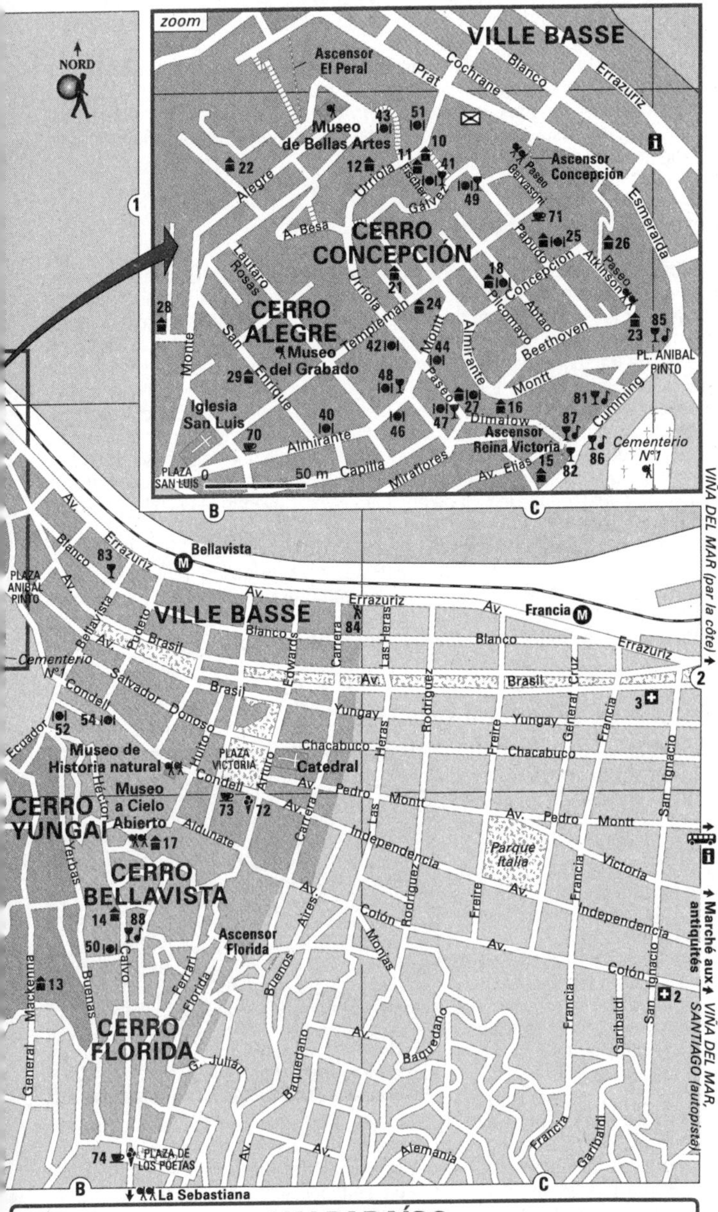
zoom
NORD
VILLE BASSE
Ascensor El Peral
Museo de Bellas Artes
Prat
Cochrane
Blanco
Errazuriz
Urriola
Fischer
Gálvez
Ascensor Concepción
Paseo Gervasoni
Esmeralda
Alegre
A. Besa
CERRO CONCEPCIÓN
Lautaro Rosas
Papudo
Concepción
Atkinson
Paseo Atkinson
CERRO ALEGRE
Templeman
Museo del Grabado
Pilcomayo
Abtao
Beethoven
PL. ANIBAL PINTO
Monte
San Enrique
Montt
Paseo
Almirante
Cumming
Iglesia San Luis
Dimalow
Ascensor Reina Victoria
Cementerio N°1
Almirante
PLAZA SAN LUIS
50 m
Capilla
Miraflores
Av. Elías
Bellavista
Av. Errazuriz
Av. Blanco
PLAZA ANIBAL PINTO
Bellavista
Pudeto
Brasil
Cementerio N°1
Salvador Donoso
Condell
Ecuador
Museo de Historia natural
Huito
PLAZA VICTORIA
Arturo
Catedral
CERRO YUNGAI
Héctor
Museo a Cielo Abierto
Yerbas
Aldunate
CERRO BELLAVISTA
Ascensor Florida
Calvo
Buenas
Mackenna
General
Ferrari
Florida
CERRO FLORIDA
G. Julián
PLAZA DE LOS POETAS
La Sebastiana
Edwards
Carrera
Las Heras
Blanco
Francia
Av. Brasil
Yungay
Rodríguez
Chacabuco
Freire
General Cruz
Francia
San Ignacio
Av. Pedro Montt
Av. Independencia
Parque Italia
Victoria
Av. Colón
Buenos Aires
Monjas
Baquedano
Garibaldi
Av. Alemania
VIÑA DEL MAR (par la côte)
Marché aux antiquités
VIÑA DEL MAR, SANTIAGO (autopista)
B
C
1
2

VALPARAÍSO

La culture du *street art* a pris les commandes. Ses armes : les bombes (de peinture) et les pinceaux ! Le quartier historique est inscrit au Patrimoine mondial de l'Unesco depuis 2003.
L'actualité récente de la ville reste marquée par 2 ***incendies dévastateurs,*** survenus en avril 2014 et mars 2015. Dans les 2 cas, la combinaison de violentes rafales de vent et de chaleur estivale a provoqué des dégâts considérables. Mais la ville a retroussé ses manches, réparé les dégâts et ripoliné le tout avec les couleurs de la vie.

Valpo et l'architecture

Si les maisons en pierre et les vilains immeubles de béton occupent la ville basse, l'architecture de Valparaíso se caractérise avant tout par ses maisons individuelles perchées sur les collines, dont un grand nombre sont habillées de tôle ondulée et peintes de couleurs éclatantes. Petite explication : depuis le XIXe s, l'ossature des maisons traditionnelles a toujours été en bois (avant que la pierre ne prenne le relais). On emplissait de torchis (ou adobe), mélange de terre argileuse, paille et parfois d'autres composants, les espaces entre les madriers. Et pour protéger l'ensemble, on prit l'habitude de couvrir les façades d'un matériau peu cher, la tôle ondulée, résidu des containers de l'époque (on rappelle que Valparaiso fut en son temps le plus grand port d'Amérique du Sud). Puis, avec les restes de peinture des bateaux, on badigeonnait le tout de couleurs vives... avant que la culture du *graff* ne prenne le relais.
Quant au style architectural anglais, s'il domina, c'est que les *British* furent jusqu'à 30 000 en ville à la fin du XIXe s, activité portuaire oblige. À noter que, lors des tremblements de terre, ces maisons à structure de bois se sont toujours révélées bien plus résistantes que les 1res maisons en pierre, dures mais cassantes (avant les normes antisismiques). Alors que le bois, bouge, oscille, plie mais ne rompt pas.

Éclosion et explosion du *street art*

Art rebelle, contestataire de l'ordre établi, créativité en roue libre, on peut décliner de bien des manières les définitions du *street art,* lequel s'inscrit plus globalement dans la culture hip-hop. Pourquoi tant de murs peints à Valpo ? Se mêlent ici l'histoire et la géographie.
La droite politique possède depuis toujours les leviers de la communication traditionnelle (journaux, radio, TV...), laissant à la gauche l'affichage sauvage, les tracts clandestins, les réunions en sous-sol et... les slogans peints sur les murs. À la fin des années 1960, lors de la dernière campagne présidentielle d'Allende, des brigades muralistes *(brigadas muralistas)* entreprennent de peindre des fresques militantes et politisées, un peu à la manière du travail de Diego Rivera (peintre mexicain). Pas seulement des slogans badigeonnés à la va-vite, mais déjà de vraies œuvres contestataires.
Lors de la mandature d'Allende, ce courant pictural prend forme, mais sous Pinochet, c'est à nouveau une manière de combattre la dictature avec les moyens du bord. De véritables missions commandos s'organisent dans tout

LA VILLE DE TOUTES LES PREMIÈRES

Valparaíso peut se targuer de détenir plusieurs records dans toute l'Amérique du Sud : 1re poste, 1er quotidien, 1re banque, 1er hôtel 5-étoiles, 1re douche chaude (si, si !), 1re église protestante (présence anglaise oblige), 1re bière du Chili et 1re compagnie de pompiers ! On peut sans doute ajouter aujourd'hui : 1re ville du Chili, du continent... voire du monde pour son nombre de fresques au m^2.

le Chili pour peindre sur les murs des vérités que le pouvoir occulte. Des petits groupes sillonnent nuitamment les rues pour couvrir les murs des villes, rapidement repeints par les autorités. C'est l'époque où journalistes et artistes fuient en masse le Chili pour se réfugier en Europe (en France notamment) et aux États-Unis.
Après la période de dictature, le pays connaît une étonnante jonction : celle de la tradition culturelle des graffeurs chiliens avec la puissante culture hip-hop rapportée d'Amérique du Nord par les fils d'exilés politiques revenus au pays. La musique et la danse sont présentes, mais c'est surtout l'art de la peinture murale qui trouvera ici un terrain de jeu idéal.
Santiago dans les années 1990, puis Valparaíso dans les années 2000, seront les villes les plus accueillantes pour cette forme d'art (même s'il y en a d'autres). Valparaíso offre une architecture parfaite et une visibilité touristique inégalée. La jeunesse de sa population, la décontraction naturelle des habitants, l'esprit de tolérance et le sens de la fête font de Valpo la cité parfaite pour laisser libre cours à une création débridée et faire éclore les talents. Graffs sauvages, fresques spontanées ou travail de commande, différentes formes d'expressions coexistent pacifiquement, et on ne se lasse pas d'admirer la puissance de certaines œuvres. Art vivant, les fresques d'aujourd'hui ne seront pas celles de demain, régulièrement recouvertes par d'autres, plus belles, plus fortes ou simplement différentes.

Arriver – Quitter

Bus

Terminal des bus Rodoviário Valpo *(hors plan par C3)* ***:*** *av. Pedro Montt. Pour s'y rendre, prendre les bus indiquant « Pedro Montt ».* On y trouve les compagnies *TurBus* et *Condor* *(● new.turbus.cl ●)*, *Pullman Bus* *(● pullmanbus.com ●)* ; *Expreso Norte* *(● expresonorte.cl ●)* ; *Romani Buses* *(● busesromani.cl ●)*. Sur place, point d'infos touristiques *(tlj 10h30-15h30)* et distributeurs automatiques.

➢ **Santiago** *(trajet : 1h30-2h)* **:** départ ttes les 10-15 mn env, 5h30-21h30, avec *TurBus/Condor*. Arrivée au terminal Alameda. D'autres liaisons fréquentes avec *Pullman Bus* (terminal *San Borja*). Pour l'***aéroport de Santiago*** *(1h30)*, 4 bus/j. depuis Valparaíso avec *TurBus* (en principe à 5h50, 10h, 13h50 et 20h30, à vérifier). Compter 1h30.
➢ ***Viña del Mar*** *(20 mn)* **:** le plus simple est d'y aller en métro. Sinon, très nombreux bus qui passent par les grandes artères du bord de mer.
➢ ***Horcón, Maitencillo et Zapallar :*** bus ttes les 10-20 mn 5h30-21h30 depuis l'av. Errázuriz. Les bus viennent de Playa Ancha.
➢ ***Liaisons avec les villes du Nord :*** nombreux bus quotidiens avec notamment *TurBus/Condor, Pullman Bus* et *Expreso Norte*. La plupart de ces compagnies, en fonction des saisons, proposent entre 1 et 5 bus/j. pour toutes les grandes villes du nord (voir les fréquences précises sur leur site). Pour *Los Vilos* compter 3h30 ; pour *Ovalle* 6h-6h30 ; pour *La Serena* 7-8h ; pour *Copiapo* env 12h ; pour *Chañaral* env 14h ; pour *Antofagasta* env 20h ; pour *Calama* env 22h ; pour *Iquique* env 25h et pour *Arica* env 30h.
➢ ***Liaisons avec les villes du Sud :*** plusieurs liaisons quotidiennes avec, entre autres, *TurBus/Condor, Pullman Bus* et *Sol del Pacifico*. Pour *Talca*, compter 5h de route ; pour *Chillán* 6h30-7h ; pour *Concepción* 8h-8h30 ; pour *Temuco* env 10h ; pour *Osorno* env 13h ; pour *Puerto Montt* env 15h.
➢ ***Mendoza*** *(Argentine, 8h)* **:** 2 bus/j. avec *Andesmar* *(● andesmar.com ●)*. De là, nombreux bus pour ***Buenos Aires.*** Sinon, passer par Santiago.

Métro pour Viña del Mar

Il y a 4 stations de métro dans la ville basse de Valparaíso. Elles se trouvent le long du boulevard Errázuriz face à la mer et se nomment estación Puerto, Bellavista, Francia et Barón. Descendre à la station Viña del Mar. *Fonctionne 6h (7h30 w-e)-23h30. Fréquence : ttes les 6-15 mn. Durée du trajet : 15-20 mn. Tarif billet simple : env 550 $Ch. Infos : • efe.cl • Voir plus loin « Se déplacer à Valparaíso ».*

Adresses utiles

Informations touristiques : plusieurs points d'infos en ville : *Errázuriz, 1020 (zoom), muelle Prat (zoom), Cumming s/n (zoom), à la gare routière ou encore pl. O' Higgins (le principal mais un peu excentré ; hors plan par C3). Ils sont en principe ouv tlj 10h-14h, 15h-18h. ☎ 32-293-92-62 (administration). Infos également sur l'appli • vlpo.cl •*

– **Visites guidées :** plusieurs petites compagnies proposent des tours de la ville, d'env 3h. On a une préférence pour **Valp'Otop** *(📱 987-67-78-41 ; • valpotop.com • ; visite tlj mais **sur résa,** départ à 15h de la place Sotomayor ; compter 10 000 $Ch/pers),* car leurs tours sont de grande qualité et en français ! On passe en revue l'histoire de la ville, mais aussi la politique, la dictature et la culture (dont bien sûr le *street art*), sans tabou ! D'autres compagnies proposent des tours « à prix libre » (on donne ce qu'on veut), mais seulement en espagnol ou anglais : **Ecomapu Travel** *(📱 993-55-67-48 ; • ecomapu.com • ; visites sans rdv en principe tlj à 12h depuis la pl. Sotomayor),* ou **Tours 4 Tips** *(☎ 225-70-99-39 ; • tours4tips.com • ; tlj à 15h sur la pl. Sotomayor).*

■ **Banques, change :** en plein centre, dans les rues Prat, Blanco, Esmeralda et Cochrane *(zoom),* concentration de banques avec distributeurs automatiques. Dans les mêmes rues, ainsi qu'au terminal de bus, plusieurs ***casas de cambio*** pour changer des euros (opération simple et rapide). *Ouv en général tlj sauf dim 9h-18h et sam 10h-14h.* Enfin, service de transfert d'argent *Western Union* au *Correos,* sur Esmeralda ou au terminal de bus.

■ **Consulat de Belgique :** *pasaje Constanza, 90, Con Con Sur, Casilla 21. 📱 997-33-53-84. • consulado.belgica.valparaiso@gmail.com •*

Hospital Van Buren (plan C3, **2**) **:** *San Ignacio, 725 ; angle av. Colón. ☎ 32-236-40-00. Urgence : ☎ 131.*

Clínica Red de Salud (plan C2, **3**) **:** *Brasil, 2350. ☎ 600-718-6000.* Clinique privée.

Se déplacer à Valparaíso

Valparaíso se divise en 2 zones : la ville basse et les collines *(cerros),* au nombre de 45 (certains parlent de 43), ceinturées par l'av. Alemania.

– Les **bus** venant de Santiago arrivent au *terminal des bus Rodoviário Valpo (hors plan par C3).* De là, on peut rejoindre le principal quartier touristique en 30 mn à pied (ou, plus rapide, en montant dans n'importe quel micro-bus le long des artères principales), puis en prenant l'un des ascenseurs-funiculaires.

➢ *Les Trolebus :* ils passent par l'av. Argentina – av. Colón-Edwards – av. Brasil-Blanco-Pza Wheelwright (ex-Aduana).

– On reconnaît les ***taxis privés*** à leur toit jaune. Ils sont munis d'un compteur. Mais il en passe peu dans les rues (*Uber* les a largement détrônés !). S'il vous en faut un, demander à votre hôtel ou appelez : *📱 942-23-96-74 (radiotaxi).*

– Les ***taxis collectifs*** sont tout noirs et coiffés d'un panonceau portant le numéro de ligne et la destination, car ils suivent un itinéraire fixe. Rapide et pratique (fréquence de passage élevée)... quand on sait quelle ligne prendre pour aller où. Et bien moins chers que les taxis privés : *env 600 $Ch/pers.*

– ***Circuler en voiture et se garer :*** évitez autant que possible de circuler avec votre propre véhicule ; nombreuses rues à sens unique, stationnement payant et cher dans la ville basse. Sans compter les embouteillages. Bref, ça ne vaut guère le coup ! Pour

SANTIAGO

infos, il y a plusieurs parkings dans le centre au pied des collines, aux stations de métro Puerto et plaza Cívica notamment. Dans les collines, dans les quartiers branchés des cerros Alegre et Concepción, on trouve peu de places de stationnement. Rares sont les hôtels qui ont un espace réservé aux voitures. Par ailleurs, ne rien laisser d'apparent dans votre véhicule.
– Un ***métro*** relie le port de Valparaíso à Limache (20 stations en tout) en passant par Viña del Mar. Il faut acheter une carte rechargeable *(env 2 000 $Ch)* que l'on crédite du montant voulu ; les tarifs varient selon l'heure dans la journée et la distance. *Compter env 550 $Ch pour aller à Viña del Mar ; réduc étudiants et seniors. Infos sur ● efe.cl ●*

Les ascenseurs-funiculaires *(ascensores)*

Ils datent de la fin du XIXe s et du début du XXe s et partent à l'assaut des collines ceinturant Valparaíso. Très utiles pour s'épargner une éprouvante ascension à pied ! Si tous sont aujourd'hui classés *Monumentos históricos,* chacun possède son propre caractère. Attention cependant, certains ont fermé car jugés non rentables ou en trop mauvais état. Mais les plus centraux sont encore opérationnels (généralement de 7h à 23h). Tarifs : 100 $Ch par trajet.

– ***Ascensor Concepción*** *(zoom)* **:** *relie la calle Prat et le paseo Gervasoni.* Fermé pendant quelques années pour travaux de restauration, il a rouvert en 2023. C'est le plus ancien de la ville, inauguré en 1883.
– ***Ascensor El Peral*** *(plan A1 et zoom)* **:** *relie la plaza Justicia et le paseo Yugoslavo.* Construit en 1902, il permet d'aller facilement du cerro Concepción à la plaza Sotomayor (et inversement).
– ***Ascensor Reina Victoria*** *(zoom)* **:** *relie la calle Elias et le paseo Dimalow.* Construit en 1902 aussi, c'est le 3e ascenseur qui permet de rejoindre les cerros Concepción et Alegre.
– ***Ascensor Cordillera*** *(plan A1)* **:** *relie la plaza Sotomayor et la plaza Eleuterio Ramírez.* Assez court (60 m) et… gratuit. Il date de 1886.
– ***Ascensor Artillería*** *(plan A1)* **:** *accès plaza Wheelwright (ex-Aduana). Monte au cerro Artillería, paseo 21 de Mayo et Museo naval.* ***Fermé depuis 2020 (se renseigner sur sa réouverture).*** Construit en 1893, il suit l'un des plus longs parcours, soit 175 m.
– ***Ascensor Barón*** *(hors plan par C2)* **:** *se prend à l'angle des av. España et Argentina.* Datant de 1906, il fut le 1er à être équipé d'un moteur électrique. Donne accès au mirador Diego Portales pour une vue intéressante sur le port.
– ***Ascensor Polanco*** *(hors plan par C3)* **:** *accès par la calle Simpson (rue qui donne sur l'av. Argentina).* L'un des plus étonnants, et en fait le seul ascenseur vertical de la ville. En haut, la passerelle offre une vue à 360° sur Valparaíso !

SANTIAGO

Où dormir ?

Nos adresses se concentrent dans ***les collines en surplomb du centre-ville,*** qui est le coin le plus agréable de Valparaíso avec ses belles maisons colorées, ses escaliers en labyrinthe, sa vue, son atmosphère… De fait, c'est là que séjournent – et se baladent en journée – la plupart des visiteurs étrangers. Mais on reste à quelques pas (voire à un trajet d'ascenseur) de la ville basse, pour toutes les nécessités du genre commerces, banques… ou encore pour la vie nocturne, si vous êtes plutôt oiseau de nuit.
– ***À savoir :*** Valparaíso est prise d'assaut au moment du réveillon du Nouvel An. Les Chiliens se bousculent (euphémisme !) pour venir voir le feu d'artifice sur la baie, l'un des plus spectaculaires du continent ! Les prix flambent et il faut réserver longtemps à l'avance.

Bon marché (jusqu'à 40 000 $Ch / env 45 €)

🏠 ***Hostal Po*** *(zoom,* ***10****)* ***:*** *Urriola, 379. Cerro Alegre. 📱 954-03-77-66. • hostalpo@gmail.com • Lits en dortoir 13 000-15 000 $Ch/pers ; double avec sdb commune 35 000 $Ch.* En descendant vers la ville basse, impossible de manquer cette haute façade ornée de peintures murales : une belle œuvre d'art collective ! Du *street art* qui se retrouve à l'intérieur, dans le même esprit chamarré et artistique. Parties communes avec parquet et chambres et dortoirs (3-4 lits) bien tenus, avec grands coffres et matelas confortables. Cuisine et salle à manger conviviale sous les combles au 4ᵉ étage, où se rassemblent les *backpackers*. Propose aussi des activités et des excursions à la journée. Une des bonnes adresses routardes de Valpo, gérée qui plus est par un Suisse francophone vraiment accueillant.

🏠 ***Hostel Casa Volante*** *(zoom,* ***11****)* ***:*** *Fischer, 27. ☎ 32-317-42-92. • casavolantehostal.com • Lits en dortoir 12-17 US$; doubles 30-43 US$ (triple et quadruple également).* Montez quelques marches d'un passage aux murs colorés, poussez la porte et découvrez un intérieur surprenant par ses volumes façon loft, avec une belle mezzanine dans le salon commun. Cette grande et vieille bâtisse rénovée abrite une auberge à prix doux avec des dortoirs sobres et propres (6-8 lits), ainsi que des chambres privées (toilettes sur le palier), claires et colorées. Tout est bien agencé, la déco est soignée et l'accueil à l'image des lieux. Également, au rez-de-chaussée, une cafét' *(Crysol)* servant de bons petits plats pas chers le midi, et même un bar *(Babel)* avec des bières artisanales ! Un bon plan.

🏠 ***Maki Hostel Valparaíso*** *(zoom,* ***12****)* ***:*** *Urriola, 428. 📱 967-49-37-60. • makihostels.com • Lits en dortoir 9 000-15 000 $Ch/pers ; doubles sans ou avec sdb 26 000-60 000 $Ch ; petit déj en sus.* Pile-poil entre la ville basse et le cerro Concepción, 2 bâtiments accolés abritant 4 dortoirs colorés de 6 à 12 places, avec plancher, casiers, lampe et prise de courant individuelles. Sinon, 4 chambres privées, fraîches mais « intérieures », à différents prix (selon confort). Sanitaires modernes. Et pour socialiser, un espace dans une sorte de patio avec hamac, une cuisine commune et une terrasse sur le toit avec barbecue. Bien pour les budgets serrés.

🏠 ***Hostal La Maison de la Mer*** *(plan B3,* ***13****)* ***:*** *General Mackenna, 527. Cerro Yungay. 📱 987-67-78-41. • maisondelamer.cl • À 15 mn à pied (ça grimpe !) du centre-ville. Doubles avec sdb 30 000-35 000 $Ch. Parking (pour 2 voitures).* Ancien foyer de marins transformé en *hostal* et désormais tenu par Jonathan, un Suisse-Chilien francophone vraiment sympa qui propose aussi des balades guidées de la ville (voir plus haut *Valp'Otop,* dans « Adresses utiles »). Voici une maison hyper tranquille, à la façade ornée de belles peintures murales, qui abrite des chambres simples (pour 2-6 personnes) mais impeccables, toutes avec salle de bains privée. Grand salon commun avec vieux baby-foot, décoré d'une impressionnante fresque de Jacques-Yves Cousteau. Machine à laver, cuisine à dispo et terrasse en bois à l'arrière. Petit salon *Netflix.* Tout simplement un très bon rapport qualité-prix-accueil.

🏠 ***Hostal Destino Bellavista*** *(plan B3,* ***14****)* ***:*** *Héctor Calvo, 338. Cerro Bellavista. 📱 997-48-45-03. • hostaldestinobellavista.cl • Doubles sans ou avec sdb 34 000-40 000 $Ch, petit déj compris.* Tiens, la façade de cette petite maison est ornée d'une fresque ! Posée sur les hauteurs, dans un quartier très calme, cet *hostal-B & B* offre 3 chambres coquettes et très soignées (aux murs colorés...), dédiées chacune à une illustre Chilienne. Agréable cuisine-salle à manger pour le petit déj. Le charmant couple de proprios vit sur place. Un excellent point de chute à prix sages.

🏠 ***Casa Verde Limón*** *(zoom,* ***15****)* ***:*** *Cumming, 198. Cerro Cárcel. ☎ 32-212-16-99 ou 📱 976-69-32-71. • casaverdelimon.com • Doubles sans ou avec sdb 28 000-40 000 $Ch ; pas de petit déj. 2 apparts pour 4 pers,*

70 000 $Ch. Dans une rue couverte d'étonnantes fresques murales, un *hostal* plutôt avenant, à la façade citron vert (c'est son nom). Propose des chambres un peu sommaires (la plupart sans salle de bains) mais pas très chères et dotées d'une bonne literie, réparties dans un dédale de couloirs et d'escaliers (parfois un peu de bruit). Espace commun sous puits de lumière, cuisine équipée, laverie. Également des apparts à louer sur place ou dans un immeuble voisin *(Casa Violeta)*. Bon accueil.

La Bicyclette *(zoom,* ***16****) : Almirante Montt, 213. Cerro Alegre. ☎ 32-222-24-15. • bicyclette.cl • Compter 12 000 $Ch/pers (en chambre de 1-3 pers), petit déj compris.* Dans son *hospedaje* un peu foutraque, bordant une rue pentue, Gilles le Toulousain propose des chambres plutôt sommaires mais correctes, avec 2 salles de bains sur le palier. Son vrai plus, c'est le prix vraiment écrasé. Petit patio-jardin à l'avant. Atmosphère accueillante.

Hostal La Casa Azul *(plan B3,* ***17****) : Pasteur, 210. ☎ 32-335-71-62. Lits en dortoir 8 000-12 000 $Ch ; double jusqu'à 35 000 $Ch.* Tout petit, blotti entre la ville basse et le cerro Yungai, cet *hostel* avec vue sur le port propose juste 2 dortoirs de 6 lits, 1 dortoir de 2 lits et une chambre double, le tout donnant sur le même palier. On y est les uns sur les autres... mais c'est propice aux rencontres ! Petite cuisine et salon TV au rez-de-chaussée, à côté des sanitaires. Clientèle plutôt jeune, d'autant que c'est aussi un point de ralliement le week-end pour la tournée des boîtes !

Hostal Barrio Paraíso *(zoom,* ***18****) : Pilcomayo, 549. Cerro Concepción. ☎ 32-320-61-07. • reservas@hostalbarrioparaiso.com • Double sans sdb 35 000 $Ch, plus 1 avec sdb à 50 000 $Ch. Également pour 3-4 pers. CB refusées.* Une adresse familiale, très tranquille, nichée dans une maison lie-de-vin. Pas le grand luxe (chambres sans fioritures, avec plancher et dessus-de-lit colorés) mais peu cher, et l'accueil est chaleureux. Très bien situé aussi, au cœur du cerro Concepción.

De bon marché à prix moyens (35 000-70 000 $Ch / env 40-80 €)

The Yellow House B & B *(hors plan par A1,* ***20****) : Capitán Muñoz Gamero, 91. Cerro Artillería. ☎ 32-233-94-35 ou 📱 981-37-08-39. • theyellowhouse.cl • Compter 7 000-10 000 $Ch en taxi depuis la gare routière. Doubles 38 000-55 000 $Ch, bon petit déj compris.* C'est une maison jaune (et bleue !), adossée à la colline... On y vient à pied comme dans la chanson, ou en taxi (moins fatigant !) car c'est un peu excentré. Mais on ne regrette pas de poser son sac ici, car le lieu possède un charme qui opère tout de suite ! À peine 7 chambres, bien arrangées (déco colorée et mobilier en matériel de récup'), en plus d'être nickel et confortables (couette épaisse). De certaines, l'une des plus belles vues sur la baie de Valpo ! Sinon, il y a l'agréable salle à manger panoramique, où se prend le petit déj maison. Accueil délicieux, à l'image de l'endroit. Un coup de cœur !

La Galería B & B *(zoom,* ***21****) : pasaje Templeman, 159. Cerro Concepción. ☎ 32-336-59-84. • lagaleria-valparaiso.com • Doubles sans ou avec sdb 35-70 US$, petit déj compris.* Au cœur du cerro Concepción, donc idéalement situé, on aime bien cet *hostal* installé dans une vieille maison agréable. 8 chambres très bien tenues, de différents types : individuelles, *matrimoniales*, familiales et même un loft avec cuisine sous les combles. Petit déj pris sur une belle terrasse ensoleillée. Personnel aux petits soins.

De prix moyens à plus chic (60 000-140 000 $Ch / env 65-130 €)

Val Paradou *(zoom,* ***22****) : Higuera, 177. 📱 941-74-41-58. • 177higuera@gmail.com • Doubles avec sdb 65-120 US$, petit déj compris ; un peu moins cher en réservant à l'avance et tarifs dégressifs dès 3 nuits.* Pas

SANTIAGO

d'enseigne, car vous êtes ici dans un authentique *B & B*, tenu par un sympathique Belge et sa femme bolivienne. Dans une belle maison du XIXe s joliment restaurée, 2 chambres pour couple, arrangées avec style et tout confort, et une autre plus petite, moins chère, avec 2 lits superposés. Copieux petit déj pris dans un agréable salon-salle à manger. Autre point fort du lieu : la terrasse sur le toit, offrant l'une des plus belles vues sur Valparaíso !

🏠 ***Hotel Brighton** (zoom, **23**) : paseo Atkinson, 151. ☎ 32-222-35-13. • brighton.cl • Doubles 60-80 US$, avec petit déj.* Difficile de ne pas remarquer cette belle maison de style victorien, aux murs jaunes, perchée au bord de la falaise comme un chat au bord d'un précipice. On se croirait dans une pension de charme anglaise, mais le propriétaire chilien y a mis sa touche perso. 9 chambres confortables et décorées plutôt à l'ancienne, qui portent des noms d'écrivains (Oscar Wilde, Virginia Woolf, Agatha Christie...). Vue plongeante sur la ville et le port depuis l'adorable petite terrasse. Accueil affable et bonne atmosphère. Fait aussi resto.

🏠 ***Puerta Escondida B & B** (zoom, **24**) : Templeman, 549. Cerro Concepción. 📱 991-61-88-19. Doubles 70-100 US$, petit déj compris.* Voilà une maison vert turquoise du début du XXe s, qui possède un vrai caractère. L'accueillant propriétaire a su marier le charme de l'ancien avec une certaine modernité. Seulement 5 chambres, de taille variable, de style local (plancher, meubles en bois) et confortables. Vue sur la rue et beaux espaces pour les plus chères. Agréable salle de petit déj parée de papier peint et de boiseries.

🏠 🍽 ***17 Hotel Boutique** (zoom, **25**) : Papudo, 557. Cerro Concepción. 📱 978-83-85-52. • hotel17.cl • Doubles 82 000-141 000 $Ch selon période et vue, petit déj compris.* Organisé sur 3 niveaux, un établissement design et bien intégré au quartier. Propose une dizaine de chambres modernes et élégantes, dans les tons neutres mais joliment rehaussées de touches colorées, joyeuses et fraîches. Attention cependant, celles côté rue sont bruyantes en fin de semaine ! En choisir une côté mer donc, plus sympas de toute façon (un peu plus chères aussi). Plusieurs terrasses offrent une belle vue sur l'océan. Bon petit déj-buffet. Fait aussi bar-resto sous la réception (bières artisanales et burgers gourmet).

De chic à très chic (min 100 €)

🏠 ***Ayca La Flora Boutique-Hotel** (zoom, **26**) : subida Concepción, 35. Cerro Concepción. 📱 979-72-51-93. • laflora-valpo.com • Doubles 90-135 US$, petit déj inclus.* Notre adresse préférée dans cette catégorie ! Tenu par un couple germano-chilien particulièrement accueillant, ce petit hôtel de charme abrite une dizaine de chambres lumineuses, tout confort et décorées avec beaucoup de goût, dans des tonalités estivales et harmonieuses. Elles sont réparties dans la maison principale de 1945, très joliment restaurée, ou dans un petit bâtiment attenant évoquant les ascenseurs de la ville. Certaines (les plus chères) ont vue sur la mer. Bon petit déj très soigné servi dans la véranda ou sous la pergola du jardin. Vous serez ici comme un coq en pâte !

🏠 ***Hotel Fauna** (zoom, **27**) : paseo Dimalow, 166, angle Dr Grossi et Capilla. Cerro Alegre. ☎ 32-327-07-19. • faunahotel.cl • Doubles 140-170 US$, avec petit déj.* Idéalement situé à flanc de colline, dans une ruelle piétonne et au cœur de l'animation de ce sympathique quartier. Voici un bien séduisant hôtel à l'architecture post-moderne réussie (4 anciennes maisons réunies), entre le chic bohème et l'ethnique artistique. Les 22 chambres courent sur 3 niveaux (relief oblige !) et sont toutes un peu différentes, avec murs en pisé, vieilles portes décapées, élégantes salles de bains dotées de lavabo en pierre ou en bois. Certaines avec vue sur la baie. Bonne atmosphère générale, notamment sur la terrasse du bar-resto, très prisé (voir plus loin « Où manger ? »).

🏠 ***Casa Puente Hotel Boutique** (zoom, **28**) : pasaje San Agustín, 552. 📱 982-06-53-21. • casapuente.cl • Doubles env 100-200 US$ en saison,* *petit déj inclus.* Encore un bel hôtel, installé dans la maison centenaire d'un commerçant anglais. On y trouve une quinzaine de chambres classes, au look un peu rétro (tons noir et blanc, beau carrelage ancien), toutes décorées avec des œuvres d'artistes chiliens. L'ensemble a bien du cachet, avec ses parties communes élégantes et son espace petit déj à l'arrière donnant sur une vaste terrasse agrémentée d'une petite piscine. Bon accueil discret.

🏠 ***Hotel Boutique Thomas Somerscales*** (zoom, **29**) : *San Enrique, 446. Cerro Alegre. ☎ 32-233-10-06. • hotelsomerscales.cl • Doubles 120-240 US$ selon confort et saison, avec petit déj.* Vieille maison bourgeoise de 1874 à la façade blanche précédée d'une terrasse-véranda donnant sur un charmant petit jardin. Ce fut la demeure du peintre anglais Somerscales. Décoration de caractère, raffinée, avec le bleu et le blanc qui dominent, tonalités marines fraîches et gaies. Une huitaine de chambres luxueuses et spacieuses, meubles anciens et vue sur la baie ou sur la colline. Notre préférée : la nº 8 (plus chère), avec vue splendide sur la baie depuis sa minuscule terrasse privée.

Où manger ?

Dans les collines (cerros)

C'est là qu'on trouve les restos les plus touristiques mais aussi les plus sympas (cadre souvent soigné) et les meilleurs. Attention, ils ferment assez tôt, ne pas attendre la dernière minute pour dîner !

Sur le pouce

🍽 ***Le Pató*** (zoom, **40**) : *Almirante Montt, 554. Tlj 12h-18h. Empanadas 2 500-3 000 $Ch.* Un simple comptoir sur la rue, où l'on choisit l'une des *empanadas* du jour, bonnes, copieuses et plutôt végétariennes. À emporter uniquement.

Très bon marché (moins de 5 000 $Ch / env 5,50 €)

🍽 ***Inglamorosa Cafetería*** (zoom, **41**) : *Fischer, 37. 📱 999-23-57-63. Tlj 10h30-18h, jusqu'à 23h ven-sam. Plat du jour 2 500 $Ch.* « Café culturel, bohème et dissident », peut-on lire à l'entrée. Sitôt la porte franchie, on découvre un intérieur déjanté, une sorte de salon aux murs couverts de coupures de journaux jaunies, avec des tables en planches de bois, vieux canapés... On y vient pour un thé ou un café (avec éventuellement un bout de gâteau maison), mais aussi pour l'unique plat du jour, toujours végane, proposé à prix riquiqui. Une bonne affaire pour déjeuner à peu de frais le midi ! Organise aussi des petites expos et autres activités artistiques... et même des petits concerts le soir en fin de semaine.

Prix moyens (10 000-20 000 $Ch / env 11-22 €)

🍽 ***Café del Pintor*** (zoom, **42**) : *Urriola, 652. Cerro Alegre. ☎ 32-363-30-37. Tlj en continu jusqu'à 21h30. Plats 8 500-10 000 $Ch ; menu servi tt le temps, env 11 000 $Ch.* Dans ce quartier touristique, il faut faire le tri entre les bonnes tables et les adresses à vocation trop commerciale. Ici, la cuisine chilienne améliorée met en vedette les produits de la mer et ceux de la terre, au travers de plats fort bien ficelés et sagement tarifiés. On peut aussi se laisser tenter par l'avantageux menu, servi midi et soir. Belles peintures murales dans la salle haute de plafond et quelques tables sur le trottoir.

🍽 ***Circular*** (zoom, **43**) : *paseo Yugoslavo, 15. Cerro Concepción. 📱 981-33-77-92. Tlj 13h30-16h, plus ven 19h30-21h. Plats env 10 000-15 000 $Ch.* Sur la petite place du musée des Beaux-Arts, une salle-véranda à l'ancienne, avec plancher usé, tables en bois et plafond garni d'un vitrail Art nouveau, le tout donnant en plein sur l'océan. Un cadre charmant pour une cuisine de marché réjouissante, axée sur les produits de la mer : soupe de congre aux légumes (servie frémissante dans sa terrine), *ceviche,* merlu frit, risotto de fruits de mer, grosses moules gratinées... à déguster au son d'une musique d'époque (et même de la chanson française), qui va parfaitement avec le lieu ! Accueil et services souriants. Une halte à ne pas manquer.

Café Entre Cerros (zoom, **44**) : *Almirante Montt, 399. Cerro Alegre. ☎ 32-368-17-15. Tlj 9h-20h (20h30 ven-sam). Plats env 8 000-15 000 $Ch.* On est au cœur du secteur touristique et, pourtant, cette adresse en a sacrément sous le capot ! Passé les quelques tables en terrasse, on découvre une salle accueillante et animée, de style rétro, avec carrelage en damier, tables de bistrot et, bien sûr, une fresque. À l'ardoise, une poignée de délicieux plats du jour (le risotto noir aux coquillages nous a laissé un grand souvenir !), avec toujours 1 ou 2 options végétariennes. Impec' pour le midi donc, mais aussi pour le petit déj, dont le lieu s'est fait une spécialité. Sans oublier les sandwichs, salades... N'hésitez pas !

Allegretto (zoom, **18**) : *Pilcomayo, 529. Cerro Concepción. ☎ 32-296-88-39. Tlj 19h (13h ven-dim)-22h30 (17h dim). Plats 9 000-12 000 $Ch.* Un petit resto de quartier sympa, où la cuisine sincère et goûteuse revisite les classiques italiens : pizzas à pâte fine, gnocchis... mais aussi salades, le tout servi dans une salle chaleureuse ornée de photos de célébrités ou sur la terrasse du toit. Bon répertoire musical en fond sonore (et à chaque soir son année musicale !). Notez d'ailleurs le vieux juke-box à l'entrée, toujours en service.

Cocina Puerto (zoom, **46**) : *Almirante Montt, 455. Cerro Alegre. ☎ 32-320-41-35. Mer-dim 13h-18h (23h ven-sam). Fermé lun-mar. Plats env 11 000-15 000 $Ch.* Ce resto au cadre avenant, niché dans une maison violette, propose surtout des poissons et fruits de mer, frais et bien préparés. Belle salle haute de plafond, garnie simplement mais chaleureusement de grosses tables en bois. *Ceviche* convaincant, bonnes soupes *(paila marina, chupe de jaiba)* et plats bien mijotés.

El Internado (zoom, **47**) : *paseo Dimalow, 167. Mer-jeu 17h-22h, ven-sam 13h-23h, dim 13h-17h. Fermé lun-mar. Plats env 10 000-15 000 $Ch.* Dans une ruelle piétonne, vaste resto branché apprécié par une large clientèle. La façade ancienne de style anglais de cet ancien internat a été conservée. L'intérieur tient plus du grand loft post-moderne, avec sa salle à manger toute vitrée et sa terrasse à l'étage. Quand c'est vide, c'est froid, mais quand c'est plein, en fin de semaine, ça chauffe ! Cuisine simple et sans triche : *ceviches,* sandwichs, salades, burgers et quelques plats maison du genre *quinoa del mar.* À déguster en profitant de la belle vue sur la colline constellée de lumières.

Café Vinilo (zoom, **48**) : *Almirante Montt, 448. Cerro Alegre. ☎ 32-223-06-65. Tlj 11h30-0h30. Plats 8 000-14 500 $Ch.* Cette ancienne boucherie reconvertie en bistrot-resto forme un cadre original et de caractère. Notez dans l'entrée la grande table en marbre où l'on découpait la viande. On y déguste quelques classiques de la cuisine chilienne *(ceviche, pastel de choclo, carne al jugo...),* avec aussi des options végétariennes. Bien aussi pour prendre un verre en soirée (voir plus loin « Où boire un verre ?... »).

De prix moyens à plus chic (15 000-25 000 $Ch / env 17-28 €)

Fauna (zoom, **27**) : *paseo Dimalow, 166. Cerro Alegre. ☎ 32-327-07-19. Tlj midi et soir. Plats 15 000-20 000 $Ch.* C'est le resto de l'hôtel *Fauna* (voir « Où dormir ? »), et l'une des coqueluches de la ville tant pour le déjeuner que pour le dîner ! Toujours du monde en effet dans cette salle lumineuse qui s'ouvre sur une super terrasse dominant la ville et la baie. La cuisine n'est pas en reste, avec des plats au goût du jour finement élaborés, servis par une équipe jeune et souriante. Également des salades et sandwichs, pour limiter l'addition. On aime !

Concepción (zoom, **25**) : *Papudo, 541. Cerro Concepción. ☎ 32-249-81-92. Tlj sauf lun 12h30-21h. Plats 11 000-20 000 $Ch.* Cette demeure de la fin du XIXe s, jouissant d'une très belle vue sur le port, abrite une table réputée pour ses poissons, fruits de mer et pâtes fraîches. Préparations goûteuses, fines, inventives... et copieuses. Également des plats de viande de qualité. Spécialité : les raviolis de *centolla* (araignée de mer). Service très pro.

Il Paparazzo (zoom, **49**) : *Papudo, 424. Cerro Concepción. ☎ 32-327-91-97. Tlj sauf mer 13h-16h30 (21h30 ven-sam). Plats 11 000-20 000 $Ch.* Un resto plutôt discret dans une ruelle du cerro Concepción... mais c'est l'une des tables les plus réputées du secteur ! Fine cuisine italo-méditerranéenne en effet, qu'on accompagne d'excellents crus car le lieu est aussi un bar à vins. Pour les moins viandards, bel éventail d'options véganes. Prix un peu élevés mais justifiés. Un excellent choix dans cette catégorie.

Samsara (plan B3, **50**) : *Héctor Calvo, 392. Cerro Bellavista. 992-51-34-67. Tlj sauf lun 19h30-22h30. Plat env 15 000 $Ch ou menu 23 000 $Ch.* Si l'envie vous prend de changer un peu de régime, voilà peut-être le meilleur resto thaï de la ville. Spécialité de currys, à la fois copieux et particulièrement bien exécutés. À savourer dans une salle contemporaine aux tables bien espacées ou dans un petit patio décoré d'une fresque. Bon accueil et service jeune. Parfait pour un tête-à-tête.

Dans la ville basse

Sur le pouce

Delicias Express (zoom, **51**) : *Urriola, 358. ☎ 32-223-74-38. Tlj sauf dim 8h-17h30. Empanadas 2 000-3 000 $Ch.* Depuis plus de 20 ans, on propose ici quelque 100 sortes d'*empanadas,* préparées à la minute (donc très fraîches), pour le plus grand plaisir des affamés et des fauchés, car c'est copieux et pas cher. À emporter ou à consommer sur l'un des tabourets face au comptoir.

De bon marché à prix moyens (8 000-20 000 $Ch / env 9-22 €)

J. Cruz M (plan B2, **54**) : *au niveau du n° 1472 de Condell, prendre le passage piéton et c'est au fond, sur la gauche. ☎ 32-221-12-25. Tlj 12h-23h. Compter 13 000 $Ch le plat pour 2 pers.* Ici, depuis 1956, vous avez le choix entre *chorrillana, chorrillana* et *chorrillana.* Vous vouliez de la *chorrillana* ? Ça tombe bien ! Les murs chargés de bibelots, d'objets et figurines en porcelaine sous vitrines, de chopes de bière et de photos d'identité des habitués, donnent le ton. On est un peu comme dans le salon d'une vieille tante, qui ne saurait cuisiner qu'un seul plat ! Alors sacrifiez donc à la tradition de Valpo et goûtez, ici et nulle part ailleurs, la spécialité locale : frites, oignons revenus et lamelles de viande, surmontés d'œufs frits. C'est gras, un peu lourd, mais c'est un passage obligé, avec une bonne tranche de sociologie en guise de dessert.

Ciudad de Pie (plan B2, **52**) : *plazuela Ecuador, 623. 955-11-62-26. Tlj 13h-22h (23h jeu-dim). Pizzas 1-2 pers 7 000-12 500 $Ch.* Pour d'authentiques pizzas italiennes au feu de bois, c'est l'endroit ! En revanche, le cadre manque un peu de romantisme (tables métalliques dans un espace réduit et musique assez forte). On peut choisir une chanson par pizza commandée !

Neptuno (plan A1, **53**) : *Blanco, 588. ☎ 32-222-47-61. Tlj 12h-21h. Menu en sem 5 000 $Ch ; plats 9 000-13 000 $Ch.* Depuis 1965, ce petit resto typique de quartier régale ses clients d'*empanadas de mariscos* et autres plats de poisson et fruits de mer, qu'on boulotte dans une petite salle aux cloisons de bois ornées de bouées et casquettes de marins. Dans son genre, c'est l'un des plus authentiques du secteur.

Marisquerías autour du mercado Puerto (plan A1, **55**) : près de l'ancien marché aux poissons détruit par le tremblement de terre de 2010, on trouve quelques *marisquerías* où l'on peut manger du poisson frais et des fruits de mer, cuisinés simplement.

Une adresse classique : ***Los Porteños II*** *(à l'angle de Valdivia et de Cochrane ; tlj sauf lun 12h-18h30)*, qui accueille les vieux habitués dans une salle digne des années 1970, avec ses tables en formica et sa grande cuisine ouverte. Également, un bloc plus loin, le ***Cafe Journal*** *(Cochrane et Marques ; tlj sauf mer 10h-18h)* et sa déco tout en bois, vieilles photos et plafond ouvragé. Enfin, en face de ce dernier, le ***Porto di Vino*** *(tlj 12h30-17h ; jusqu'à 23h ven-sam)*, plus chic, propose une cuisine plus élaborée dans un cadre agréable et aéré. Quartier plutôt à éviter la nuit mais sûr de jour.

Où faire une pause sucrée ?

Dans les collines (cerros)

Café Zeit *(zoom, **70**) : Almirante Montt, 658. Cerro Alegre. 968-27-30-45. Tlj sauf mar 10h-20h (10h30-20h30 w-e).* Charmant et intime, ce petit café ravira les amateurs de pâtisserie allemande, à accompagner d'un succulent chocolat chaud ! Petit intérieur cosy où il fait bon s'attarder. Parfait pour le goûter donc, mais on peut aussi y déguster un sandwich à midi. Sert aussi de l'alcool.

Café Turri *(zoom, **71**) : Templeman, 147. Cerro Concepción. ☎ 32-236-53-07. Tlj 11h-23h (dim et mar jusqu'à 17h).* Dominant la baie, une terrasse privilégiée dans une demeure lumineuse et imposante qui semble être une vigie de bateau. Un promontoire idéal pour prendre le thé en fin d'après-midi. Aux heures de repas, on y mange correctement.

Café Sello Verde *(plan B3, **74**) : Ferrari, 570. Cerro Bellavista. Mar-dim 10h30-18h.* En contrebas de *La Sebastiana* (maison de Neruda), un petit café en terrasse qui tend les bras aux visiteurs. Choix de jus de fruits naturels, *smoothies* et glaces. Également quelques salades et sandwichs. Bon, simple et économique. On n'y vient pas exprès, mais si vous êtes dans le coin...

Dans la ville basse

Bogarín *(plan B3, **72**) : plaza Victoria, 1670. Tlj sauf dim 9h-20h30.* Le lieu ne paie pas de mine, mais c'est l'un des plus indiqués pour un bon jus de fruits frais ou un milk-shake. Également des glaces artisanales à emporter ou à consommer sur les tabourets, le long du bar.

Pastelaría Stefani *(plan B2-3, **73**) : Condell, 1608 ; à l'angle de la rue Molina. Tlj sauf dim 9h30-20h.* Boulangerie-pâtisserie assez fine proposant d'excellents gâteaux, à emporter seulement.

Où boire un verre ? Où sortir ?

La vie nocturne se tient surtout dans la ville basse, au pied des cerros Concepción et Alegre. En fin de semaine, ne ratez pas la fameuse ***bohemia*** des soirées étudiantes de Valparaíso, qui consiste en une tournée magistrale et débridée des bars et boîtes de la ville jusqu'au petit matin. Une ambiance que vous ne trouverez pas à Santiago !

Bar La Playa *(plan A1, **80**) : Cochrane, 568. Également une entrée rue Serrano, 567. Tlj jusqu'à 5h du mat selon l'affluence.* Son nom balnéaire est mal choisi, il devrait plutôt s'appeler le Bistrot des Loups de mer ! Ancien bar à matelots patiné par le temps, vestige de la grande époque où Valparaíso était le 1er port de l'océan Pacifique. Au vieux comptoir (1903 !), on verrait bien Blaise Cendrars titubant devant son verre d'absinthe... Plusieurs films y ont été tournés. Si les murs pouvaient parler, on entendrait sans doute les terribles récits des cap-horniers, ivres après l'exploit. Désormais, les locaux et les touristes ont remplacé les marins.

Plaza Anibal Pinto *(zoom) : sur la place et au début des rues Almirante Montt et Cumming.* On y trouve quelques petits bars où la musique (souvent *en vivo*) et l'ambiance sont animées, et les bières pas chères.

Parmi eux, le ***Cinzano*** *(zoom, **85**)* au nº 1182 *(☎ 994-48-56-66 ; tlj sauf lun 18h-2h ; musique en vivo à partir de 20h).* Ouvert en 1896, ce resto où le temps semble s'être arrêté dans les années 1920 est resté dans son anachronisme : déco rétro d'époque, avec ses vieilles photos, son bar en formica, ses maquettes de bateaux et son vieux piano toujours en activité. Repas en musique le soir, mais on peut se contenter de venir boire un verre au bar. Idéal pour observer boléros, tangos et cumbias entonnés par des chanteurs qui semblent cumuler autant d'années que l'endroit.

À côté, au nº 1178, le bar-boîte ***Máscara*** *(fermé dim-lun)* attire bien des fêtards avec sa musique tendance années 1980-1990, mais aussi ses soirées à thème et concerts occasionnels.

La rue Cumming concentre dans sa partie basse son petit lot de bars alternatifs, *arty*-punk, où une sympathique jeunesse tatouée et piercée se retrouve pour refaire le monde et descendre une bière (surtout descendre une bière d'ailleurs !). En remontant la rue on trouvera l'***Ilicito*** *(Cumming, 68 ; zoom, **81**),* avec sa musique rock qui déborde sur le trottoir, puis à peine plus haut, ***El Gato en la Ventana*** *(Cumming, 113 ; zoom, **86**),* notre préféré pour ses concerts latinos en fin de semaine, où l'on danse sans limite. Quelques pas encore pour rencontrer le discret ***El Canario*** *(Cumming, 140 ; zoom, **82**),* l'archétype du rade trash, jeune et déglingué, aux mille affiches superposées sur les murs, grand comme une boîte à chaussures et plein comme un œuf le week-end.

Casa Cervecera Altamira *(zoom, **87**) : Elías, 126. ☎ 32-319-36-19. • cerveceraaltamira.cl • Tlj sauf lun 17h30-minuit (1h le w-e).* Au pied de l'ascenseur Victoria. Beau cadre de brasserie à l'anglaise avec murs de brique et comptoir en fer, un bout de terrasse, une chaleureuse animation et dans le fond, les cuves de fermentation où sont élaborées la dizaine d'excellentes bières maison : blonde, brune, ambrée, fruitée... Fondée en 1825, ce fut la 1re brasserie du Chili et, depuis, elle a gagné de nombreux prix ! Petits concerts de jazz les jeudi et vendredi.

L'avenida Ecuador *(plan A-B2-3) :* pour boire un verre, on se retrouve également en fin de semaine dans la partie basse de cette avenue qui abrite son chapelet de bars. On y dégote la bière la moins chère de la ville.

Bar El Irlandés *(plan B2, **83**) : Blanco, 1279. ☎ 981-59-28-00. Mar-sam à partir de 17h.* Dans le quartier des discothèques, ce pub chaleureux aux murs émeraude tenu par un Irlandais propose l'une des meilleures sélections de bières de la ville : plus d'une centaine (dont une douzaine à la pression), de différents pays. Également de nombreux cocktails maison, comme le *shelby sour* (à base de whisky et d'orange pressée) ou le *stout steadfast,* à base de bière et de liqueur de noisette ! Une bonne halte avant ou après la tournée des boîtes alentour.

Pagano Industry *(plan B2, **84**) : Errázuriz, 1852. Ouv 23h30-4h. Fermé mar et dim. Entrée payante.* Cet espace genre garage, sur 2 niveaux, accueille la plus ancienne boîte alternative de Valparaíso... tendance LGBT (mais tout le monde y est le bienvenu). Au programme, musique années 1980-1990, New Wave, électro-pop... ainsi que des shows *drag-queen,* danse du ventre, spectacles burlesques et autres performances déjantées !

D'autres boîtes, plus classiques et au public plus jeune, se succèdent sur Errázuriz et Blanco *(plan A1-B2).* Elles ont pour noms ***Studio, Terrazza Bellavista, La Sala...*** pour ne citer que les plus courues du moment. Entrée généralement payante et assez chère.

Dans les collines (cerros)

La vie nocturne est plus tranquille sur les hauteurs, qui comptent peu de bars de nuits (et encore moins dansants)...

Hotzenplotz *(plan B3, **88**) : Héctor Calvo, 331. Cerro Bellavista. ☎ 952-55-68-19. Lun-ven 17h30-minuit, sam-dim 13h-1h.* Si vous logez dans le coin, voici un gentil bar-resto allemand où règne à toute heure une bonne ambiance. Les gens du quartier s'y retrouvent autour d'un *brotzeit,* d'une *bradwurst,* d'une choucroute « grand-mère » ou simplement d'une bonne

SANTIAGO

bière brassée localement, comme la *Tauss Trigo*. Musique le jeudi soir, club d'échecs le dimanche, table de conversation le mercredi... il s'y passe toujours quelque chose !

Voir aussi, dans les cerros Concepción et Alegre, l'***Inglamorosa Cafetería*** *(zoom, **41**)* et le ***Café Vinilo*** *(zoom, **48**)* décrits précédemment dans « Où manger ? ».

À voir. À faire

– ***Attention :*** les musées sont fermés le lundi.

Dans la ville basse

Plaza Sotomayor *(plan A1)* **:** au cœur de Valparaíso, c'est la place où débuta l'expansion de la ville. Pas débordante de charme. Elle est entourée des bâtiments officiels : académie navale, palais de justice, etc. Parmi eux, au centre de la place, le pompeux monument aux héros de Iquique, tombés au combat le 21 mai 1879 lors de la guerre du Pacifique (entre le Chili et le Pérou). On y trouve aussi l'hôtel Reina Victoria (1902), autrefois appelé Hôtel Anglais, mais qui a perdu son lustre. Attention, le quartier n'est pas très sûr la nuit.

Muelle Prat *(plan A1)* **:** *face à la plaza Sotomayor.* Petit port d'où, en saison, partent les bateaux proposant toute la journée des visites de la baie *(en bateau collectif, compter 5 000-6 000 $Ch/pers la balade de 25 mn).*

Museo de Historia natural *(plan B2)* **:** *Condell, 1546. ☎ 32-218-53-80. ● mhnv.gob.cl ● Mar-ven 10h-17h30, sam 11h-16h ; fermé dim-lun. GRATUIT.* Dans un superbe palais construit en 1821, ce musée présente les ***différents écosystèmes du Chili central,*** aussi bien la terre que l'océan, et la biodiversité de la région de Valparaíso. Muséographie moderne et attractive, avec cris d'animaux et savants jeux de lumière. La visite commence par la section « Océan », dans des espaces évoquant l'intérieur d'un sous-marin, où l'on découvre baleines et poissons des abysses, avec quelques spécimens intrigants conservés dans le formol. Suit la galerie des oiseaux empaillés, puis une section dédiée à l'environnement côtier, à l'archipel de Juan Fernandez et à l'île de Pâques. Au 2e étage, les vallées, le parc national *La Campana* et le fleuve Aconcagua, avec toujours cette mise en scène vivante, enrichie notamment d'espèces végétales comme la *palma chilena.* Un agréable petit voyage au cœur de la nature chilienne.

LES NEVEUX D'AMÉRIQUE

Même la comédienne Sarah Bernhardt est venue en tournée à Valparaíso ! Elle débarqua en octobre 1886 après avoir échappé de justesse à un naufrage du côté du cap Horn et du détroit de Magellan. Elle se produisit au Teatro Victoria de Valparaíso, puis à Santiago. Elle qui avait adoré le Mexique, le Brésil, l'Argentine, détesta le Chili. Pourtant, elle y avait 8 neveux dont Michel Kerbernard, patron de l'hôtel Colón, *calle Esmeralda.*

Intéressant ***marché aux fruits et légumes*** les mercredi et samedi, le long de l'avenida Argentina *(hors plan par C3).* Le dimanche, place aux ***puces.*** Le week-end, ***marché aux antiquités*** sur la plaza O'Higgins *(hors plan par C3).*

Cerros de Valparaíso

Les cerros de Valparaíso forment un ensemble de 45 collines dont les versants sont très urbanisés. Plus on grimpe, plus la vue sur la baie est panoramique. ***Pour une vue d'ensemble,*** un bon conseil et qui ne coûte quasi rien : monter à bord du *micro 612/613* (ou *micro O*), qui suit l'avenida Alemania, rue en corniche qui serpente sur le versant des collines, sur environ 3 km. On peut prendre ce bus dans la partie basse de la ville, avenida Francia, à l'angle de Colón *(plan C3)*. Cette balade peut aussi se faire à pied, pour avoir vraiment le temps d'apprécier la vue (car le bus file très vite !).

Cerro Concepción et cerro Alegre

C'est le quartier le plus touristique de Valparaíso. Maisons multicolores et façades couvertes de peintures murales (dont certaines sont superbes) se succèdent le long de rues animées et photogéniques. C'est sur les murs de ces maisons, sur les murs de soutènement des rues escarpées que se sont exprimés les artistes qui ont donné son identité à la ville. À admirer sans modération.

Paseo Gervasoni *(zoom)* **:** promenade courte et élégante, bordée de splendides maisons du XIXe s (et du célèbre café *Turri*), avec vue sur la ville. Par la rue Papudo, on accède en 2 mn au ***paseo Atkinson,*** d'où l'on surplombe la place Aníbal Pinto. Ces petites maisons mitoyennes et colorées édifiées au tournant du XXe s (la majorité de style anglais) constituent l'une des vues les plus photographiées de la ville. Ne manquez pas le labyrinthe de ruelles et de passages qui courent entre le *cerro Concepción* et son voisin *Alegre* le bien nommé : du *paseo Gervasoni,* on accède au ***paseo Gálvez,*** avant de débouler sur ***Urriola,*** d'où grimpent les passages ***Fischer*** et ***Templeman,*** eux aussi couverts de remarquables peintures.

Museo de Bellas Artes *(zoom)* **:** *paseo Yugoslavo, 176.* • *museobaburizza.cl* • *Mar-dim 10h-18h (19h janv-mars). Fermé lun. Entrée : 4 000 $Ch ; réduc.* Hébergé dans l'imposant *palacio Baburizza,* construit en 1916 dans les styles Art nouveau et Art déco, dominant le port. Le palais tire son nom de Pascual Baburizza, un homme d'affaires d'origine croate, enrichi dans le commerce du nitrate, qui fit don de sa collection d'art à la ville. On y découvre des œuvres de peintres européens de la fin du XIXe et du début du XXe s, dont plusieurs Français comme Harpignies, Isabey, Trouillebert... Également Romero de Torres (espagnol), Thomas Jacques Somerscales (peintre anglais connu pour ses paysages du Chili), une salle dédiée au peintre chilien Francisco Gonzalez. Aux étages, belles marines, vues de Valparaíso, autres œuvres d'artistes chiliens et de quelques contemporains *porteños,* ainsi qu'une salle de bains Art déco (voir l'étonnante douche équipée d'un système d'hydromassage, une des 1res du genre à l'époque). La maison vaut presque plus que l'exposition elle-même...

Museo Universitario del Grabado *(zoom)* **:** *Lautaro Rosas, 485.* • *mugupla.cl* • *Mar-dim 10h-18h. Fermé lun. Entrée : 4 000 $Ch ; réduc.* Un musée de la Gravure, sis dans un bâtiment de 1880 fort joliment restauré appartenant à l'université de Playa Ancha. Y sont exposées, dans 8 salles, quelque 120 gravures d'artistes chiliens reconnus internationalement : Pilar Domínguez, Carlos Hermosilla, Nemesio Antúnez, Patricia Israel... À découvrir dans de beaux espaces aux murs d'adobe marron.

Cerro Panteón

Cementerios nos 1 et 2 *(zoom et plan A2)* **:** *tlj 8h30-17h.* Situés dans le ***cerro Panteón*** et séparés de quelques mètres, 2 cimetières qui méritent une balade, ne serait-ce que pour profiter de la superbe vue sur la ville. Dans le 1er (celui des catholiques), les mausolées enrichis de sculptures et de vitraux rivalisent de faste. Le 2d, appelé cementerio de Disidentes no 2, était réservé aux protestants.

Cerro Artillería

Paseo 21 de Mayo *(hors plan par A1)* **:** un belvédère ombragé au sommet d'une colline où est perché le Museo marítimo nacional (voir ci-après). On y monte depuis le port par la route (l'ascenseur *Artillería* qui y mène étant hors

SANTIAGO

service depuis 2020). Du paseo 21 de Mayo, on a ***le plus beau point de vue*** sur le port et les collines. Belles photos à prendre en fin d'après-midi. Nombreux marchands de souvenirs sous les arbres de l'allée ; quelques terrasses également.

CHACUN CHEZ SOI !

À la suite de l'épidémie de peste bubonique du début du XIXe s, le gouvernement décida de construire un cimetière en dehors de l'agglomération. Les catholiques ne pouvant envisager de « cohabiter » avec des voisins d'une autre confession religieuse, immigrants européens et américains, souvent protestants, durent aller se faire enterrer ailleurs... Dans le cimetière n° 2, tout simplement appelé cementerio de Disidentes *!*

Museo marítimo nacional *(hors plan par A1)* **:** *paseo 21 de Mayo, 45. ☎ 32-253-70-80. • museomaritimo.cl • Tlj 10h-18h. Entrée : 3 500 $Ch ; réduc.*
Installé dans un bâtiment (ex-école navale) construit en 1893 autour d'une vaste cour intérieure, ce musée est consacré à l'***histoire maritime du pays.*** Passé les vitraux représentant les grands amiraux (Bernardo O'Higgins, Arturo Prat, Cochrane...), une enfilade de salles évoque la marine de guerre chilienne et les victoires et défaites navales depuis la guerre d'Indépendance du Chili (1810-1826) : la prise des forts anglais dans la baie de Valparaíso, la capture du navire espagnol Esmeralda en 1820, le bombardement espagnol de Valparaíso en 1866... puis la guerre du Pacifique entre le Chili et le Pérou (1879-1883). Le tout à grand renfort de panneaux explicatifs (espagnol seulement), peintures de scènes de combat, uniformes, armes, outils de navigation, ancres, canons... À l'étage, salle dédiée au cap Horn, « plus grand cimetière de navires » au monde, salle de maquettes de bateaux de tous types et énorme modèle réduit du vaisseau militaire *Almirante Latorre*. Voir aussi, pour frissonner un peu, le diorama montrant des scènes d'amputations chirurgicales lors du combat naval d'Iquique... Enfin, salle sur les expéditions chiliennes en Antarctique, dont la 1re eut lieu en 1916. Une visite très intéressante pour tous les passionnés d'histoire navale et de la mer en général.

Cerro Bellavista et cerro San Juan de Dios

Le *cerro Bellavista* est en pleine expansion, grâce au soin apporté à la restauration progressive des maisons. Ici et là éclosent des ateliers et boutiques d'artisanat, de créateurs, de bons petits restos, une vie de quartier, quoi ! Moins fréquenté par les touristes que les précédents *cerros*, c'est un agréable quartier où il fait bon flâner.

La Sebastiana *(maison de Pablo Neruda ; hors plan par B3)* **:** *Ferrari, 692. ☎ 32-225-66-06. • fundacionneruda.org • Pour y aller, bus n° 612 (av. Argentina ou av. Francia) ou 513E (plazuela Ecuador). Plus pratique, le taxi collectif n° 39 (plazuela Ecuador). Tlj sauf lun 10h-18h (19h jan-fév). Entrée : 8 000 $Ch ; réduc. Boutique et librairie à l'entrée.*
C'était ***l'une des 3 résidences du poète chilien Pablo Neruda,*** qui possédait aussi *La Chascona* à Santiago et une dernière maison, certainement la plus belle, à Isla Negra, au sud de Valparaíso (voir plus loin). Après le coup d'État de Pinochet en 1973, la maison fut vandalisée par les militaires. Restaurée en 1991, cette demeure inspirée est aujourd'hui gérée par la Fondation Neruda qui a réussi à préserver l'esprit des lieux. Elle présente une architecture haute et étroite, comptant 5 étages, avec des pièces lumineuses tournées vers le sud et l'ouest, dominant la baie de Valparaíso.
À l'origine, fatigué de la vie trépidante de Santiago, Neruda, qui aimait beaucoup Valparaíso, acheta *La Sebastiana* en 1959 avec un couple d'amis. Partout se manifeste la passion du poète pour la mer, les voyages et les objets rares. De chaque pièce, on a une vue saisissante sur la ville et, au loin, cette mer qui a tant fasciné le poète.
Neruda était un ***grand collectionneur.*** Diplomate, ambassadeur à Paris, poète, mais aussi grand chineur d'antiquités ! Cette maison constitue son « musée imaginaire ».

On y découvre beaucoup de cartes marines et d'objets plus ou moins précieux ayant chacun leur histoire. Par exemple, Neruda collectionnait les verres de couleur, car il trouvait que l'eau y avait un meilleur goût que dans des verres transparents !
Dans la ***salle de séjour,*** remarquez la vache en céramique dans laquelle le poète préparait le punch. Dans un recoin le petit bar, contenant plein de détails amusants, constituait un lieu sacré où il élaborait son « coquetelon », cocktail de son invention... Neruda, qui était un bon vivant aussi, ne mangeait jamais seul, car « manger seul, c'est comme manger sur une tombe ».
À l'avant-dernier étage, belle ***chambre à coucher*** de Neruda et de son égérie Matilde (sa 3e femme), avec ses meubles de marine et toujours cette belle vue. Au dernier étage, le ***bureau*** de Neruda, pièce très claire, offre une vue superbe sur Valparaíso et sa baie. Depuis ce promontoire, l'inspiration ne devait guère tarder à venir. Au mur, passionnante carte des Amériques datée de 1698 (la Californie y est représentée comme une île !).

Près de Valparaíso

Caleta El Membrillo *(hors plan par A1) : à l'ouest de Valparaíso.* Petit port de pêche animé et coloré, notamment au retour des barcasses et lors de la vente à la criée vers 11h-12h. En continuant vers l'ouest sur 1,5 km par le front de mer aménagé, jolie petite plage (la plus proche de Valparaíso), ***playa Ancha – Las Torpedas,*** dans une baie calme.

Manifestations

– ***Festival international Valparaiso Tango :*** *4 j. en fév. • rutainternacionaldeltango.org •* Démonstrations, concours et toutes sortes d'activités autour du tango.
– ***Festival Rockódromo :*** *3 j. en nov ou déc.* Lié au ministère de la Culture, c'est le festival rock le plus important du pays. Infos sur *• escuelasderock.cultura.gob.cl/rockodromo-2 •*

AU SUD DE VALPARAÍSO

QUINTAY

À 43 km au sud de Valparaíso, charmante petite *caleta* de pêcheurs jouxtant une agréable plage. Fréquenté en fin de semaine par les *porteños* en quête de calme et de nature. On peut y pratiquer la plongée sous-marine, se balader sur le chemin côtier menant à une grande plage au nord, mais également y faire un bon repas de fruits de mer. Le port fut tristement célèbre pour sa ***Ballenera*** (lieu de dépeçage de baleines), l'une des plus importantes de la côte Pacifique, fermée depuis 1967. Gérés par une association, les entrepôts et les quais sont ouverts à la visite *(• fundacionquintay.com • ; tlj sauf lun 11h-18h ; entrée : 1 500 $Ch).* Photos choc et commentaires glaçants ponctuent ce lieu où furent dépecés plus de 14 000 cétacés.

Restaurant Miramar : *à droite de la caleta. ☎ 32-236-20-46. Tlj. Prix moyens.* Resto de fruits de mer et de poissons que l'on déguste sur une agréable terrasse surplombant la plage. Goûtez au *pastel de jaiba,* spécialité locale, gratin de crabe à l'ail et recouvert de fromage.

ISLA NEGRA

À env 80 km au sud de Valparaíso et à 4 km au sud d'El Quisco, entre El Tabo et Algarrobo. ☎ 35-246-92-80. • fundacionneruda.org • Liaisons fréquentes avec Pullman Bus *depuis le terminal* Rodoviário *(plan C2) et le terminal Alameda de Santiago. Bus retour ttes les 30 mn devant le kiosque* Pullman *jusqu'à 22h. Env 1h30 de route. Tlj sauf lun 10h-18h (19h janv-fév). Entrée : 8 000 $Ch ; réduc. Plage en contrebas.*

Voici la demeure préférée de Pablo Neruda, celle où il écrivit la plupart de ses poésies. *Isla Negra,* c'est seulement le nom d'une maison, pas celui d'une « île noire ». « Cette maison est mon bateau ancré sur terre », disait-il. Juchée au sommet d'une petite colline coiffée d'un bouquet de pins, cette demeure faite de granit et de bois, avec une tour et des baies vitrées, représente ***l'une des plus belles maisons d'écrivain*** que nous connaissions. Selon Régis Debray, qui rendit visite au poète en 1971 : « Il avait bâti là un poème d'amour et d'humour, sans prévoir la *canción desesperada* de la fin. »

PRIVÉS DE PISCINE !

La plus grande piscine du monde se trouve à Algarrobo, au nord de l'Isla Negra. Attention les chiffres ! Pas moins de 1 km de long et 250 millions de litres d'eau de mer, sur 8 ha ! Mais inutile de vous donner l'adresse et de vous inciter à préparer votre maillot puisqu'elle se situe dans un complexe résidentiel... privé. Ça tombe bien, c'est assez moche !

À l'origine en 1939, c'était une ruine, qu'il retapa et agrandit année après année. Décor intérieur d'une richesse extraordinaire, car il était un grand collectionneur : proues de navires, coquillages, maquettes de bateaux, lampes, tableaux, flacons de couleur. Neruda affectionnait les longues promenades sur la plage, à la recherche des débris rejetés par la mer, comme cette grosse planche qui lui servait d'écritoire.

Sur ***son bureau,*** on découvre un portrait de Baudelaire, l'un de ses poètes préférés avec Rimbaud... À l'époque, la maison était complètement isolée, dominant la furie de l'océan. Il la quitta le 11 septembre 1973, le jour du putsch de Pinochet, en ambulance, car très atteint par le cancer, épuisé par une lourde chimio, et insulté par les militaires. Il mourut dans sa *Chascona* de Santiago le 23 septembre. Léguée au parti communiste après sa mort, la maison fut confisquée par l'armée et fermée. Ses admirateurs y vinrent secrètement et gravèrent leurs messages sur la barrière en bois ceinturant la propriété. Ce n'est que le 13 décembre 1992, soit presque 20 ans plus tard, que le poète a pu être enterré à Isla Negra, face à cette mer qu'il aimait tant. Il disait d'ailleurs : « Je ne suis un navigateur qu'en paroles, je préfère avoir les pieds sur terre ! »

Dans le jardin, en contrebas de la maison, on peut voir ***sa tombe,*** simple pierre grise ornée de fleurs sauvages, avec 2 noms gravés, Pablo et Matilde, sa dernière épouse, et ses dernières volontés : « Mes compagnons, enterrez-moi à l'Île noire, face à la mer que je connais, face aux âpres surfaces de pierres et de vagues que mes yeux perdus ne reverront jamais. »

VIÑA DEL MAR

334 250 hab.

• Plan *p. 135*

À 8 km au nord-est de Valparaíso et à 120 km de Santiago, voici la plus ancienne (et la plus célèbre) des stations balnéaires du pays. Créée au XIXe s, elle attire d'abord étrangers et riches Chiliens jusque dans les années 1970-1980, avant de se populariser auprès des classes moyennes. Au-delà de son urbanisme raté et décousu, Viña possède 2 atouts qui font cruellement défaut

à Valparaíso : des plages et un bord de mer parcourable à pied. Le sable et l'océan à seulement 10 mn de métro, ça ne se refuse pas !

Arriver – Quitter

Bus

Terminal Rodoviário *(hors plan par B3)* **:** *av. Valparaíso, 1055.* ☎ *32-275-20-00.* • *rodoviario.cl* • Très nombreuses compagnies dont *TurBus* (• *new.turbus.cl* •), *Pullman Bus* (• *pullmanbus.cl* •), *Condor* (• *condorbus.cl* •)... Sur place, distributeurs automatiques, change et kiosque d'infos touristiques.

➢ ***Santiago*** *(trajet : 1h30-2h)* **:** bus ttes les 10-15 mn env, 5h30-21h, avec *TurBus, Pullman Bus* et *Condor,* notamment.

➢ ***Aéroport de Santiago*** *(1h30-2h)* **:** env 4 bus/j. avec *Tur Bus,* répartis sur la journée 5h30-21h, dont un direct le soir. Sinon, nombreux bus pour Santiago s'arrêtant au terminal Pajaritos (autre terminal de la capitale). De là, prendre un autre bus ou un taxi pour l'aéroport.

➢ ***Liaisons avec les villes du Nord et du Sud*** **:** comme au terminal des bus *Rodoviário* de Valparaíso, on a l'embarras du choix !

Métro pour Valparaíso

Il y a 4 stations (Miramar, Viña del Mar, Hospital et Chorillos) sur l'av. Alvarez ; les plus proches du centre animé sont Miramar et Viña del Mar. Il y a des métros ttes les 5-15 mn (6h-23h en sem ; 7h ou 8h-23h le w-e). Durée du trajet : env 15 mn. Voir tarifs et conditions dans la rubrique « Se déplacer à Valparaíso ». • *efe.cl* •

SANTIAGO

Adresses et infos utiles

Información turística Sernatur *(hors plan par B2)* **:** *5 Norte, 901.* ☎ *32-269-00-82.* • *sernatur.cl/region/valparaiso* • *Lun-ven 9h-17h30.*

■ ***Argent, change :*** distributeurs automatiques partout en centre-ville. Également plusieurs ***casas de cambio*** *(plan B3,* ***3****)* au début de la rue Arlegui (entre la plaza Vergara et la rue Quinta).

Hospital Gustavo Fricke *(hors plan par B3,* ***4****)* **:** *av. Alvarez, 1532.* ☎ *32-257-76-03.*

■ ***Consulat honoraire de France*** *(plan B3,* ***5****)* **:** *Quinta, 366.* 📱 *981-88-63-17.* • *consulfranciavina@gmail.com* • *Permanence mar 10h-14h.*

■ ***Laverie*** *(plan A3,* ***6****)* **:** *Valparaíso, 238. Lun-ven 9h-14h, 15h-19h ; sam 9h30-14h.*

– Le ***stationnement*** en centre-ville est payant *(sauf sam ap-m et dim).* Sinon, grands parkings au bord de la rivière canalisée, entre les ponts Villanelo et Quillota, ainsi qu'entre les avenidas Viana et Alvarez.

Où dormir ?

On vous recommande plutôt de loger à Valparaíso (nettement plus agréable) et de venir en métro. Quelques adresses tout de même.

De bon marché à prix moyens (30 000-80 000 $Ch / env 33-90 €)

Jaguar Hostel + Living *(plan B2,* ***20****)* **:** *pasaje Masot, 2 Poniente, 333.* ☎ *32-380-58-04.* 📱 *976-71-36-58.* • *hosteljaguar.org* • *Lit en dortoir env 15 000 $Ch/pers ; doubles 35 000-45 000 $Ch sans ou avec sdb.* Ravissante maison nichée au calme, au fond d'une impasse. Autant de confort qu'à l'hôtel, la convivialité en plus. Dortoirs propres (6-8 lits), mixtes sauf un pour les femmes. Les chambres sont petites mais bien tenues, avec sanitaires collectifs sauf une (toilettes privatives). Toutes ont des fenêtres. Courette avec fauteuils et barbecue, salon, cuisine, laverie, location de vélos...

Hostal Vista Hermosa *(plan A3,* ***23****) : Vista Hermosa, 26. Cerro Castillo. ☎ 32-266-03-07 ou 03-09. • vhhoteles.cl • Double env 55 000 $Ch.* Dans une grande maison soignée et accueillante, des chambres spacieuses avec parquet, meubles anciens et salle de bains privative. D'autres plus simples, demander à en voir plusieurs. Si c'est complet, on vous proposera de dormir dans une annexe située au n° 17 de la même rue (maison plus moderne, avec des chambres impeccables et bien tenues).

Hotel Florencia *(plan B2,* ***22****) : 1 Poniente, 263. ☎ 32-273-76-92. Doubles 50 000-70 000 $Ch.* Dans un quartier tranquille, un petit hôtel dans une maison à la façade bleue. Une dizaine de chambres sobres, modernes et confortables (avec salle de bains). Également des chambres triple et quadruple. Elles donnent sur le pourtour de la maison (sorte de cour) et la rue (calme la nuit).

SANTIAGO

De chic à très chic (min 100 US$)

La Casa del Almirante *(plan A3,* ***24****) : José Francisco Vergara, 270, pasaje El Hogar, Casa 3. 📱 978-98-45-46 ou 978-46-57-70. • lacasadelalmirante.vina@gmail.com • Ouv seulement fin déc-fin fév. Compter 110-230 US$, petit déj compris.* Sur les hauteurs de la ville, à environ 1 km du centre, dans le quartier résidentiel de Recreo, une belle demeure de 1921 (naguère habitée par un vice-amiral de l'armée chilienne, d'où son nom). Les accueillants propriétaires ont du goût et des idées : la déco est un mariage réussi d'ancien (jolis meubles d'époque) et de contemporain (couleurs denses et beaux papiers peints chamarrés). Vaste salon accueillant, chambres spacieuses et confortables dominant la ville. Charme et tranquillité au programme !

Où manger ?

De bon marché à prix moyens (5 000-20 000 $Ch / env 5,50-22 €)

A Mano Gin & Burgers *(plan B2,* ***31****) : 2 Poniente, 420. ☎ 32-335-58-77. Tlj jusqu'à minuit (2h ven-sam).* Réputé pour ses excellents burgers : bœuf, agneau, guanaco, poisson, végétarien... Tous sont délicieux, copieux et marqués en « noir grillé » du nom de la maison. Également une longue liste de cocktails à venir siroter en soirée, dans une ambiance jeune et détendue.

Bistrot Merci *(plan B3,* ***32****) : Quinta, 11. 📱 981-49-04-44. Tlj sauf dim 12h30-16h.* Au-dessus de la rive gauche du río (la terrasse extérieure donne sur un grand parking),

Adresses utiles

- Información turística Sernatur (hors plan par B2)
- **3** Casas de cambio (B3)
- **4** Hospital Gustavo Fricke (hors plan par B3)
- **5** Consulat honoraire de France (B3)
- **6** Laverie (A3)

Où dormir ?

- **20** Jaguar Hostel + Living (B2)
- **22** Hotel Florencia (B2)
- **23** Hostal Vista Hermosa (A3)
- **24** La Casa del Almirante (A3)

Où manger ?

- **31** A Mano Gin & Burgers (B2)
- **32** Bistrot Merci (B3)
- **33** Flor del Chile (B2)
- **34** El Divino Pecado (A2)

Où faire une pause sucrée ? Où boire un verre ?

- **50** Coletti (B2)
- **51** El Tintico de Botero (B2)
- **52** Fika Coffee Shop (A-B2)

CON-CÓN, ZAPALLAR
NORD
OCÉAN
PACIFIQUE
Playa 15 Norte
Playa Acapulco
Muelle Vergara
Sanatorio maritimo
Avenida San Martin
Avenida Perú
Casino Municipal
Palacio presidencial
Castillo Wulff
Estero Marga Marga
PUENTE CASINO
PUENTE ECUADOR
PUENTE VILLANELO
PUENTE QUINTA
PUENTE LIBERTAD
Avenida Liberdad
Museo Francisco Fonck
Palacio Rioja
Iberia
Callao
Berger
Balmaceda
Vista Hermosa
Von Schrœders
Ecuador
Traslaviña
Villanelo
Echevers
Quinta
Arlegui
Av. Valparaíso
Viana
Alvarez
Miramar
PLAZA JOSE FCO. VERGARA
Viña del Mar
Montaña
Palacio Vergara
QUINTA VERGARA
Av. Agua Santa
Bellavista
Ascenseur
VALPARAÍSO
SANTIAGO
0 100 200 m

VIÑA DEL MAR

ce café-resto sert une savoureuse cuisine française soigneusement travaillée (« bistronomique ») et basée sur de bons produits. Le patron est français, le personnel chilien, l'accueil aimable et dynamique. Menu du midi d'un rapport qualité-prix remarquable ! Le soir, atmosphère plus intimiste attirant une clientèle d'habitués. Jolie sélection de vins ; musique d'ambiance certains soirs.

Flor del Chile *(plan B2,* ***33****)* **:** *8 Norte, 601. ☎ 32-268-95-54. Tlj sauf dim jusqu'à 23h.* Au bord d'une avenue ombragée, un resto chilien réputé depuis plus de 7 décennies, toujours plein à craquer. Quelques tables dehors et salles en boiserie couvertes de vieilles affiches de films et de photos de la « belle époque ». Cuisine chilienne traditionnelle et copieuse : *tortilla española, codorniz* (caille), *conejo escabechado* (lapin à l'escabèche)... Certains plats sont gargantuesques.

El Divino Pecado *(plan A2,* ***34****)* **:** *av. San Martín, 180. ☎ 32-297-57-90. Tlj sauf dim soir.* Le « Péché divin » se trouve juste en face du casino, c'est un resto classique à la déco chaleureuse, avec lumières tamisées et véranda cosy. On y propose de la cuisine internationale, et des plats chiliens classiques *(ceviche),* d'autres italiens (raviolis). Savoureuses pâtes aux fruits de mer.

Où faire une pause sucrée ? Où boire un verre ?

Coletti *(plan B2,* ***50****)* **:** *7 Norte, 469. Tlj 10h30-20h30 (été).* Le meilleur glacier de la ville, tenu par une jeune équipe. Les glaces sont réputées et excellentes, toutes faites maison avec des produits naturels sélectionnés avec soin : pistache de Sicile, noisettes de Turin... Également de bonnes crêpes et gaufres.

El Tintico de Botero *(plan B2,* ***51****)* **:** *5 Norte, 461. Tlj 10h-21h30 env.* Un des meilleurs cafés colombiens de la station. L'origine des graines (Colombie donc), la machine, le savoir-faire, le service diligent et la déco sont autant de raisons d'apprécier cet endroit. Quelques plats simples pour grignoter. Bien pour le petit déj ou le brunch.

Fika Coffee Shop *(plan A-B2,* ***52****)* **:** *San Martín, 477. Tlj 8h (9h w-e)-22h ou 23h.* Bon endroit pour se poser devant un café ou un thé de qualité, un jus frais, un *smoothie* ou une pâtisserie.

À voir. À faire

Si les plages représentent l'attraction principale de la ville, Viña possède aussi quelques autres centres d'intérêt.

Quinta Vergara *(plan B3)* **:** *tlj sauf lun 9h-18h. Parc fermé de mi-fév à début mars pour le festival de la Chanson.* L'un des plus beaux parcs du littoral, avec de nombreuses espèces de plantes exotiques. À l'intérieur du parc, le *palacio Vergara,* construit au début du XXe s, par la fille du fondateur de la ville, Doña Blanca Vergara de Errázuriz. Il abrite aujourd'hui le *musée des Beaux-Arts.* Endommagé par le tremblement de terre de 2010 et fermé pendant plusieurs années pour travaux, il est de nouveau possible de visiter ses expos temporaires *(ouv tlj sauf lun 10h-13h30, 15h-17h30 ; GRATUIT).*

Museo de Arqueología e Historia Francisco Fonck *(plan B2)* **:** *4 Norte, 784. ☎ 32-268-67-53. • museofonck.cl • Derrière le palacio Carasco. Lun 10h-14h, 15h-18h ; mar-sam 10h-18h ; dim et j. fériés 10h-14h. Entrée : 3 500 $Ch ; réduc. Gratuit le 1er dim du mois 10h-12h.* Dans le jardin du musée, qui porte le nom d'un pionnier de l'archéologie au Chili, se dresse une authentique statue de l'île de Pâques (un *moai*). Le musée, installé dans un *palacio* de 1910, présente de riches collections dans une muséographie bien étudiée. Objets *mapuches* (peuple autochtone du Chili), superbes pièces *rapa nui* (de l'île de Pâques) et d'autres civilisations : *nasca, chimú, moche, chancay*... Les têtes réduites jivaro font toujours leur petit effet ! À l'étage, impressionnante collection d'insectes et d'animaux naturalisés dont un agneau à 2 têtes, rare phénomène de tératologie (la science naturelle des êtres monstrueux). Également la description photographique assez macabre de ce que peut provoquer une piqûre d'araignée.

Castillo Wulff *(hors plan par A2)* **:** *av. Marina, 37. ☎ 32-218-57-51. Sur un promontoire rocheux, au bout de Miramar, à 10 mn à pied du casino. Mar-dim 10h-13h30, 15h-17h30. Fermé lun. GRATUIT.* Construit en 1905, ce petit château néo-médiéval dominant les flots fut la résidence de l'industriel allemand Gustav Adolf Wulff, enrichi dans le commerce du salitre, du charbon, et le transport maritime. Il sert de cadre à des expos temporaires d'intérêt variable.

Palacio Rioja *(hors plan par B2)* **:** *Quillota 214, entrée par la rue 3 Norte. ☎ 32-218-46-90. Mar-dim 10h-13h30, 15h-17h30. Fermé lun. GRATUIT.* Datant de 1898, reconstruit après le tremblement de terre de 1907, ce palais fut habité par Fernando Rioja, un riche Chilien, jusqu'en 1922. De nouveau endommagé en 1985 et 2010 par des tremblements de terre, il a été restauré et abrite aujourd'hui le *museo de Artes decorativas.* Intéressant pour voir dans quel décor vivait autrefois la grande bourgeoisie de Viña del Mar.

Hormis ***Acapulco,*** en plein centre-ville et toujours bondée en été, les plages les plus populaires sont la ***playa del Deporte*** (entre Salinas et Acapulco), celles de ***Las Salinas*** (sortie nord de Viña), ***Reñaca*** (à 6 km du centre, bus sur la place principale), ***Cochoa*** (avec plein de petits restos) et, à 18 km vers le nord, la ***playa Amarilla de Con-cón.***

Festival

– ***Festival international de la Chanson :*** *fin fév, pdt 1 sem, dans l'amphithéâtre en plein air du parc Quinta Vergara.* Assez kitsch et pas mal de paillettes ! C'est un peu le festival des Francofolies chilien, avec quelques invités de renommée internationale.

HORCÓN

À 44 km au nord de Viña del Mar, un modeste village de pêcheurs lové au fond d'une jolie petite baie. Après Viña-la-touristique, c'est le 1er petit port authentique et un peu bohème, que l'on conseille de découvrir le matin, pour assister au retour des barques de pêcheurs, hissées sur la grève à l'aide de chevaux. Quelques plages superbes de sable noir ou de sable blanc *(Cau Cau).* Chaque année, le 29 juin, les habitants fêtent San Pedro, le saint des pêcheurs ; c'est le jour le plus animé du calendrier...

– Pas d'office de tourisme, mais plein d'infos et une liste d'hébergements à jour sur • *caletahorcon.cl* •

Plages

Playa Cau Cau : *au sud de Horcón. Accès à pied par un sentier (fléché).* Bien protégée, pas dangereuse, couverte de sable clair et fin, c'est la plus belle du secteur.

Playa Luna : *au nord de Horcón.* Belle plage de nudistes, accessible par la route dans les terres (fléché) ou par un sentier pédestre à partir du port (compter 1h de marche).

MAITENCILLO

À une quinzaine de kilomètres au nord d'Horcón, agréable station balnéaire populaire et gentiment animée en été. Rien à voir avec les plages bétonnées et l'ambiance de Viña del Mar. Les pentes qui dévalent vers la mer sont parsemées de mignons petits chalets. Et sur près de 5 km alternent plages de sable fin et petites criques rocheuses où l'on peut se retrouver au calme et aller flâner le matin parmi les cabanes de pêcheurs le long de la *caleta*. C'est également un spot de surf réputé, mais on pourra aussi y pratiquer du kayak de mer et du parapente.

Où dormir ? Où manger ?

Hébergement principalement en *cabañas* familiales (de 2 ou 3 chambres), souvent de bon confort mais assez onéreuses.

Cabañas Oceano : *Carretera F30-E, entre les entrées nord et centre de la ville. 974-97-37-68. • cabanasoceano.cl • Doubles 70 000-95 000 $Ch. Parking.* En bordure de mer, avec cuisine, salon et terrasse autour d'un petit jardin. La plupart des *cabañas* et appartements (pour 2 à 8 personnes) donnent sur la mer. En prime, une agréable piscine. Le patron propose également des bungalows (il appelle ça le *condominio*) avec piscine dans les collines.

Cabañas Hermansen et restaurant La Canasta : *av. del Mar, 592. ☎ 32-277-10-28. • hermansen.cl • Face à la plage, au nord de la caleta. Doubles 70 000-85 000 $Ch. Min 5 nuits en été ; 2 nuits en basse saison. Resto à prix moyens.* Une quinzaine de *cabañas* en bois (pour 2 à 4 personnes) disséminées dans une végétation dense et à flanc de colline. Bien équipées et confortables, avec salon, cheminée, cuisine et terrasse donnant sur la mer pour la plupart. Belle déco à partir d'éléments naturels de récup'. Également un resto à la déco fofolle et inattendue. En vedette, *mariscos* et plats de poisson.

La Caleta : *av. del Mar, s/n. 996-65-43-18. Face à la caleta, au fond d'une ruelle. Tlj sauf mar 12h30-18h (20h ven-dim). Prix moyens.* En salle à la déco très sobre ou en terrasse dans la petite ruelle, on se régale de poissons et fruits de mer servis en portion pantagruélique. Les petits budgets pourront se contenter d'*empanadas* ou d'entrées, déjà bien copieuses. Une adresse accueillante et bien moins chère que les restos chics du front de mer (où la qualité n'est pas forcément au rendez-vous).

ZAPALLAR

À 70 km au nord de Viña del Mar, de hautes collines boisées descendent brusquement vers la mer en formant une baie rocheuse et verdoyante, bordée par une plage de sable blanc. Vous voici dans « la Suisse au bord du Pacifique », car Zapallar n'est pas une station balnéaire dite populaire, mais

un lieu bourgeois, familial et discret. Les riches habitants de Santiago apprécient ce cadre de nature sauvage et passent leurs vacances dans les villas cossues cachées dans les collines, derrière les bouquets de pins et de palmiers. Quelques barques de pêcheurs sur le *muelle Caleta,* et des pélicans juchés sur les rochers viennent parachever ce joli tableau...
– Parking payant avant la plage.

Où manger ? Où boire un verre ?

Restaurant Cesar : *au début de la rambla, côté plage.* *958-80-44-99. Prix moyens.* Sorte de bâtisse normande prolongée d'une vaste terrasse. On y mange bien et copieusement : plats de poisson et fruits de mer essentiellement, mais aussi des sandwichs moins chers.

El Chiringuito : *à l'extrémité de la rambla, côté port.* ☎ *33-274-10-24. En été, résa conseillée. De prix moyens à chic.* Resto chic admirablement situé avec sa terrasse sur la baie. Bonne cuisine soignée à base de produits de la mer d'une fraîcheur incomparable : clams, couteaux, etc. Idéal aussi pour boire un verre au coucher du soleil.

À faire à Zapallar et dans les environs

➢ **Promenade de la Rambla :** ce chemin piéton longe la mer entre la plage et le *muelle Caleta,* petite pointe rocheuse où sont ancrés les bateaux de pêcheurs et de plaisance.

Playa Cachagua : *à 3 km au sud de Zapallar.* Grande et belle plage dans la calme baie de la station chic de Cachagua. Quelques coins tranquilles en s'éloignant vers le sud.

LA RÉGION DE COQUIMBO

• Carte *p. 141*

Pour de nombreux voyageurs, le désert d'Atacama semble être le principal attrait du nord du Chili. Et, pourtant, la 4e région, douce transition entre la verte Vallée centrale et le Grand Nord aride, réserve de jolies surprises et peut s'avérer être une bonne étape pour traverser le pays par la route.
La côte, d'abord : de longues plages de sable clair, de petites criques isolées pour sérénade amoureuse, de mignons ports de pêche tranquilles. La faune marine est très riche : pélicans, otaries, manchots, dauphins et parfois même des baleines ! Vers l'intérieur, changement de décor, c'est un paysage semi-aride qui s'étend, entrecoupé de vallées verdoyantes et parsemé de petits villages, comme la tranquille vallée de l'Elquí, où ont élu domicile de nombreuses communautés ésotériques.
Découvrir cette région peut être aussi l'occasion d'effectuer un voyage vertigineux dans le temps. Sous l'un des ciels les plus purs au monde, les coupoles futuristes des observatoires astronomiques côtoient des *témoignages rupestres* vieux de plusieurs siècles. Et c'est sans compter les savoureuses histoires de soucoupes volantes et de petits hommes verts qui animent les lieux...
Alors cap sur ce Norte Chico, comme on l'appelle !

DE SANTIAGO À LA SERENA

Dès que l'on quitte Santiago, le paysage se transforme rapidement. La végétation verdoyante fait place aux cactus et arbustes épineux. Étonnamment, dans quelques enclaves où la condensation de la brume marine est plus forte, survivent des pans de forêt, comme celle de Fray Jorge.
La route Panamericana longe la côte pacifique : grandes plages de sable blanc, paisibles villages envahis de vacanciers en été, petits ports de pêche qui feront le bonheur des amateurs de poisson et de fruits de mer.

LA LIGUA

env 32 000 hab.

Aux abords de la ville, des dizaines de femmes vêtues de blanc, appelées traditionnellement « *las palomitas* », agitent un mouchoir ou un papier à l'attention des conducteurs. Elles vendent des petits gâteaux au *manjar* (sorte de caramel), les *dulces* de La Ligua, secs et sucrés à souhait...

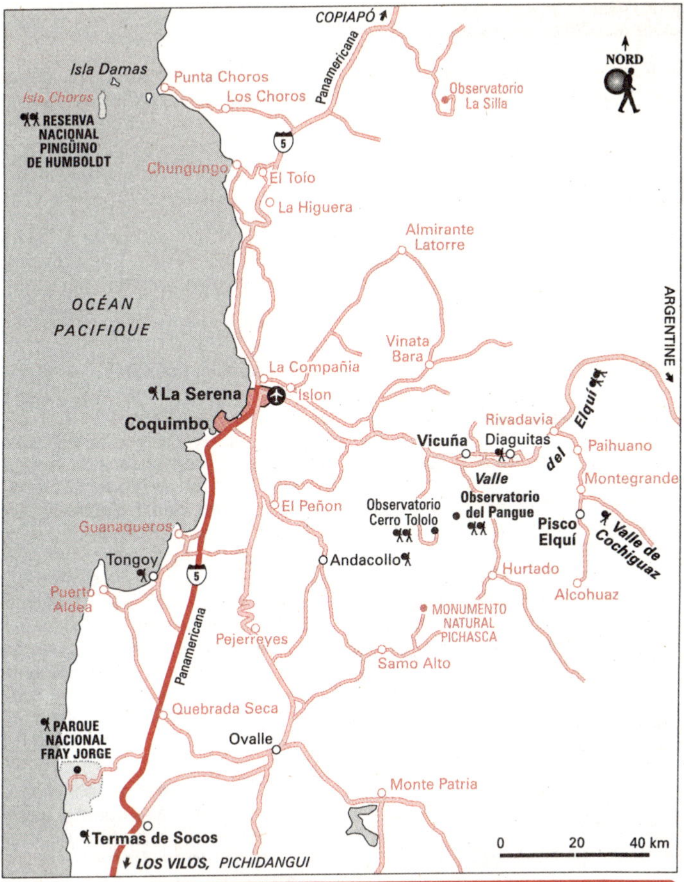

LA RÉGION DE COQUIMBO

À signaler, le ***Museo arqueológico*** : *Polanco, 698.* ☎ *33-271-21-43. Lun-ven 9h-13h, 15h-18h ; w-e 11h-17h. GRATUIT.* Belles pièces archéologiques de la région. La Ligua est entrée dans le *Guinness Book* en réalisant le plus grand pull du monde (5 m x 7,50 m). Il a fallu pour le tricoter plus de 100 kg de laine ! Il est parfois exposé en été en plein air ; sinon, il y a des photos et une copie (de taille standard) dans le musée.

LOS MOLLES

env 730 hab.

À 190 km au nord-ouest de Santiago, tranquille petit village de pêcheurs en bord de mer, doublé d'un site balnéaire familial. Une escale agréable pour respirer l'air du grand large, avec de belles balades à faire dans les environs.

Arriver – Quitter

➢ ***Bus :*** Los Molles étant situé au bord de la Panamericana, les bus faisant le trajet de Santiago vers le nord y passent obligatoirement. Demandez au chauffeur de vous y arrêter.

Où dormir ?

Plusieurs *cabañas* à louer. Sinon, de nombreuses familles de Santiago y ont une maison qu'elles n'occupent qu'en été. Demander conseil aux habitants.

Camping

Camping Quebrada del Chivato : *à env 800 m au sud de Los Molles. 997-27-21-27. • campingchivato.cl • Prendre le petit chemin qui borde la Panamericana en direction de Santiago. À partir de 25 000 $Ch l'emplacement pour 2 pers.* Une trentaine d'emplacements ombragés et agréables. Douches chaudes. Possibilité de louer des dômes (4-6 personnes) pour un séjour plus insolite ! Accès direct à la plage. Une bonne adresse.

De bon marché à prix moyens (30 000-80 000 $Ch / env 33-90 €)

Cabañas Lourdes : *av. Los Pescadores, 633. 985-93-44-24 • cabanaslourdes.cl • Compter 60 000 $Ch pour 2. Resto prix moyens.* Studios nickel (2 à 6 personnes) dans un environnement très fleuri. Resto sur place.

Maimalicán Apart Hotel : *av. Los Pescadores. 982-80-83-25. • maimalicanapart.cl • Compter 65 000-85 000 $Ch pour 2.* Plus moderne que les précédents. Studios équipés (2-6 personnes) juste en face de la plage, avec piscine, transats et restaurant. Prix intéressants pour 4 personnes.

Où manger ?

De bon marché à prix moyens (5 000-20 000 $Ch / env 5,50-22 €)

Restaurant Armandita : *av. Los Pescadores. Tt au bout de l'avenue.* Petit resto familial typique, simple et convivial. On y mange poisson, coquillages et crustacés à prix doux. La carte est en fonction de la pêche du jour.

Restaurant Margeo : *devant la plage. 979-33-04-09. N'ouvre qu'en fin de sem l'hiver.* Un chaleureux repaire tout en bois offrant quelques plats du jour raffinés, dont on se régale en regardant la mer.

À voir. À faire

Reserva Puquén : *pour y aller, montez la rue Vicente Huidobro et continuez sur Las Jaivas ; vous arrivez face à un long mur, tte la zone à l'arrière étant une propriété privée. Le propriétaire ne l'ouvre qu'en été. Accès payant : 3 000 $Ch.* L'endroit est magnifique. Jardins rocheux, îles peuplées de phoques et d'oiseaux. Un sentier fléché mène au *Puquén,* une curiosité naturelle (attention, ça glisse !) : tout en haut d'une falaise, un trou dans la roche crache, avec un gros rugissement, la vapeur d'eau produite par les vagues qui se précipitent dans des grottes sous-marines. Il est possible de continuer la balade vers le nord jusqu'à *Pichidangui,* à une dizaine de kilomètres, paradis des kitesurfeurs et windsurfeurs.

LOS VILOS

17 450 hab.

Petit port de pêche et site balnéaire populaire, à mi-chemin entre Santiago et La Serena. Sympa, même si l'embarcadère de la mine de Los Pelambres gâche un peu le paysage. Petite pause casse-croûte vivement conseillée aux amateurs de poisson et fruits de mer, bon marché et délicieux !

Arriver – Quitter

Stations des bus : *dans la rue Caupolicán, à l'entrée du village.* La compagnie *Pullman Bus* (*• pullmanbus.cl •*) a un terminal.

➢ Liaisons directes à partir de ***Santiago,*** tous les bus allant vers le nord s'y arrêtent. Compter env 3h de route.

Où dormir ?

De bon marché à prix moyens (30 000-60 000 $Ch / env 33-65 €)

Hostal El Conquistador : *Caupolicán, 210. ☎ 53-254-16-63. • hostalelconquistador.cl • Au bout de la rue. Doubles 45 000-55 000 $Ch ; petit déj compris. Parking.* Chambres propres avec salle de bains et TV, donnant sur un patio fleuri tranquille. Copieux petit déj. Une excellente adresse qui a fait ses preuves.

Cabañas Mar y Sol : *Los Vilos, 20. 998-89-78-89. Parking.* Au-dessus de la plage, méli-mélo de maisonnettes en bois, abritant de jolies chambres avec cuisine et vue sur mer pour certaines. Petite piscine et resto.

Où manger ?

Bon marché (5 000-10 000 $Ch / env 5,50-11 €)

La Caleta San Pedro : *sur la cale du petit port de pêche. Tlj 11h-18h.* Grand kiosque où l'on prépare de délicieux *mariscales* (mélange de crustacés blanchis, coupés en petits morceaux et arrosés de jus de citron) tout frais, à consommer sur place, avec une coque de moule en guise de cuillère. En prime : vue sur la mer et les pélicans !

Donde Kiki : *presque au bout de l'av. Costanera.* Allez chez *Donde Kiki,* Pergola n° 10 : vous y croiserez les pêcheurs du coin, un gage de qualité !

À voir

Bodegón Cultural : *Elicura, 135. ☎ 53-254-25-81. • bodegonlosvilos.cl • Tlj sauf sam ap-m et dim 10h-18h en saison ; tlj sauf lun et dim ap-m hors saison.* Un centre culturel privé, né du désir de retrouver et de diffuser la culture de la région, mais aussi de la nécessité de créer des emplois dans une zone qui est l'une des plus pauvres du pays. Le plus vieil entrepôt de Los Vilos est devenu un lieu fourmillant d'activités : expositions, conférences, atelier de poteries inspirées de la culture diaguita et même une serre recueillant les plantes menacées des environs, en vue de leur réintroduction.

DANS LES ENVIRONS DE LOS VILOS

Punta de Lobos : à 4 km au sud, mirador donnant sur l'*isla de Lobos,* qui abrite une grande colonie de phoques. Accessible uniquement à pied. En été, les pêcheurs de la caleta San Pedro organisent des sorties en bateau.

Laguna Conchalí et Centro Andrónico Luksic Abaroa : *à 4 km au nord du village, par le chemin qui longe la Panamericana.* Un site protégé géré par la mine de cuivre *Los Pelambres.* Un petit sentier côtier permet d'observer de nombreuses espèces d'oiseaux. Également sur place, une exposition didactique sur le cuivre.

Huentelauquen : *à 37 km au nord de Los Vilos.* Ce village est réputé pour son fromage. Si vous êtes sur la route, ne manquez donc pas de vous y arrêter pour déguster des *empanadas de queso* !

Reserva nacional Las Chinchillas : *au nord-est de Los Vilos, 15 km après Illapel (véhicule indispensable). ☎ 512-24-47-69. • conaf.cl • Tlj sauf lun-mar en hte saison, lun-mer hors saison ; 9h-15h (dernière sortie 17h30). Entrée : 8 000 $Ch ; réduc.* Réserve de la *Conaf* créée pour protéger une espèce en voie de disparition : les chinchillas. À l'entrée, centre d'information expliquant la triste histoire de ces bestioles longtemps chassées en masse pour leur douce fourrure. On estime à 10 000 le nombre de chinchillas qui vivent ici, mais on ne les voit pas en parcourant le sentier pédestre (1h30 de balade accompagnée par un garde), car ils ne sortent de leur cachette que la nuit !

TERMAS DE SOCOS

Cette charmante petite oasis verdoyante, cernée par un paysage semi-désertique parsemé de cactus, regroupe tout juste un camping, un hôtel et des piscines thermales à 27 °C. Bref, de quoi faire une petite pause sur la route de La Serena. L'entrée du site se trouve au bord de la Panamericana, juste avant la station-service.

– Socos dispose également d'une petite production d'eau plate, gazeuse ou aromatisée à la pomme.

Où dormir ? Où manger ? Où prendre un bain thermal ?

Hôtel : *☎ 53-198-25-05. • termasocos.cl • Compter 69 000 $Ch/pers avec petit déj et bain thermal ; 89 000 $Ch en pens complète. Accès à la piscine seulement (10h-18h) : 10 000 $Ch/pers.* Le cadre est agréable, mais les prix sont extravagants eu égard à la petite taille et au caractère spartiate des chambres, alignées le long de la piscine thermale. Resto chic. Billard, ping-pong et jeux pour enfants. En option : sauna, jacuzzi et massages.

PARQUE NACIONAL FRAY JORGE

Au beau milieu d'un paysage parsemé de cactus et d'épineux, on tombe nez à nez avec un pan de forêt humide ! Le parc abrite des espèces d'arbres qu'on ne trouve que 1 000 km plus bas, vers Valdivia. Déclaré réserve mondiale de

LA RÉGION DE COQUIMBO

la biosphère par l'Unesco en 1976, il doit son existence à un phénomène de condensation de la brume formée au contact de l'océan Pacifique et des sommets de la Cordillera de la Costa : la *camanchaca*.

Infos utiles

– **Accès :** *par la Panamericana (panneaux), puis par une piste en bon état de 27 km. Véhicule 4x4 indispensable ou prendre un tour avec une agence de La Serena. Tlj sauf lun (fermé lun-mer en basse saison) ; 8h30-15h (dernière sortie 17h ; horaires réduits hors saison).* ***Achat des billets obligatoire en ligne*** *sur • aspticket.cl • Entrée : 8 200 $Ch ; réduc.*

– **Meilleure saison :** entre septembre et novembre, c'est le printemps et donc la période de floraison.

À voir. À faire

On raconte qu'un marin britannique échoué sur cette côte aurait décidé de consacrer sa vie à Dieu pour le remercier d'avoir eu la vie sauve – et aurait pris la robe sous le nom de Fray Jorge. Il se serait souvenu plus tard de cette réserve de bois inespérée lors de la réfection du clocher de l'église San Francisco de La Serena, en 1662. Le parc national couvre aujourd'hui près de 10 000 ha, dont 400 ha de forêts s'étendant pour l'essentiel sur la façade occidentale de la Cordillera de la Costa, entre 600 m et 1 200 m d'altitude. La *camanchaca* s'y heurte aux falaises et se condense, apportant l'humidité nécessaire au développement de la végétation. Plus de 80 espèces d'oiseaux ont été recensées, et on peut voir aussi des petits renards, des guanacos et parfois même des *llacas,* souris-opossums élégantes à grosse queue (c'est leur nom !), de mœurs plutôt nocturnes.

➢ Un unique sentier, le ***sendero El Bosque*** (1 km), entrecoupé de passerelles en bois, permet de se promener au cœur de l'un de ces pans de « forêt », où prospèrent quelques arbres corpulents (mais rien de spectaculaire...). Le départ est situé à 5,7 km du centre des visiteurs (petite expo), atteint par une piste en pente pas très bonne. Intéressant, mais un peu court !

VALLE DEL ENCANTO

Tapissée d'arbres bas, la jolie petite « vallée enchantée » forme comme une oasis dans cette zone aux pluies avares. Elle a été déclarée Monument national en 1972 pour ses dessins laissés par les autochtones El Molle, entre le IIe et le VIIe s, sur les flancs de gros rochers polis par l'érosion. On distingue les *petroglifos* (gravures), bien plus nombreux, des *pictografías* (dessins aux ocres naturels) ; on remarque aussi de nombreuses *piedras tacitas* (mortiers).

ROMÉO ET JULIETTE CHEZ LES CACIQUES

Au début de la conquête espagnole, un soldat tomba éperdument amoureux de la fille d'un cacique (chef autochtone) de la vallée du río Limarí. Le père s'insurgea contre la passion de sa fille pour cet envahisseur. Le soldat espagnol, têtu, aurait alors tenté d'enlever sa dulcinée, y perdant la vie... La jeune fille, ne pouvant surmonter son chagrin, se jeta du haut d'un rocher de la vallée. On dit que, depuis, le lieu est hanté et que son fantôme erre la nuit. On entendrait ses sanglots les soirs de pleine lune...

Infos utiles

– **Accès :** *à la bifurcation de Socos sur la Panamericana, prendre la route vers Ovalle sur 17 km. De là, sur la droite, une piste vous mène en 5 km à l'entrée de la vallée (c'est indiqué). Tlj 9h-17h30 (20h en été). Entrée : 1 000 $Ch ; réduc.*
– Le milieu de journée (entre 12h et 16h au plus tard) offre la meilleure luminosité pour apprécier le site.
– Les gardes municipaux proposent une ***visite guidée*** de 45 mn environ, utile pour avoir un 1er aperçu du site, quitte à se balader seul ensuite. N'oubliez pas le pourboire !

À voir. À faire

Le circuit complet fait 3,5 km, mais comme rien n'est signalé, mieux vaut privilégier le parcours avec le guide, qui vous indiquera les dessins les plus visibles. Nombre de ***petroglifos*** représentent des figures humaines, certaines avec des ornements étranges sur la tête évoquant des coiffes de plumes ; les ***pictografías,*** de couleur rouge, prennent la forme de serpents. Vous verrez aussi beaucoup de ***piedras tacitas,*** grands blocs de pierre creusés de plusieurs trous ronds, qui servaient de mortiers pour les aliments. Sur place, des vestiges datant de plus de 2 000 ans av. J.-C. ont également été mis au jour : pointes de flèches, outils... Demandez aussi au guide de vous conduire au ***Baño del Inca.***

DANS LES ENVIRONS DE LA VALLE DEL ENCANTO

OVALLE

Museo del Limarí : *Onopre Covarrubias, à l'angle de la rue Antofagasta, dans la petite ville d'Ovalle, à 25 km à l'est de la valle del Encanto.* ☎ *51-266-22-82.* • *museolimari.gob.cl* • *Mar-ven 10h-17h ou 18h ; sam 10h-14h. Fermé dim-lun. GRATUIT.* Situé dans l'ancienne gare de la ville, ce musée archéologique regroupe plus de 700 pièces, principalement des céramiques, appartenant aux cultures Molle, Animas et Diaguitas de la région. Parmi les pièces maîtresses : la Packcha, un vase rituel en forme de visage souriant de toutes ses dents.

Feria modelo de Ovalle : *sur Vicuña Mackenna (qui change de nom pour Benavente). Généralement lun, mer, ven et sam 6h-18h.* Le plus grand marché de fruits et légumes du nord (5 ha), fruits secs, gâteaux de figues, fromages de chèvre... Un festival d'odeurs et de couleurs !

LA SERENA

250 000 hab.

• Plan *p. 149*

Capitale de la 4e région, bâtie en retrait de la mer à 470 km au nord de Santiago et 900 km au sud d'Antofagasta. Si les 1res traces de présence humaine dans la région remontent à 14 000 ans av. J.-C., ce sont les peuples autochtones Molle et Diaguitas, célèbres pour leurs poteries, qui vivaient ici avant l'arrivée des Incas aux alentours de 1470. Après la conquête espagnole, la ville de La Serena fut fondée en 1544 pour servir de relais sur la route du

Pérou. Elle subit plusieurs attaques de corsaires à la fin du XVIIe s, poussant à sa fortification. Au XIXe s, la région, riche en fer, en or, cuivre et argent, a attiré les étrangers et développé son industrie et ses chemins de fer.
De nos jours, La Serena est une ville tranquille et plutôt agréable, semée de maisons coloniales joliment colorées. Elle se double d'une station balnéaire aussi importante que Viña del Mar, très fréquentée en été par les touristes chiliens, qui se font dorer la pilule au pied des buildings sur les plages de l'*avenida del Mar*... Pour les routards, c'est une étape idéalement située pour rayonner dans les environs, à la découverte des observatoires astronomiques, des parcs nationaux et de la vallée del Elquí...

Arriver – Quitter

Avion

✈ ***Aéroport La Florida*** *(hors plan par B2)* ***:*** *à 5 km à l'est de la ville, sur la route de Vicuña.* ☎ *51-227-03-53.* • *aeropuertolaserena.cl* • Sur place : guichet d'infos, distributeurs et compagnies de location de voitures. Compter 7 000 $Ch le trajet en taxi pour le centre (18 000 $Ch pour Coquimbo) et 4 000 $Ch en navette avec *Triptur* *(📱 995-07-17-06)* ; 7 000 $Ch pour Coquimbo. On peut aussi prendre l'un des *colectivos* ou *micros* qui passent juste devant l'aéroport, ttes les 5-15 mn *(env 900 $Ch).*

➢ ***Santiago :*** liaisons directes quotidiennes avec *LATAM, JetSmart* et *Sky Airline*.

➢ ***Antofagasta :*** liaisons directes quotidiennes avec *LATAM, JetSmart* et *Sky Airline.*

Bus

🚌 ***Terminal des bus*** *(plan A2)* ***:*** *av. El Santo et Amúnategui (à env 15 mn à pied du centre).* ☎ *51-222-45-73.* Distributeurs et bureau de change, mais les cours sont un peu moins bons qu'en ville.

➢ ***Santiago*** *(6-7h)* ***et les villes du Sud :*** toutes les grandes compagnies desservent la capitale, en particulier *TurBus* *(• new.turbus.cl •)* et *Pullman* *(• pullmanbus.cl •).* Départs en général le matin ou dans la nuit. Pour ***Valparaíso*** et ***Viña del Mar*** (5h30-7h de trajet), les bus sont moins fréquents.

➢ ***Villes du Nord :*** nombreux bus, avec les mêmes compagnies. Compter 4h30-5h de route pour rejoindre ***Copiapó,*** 12-13h pour ***Antofagasta,*** 15-16h pour ***Calama,*** 18-19h pour ***Iquique*** et 22-23h pour ***Arica.*** Pour ***San Pedro de Atacama,*** le mieux est de changer à Calama (trajet env 17h-18h en tout).

➢ ***Vicuña*** *(1h)* ***et Pisco Elquí*** *(2h)* ***:*** nombreux bus quotidiens avec *Via Elquí (📱 964-99-09-50)* ttes les heures env 6h40-19h. Dernier retour de Pisco Elquí à 20h et de Vicuña à 21h.

➢ ***Andacollo*** *(env 1h)* ***:*** départs ttes les 30 mn, 6h30-19h, avec *Via Elqui.*

➢ ***Coquimbo*** *(env 30 mn)* ***:*** microbus ttes les 10 mn passant dans la rue Francisco de Aguirre ou sur la Panamericana. Prendre par exemple ceux indiquant « La Herradura ».

➢ ***Tongoy*** *(env 1h30)* ***:*** bus fréquents avec *Expreso Costero (📱 975-33-09-79).* Également des *colectivos* à partir de Coquimbo.

➢ ***Ovalle*** *(env 1h30)* ***:*** env 6 bus/j. avec *TurBus* (le mat).

➢ ***Mendoza et San Juan*** *(Argentine ; env 13-15h)* ***:*** en principe, départs les jeu et dim vers 17h avec *Cata Internacional (• catainternacional.com •).*

Adresses utiles

ℹ ***Sernatur*** *(plan A1)* ***:*** *Matta, 461 ; sur la plaza de Armas.* ☎ *51-222-51-38. Lun-ven 9h-18h ; sam 10h-14h, fermé dim ; déc-fév, tlj 9h-20h.* Très efficace.

■ ***Banques, change :*** concentration de banques, bureaux de change et distributeurs automatiques en plein centre, en particulier dans les rues Cordóvez

LA RÉGION DE COQUIMBO

et Balmaceda. On peut, par exemple, changer euros et dollars au rez-de-chaussée de la galerie marchande **Caracol Colonial** *(plan A-B1, **1** ; Balmaceda, 460)* ou chez **AFEX** *(plan A1, **2** ; Balmaceda, 413 ; angle Prat). Lun-ven 9h-18h30, sam 10h-14h.*

■ ***Movistar*** *(plan A1, **3**) : Prat 471. Tlj sauf sam ap-m et dim.*

■ ***Alliance française*** *(plan A1, **5**) : Prat 459 ; presque à l'angle de Francisco de Aguirre. 963-04-43-07. ● afregioncoquimbo.cl ● Lun-ven 9h-20h, sam 9h-12h. Fermé dim.* Organise des activités culturelles, abrite une médiathèque.

Hospital San Juan de Dios *(plan B2) : Balmaceda, 916. ☎ 51-233-34-24 ou 33-78.*

Agence touristique

■ ***Ecoturismo*** *(hors plan par A2, **6**) : Francisco de Aguirre, 76. ☎ 51-221-89-70. 994-62-55-74. ● ecoturismolaserena.cl ●* Propose des tours de bonne qualité dans les environs de La Serena : la vallée del Elquí, les observatoires de Mamalluca et Collowara, la vallée del Encanto, le parque Fray Jorge et la reserva Pingüino de Humboldt. L'une des rares agences à disposer de leurs propres véhicules.

Divers

Supermarché Unimarc *(plan B1, **4**) : Brasil, 791. À côté du marché. Lun-sam 8h30-21h30, dim 9h-21h.*

■ ***Laverie*** *(plan A2, **7**) : Los Carrera, 652.*

Où dormir ?

Attention, en janvier-février (haute saison), pensez à réserver au moins quelques jours à l'avance.

Bon marché (jusqu'à 40 000 $Ch / env 45 €)

Hostal Maria Casa *(hors plan par A2, **20**) : Las Rojas, 18. 974-66-74-33. Doubles 30 000-35 000 $Ch.* Tout près du terminal des bus, un endroit assez bohème, où l'on entre par la cuisine de Maria. La plupart des chambres, simples et nickel, donnent sur le patio ; 2 autres, plus agréables par leur caractère privatif, logent au fond du beau jardin fleuri. Sanitaires et lave-linge communs, pas de petit déj mais cuisine bien équipée. Très sympa et conviviale, voici une belle petite adresse, débordante d'hospitalité.

Hostal El Punto *(plan A2, **28**) : Andrés Bello, 979. ☎ 51-222-84-74. ● hostalelpunto.cl ● Doubles sans ou avec sdb 28 000-41 000 $Ch en hte saison ; petit déj inclus. Parking.* Une adresse située dans une rue tranquille, entre le centre et les bus. Tout est décoré avec des couleurs chatoyantes. Distribuées au gré d'un dédale de courettes, les chambres sont impeccables et fréquentées par des routards du monde entier. Agréable patio avec cafétéria.

Aji Verde *(plan B1, **29**) : Vicuña, 415. ☎ 963-88-22-27. ● ajiverdehostel.net ● Lit en dortoir env 16 000 $Ch/pers ; doubles sans ou avec sdb 30 000-35 000 $Ch ; petit déj inclus.* Petite auberge foutraque et biscornue, fréquentée par de jeunes routards du monde entier venus profiter de l'ambiance communautaire, de la petite terrasse sur le toit dominant la ville, de la minipiscine gonflable et du salon télé avec console de jeux. Petite cuisine à dispo. Cela dit, si le lieu est bien tenu, on s'y sent un peu à l'étroit, sans compter les effluves s'échappant du marché aux poissons voisin... Et évitez les chambres autour du patio, vraiment bruyantes.

Hostal Rosita *(plan B1, **21**) : Cantournet, 976. ☎ 51-221-39-54 ou 51-221-08-84. Compter 15 000 $Ch/pers. Parking.* Dans un quartier résidentiel tranquille, une grande pension familiale hébergeant pas mal d'étudiants mais qui accueille aussi les touristes. Chambres propres de 1 à 5 personnes sans prétention, avec ou sans salle de bains. Cuisine, lave-linge. Une petite terrasse sous véranda. Adresses similaires de part et d'autre dans la rue.

Hostal Balmaceda *(plan A-B2, **32**) : Balmaceda, 1032. ☎ 51-221-85-65. ● hostalbalmaceda.cl ● Résa quasi impérative. Doubles 35 000-45 000 $Ch ; petit déj inclus.* Dans cet

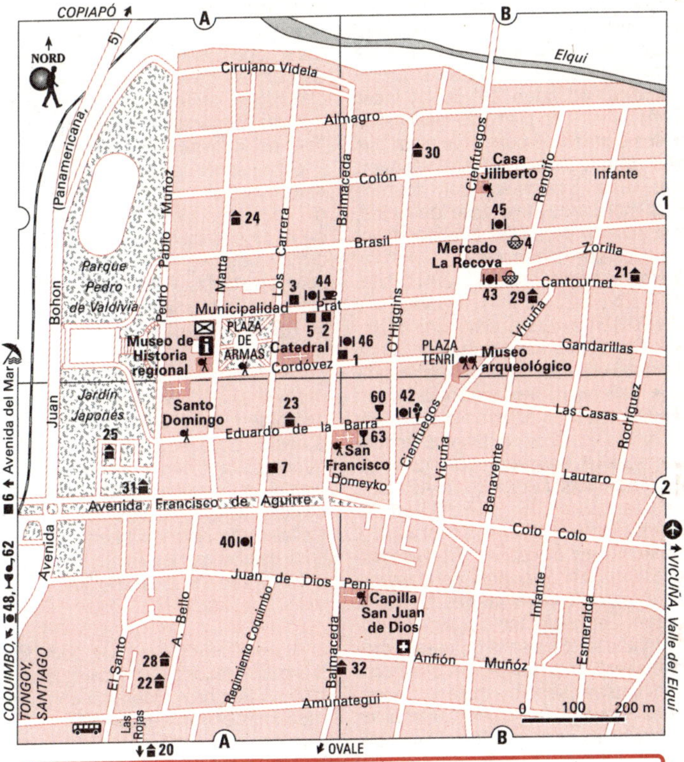

LA SERENA

Adresses utiles

- Sernatur (A1)
- 1 Caracol Colonial (change ; A-B1)
- 2 AFEX (change ; A1)
- 3 Movistar (A1)
- 4 Supermarché Unimarc (B1)
- 5 Alliance française (A1)
- 6 Ecoturismo (hors plan par A2)
- 7 Laverie (A2)

Où dormir ?

- **20** Hostal Maria Casa (hors plan par A2)
- **21** Hostal Rosita (B1)
- **22** Hostal Las Luces (A2)
- **23** Terra Diaguita (A2)
- **24** Hostal Matta (A1)
- **25** Hostal El Arból (A2)
- **28** Hostal El Punto (A2)
- **29** Aji Verde (B1)
- **30** Hotel del Cid (B1)
- **31** Hotel Costa Real (A2)
- **32** Hostal Balmaceda (A-B2)

Où manger ?
Où faire une pause sucrée ?

- **40** Los Pinos (A2)
- **42** Diavoletto (B2)
- **43** Mercado La Recova (B1)
- **44** Coffee La Serena (A1)
- **45** Donde El Guatón (B1)
- **46** Cafe del Valle (A-B1)
- **48** Tololo Beach (hors plan par A2)

Où boire un verre ? Où sortir ?

- **60** Bars de la rue Eduardo de la Barra (B2)
- **62** El Muelle (hors plan par A2)
- **63** La Rocca (B2)

Achats

- **43** Mercado La Recova (B1)

hostal peu commun, la plupart des chambres sont en réalité de petits apparts en duplex, avec cuisine et salle de bains au rez-de-chaussée et 3 mini-chambres à l'étage. On peut y loger jusqu'à 4, un bon plan pour les familles ou les bandes de potes. Ce n'est pas très grand, mais tout est vraiment bien tenu. Également des doubles plus standard, avec salle de bains, tout aussi impeccables et qui profitent d'une cuisine commune.

Hostal Matta *(plan A1,* ***24****) : Matta, 234. ☎ 51-221-00-14. Double env 35 000 $Ch, avec sdb commune ou privée.* Cette charmante maison ancienne distribue une dizaine de chambres simples mais mignonnes, colorées et bien tenues, avec ou sans salle de bains. Cuisine. Petit jardin verdoyant. Accueil adorable. Un bon rapport qualité-prix.

Hostal Las Luces *(plan A2,* ***22****) : Andres Bello, 995. 962-36-58-60. • hostallasluces@hotmail.com • Résa impérative en hte saison. Doubles env 40 000-45 000 $Ch, petit déj compris.* Situé entre le terminal des bus et le centre, cet *hostal* familial est accueillant dans tous les sens du terme : propriétaires sympathiques et chambres lumineuses, simples mais impeccables, donnant sur un jardin. Certaines sont situées dans un bâtiment en bois, façon *cabañas*. Location de vélos.

De bon marché à prix moyens (35 000-70 000 $Ch / env 40-80 €)

Hostal El Arból *(plan A2,* ***25****) : Eduardo de la Barra, 29. 920-49-50-08. • hostalelarbol.com • Lit en dortoir env 20 000 $Ch ; doubles 40 000-60 000 $Ch ; petit déj inclus. 2 nuits min.* On dégringole une volée de marches depuis l'avenue pour plonger dans ce miniquartier coquet comme tout, regroupement de maisonnettes noyées sous les bosquets de fleurs. Dans l'une d'elles logent une poignée de dortoirs de 4 à 8 lits et quelques chambres privées aux bons gros matelas, partageant la salle de bains. Tout est impeccable et baigne dans une atmosphère douce et chaleureuse, entre *hostal* et maison d'hôtes. Au petit déj, tout le monde se rassemble autour de la grosse table en bois du salon, à moins de migrer vers la cour-jardin semée de tables. Petite cuisine à dispo. Une excellente adresse.

Terra Diaguita *(plan A2,* ***23****) : Eduardo de la Barra, 440. ☎ 51-221-66-08. Doubles 50 000-70 000 $Ch, petit déj en sus.* En plein centre, cette agréable maison coloniale fait figure d'oasis, avec ses jolies chambres décorées sur des notes tropicales, ouvrant sur un jardin foisonnant semé de coins salons les pieds dans le sable. Celles avec salle de bains, au fond, sont les plus calmes. Accueil pro.

Hotel del Cid *(plan B1,* ***30****) : O'Higgins, 138. ☎ 51-221-26-92. • hoteldelcid.cl • Double env 60 000 $Ch, avec petit déj. Parking.* Ce petit hôtel s'organise le long d'une paisible cour-jardin. Chambres assez standard mais modernes et très propres.

Chic (80 000-120 000 $Ch / env 90-130 €)

Hotel Costa Real *(plan A2,* ***31****) : Francisco de Aguirre, 170. ☎ 51-222-10-10. • costareal.cl • Doubles 80 000-120 000 $Ch, avec petit déj-buffet. Parking.* Cet hôtel haut de gamme, très central, offre de bonnes prestations, même si le mobilier a un peu vieilli et que les chambres côté avenue sont assez bruyantes. Petite piscine triangulaire au cœur d'un carré de gazon semé de chaises longues. Bon resto sur place.

Où manger ? Où faire une pause sucrée ?

Très bon marché (moins de 5 000 $Ch / env 5,50 €)

Diavoletto *(plan B2,* ***42****) : O'Higgins, 560. ☎ 51-222-44-41. Tlj.* Resto-snack populaire réputé dans tout La Serena pour ses glaces maison. Également des sandwichs, d'intéressantes formules un rien graillonneuses (hamburger, accompagnement et boisson) et de bons jus de fruits frais.

LA RÉGION DE COQUIMBO

Mercado La Recova *(plan B1, **43**) : marché central, à l'angle des rues Cienfuegos et Cantournet ; au 1er étage.* À l'heure de pointe, on se fait talonner par les serveurs qui surenchérissent pour vous entraîner dans leur local, certains promettant même le *pisco sour* gratuit ! On choisit plutôt en fonction de la terrasse. Poisson et fruits de mer en vedette. Pour un en-cas vite avalé, alignement de gargotes à *empanadas* au rez-de-chaussée, côté Cantournet.

Bon marché (5 000-10 000 $Ch / env 5,50-11 €)

Los Pinos *(plan A2, **40**) : Los Carrera, 831. ☎ 51-222-47-37. Tlj sauf dim 12h-16h30.* Hauts plafonds et parquet ciré dans ce petit resto familial populaire, fréquenté par les gens du quartier qui, à l'occasion, tapent le carton devant la télé et discutent le bout de gras avec la patronne. Dans l'assiette, cuisine chilienne simple, très correcte et servie dans un menu complet à prix imbattable (3-4 choix, pas de carte). Privilégier le poulet frit plutôt que le poisson.

Cafe del Valle *(plan A-B1, **46**) : Balmaceda, 432 ; dans le Patio Colonial (nº 7B). 942-64-47-92. Tlj sauf dim jusqu'à 19h.* Le grand plus du lieu, c'est sa situation dans une courette à l'architecture coloniale, avec sa terrasse ombragée par un corpulent palmier, à l'abri du brouhaha du centre-ville. Dans l'assiette, petit menu du jour varié et copieux, sandwichs, salades et quelques plats chauds, *empanaditas*, tacos et jus de fruits frais. Bon café. Son voisin, le *Bocetto*, n'est pas mal non plus, avec le même type de menu.

Coffee La Serena *(plan A1, **44**) : Balmaceda, 391. Tlj jusqu'à 22h.* Une cafét' animée pour les petits creux en tout genre et à toute heure : salades, sandwichs, glaces et pâtisseries (bonne tarte au citron meringuée). Le midi, plusieurs formules d'*almuerzo* intéressantes. Quelques tables le long du trottoir.

Prix moyens (10 000-20 000 $Ch / env 11-22 €)

Donde El Guatón *(plan B1, **45**) : Brasil, 750. ☎ 51-221-15-19. Tlj sauf lun 12h-21h (18h dim).* En pénétrant dans ce patio colonial à la déco patinée, on s'attendrait presque à voir danser la *cueca*, cette danse folklorique nationale ! C'est l'un des meilleurs endroits de la ville pour dévorer de la bidoche, cuite au gril devant vos yeux et à votre convenance.

Tololo Beach *(hors plan par A2, **48**) : av. del Mar, 5200. ☎ 51-224-26-56. Côté mer. Tlj sauf lun 13h-21h (22h ven-sam ; 16h dim).* À 5 km du centre-ville, c'est le resto chicos de la plage, façon yacht-club, tout en bois et parois vitrées ouvertes sur l'océan. À midi, certaines tables ont même les pieds dans le sable. Spécialités de la mer, belles viandes, bons desserts et sandwichs (moins chers). Cela dit, il manque pas mal de choses mentionnées à la carte, le service est très (trop) lent et la TV dans le fond de la salle fait un peu tache...

Où boire un verre ? Où sortir ?

Au centre-ville, le gros de l'animation nocturne se concentre dans la rue Eduardo de la Barra, vers l'angle avec O'Higgins *(plan B2, **60**)*. Au ***Elquivip*** (au nº 589), les noceurs bien mis sirotent un cocktail dans la pénombre. 10 m plus bas, c'est de riffs de guitare que l'on s'abreuve au pied d'une fresque psyché dans le bien nommé ***Rock & Sicodelia.***

La Rocca *(plan B2, **63**) : Eduardo de la Barra, 569.* 2 immenses patios, du rock qui cogne d'un côté, qui crache de l'autre, un billard, et des troupeaux de potes, tassés autour des tables en plastoc, devant des bouteilles de bière format adulte. Bonne ambiance, quoi.

El Muelle *(hors plan par A2, **62**) : av. del Mar, 4600.* L'autre spot des nuits locales, c'est avenida del Mar, face à la mer, à 2 bons kilomètres du centre. Ce « quai » perché au-dessus des eaux en est l'un des phares, mais il n'est pas le seul. Laissez-vous guider par l'instinct du fêtard !

Pour qui n'a pas étanché sa soif de fête, lire aussi plus loin la rubrique correspondant à Coquimbo.

Achats

Mercado La Recova *(plan B1,* ***43****)* **:** *tlj sauf dim 9h-18h.* Marché municipal sympa et animé, abritant sous ses arcades un grand choix d'artisanat provenant de tout le nord du Chili et des pays limitrophes : poterie, vannerie, lainages, multiples objets en pierre... Très touristique, mais on y trouve de belles choses, de bonne qualité et à des prix raisonnables (rien ne vous empêche de négocier). Nous n'avons pas vu de marché comparable en montant plus au nord du pays. Goûtez aussi aux produits de la vallée del Elquí, vendus moins cher que sur place : papayes (confites, séchées, en confiture, en nectar par bidons de 5 l...), fruits secs et *manjar blanco.* Au 1er étage, restos populaires et coiffeuses en batterie !

À voir

– ***Visite guidée à pied de la ville*** **:** *2 fois/sem (en principe, mer et ven à 11h et 14h), l'été seulement (janv-fév). Départ de la Municipalidad, Prat, 451. Durée : 2h. En espagnol et anglais. GRATUIT.* Un bon moyen de découvrir les nombreuses églises et demeures de la ville. Profitez-en pour jeter un coup d'œil à l'hôtel de ville.

Plaza de Armas *(plan A1)* **:** paisible, avec ses grands arbres et ses bancs publics, pour écrire ses cartes postales ou pour *pololear* (flirter)... Beaucoup d'animation l'été, en fin d'après-midi, autour des musiciens de rues et des stands de babioles et confiseries en tout genre. Jetez un œil à la ***Iglesia Catedral*** *(tlj sauf lun 10h-13h, 15h-19h),* de style néoclassique, avec ses curieuses colonnes de bois déguisées en pierre.

Museo arqueológico *(plan B1-2)* **:** *à l'angle des rues Cordóvez et Cienfuegos. • museoarqueologicolaserena.gob.cl • Ouv mar-sam 10h30-17h30. Fermé dim-lun. GRATUIT.* Les collections de ce musée évoquent principalement les tribus de la région avant l'arrivée des Incas : Molle (Ier millénaire) et Diaguitas (à partir de l'an 1000). Les 1ers ont laissé de splendides pipes en pierre, les 2ds des poteries et de jolies petites amulettes en forme de lama. Vous verrez aussi des répliques de *petroglifos* de la vallée del Encanto, des têtes réduites d'autochtones jivaros d'Équateur, une momie, des silex taillés, des pointes de flèches, etc.
– Une salle est consacrée à l'île de Pâques. Outre un grand *moaï,* y sont exposées des sculptures en bois et en pierre de lave plus ou moins anciennes.

Parmi les quelques demeures élégantes de la ville, fruits de l'âge d'or minier, la *casa Gonzalez Videla,* demeure de l'ancien président chilien, située à l'angle de la *plaza (plan A1),* est devenue ***museo de Historia regional*** *(lun-ven 10h-17h, fermé w-e ; GRATUIT).* Au programme : le bureau, le chapeau, le trône (ou presque) du grand homme et le manteau qu'il revêtit pour se rendre en Antarctique revendiquer le secteur chilien ! Expos temporaires.

Autre bel édifice, la ***casa Jiliberto*** *(plan B1 ; Cienfuegos, 226 ; ne se visite pas).* Cette résidence privée de 1895, en bois et adobe, est coiffée d'une tourelle octogonale. Ses 28 pièces s'organisent autour d'un patio fleuri, que l'on devine à travers la porte. L'ensemble aurait besoin d'une bonne restauration.

29 églises parsèment la ville, parmi lesquelles ***Santo Domingo*** *(plan A2 ; rue Cordóvez),* de 1755, avec un drôle de clocher octogonal ajouré et un lavoir à mains sur le flanc de l'ancien cloître disparu. À l'angle de Balmaceda et Eduardo de la Barra *(plan A-B2),* ***San Francisco*** est l'une des plus anciennes églises du Chili (fin XVIe s). Le bâtiment actuel, maniériste, aux murs de 1 m d'épaisseur et à la façade baroque sculptée, date de 1627. L'ensemble a été fort bien restauré, y compris la charpente en coque de bateau renversé. À côté de l'hôpital *(plan A-B2),* la ***Capilla San Juan de Dios*** (1846) se distingue par son étonnant clocher en bois surmonté d'une petite coupole en forme de bulbe.

À faire

Avenida del Mar *(hors plan par A2)* **:** *à 2 km à l'ouest du centre (bus depuis l'av. Francisco de Aguirre).* À pied, on peut descendre par Francisco de Aguirre, où une allée centrale piétonne mène jusqu'à la mer. Une fois arrivé au vieux *faro* (phare), vous voici sur l'avenida del Mar, qui s'étend sur 10 km vers le sud, le long de l'océan, jusqu'au port de Coquimbo. C'est l'une des principales stations balnéaires du pays. Hôtels, condos, *cabañas,* jeux pour enfants, discothèques, restos et bars s'alignent sans discontinuer. Le lieu attire chaque été une foule de touristes chiliens, déambulant en famille le long de la promenade et de sa piste cyclable, jusqu'à la fête foraine, après une journée de pâtés de sable ou de surf. Vélos, rosalies, karts à pédale, il y en a pour tous les goûts... Le soir, vous aurez plus vite fait de descendre l'avenue ainsi qu'en voiture !

COQUIMBO

236 000 hab.

À 11 km au sud de La Serena, ce port important, plus populaire que sa voisine du nord, a grandi à l'abri de sa baie bien protégée, grâce au boom sur les minerais. En 1858 s'y construisit la plus grande raffinerie de cuivre du monde, dont l'un des principaux propriétaires était le Français Charles Lambert. L'activité a été nettement réduite, mais la ville vit toujours de son port et de la pêche. On dit parfois de Coquimbo qu'elle ressemble à Valparaíso : c'est un peu vrai, par ses vieilles maisons brinquebalantes et décrépites agrippées aux flancs instables des collines. Son cœur s'amarre sur le flanc nord d'une longue péninsule, au sommet de laquelle trône l'emblématique Croix du Troisième Millénaire, érigée pour le jubilé de l'an 2000. En contrepoint se dresse une inattendue mosquée, reproduisant la Koutoubia, financée par le roi du Maroc pour d'hypothétiques croyants...
En venant de La Serena vers Coquimbo, on arrive par la *Costanera* et la crique des pêcheurs où, le matin, les étals débordent de *reinetas* (castagnoles) aux gros yeux. C'est l'occasion d'observer les pélicans de près et de manger au *terminal pesquero.*

Où sortir ?

Plus jeune, plus alternatif que l'avenida del Mar, le barrio Inglés de Coquimbo est envahi chaque soir par une foule compacte de fêtards. Sur la rue Aldunate, en particulier autour de la plaza Vicuña Mackenna, les bars se multiplient comme des petits pains. Choisissez selon votre style. On embraye ensuite avec les bars de la ruelle voisine Ramon Freire, alias « ***bulevar Barrio Inglés*** », fermée à la circulation de 19h à 4h. Tables et chaises l'envahissent littéralement le temps de 1 concert... ou 2 ! On recommande notamment le ***Mi Bar,*** à la playlist funk et soul. Inutile d'arriver trop tôt, les bars n'ouvrent que vers 21h et l'ambiance monte bien plus tard...

À voir

⚲ ☆ ***Cruz del IIIe milenio :*** *impossible à manquer sur sa colline ! Janv-fév, tlj 9h-20h30 ; le reste de l'année, tlj 10h-17h (14h w-e). Entrée : 3 000 $Ch ; réduc.* Dominant la ville tel un bunker vertical, cette gigantesque croix chrétienne en béton (93 m) s'amarre sur un trépied censé évoquer la Trinité. Ce n'est vraiment pas joli, mais depuis les bras (ascenseurs), on bénéficie d'une vue panoramique sur la baie de La Serena. On espère que l'ensemble est bien antisismique...

⚲ À voir aussi, l'***iglesia de Guayacán*** (1888), dans le quartier du même nom, au nord-est de la ville. Sa structure métallique fut conçue par Gustave Eiffel.

⚲ Près de la pointe de la péninsule, le ***fuerte Lambert*** (très rebâti) se niche au chœur d'un chaos rocheux. Joli site et pélicans sur les îlots. Petit café sur place.

AU SUD DE COQUIMBO

⚲ ***Tongoy :*** *à env 50 km au sud de Coquimbo, au creux d'une baie protégée par une péninsule.* En face du port de pêche s'agglutinent une ribambelle de restos où manger d'excellents poissons et fruits de mer. L'occasion de goûter les *macha parmesana* (coques gratinées), les *ostiones* (Saint-Jacques) et les *empanadas de mariscos.* Vue sur les pélicans et, avec un peu de chance, une otarie gourmande. Au sud du port s'étire sur 14 km la *playa Grande,* sur laquelle se garent les voitures, roulant à même le sable... S'éloigner un peu de la rade : près du port, la plage est maculée de squelettes de poissons. Quelques *cabañas* pour qui veut prolonger le séjour.

⚲ ***Andacollo :*** *bus et colectivos depuis La Serena (53 km).* Dans un canyon entouré de monts pelés, un village de maisons basses, avec, au milieu, une basilique tout en bois ! Érigée en 1893, celle-ci fut conçue pour accueillir plusieurs milliers de fidèles, Andacollo étant le lieu d'un des plus grands pèlerinages du Chili. Du 23 au 27 décembre, plus de 150 000 personnes arrivent de tout le nord du pays (les plus fervents font la dernière partie à genoux) pour vénérer l'image de la Virgen del Rosario. Apportée du Pérou en 1676, cette Vierge noire a subi quelques retouches en 1892 : elle fut repeinte en... rose ! Durant l'année, on peut visiter la basilique et le musée.

– Andacollo est aussi un centre minier important. Or, argent et cuivre y sont exploités depuis des siècles. Les *pirquineros,* mineurs indépendants, apportent l'or au village pour le traiter dans un *trapiche* qu'ils louent à la journée. Des enfants sur la place vous emmènent les visiter, moyennant pourboire.

⚲⚲ ***Observatorio astronómico Cerro Tololo :*** *pas de transport public, louer une voiture ou y aller en taxi. Compter 1h30 de route depuis La Serena.*

– ***Visites :*** *sam (plus jeu parfois) à 9h et 13h. Résas (à l'avance) à effectuer en ligne sur • noirlab.edu/public/visits/cerro-tololo-chile • Durée : 2h30. GRATUIT.* Situé à 88 km à l'est de La Serena, l'observatoire est perché à 2 200 m d'altitude. Il est financé par l'Aura, association d'universités nord-américaines et chiliennes, et est jumelé avec l'observatoire de Kitt Peak, en Arizona. Il dispose de 8 télescopes, dont 2 situés sur le cerro Pachón voisin. Les 2 plus grands possèdent un miroir de 4 m et 4,10 m de diamètre.

EL VALLE DEL ELQUÍ (LA VALLÉE DE L'ELQUÍ)

Parsemée de nombreux petits villages, cette belle vallée ensoleillée suit le cours du río Elquí, à l'est de La Serena. Son climat privilégié et ses terres fertiles permettent la culture de la vigne, qui produit le fameux *pisco* (voir dans « Hommes, culture, environnement » la rubrique « Boissons »), et de toutes sortes d'arbres fruitiers, papayers en tête. Encaissée entre des montagnes rugueuses, la vallée de l'Elquí semble ainsi tracer une longue oasis en terres arides, qui se fait de plus en plus étroite, spectaculaire, à mesure que l'on s'enfonce dans les terres.
L'endroit est aussi terre de rêves et de fantasmes, relayés par diverses communautés spirituelles qui s'y sont installées. Selon elles, la vallée serait le centre énergétique de la planète et même le point d'atterrissage d'ovnis ! Elle pullule d'histoires de campeurs réveillés en pleine nuit par des petits hommes verts...
En outre, une atmosphère sèche et transparente, l'absence de pollution lumineuse et le record mondial de nuits totalement dégagées (plus de 300 par an !) ont favorisé l'installation dans le nord du Chili des plus grands observatoires astronomiques du monde. Les nuits sont réservées aux astronomes, mais des visites de ces sites sont organisées en journée. Et pour ceux qui souhaitent observer les étoiles, des observatoires touristiques ont ouvert leurs portes à Vicuña (*Mamalluca* et *Pangue*).

MARCHE À L'OMBRE

Ce sont les astronomes qui l'affirment : la pureté des cieux chiliens dans les régions où se sont installés les observatoires est telle que par une nuit sans lune, la lumière de la Voie lactée suffit à projeter une ombre dans le désert !

VICUÑA

24 000 hab.

• Plan *p. 157*

À 68 km de La Serena, dans l'intérieur des terres, cette charmante et tranquille bourgade viticole lovée au pied des montagnes est en quelque sorte la « capitale » de la valle del Elquí, un bon point de chute pour explorer la région, pourquoi pas à vélo.
Difficile de ne pas s'en rendre compte en parcourant le village : c'est ici qu'est née Gabriela Mistral (1889-1957), poétesse et Prix Nobel de littérature... Mais Vicuña est aussi réputée pour son ciel d'une rare pureté, qui a favorisé l'apparition de plusieurs observatoires à proximité. Certains sont gérés par des instituts internationaux, d'autres, plus modestes, destinés au public. Une occasion unique d'observer les étoiles ! Par ailleurs, si vous y passez fin février, ne ratez pas la *fête des Vendanges*.

Arriver – Quitter

Bus

Terminal de bus *(plan A1) : à l'angle de Prat et O'Higgins.*

➢ ***La Serena*** *(1h10)* ***et Pisco Elquí*** *(40 mn)* **:** bus env ttes les 30 mn, 6h-21h, avec *Via Elquí* et *Sol de Elquí*. Certains bus poussent jusqu'à ***Horcón.***

➢ ***Santiago*** *(8h)* **:** 2 bus directs/j. avec *Cormar Bus*, vers 12h et 22h en principe. Les départs sont bien plus nombreux depuis La Serena.

Adresses utiles

■ ***Informaciones turísticas*** *(plan A1)* **:** *San Martín, 275. ☐ 939-07-69-80. Sur la place, sous la Torre Bauer. Lun-ven 8h30-16h30, fermé le w-e ; en été, ouv tlj 9h-18h.*

■ ***Argent, change :*** possibilité de changer de l'argent à la **Banco del Estado** *(plan A1, **1** ; Chacabuco, 384 ; sur la place ; lun-ven 9h-14h).* Distributeur automatique en façade. Service de transfert d'argent *Western Union* au bureau *Chilexpress*, à côté de la poste *(plan A1, **5** ; lun-ven et sam mat 9h-13h, 15h30-19h).* N'oubliez pas de vous munir de liquide avant de filer vers Pisco Elquí.

■ ***Hospital San Juan de Dios*** *(hors plan par A1, **4**)* **:** *à l'angle des rues Prat et Independencia. ☎ 51-233-31-41.*

■ ***Unimarc*** (plan A1, **3**) **:** *sur la plaza, à l'angle de San Martín et Chacabuco. Lun-sam 8h30-21h30 ; dim 9h-21h.* On peut y acheter des recharges pour téléphone portable. Pharmacie attenante également.

■ ***Agence Elki Magic*** *(plan A1, **2**)* **:** *San Martín, 472. ☐ 968-77-20-15 ou 974-59-83-57. • elkimagic.com • Tlj 10h-19h.* Adeline – française – et son compagnon Lincoln proposent à la fois des locations de vélos et des tours guidés dans la vallée et au-delà. Le circuit de base, que l'on peut réaliser seul (plan fourni) ou accompagné, explore distilleries de *pisco*, petits villages, restos solaires... avec pause baignade dans la rivière. Compter 2-3h (18 km). Également des descentes plus aventureuses depuis l'observatoire del Pangue, et des tours en véhicule vers le paso Agua Negra, avec arrêt pique-nique autour d'une lagune d'altitude. Petits groupes (max 6 personnes).

– Penser à ***faire le plein d'essence*** avant de partir vers Pisco Elquí, où il n'y a pas de station-service. À Vicunã, station **Copec** sur l'av. Las Delicias *(plan A1).* Également une station *Petrobras* à la sortie de la ville direction Pisco Elquí.

Où dormir ?

Bon marché (jusqu'à 40 000 $Ch / env 45 €)

■ ***Hostal Michel*** *(plan B1, **21**)* **:** *Gabriela Mistral, 573. ☐ 995-49-66-75. Doubles env 30 000-35 000 $Ch l'été. Parking.* Chambres décaties mais propres, avec salle de bains, les plus sympa, côté jardin, profitant d'une petite terrasse privée. Les tentes peuvent s'installer au fond, sur un mini-espace herbeux *(6 000 $Ch/pers).* Autour, figuiers, pruniers, abricotiers et autres kakis donnent à volonté... Cuisine et machine à laver (payante) à disposition.

■ ***Donde Rita*** (plan B1, **23**) **:** *Condell, 443. ☎ 51-241-96-11. Doubles 20 000-35 000 $Ch, avec copieux petit déj (à l'allemande).* Cette chambre d'hôtes est tenue par... Rita, vous l'aviez deviné, une dame affable d'origine germanique, qui propose 4 chambres – dont 1 (matrimoniale) avec salle de bains privée. Agréable petit jardin, où trônent 2 beaux palmiers dattiers, une piscine et une cuisine solaire. Une autre cuisine, à l'intérieur, est à disposition des hôtes. Ambiance familiale garantie.

De bon marché à prix moyens (35 000-60 000 $Ch / env 40-65 €)

■ ***Hostal Aldea del Elquí*** *(plan A1, **25**)* **:** *av. Gabriela Mistral, 197. ☐ 934-94-13-76. Double env 45 000 $Ch, petit déj inclus. Parking.* À 2 pas de la place, un charmant petit *hostal* aménagé sur une note tropicale, avec des matériaux naturels ou tout au moins d'imitation

VICUÑA

Adresses utiles

- Informaciones turísticas (A1)
- 1 Banco del Estado (A1)
- 2 Agence Elki Magic (A1)
- 3 Supermarché Unimarc (A1)
- 4 Hospital San Juan de Dios (hors plan par A1)
- 5 Bureau de l'observatorio astronómico Cerro Mamalluca et Chilexpress (A1)
- 6 Bureau de l'observatorio del Pangue (A1)

Où dormir ?

- 21 Hostal Michel (B1)
- 22 Hostal Valle Hermoso (B1)
- 23 Donde Rita (B1)
- 24 Hotel Halley (B1)
- 25 Hostal Aldea del Elquí (A1)

Où manger ? Où boire un verre ?

- 30 El Paraíso (A1)
- 32 Club Social (A1)
- 35 Restaurant Solar Villaseca (hors plan par B1)

Où faire une pause sucrée ?

- 33 Helados Artesanales La Bilbaína (A1)
- 34 El Cobre (B1)

(murs en adobe, vasques posées sur un tronc, etc.). Certes, les chambres (avec salle de bains) sont inégales (demander à en voir plusieurs), certaines étant vraiment étriquées, d'autres donnant directement sur la salle de petit déj, mais c'est mignon et, surtout, on profite du grand jardin touffu et fleuri, avec ses hamacs, son espace barbecue, son sauna, son jacuzzi et son drôle de bassin circulaire où faire trempette... jusqu'aux genoux. Cuisine à dispo et, *last but not least,* formidable petit déj, bien copieux, garni d'une foule de gâteaux maison.

Hostal Valle Hermoso *(plan B1,* ***22****)* **:** *Gabriela Mistral, 706. ☎ 51-241-12-06. Double env 45 000 $Ch, petit déj inclus. Parking.* Maison coloniale de 1906 restaurée avec goût et simplicité. Organisées autour d'un patio central, les quelques chambres sont claires et spacieuses, toutes avec planchers anciens et salle de bains (impeccable). Bon rapport qualité-prix et accueil chaleureux.

Hotel Halley *(plan B1,* ***24****)* **:** *Gabriela Mistral, 542. ☎ 51-241-20-70. 963-39-51-32. • hotelhalley.com • Double env 55 000 $Ch, petit déj compris. Parking privé.* On aime bien cet hôtel installé dans une grande maison de caractère joliment restaurée : parquets, meubles en fer forgé peint, vieux objets... Les chambres, confortables, donnent sur la rue ou sur un agréable patio verdoyant. Préférer les secondes, les 1res pouvant se révéler fort bruyantes... À l'arrière, grand jardin creusé d'une piscine. Billard.

Où manger ? Où boire un verre ?

De bon marché à prix moyens (5 000-20 000 $Ch / env 5,50-22 €)

El Paraíso (plan A1, **30**) : *Chacabuco, 237. Tlj. De bon marché à prix moyens. Menu déj env 10 000 $Ch.* Une grande cour, touffue, un rien foutraque, prolongée d'un jardin. Aux manettes, un drôle de cuistot, Ricardo, qui a pondu une drôle de carte. Plein d'options pour les végétariens, des viandes flambées au *pisco,* au whisky, du riz coloré au vin rouge et même un déroutant poulet au Coca-Cola... Nous, on a préféré, et apprécié, celui au vinaigre balsamique.

Club Social (plan A1, **32**) : *Gabriela Mistral, 445. 982-76-30-80. Tlj 10h-22h. Prix moyens.* L'adresse la plus chic de Vicuña. Dans un joli cadre désuet, avec une grande salle haute de plafond et un immense patio carrelé tapissé de bouteilles de vin. Serveurs bien mis et bien polis pour une cuisine honnête, à base de produits frais – d'où certains manques après les week-ends d'été...

Où faire une pause sucrée ?

Helados Artesanales La Bilbaína (plan A1, **33**) : *Gabriela Mistral, 383. Tlj jusqu'à 20h.* On y vend des glaces artisanales depuis plus de 70 ans ! La spécialité : la glace à la cannelle. Excellente aussi : celle à la papaye, avec de petits morceaux de fruit.

El Cobre (plan B1, **34**) : *Gabriela Mistral, 507. Tlj sauf dim-lun, jusqu'à 18h.* Concurrent du précédent depuis des lustres, *Cobre* a la préférence de certains locaux, même si c'est avant tout une épicerie. Payez à la caisse, on vous donnera un jeton, puis faites la queue... Un peu plus sucré qu'à *La Bilbaína.*

Où manger dans les environs ?

Restaurant Solar Entre Cordillera (hors plan par B1, **35**) : *à* ***Villaseca,*** *5 km au sud du village, après l'usine de pisco Capel. 964-06-00-96. La route, non signalée, part sur la gauche de la bretelle contournant Vicuña par le sud-est. Ouv tlj, seulement le midi. Résa conseillée.* 2 établissements similaires se suivent, utilisant l'énergie solaire pour cuire leurs plats (fours à l'extérieur, bien en vue) : nous vous parlons ici du 2d. Menu complet d'un bon rapport qualité-prix, avec un choix de 2 entrées et 3 plats (carnés). Le cabri prend 5h à cuire, alors, pour commencer tôt, les fours sont tournés à l'est ! Service efficace et plutôt souriant malgré l'afflux des touristes.

À voir

Plaza de Armas (plan A1) : vaste et verdoyante, cette agréable esplanade est dominée par l'emblématique **Torre Bauer,** une tour simili-médiévale qui semble en carton-pâte. Elle a été construite en 1905 en Allemagne à l'initiative d'un ancien maire de Vicuña nommé Bauer, lui-même né à Ulm... L'office de tourisme s'y est installé. Juste en face, l'*église de l'Immaculée Conception* (1909), néoclassique, aux colonnes en bois. Juste à côté, dans un passage, à la hauteur du nº 361, le *Pueblo Artesanal* regroupe une vingtaine d'ateliers artisanaux. D'autres stands s'étendent sur la *plaza* en été.

LA RÉGION DE COQUIMBO

Museo Gabriela Mistral *(plan B1)* **:** *Gabriela Mistral, 759. ☎ 51-266-22-62. • mgmistral.gob.cl • Janv-fév, mar-dim 10h-17h ; le reste de l'année, mar-sam 10h-17h. GRATUIT.* Tout, tout, tout, vous saurez tout sur la 1re Prix Nobel latino-américaine (1945) ! Réplique de sa maison natale, collection de manuscrits originaux, photos, objets personnels, lettres, meubles, livres publiés sur son œuvre...

Museo entomológico e Historia natural *(plan A1)* **:** *Chacabuco, 334. 📱 993-23-71-77. Tlj 10h30-13h30, 15h30-19h (jusqu'à 20h l'été). Entrée : 1 000 $Ch ; réduc.* C'est plein de petites bêtes provenant de toute l'Amérique latine et au-delà : insectes (surtout), oiseaux empaillés, fossiles, superbes papillons, scarabées, tarentules (on préfère les voir en vitrine que dans notre lit !), etc. L'ensemble est vieillot et tout à fait contournable.

QUAND LES CHILIENNES BROYAIENT DU NOIR

À la fin du XIXe s, les codes sociaux chiliens étaient encore des plus stricts : les femmes n'avaient le droit de sortir de chez elles que si elles étaient habillées en noir. Conséquence : même les robes de bal étaient couleur corbeau ! On peut en voir une de ce type, importée de France, exposée à la Casa Museo Madariaga.

Planta Pisco Capel *(hors plan par B1)* **:** *camino a Peralillo. 📱 957-70-26-05. • centroturisticocapel.cl • À 1,5 km au sud de Vicuña. Tlj 10h-18h (19h en hte saison). Entrée : 5 000 $Ch ; réduc. Visite guidée en espagnol et en anglais ttes les 30 mn en été, 45 mn en hiver.* La visite (30 mn) de cette distillerie industrielle de *pisco,* la plus importante du pays, pourrait être intéressante, mais elle ne l'est guère : explications simplistes, coup d'œil au minimusée et à l'usine, et vous v'là déjà dans la salle de dégustation (incluse) et la boutique... Tant qu'à visiter une distillerie, on vous conseille plutôt la *Pisquera Aba* (lire plus loin « Vers Pisco Elquí »).

DANS LES ENVIRONS DE VICUÑA

Observatorio astronómico Cerro Mamalluca *(hors plan par B1)* **:** ouvert par la municipalité de Vicuña, ce petit observatoire destiné aux touristes se trouve à 9 km de la ville par une route superbe, surtout au coucher du soleil. Les tours sont guidés par des passionnés d'astronomie dont la compétence est variable. Évidemment, la qualité de l'observation varie selon la nébulosité, mais elle est en général excellente.

➢ **Accès :** *en voiture, rdv devant le bureau de résa et montée en caravane. Si vous n'êtes pas motorisé, vous pouvez tenter votre chance dans l'un des véhicules privés. Sinon, le minibus de l'observatoire coûte env 5 000 $Ch/pers.*

– **Bureau de résas** *(plan A1,* **5***)* **:** *Gabriela Mistral, 260, à Vicuña. ☎ 51-267-03-30. • observatoriomamalluca.com • En été, visites (en anglais, 1h30) en principe à 20h30, 22h30, 0h30 et 2h30 ; en hiver à 18h30, 20h30 et 22h30. Prix : env 12 000 $Ch/pers ; réduc.* Départs annulés en cas de ciel nuageux à plus de 50 % ; c'est pour ça qu'on ne paie qu'au dernier moment. On peut téléphoner 30 mn avant pour confirmer la sortie.

Observatorio del Pangue : perché sur un *cerro* isolé, à 17 km au sud de Vicuña, cet observatoire a été monté par l'astrophysicien français Éric Escalera, qui conduit des visites passionnantes (en français, donc !) qui vous permettront de vous familiariser avec les secrets de l'univers, de la Voie lactée. Outre les visites Astro « classiques » (le sont-elles jamais ?), des visites « Extrêmes » sont prévues pour les amateurs éclairés, avec utilisation d'un télescope de 63 cm – le plus grand télescope public du Chili. Le reste du temps, c'est un 40 cm. Propose également, de jour, une observation de la ***surface du Soleil*** depuis un petit observatoire situé à seulement 10 mn à pied de la plaza de Armas.

– ***Bureau de résas*** *(plan A1,* ***6****)* ***:*** *San Martín, 233, à Vicuña. • observatoriodelpangue.blogspot.com • Tlj 10h-14h30. Groupes de 2 à 8 pers seulement, avec 2 astronomes (parlant français, anglais et espagnol). Départ vers 21h en plein été, 18h en plein hiver ; horaires décalés au fil des saisons. D'autres visites programmées selon demande. Tarif : 30 000 $Ch, transfert compris (30 mn aller, 2h sur place).* Remboursement en cas de temps couvert. Pas de départs pendant 6-7 jours autour de la pleine lune, pour assurer une bonne visibilité.

EN DIRECTION DE PISCO ELQUÍ

Pisquera Aba : *à 3 km de Vicuña (Km 66), à* ***El Arenal.*** *987-82-27-74. • pisquera-aba.cl • Tlj 9h-19h. Visite guidée (en espagnol et anglais) ttes les 30 mn env. GRATUIT.* Petite exploitation familiale ouverte en 1921, produisant 50 000 bouteilles de *pisco* par an, l'équivalent de la production quotidienne d'une distillerie industrielle... La visite (env 30 mn), intéressante, passe en revue chaque étape du processus, des vendanges (de mars à mai) à la distillation et à la mise en barriques, dans lesquelles le *pisco* prend ses aises 3 ou 4 ans, pour mieux s'affiner. Coup d'œil en passant aux 70 ha de vignes, de 5 cépages différents (principalement des muscats). On termine bien sûr par la boutique et ses 3 variétés de *pisco* : le *Fuego,* à mélanger, la tête d'affiche, à boire pur, et un étonnant entre-deux vieilli dans des barriques en chêne qui lui donnent une teinte et un goût proche du whisky. Seule déception, la dégustation se limite à 2 petits verres d'un mélange sucré pisco-fruits. M'enfin, la visite est gratuite...

Diaguitas : *à 7 km à l'est de Vicuña.* Surprenant petit village fait d'une seule rue tortueuse mesurant... 5 km ! Précisons que le village s'est développé le long de la ligne de chemin de fer, construite en 1888 et aujourd'hui abandonnée. Quelques ateliers de reproduction de céramiques diaguitas et de travail du cuir.
Au centre du bled, pause mousse à la ***brasserie artisanale Guayacán,*** pour goûter leurs 3 variétés de bière (blonde, rousse et brune). La dégustation est gratuite, pas la chopine entière... *• cervezaguayacan.cl • Tlj 12h30-22h.*

➢ Après Rivadavia, on bifurque à droite sur la D 485 pour continuer de remonter le long du río Elquí. Paysages majestueux de vignes tapissant le fond de l'étroite vallée, encadrée par des montagnes desséchées. Un contraste saisissant.

Cabañas El Encanto : *repérer le panneau sur la droite, 4 km après la bifurcation de Rivadavia et 1 km avt Paihuano, en venant de Vicuña. C'est 1 km plus loin, en contrebas, par un chemin de terre. 972-26-54-55. • elencanto.cl • Cabañas 2-6 pers env 42 000-95 000 $Ch.* Cachés dans la vallée, entourés par les vignes, les bungalows sont plongés dans un bain de verdure sacrément rafraîchissant. Ils sont agréables et bien équipés (bains, cuisine, terrasson), parfaits pour s'oublier 1 ou 2 jours. Cerise sur le gâteau : piscine, jeux, barbecue et billard. Les prix étant assez élevés, préférer la basse saison ou les plus grandes *cabañas* à partager.

Les environs du sympathique bourg coloré de Paihuano regorgent de ***campings.*** Ce ne sont pas forcément nos préférés (voir plutôt « La vallée de Cochiguaz » ci-après), en raison du manque général d'espace. Beaucoup, beaucoup de monde en été. Certains plantent même la tente à la sauvage le long du *río.*

LA VALLÉE DE COCHIGUAZ

Au-dessus de *Montegrande,* les vignes bien ordonnées qui couvraient les versants du río Elquí disparaissent peu à peu, et la nature reprend ses droits à mesure que l'on se faufile dans cette étroite vallée aride, sauvage, dominée par des falaises rêches tombant dru dans le *río.* De nombreuses communautés ésotériques ont élu domicile dans cette vallée du río Cochiguas, qui serait le centre magnétique de la planète... ce qui explique le nombre de gentils allumés que l'on y croise ! La piste avance d'une vingtaine de kilomètres avant de se terminer en cul-de-sac, sans jamais atteindre de village ni de hameau. Quelques ranchs proposent des balades à cheval. Rien à faire sinon, si ce n'est s'isoler loin du monde dans un camping ou une cabane en bord de rivière. Prévoir son ravitaillement, il y a très peu de restos dans la vallée.

– La vallée n'est desservie que par 3 bus/sem (lun, mer et ven). Autre solution, le stop depuis Montegrande.

Où dormir ? Où manger ?

Les adresses sont présentées dans leur ordre d'apparition, de Montegrande vers le fond de la vallée.

Camping Río Mágico : *Km 11, en contrebas du complexe* Refugio El Alma Zen. *944-81-43-61. Env 15 000 $Ch/pers.* Immense, ce camping s'étend sur 1,5 km en bord de rivière (on peut s'installer des 2 côtés, reliés par des passerelles). Vastes, bien isolés les uns des autres et ombragés sous de grands eucalyptus, les emplacements disposent tous d'un espace barbecue. Ceux qui ont les pieds dans l'eau sont naturellement les plus recherchés. Parfois, le lieu accueille des fêtes électro ou ethno-baba-branchouille.

– Pour manger, resto au complexe ***Refugio El Alma Zen.***

Tambo Huara : *Km 13. 981-69-56-73. • tambohuara.cl • Camping 6 500-10 000 $Ch/pers selon emplacement (les plus chers au bord du río) ; doubles 30 000-50 000 $Ch.* Branché méditation et écologie, voilà un des lieux les plus agréables de la vallée, où l'on mange végétarien et fume à l'extérieur du site. Le camping se niche au creux des broussailles, juste en retrait du *río,* avec des emplacements bénéficiant d'une totale intimité. Pour ceux qui auraient peur que le ciel ne leur tombe sur la tête, jolis bungalows en matériaux naturels, les plus chers avec toilettes sèches et chauffe-eau solaire. Et puis une zone de hamacs les pieds dans l'eau, une cuisine solaire, des *baños* impeccables, une salle de yoga... mon tout semé de maximes ésotériques.

Camping Cochiguaz : *Km 17, presque au bout de la piste, sur la droite (descendre de 500 m en contrebas). 944-03-96-95. Compter 12 000 $Ch/pers.* Perdus au bout du monde, dans une zone où le *río* paresse, s'élargit, des emplacements assez espacés, certains au bord de l'eau, d'autres en retrait sous les eucalyptus. Le site n° 2, occupant seul un îlot relié à la terre ferme par une passerelle, est extra (mais très demandé). Petite supérette de dépannage.

PISCO ELQUÍ

800 hab.

Point de départ d'excursions dans la vallée, ce petit village se perche à 1 280 m sur un coteau pelé, au pied duquel serpente une rivière qui irrigue les

vignes étagées, protégées par de grands filets qui captent l'humidité. Pisco Elquí a été rebaptisé en 1936 pour ancrer ici les racines du *pisco,* dont les Péruviens revendiquent aussi la paternité. Et même si ceux-ci semblent avoir gagné la bataille juridique, on continue de produire ici la fameuse eau-de-vie. De quoi faire de la bourgade un lieu très touristique, envahi chaque week-end et plus encore en été.

Arriver – Quitter

Bus

➢ ***Vicuña** (1h)* ***et La Serena*** *(2h30)* **:** bus ttes les 30 mn, 7h-20h, avec les compagnies *Via Elquí* et *Sol de Elquí.* Départ calle Los Carrera, à 10 m de la place de l'église.

Adresses et infos utiles

Informations touristiques : *pas de bureau.* ● *piscoelqui.com* ●

– ***Argent :*** ***important,*** ici, tout est cher et on ne trouve ***aucune banque ni casa de cambio.*** Le distributeur le plus proche est à... Vicuña, à 40 km. N'oubliez pas de faire des réserves.

Pas d'***essence*** non plus, faites le plein à Vicuña si besoin !

Turismo Migrantes : *O'Higgins, s/n.* *966-67-39-07.* ● *turismomigrantes.com* ● *Sur l'avenue principale, 100 m avt la place en arrivant de Vicuña.* En plus des locations de VTT, cette agence propose des excursions à vélo dans le fond de la vallée, après Alochuaz (lire plus loin), et dans la vallée de Cochiguaz. On vous dépose en véhicule, puis chacun pédale à son rythme, sans guide. Également des balades à cheval et des sorties d'observation astronomique dans les collines.

Où dormir ?

La popularité de Pisco Elquí a fait sacrément monter les prix et apparaître plusieurs hôtels de petit luxe. En été, réservation nécessaire pour toutes les catégories. Hors saison, n'hésitez pas à négocier.

Camping

Évitez le *Rancho Rodriguez,* perché sur les hauteurs du village, où les jeunes s'empilent dans la poussière, l'été, pour des fêtes qui ne vous laisseront guère l'occasion de dormir...

Camping El Refugio del Angel : *au sud du village (accès par la rue Los Carrera, qui démarre de la place).* ☎ *51-245-12-92.* ● *campingrefugiodelangel.cl* ● *Env 15 000 $Ch/pers.* Le plus sympa et le mieux aménagé, avec la rivière serpentant mollement entre des emplacements généreusement ombragés. Seul hic, en saison, on s'entasse vraiment les uns sur les autres...

Bon marché (jusqu'à 40 000 $Ch / env 45 €)

Hostal Triskel : *Baquedano, s/n.* *994-19-86-80.* ● *hostaltriskel.cl* ● *Grimper jusqu'en haut la rue partant de la place. Baquedano part sur la droite de Prat (en venant du centre), juste après le T. Double env 40 000 $Ch, petit déj inclus.* D'abord la maison, en adobe, perchée sur les hauteurs du village, et sa demi-douzaine de chambres, simples, pas bien grandes, mais agréables avec leurs grands aplats de couleurs et leurs gros matelas. Toutes partagent les salles de bains. Puis, derrière, un long jardin, semé de tables, de hamacs, de barbecues. Cuisine à dispo.

Hotel Elquí : *O'Higgins, s/n.* ☎ *51-245-11-30. Compter 17 000-20 000 $Ch/pers, avec petit déj.* Maison pleine de charme en bois et adobe, posée à l'orée de la *plaza,* contre la route principale (passante). Ses

LA RÉGION DE COQUIMBO

7 chambres, propres et spacieuses, meublées à l'ancienne, se cachent dans la cour ombragée par des vignes mais donnent sur la rue, dommage. Sanitaires communs impeccables. Plusieurs piscines et resto sur place. Excellent accueil au service d'une sympathique atmosphère familiale.

Prix moyens (50 000-80 000 $Ch / env 55-90 €)

El Jardín Secreto : *Prat, 351. ☎ 51-245-10-95. • anahata.cl • On y accède par la grille s'ouvrant à côté du Tesoro de Elquí. Double env 70 000 $Ch, bon petit déj compris (seulement pour les chambres sans cuisine).* Il flotte comme une atmosphère de sérénité sur ce lieu au cadre verdoyant, où l'on prône les thérapies alternatives – massages, reiki, méditation et même divination... Les 5 *cabañas,* très différentes, sont jolies et invariablement colorées. Certaines sont rondes comme un œuf. Piscine noyée dans la végétation et entourée de hamacs. Attention, on ne fume pas ici, sauf au *Templo de Fumadores* !

Chic (80 000-120 000 $Ch / env 90-130 €)

Cabañas Caballieri : *Prat, s/n. ☎ 51-241-26-36. • caballieri.cl • À 1,7 km de la plaza en direction de Horcón (sud). Résa obligatoire. Cabañas pour 2 pers env 65 000-130 000 $Ch, avec bon petit déj.* Semés à flanc de coteau, avec une vue splendide sur la vallée, les 5 bungalows, tous différents, sont très spacieux, lumineux et offrent un excellent niveau de confort. La plupart ont une cuisine, à défaut un frigo, une terrasse privée, un poêle et de bonnes couettes en duvet d'oie. La *Cuarzo,* qui donne sur la piscine, se distingue par ses modules ronds aux toits en bulbe, conçus pour pouvoir admirer les étoiles. S'il fallait chipoter, on dirait que les salles de bains ne sont pas très grandes. Vélos à dispo.

El Tesoro de Elquí : *Prat, s/n. 📱 979-79-08-33. • eltesorodeelqui.cl • Prendre la rue qui monte de la place, puis à droite au T. Doubles 80 000-100 000 $Ch, petit déj compris. Parking.* Jolies maisonnettes semées dans la végétation et dominant la vallée. Vraiment nickel, soignées et confortables, elles peuvent accueillir jusqu'à 5 personnes. Certaines profitent même d'une terrasse ou d'un balcon indépendant. Piscine en été et resto. Location de vélos et visites en sus.

Los Misterios del Elquí : *Prat, s/n. 📱 937-78-12-07. • misteriosdelelqui.cl • À la sortie du village direction Horcón. Cabanes 90 000-110 000 $Ch, avec petit déj (servi dans la chambre).* À flanc de coteau, 8 jolies cabanes confortables, aménagées avec beaucoup de goût, pour 2 à 4 personnes. Piscine, vaste jardin, *putting green* pour les golfeurs et vue imprenable sur les vignes et les *cerros* alentour. Tranquillité garantie.

LA RÉGION DE COQUIMBO

Où manger ?

De bon marché à prix moyens (5 000-20 000 $Ch / env 5,50-22 €)

Pisco Mistral : *dans la distillerie Mistral. ☎ 51-245-13-58. 📱 934-16-60-49. Tlj 11h30-19h en été ; fermé lun et horaires réduits le reste de l'année (sur résa via WhatsApp).* Installé sous la treille face à la vallée, bercé par une douce musique d'ambiance, on déguste une honnête cuisine chilienne et des petites choses simples genre salades et *empanadas.* Les jus de fruits frais (melon, pêche, ananas...) sont excellents en été et les desserts, à se damner.

Hacienda Miraflores : *à la sortie de Pisco Elquí (1,5 km), en direction de Horcón (côté gauche). 📱 977-42-96-90. Mar-dim 13h-17h. Fermé lun.* La terrasse et la grande halle du resto sont posées au-dessus de la vallée, offrant une jolie vue sur les montagnes. Bonnes viandes au barbecue.

À voir

Pisco « Mistral » : à côté de l'église. ☎ 51-245-13-58. 934-16-60-49. • piscomistral.cl • Tlj (sauf lun mars-déc) 12h-18h30 (16h mars-déc). Compter 6 500 $Ch la visite guidée (en espagnol). Départ en principe ttes les heures. L'une des plus anciennes distilleries de *pisco* du coin. La visite agréable dure environ 45 mn et comprend 2 dégustations (sobre ? Vous aurez droit à un jus de fruits). On repart avec un verre gravé, pour trinquer *a casa* en souvenir des vacances.

VERS LE NORD

RESERVA NACIONAL PINGÜINO DE HUMBOLDT

À 120 km au nord de La Serena, à la limite des régions III et IV, cette réserve a été créée en 1990 afin de protéger la faune exceptionnelle qui habite les lieux : manchots de Humboldt, dauphins (64 résidents à l'année !), otaries, loutres, cormorans, fous, pélicans... Depuis quelques années, un unique éléphant de mer vient même en visite en février. Cette liste n'est pas un simple appât : on voit vraiment tout cela, ou presque ! La réserve regroupe 3 îles : la *isla Choros* (dont on ne peut qu'approcher les côtes), la *isla Damas* (où l'on peut débarquer), aux superbes plages de sable blanc, et la grande *isla Chañaral,* à 17 km au nord, où ne vont pas les tours classiques.

PINGOUINS OU MANCHOTS ?

Les pingouins habitent l'hémisphère nord et peuvent voler. Les manchots, eux, ne vivent que dans l'hémisphère sud et ne volent pas (ce sont de vrais manchots !). Mais les Anglais, qui ne font pas les choses comme les autres, appellent « penguin » *les...* « manchots » *français.* Confusing !

Arriver – Quitter

➢ ***En voiture :*** à 75 km au nord de La Serena sur la Panamericana, prendre à gauche vers Choros Bajos, puis Punta Choros. La dernière partie de la route est un peu sablonneuse. Compter 1h30 de trajet environ.

➢ Avec une ***agence*** de La Serena, prévoir 48 000 $Ch, hors droit d'entrée dans la réserve. On vous conseille *Ecoturismo* (voir plus haut à La Serena).

➢ Un bus assure un A/R chaque jour depuis La Serena. Départ vers 9h de l'av. Francisco de Aguirre, face à la *Panadería Los Griegos.* Retour à 15h30. Compter 2h de trajet aller. *Infos au 997-17-01-22 ou 989-70-34-99 (résa la veille).* En théorie, on peut visiter la réserve et repartir dans la foulée, mais ça fait une journée bien chargée ! Mieux vaut passer une nuit sur place. Sinon, quelques *combis* font la navette depuis l'embranchement avec la Panamericana.

Infos utiles

ATTENTION : la réserve est fermée aux visiteurs depuis janvier 2023 et ce, jusqu'à nouvel ordre. *Bien se renseigner en amont, auprès de la Conaf,* *sur la réouverture et les modalités de visites détaillées ci-dessous.*

La réserve n'est ouverte au public que du mercredi au dimanche et les jours fériés, de 9h à 16h.
Les **départs** vers les îles, gérés par une coopérative, se font depuis 2 *caletas* (anses), distantes de 800 m environ, la caleta Punta Choros, la principale, et la caleta Los Corrales. L'une et l'autre disposent d'un quai chahuté par les vagues. À noter : on y trouve plein de petits stands les pieds dans le sable, pour une pause déjeuner pas trop chère. ***Les billets sont délivrés en ligne*** *(voir ci-dessous),* le matin même de la visite. L'excursion dure 3h, avec 1h d'escale sur l'isla Damas. À l'approche de l'isla Choros, et si vous êtes chanceux, les dauphins vous accompagneront en jouant autour du bateau ! Certaines années, on peut même croiser des baleines.

– ***Centre d'administration de la Conaf :*** *995-44-30-52. • conaf.cl/parques/reserva-nacional-pinguino-de-humboldt • Tlj 9h-13h, 14h-18h.*
– ***Billets :*** *résa en ligne sur le site • aspticket.cl •, le jour même de la visite de 8h30 à 14h. Tarifs : 7 400 $Ch ; réduc.*
– ***Excursion :*** *env 15 000 $Ch/pers, tarif identique dans l'une et l'autre caleta.*
– Pour connaître les ***conditions météo*** (en cas de grosse mer, les bateaux ne sortent pas) : *993-45-57-84.*

Où dormir ? Où manger ?

Passer la nuit sur place vous permettra de naviguer avant les hordes descendues des minibus et de ne pas avoir trop de vent. Petit conseil, réservez en été et négociez les prix en hiver !

Campings : on trouve plusieurs campings autour des *caletas.* Tous manquent d'ombre, au point que certains louent des auvents en plus...
Cabañas Amarilis : *Manzano G, Sitio 12A. 994-47-52-00. • ananucas.cl • Env 35 000 $Ch en basse saison, 65 000 $Ch en janv-fév. Possibilité de planter sa tente pour env 6 500 $Ch/pers sur un terrain séparé.* 4 *cabañas* impeccables (cuisine, salle de bains, TV) contre la *plaza* du village. Les sympathiques et volubiles propriétaires se plieront en 4 pour rendre votre séjour agréable. Ils préparent le petit déj sur demande.

Marea Alta : *sur le front de mer, entre les 2* caletas. *981-20-62-50 ou 33-80. • marealta.info • Camping 25 000 $Ch pour 2 pers ; bungalows 85 000-130 000 $Ch pour 4-6 pers.* Ces *cabañas* tout confort, pour 4 à 6 personnes, sont très agréables, et certaines ont une vue directe sur la mer. Quant au camping, coincé dans un coin, il ne compte que 6 emplacements, chacun disposant de l'électricité et de sa douche personnelle ! Un bon resto sur place et la possibilité de faire de la plongée. Location de kayaks également.
Restaurant Eneyde : *calle Principal, sur la plaza. ☎ 51-225-30-82. Bon marché.* Poissons, fruits de mer, *empanadas...* Pas de génie, mais des produits frais (malheureusement souvent frits) et une agréable terrasse couverte sous paillote. L'intérieur est décoré dans un style rustique.

LA TROISIÈME RÉGION

S'étendant du sud de Vallenar au nord de Chañaral, la Troisième Région constitue la limite sud du désert de l'Atacama. C'est entre Copiapó et Caldera, de 1849 à 1852, que fut construit le tout 1er chemin de fer d'Amérique du Sud. Actuellement, cette région reste essentiellement minière : le cuivre, le fer et l'or représentent 90 % des exportations régionales.
C'est ici que la cordillère des Andes atteint sa plus haute altitude (côté chilien), avec le majestueux volcan *Ojos del Salado* (6 893 m). La côte aussi y est superbe, offrant des kilomètres de plages sauvages et désertes.
Ce sont les parcs nationaux bien plus que les villes qui justifient ici le détour : le *Nevado Tres Cruces* de la cordillère, le *Pan de Azúcar,* sur la côte, et *Llanos de Challe,* quand la baguette magique du courant marin El Niño fait fleurir le désert.

COPIAPÓ

130 000 hab.

• Plan *p. 167*

Située à 800 km au nord de Santiago, Copiapó n'est pas très attrayante malgré son climat agréable. Le modernisme y côtoie la ruralité. Le centre-ville est administratif et commercial autour de la *plaza Prat,* tandis qu'en périphérie les rues de terre battue et les simples baraques aux murs de planches et toits de tôle ondulée dominent. La ville constitue un camp de base pratique pour visiter les environs : les lagunes et *salares* du parque nacional Nevado Tres Cruces et le volcan Ojos del Salado, qui attirent chaque année de plus en plus d'andinistes. Les années où El Niño chamboule le climat, c'est aussi un point de départ pour une découverte du spectaculaire « désert fleuri » dans le parque nacional Llanos del Challe.
Pour l'histoire, rappelons que Copiapó a vu se construire en 1852 la 1re ligne de chemin de fer du continent sud-américain vers Caldera et que c'est dans sa région (plus précisément sur la commune de Caldera) que se situe la mine de San José, qui en 2010 avala 33 mineurs pris au piège pendant 70 jours, avant leur sauvetage filmé en direct par les caméras du monde entier.

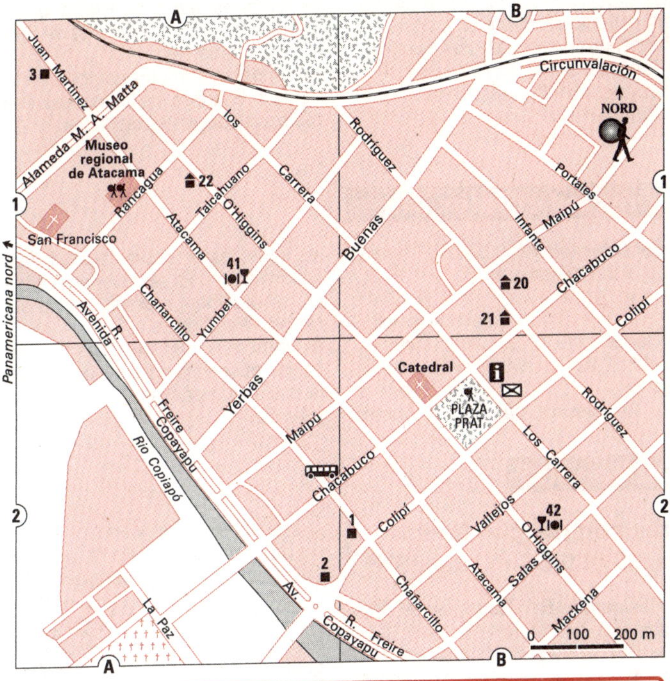

COPIAPÓ

■ **Adresses utiles**

- Sernatur (B2)
- 1 TurBus (B2)
- 2 Pullman Bus (A2)
- 3 Conaf (A1)

Où dormir ?

- 20 Residencial Ben Bow (B1)
- 21 Hotel El Sol (B1)
- 22 La Casona (A1)

Où manger ?

Où boire un verre ?

- 41 Tololo Pampa (A1)
- 42 Caffelatte (B2)

Arriver – Quitter

Avion

✈ ***Aeropuerto Desierto de Atacama** (CPO) :* *à env 50 km à l'ouest de Copiapó et 20 km au sud de Caldera.* ☎ *52-252-63-90.* ● *aeropuertodecaldera.cl* ● Comptoir d'informations touristiques. Attention, pas de bureau de change ! Quelques distributeurs, mais mieux vaut se munir de pesos chiliens avant de venir (d'autant que, pour ceux qui louent une voiture, il y a un péage à régler en liquide, vers Copiapó). Service de transfert et quelques loueurs de voitures.

➢ ***Santiago :*** vols quotidiens avec *LATAM* et *Sky Airline*.

Bus

🚌 ***Terminal des bus*** *(plan A-B2) :* *Chacabuco, 112.* ☎ *52-221-25-67.*

Les principales compagnies se concentrent entre la plaza Prat et le boulevard périphérique qui longe le río Copiapó :

■ **TurBus** (plan B2, **1**) : *Chañarcillo, 650.* • *turbus.cl* • Billetterie et départ des bus.

■ **Pullman Bus** (plan A2, **2**) : *Colipí, 127.* • *pullmanbus.cl* •

➢ ***Liaisons avec Santiago et les principales villes du Nord et du Sud :*** départs quotidiens.

➢ ***Caldera :*** plusieurs compagnies s'y rendent. Bus ttes les 30 mn env. Belle route avec paysages de dunes.

Adresses et infos utiles

ℹ **Sernatur** (plan n B2) : *Los Carrera, 691 ; sur la plaza Prat.* ☎ *52-221-28-38.* • *sernatur.cl* • *Lun-ven 8h30-17h45. Fermé le w-e.* Brochures et bonnes infos.

■ **Conaf** (plan A1, **3**) : *Juan Martinez, 55.* ☎ *52-221-34-04.* • *conaf.cl* • *Lun-ven 8h-17h30 (16h30 ven). Fermé le w-e.* Le passage obligé pour obtenir les infos, les brochures sur les parcs nationaux et pour réserver un guide et un hébergement aux refuges du parc Nevado Tres Cruces.

■ Nombreux ***distributeurs*** d'argent liquide et change dans les banques de la plaza Prat comme *Banco de Chile (plan B2).*

Où dormir ?

Très bon marché (moins de 30 000 $Ch / env 33 €)

🏠 ***Residencial Ben Bow*** (plan B1, **20**) : *Rodriguez, 541.* 📱 *945-15-55-13. Doubles env 12 000-20 000 $Ch sans ou avec sdb privée.* Dans cette catégorie, ne pas espérer la lune. Toutes petites chambres, situées le long d'un grand couloir coloré. Basique mais bien tenu. Petit déj en plus et possibilité de repas au bar-resto voisin (même maison).

Bon marché (jusqu'à 40 000 $Ch / env 45 €)

🏠 ***Hotel El Sol*** (plan B1, **21**) : *Rodriguez, 550.* ☎ *52-221-56-72.* • *hotelelsol copiapo@hotmail.com* • *Double env 35 000 $Ch, petit déj et parking inclus.* Repérable à sa façade jaune éclatant, ce petit hôtel de 20 chambres décline le modèle standard du quartier. À savoir un long couloir coloré desservant de petites chambres, toutes avec douche, w-c et TV. Rien de luxueux, mais l'accueil est jovial. Petit déj en self-service.

🏠 Les mineurs qui viennent prendre du bon temps à la ville le week-end privilégient ce type d'adresses, donc, si tout est complet, on trouve dans la rue Manuel Rodriguez une poignée de ***residenciales*** proposant des chambres quasi au même prix et avec salle de bains, mais sans petit déj, ni parking.

Prix moyens (50 000-80 000 $Ch / env 55-90 €)

🏠 ***La Casona*** (plan A1, **22**) : *O'Higgins, 150.* 📱 *989-83-29-51. Doubles env 50 000-55 000 $Ch, petit déj inclus. Parking privé gratuit.* Un peu à l'écart, un hôtel de charme d'une dizaine de chambres, niché dans une bâtisse de style colonial, avec ses patios fleuris. Les chambres sont soignées, toutes avec salle de bains, ventilateur et TV. Celles donnant sur la rue sont légèrement moins chères. Petit bémol pour l'isolation. Organise des tours guidés à la laguna Verde et à la laguna del Negro Francisco. Cafétéria et resto sur place (dîner seulement).

Où manger ? Où boire un verre ?

🍸 🍽 ***Tololo Pampa*** (plan A1, **41**) : *Atacama, 291.* 📱 *920-28-18-88. Tlj sauf dim 13h-1h ou 2h. Musique en vivo jeu-sam à partir de 22h ; entrée payante.*

Un bar sympathique tout en bois, couleurs chaudes et une courette agréable à l'arrière. Bonne atmosphère. On vient y boire un verre tout en écoutant de la musique. Petite restauration.

Caffelatte *(plan B2, **42**)* **:** *O'Higgins, 857. 965-61-84-61. Tlj sauf dim 15h-23h30 (2h ou 3h en fin de sem). Happy hours 17h-23h30.* Caché de la rue dans une cour avec parking, c'est un café branché avec des parasols, des écrans TV et de la musique actuelle. Possibilité de se restaurer d'une pizza, entre autres. Assez m'as-tu-vu quand même.

À voir

Plaza Prat *(plan B2)* **:** la place principale de la ville ne possède pas un charme irrésistible, mais c'est là que se trouve l'animation de la ville et la cathédrale, de style néoclassique, avec ses colonnes et ses portes en bois.

Museo regional de Atacama *(plan A1)* **:** *Atacama, 98 ; à l'angle de Rancagua. ☎ 52-223-04-96. Tlj 10h-17h45 (12h45 dim). GRATUIT.* Dans une belle maison de 1840 déclarée Monument national, ce musée possède 2 centres d'intérêt bien différents. D'abord, la fameuse capsule ***Fénix 2*** (car il y en eut 3) qui, en 2010, remonta à l'air libre les 33 mineurs coincés pendant 69 jours au fond de la mine de San José, devant les caméras du monde entier et 1,5 milliard de spectateurs. On peut voir aussi la note manuscrite (« Estamos bien en El Refugio, los 33 ») qui fut la 1re preuve de vie du groupe, plus des objets leur ayant appartenu. Également quelques vitrines d'***archéologie*** (vieilles pipes en pierre, objets incas et espagnols) et un salon du XIXe s. Le musée évoque également l'histoire du chemin de fer dans la région. Enfin, ne manquez pas la superbe ***bibliothèque*** contenant quelques-uns des 8 000 volumes des XVIIe-XIXe s achetés par de riches familles minières. C'est la plus importante collection du nord du pays. L'ouvrage le plus ancien est une étude satirique du mariage, en latin, datant de 1690 ! Sinon, on y trouve pas mal d'œuvres en français, notamment celles de Voltaire ou encore *La Vie souterraine* de Louis Simonin, édité en 1867.

SAUVETAGE EN LIVE

Le 5 août 2010, un éboulement prit au piège 33 mineurs de la mine de San José, près de Copiapó. Pendant 17 jours, on ne savait s'ils étaient morts ou vifs. Une sonde, finalement, réussit à les atteindre, à 688 m sous terre. Jamais un tel sauvetage n'avait été tenté à une telle profondeur. Le 26 août, des images sont retransmises grâce à une fibre optique. Les hommes sont torse nu : il fait 35 °C au fond et l'humidité atteint 98 %. Un conduit de 67 cm de large finit par être percé : il permet le passage d'une capsule dans laquelle les mineurs sont remontés, l'un après l'autre. Le 13 octobre, après 69 jours passés sous terre, ils regagnent enfin la surface.

DANS LES ENVIRONS DE COPIAPÓ

Parque nacional Nevado Tres Cruces : *à 150 km à l'est de Copiapó par la route CH 31. Résa des billets sur • aspticket.cl • et règlement (en espèces) auprès de la Conaf (plan A1, **3**). Ouv seulement oct-mai, tlj sauf lun 9h-12h, 14h-17h. Entrée au parc : 8 000 $Ch.* Bordé de plusieurs sommets entre 6 000 et 7 000 m d'altitude, ce parc de 59 000 ha, situé dans la cordillère, est divisé en 2 secteurs. Le 1er comprend la ***laguna Santa Rosa*** et une partie du *salar de Maricunga* (à 3 800 m d'altitude), le 2d la ***laguna del Negro Francisco*** (4 200 m). La faune y est très riche, surtout autour des *salares* et des lagunes.

On peut y voir 3 sortes de flamants roses (l'andin, le Saint-James et le chilien), des renards, des *vicuñas,* des *guanacos,* des *viscachas* (espèce de chinchilla à queue d'écureuil). Un très beau parc à visiter, à condition de s'organiser en conséquence !

Précautions indispensables

– Pour pallier les effets du changement brutal d'altitude, il est recommandé par les guides d'absorber 1 litre d'eau plate par 1 000 m de montée. Éviter l'alcool, le thé et le café, et manger léger. Prévoir un écran solaire pour se protéger des UV et un bidon d'essence de secours. L'idéal est de passer une nuit d'acclimatation à une altitude entre 3 000 et 3 800 m, avant de passer les 4 000 m. Ceux qui s'engagent dans un trekking au-delà de 5 000 m veilleront à ne pas progresser de plus de 400 m de dénivelée par jour.

– Toujours se renseigner sur les conditions météorologiques avant de s'y rendre, ça peut changer très vite. Se vêtir chaudement, même en été, car la température descend sous zéro durant la nuit.

Ce parc est accessible avec un SUV ou un 4x2 jusqu'à la ***laguna Santa Rosa*** (mais 4x4 conseillé ensuite pour la ***laguna del Negro Francisco,*** avec chauffeur obligatoire s'il neige).

Situé en haute montagne, le parc est déconseillé aux enfants de moins de 10 ans et aux personnes ayant des problèmes de tension artérielle ou cardiaques. Il faut aussi prévenir la douane de Copiapó et réserver le refuge de la *Conaf* avant de partir, puis signaler votre arrivée aux *carabineros* du poste-frontière de San Francisco en passant, car il n'y a pas de réseau téléphonique là-haut.

La route 31CH qui se prolonge vers la frontière bolivienne est asphaltée. Après le poste-frontière voisin du *salar de Maricunga,* une piste praticable mène à la ***laguna Santa Rosa*** et son refuge de la *Conaf.* De là, une piste redescend vers Copiapó par la *Quebrada de Paipote.* Hormis quelques ornières et quelques passages délicats, elle est praticable par temps sec pour un véhicule avec une garde au sol suffisamment haute.

À la ***laguna Santa Rosa,*** il y a un ***refuge*** ouvert toute l'année. Le refuge est équipé d'une cuisine, de douches, de 3 chambres doubles (avec couchage et duvet) chauffées par un petit poêle à bois et de dortoirs de 4 lits. Il peut aussi accueillir des campeurs. La partie administrative permet de pique-niquer et d'utiliser les toilettes (payantes). Également un dortoir de 10 lits superposés. Il faut apporter ses provisions. À vous le lever du soleil au petit matin, avec, sur la lagune, et sur fond de montagnes à plus de 6 000 m, le spectacle émouvant de la parade des flamants mâles pour séduire les femelles...

– Tarifs des refuges imposés par la Conaf : camping 15 000 $Ch/pers ; utilisation des toilettes et des douches 3 000 $Ch/pers ; lit en dortoir 30 000 $Ch/pers ; chambre double en cabañas avec couchage compris env 50 000 $Ch/pers.

– Résa obligatoire : • erciomettifogo@gmail.com • ou • reservas@wara.cl •

– Infos : • refugiomaricunga.com •

La ***laguna del Negro Francisco,*** 60 km plus au sud, présente une double surface séparée par un couloir de terre. Elle est alimentée par le *río Astaburuaga.* Une cinquantaine de flamants y ont leurs quartiers. On y trouve le *salar* le plus méridional du Chili, dominé par le *cerro Copiapó* (ou Azufre, 6 052 m).

Un ***refuge*** (gratuit) de 15 places, construit en pierre et en bois, borde sa rive sud. Il est bien équipé, avec douches, toilettes, cuisine, etc. Dans tous les cas, apporter eau potable, vivres et sacs de couchage de haute montagne. Ne pas oublier de remporter tous ses déchets.

De la lagune *del Negro Francisco*, un retour vers Copiapó est possible par la piste de la *Quebrada San Miguel* avec un véhicule adapté au terrain, mais il faut savoir que celle-ci passe par la zone (privée) de la mine de San Miguel et qu'il faut être escorté, comme dans toutes les zones minières, par un véhicule de sécurité pour franchir la zone.

Parque nacional Llanos de Challe : *à 240 km au sud de Copiapó et à env 40 km au nord de Huasco. Tlj 9h-18h.* ***Résa des billets sur • aspticket.cl •,*** *règlement sur place en cash. Entrée : 8 000 $Ch ; réduc. Il existe des sites de camping dans le parc, aménagés pour recevoir 6 pers chacun : à contacter via WhatsApp au 994-79-65-03.* Certaines années, pour différentes raisons climatologiques (et notamment quand le courant marin El Niño fait des siennes), il tombe plus de pluies. La condensation venue des montagnes, bloquée par l'anticyclone du Pacifique, produit alors le phénomène de la *camanchaca,* une sorte de brume côtière qui humidifie le désert. Donc, si vous tombez la bonne année et à la bonne période, c'est-à-dire au printemps (de juillet à septembre), ruez-vous dans ce parc national pour assister au spectacle magique du ***desierto florido.*** Ce parc de 45 000 ha abrite en effet des centaines de graines et de bulbes qui prennent alors vie et sortent de terre comme par enchantement... Il y fleurit des spécimens uniques au monde, telle la *Garra de León.* On y voit aussi pas mal de *guanacos.* Y aller en voiture ou avec un tour d'agence de Copiapó.
– En plus du parc, notez que c'est toute la zone depuis Vallenar jusqu'à Copiapó, de la côte à la Panamericana, qui sert de cadre au désert fleuri.

CALDERA

env 18 000 hab.

Petite bourgade paisible en bord de mer, à 74 km au nord-ouest de Copiapó et à seulement 20 km de l'aéroport régional *Desierto de Atacama* (voir « Arriver – Quitter » à Copiapó). Ce petit port de pêche et minier, qui a des faux airs de ville-western, est aussi le centre de villégiature le plus populaire de la région en été, en raison de sa proximité avec les plages de *Bahía Inglesa,* considérées parmi les plus belles du nord du Chili. Cela dit, la baie est vite surpeuplée en période de vacances, alors mieux vaut chercher un coin tranquille un peu plus au sud...
Bref, c'est une étape pour ceux qui désirent faire une escale sur la route du nord ou s'offrir une petite pause de farniente sur la plage.

Adresses utiles

■ ***Office de tourisme municipal :*** *dans un kiosque sur la plaza Carlos Condell surplombant le paseo qui descend vers le port. ☎ 52-253-57-61. • caldera.cl • Tlj 9h-23h (19h en hiver).*

■ ***Argent, change :*** quelques ***distributeurs d'argent,*** comme celui de la *BCI* sur la place principale, celui de la *Banco del Estado* dans Gallo ou dans le supermarché *Unimarc,* à l'angle de Edwards et Cousiño.

■ ***Compagnies de bus :* Pullman Bus** *(angle Gallo et Cousiño ; • pullmanbus.cl •) et* ***TurBus*** *(Gana, 241 ; • turbus.cl •).* Bus quotidiens reliant Santiago et les villes du Nord.

Où dormir ?

Bon marché (jusqu'à 50 000 $Ch / env 55 €)

Hotel Montecarlo : *Carvallo, 627.* ☎ *52-231-53-88.* • *hotel-montecarlo.cl* • *À côté de la place. Doubles 40 000-45 000 $Ch, petit déj inclus.* Autour de la pelouse d'un joli patio où glougloute une fontaine, une trentaine de chambres agréables et proprettes dont des familiales, toutes avec salle d'eau privée, TV, ventilo et minibar. Tranquille et accueillant. Petit resto à l'entrée.

Hotel Costa Fósil : *Gallo, 560.* ☎ *52-231-64-51.* • *costafosil.cl* • *Doubles env 40 000-45 000 $Ch, petit déj et parking inclus.* À 2 pas de la place centrale, une sorte d'assemblage de bois, avec des passerelles et une terrasse. De grandes fresques ornent les murs. Une trentaine de chambres pas bien grandes mais correctes, toutes avec une douche-w-c et la TV. Si vous le pouvez, réservez la nº 123, qui donne sur la terrasse avec une vue sur le port. Également des familiales pour 3 à 7 personnes. Fait resto au dîner.

Où manger ?

À Caldera

Terminal Pesquero : *bon marché.* Sur le quai des pêcheurs, quelques stands pour profiter de la pêche du jour : *empanadas* et fritures de fruits de mer.

El Macho : *sur la playa Brava, à 300 m au nord de l'ancienne gare des chemins de fer, face à la mer. Tlj 12h-21h. Bon marché.* Une sorte de baraque de pêcheur installée depuis plus de 50 ans, à 400 m à l'écart du port. Si vous aimez les coquilles Saint-Jacques *(ostiones),* vous serez gâté : les rations sont énormes ! Sinon, en général, le poisson frit fait office de plat du jour.

À Bahía Inglesa

El Plateao : *El Morro 756, sur le petit front de mer. 966-77-51-74. Tlj 12h-minuit. De bon marché à prix moyens.* En surplomb de la promenade, c'est la jolie terrasse du secteur (mais vite pleine), avec tables et fauteuils presque les pieds dans le sable, façon branchouille. Tables abritées à l'étage. Bons *ceviches,* salades, *crab pie,* poissons de roche du coin (sinon, poisson d'importation), plus quelques viandes. Également des plats à coloration asiatique. Bonne qualité générale et prix raisonnables.

À voir. À faire à Caldera et dans les environs

À noter, 2 références à la France : le clocher de l'église Saint-Vincent-de-Paul, sur la place principale, dont l'armature fut fournie par la société de Gustave Eiffel, et *avenida Prat,* au sud du port, où trône une statue en hommage à Jacques Cousteau.

Casa Tornini : *Gana, 210. 990-92-42-81.* • *casatornini.cl* • *Seulement en visite guidée, 45 mn ; en espagnol, anglais ou allemand) : à 12h et 20h en été ; 11h et 16h hors saison. Entrée : env 5 000 $Ch/pers pour un groupe de 5 pers.*
On ne s'attendait pas à trouver un musée à Caldera, qui plus est une maison ancienne conservée dans son jus. Cette maison de 10 pièces, âgée d'environ 150 ans, bien sombre de prime abord, fut conçue à Boston, aux États-Unis, avant d'être assemblée ici.
Propriété d'un certain Smith, des chemins de fer, avant d'être vendue au consul anglais, en 1890, puis revendue, en 1907, aux Tornini. Fuyant la famine en Lombardie, cette famille d'immigrants italiens vint exploiter ici une mine d'argent. On peut

voir leurs portraits ainsi que (le lieu étant devenu le consulat italien) le registre qui répertoriait les nouveaux arrivants. Voir aussi le bureau renfermant la calculatrice et la machine à écrire d'époque mais surtout le 1er téléphone de la ville.

Centro cultural Estación Caldera : *au port. Tlj sauf lun mat 10h-14h, 16h-23h. Entrée libre, sauf au musée.* Admirez la belle charpente en bois de cette vaste halle qui servait de terminal ferroviaire pour la 1re ligne (1850) du continent sud-américain la reliant à Copiapó. C'est d'ailleurs quasiment la seule chose intéressante à voir, à moins que vous ne tombiez sur une expo temporaire de qualité...
– Tout au fond, le petit ***Museo paleontológico*** expose, entre autres fossiles, le crâne d'une baleine *barbada* et quelques vieilles pierres *(mar-ven 10h30-14h, 15h30 17h30 ; w-e 10h30-16h, ferié lun ; entrée : env 1 000 $Ch, réduc).*

Bahía Inglesa : *à 6 km au sud de Caldera. Bus et colectivos ttes les 15 mn en été. Petit office de tourisme au pied de l'hôtel* Rocas de Bahia *(tlj 10h-22h en été). Parking payant en front de mer.* Un petit village balnéaire au bord de la baie, vite surchargé pendant les vacances nationales, avec hôtels et restos à touche-touche. Mieux vaut donc filer un peu plus au sud pour découvrir de belles plages de sable blanc, avec par endroits une eau transparente de couleur verte (mais qui reste froide !).

Playa Virgen : *45 km plus au sud, accessible par une piste le long de la côte. Accès et parking payants.* Des agences programment l'excursion depuis Bahía Inglesa. Tranquillité, sable blanc et eaux turquoise bordant la baie en croissant de lune. Un vrai petit coin de paradis, mais qui commence à être bien connu. Quelques *cabañas* pour loger et un seul resto.

CHAÑARAL

13 500 hab.

Une ville minière sans charme, dont le petit centre, pas désagréable mais vite vu, surplombe la grand-route, les gares routières et quelques stations-service. Cela dit, ça peut être une bonne alternative à Copiapó, car elle se situe à l'entrée du magnifique *parque nacional Pan de Azúcar,* qui, lui, en vaut vraiment la peine (pardon, la joie). Un curieux phare de 27 m de haut domine la ville.

➢ ***Liaisons avec Santiago et les principales villes du Nord et du Sud :*** départs quotidiens avec *Pullman Bus* et *TurBus.*

Où dormir ?

À Chañaral, nos adresses se regroupent dans les environs immédiats de *Merino Jarpa,* la rue principale, dans le centre situé en surplomb de la grande route.

De bon marché à prix moyens (35 000-70 000 $Ch / env 40-80 €)

Hotel Aqua Luna : *Merino Jarpa, 521. ☎ 52-254-17-29 ou 35. • aqualunahotel.cl • Doubles env 42 000-45 000 $Ch, avec petit déj.* Sans doute l'hôtel le mieux refait de la ville, avec un patio bien ventilé et très lumineux. Les chambres sont disposées autour de coursives dotées de rambardes. Elles sont un peu petites, mais s'avèrent très mignonnes avec leur parquet flottant et leurs beaux dessus-de-lit. Toutes avec une petite douche-w-c et TV. Salle de gym, service de blanchisserie. Accueil souriant. Seul bémol : l'insonorisation, franchement très faible, entre les chambres...

Hotel Jimenez : *Merino Jarpa, 551. ☎ 52-248-03-28. • hoteljimenez.cl • Doubles env 50 000-65 000 $Ch, pas de petit déj. Parking gratuit.* Dans un hôtel plus qu'octogénaire, autour d'un patio calme, coloré et bien agréable, une quinzaine de chambres avec ou sans salle de bains selon le prix. Attention, il y en a toujours un certain nombre qui sont occupées à l'année.

Où manger ? Où boire un verre ?

De bon marché à prix moyens (5 000-20 000 $Ch / env 5,50-22 €)

Rincón de Atacama : *San Martín, 414. ☎ 52-241-090. Une rue plus haut que la rue principale, à 200 m vers l'ouest. Tlj à partir de 20h.* Une grande salle lambrissée avec un petit air de *saloon* western. Tables nappées et impeccablement dressées. Cuisine apprêtée, salades fraîches, *ceviche*, poissons du jour, grillades, *crab cake*... rien d'ébouriffant, mais un rapport prix-qualité raisonnable.

Aqua Luna – Café Gourmet : *Commercio 432. 998-43-74-11. Lun-sam 17h-22h. Fermé dim.* Dépend de l'hôtel du même nom. Petit bar bien sympathique avec courette à l'arrière. Idéal pour une part de gâteau, un sandwich, une *michelada* ou un bon café.

PARQUE NACIONAL PAN DE AZÚCAR

Magnifique parc national au bord du Pacifique, dont une des entrées se trouve directement à la sortie au nord de Chañaral. Pas mal de monde en été... Et pour cause ! Sur plus de 430 km², un paysage de toute beauté : hautes falaises, immenses plages, oiseaux marins (pélicans, sternes, cormorans, goélands), loutres de mer, otaries, et des collines plantées de cactus. Le parc comprend une partie continentale et quelques îles, dont l'île Pan de Azúcar, qui sert de refuge à plusieurs milliers de manchots de Humboldt, les stars du secteur. Nombreux sentiers balisés qui aboutissent à des points de vue splendides. Possibilité de camper ou de louer des cabanes, plus quelques restos, dans une grande baie abritée où flottent les petites barques en bois. Superbe au coucher du soleil. À ne pas manquer.

LA GRANDE LESSIVE

Sur la route du Pan de Azúcar, vous serez sans doute ébloui par les magnifiques plages de playa Blanca et playa Refugio, dont le sable est d'une blancheur quasi immaculée. Contentez-vous de l'admirer ! Jusqu'en 1990, un canal y amenait les eaux usées de la mine El Salvador. C'est donc la haute teneur en minerais qui lui donne son aspect plus blanc que blanc.

Comment y aller ?

➢ ***En colectivo** ou **en bus :** depuis Chañaral, compter 3 000 $Ch/pers.* Prenez plutôt un *colectivo*, car la navette quotidienne censée fonctionner en été (au départ du terminal *Pullman*) s'avère plutôt aléatoire...

➢ ***En voiture :*** soit, depuis Chañaral, prendre la route C120 (bien fléchée) qui démarre juste en face de la station-service *Petrobras* (après *Copec*) ; soit, si l'on vient du nord, prendre l'accès signalisé à env 45 km au nord de Chañaral.
➢ ***En taxi :*** depuis Chañaral. *Prix : env 30 000 $Ch, pour un A/R et max 4 pers.* Fixez l'heure du rendez-vous pour le retour, mais essayez de ne pas payer en une fois, il n'est pas trop difficile de faire du stop au retour.
➢ ***En stop :*** plusieurs pêcheurs et restaurateurs habitent Chañaral et se rendent le matin à Pan de Azúcar. Se poster le matin sur la route d'accès (face à *Petrobras*).

Infos utiles

– Un site à consulter (traduit en anglais) : • *parquenacionalpandeazucar.org* •
– Résa des billets sur le site • *aspticket.cl* •, puis règlement en espèces *(entrée : env 8 000 $Ch, réduc)* à l'entrée du parc.
– À environ 15 km de Chañaral, un kiosque de la ***Conaf*** *(tlj sauf lun 9h-12h30, 14h-17h)* marque l'entrée du parc national.
– Environ 8 km plus loin, vous arrivez dans une superbe baie face à l'île et composée de la ***playa Soldado*** et de la ***playa Piqueros.*** L'administration de la *Conaf* se trouve en retrait, sur la droite *(janv-fév, tlj 9h-12h30, 14h-18h ; hors saison, tlj sauf lun, jusqu'à 17h30).* On y délivre de bonnes infos, un peu de doc et un plan du parc. Également une petite expo et, à l'extérieur, un *cactárium* présentant les 16 espèces endémiques du parc, dont le cactus *copiapoa* ; cela dit, c'est très vite vu...
– 1 km plus loin, derrière un promontoire rocheux, on débouche sur la ***caleta Pan de Azúcar.*** Elle est bordée de restaurants et de campings. C'est de cette plage qu'on peut rejoindre en barque les abords de l'île aux manchots, à condition que la marée le permette (pas d'excursion à marée haute).
– Dans les campings et à La Caleta, les toilettes et les douches sont payantes. L'eau est rare, elle est acheminée en camion-citerne, faites-en un usage responsable. Seuls les w-c de la *Conaf* sont gratuits (mais pas de douche). Sinon, au retour du parc, possibilité de prendre une douche chaude à la station *Copec* de Chañaral (gratuite si on prend de l'essence).

LA TROISIÈME RÉGION

Où dormir ? Où manger ?

Possibilité de camper sur les plages du parc (voir plus loin). À signaler que celles-ci ne sont pas conseillées à la baignade. Si vous avez une tente, c'est vraiment la solution la plus économique et la plus agréable. 2 types de location : l'*alternativo* (ou *sitio*) est un emplacement nu, alors que le *quincho* désigne l'abri qui fera de l'ombre à votre tente, souvent doté d'un mur de protection contre le vent et d'un barbecue. Quelques *cabañas* assez chics pour les plus fortunés.

⛺ ***Camping Los Yecos :*** *playa Piqueros, dans le virage juste sur le promontoire. ☎ 949-06-93-48. Ouv seulement en saison. Alternativo env 5 000 $Ch/pers, quincho env 6 500 $Ch/pers. Douche (10h30-21h30 seulement) et w-c payants. Sinon, pour les visiteurs, pique-nique et parking payant jusqu'à 19h.* Situé juste en face de l'île, c'est sans doute le moins cher si on est 1 ou 2 à planter la tente, mais le site est tout petit. Seulement 6 *quinchos* avec éclairage, muret et barbecue. Minuscule resto-bar. Assez sommaire.

⛺ ***Camping Caleta Pan de Azúcar:*** *à* ***Caleta,*** *à droite du bureau des bateaux, au milieu de la plage. ☎ 986-64-04-63. Ouv tte l'année. Quincho pour 1-5 pers 10 000 $Ch/pers. Douche et w-c payants.* Un grand site face à la mer, plutôt agréable. *Quinchos* avec ou sans barbecue. Électricité de 21h à minuit, en principe.

Camping & cabañas Pan de Azúcar Lodge : *réception en face du bureau de la Conaf. 998-44-73-75. • pandeazucarlodge.cl • Quinchos env 10 000-12 000 $Ch/pers, cabañas 1-8 pers env 40 000-135 000 $Ch selon saison et nombre de pers.* Étalé sur les plages de Piqueros et Soldado, ce camping abrite une cinquantaine d'emplacements, uniquement des *quinchos,* avec eau potable, douches *(eau froide seulement, tlj 9h30-11h30, 17h30-19h30)* et w-c inclus dans le prix, certes plus élevé qu'ailleurs. C'est surtout le seul endroit où l'on peut louer des *cabañas.* Elles sont vraiment bien aménagées, toutes avec cuisine, électricité solaire et terrasse face à la mer. Location de VTT. Et balades à cheval. Un bon plan si vous en avez les moyens.

Où manger ?

Si vous n'avez pas apporté de vivres, plusieurs restos, ouverts midi et soir en été, proposent des plats de poisson bon marché. Le resto **Gran Pie** (ou *Pie Grande* ; *989-37-30-44*), est de bonne qualité. Cela dit, ***El Changuito*** possède une terrasse donnant sur l'eau qui plaît beaucoup... avec sa *paella marina,* une sorte de soupe de poisson. Reste le 3e, ***Oreja de Pato,*** qui vaut bien les autres. Hors saison, ils se relaient, mais il est plus sûr d'emporter ses provisions de Chañaral...

À voir. À faire

Isla Pan de Azúcar : c'est la grande attraction du parc car l'île abrite une colonie de 5 000 à 6 000 manchots de Humboldt. Sachez qu'ils sont un peu moins faciles à voir de mars à mai et d'août à octobre, les 2 périodes de nidification pendant lesquelles ils se répartissent un peu partout sur le rocher, quitte à grimper au sommet. Mais on les aperçoit quand même... Vous verrez aussi des pélicans par dizaines, des phoques et parfois même des loutres. Pour ne pas perturber les animaux, on ne débarque pas sur l'île. La balade dure environ 1h et le spectacle est vraiment génial. Ne la manquez surtout pas !

➢ *S'adresser au bureau sur la plage de La Caleta. Nombreux départs en janv-fév, surtout le w-e, entre 10h et 18h ; compter entre 5 000 et 10 000 $Ch/pers sur la base de 10 pers min. Hors saison, il y a des bateaux, se grouper avec d'autres visiteurs car, sinon, on facture le bateau entier.*

Plusieurs propositions de rando (voir le plan du parc). Les amoureux de la nature seront à la fête.

Mirador Chico : *à 10 km au nord de la caleta.* Vue superbe sur la côte après une marche d'une heure depuis le parking (2,5 km). Chouette balade à faire à pied au milieu des cactées. On y voit parfois des *guanacos* et des *sorros* (renards gris).

Las Lomitas : *à env 30 km au nord de la caleta.* Si vous êtes en voiture un guide de la *Conaf*

LA BRUME NE COMPTE PAS POUR DES PRUNES !

À Las Lomitas, vous apercevrez sans doute des filets tendus au milieu de nulle part, du moins en apparence... En fait, aussi incroyable que cela puisse paraître, ces filets microfibrés captent la camanchaca, *la brume côtière, afin de récupérer l'eau potable. C'est en effet le seul moyen d'obtenir de l'eau dans cette région désertique. Fort de son succès, ce procédé d'« attrape-brume » s'est même exporté au Pérou, en Équateur et à... Oman !*

peut vous y accompagner, mais ce n'est pas indispensable. C'est toute la partie du parc située sur les hautes collines, couvertes de cactus survivant grâce à la *camanchaca*. Il existe aussi une plate-forme d'observation du paysage à 10 km à pied (quand même !) du parking d'arrivée. Prévoir de l'eau en quantité (pas d'ombre), un pique-nique et de la crème solaire. Récompense à l'arrivée !

LE DÉSERT D'ATACAMA

• Carte p. 180-181

Isolée des principaux foyers économiques du Chili, la IIe Région est la plus vaste du pays et englobe le désert d'Atacama, le plus aride au monde, qui s'étend sur 100 000 km². Par endroits, il n'a pas plu depuis la conquête espagnole...

L'Atacama ? Un monde minéral inhospitalier à perte de vue, qui, dès les rives de l'océan, se révèle comme un univers sans aucune végétation, aux montagnes comme des dunes gigantesques façonnées par les vents. À l'approche des Andes, il est bordé par les volcans aux cônes alignés comme des sentinelles et couverts de neige à la saison des pluies. En grimpant vers l'altiplano, cette terre se pare d'une mosaïque bigarrée aux teintes irréelles avec le blanc des *salares,* le turquoise des lagunes piqueté du plumage des flamants roses.

Au cœur de cette beauté fascinante et irréelle, on découvre, ébahi, au milieu de fantasmagories rocheuses, de mystérieux geysers, des sources thermales, de douces dunes de sable ocre ou de petites oasis verdoyantes. Le sol exsude le sel sous toutes ses formes : flaques cristallisées, nappes ouateuses, concrétions... Un fabuleux silence enveloppe ces espaces sans limites.

Malgré sa sécheresse, le désert d'Atacama n'est pas dépeuplé, et il a révélé la présence d'une occupation humaine très ancienne. Sur la route, témoins solitaires de l'épopée du salpêtre qui chamboula l'histoire chilienne, des ruines de villes fantômes surgissent de nulle part. L'activité humaine de l'Atacama reste essentiellement minière, depuis les villes créées autour des gisements jusqu'aux ports conçus pour l'exportation du minerai. La région fournit au Chili l'une de ses principales ressources, le cuivre. Auquel il faut désormais ajouter une nouvelle ressource montante : le lithium.

ESPÈCE D'*ATACAMATICAN* !

*Après de longues années d'études sur des fossiles mis au jour dans le désert d'Atacama en 2000, les chercheurs ont découvert en 2011 l'existence d'une nouvelle espèce de dinosaure : l'*Atacamatican chilensis. *Un gigantesque herbivore de 8 m de long et de 5 t, doté d'une queue et d'un cou particulièrement longs, avec des gambettes étonnamment fines.*

UN PEU D'HISTOIRE

Les 1ers habitants

À l'origine, plusieurs populations occupent le littoral et la dépression andine. Sur la côte, les *Changos (Camanchacos)* sont un peuple nomade de pêcheurs. Ils utilisent de drôles de radeaux aux boudins de cuir d'otarie gonflés comme des outres, et échangent leur poisson séché avec les villages de l'intérieur contre de la farine de quinoa et de la coca. Pour pallier le manque d'eau, il leur arrive, dit-on, de boire le sang des otaries pour s'hydrater... Cette population s'éteint peu à peu après l'arrivée des Espagnols. À l'intérieur des terres, les *Atacameños (Lickan Antay),* descendants des 1res populations arrivées il y a environ 11 000 ans, ont appris au fil des siècles à domestiquer les animaux (lamas et alpagas), développant un système de transhumance entre la vallée et la *puna,* soit la partie de la cordillère des Andes située entre 3 500 et 4 800 m. L'extraction de pierres semi-précieuses de pigments apparaît vers 1300 av. J.-C., puis le travail du métal et la création d'alliages dans les 1ers siècles de notre ère. Les Atacamènes développent l'agriculture, rendue possible par de savants systèmes d'irrigation, qui récupèrent les eaux de fonte des neiges sur les volcans andins.

Les Incas et les Espagnols

Vers 1450, les Incas dominent la région. Ils ont fondé un empire basé sur les échanges commerciaux et construisent le *chemin de l'Inca,* longue route parsemée de relais *(tambos).* Celui-ci arrive jusqu'au sud de l'actuel Santiago. Après les expéditions armées de plusieurs conquistadores (1536-1540), l'administration espagnole, et l'Église catholique dans son sillage, s'installent, fondant une mission à San Pedro de Atacama. À la fin de la colonie espagnole, il n'existe que quelques centres urbains, tels San Pedro et Chiu-Chiu ; ailleurs, la population ne connaît pas la stabilité. Après l'indépendance des colonies espagnoles, la plus grande partie de la région est englobée dans le territoire bolivien. Un 1er boom économique dû à l'exportation de guano a lieu entre 1840 et 1870 autour du cabo Paquica (vers Tocopilla) et du port de Mejillones.

L'épopée du *salitre* et la guerre du Pacifique

Déjà connu comme engrais avant les Incas, utilisé par les Espagnols comme explosif pour l'extraction des minerais, le salpêtre (littéralement « le sel de la pierre ») va faire la richesse de la région au XIXe s. Les exportations vers les États-Unis et l'Europe (France surtout) démarrent aux environs de 1830, attirant de nombreux aventuriers dans ce *no man's land* désertique. Parmi eux, José Santos Ossa découvre en 1866 un gisement de carbonate de calcium, pour lequel la Bolivie lui accorde une concession exclusive. 2 ans plus tard, il fonde la *Sociedad Explotadora del Desierto de Atacama,* qui vend la moitié de ses droits aux Anglais. L'entreprise prend le nom de *Compañía de Salitre y Ferrocarril* de Antofagasta. Le port, fondé en 1869 à l'initiative du gouvernement bolivien pour organiser son exportation, se développe d'autant plus vite que des mines d'argent sont découvertes dans l'intérieur des terres l'année suivante. Dès 1873, un 1er chemin de fer est inauguré.

Tout se passe bien jusqu'au jour où le gouvernement bolivien décide de taxer les *oficinas* installées sur son territoire. La *Compañía de Salitre y Ferrocarril* refuse de payer. Poussée par les entreprises chiliennes, mais surtout britanniques, l'armée chilienne occupe la région le 14 février 1879. Le Pérou, lié par traité militaire à la Bolivie, entre en scène. C'est le début de la guerre du Pacifique.

Apogée et déclin de l'*oro blanco*

En remportant la guerre du Pacifique, le Chili agrandit considérablement son territoire. Mais surtout, il gagne le monopole mondial du nitrate de potasse... sur lequel il ne manque pas d'imposer rapidement ses propres taxes ! La propriété des gisements passe aux mains des entrepreneurs privés, souvent étrangers et surtout anglais – comme John Thomas North, surnommé le « roi du Salpêtre ». En 1900, introduite à la bourse de Santiago, l'activité est contrôlée à 55 % par

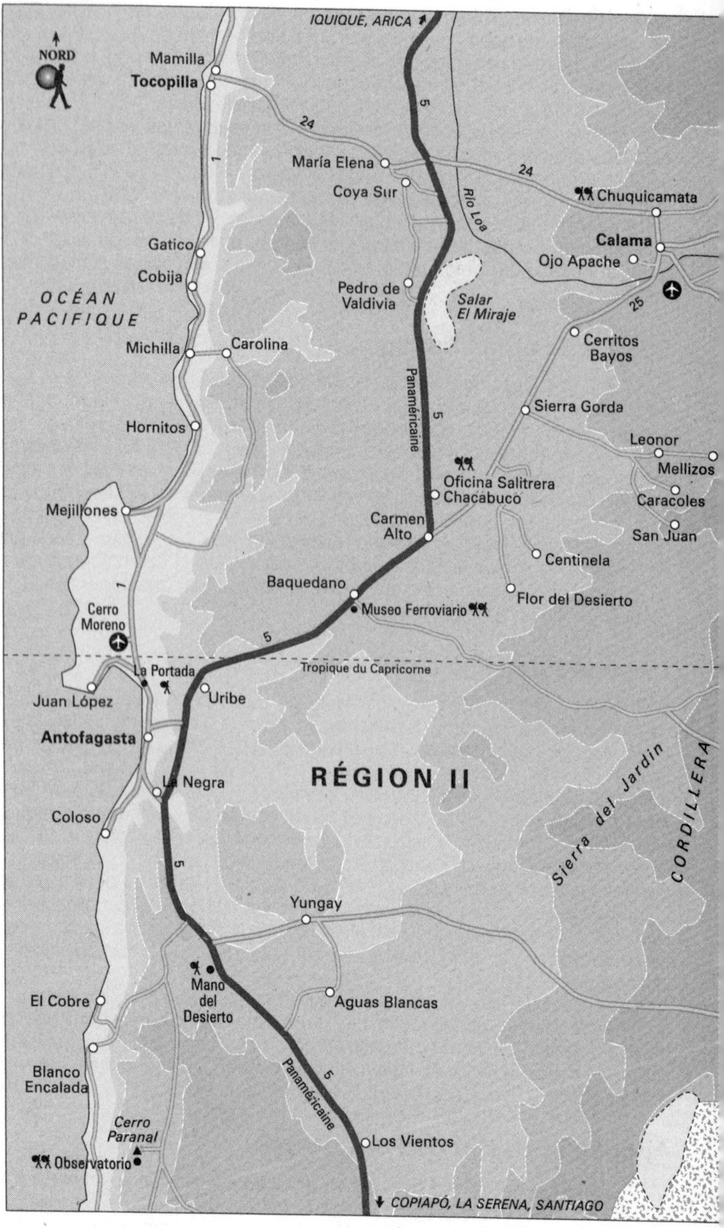
IQUIQUE, ARICA
NORD
Mamilla
Tocopilla
24
1
5
María Elena
Coya Sur
Río Loa
Chuquicamata
Calama
Ojo Apache
Gatico
Cobija
Pedro de Valdivia
Salar El Miraje
25
OCÉAN PACIFIQUE
Cerritos Bayos
Michilla
Carolina
Panaméricaine
Sierra Gorda
Hornitos
Leonor
Mellizos
Oficina Salitrera Chacabuco
Caracoles
Mejillones
Carmen Alto
San Juan
Centinela
Baquedano
Flor del Desierto
Museo Ferroviario
Cerro Moreno
Tropique du Capricorne
La Portada
Juan López
Uribe
Antofagasta
RÉGION II
Sierra del Jardin
CORDILLERA
La Negra
Coloso
Yungay
Mano del Desierto
Aguas Blancas
El Cobre
Blanco Encalada
Cerro Paranal
Los Vientos
Observatorio
COPIAPÓ, LA SERENA, SANTIAGO

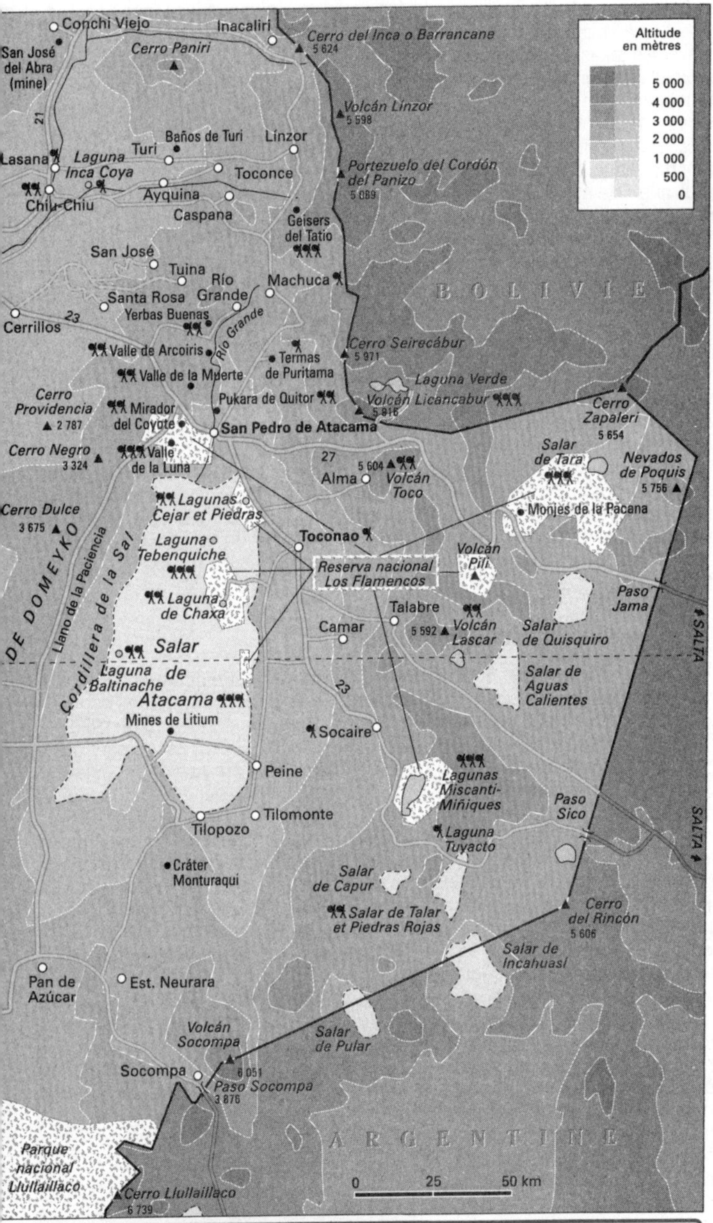

LA RÉGION DU DÉSERT D'ATACAMA

les Britanniques. Le gouvernement chilien se contente de prélever les taxes à l'exportation, générant d'importantes rentrées budgétaires.
Jusqu'en 1930, plus de 200 *oficinas salitreras* sont en activité. Les ouvriers, venus du sud du Chili par dizaines de milliers, connaissent des conditions de travail et de vie très dures. Résultat : le NORD du Chili devient le berceau des 1ers syndicats, des 1res luttes ouvrières et des 1res grèves, qui se heurtent souvent à une répression brutale.

GOD SAVE THE QUEEN

Dans les années 1880, les Anglais débarquèrent dans le nord du Chili. La plupart étaient des ingénieurs des mines et du chemin de fer. Ils formèrent leurs enclaves : Club inglés, Hospital inglés, Colegio inglés... Ils popularisèrent le tennis, le golf et le foot. À Antofagasta, un drôle de Big Ben surgit de la place centrale. Et, à María Elena, le village des mineurs est dessiné sur le modèle de l'Union Jack !

En Europe, durant la Première Guerre mondiale, coupés par le blocus maritime des importations en salpêtre chilien, les Allemands développent grâce à leurs chimistes des procédés de synthétisation d'ammoniac, donnant véritablement naissance aux engrais chimiques. C'en est fini de l'« or blanc » chilien. Seule une entreprise, *Soquimich,* est encore en activité dans ce domaine aujourd'hui, autour de la mine de María Elena. Les autres *oficinas,* abandonnées, ne sont plus que des villes fantômes, que l'on voit aujourd'hui le long de la route Panamericana. Quelques-unes, classées, sont en voie de restauration, comme la poignante Chacabuco et, plus au nord, Humberstone (Unesco). À visiter absolument !

L'économie aujourd'hui

Alors même que le cycle du salpêtre s'achevait, un autre commençait : celui du ***cuivre.*** Des mines étaient déjà connues des peuples précolombiens, mais l'extraction industrielle débuta véritablement dans les années 1915-1920 – à l'initiative, cette fois, d'entreprises nord-américaines. Le Chili est aujourd'hui le ***1er producteur de cuivre*** – avec près d'un tiers de la production mondiale et 200 millions de tonnes de réserves. Et c'est la IIe région qui en produit la plus grande partie.
On y trouve à la fois la mine à ciel ouvert la plus productive au monde, à La Escondida, siège d'une grande grève en 2006 ; et celle dont a été extrait à ce jour le plus grand volume de minerai, à Chuquicamata, avec un « puits » long de 5 km, large de 3 km et profond de près de 1 km. Celle-ci, véritable État dans l'État, était jadis surnommée « Estado Yankee »...
Héritage géologique dû à la tectonique des plaques, la région fournit aussi toutes sortes d'autres ***minerais*** et minéraux : iode (dont le cours a pas mal grimpé), soude, sulfate de soude, nitrate, chlorure et sulfate de potassium, acide borique, molybdène, rhénium, etc. Le *salar* d'Atacama et le *salar* d'Ascotán contiennent respectivement les plus grands gisements connus au monde de borax et surtout de ***lithium,*** véritable « nouvel or blanc » du XXIe s car indispensable pour fabriquer des batteries. Enfin, la pêche représente une activité non négligeable, tout comme le tourisme, surtout concentré autour de San Pedro de Atacama.

LE PLUS LÉGER DES MÉTAUX

Le lithium est un métal mou de couleur blanc argenté qui s'enflamme au contact de l'eau. C'est un excellent conducteur. Il est largement utilisé dans l'industrie comme composant des piles alcalines et des batteries lithium-ion des portables et tablettes. Dans le domaine de la santé, on l'utilise pour soigner les troubles bipolaires.

ANTOFAGASTA

env 360 000 hab.

• Plan p. 185

Brouillonne et populaire, étalée entre les montagnes jaune-brun du désert et l'océan, Antofagasta est la plus grande ville du Nord Chili, la 6e du pays et la capitale de la IIe région. À l'origine, ce petit port bolivien s'appelait Peña-blanca, avant de recevoir son nom définitif en 1871. Après la guerre du Pacifique (1879-1884), Antofagasta se développa très vite, devenant le principal port chilien pour l'exportation du salpêtre. Le tout nouveau chemin de fer, qui s'étendit progressivement jusqu'en Bolivie, stimula alors les échanges, tout en favorisant dès 1912 l'acheminement du cuivre de la mine de Chuquicamata, puis de La Escondida vers le port.

Malgré cette riche histoire, la ville actuelle n'offre qu'un intérêt mineur (ah ! ah !) pour le touriste de passage. Il faut dire que, sortie tout droit du désert côtier, on découvre tout d'abord une ville hérissée de dizaines de hauts buildings à l'architecture cacophonique, cernés de larges boulevards et voies rapides. Heureusement qu'un petit bout de centre, avec sa rue piétonne animée, tire son épingle du jeu et donne un peu de couleur à la ville. Antofagasta peut néanmoins constituer une étape pour ceux qui remontent vers le nord en voiture.

*- **Avertissement :*** le soir, soyez prudent dans tout le centre-ville. Évitez d'arpenter à pied le quartier autour de Condell. Et dès la tombée de la nuit, évitez totalement le quartier de la gare routière.

Arriver – Quitter

Avion

✈ ***Aéroport Cerro Moreno*** *(hors plan par B1)* **:** *à 25 km au nord d'Antofagasta.* • *aeropuertoantofagasta.cl* • Guichets des compagnies de location de voitures et distributeurs de billets dans le hall d'arrivée.

➢ Nombreux vols directs de/vers Santiago avec *LATAM* (• *latamairlines.com* •), *Sky Airline* (• *skyairline.com* •) et *JetSmart* (• *jetsmart.com* •).

➢ ***Pour rejoindre le centre-ville,*** le taxi revient à 17 000-19 000 $Ch ou 8 000 $Ch/pers en formule partagée.

Bus

Attention, gardez toujours un œil sur vos affaires, on signale de nombreux vols à la gare routière.

🚌 ***Gare routière*** *(hors plan par B1)* **:** *av. Pedro Aguirre Cerda, 5750. À 3,5 km au nord du centre-ville.* À part quelques compagnies, tous les bus partent de là. Au rez-de-chaussée, guichets des compagnies, pharmacie et consigne (*custodia* ; 24h/24). À l'étage : départs, distributeurs et *baños* (douches et w-c). En taxi pour le centre, compter 6 000 $Ch.

TurBus possède aussi un bureau dans le centre-ville.

■ ***TurBus*** *(plan B1,* ***1****)* **:** *Latorre, 2751.* • *new.turbus.cl* • *Tlj sauf dim 9h-18h (14h sam).* On y trouve aussi un service de transfert d'argent.

➢ ***Copiapó*** *(trajet : 7h),* ***La Serena*** *(12h)* ***et Santiago*** *(18h)* **:** une bonne quinzaine de départs quotidiens avec les compagnies *TurBus* ou *Pullman Bus.*

➢ ***Valparaíso*** *(18-21h)* **:** 3-4 bus/j. (en fin d'ap-m ou soirée), avec *TurBus* ou *Pullman.*

➢ ***Calama*** *(env 3h)* **:** 1-2 bus/h, 5h30-21h30, avec *TurBus.* Quelques départs aussi avec *Pullman.*

➢ ***San Pedro de Atacama*** *(4-5h)* **:** pas de bus direct, il faut passer par Calama.

➢ ***Iquique*** *(6h)* ***et Arica*** *(11h)* **:** 8 bus/j. avec *Pullman* et 5 avec *TurBus.*
➢ ***Salta*** *(Argentine ; 15h)* **:** avec *Pullman,* 3 bus/sem (lun, mer, ven). Départ vers 4h du mat.

Adresses utiles

Infos touristiques

🛈 ***Sernatur*** *(plan B1)* **:** *au rdc du bâtiment de l'Intendencia 2da Región, Prat, 384. ☎ 55-273-183-10. • sernatur.cl • Lun-ven 9h-18h.* Plan, carte et infos sur la ville et la région.

Banques, change

■ ***Distributeurs d'argent* :** en plein centre, autour de la plaza Colón et dans la rue Prat *(plan B1)*, concentration de banques avec, pour la plupart, un ou plusieurs distributeurs.
– ***Change* :** pour changer euros et dollars, les meilleurs taux se trouvent chez ***AFEX*** *(plan B1,* ***2****)* : *Latorre, 2522, lun-ven 8h30-18h, sam 10h-13h.* D'autres changeurs et ***guichets de transfert d'argent liquide*** *(Western Union, MoneyGram...)* dans le même coin, autour du carrefour de Baquedano et Latorre.

Urgences

✚ ***Hospital Regional Antofagasta*** *(hors plan par B1,* ***3****)* **:** *pasaje Azapa, 5935. ☎ 55-244-21-19.* Hôpital public moderne. Urgences 24h/24 et toutes les spécialités.
✚ ***Clínica Portada*** *(plan A1,* ***4****)* **:** *av. Balmaceda, 2648. ☎ 55-269-42-00.* Privé et en plein centre.

Représentations diplomatiques

■ ***Agence consulaire de France*** *(hors plan par A3,* ***5****)* **:** *18 de Septiembre, 449. Secteur de Playa Blanca, au sud de la ville. 📱 987-38-72-18. C'est aussi le siège de l'Alliance française.*
■ ***Consulat de Bolivie*** *(hors plan par A3,* ***5****)* **:** *Rebecca Matte, 678. ☎ 55-292-87-59. En principe, lun-ven 8h30-13h30.*
■ ***Consulat d'Argentine*** *(plan B3,* ***6****)* **:** *Blanco Encalada, 1933. ☎ 55-222-04-40. Lun-ven 9h-13h30.*

Où dormir ?

Quelques petits hôtels du centre sont encore recommandables, mais si vous en avez les moyens, privilégiez le sud de la ville, plus aéré et plus sécurisé.

■ Adresses utiles

- 🛈 Sernatur (B1)
- 1 TurBus (B1)
- 2 AFEX (B1)
- ✚ 3 Hospital Regional Antofagasta (hors plan par B1)
- ✚ 4 Clínica Portada (plan A1)
- 5 Agence consulaire de France et consulat de Bolivie (hors plan par A3)
- 6 Consulat d'Argentine (B3)

Où dormir ?

- **20** Hotel Símón (A1)
- **21** Hotel Brasil (A2)
- **22** Hotel Parque Brasil (A3)
- **23** Hotel Ibis (A3)
- **24** Hotel Ibis Style (A2)
- **25** Barrio 14 (B2)

Où manger ? Où boire un verre ?

- **30** Terminal Pesquero (hors plan par B1)
- **31** Gargotes du mercado central et El Chico Jaime (B2)
- **32** De Antaño (A1)
- **33** Amares Costafusion (A3)
- **34** Raconto (B1)
- **35** La Maison Antofagasta (A2-3)
- **36** Café del Sol (B2)

Où faire une pause sucrée ?

- **34** Raconto (B1)
- **37** Café del Centro (B1)

Où boire un verre ? Où sortir ?

- **36** Café del Sol (B2)
- **40** Lagerhaus (A3)

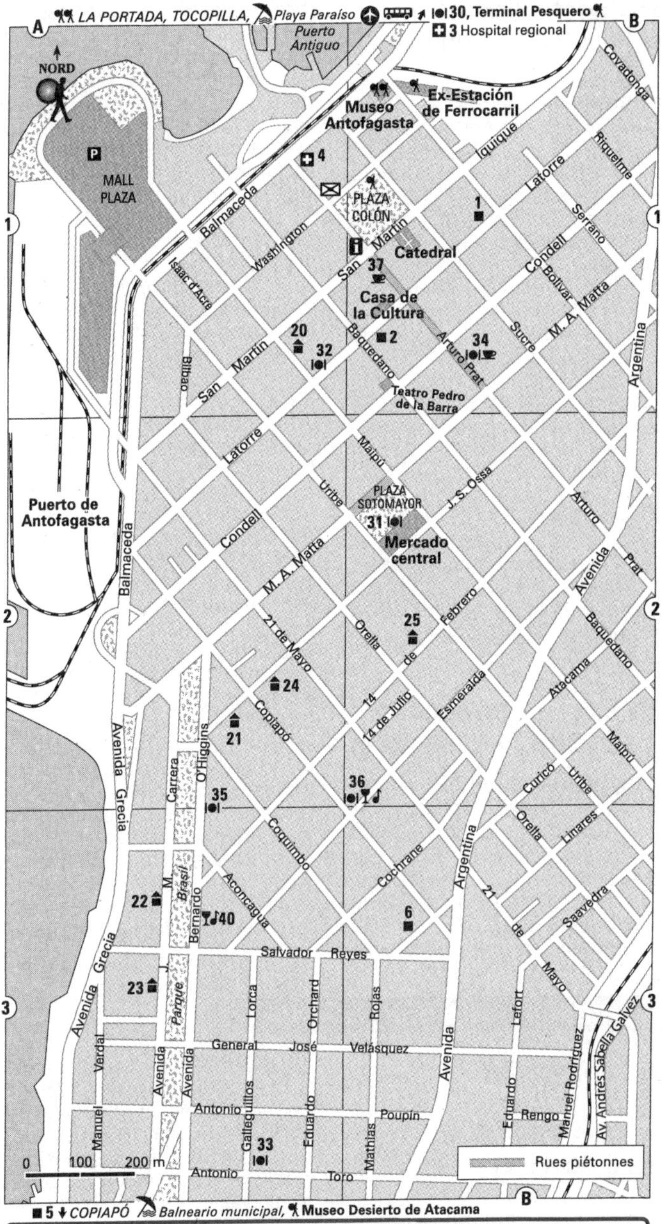

ANTOFAGASTA

Bon marché (moins de 40 000 $Ch / env 45 €)

Hotel Simón *(plan A1, **20**) : Maipú, 425. Réception à l'étage. ☎ 55-293-49-44. 📱 975-21-17-52. • hotelsimon1@hotmail.cl • Doubles env 25 000-30 000 $Ch.* Cette petite adresse centrale aligne, sur 2 niveaux, une vingtaine de chambres avec salle de bains privée. Elles sont toutes intérieures, et de taille modeste, mais très bien tenues et colorées, avec en prime une bonne literie. Pas de petit déj mais thé ou café offert dans le petit *comedor.* Accueil discret et gentil.

Hotel Brasil *(plan A2, **21**) : J. S. Ossa, 1978. ☎ 55-226-72-68. • hotelbrasil.a@gmail.com • Doubles avec ou sans sdb env 27 000-35 000 $Ch, petit déj en sus.* Hôtel offrant une cinquantaine de chambres sans froufrou mais correctes et propres. Presque toutes intérieures, le long de couloirs un peu cliniques, sur 3 étages. Rien de très folichon donc, mais pour les budgets serrés, l'endroit fera l'affaire le temps d'une nuit.

Prix moyens (50 000-80 000 $Ch / env 55-90 €)

Hotel Parque Brasil *(plan A3, **22**) : Jose Miguel Carrera, 1743. 📱 974-34-65-12. • hotelparquebrasil.cl • Double env 70 000 $Ch, petit déj inclus.* Bien située un peu au sud du centre, dans un quartier sûr, voici notre adresse préférée à Antofagasta. Gentille petite structure abritant une quinzaine de chambres fraîches et pimpantes, avec tout le confort de base et une literie bien moelleuse. La plupart donnent sur l'extérieur, et certaines ont même vue sur la mer. Charmant jardin à l'arrière pour le petit déj. Cuisine à dispo. Excellent accueil de la proprio.

Hotel Ibis *(plan A3, **23**) : José Miguel Carrera, 1627. ☎ 55-245-82-00. • all.accor.com • Double env 60 US$ (jusqu'à 90 US$ à certaines occasions), petit déj en sus (moins cher si sélectionné à la résa). Parking gratuit.* Cet hôtel ne déroge pas à la règle des *Ibis* du monde entier : chambres assez petites mais impeccables et très bien équipées. Grand hall avec billard et baby-foot. Le service est pro et il faut reconnaître que le rapport qualité-prix est l'un des meilleurs en ville. Autre avantage : situé dans le quartier des restos. Dans le même style, on signale aussi l'hôtel ***Ibis Style*** *(plan A2, **24** ; José Santos Ossa, 2002 ; ☎ 55-235-27-00. • all.accor.com •)*, un poil plus cher mais tout nouveau et tout confort. Un bon choix aussi donc.

Barrio 14 *(plan B2, **25**) : 14 de Febrero, 2263. ☎ 55-284-48-22. • hotelbarrio14.cl • Double env 65 000 $Ch, petit déj inclus.* Légèrement en dehors du centre, un petit hôtel-boutique, aux chambres modernes pas bien grandes mais tout confort. Déco un peu aseptisée, mais agréable et claire. Préférer celles donnant sur la rue (peu passante), les autres ne regardent qu'un étroit puits de lumière. Petit parking en sous-sol (à réserver mais gratuit).

Où manger ? Où boire un verre ?

De bon marché à prix moyens (5 000-15 000 $Ch / env 5,50-17 €)

Terminal Pesquero *(hors plan par B1, **30**) : Aníbal Pinto. Tlj 7h30-17h (18h ven-dim). Compter 4 000-8 000 $Ch (plus pour certains plats).* Dans le marché aux poissons, au bord du minuscule port de pêche, une bonne vingtaine de gargotes simples et populaires transforment la pêche du jour en *ceviche, empanadas, sopa marinera,* etc. À dévorer sur place ou à emporter.

Gargotes du mercado central *(plan B2, **31**) : J.S. Ossa. Tlj 7h-20h (17h dim). Menus env 4 000-5 000 $Ch.* Pas mal de petits restos bon marché à l'intérieur et même juste à l'extérieur, avec quelques terrasses jouant à touche-touche côté place. N'hésitez pas à jeter un coup d'œil dans les assiettes avant de vous décider... Quelques échoppes de jus de fruits frais également.

|●| ***El Chico Jaime*** *(plan B2,* ***31****) : au mercado central, J.S. Ossa, au 1*er *étage (local 115). ☎ 55-222-74-01. Tlj sauf dim 9h-17h. Menu déj 7 000 $Ch ; plats 9 000-14 000 $Ch.* Si les petits restos du rez-de-chaussée du *mercado central* (voir ci-dessus) ne vous disent rien, montez donc à l'étage. Ici, le cadre est un peu plus chic, décoré d'objets hétéroclites (scaphandre, vieilles horloges, armes, gouvernail), presque digne d'un marché aux puces. Dans l'assiette, des soupes et des *empanadas,* mais surtout des poissons et fruits de mer, et aussi quelques viandes.

|●| ***De Antaño*** *(plan A1,* ***32****) : Latorre, 2431. Tlj sauf dim 12h-20h. Menu du jour env 6 500 $Ch ; plats 9 000-13 000 $Ch.* Maison de 1929 exhibant une belle hauteur de plafond : vieux parquet, tables et chaises taillées dans du beau bois. À fréquenter pour l'avantageux menu de midi. Sinon, quelques plats à la carte genre *pastel de choclo, ceviche,* poisson frit. Bons produits à la cuisson maîtrisée.

De prix moyens à un peu plus chic (10 000-25 000 $Ch / env 11-28 €)

|●| ***Amares Costafusion*** *(plan A3,* ***33****) : Antonino Toro, 995 ; angle Lorca (parallèle à O'Higgins). ☎ 55-292-23-76. Tlj sauf dim 13h-15h ; 19h30-23h. Plats 13 000-17 000 $Ch.* Le cadre fait la part belle au design un poil sobre : murs de béton brut, carrelage sombre et tables en bois. Parfait pour déguster la superbe cuisine péruvienne-fusion (le chef est de Lima), qui se traduit par des plats du genre lasagne au *chupe de camarón,* porc piquant sur purée de maïs ou risotto de thon... Bonne atmosphère branchée, service pro et, surtout, l'une des meilleures tables de la ville dans cette catégorie, tout simplement !

|●| ***Raconto*** *(plan B1,* ***34****) : Prat, 645. ☎ 55-259-41-81. Service en continu tlj 9h-20h (10h-17h30 dim). Petit déj et sandwichs env 7 000 $Ch ; plats 8 000-18 000 $Ch.* C'est un peu l'adresse à tout faire, idéalement située dans la rue piétonne, avec une terrasse pour les adeptes du grand air et une salle de style brasserie. Au menu : 3 formules de petit déj, toutes sortes de cafés, pâtisseries, sandwichs élaborés avec des produits frais, pâtes, pizzas, salades copieuses et des viandes ou poissons grillés. Pour finir, glaces artisanales de qualité.

|●| ***La Maison Antofagasta*** *(plan A2-3,* ***35****) : General Bernardo O'Higgins, 1846. 📱 988-03-83-48. Tlj sauf dim 13h-16h, 18h-23h30. Plats env 12 000-16 000 $Ch.* Le nom a une consonance familière, et la déco est sympa : un patio couvert garni de plantes et de tables en bois clair, avec murs de brique et fresque végétale. On y boulotte de bons petits plats internationaux, voire fusion : saumon à la crème d'agrume, côte de porc au *chimichurri,* risotto jaune aux crevettes et même un bœuf bourguignon (nationalité du patron oblige !). Également des salades, tapas et autres plats à partager. Gentille ambiance, doucement animée. Un bon choix pour le dîner.

|●| 🍷 ♩ ***Café del Sol*** *(plan B2,* ***36****) : Esmeralda, 2013 (à l'angle de Copiapó). Mar-sam 19h-1h (3h ven-sam). Fermé dim-lun. Sandwichs et plats à ts les prix : 5 000-20 000 $Ch. Concerts à partir de 22h30 (entrée payante : 4 000 $Ch).* Petite salle de resto à la lumière tamisée et à la déco hétéroclite. Au menu, un peu de tout : *tablas* à partager, salades, viandes grillées et, parmi les spécialités, le sandwich de poisson, le *pastel de jaiba* (gâteau de crabe) et la *chorrillana* (plat de viande aux oignons)... à arroser de *borgoña* (vin à la fraise) ou d'un large choix de cocktails et d'alcools. N'hésitez pas, ensuite, à rester jusqu'à l'heure du concert, qui se donne sur un bout de scène, pour profiter d'improbables rythmes andins.

Où faire une pause sucrée ?

Café del Centro *(plan B1,* ***37****)* ***:*** *Arturo Prat, 482. Lun-ven 9h-19h30, sam 10h-16h30.* Dans la rue piétonne la plus agréable de la ville, un café qui étale sa terrasse. Parfait pour une petite pause et siroter un bon café ou un jus de fruits fraîchement pressé, tout en prenant son temps. On peut aussi y grignoter un bout de gâteau ou un sandwich.

Raconto (plan B1, **34**) **:** *Arturo Prat, 645. ☎ 55-259-41-81. Service en continu tlj 9h-20h (10h-17h30 dim).* On y déjeune (voir « Où manger ?... »), mais on peut aussi y prendre un verre, un gâteau ou une bonne glace artisanale.

Où boire un verre ? Où sortir ?

Au centre-ville, l'animation chute à la tombée du jour, et c'est plus au sud que migrent les oiseaux de nuit. Si vous êtes en ville en fin de semaine, vous pouvez aller traîner vos guêtres vers l'avenue República de Croacia, ou le long du front de mer, près du ***Balneario municipal,*** plagette en arc de cercle bordée de terrains de sport. On y trouve plusieurs bars branchés et quelques boîtes. Il suffit d'ouvrir l'œil... et les oreilles !

Lagerhaus *(plan A3,* ***40****)* ***:*** *General Bernardo O'Higgins, 1730. 961-38-75-10. Tlj sauf dim 17h-2h (2h30 jeu-sam).* Si vous avez la flemme de trop bouger pour descendre une bibine (ou 2) le soir, cap sur cette brasserie à l'intérieur tout en bois, qui propose une grosse vingtaine de bières au fût : blondes, brunes, rouges, noires... La plupart locales, mais toutes artisanales. Petite restauration aussi, pour éponger tout ça. Rock *en vivo* les jeudi et samedi dès 22h.

Proche du centre aussi, le ***Café del Sol*** *(plan B2,* ***36****)*, resto-*peña* (voir « Où manger ?... ») où se tiennent des petits concerts de musique andine (surtout).

À voir. À faire

Plaza Colón *(plan A-B1)* ***:*** avec des bâtiments banals qui la bordent, cette place est un peu tristounette malgré ses palmiers, son kiosque en fer forgé, ses vasques, sa multitude de bancs, sa *Torre Reloj* (mini-Big Ben offert par la colonie britannique en 1910 !), et ses oiseaux qui piaillent en fin de journée. Profitez-en pour jeter un coup d'œil à la cathédrale, néogothique de la tête aux pieds.

Museo Antofagasta *(plan B1)* ***:*** *Bolívar, 250 (à l'angle de Balmaceda). ☎ 55-222-25-55. • museodeantofagasta.gob.cl • Mar-ven 9h-17h, w-e 11h-14h. Fermé lun. GRATUIT.* Face aux anciens docks, l'ancien bâtiment de l'*aduana* (1868) flanqué de galeries de bois sur son pourtour a été aménagé en un musée sur ***l'histoire de la région,*** avec des vitrines à l'éclairage savamment tamisé, sur fonds noirs. Au rez-de-chaussée, sections consacrées au milieu naturel, à la préhistoire (silex, armes, art rupestre) et à l'arrivée des Espagnols. Des objets intéressants illustrent la période s'étendant de 1000 av. J.-C. à l'an 600 : céramique, pipes et hameçons en pierre, vieilles sandales, de la vannerie et même 2 couvre-chefs, dont l'un coiffé de plumes. Au 1er étage, on découvre l'histoire d'Antofagasta et de la région aux XIXe et XXe s, rythmée par les exploitations successives du guano, du salpêtre, de l'argent, puis du cuivre. Gravures, photos et maquettes d'une usine de salpêtre et du port. Évocation de la guerre du Pacifique au temps où Antofagasta appartenait à la Bolivie. Enfin, section sur l'immigration à Antofagasta : britannique mais aussi argentine, péruvienne, bolivienne... et l'histoire urbaine plus récente, avec une mosaïque de photos d'habitants d'aujourd'hui.

Ex-Estación de Ferrocarril – Museo del FCAB *(plan B1)* ***:*** *face au Museo regional. Ne se visite pas.* Ce vieux bâtiment de style néoclassique peint en vert bouteille abritait la gare et le siège de la compagnie de chemin de fer qui reliait La Paz à la côte et qui a contribué à faire la richesse d'Antofagasta en acheminant le précieux minerai destiné à l'exportation. À travers les grilles, jetez un coup d'œil aux vénérables wagons et locomotives à vapeur exposés dans la cour.

Terminal Pesquero *(hors plan par B1)* **:** Aníbal Pinto. C'est le marché aux poissons d'Antofagasta, planté au bord de la mer sur la darse nord-ouest du *Puerto Antiguo,* et fréquenté par les pélicans (mais pas seulement !). On peut y manger (voir plus haut). Du quai, coup d'œil aux bateaux de pêcheurs colorés et au vieux ponton rongé, le ***muelle salitrero*** (aménagé en promenade) à partir duquel était chargé le salpêtre.

Ruinas de Huanchaca – Museo Desierto de Atacama *(hors plan par A3)* **:** av. Angamos, 01606 (dans le prolongement de l'av. Carrera). 936-56-44-09. • ruinasdehuanchaca.cl • À env 5 km au sud du centre-ville, dans le parque cultural Huanchaca, face au Casino Enjoy. *Tlj sauf lun 10h-18h. Entrée : 2 000 $Ch ; réduc.* Un musée moderne joliment posé au pied des étonnantes ruines (qui ne se visitent pas) de l'ancienne compagnie minière bolivienne de Huanchaca, qui ressemble curieusement à une pyramide mexicaine. Elle date de 1892, et était destinée à traiter les minerais d'argent provenant des mines boliviennes. Pas de bol, 10 ans plus tard, l'installation dût fermer en raison de la baisse du cours de l'argent sur le marché mondial (et aussi à cause d'importantes inondations survenues dans les mines de Bolivie)... Belle image que cette modernité posée au pied du passé, et quel télescopage avec le casino juste en face !
Le musée lui-même flotte un peu dans ses grands habits. Il présente, à travers 5 salles alignées dans un vaste hall, la formation géologique de la région (expliquée par la tectonique des plaques), la composition des sols du nord du Chili (milieu salin par excellence, très riche en ressources minérales), mais aussi l'histoire humaine et minière du désert d'Atacama. À voir sous les vitrines : de très beaux exemples de minéraux (lazurite, fleurs de soufre, ammonites du jurassique, *crisocolas* d'un bleu-vert tendre, cuivre élégant), des fossiles (énormes dents de mégalodon, ces requins géants préhistoriques qui pouvaient faire 18 m de long !), des vestiges précolombiens des différentes peuplades, outils de mineurs... Dans la dernière salle, l'histoire de l'univers et évocation des observatoires chiliens.

MARS ATAC(AMA) !

Dans la galerie du musée du Désert est garé le Nomad, massif robot sur roues de 780 kg et 2 m de haut, conçu par la NASA. Une drôle de bestiole qui fut testée dans le désert d'Atacama, ce dernier étant considéré comme le milieu naturel... le plus proche de la planète Mars.

Les plages

Rien d'exceptionnel (ni même de naturel !). Ne venez pas à Antofagasta pour ça ! Le *Balneario municipal (hors plan par A3),* à 3 km au sud du centre, est la plage la plus populaire et la plus facile d'accès (on y va en taxi ou en *colectivo*). L'anse est protégée par une digue et les parasols pullulent.

DANS LES ENVIRONS D'ANTOFAGASTA

Vers le sud

Observatorio Cerro Paranal – Le Très Grand Télescope *(Very Large Telescope ou VLT)* **:** à 120 km au sud d'Antofagasta et à 2 635 m d'altitude.

☎ 55-243-51-00. • eso.org/public/about-eso/visitors/paranal • Si l'on vient du sud depuis Copiapó, quitter la ruta 5 et prendre la route côtière qui passe par l'agréable petite ville de Taltal. On peut y aller par ses propres moyens (compter env 2h sur une route goudronnée). Avec une agence, c'est vraiment trop cher ! Visite GRATUITE en espagnol ou en anglais (durée : 2h) seulement sam à 10h et 14h (arriver min 30 mn avt sur place). Résa préalable obligatoire par Internet 4-5 j. avt. Attention : les enfants de moins de 4 ans ne sont pas admis.
Voici l'un des plus formidables outils d'observation astronomique actuels, conçu pour ***explorer les galaxies lointaines et les confins de l'univers.*** Ce télescope est le résultat de recherches scientifiques menées par l'ESO, l'Observatoire européen austral, regroupant 15 pays du vieux continent et le Brésil. La pureté du ciel de la région, due à la sécheresse de l'air et à l'absence de pollution lumineuse, avec plus de 320 jours sans nuages par an, explique le choix de ce site haut perché.
À l'intérieur du complexe, un logiciel très performant fournit aux experts une vision des astres d'une incroyable définition. Les images sont 4 milliards de fois plus précises qu'à l'œil nu (on pourrait distinguer un homme marchant sur la Lune).
La ***visite,*** il faut le savoir, est très technique et réservée aux seuls passionnés. Après un petit film (décevant), on accède en convoi au sommet de la colline dans son propre véhicule (casque obligatoire), puis on a droit à une visite de l'intérieur de l'un des bâtiments contenant un des miroirs géants. Explications sur le fonctionnement du complexe, mais ne vous attendez pas à pouvoir jeter un coup d'œil vers le ciel étoilé : la visite se fait en plein jour et les observations du ciel, la nuit. Dans le bâtiment de la salle de contrôle, les écrans restent désespérément noirs et les seuls clichés à se mettre sur la rétine sont les photos épinglées dans les couloirs. Pour la petite histoire, le lieu a servi de cadre à des séquences du film James Bond, *Quantum of Solace.*
En 2010, l'ESO a choisi le *cerro Armazones,* à 20 km du VLT, pour y implanter le E-ELT *(European Extremely Large Telescope),* d'un diamètre de... 88 m. Il devrait être opérationnel en 2027. L'un de ses objectifs sera la recherche et l'observation d'exo-planètes offrant des conditions compatibles avec l'émergence de la vie. Rien que ça.

🚶 ***Mano del Desierto :*** *à 75 km au sud d'Antofagasta sur la Panamericana.* Vous passerez devant si vous remontez par la route de Copiapó et Chañaral. C'est une gigantesque main en pierre haute de 11 m, bâtie en ferrociment... Les Chiliens adorent.

Vers le nord(-est)

🚶 **La Portada :** *à 20 km au nord d'Antofagasta, en direction de l'aéroport (fléché Portada). Difficile d'y accéder en transport en commun.* Dans une zone protégée, un énorme rocher cerné par les flots et sculpté par la mer en forme d'arche. C'est le symbole de la ville, à observer depuis un promontoire dominant l'océan (à cause des risques d'effondrement, on ne peut pas descendre sur la plage). L'endroit ne manque pas de charme, avec ses falaises sableuses, sculptées par le vent, et on y fait halte sans déplaisir si on passe à proximité (mais on ne fait pas le détour exprès). Petite cafétéria sur place.

🚶🚶 « ***Museo*** » ***ferroviario de Baquedano :*** *à 72 km au nord-est d'Antofagasta sur la route de Calama. Espace à ciel ouvert d'accès libre. Suivre les maigres panneaux Ferronor.* Baquedano est une bourgade poussiéreuse perdue en plein désert, où l'on conseille de faire une petite halte si vous passez à proximité. Le site était à la glorieuse époque du salpêtre un ***nœud ferroviaire*** de 1re importance. S'il l'est nettement moins aujourd'hui, il subsiste quand même une sorte de gare de triage par laquelle des trains de marchandises et quelques enfilades de wagons-citernes transportant de l'acide sulfurique continuent de transiter. Pour trouver le lieu (peu d'indications), chercher le grand édifice en demi-cercle, en bois et tôle. À l'intérieur, on découvre un ensemble de rails disposés en étoile et son système de guidage sur lesquelles sont posées d'antiques locomotives à vapeur, qui donnent à l'ensemble un petit air de films à la Sergio Leone – *Mad Max* y aurait aussi eu toute sa place. Rien de particulier, non, mais une atmosphère photogénique si vous bénéficiez d'une jolie lumière, et un charme décadent indicible.

– ***À signaler*** pour ceux qui voudraient rejoindre San Pedro de Atacama depuis Baquedano sans passer par Calama, il y a une route tout à fait praticable qui part vers l'est et rejoint, après 220 km, Peine (au sud de San Pedro).

Oficina salitrera Chacabuco : *à 106 km au nord-est d'Antofagasta. Sur la route pour Calama, au niveau de la station Copec, prendre à gauche la Panamericana vers Iquique/Arica ; le site se trouve 4,5 km plus loin, sur la droite. Tlj 9h-18h (19h en été). S'il n'y a personne à l'entrée, sonnez la cloche, le sympathique gardien n'est pas loin ! Entrée : env 2 500 $Ch ; réduc. Brochure détaillée en français (payante) avec plan.*

« ENTRE LES MURS »

Durant l'année qu'ils passèrent enfermés à Chacabuco, après le coup d'État de Pinochet, les prisonniers politiques s'organisèrent un semblant de vie. Des cours étaient donnés dans l'ancienne école – sauf d'histoire et de philosophie, matières proscrites par les autorités –, un cercle d'astronomie fut formé, ainsi qu'une équipe de foot qui affronta les matons en match « amical ».

Se balader dans les rues de cette ville fantôme, ***ancien camp de travailleurs puis de prisonniers,*** perdu en plein désert, procure une sensation étrange. Les vents s'engouffrent dans les maisons éventrées, où vécurent en autarcie jusqu'à 5 000 personnes vers 1910, quelques décennies après la découverte d'un gisement de salpêtre naturel. La production culmina à 180 000 t de nitrate et 900 quintaux d'iode, mais la mise au point par les Allemands du salpêtre de synthèse dans les années 1920 et la « grande dépression » des années 1930 firent chuter les ventes, jusqu'à l'arrêt complet du site en 1938.

Même si la « ville » comprenait un hôpital, un hôtel, un théâtre, une église, un gymnase, un marché et des terrains de sport, les conditions de travail étaient très dures : horaires intensifs, chaleur accablante, accidents fréquents et salaires dérisoires – et encore, ici, étaient-ils payés en argent sonnant et trébuchant, plutôt qu'en *fichas* (qui ne pouvaient s'échanger que dans les magasins de l'entreprise), le système de rémunération en vigueur dans toute la région jusqu'au début du XXe s...

Déclaré Monument national en 1971, le site, d'une quarantaine d'hectares, fut aussi utilisé comme camp de prisonniers politiques en 1973-1974, sous la dictature de Pinochet. Il y eut ici environ 1 500 prisonniers, entassés à 9 par cellule, et, officiellement, un seul mort, un syndicaliste, qui se serait pendu. On peut voir ce qu'il reste de sa cellule. Ce camp est évoqué dans le film *Nostalgie de la lumière* (2010), de Patricio Guzmán.

Le site, bien qu'aujourd'hui dégradé, conserve entière sa valeur de témoignage historique. On distingue ***2 secteurs*** : l'un industriel et l'autre résidentiel, avec sa place, les maigres vestiges de 2 églises, le marché, l'école, l'hôpital et l'étonnant théâtre. En haut de celui-ci (on peut y monter), de poussiéreuses vitrines abritent une petite expo d'objets hétéroclites. Sur la place, notez les 3 arbres sculptés par des prisonniers politiques et, dans la partie résidentielle, la cellule dans laquelle des prisonniers ont façonné un retable à même le mur, reproduisant l'église et le village de Chacabuco (pas facile à trouver, s'aider du plan). Depuis, des visiteurs ont laissé des messages sur les murs, l'un d'eux dénonçant en substance « l'armée torturant et tuant le peuple, en oubliant qu'elle est née du peuple ».

Sachez que bien d'autres *oficinas salitreras* en ruine émaillent la région. Parmi celles-ci, on peut visiter *Pedro de Valdivia,* abandonnée en 1996 seulement, à l'ouest de la Panamericana, en direction d'Iquique et du nord. Et, si vous allez en direction de Calama, jetez un œil en passant aux ruines de *Pampa Unión...*

CALAMA

180 000 hab.

• Plan *p. 193*

Paumée à 2 260 m d'altitude au milieu du désert d'Atacama, la capitale minière du Chili ne présente qu'un intérêt limité pour le voyageur. Seul attrait touristique, la visite de l'impressionnante mine de cuivre de Chuquicamata, à 16 km au nord, à ne pas manquer. Calama n'est en fait, pour beaucoup de routards, qu'un point de passage obligé, en bus ou en avion, avant de filer sur San Pedro de Atacama, la perle du désert. C'est aussi la principale occasion de louer une voiture (il n'y a que 1 ou 2 loueurs à San Pedro) avant de partir vers l'aventure.

– **Attention :** on déplore de nombreux vols dans et autour des terminaux de bus. Soyez vigilant, gardez toujours vos affaires près de vous.

Arriver – Quitter

Avion

✈ ***Aeropuerto El Loa*** *(hors plan par A2)* **:** *à env 6 km au sud du centre-ville.* • *cacsa.cl* • Sur place, distributeurs d'argent et loueurs de voitures (voir plus bas « Location de voitures »).

■ Nombreux vols directs de/vers Santiago avec *LATAM (• latamairlines.com •), Sky Airline (• skyairline.com •)* et *JetSmart (• jetsmart.com •).*

➢ ***Pour rejoindre Calama :*** possible en navette avec *Transvip (• transvip.cl •),* compter env 6 000 $Ch/pers ; ou en taxi, env 8 000 $Ch.

➢ ***Transfert en navette pour San Pedro :*** 2 agences assurent ce transfert directement depuis l'aéroport. *Transvip (📱 966-49-39-65 ; • transvip.com •)* et *Transfer Pampa Expedition (📱 952-26-07-25 ; • transferpampa.cl •).* Même prix : env 15 000 $Ch l'aller simple et 26 000 $Ch l'A/R. Il est prudent de réserver à l'avance en haute saison.

Location de véhicules

Toutes les agences de location, locales ou internationales, possèdent un guichet à l'aéroport. Si vous comptez explorer l'Atacama, on vous conseille de réserver (suffisamment à l'avance en haute saison) votre voiture à Calama, car il n'y a que 1 ou 2 loueurs à San Pedro (et ils n'ont pas énormément de véhicules). Les agences de Calama disposent de voitures standard (berlines), mais surtout de SUV et de pick-up *(camioneta),* plus hauts de châssis et mieux adaptés au désert si vous venez à la saison des pluies. En saison sèche, une voiture de tourisme « normale » suffit en principe, si vous ne quittez pas les pistes principales.

■ ***Agences de location à l'aéroport :* Avis/Budget** *(☎ 222-95-31-54. • avis.cl • budget.cl •)* ; ***Europcar*** *(☎ 55-257-81-70 ; • europcar.cl •)* ; ***Mitta*** *(☎ 984-39-07-79. • mitta.cl •)* ; ***Salfarent*** *(• salfarent.cl •)* ; ***Econorent*** *(• econorent.cl •)* ; ***First Rent-a-car*** *(• first.cl •).*

Bus

🚌 ***Terminal de buses Calama*** *(hors plan par A1,* ***1****)* **:** le terminal principal est un peu excentré, à env 1,5 km au nord du centre-ville, juste en face du 2963 de Granaderos, à l'angle de Hernan Cortes. C'est de là que partent les bus des principales compagnies *(TurBus, Pullman, Trans Salvador, Andimar Vip,*

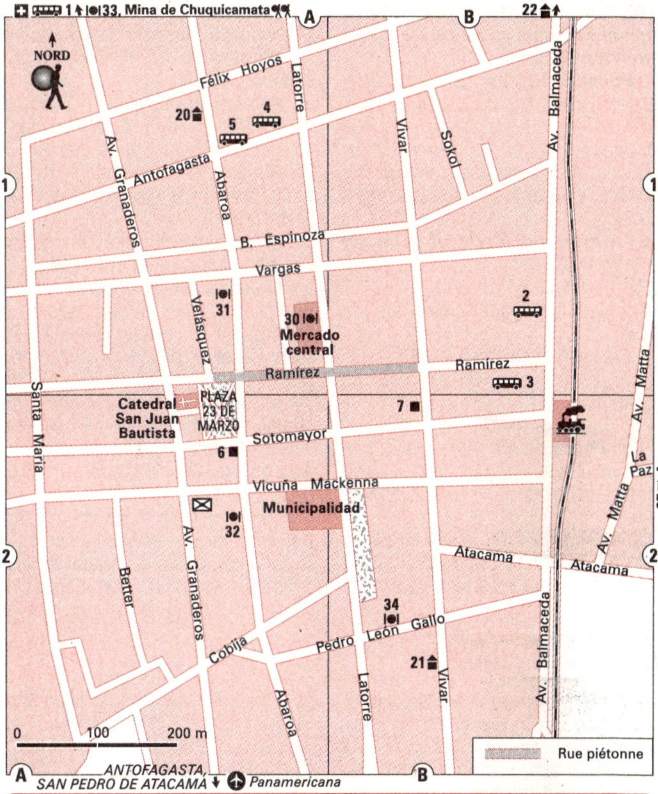

CALAMA

Adresses utiles

- 1 Terminal de buses Calama (hors plan par A1)
- 2 Pullman Bus (B1)
- 3 Terminal TurBus (B1)
- 4 Terminal Frontera del Norte et Cruz del Norte (A1)
- 5 Terminal Atacama 2000 (A1)
- 6 AFEX (A2)
- 7 Moon Valley (B2)

Où dormir ?

- 20 Hotel Aymara (A1)
- 21 Hostal Jallalla (B2)
- 22 Hotel Ibis Calama et hôtel Ibis Budget (hors plan par B1)
- 23 Hotel Borde Loa (hors plan par B2)

Où manger ?

- 30 Mercado central (A1)
- 31 Delfin Verde (A1)
- 32 Pasión Peruana (A2)
- 33 Patagonia (hors plan par A1)
- 34 Alquimia (B2)

Frontera del Norte...), qui disposent par ailleurs, pour certaines, d'un bureau en ville. Pour rejoindre le terminal, prendre un *colectivo* devant la Municipalité. Sinon, taxi *(env 4 000 $Ch)*. Sur place, distributeurs et consigne. On le répète, attention aux vols !

TurBus *(plan B1, 3)* **:** *Balmaceda, 1852. ☎ 55-234-58-83. • turbus.cl • Tlj 8h-22h.* Pour infos et achats de billets. Tous les départs se font du terminal principal mais certains bus s'arrêtent ici aussi.

Pullman Bus (*plan B1,* **2**) **:** *Balmaceda, 1974 et Sotomayor. Tlj 8h-22h. ☎ 55-234-32-40. • pullmanbus.cl •* Les départs se font du terminal principal, mais les bus passent ensuite par le bureau en ville (se le faire confirmer sur place).

Frontera del Norte et Cruz del Norte (*plan A1,* **4**) **:** *Antofagasta, 2046. 988-96-01-69 (Frontera) et 982-24-81-19 (Cruz).* Départs des bus sur place.

Atacama 2000 (*plan A1,* **5**) **:** *Antofagasta, 2088. Tlj 7h-18h.* Départs des bus sur place.

➢ ***San Pedro de Atacama*** (*trajet : env 1h30*) **:** 6-8 bus/j. (7h45-19h30) avec *Frontera del Norte,* et 4 avec *Atacama 2000.*

➢ ***Santiago*** (*21-23h*) ***et les villes du Sud* :** au moins 10 bus/j. (8h30-22h) avec *TurBus* ou *Pullman.* Compter 8-9h de route pour *Chañaral,* 10h pour *Copiapó,* 15-16h pour *La Serena.*

➢ ***Valparaíso*** (*23h*) **:** 1 bus/j. avec *TurBus,* vers 20h.

➢ ***Antofagasta*** (*env 3h*) **:** 1-2 départs/h (5h30-22h) avec *TurBus. Pullman* et *Tarapaca* proposent aussi des bus.

➢ ***Iquique*** (*env 6h*) **:** min 8-10 bus/j. avec *Pullman, Tarapaca* et *Kenny Bus* (entre autres).

➢ ***Arica*** (*env 8h*) **:** min 6 bus/j., avec *Pullman, Tarapaca* ou *Kenny Bus.*

➢ ***Liaisons avec l'Argentine*** (*Jujuy, 9h ; Salta, 11h*) **:** 3 départs/sem (en principe les lun, mer et ven) avec *Pullman.* Réserver bien à l'avance car les places sont limitées.

➢ ***Liaisons avec la Bolivie* :** pour **Uyuni,** 1 bus/j. (à 5h30) avec *Cruz del Norte* (terminal en ville, voir plus haut), ainsi qu'avec *Trans Salvador (au terminal de bus ; 942-43-08-70 ; • trans-salvador.com •),* vers 6h. Trajet : min 8h. *Trans Salvador* assure aussi 1 liaison/j. de Calama vers **Oruro** et **Cochabamba,** et 3/sem (lun, mer et ven) vers **Santa Cruz.**

Adresses utiles

■ ***Banques, change* :** en plein centre, dans les rues Latorre et Sotomayor, concentration de banques avec des distributeurs automatiques en façade. Pour le change, aller chez ***AFEX*** (*plan A2,* **6** *; Sotomayor, 2125 ; lun-ven 9h-18h, sam 10h-14h*) ou chez ***Moon Valley*** (*plan B2,* **7** *; Vivar, 1828 ; lun-sam 9h30-20h30*).

✚ ***Clínica La Loa*** (*hors plan par A1*) **:** *Granaderos, 2924. ☎ 600-401-2400 ou ☎ 55-24-24-831 (urgences).*

Où dormir ?

***Attention* :** les petites adresses bon marché de Calama servent souvent d'hôtels de passe...

De très bon marché à bon marché (25 000-40 000 $Ch / env 28-45 €)

⌂ ***Hotel Aymara*** (*plan A1,* **20**) **:** *Abaroa, 2120. Réception à l'étage. ☎ 55-236-07-16. Doubles sans ou avec sdb 30 000-40 000 $Ch, petit déj et parking inclus. CB refusées.* Un petit hôtel d'un bon standing, à proximité immédiate de certaines compagnies de bus. 2 couloirs tout jaunes desservent des chambres intérieures, donc un peu sombres, mais nickel, avec salle de bains pour la plupart. Notre meilleur choix dans cette catégorie.

⌂ ***Hostal Jallalla*** (*plan B2,* **21**) **:** *Vivar, 1478. 961-13-90-97. Doubles sans ou avec sdb 25 000-40 000 $Ch. Pas de petit déj.* Pas d'enseigne, sonner et monter à l'étage, où se trouve la réception. Autre *hostal* économique, proposant 20 chambrettes le long de 2 couloirs rose fuchsia, la plupart avec salle de bains à partager. Elles sont petites (et intérieures) mais très bien tenues. Cuisine commune et petite terrasse donnant sur la rue.

De bon marché à prix moyens (35 000-80 000 $Ch / env 40-90 €)

Hotel Ibis Calama *(hors plan par B1, **22**) : Nueva 2, 1857. ☎ 55-251-54-00. • all.accor.com • Doubles env 50 000-80 000 $Ch, petit déj et parking compris.* Pas très local comme enseigne, on vous l'accorde, mais dans cette catégorie, c'est sans doute le plus recommandable de la ville ! Chambres impeccables et bien équipées, avec en prime une déco moderne sympa et une literie douillette. Agréables espaces communs avec billard et petit bar. À côté, l'hôtel ***Ibis Budget*** *(mêmes coordonnées ; doubles env 35 000-50 000 $Ch, petit déj et parking inclus),* aux chambres plus petites mais moins chères, est également une très bonne affaire !

Chic (80 000-100 000 $Ch / env 90-110 €)

Hotel Borde Loa *(hors plan par B2, **23**) : av. La Paz, 247. ☎ 55-271-88-87 ou 88. • noibordeloa.cl • Véhicule indispensable pour s'y rendre. L'hôtel se trouve en bordure de la circumvalación à l'est de la ville. Doubles env 85 000-98 000 $Ch, avec petit déj.* Ensemble de petits bâtiments bas, en adobe, entourés de plantations de cactées, ce qui donne aux lieux un petit air mexicain. Joli hall d'entrée, avec canapés, cheminée et restaurant, décoré de tissages ethniques. Thématique que l'on retrouve dans la vingtaine de belles chambres tout confort et très soignées, donnant sur une galerie sous claies face au jardin. Les chambres 7 à 12 sont les mieux situées. Tranquillité assurée.

Où manger ?

De très bon marché à bon marché (4 000-8 000 $Ch / env 4,50-9 €)

Mercado central *(plan A1, **30**) : sur Latorre, entre les rues Ramírez et Vargas. Tlj 8h30-18h (17h dim). Menus 3 500-4 000 $Ch.* Un marché couvert très modeste, mais on y trouve quelques petits restos servant des menus d'un rapport qualité-prix imbattable. On conseille l'***Urkupiña II,*** le plus populaire, qui dispose en prime d'un gentil patio à l'arrière. N'hésitez pas !

Delfin Verde *(plan A1, **31**) : Abaroa, 1978. 📱 985-54-53-38. Tlj 7h30-22h. Menu 6 000 $Ch ou plat 3 500 $Ch.* Petite adresse familiale vert pimpant, avec des tables en bois clair qui accueillent leur comptant de travailleurs du coin le midi. Sandwichs, soupes, salades et autres plats mijotés roboratifs et goûteux à prix démocratiques. Au petit déj, essayez la *paila* avec des œufs brouillés. Service enjoué. Pas d'alcool.

De prix moyens à plus chic (10 000-25 000 $Ch / env 11-28 €)

Pasión Peruana *(plan A2, **32**) : Abaroa, 1694. 📱 957-33-87-50. Tlj 12h-21h30. Plats env 10 000-15 000 $Ch.* Certes, le cadre est un peu kitsch (faux gazon et cloisons en bois ornées de peintures andines), mais la petite cuisine péruvienne tient fort bien la route, préparée à la minute et copieusement servie. Attention, pas d'alcool.

Patagonia *(hors plan par A1, **33**) : Granaderos, 2561. 📱 990-51-68-18. Tlj sauf dim 12h-23h30. Plats env 15 000-20 000 $Ch.* Une salle tout en bois patiné, qui cadre bien avec le contenu de l'assiette : des viandes et grillades surtout, plutôt bien faites et bien servies. Bonne atmosphère tranquille, rythmée par un fond musical un peu passe-partout. Une option honorable pour le dîner.

Alquimia *(plan B2, **34**) : Pedro León Gallo, 1948. ☎ 55-236-08-31. Tlj sauf dim 19h-minuit. Plat env 15 000 $Ch.* Grande salle coiffée d'un plafond en bois verni imitant le cuivre, en forme de carène de bateau renversé. Mur couvert d'affiches de voyages et de spectacles et long bar aux étagères remplies de bouteilles. Jolie carte de cuisine un peu fusion faisant la part belle aux produits locaux. Les plats sont bien tournés, sans être réellement gastronomiques. Service stylé. *Pisco sour* mémorable.

DANS LES ENVIRONS DE CALAMA

Mina de Chuquicamata *(hors plan par A1) :* *à 16 km au nord de Calama. ☎ 55-232-21-22. • visitas@codelco.cl • Visite (env 3h) en anglais ou en espagnol lun-ven à 13h. Le bus (env 40 pers) part vers 13h30. Résa obligatoire par tél ou e-mail, à confirmer impérativement la veille. Attention, en hte saison, réserver min 1 sem à l'avance (places limitées) ; sinon, demander à être inscrit sur liste d'attente (il y a souvent des désistements). Entrée GRATUITE, mais dons sollicités pour une association d'aide à l'enfance. Interdit aux moins de 7 ans.*

LE CHOC DU CHE À CHUQUICAMATA

Le 15 mars 1952, le Che et son ami Alberto Granado débarquèrent à la mine de Chuquicamata. Choqué par les conditions de travail inhumaines infligées aux mineurs, le Che eut une altercation avec un contremaître ! On dit que le Che rapporta les faits à Salvador Allende, qui nationalisa la mine une fois au pouvoir. De nos jours, Chuquicamata accueille 40 000 visiteurs par an.

*➢ La **visite** démarre au bureau de la Codelco, situé av. Granaderos, 4025, angle Central Sur, à Villa Ayquina, juste au nord du centre (hors plan par A1). On s'y rend par les colectivos n°s 5, 11, 17 et 65, à prendre devant la municipalité. De là, départ jusqu'à la mine. Pantalon long, chemise à manches longues et chaussures fermées recommandées, et passeport obligatoire. Les visiteurs sont dotés de casques et de gilets orange.*

Déjà connue des Incas, ***cette mine de cuivre à ciel ouvert est la plus grande au monde.*** Elle contient à elle seule 13 % des réserves mondiales connues et dessine un gigantesque cratère ovale de près de 5 km de long, 3 km de large et 900 m de profondeur ! Tout autour, les montagnes ont été comme scalpées, dévorées par les machines. La mine a commencé à être exploitée industriellement en 1915 sous la houlette de la famille américaine Guggenheim, puis dans les années 1920 sous un autre nom par la compagnie yankee *Anaconda Copper.* Sachez que, des décennies durant, seul le dollar avait cours ici ! Le gouvernement de Salvador Allende nationalisa la mine en 1971. Même Pinochet n'osa pas la privatiser à nouveau, elle reste donc aujourd'hui encore gérée par la société d'État *Codelco (Corporación nacional del Cobre de Chile).*

Chuquicamata et la mine jumelle de Radomiro Tomic (à 8 km) emploient près de 8 500 ouvriers pour produire quelque 1 300 000 t de cuivre par an et 13 000 t de molybdène (métal dit « de transition », utilisé dans les alliages). La mine d'Escondida les a détrônées en production annuelle, mais Chuqui reste la mine la plus riche de l'histoire, avec plus de 31 millions de tonnes de cuivre retirés des entrailles de la terre au fil du temps ! Et ce n'est pas fini : pour permettre de produire encore, la compagnie a entrepris une nouvelle phase d'exploitation souterraine. En 2007, le camp de travailleurs de Chuquicamata, devenu une vraie ville, a été fermé pour protéger les travailleurs et leurs familles de la pollution, et tous sont partis s'installer à Calama. Une nouvelle phase d'exploitation a démarré en 2019, avec l'abandon de la mine à ciel ouvert et le début de la production souterraine après le creusement d'un tunnel d'accès de 7,5 km.

Au programme de la ***visite*** (un peu longue) : présentation de la mine (en espagnol et en anglais), volée de chiffres et explications scientifiques sur les différentes sortes de minerais et les phases de transformation pour en séparer les divers composants jusqu'au produit fini sous forme de lingots. Petit tour ensuite dans la ville abandonnée, pour découvrir le kiosque à musique, les jeux délaissés par les mômes et les *ex-voto* dans la grotte en ciment dédiée à la Vierge de Lourdes. Puis promenade en bus à travers les installations et arrêt au bord du « trou » où s'activaient les excavatrices géantes 900 m plus bas.

LES CAMIONS EN CHIFFRES

Ils mesurent entre 7 et 9 m de haut et 12 m de long, et coûtent 4 millions de US$. Leurs pneus ont un diamètre de 3,80 m et leur prix est de 20 000 US$ chacun. Il faut les remplacer tous les 4 mois. Chaque camion transporte jusqu'à 350 t de minerai pour les plus gros d'entre eux. Les moteurs de 3 000 chevaux qui les propulsent engloutissent 120 litres de diesel à l'heure... Pas très écolo, l'extraction de cuivre servant, notamment, à la transition écologique !

SAN PEDRO DE ATACAMA

env 11 000 hab.

• Plan *p. 198-199*

À 106 km au sud-est de Calama, cet adorable gros village aux basses maisons d'adobe se love au cœur d'une oasis clairsemée perdue en plein désert d'Atacama. Ses ruelles en terre, sa petite église pittoresque et sa jolie place ombragée, d'où l'on aperçoit le majestueux volcan Licancabur culminant à 5 916 m, lui confèrent un charme indéniable malgré le développement incessant du tourisme.
Certes, la plupart des maisons familiales de la calle Caracoles ont été remplacées par des restos, agences de voyages et boutiques, si bien que les soirs d'été, la foule s'y fait si dense qu'elle en paraît presque incongrue dans ce petit village... Pourtant, grâce aux communautés autochtones, des règles de vie commune assez strictes ont permis au bourg de conserver son atmosphère tranquille, en cherchant à contenir les effets négatifs du tourisme de masse.
Planté à 2 440 m d'altitude, le village est en effet le point de départ presque obligé pour d'inoubliables virées dans l'immensité du désert et sur l'altiplano : l'envoûtante *valle de la Luna* déchirée par l'érosion, les silencieuses lagunes peuplées de flamants roses du salar d'Atacama et les geysers du Tatio perchés à 4 300 m. Plus haut encore : la Voie lactée, les étoiles semées à l'infini dans un ciel d'une pureté incomparable.

UN PEU D'HISTOIRE

Dès 10 000 av. J.-C., les Atacamènes occupent la région. Ce sont des chasseurs nomades qui, au fil des siècles, apprennent à domestiquer les animaux, développent la transhumance, mettent au point d'ingénieux systèmes d'irrigation pour cultiver les terres et maîtrisent la métallurgie du cuivre et de l'or. Devenant peu à peu sédentaires, ils vivent dans des communautés d'habitat appelées *ayllus* et entretiennent des échanges réguliers avec les populations de l'*altiplano* bolivien et de l'Argentine.
Vers l'an 900 de notre ère, des conflits éclatent, aboutissant à la construction de forteresses nommées *pukaras.* La présence des Incas est plutôt brève et pacifique, faisant du *tambo* de Catarpe le centre administratif de la région. En 1640,

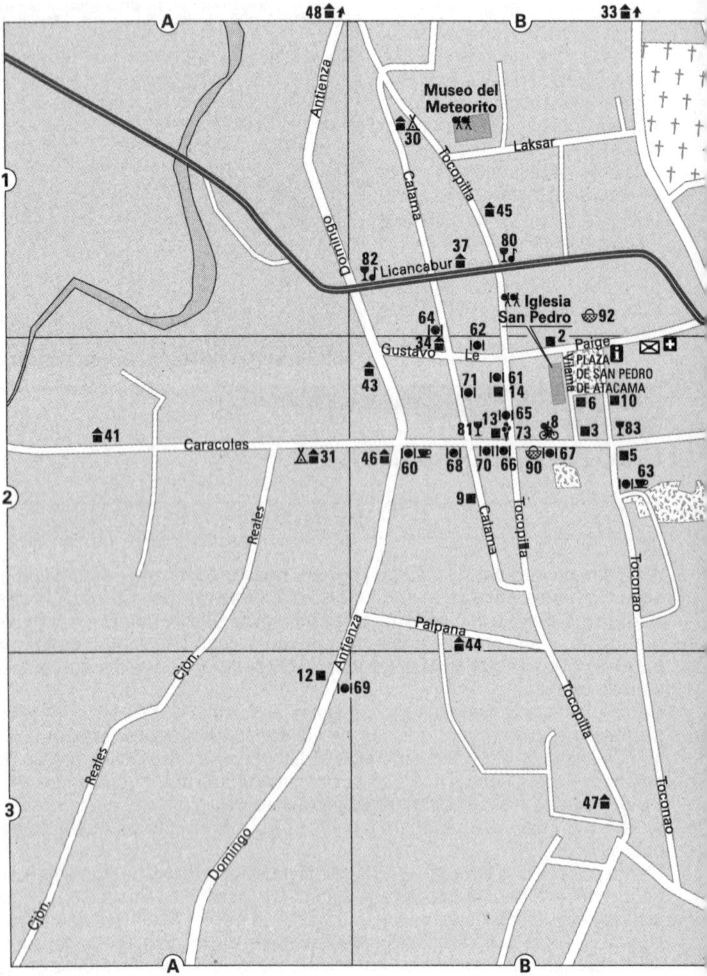

- ▪ **Adresses utiles**
  - Terminal des bus (C2)
  - Sernatur (B2)
  - Centro de Salud Familiar (B1-2)
  - 2 Carabineros (B1-2)
  - 3 Banque BCI (B2)
  - 4 Chilexpress (C2)
  - 5 Farmacia Cruz Verde (B2)
  - 6 Farmacia Fracción (B2)
  - 7 Laverie (C2)
  - 8 Rutas Atacama (location de VTT ; B2)
  - 9 West Rent a Car (B2)
  - 10 Vive Atacama (location de voitures ; B2)
  - 11 Station-service (D2-3)
  - 12 La Marca (balades à cheval ; A3)
  - 13 Horizonte Atacama et Estrella del Sur (B2)
  - 14 Whipala Expedition (B2)
- **Où dormir ?**
  - 30 Casa del Sol Naciente (B1)
  - 31 Takha Takha (A2)
  - 32 Casa Voyage Hostel (C3)
  - 33 Rey Lagarto Hostel (hors plan par B1)
  - 34 Hostal Sonchek (B1-2)
  - 35 Hostal Ayni (C2)
  - 36 Hostal Campo Base (C3)
  - 37 Hostal Camino del Inca (B1)
  - 38 La Casa de los Musicos (C3)
  - 39 Hostal Nuevo Amanecer (C-D2)
  - 40 Hostal Tuyasto (C2)
  - 41 Hostal Caminandes (A2)
  - 42 Hostal Mamatierra (C3)
  - 43 Casa de Mireya (B2)
  - 44 Hostal Elim (B2-3)
  - 45 Hotel Dunas (B1)

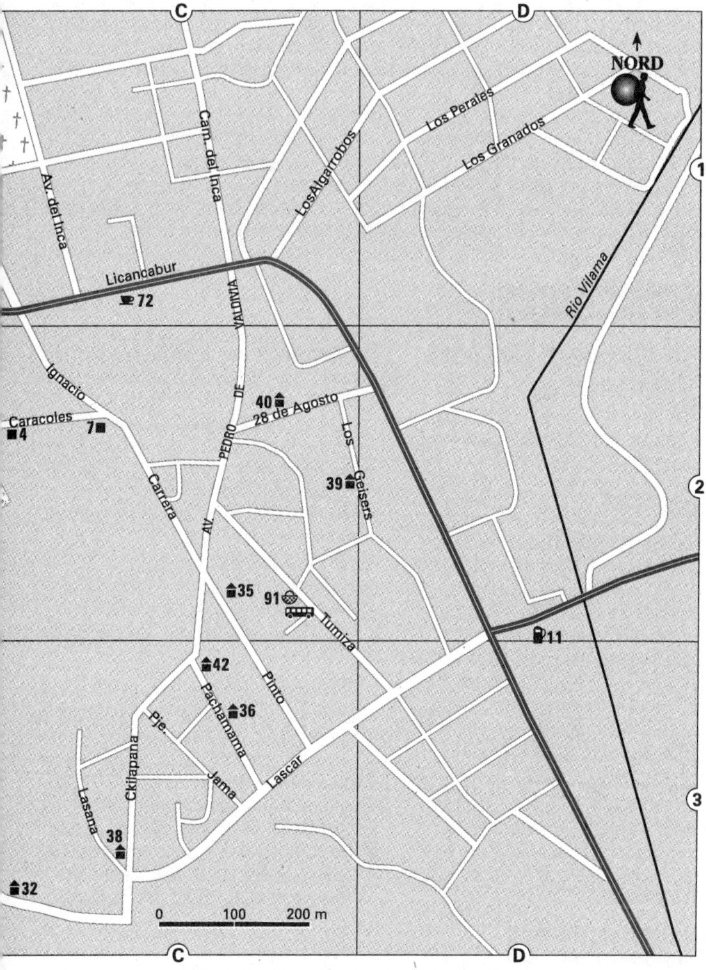

SAN PEDRO DE ATACAMA

46 Hotel Kimal et Poblado Kimal (B2)
47 La Casa de Don Tomas (B3)
48 Hotel Altiplánico (hors plan par A1)

Où manger ?

60 Emporio Andino (B2)
61 La Pica'da del Indio (B2)
62 El Huerto (B2)
63 Roots Café (B2)
64 Las Delicias de Carmen (B1-2)
65 Pizzeria El Charrúa (B2)
66 Casa de Piedra (B2)
67 Tierra Todo Natural (B2)
68 La Casona (B2)
69 Baltinache (A-B3)
70 Casa Adobe (B2)
71 Jardín Meraki (B2)

Où prendre un café ou un petit déjeuner ? Où s'offrir une glace ?

60 Emporio Andino (B2)
63 Roots Café (B2)
72 La Franchutería (C1)
73 Helados artesanales Babulú (B2)

Où boire un verre ? Où sortir ?

80 Barros (B1)
81 Chelacabur (B2)
82 Mal de Puna (B1)
83 Lola (B2)

Achats

90 Manos Andinas (B2)
91 Pueblo de artesanos (C2)
92 Feria artesanal (B1)

sous la conduite de Francisco de Aguirre, les Atacamènes sont écrasés dans un bain de sang. Les troubles durent 17 ans, avant que Pedro de Valdivia n'applique le scénario classique de la colonisation : religion catholique imposée, travail obligatoire, interdiction de la langue *kunza* (atacamène), urbanisation des villages avec construction d'églises...
Au XIXe s, San Pedro renaît grâce à l'importation de bétail argentin à travers la cordillère pour nourrir les ouvriers des mines de salpêtre de l'Atacama.
Aujourd'hui, la bourgade n'a pas fini de se développer, grâce au tourisme, mais aussi au développement de l'ALMA (le site astronomique du plateau de Chajnantor) et de l'axe routier transaméricain par le *Paso de Jama*. Du passé restent les *ayllus*, à travers lesquels les terres agricoles sont administrées par les communautés, qui gèrent également l'eau, l'électricité, l'irrigation et les sites touristiques.

Arriver – Quitter

Avion (depuis l'aéroport de Calama)

Lire la rubrique « Arriver-Quitter », ***transfert en navette pour San Pedro*** à Calama.

Bus

🚌 ***Terminal des bus*** *(plan C2)* **:** *calle Tumiza. À env 800 m au sud-est du centre (à peine 10 mn à pied).* Toutes les compagnies arrivent et partent d'ici. Le grand tableau indique en principe tous les départs du jour, mais mieux vaut vérifier auprès des compagnies. Sur place, de quoi se restaurer (snacks). Quelques artisans aussi dans le *Pueblo des artesanos* attenant.

➢ ***Calama*** *(trajet : 1h30)* **:** en tout, env 12 bus/j. (7h30-18h), avec *Frontera del Norte, Atacama 2000* et *Amanecer.*
➢ ***Toconao*** *(45 mn)* **:** plusieurs bus/j., dont 2 avec *Atacama 2000* et autant avec *Amanecer.*
➢ ***Antofagasta, Iquique*** et ***Arica* :** pas de bus direct, il faut passer par Calama.
➢ ***Vers l'Argentine*** *(Jujuy et Salta, 10h30)* **:** 4 bus/sem (mar et jeu-sam) avec *Andesmar,* vers 7h30 ; et 3 bus/sem (lun, mer, ven) avec *Pullman,* vers 8h30. En été, réserver le plus longtemps possible à l'avance.
➢ ***Vers la Bolivie* :** pas de bus direct, il faut passer par Calama. Sinon, *Estrella del Sur* (voir à la fin de ce chapitre) propose des excursions de 2-3 j. jusqu'à Uyuni.

– ***Remarque* :** les agences de location de voitures n'autorisent pas le passage de la frontière (argentine ou bolivienne) avec leurs véhicules. Si vous avez votre propre véhicule, sachez que le poste-frontière le plus proche est désormais *Hito Cajón,* à 35 km de San Pedro (à l'embranchement de la route vers la Bolivie). L'autre est à *Paso Jama* (frontière argentine), à 157 km de San Pedro.

Adresses utiles

Infos touristiques

ℹ ***Sernatur*** *(plan B2)* **:** *sur la place principale, à l'angle de Toconao et Gustavo Le Paige.* ☎ *55-285-14-20.* • *sernatur.cl* • *En principe, mar-sam 9h-18h. Fermé dim-lun.* Infos sur la région et grand tableau indiquant les accès aux sites à visiter. C'est ici aussi que vous pourrez vous informer sur l'état et/ou la fermeture de certaines routes et pistes en période de pluie et de neige.
– Infos également sur le site : • *sanpedrochile.com* •

■ ***Carabineros*** *(plan B1-2,* ***2****)* **:** *place principale.* ☎ *55-275-53-50. Ouv 24h/24.* Infos sur l'état des pistes, visite conseillée pour un périple dans les environs, surtout après des épisodes pluvieux. Ils disposent en principe des mêmes infos que *Sernatur.*

Argent, change

■ On trouve plusieurs ***distributeurs*** à la banque *BCI* (Caracoles et Vilama ; *plan B2,* ***3***). Un autre à côté de la poste *(plan B1-2)*, ainsi qu'à la station-service *(plan D2-3)*.

■ Également plusieurs ***casas de cambio*** *(en principe, tlj 9h-22h)* dans la rue Toconao *(plan B2)*. Taux un peu moins intéressant que dans les grandes villes de la côte.

■ ***Chilexpress*** *(plan C2, **4**)* **:** *Caracoles, 419A. Lun-ven 9h-13h, 16h-18h ; sam 10h-13h.* Service de transfert d'argent avec ***Western Union.*** Pas de change.

Urgences

■ ***Centro de Salud Familiar*** *(plan B1-2)* **:** *Gustavo Le Paige, 328. ☎ 55-285-10-10 (urgences). Urgences médicales 24h/24, sinon consultations lun-ven 8h-20h. Soins dentaires lun-ven 8h-17h.* Pour des soins sanitaires de base. L'hôpital le plus proche est à Calama.

■ ***Farmacia Cruz Verde*** *(plan B2, **5**)* **:** *Caracoles, 359 (angle Toconao). ☎ 982-17-04-13. Tlj 9h-21h.* Également la ***Farmacia Fracción*** *(Vilama, 425E ; plan B2, **6**)*, qui vend des médicaments génériques.

Divers

■ ***Laverie*** *(plan C2, **7**)* **:** ***Lavandería Tuyacto,*** *Caracoles, 435B. ☎ 996-15-13-57. Tlj 9h-19h.* Prix au kilo.

■ ***Location de VTT*** **:** plusieurs loueurs dans le centre, dont ***Rutas Atacama*** *(plan B2, **8** ; Caracoles, 254 ; ☎ 942-73-85-02 ; tlj 9h15-20h ; compter 6 000 $Ch pour 6h, 8 000 $Ch si prise après 19h et retour le lendemain avt 14h, 10 000 $Ch pour la journée et 14 000 $Ch pour 24h).* VTT bien entretenus. En réservant la veille, possibilité de récupérer son vélo avant 20h la veille au soir, ce qui permet de partir très tôt le lendemain matin. Casque, gilet et éclairage inclus. En cas de problème, on vient vous dépanner là où vous êtes.

Infos et conseils pratiques

Remarque générale

Cher lecteur, vous qui allez visiter l'une des plus belles régions du pays, n'oubliez pas que vous séjournez au beau milieu du désert. Ici, rien n'est acquis et rien ne coule de source : ni l'eau, ni l'électricité, ni l'argent liquide, ni, a fortiori, les communications téléphoniques et Internet... Bref, n'exigez pas des prestations que l'on ne pourra pas forcément vous fournir (du moins, pas en permanence), même si elles sont affichées, voire quelque peu racoleuses. Moralité : avant de venir, mieux vaut faire le plein de carburant et d'argent liquide (même s'il y a une station-service et des distributeurs, il peut y avoir une soudaine pénurie...).
Comme partout, sans être méfiant à l'excès, cachez vos documents (passeports, cartes bancaires) le plus soigneusement possible pour ne pas tenter le diable, même si les problèmes de sécurité sont rares à San Pedro.

Excursions

– Ne réservez pas vos excursions depuis une agence de Calama. C'est à partir de San Pedro que l'on rayonne.
– Prévoyez du temps pour votre séjour à San Pedro. Comptez au minimum 2-3 jours pour les excursions des alentours, et plus pour visiter les sites, parmi les plus beaux, qui demandent une journée entière de voyage. On peut dire qu'un séjour de 4 ou 5 jours permet de voir l'essentiel, tout en profitant du village.
– La plupart des sites sont gérés par les communautés locales et deviennent chers, n'en soyez pas surpris. Au moins on sait où va l'argent.

Mines antipersonnel

Lorsqu'un conflit frontalier a éclaté en Patagonie avec le voisin argentin à l'époque de la dictature, les Chiliens, qui avaient concentré leurs forces armées dans le Sud, ont préféré se prémunir d'une incursion des forces boliviennes dans le Nord en installant des champs de mines dans l'Atacama. Il existe donc encore des mines antipersonnel (et antichars) perdues dans le désert. Pas de psychose pour autant. Évitez simplement de sortir des chemins balisés ou déjà parcourus. De plus, les champs de mines sont généralement bien signalés.

Location de voitures et essence

C'est bien sûr l'idéal pour découvrir les sites et la nature sauvage à votre rythme, en décalage avec les excursions organisées par les agences locales. Attention, il n'y a que 2 loueurs à San Pedro (avec un nombre de véhicules limité). S'y prendre donc bien à l'avance. Si vous arrivez par avion, le plus facile est de louer votre voiture à l'aéroport de Calama, où les loueurs sont nombreux.

Si vous vous décidez pour une location, sachez que la plupart des pistes sont praticables avec une voiture « normale », mais qu'un véhicule type SUV (avec une garde au sol un peu plus haute qu'une berline) vous permettra tout de même de les aborder avec plus de sérénité... et de sécurité. Cela dépend aussi de la météo et des pluies (plus fréquentes en janvier-février, voire juillet-août) qui peuvent rendre les pistes moins carrossables. En période sèche, beaucoup de ces pistes ne posent pas de problème.

■ ***West Rent a car*** *(plan B2,* ***9****) : sur Calama (pas de n°).* ☐ *974-18-27-62.* • *westrentacar.com* • Le loueur principal en ville. À partir de 60 US$/j.

■ ***Vive Atacama*** *(plan B2,* ***10****) : Toconao, 435.* ☐ *978-08-93-53.* • *viveatacama.com* • Propose une poignée de véhicules, plutôt de type SUV ou pick-up.

– ***Soyez prévoyant avec l'essence.*** Une seule station-service à San Pedro *(plan D2-3,* ***11*** *; ouv 24h/24).* Moderne, avec plusieurs pompes. Un poil plus cher qu'ailleurs, mais c'est la seule.

– ***Rappel :*** ne confiez pas le volant d'un véhicule loué à votre nom à un guide recruté sur place. En cas de pépin, il n'est pas assuré, et vous non plus.

Consignes de sécurité et de comportement

– Prévenir son hôtel de sa destination et de l'heure à laquelle on compte rentrer.

– Si nos informations sont mises à jour du mieux possible, dans cette région extrême les conditions d'accès sont changeantes. Avant de partir seul en excursion, il est donc ***impératif de se renseigner sur l'état des routes et des pistes*** auprès de *Sernatur* (l'office de tourisme), des *carabineros* ou des agences de tourisme. Ils sont en principe au fait sur le sujet. Ne vous lancez pas seul dans une excursion lointaine en cas de pluies récentes.

– Toujours partir avec le plein.

– Emporter de l'eau en quantité et des vêtements chauds (on ne sait jamais en cas de problème).

– Commencer par le site le plus éloigné pour ensuite revenir tranquillement sur vos pas.

– Rester en voiture sur les pistes principales et à pied, dans les sentiers tracés par les gardes du parc.

– Ne jamais marcher sur les zones humides d'altitude.

– Stationner uniquement sur les parkings aménagés à cet effet.

– Ne pas tenter de s'approcher des animaux sauvages que l'on croise sur la route (idéalement, on reste près de la voiture), et surtout ne jamais tenter de les nourrir (de pauvres renards commencent à s'approcher des voitures pour réclamer de la nourriture !). Garder ses déchets avec soi et les jeter à la poubelle en rentrant au village.

– Dans les sites protégés, il n'est pas permis de fumer, boire de l'alcool, camper, faire un feu, de ramasser des roches ou des végétaux.

Altitude ou « *mal de puna* »

– ***Un conseil de base :*** détendez-vous ! Prenez votre temps, sans agitation ni mouvements trop rapides... Ça paraît tout bête, mais c'est le plus important en altitude. Si vous vous sentez mal, pas de panique ! La plupart du temps, il suffit de se calmer et ça passe. Une série de lentes et profondes respirations peuvent aider. Vous pouvez aussi vous allonger et mettre les pieds en l'air.

– ***Quelques précautions à prendre :*** bien dormir avant un départ en altitude ; boire beaucoup d'eau plate ; la veille, ne pas picoler et éviter le café

et les excitants. Choisir les excursions en tenant compte de l'altitude : monter progressivement et entreprendre les excursions les plus éprouvantes, comme les geysers du Tatio (4 350 m), en fin de séjour lorsque vous serez mieux acclimaté.
– En général, il est déconseillé aux femmes enceintes de dépasser les 3 000 m. Les enfants ne supportent pas plus mal l'altitude que leurs parents mais peuvent subitement se fatiguer et devenir très grognons... En général, une bonne sieste règle tout !

Climat et équipement

– Dans le désert, le soleil cogne dur. Équipez-vous en conséquence : crème solaire indice élevé, bonne paire de lunettes anti-UV, chapeau, vêtements légers mais à manches longues.
– ***De mai à août,*** il fait bon en journée (de 15 à 20 °C) mais ***TRÈS FROID*** dès le coucher du soleil.
– ***De janvier à mars,*** la région de San Pedro connaît parfois (on a bien dit « parfois ») des pluies diluviennes provoquées par ce qu'on appelle l'***invierno altiplánico*** (ou bolivien). Si ça arrive, la route d'accès à San Pedro peut être momentanément coupée, certaines pistes également, et les hôtels peuvent connaître des problèmes de fonctionnement. Dans ce cas, renseignez-vous avant d'y aller, sur les sites : • *subturismo.gob.cl* • *sernatur.cl* •

Eau

L'eau du robinet est théoriquement potable mais elle est chargée en arsenic, à cause des forages dans la région. Préférez l'eau minérale, moins chère si vous l'achetez en bidon de 5 l (en vente dans toutes les épiceries). Buvez beaucoup pour aider votre corps à s'adapter à l'altitude. Et n'oubliez pas que vous êtes dans l'un des endroits les plus secs du monde, alors pas de gaspillage et des douches rapides !

Où dormir ?

San Pedro offre de nombreuses possibilités d'hébergement. On vous conseille de réserver à l'avance en saison, histoire de ne pas galérer sur place pour trouver un toit... ou devoir vous contenter du pire.

Campings

Casa del Sol Naciente *(plan B1, **30**) : Tocopilla, 310. 984-42-87-26. • lacasadelsolnacientesp@gmail.com • Camping 6 000 $Ch/pers ; lit en dortoir 12 000 $Ch ; doubles env 35 000-45 000 $Ch.* Un petit foutoir, on vous prévient ! Tout s'organise autour d'espaces communs sommaires avec, dans une cour qui n'a rien d'un jardin, quelques tentes les unes contre les autres. Quelques dortoirs basiques (5-10 lits) aussi. On vient avant tout ici pour rencontrer d'autres voyageurs, pas pour le confort. Ambiance communautaire donc, même si, à minuit, tout le monde fait dodo. Sanitaires à peu près corrects. Évitez les chambres privées, chères pour le confort proposé. Cuisines.

Takha Takha *(plan A2, **31**) : Caracoles, 101A. ☎ 55-285-10-38. • takhatakha.com • Camping 18 000 $Ch/pers.* Plus un hôtel (voir plus loin) qu'un camping, mais ce charmant domaine possède aussi une petite aire de camping, tant pour les tentes que pour les motor homes. Plus cher que le précédent, mais mieux !

De bon marché à prix moyens (35 000-60 000 $Ch / env 40-65 €)

Casa Voyage Hostel *(plan C3, **32**) : Lascar, 368. 957-63-60-43. • casavoyagehostel.com • Lits en dortoir env 15 000-20 000 $Ch ; double 45 000 $Ch. Pas de petit déj.* Dans le genre point de chute pour *backpackers,* c'est l'une des adresses les plus sympas du coin. Autour d'espaces communs très conviviaux, en partie extérieurs, on y trouve 4 agréables dortoirs de style rustique pour 4 à 10 personnes, aux lits à grosse armature en bois (avec lampes et prises individuelles), ainsi que 4 chambres privées, dans des « dômes » ou, plus fraîches, sous plafond de branchages (préférez ces dernières). Sanitaires communs pour tout le monde. Petite piscine, salon-salle à manger et belle cuisine fonctionnelle. Organise aussi des excursions et, chaque soir, une activité différente pour les hôtes (dîner partagé, jeux...), histoire de socialiser. Excellent accueil.

Rey Lagarto Hostel *(hors plan par B1,* ***33****)* **:** *Purifica, 443. 942-14-84-16. • reylagartohostel@gmail.com • Lits en dortoir 12 000-15 000 $Ch et doubles 35 000-44 000 $Ch (selon saison), mais réduc pour nos lecteurs sur présentation de ce guide ! Pas de petit déj.* À 15 mn à pied au nord du centre du village, sur une placette tranquille, un petit *hostel* plaisant qu'on aime bien. Passé le hall d'entrée avec canapé et TV, on découvre une poignée de dortoirs aérés de 6-8 lits et, donnant sur un patio à l'arrière, quelques chambres doubles (la plupart avec salle de bains privée), au joli carrelage ancien. Belle cuisine commune. Le tout très bien tenu, dans une atmosphère sereine.

Hostal Sonchek *(plan B1-2,* ***34****)* **:** *Gustavo Le Paige, 198 ; à l'angle de Calama. 942-07-37-14. • hostalsonchek.cl • Doubles 35 000-42 000 $Ch (hors TVA). Pas de petit déj.* La porte est généralement fermée, il faut appeler pour entrer. Autour d'une cour fleurie et ombragée, des chambres simples mais nickel et colorées (dessus-de-lit vert pomme), calfeutrées par de gros murs en adobe. Cuisine à dispo (thé/café offert), table de ping-pong et jardin au fond. Bon accueil de la propriétaire. Une adresse prisée des voyageurs, et à juste titre, vu le bon rapport qualité-prix.

Hostal Ayni *(plan C2,* ***35****)* **:** *Ignacio Carrera Pinto, 627 ; à 5 mn à pied du centre. 984-11-44-33. • dottonerossana@gmail.com • Doubles sans ou avec sdb 40 000-60 000 $Ch, petit déj inclus.* Bienvenue dans cet *hostal familiar,* presque un *B & B* en fait, puisque les proprios vivent sur place. Leur maison est vraiment accueillante et abrite 5 chambres soignées et colorées. Mais le plus, c'est peut-être la terrasse, qui donne en plein sur la plaine et le volcan Licancabur ! Agréable salle commune aussi, où se prend le petit déj à une grande table. N'hésitez pas.

Hostal Campo Base *(plan C3,* ***36****)* **:** *Pachamama, 657 ; à moins de 10 mn à pied du centre. 940-95-42-71. • hostalcampobase.com • Lits en dortoir 20-22 US$/pers ; doubles 45-60 US$; petit déj compris.* Un petit *hostal* tranquille et bien net, offrant 3 dortoirs aérés de 4-6 lits et 2 doubles à peine (l'une sans et l'autre avec salle de bains privée). Le tout agencé autour d'une cour en longueur, avec hamacs. Cuisine équipée et petite salle à manger prolongée d'un coin salon.

Hostal Camino del Inca *(plan B1,* ***37****)* **:** *Licancabur, 246. 958-79-90-05. • hostalcaminodelinca.com • Double env 40 000 $Ch, avec petit déj et parking.* Grande cour cernée par des chambrettes en crépi. Simples, très propres et toutes avec salle de bains. Du fonctionnel dépouillé, mais pas déprimant pour autant. Chaque chambre avec sa petite table à l'extérieur.

La Casa de los Musicos *(plan C3,* ***38****)* **:** *Ckilapana, 698 ; à 10 mn à pied du centre. 953-83-08-93. • lacasadelosmusicos44@gmail.com • Lit en dortoir 12 000 $Ch et 35 000-45 000 $Ch la double, sans ou avec sdb.* Après avoir traîné son baluchon en Amérique du Sud, la souriante Brigitte et son mari Miguel, Chilien et musicien de son état (vous le constaterez quand la porte s'ouvrira...), tiennent avec gentillesse cette petite maison d'hôtes de 6 chambres et 1 dortoir (5 places). On viendra ici plus pour l'ambiance que pour le confort. D'ailleurs, plusieurs pianos attendent vos doigts agiles, tandis que Miguel se saisira de sa guitare. Le couple adore causer autour d'un verre et s'avère de bon conseil. Pas de petit déj, mais possibilité d'utiliser la cuisine.

Hostal Nuevo Amanecer *(plan C-D2,* ***39****)* **:** *Los Geisers, 161, Alto Jama ; à 10 mn à pied du centre (et 250 m de la gare routière). 962-09-86-26. • hostalnuevoamanecer.cl • Doubles 45 000-60 000 $Ch (plus 2 sans sdb, à 38 000 $Ch). Pas de* *petit déj.* Un peu excentré et dans un environnement pas folichon. Mais cet hôtel local, bâti en adobe et décoré de tissages traditionnels, se révèle frais et agréable. Une quinzaine de chambres, mignonnes comme tout. Celles pour couple sont moins chères que les *twin*. Cuisine et courette ombragée.

Hostal Tuyasto *(plan C2, **40**) : 28 de Agosto, 535. 940-80-37-81 ou 956-50-37-64. • hospedajetuyasto@gmail.com • Doubles sans ou avec sdb 30 000-35 000 $Ch, petit déj (léger) inclus.* Dans le même quartier un peu excentré que l'hôtel précédent, cet *hostal* en brique reste d'un rapport qualité-prix honorable si nos autres adresses sont complètes. Chambres sans fioritures mais plutôt nettes, réparties autour d'une cour aux murs rouges plantée d'un palmier. Cuisine bien équipée, parking (2 voitures) à l'intérieur de l'enceinte.

Prix moyens (50 000-80 000 $Ch / env 55-90 €)

Hostal Caminandes *(plan A2, **41**) : Caracoles, 66 ; à 5 mn à pied du centre. 932-59-26-47. Glamping env 35 000 $Ch/pers ; double env 55 000 $Ch, petit déj compris.* Belle adresse, un peu à l'écart du centre. Voici un grand espace arboré, bordé d'une longue maison traditionnelle abritant un petit hôtel, presque un *B & B* en fait, qui flirte avec le charme. Propose 4 chambres coquettes et soignées, donnant sur un vaste salon commun où il fait bon se poser après une journée dans le désert. À moins que vous ne préfériez le sympathique espace extérieur sous les arbres, avec hamac, baby-foot et, un peu à l'écart, 3 tentes de « luxe » *(glamping)*. Très bon accueil de Leon, le jeune proprio, qui organise aussi des excursions.

Hostal Mamatierra *(plan C3, **42**) : Pachamama, 615. 934-00-56-58. • hostalmamatierra.cl • Lits en dortoir 25-30 US$/pers ; doubles sans ou avec sdb 60-80 US$; petit déj inclus.* On aime bien cet *hostal* qui, s'il n'est pas si bon marché, est fort plaisant avec ses petites chambres pimpantes, joliment colorées et nickel. Celles avec salle de bains privées sont un peu plus grandes et un peu plus meublées. Également 2 dortoirs de 4 lits, du même tonneau. Toutes les chambres s'organisent autour d'une charmante cour ombragée avec hamac. Agréable cuisine commune face à 2 tables à manger. Accueil au diapason.

Casa de Mireya *(plan B2, **43**) : Domingo Atienza, 404A. 951-96-59-42. • lacasademireya.com • Double env 55 000 $Ch, petit déj inclus.* C'est une sorte de motel, amélioré, proposant une douzaine de chambres un peu banales mais plutôt agréables et très bien tenues, toutes avec salle de bains. Miniterrasse devant chacune pour se délasser en fin de journée. Parking. Bon accueil.

Takha Takha *(plan A2, **31**) : Caracoles, 101A. ☎ 55-285-10-38. • takhatakha.com • Doubles env 55 000-82 000 $Ch, avec petit déj et parking.* Une vingtaine de chambres dans des maisonnettes disséminées dans un domaine fleuri, assez sauvage et charmant. Elles sont simples mais agréables et bien nettes, les moins chères sans salle de bains privée. Certaines avec coin bureau aussi, mais plus chères (ne valent guère le supplément). Piscine pour se tremper, coin barbecue et café-resto. Accueille aussi les campeurs (voir « Campings », plus haut). Globalement une bonne adresse.

Hostal Elim *(plan B2-3, **44**) : Palpana, 5. 984-05-51-55. • contacto@hostalelim.cl • Double env 60 US$, avec petit déj.* À quelques minutes à peine du centre, environnement tranquille, agréable jardinet avec balancelle et fauteuils en osier où sont posées quelques maisonnettes. Une dizaine de chambres en tout, confortables et de style rustique, avec parquet ou céramique au sol. Toutes avec table et tabourets sur le pas de la porte. Bonne tenue générale. Laverie et parking.

Hotel Dunas *(plan B1, **45**) : Tocopilla, 313. 993-26-33-58. • hoteldunaschile.com • Double env 75 000 $Ch (si résa en direct), petit déj varié inclus. Parking.* Une sorte de motel là encore, constitué de maisonnettes de style traditionnel accolées. Les chambres, en adobe, sont plutôt coquettes et assez spacieuses, décorées de bois, de tissus traditionnels et de photos du désert. Bon accueil familial.

De plus chic à très chic (plus de 120 €)

Hotel Kimal et Poblado Kimal (plan B2, **46**) : *Domingo Atienza, 452. ☎ 55-285-10-30. • kimal.cl • Double env 121 000 $Ch, petit déj-buffet inclus.* Attention, 2 hôtels : l'hôtel *Kimal*, où se trouve la réception et, en face, de l'autre côté de la rue, l'hôtel *Poblado Kimal*. On a une petite préférence pour ce dernier : un ensemble de jolis bungalows arrondis, posés entre les herbes folles, percés de fenêtres en forme de feuille et prolongés d'une terrasse... Ils sont tout confort et élégamment arrangés, avec sol en bois et plafond de cannisses. De l'intimité et du charme. Piscine discrète et agréable. L'autre hôtel est bien aussi, mais les chambres, dans des maisonnettes en adobe, sont collées les unes aux autres. Bassin-piscine aussi de ce côté. Bar-resto sur place.

La Casa de Don Tomas (plan B3, **47**) : *Tocopilla, 18. ☎ 55-285-10-55. • dontomas.cl • Double autour de 170 US$, avec petit déj-buffet. Parking.* À 5 mn à pied du centre, dans des bâtiments bas en adobe, quelque 70 chambres sobrement mais joliment décorées, avec une touche ethnique. Confort douillet, avec lits *king size* mais petites salles de bains. Accueil polyglotte aux petits soins (mousseux offert) et petit plus appréciable : à partir de 5 nuits, service de laverie (avec repassage) gratuit. Petit déj-buffet bon et varié, et même à emporter pour les excursions matinales. Fait aussi resto. Piscine. Une bonne adresse dans sa catégorie.

Hotel Altiplánico (hors plan par A1, **48**) : *Domingo Atienza, 282. ☎ 55-285-12-12. • altiplanico.com • Doubles à partir de 160 US$, petit déj et parking inclus.* À 10-15 mn à pied du cœur de San Pedro, ce bel hôtel moderne propose une cinquantaine de chambres aux couleurs chaudes, bien isolées les unes des autres et toutes décorées différemment avec des matériaux traditionnels. Reproduction de pétroglyphes sur les murs. À chacune sa petite terrasse, devant ou... au-dessus de la chambre. Les plus chères ont même une douche extérieure. Jolie piscine avec beaucoup d'espace autour, des arbres, de beaux transats et un coin repos (seul petit bémol, la vilaine grille autour du bassin). Bon resto. Parties communes classes et reposantes. Service à la hauteur du standing.

Où manger ?

De bon marché à prix moyens (5 000-20 000 $Ch / env 5,50-22 €)

Emporio Andino (plan B2, **60**) : *Caracoles, angle Domingo Atienza. 940-26-90-31. Tlj 10h-15h30, 16h30-22h. Empanadas 2 800 $Ch.* Un café réputé pour ses succulentes et copieuses *empanadas* (plusieurs sortes) à emporter ou consommer sur place avec – pourquoi pas ? – un bon café. Également des pâtisseries maison, sandwichs et petits déj. Idéal pour la pause midi... ou de 5 heures !

La Pica'da del Indio (plan B2, **61**) : *Tocopilla, 418. 984-03-43-71. Tlj sauf mer 12h-16h30, 18h30-23h. Menu midi et soir 6 500 $Ch ; plats 6 000-13 000 $Ch.* On fait gentiment la queue sur le trottoir pour profiter du généreux menu servi en permanence, qui constitue l'un des meilleurs rapports qualité-prix du bourg. À déguster dans une salle nette, prolongée d'une terrasse couverte. Service rapide et gentil.

El Huerto (plan B2, **62**) : *Gustavo Le Paige, 230. 985-49-92-45. Tlj sauf dim 12h-16h. Plats 3 000-7 000 $Ch ;* Une petite oasis que ce modeste resto familial, fréquenté par les gens du village. Pas de menu, seulement quelques propositions du jour et viandes au barbecue, servies en assiettes-repas simples et copieuses sur des tables dépareillées dispersées dans un grand jardin un peu foutraque, à l'ombre d'abris en bois et des frondaisons, parmi les oiseaux. Agréable, efficace et peu ruineux.

Roots Café *(plan B2,* ***63****) : Toconao, 459. 959-93-36-79. Tlj 8h30-23h. Plats 5 000-12 000 $Ch.* Petite salle ornée d'une fresque et de photos noir et blanc d'acteurs et de célébrités, avec une terrasse à l'arrière. On y vient à toute heure pour sa restauration simple (salades, sandwichs, burgers, crêpes salées et pizzas), mais goûteuse et pas chère ! Sans oublier les petits déj et, le soir, la bonne sélection de bières, au fût notamment. On aime.

Las Delicias de Carmen *(plan B1-2,* ***64****) : Calama, 370. 990-89-56-73. Tlj sauf mar 13h-17h. Menu 7 000 $Ch ; plats 5 500-19 000 $Ch.* Voici une belle salle aux tables colorées et plafond de *cañas,* fréquenté aussi bien par les locaux que par les voyageurs. C'est un peu l'adresse à tout faire, avec – outre le menu – des plats à tous les prix : de la *cazuela del día* (pas cher), au *pastel de choclo* (plus cher), en passant par des spécialités locales comme le soufflé de légumes, le tabulé de quinoa ou la *pataska* (soupe au porc et maïs). Portions généreuses. Petite pâtisserie offerte à la fin du repas.

Pizzeria El Charrúa *(plan B2,* ***65****) : Tocopilla, 442. ☎ 55-320-71-60. Tlj 12h-minuit, en continu. Pizzas 8 500-10 500 $Ch pour 1-2 pers, pâtes env 8 000 $Ch.* Minuscule resto de quelques tables. Au programme, pâtes et pizzas, pizzas et pâtes ! C'est frais, bon, copieux et économique. Dommage qu'on ne puisse pas accompagner lesdites pizzas et pâtes d'un verre de vin ou d'une bière (pas d'alcool servi). Autre salle du même resto juste en face.

Casa de Piedra *(plan B2,* ***66****) : Caracoles, 225. 979-84-41-48. Tlj sauf lun 12h-23h. Menu 7 000 $Ch ; plats 5 000-19 000 $Ch.* La cour partiellement couverte et décorée avec goût, le brasero (en hiver), le service enjoué, tout concourt à faire de ce lieu un agréable rendez-vous des locaux comme des touristes. Une carte qui ratisse large, avec des plats classiques pas du tout chiliens : pizzas, pâtes, salades (très bien faites), sandwichs, viandes, préparations végétariennes (légumes sautés au curry, courgette farcie...). On en redemande.

Tierra Todo Natural *(plan B2,* ***67****) : Caracoles, 271. 982-93-74-21. Tlj 9h30-23h. Menu 9 500 $Ch, servi midi et soir ; plats 5 000-18 000 $Ch.* Un aménagement qui fait penser à une hutte, tout en matériaux naturels : toit de branchages tressés, tables en bois brut, sol en pierre, cheminée en terre. La carte est éclectique : viandes, salades, sandwichs mais aussi falafels, *tacos, enchiladas...* et un menu qui change tous les jours, le tout plutôt bien ficelé. Bons jus de fruits frais.

De prix moyens à plus chic (15 000-30 000 $Ch / env 17-33 €)

La Casona *(plan B2,* ***68****) : Caracoles, 195. 978-52-99-22. Tlj dès 11h30. Plats 8 000-20 000 $Ch.* Cadre lambrissé à l'espagnole, avec un poêle au milieu et ventilateurs au plafond. Mais on préfère la vaste terrasse à l'arrière, pour goûter à la fraîcheur du désert le soir. Carte tournée vers les bonnes grillades et, pour ceux qui ne regardent pas trop à la dépense, la généreuse *parillada,* servie au minimum pour 2 personnes mais valable pour 3, vraiment excellente. Spécialité aussi de *pastel de choclo.* Belle carte de vins. Ou demandez un *borgoña* (vin à la fraise) ! Musique live le soir.

Baltinache *(plan A-B3,* ***69****) : Domingo Atienza, 50 m après avoir croisé Palpana. 978-21-48-07. Mer-dim 19h30-23h. Fermé lun-mar. Menu unique et fixe (3 plats) 27 000 $Ch. Résa obligatoire.* Un lieu intime, partagé entre 2 petites salles blanches et charmantes, avec représentation de pétroglyphe au plafond. Le patron et chef soigne sa cuisine, qui change chaque jour (menu avec 2 options pour chaque plat), mais qui conserve ses racines andines au sens large. Cela donne des réalisations goûteuses et raffinées, toujours égales en qualité. Service pro et dressage itou.

🍽 ***Casa Adobe*** *(plan B2,* ***70****)* **:** *Caracoles, 211. ☎ 947-73-28-97. Tlj 12h-minuit (1h ven-sam). Plats 13 000-21 000 $Ch.* Une adresse très fréquentée en soirée, surtout pour son cadre qui réchauffe les cœurs : une vaste salle (en fait un patio couvert) où brûle un brasero, avec de grosses tables en bois, banquettes et toit de branchage. Dans l'assiette, des salades, pâtes et pizzas, mais aussi des plats plus élaborés, genre poisson *a lo pobre, pollo merkén* (à la sauce brune sucrée), filet roquefort ou merlu austral au beurre de Calama... à boulotter dans une bonne ambiance animée, mais pas bruyante ! Musique tous les soirs entre 20h et 21h.

🍽 ***Jardín Meraki*** *(plan B2,* ***71****)* **:** *Calama, 419. ☎ 963-24-80-87. Tlj sauf mar 12h30-1h (1h30 ven-sam). Plats 7 000-22 000 $Ch.* L'endroit porte bien son nom : un beau jardin joliment éclairé le soir par des lumières roses, bleues, vertes... et garni de tables en bois sous les arbres ou des treilles en branchage. Un cadre très agréable pour une tambouille plutôt bien faite et variée : tapas, burgers, sandwichs, pizzas, viandes, poissons, risottos... et pas mal d'options végétariennes. Bon accueil et service souriant. Petit bémol : la musique un peu forte !

Où prendre un café ou un petit déjeuner ?
Où s'offrir une glace ?

☕ ***La Franchutería*** *(plan C1,* ***72****)* **:** *Gustavo Le Paige, 527 B. ☎ 966-60-11-22. Tlj 7h (dès 5h pour articles à emporter)-21h.* Une boulangerie française montée par un jeune Bourguignon. Parfait pour se faire un vrai petit déj comme chez nous, à savourer à des tables en bois sous les arbres. Pains au chocolat, croissants (au beurre, jambon-fromage), sandwichs-baguettes, *empanadas* et toutes sortes de cafés. Bien sûr, tout est fait sur place.

☕ Pour le petit déjeuner, voir aussi dans « Où manger ? », l'***Emporio Andino*** *(plan B2,* ***60****)* et le ***Roots Cafe*** *(plan B2,* ***63****)*.

🍦 ***Helados artesanales Babulú*** *(plan B2,* ***73****)* **:** *Caracoles, angle Tocopilla. Tlj 9h-minuit.* Glacier artisanal, pas vraiment donné mais excellent. Essayez l'*algarrobo* ou le *chañar,* 2 fruits secs de la région ; ou la *flor del desierto* (au goût de violette), l'orange-carotte, la feuille de coca-citron... À emporter seulement.

Où boire un verre ? Où sortir ?

San Pedro est un lieu « *buena onda* » qui attire la jeunesse néo-hippie d'un peu partout, certains tentant de prolonger le séjour en grattant la guitare. Néanmoins, pour préserver la tranquillité du site, la fête a ses règles, fixées par la communauté andine elle-même. On ne peut plus danser dans le centre du village et la vente d'alcool est interdite après 1h (2h les vendredi et samedi). Surtout, il est strictement ***interdit de boire de l'alcool dans la rue,*** et même dans un établissement si vous ne commandez pas quelque chose à manger (une simple assiette de frites fait l'affaire, cela dit). Ceci pour éviter les débordements. Il ne faudrait pas, en effet, que San Pedro se transforme en Ibiza, ce que tout le monde déplorerait, les touristes en 1er.

🍸 ♩ ***Barros*** *(plan B1,* ***80****)* **:** *Licancabur, 246. ☎ 981-38-97-81. Tlj 8h30-1h (2h le w-e).* Un bar-resto de bric et de broc, avec une cour à l'arrière où se relaient les zicos tous les soirs à partir de 20h. Les concerts se prolongent dans une bonne atmosphère, simple et conviviale, mêlant voyageurs et locaux.

🍸 ***Chelacabur*** *(plan B2,* ***81****)* **:** *Caracoles, 212. Tlj 11h-minuit (1h ven-sam).* C'est LE pub de San Pedro, avec ses maillots de foot au plafond, toujours bondé dès les 1ers retours d'excursion. C'est aussi le seul endroit où il est toléré de boire sans manger. La jeunesse d'un peu partout s'entasse autour des tables en bois, s'abreuvant à la bière et au brouhaha de la TV. Les soirs de matchs, ambiance *muy caliente* !

🍷 ♪ ***Mal de Puna*** *(plan B1,* ***82****)* **:** *à l'angle de Licancabur et Domingo Atienza. Tlj 19h-1h (2h ven-sam).* Un des bars emblématiques du village. Les grandes tables sont rapidement occupées le soir, quand s'imposent les musiques andines, cumbia ou rock *en vivo* (du mercredi au dimanche dès 20h), le karaoké (en fin de semaine) ou encore les DJs entre les groupes de musique. Ambiance sympa comme tout.

🍷 ***Lola*** *(plan B2,* ***83****)* **:** *à l'angle de Caracoles et Toconao. Tlj 12h-1h (parfois fermé en début de sem).* Pour clore la courte liste des lieux nocturnes, encore un bar-resto animé lorsque démarrent le karaoké et les DJs (pas de concerts), à partir de 22h. On y danse mais... chuuut.

Achats

Pueblo de artesanos *(plan C2,* ***91****)* **:** *sur Tumiza, dans l'enceinte du terminal de bus. Tlj 10h-18h.* Un « village artisanal » regroupant plusieurs artisans, qui officient sur place. Observez le bijoutier réaliser ses objets en métal et ses bijoux, ou la vieille dame tricoter la laine qu'elle a cardée elle-même, entre autres. Également de la céramique, des objets en pierre et en peau de poisson...

Manos Andinas *(plan B2,* ***90****)* **:** *Caracoles, 259D. Tlj 12h-21h (en principe).* Une belle petite boutique qui se démarque des autres avec ses objets exclusivement produits au Chili. Carnets faits main, tasses, écharpes, bonnets, cartes du Chili originales, bijoux...

Feria artesanal *(plan B1,* ***92****)* **:** *dans le passage couvert entre la place et la rue Licancabur. Tlj 9h-21h.* Hormis les objets en bois de cactus, pas grand-chose de chilien ici. Ce sont surtout des importations (des pays voisins, voire de Chine) de fabrication semi-industrielle.

À voir. À faire

Iglesia San Pedro *(plan B2)* **:** participant au charme de la paisible place du village avec ses vieux faux poivriers, elle fut fondée au XVIe s et vient d'être entièrement restaurée. Murs en adobe, toit en bois de *chañar* et *de* caroubier, sangles en cuir de lama pour assembler la charpente de *cardón* (cactus), recouverte de terre et de paille... Le mur d'enceinte et les arches ont été rajoutés en 1745, et le clocher au XIXe s. Intéressante statuaire et beau maître-autel maçonné à colonnes blanc et bleu où les personnages semblent sortir d'une crèche. Sur les flancs de l'église, remarquables contreforts. Grande fête patronale les 28 et 29 juin.

Museo del Meteorito *(plan B1)* **:** *à l'angle de Laskar et Tocopilla, au nord de la place. 📱 983-60-30-86. • museodelmeteorito.cl • Tlj sauf lun 18h-21h. Entrée : env 5 000 $Ch, audioguide en français compris ; réduc.* Rodrigo Martinez est un « chasseur de météorites » qui a collaboré avec la NASA et le CEREGE de Marseille. Riche de 6 000 pièces en stock, il a monté ce dôme qui expose 77 météorites de différentes tailles. Elles servent de support à une expo audioguidée bien faite de 20 mn racontant – à l'aide de panneaux explicatifs et de vidéos – la formation du système solaire, des météorites et des planètes (rocheuses), l'ensemble formant un tout indissociable. Toutes les météorites présentées proviennent du désert d'Atacama. On peut en toucher et en soupeser certaines, et constater leur teneur en fer avec un aimant ! Pour finir, vente de quelques fragments de météorites montés en bijoux, histoire de se prendre pour le centre de l'univers !

SPACE *(San Pedro de Atacama Celestial Explorations)* **:** *pas de bureau. 998-17-83-54. • spaceobs.com • Résa indispensable, min 1 sem à l'avance. Compter 40 000 $Ch ; réduc moins de 12 ans. Transport collectif jusqu'au site inclus, ainsi qu'une boisson chaude. Chaque soir (sauf 7 j. autour de la pleine lune), 2 séances de 2h30-3h en groupe de 14 pers max (en espagnol, français ou anglais selon demande). Au moment de l'inscription, on vous donne une heure précise de rdv (21h ou 22h), pour vous conduire sur le site d'observation situé à 7 km au sud de San Pedro. Retour vers minuit-1h, au même endroit. En cas de nuages ou de pluie, la soirée est annulée et remboursée.* Il suffit de lever les yeux au ciel pour comprendre qu'observer la voûte céleste depuis l'Atacama est une expérience unique. Le tour en français est animé par Alain Maury, astronome passionné et érudit, qui vous initie aux merveilles de l'univers et vous fait une lecture du ciel avec humour. Même si la partie narrative du début de la séance peut paraître un peu longue, on est récompensé quand commence l'observation proprement dite, à travers 3 puissants télescopes : planètes, constellations, nébuleuses... lesquelles apparaissent plus clairement lorsque la Lune n'est pas présente dans le ciel. En revanche, lorsque la Lune est là, elle devient elle-même un objet d'observation (on peut même la prendre en photo par le biais du télescope). Assez magique ! On termine autour d'une boisson chaude, un moment de questions-réponses et le visionnage, sur écran et en couleur, des corps observés durant la soirée.

ALMA *(Atacama Large Millimetre/submillimeter Array)* **:** *• eso.org/public/chile/about-eso/visitors/alma • Visites GRATUITES en espagnol et en anglais de l'OSF, base opérationnelle d'ALMA, avec ses salles de contrôle, ses antennes et ses laboratoires, organisées au départ de San Pedro les w-e vers 9h. Le site lui-même, à 5 000 m d'altitude, n'est pas accessible au public. Résa par Internet obligatoire. Départ en bus (être sur place à 8h45) de la calle Tumiza, au niveau du skate park devant le terminal des bus (plan C2). L'OSF, le site que l'on visite en bus (exclusivement) se situe à 2 900 m d'altitude et à 35 km de San Pedro. Avoir son passeport. Retour vers 13h.*

LA TÊTE DANS LES ÉTOILES

Le désert d'Atacama abrite le plus grand observatoire de radioastronomie au monde, l'ALMA, perché à 5 000 m d'altitude sur le plateau de Chajnantor. L'installation, constituée de 66 antennes de 12 et 7 m de diamètre, équivaut à un télescope de 16 km de diamètre, capable d'observer les confins de l'univers et de capter des signaux 100 fois plus faibles que ceux détectés jusqu'alors.

Inauguré en 2013, ALMA est un projet de 1,4 milliard de US$, développé par l'Europe, les États-Unis et le Japon. Grâce à sa capacité de haute résolution spectroscopique, le complexe des 66 antennes connectées entre elles par interférométrie dispersées sur un plateau à 5 000 m est capable d'étudier le processus de formation des planètes autour des étoiles naissantes. ALMA est aussi en mesure d'observer les trous noirs masqués par les « nuages » interstellaires et permet d'étudier la formation des galaxies. Il scrute et cherche également des mondes lointains potentiellement habitables, les fameuses exo-planètes.
Coïncidence, dans la langue *kunza* des Atacamènes, le nom de la montagne *(chak-man-tor)* où sont installées les grandes oreilles interstellaires signifie « jour du décollage ».

■ **Sandboarding :** *avec* **Sanboard San Pedro,** *pas de bureau. 975-42-65-08 ou 975-71-02-09. • sandboard.cl • Départ à 8h et retour vers 13h. Compter 45 000 $Ch/pers. L'excursion inclut le transport depuis San Pedro, une collation, l'équipement et l'encadrement (en anglais et espagnol).*
Cette activité, qui consiste à dévaler de hautes dunes de sable sur une planche, se pratiquait surtout dans la vallée de la Mort, mais depuis la fermeture de celle-ci,

le terrain de jeu a changé. Cap maintenant sur les dunes de *Guanacos,* dont certaines peuvent atteindre 200 m de haut ! On commence toutefois par de plus petites, seuls ceux qui s'en sentent capables abordent les plus hautes. N'oubliez pas non plus qu'il n'y a pas de remonte-pente... et que les grains de sable et les appareils photo ou téléphones ne font pas bon ménage.

DANS LES ENVIRONS PROCHES DE SAN PEDRO

Comment se déplacer ?

Pour aller vadrouiller dans les environs de San Pedro, plusieurs possibilités.

– ***En voiture :*** le pied ! C'est évidemment comme ça que vous serez le plus libre d'aller explorer les sites qui vous intéressent et, surtout, à votre rythme. Pour la location, voir plus haut en début de chapitre les possibilités qui s'offrent à vous.

– ***À vélo :*** *plusieurs loueurs de VTT à San Pedro (lire précédemment « Adresses utiles. Divers »). Compter env 10 000 $Ch/j. et 6 000 $Ch la ½ journée.* Bien pour visiter les sites non loin de San Pedro, tels la vallée de la Lune, la Garganta del Diablo, les *ayllus,* Quitor... Tenez vraiment compte des distances, de la chaleur, des vents souvent forts et de l'altitude. Mesurez vos efforts et partez avec une bonne réserve d'eau *(2 l/pers min),* un chapeau et de la crème solaire. Ceux qui veulent éviter de souffrir de la chaleur louent généralement le vélo la veille au soir et partent tôt le matin. Il y a moins de monde à ce moment-là et le soleil ne cogne pas encore... Autre option, partir en fin de journée, quand la chaleur retombe et que la lumière s'adoucit. Bref, ça paraît idiot de le rappeler, mais on en voit tant qui le font : ne partez pas à midi ! Enfin, lisez nos conseils indiqués pour chaque site.

– ***À pied :*** pas conseillé car les chaleurs peuvent être accablantes. De toute façon, à part Quitor et éventuellement la *valle de la Luna,* les sites sont beaucoup trop loin pour faire l'objet d'une balade.

– ***À cheval :*** *avec* ***La Marca*** *(plan A3,* ***12****), Domingo Atienza, 560 ; en face du restaurant* Baltinache. *998-71-23-26. • ckapin2004@hotmail.com •* Un centre équestre proposant des balades de 2 à plusieurs heures dans les environs de San Pedro (*los ayllus,* le long de la *cordillera de la Sal,* vallée de Catarpe...). *Compter 12 000 $Ch/h par pers.* Débutants bienvenus. Excursions de plus de 1 jour possibles aussi (logement et repas compris), notamment du côté du río Saladao (pétroglyphes).

LE DÉSERT D'ATACAMA

Valle de la Luna : *entrée à 5 km au sud-ouest de San Pedro. Prendre la direction Calama, puis env 1 km plus loin, panneau à gauche. Accès tlj 9h-17h sept-mai, 8h-16h juin-août.* ***Achat du ticket d'entrée en ligne seulement,*** *sur • puntoticket.com • Coût : env 11 000 $Ch ; réduc. Excursion avec un tour-opérateur local : env 30 000 $Ch. Expo sur la formation de la vallée au centre des visiteurs. Toilettes sur place.*

La vallée s'étend sur 11 km parcourus par une bonne piste, avant de se terminer en cul-de-sac. À vélo, pas de souci en

LE SEL DE LA TERRE

Il y a 2 chaînes montagneuses dans la région, en plus de la cordillère des Andes, bien sûr : la cordillère Domeyko et la cordillera de la Sal, *celle-ci englobant la vallée de la Mort et la vallée de la Lune. Si vous avez la chance de vous balader par là après un épisode pluvieux de l'hiver altiplanique, vous verrez de grandes étendues blanches semblables à une couche de neige ou de gel, qui contrastent avec l'ocre de la terre... En fait, c'est le sel qui ressort avec l'humidité !*

partant tôt, sauf peut-être si l'on va jusqu'aux *Tres Marias,* car il est alors pénible de revenir sous le cagnard, l'aller-retour (depuis San Pedro) faisant tout de même 32 km. Portions un peu sablonneuses et relief accidenté, ce n'est pas la Hollande... L'ouverture tardive le matin ne permet pas de profiter du lever du soleil, mais on conseille quand même de s'y rendre avant 9h, car après la chaleur se fait plus intense et l'air plus brumeux, moins propice aux photos. Le site fermant assez tôt aussi, il vous faudra également aller admirer ailleurs le coucher du soleil... par exemple au ***mirador El Coyote*** (voir plus loin), dont l'accès est inclus dans le ticket de la vallée de la Lune.
Mais retour à la vallée de la Lune. Peu après le poste de contrôle des billets, on suit la piste sur 6 km jusqu'à un petit parking, d'où l'on peut partir explorer, à pied, la ***duna Mayor,*** qui est un peu le fleuron de la vallée. Au bout de 10 mn de marche, possibilité d'aller soit vers le *mirador 1,* qu'on atteint en 10 mn, soit vers le *mirador 2,* qui rallonge la balade d'une petite demi-heure mais qui offre un point de vue unique sur toute la région ! On peut aussi aller vers le *mirador 1* et, une fois arrivé, se diriger vers le *mirador 2* en empruntant une ligne de crête... Des 2 miradors, cela dit, on admire parfaitement la fameuse *duna Mayor,* d'une teinte pétrole, mais qu'il est interdit de gravir. Tout autour, on contemple aussi la superbe vallée, avec son relief rocheux tout strié qui compose un paysage... lunaire, irréel même. Un sacré morceau de géologie !
Puis on redescend jusqu'au parking, d'où l'on poursuit sur la piste jusqu'au point de départ d'une autre balade (en boucle), celle de ***Los Achaches,*** mais pour laquelle il faut prévoir 1h-1h30 en tout. Là encore, très beaux points de vue, différents, sur la vallée de la Lune. Avant d'arriver au parking de *Los Agaches* (2 km après celui de la *duna Mayor*), admirez aussi, sur la droite, un énorme rocher plat et en pente, baptisé ***anfiteatro*** et qui ressemble plutôt à une rampe de skateboard. Avant-dernière étape de la vallée : la ***mina de sal Victoria*** (parking 1 km après celui de *Los Agaches*), qui consiste en des vestiges anciens d'exploitation minière le long d'un sentier, là encore, panoramique (compter 15-20 mn de marche en tout). Enfin, en poursuivant toujours sur la piste, on arrive au site baptisé ***Las Tres Marias.*** C'est le bout de la vallée, marqué par 3 petites concrétions rocheuses censées représenter chacune la Vierge. Enfin, c'est l'interprétation qu'en fit un père jésuite belge. Les locaux, eux, y voient plutôt 3 gardiens... de la vallée.

Mirador del Coyote : *à 5-6 km de San Pedro par la route de Calama, fléché sur la gauche. Accès inclus dans le ticket d'entrée de la vallée de la Lune.* Probablement le meilleur point de vue, dans les environs proches de San Pedro, pour admirer le coucher du soleil ! En tout cas, c'est ici que viennent la plupart des agences au crépuscule. De là, vue, en effet, sur toute la plaine, le Licancabur et la *cordillera de la Sal.* À noter qu'il existe un autre point de vue un peu avant sur la route de Calama (venant de San Pedro), un peu similaire à celui *del Coyote...* mais gratuit. À vous de voir...

Valle de la Muerte *(panneau Valle de Marte)* ***:*** *à env 4 km à l'ouest de San Pedro, sur la route de Calama (à env 1,5 km, prendre la 1re piste à droite, c'est indiqué).* ***Fermée depuis 2020, se renseigner sur place sur son éventuelle réouverture.*** À l'origine, Le Paige, le jésuite belge, l'avait baptisée *valle de Marte* (vallée de Mars), pour son relief évoquant la planète rouge. Avec le temps, « Marte » s'est transformée en « Muerte »... Au cœur de la *cordillera de la Sal,* torturée par l'érosion, une piste carrossable s'avance dans un petit canyon bordé de formations où se mélangent argile, sable, calcaire, un peu de quartz et d'oxyde de cuivre. Plus loin, une grande dune vient mourir contre cette herse de rochers acérés. Cette dune était, avant la fermeture de la vallée, le terrain de jeu favori des amateurs de *sandboard.*

Pukara de Quitor : *à 3 km au nord de San Pedro. Remonter Domingo Atienza et continuer toujours tt droit (panneaux). Il y a une rivière à traverser par une passerelle. Tlj 8h30-17h (dernière admission).* ***Achat du ticket d'entrée en ligne***

LE DÉSERT D'ATACAMA

seulement,** sur • tiktur.com • Coût : env 5 000 $Ch ; réduc.* Ruines d'un *pukara,* forteresse en terrasses dominant le río San Pedro, construite par les Atacamènes au XIe s. Si vous n'êtes pas avec un guide qui connaît l'histoire des lieux, les vieilles pierres risquent de rester muettes. Ces bastions émergèrent après la chute de Tihuanaco et l'émergence des pouvoirs locaux. En 1540 eut lieu une bataille décisive menée par Francisco de Aguirre qui, pour marquer sa victoire, fit décapiter 200 autochtones et exposa leurs têtes sur les murs... Suivre le chemin balisé. On peut grimper par un chemin jusqu'à un ***mirador perché à 2 600 m d'altitude (env 40 mn aller). De là, superbe point de vue sur l'oasis de San Pedro, la vallée de la Mort, la *cordillera de la Sal*,...

🏔🏔 ***La Garganta del Diablo et la vallée de Catarpe :*** *traverser le río juste avt l'arrivée à Quitor et suivre la piste principale (qui retraverse plusieurs fois le río à gué). Attention, si le río est en crue (janv-fév), certains gués peuvent se révéler infranchissables. En voiture, 4x2 (voire 4x4) indispensable. Accès tlj 8h30-18h (dernière admission) ; entrée : 3 000 $Ch.* Escapade le long du río San Pedro, bordé d'épineux qui tachent de vert l'ocre du désert. À réaliser idéalement à vélo, en fin de journée, quand la lumière s'adoucit. Environ 4 km après le *pukara* de Quitor, juste après un petit pont de terre, un minuscule panonceau annonce sur la gauche la *Garganta del Diablo.* On peut se faufiler à pied ou à vélo pour une vingtaine de minutes dans ce canyon tortueux qui se termine en cul-de-sac. Ceux qui veulent poursuivre la balade pourront reprendre la piste principale jusqu'au bout (encore 4 km), où la rivière se fait plus large, plus riante. On croise ensuite, dans le hameau de Catarpe, la petite *chapelle San Isidro,* solitaire point blanc dans le désert. Quelques autres sites sont disséminés dans la vallée (pétroglyphes au bout de la piste ; *tambo* – ruines d'un centre administratif inca), mais rien n'est indiqué. Seule solution, venir accompagné de quelqu'un connaissant les lieux.

🏔 ***Aldea de Tulor :*** *à 9 km au sud-ouest de San Pedro, passé l'accès à la vallée de la Lune, puis en direction de l'ayllu de Coyo. En été, tlj 9h30-13h30, 14h30-18h30 (dernière admission). Entrée : env 4 000 $Ch.* C'est le lieu d'habitat le plus ancien de la région, en partie conservé car enseveli sous le sable. On voit les fondations de maisons circulaires où vécurent quelques centaines d'Atacamènes, entre 800 av. J.-C. et l'an 500. 2 ont été reconstruites en exemple. L'intérêt du lieu apparaît clairement si un guide accompagnateur compétent prend la peine d'expliquer la vie des hommes de l'époque. Pas beaucoup d'intérêt à faire seul.

🏔 ***Los ayllus :*** Sequitor, Coyo, Solor, Cucuter, Yaye... Communautés d'habitations ancestrales, disséminées dans les oasis, aux abords de San Pedro. Les Atacamènes y cultivent leurs terres. À ne faire que si vous avez un bon sens de l'orientation, car on se perd rapidement.

DANS LES ENVIRONS PLUS LOINTAINS DE SAN PEDRO

Comment s'y rendre ?

Sauf exception, sachez que ***la plupart des sites décrits ci-dessous sont parfaitement accessibles si vous avez votre propre véhicule.*** Néanmoins, toujours se renseigner au préalable sur les conditions d'accès auprès de *Sernatur* (office de tourisme) ou des carabineros avant de partir (voir « Adresses utiles »). À partir de 3 personnes (voire 2...), la location d'un véhicule est (largement) amortie par rapport aux tarifs que demandent les agences par personne. Sinon, les tours organisés par les agences demeurent le seul moyen pour visiter tous ces endroits. Mais c'est un peu la foire d'empoigne. Avec les agences les plus sérieuses, vous y gagnerez une certaine sérénité. À noter : les droits d'entrée des sites ne sont jamais inclus dans les prix annoncés.

Agences et guides

On trouve un nombre effarant d'agences à San Pedro (autour de 100 !), qui proposent généralement des tours en groupes allant de 5 à 25 personnes (le plus souvent une quinzaine), dans un véhicule adapté au nombre de participants. On y trouve le meilleur et le pire. Histoire de ne pas jeter vos pesos par les fenêtres, voici, plus bas, un choix parmi les agences et guides les plus fiables. En contacter plusieurs, pour se faire une idée des prestations et ne pas hésiter à se renseigner auprès d'autres voyageurs.

– ***Remarques et conseils :*** les agences « revendent » souvent à une autre leurs clients quand leurs véhicules sont pleins (vous achetez chez Jacques, vous partez avec Paul !). Bref, on n'a pas toujours l'assurance de partir avec l'agence qu'on a choisie, ce qui peut influer sur la qualité de la prestation (état du véhicule, compétence du guide...).

Si une agence dispose d'un guide parlant vraiment français, ce sera évidemment un argument dans votre choix. Quant aux prix, ils ont tendance à fluctuer. D'autant qu'il y a souvent des promos affichées sur une ardoise à l'extérieur des agences, des ventes de « package » incluant plusieurs excursions à prix imbattables, des discounts de dernière minute, etc.

Pour éviter la cohue, les tours « privés » – évidemment plus chers – permettent de réaliser des circuits souples et originaux, avec un service personnalisé. Certaines agences ferment en mai et juin, période la plus creuse. En haute saison, réservez au moins un jour à l'avance, voire 2.

■ ***Agence Santiago Atias Excursiones :*** *pas de bureau. ☎ 977-68-40-93 (facilement joignable via WhatsApp depuis l'Europe). • ranchochago.com* • Né au Chili, Santiago a passé 25 années de sa vie en France, où ses parents ont vécu durant la dictature chilienne. En compagnie d'une équipe de guides francophones très compétents et sympathiques, il se fera un plaisir de vous faire découvrir, en petit groupe ou en privé, tous les sites de la région de San Pedro, le plus souvent en 4x4 et en horaires décalés. Plusieurs avantages : on évite la cohue, il connaît des coins peu fréquentés, et met l'accent sur les aspects culturels et historiques. Explications passionnantes, à la manière d'un conteur sur la géologie et l'histoire des Atacamènes.

■ ***Voyage Atacama :*** *pas de bureau. ☎ 991-40-29-26 ou 977-78-85-95 (facilement joignable via WhatsApp depuis l'Europe). • voyageatacama.com* • Tim, un Belge francophone toujours de bonne humeur, qui a fait ses classes dans les agences de la place, a monté sa petite entreprise en compagnie de son épouse chilienne et d'une équipe qui effectue à la demande des excursions personnalisées selon vos attentes en dehors des sentiers battus. Spécialiste de la montagne, il peut notamment vous emmener en trek pour escalader tous les volcans du secteur et même au salar d'Uyuni dans l'un de ses 4x4 Toyota. Prestations très flexibles et bon rapport qualité-prix.

– 🏠 Bon à savoir aussi, on peut loger dans la petite propriété de Tim (à env 6 km au sud-est de San Pedro, sur la route de Toconao), dans des ***apparts-studios*** bien équipés, avec vue sur la plaine et le Licancabur. Le tout agrémenté d'une petite piscine et de quelques lamas. *Compter 70 000 $Ch pour 2-5 pers, si résa en direct.*

■ ***Horizonte Atacama*** *(plan B2, **13**) : Caracoles, 238. ☎ 936-20-75-28. • horizonte-atacama.com • Tlj 9h30-21h.* Tenue par 2 Français (pas toujours sur place), cette agence qui possède un bureau au cœur du village offre tout type d'excursions (en espagnol et anglais), ascension de volcans compris. On paie un poil plus cher qu'avec d'autres, mais les prestations sont irréprochables : guides certifiés, repas de qualité, etc. Tours privés en français possibles.

■ ***Whipala Expedition*** *(plan B2, **14**) : Tocopilla, 418. ☎ 966-50-19-61. • whipalaexpedition.cl • Tlj 10h-20h30.* Une des plus anciennes agences de San Pedro, toujours aussi sérieuse et professionnelle. Excellents guides (dont un francophone, pour les tours privés) et organisation. La patronne elle-même travaille à l'agence.

■ ***Aventurarte Overland :*** *pas de bureau. ☎ 990-22-86-37. ● Facebook* ● Avec sa dégaine de baroudeur buriné par le vent du désert, David Olivares, qui connaît le moindre caillou de l'Atacama et parle français pour avoir vécu en Belgique pendant la dictature, vous emmène selon vos désirs et attentes dans sa Land Rover jaune, toujours vaillante après 50 ans de bons et loyaux services, et ce, jusqu'en Bolivie et même au Pérou... parfum d'aventure garanti. Tarifs à la carte.

Vers le sud

★★★ ***Salar de Atacama*** *(alt. 2 300 m)* **:** dominée par la ronde des volcans, balayée par les tourbillons de sable, cette immense dépression saline de 3 200 km² s'étend sur plus d'une centaine de kilomètres, du sud de San Pedro jusqu'à Peine. C'est le plus grand *salar* du Chili et le petit cousin de celui d'Uyuni en Bolivie voisine. Il a été formé par la condensation, sous l'effet de la chaleur intense, du sel contenu dans les eaux de ruissellement souterraines et superficielles. En dehors des lagunes (détaillées plus bas) ponctuant la vallée de loin en loin, l'espace est essentiellement occupé par une croûte de sel, bétonnée par la poussière, formant un relief hostile et chaotique, ou dessinant des vaguelettes rugueuses comme pétrifiées. On estime que l'épaisseur de sel maximale peut atteindre 1 450 m par endroits ! Au lever et au coucher du soleil, le lieu prend des teintes ocre, rose et beige. C'est aussi l'un des plus grands gisements de lithium de la planète, exploité depuis plus d'une décennie avec ferveur, sans grand égard pour l'environnement.

Si le salar d'Uyuni, en Bolivie, est plus spectaculaire, celui d'Atacama vaut amplement le détour. On peut admirer ce paysage surréaliste à la laguna de Chaxa, l'un des seuls sites accessibles. Sinon, le long de la route de Peine (aucune difficulté en voiture standard), quelques chemins, sur le côté droit, permettent de s'enfoncer au cœur de cet univers magique. D'ailleurs, n'hésitez pas à emprunter la route qui se trouve à 5 ou 6 km avant Peine, il suffit alors de poursuivre sur 2 km pour admirer des sculptures naturelles à perte de vue. La plupart des sites décrits ci-dessous sont situés dans les limites du *salar* ou à proximité.

★★ ***Lagunas Cejar et Piedras*** *(alt. 2 300 m)* **:** *dans la partie nord du salar, à 20 km de San Pedro par une bonne piste (ça passe en véhicule de tourisme). De San Pedro, prendre direction Toconao sur env 15 km, puis bien indiqué sur la droite et faire env 10 km jusqu'à une fourche. Poursuivre sur la droite et c'est à env 1 km. Tlj sauf mar 9h-13h30. Entrée : 15 000 $Ch.* Vu le prix d'entrée vraiment très élevé, on serait tenté de zapper cette étape pour rejoindre la laguna Tebenquiche (lire ci-après), plus accessible et tout aussi belle. Reste qu'ici, c'est l'endroit le plus proche où l'on peut se baigner dans un lac salé. Si vous tenez à tenter l'expérience, il faudra en payer le prix ! L'excursion commence par un petit sentier faisant le tour des eaux tourmaline de la *laguna Cejar,* cernée par un plateau immense et désertique. Parfois, quelques flamants roses. Baignade limitée à 30 mn et interdite aux moins de 6 ans. On y flotte comme un bouchon aussi bien que dans la mer Morte... Une sensation assez marrante mais un rien irritante... Ne mettez pas la tête sous l'eau quand vous faites la planche ! Il est interdit de se tartiner de crème solaire, pour ne pas polluer la lagune, alors couvrez-vous vite en sortant ! Vestiaires et douches pour se rincer.

★★★ ***Laguna Tebenquiche*** *(alt. 2 300 m)* **:** *même accès que la laguna Cejar mais prendre à gauche à la fourche et faire encore 14 km sur une piste correcte. Tlj 9h30-13h30, 14h30-18h30 (dernière admission). Entrée : 5 000 $Ch ; réduc.* Petite lagune en partie couverte d'une épaisse croûte de sel, telle une banquise incongrue sous de telles latitudes. Dessus titubent quelques graciles flamants roses. Dans l'eau, le matin seulement, se reflètent ciel, nuages et volcans. Superbe aussi au coucher du soleil. En milieu de journée, le cagnard cogne trop. Un sentier de 600 m aller-retour serpente le long de la lagune, sans y pénétrer (c'est interdit). Avant d'arriver sur le site (à 11 km après la fourche et 3 km avant la lagune), coup d'œil aux ***ojos del salar,*** 2 bassins de part et d'autre de la piste, 2 yeux d'eau douce parfaitement circulaires.

Laguna de Chaxa *(alt. 2 300 m)* **:** *à env 63 km au sud de San Pedro, via Toconao, par une bonne piste fléchée sur la droite à la sortie de Toconao ; aucun problème en véhicule de tourisme. Tlj 8h30-17h30. Entrée : env 8 000 $Ch ; réduc. Y aller de préférence le mat ou plus tard dans l'ap-m ; en journée, ça cogne vraiment et il y a moins d'oiseaux.* Au cœur du *salar de Atacama,* la laguna de Chaxa compose l'un des 7 secteurs de la reserva nacional Los Flamencos. On peut y contempler de près, dans un silence étourdissant, 3 espèces de flamants : flamant de James à la livrée très claire et aux pattes rouges, flamant du Chili aux « genoux » roses et au bec majoritairement noir, et le spectaculaire flamant andin, aux plumes des ailes écarlates (et aux pattes jaunes). Se nourrissant sur le plan d'eau en journée, ils regagnent le soir leur lieu de nidification, non loin de là, dans 3 autres lacs entièrement préservés de la fréquentation humaine. Spectaculaire de les voir s'envoler ainsi, par petits groupes ! Sur le site, sentier en boucle long d'environ 1,5 km, avec panneaux d'interprétation. Tout autour, un paysage de concrétions salines à la blancheur éblouissante.

POURQUOI LES FLAMANTS ROSES SONT-ILS ROSES ?

Ils se nourrissent en fait d'une crevette... rose, qui vit dans les eaux des lagunes et des étangs saumâtres. Grâce à son bec particulier doté d'un filtre, le flamant capture le petit crustacé, dont la couleur provient de ce qu'il ingère, à savoir des micro-algues de couleur rose car chargées en bêtacarotène. Celles-ci contiennent des pigments (comme ceux de la carotte) qui seront ensuite transmis tout le long de la chaîne alimentaire. Ainsi plus un flamant vieillit, plus il rosit.

Lagunas de Baltinache *(ou lagunas Escondidas)* **:** *à près de 60 km au sud-ouest de San Pedro, par une mauvaise piste fortement déconseillée aux voitures de tourisme classiques ; y aller préférablement en véhicule type SUV ou pick-up, plus hauts et dotés de pneus plus résistants. De San Pedro, prendre la route de Calama sur env 14 km puis tourner à gauche vers Peine (panneau). Poursuivre sur env 45 km avt d'arriver au site (baraque sur la gauche). Tlj 9h30-13h30, 14h30-18h30 (dernière admission). Entrée : 10 000 $Ch ; réduc.* Succession de 7 petites lagunes turquoise au milieu d'un sol de sel durci et craquelé. Seules la première et la dernière, la plus grande, sont autorisées à la baignade, mais crème solaire interdite. Comme dans la mer Morte, on flotte ! Douches au bureau de contrôle pour se rincer du sel ; emporter une serviette de bain.

BONNET D'ÂNE !

De chaque côté de la porte de l'église de Toconao, on peut observer 2 bas-reliefs : à gauche un âne et à droite un lama. Témoignage de la volonté des Espagnols de tenter d'imposer le 1er au détriment du 2d auprès des populations locales, le lama, inconnu en Europe, étant considéré par les colonisateurs comme un bestiau inutile. Mais les autochtones ne se résolurent jamais à abandonner leur animal traditionnel. C'est pourquoi on voit aujourd'hui errer dans la pampa des troupeaux d'ânes sauvages qui ne trouvèrent pas de boulot, et passèrent leur temps à se reproduire à qui mieux mieux. Histoire de s'occuper.

Toconao (alt. 2 485 m) **:** *petit village à 38 km au sud de San Pedro, par une très bonne route bitumée. Liaison avec la compagnie* Atacama 2000 *et* Frontera del Norte. Quelque 800 habitants vivent dans ce village tranquille comme tout, dans des maisons en pierre ponce. Sur la charmante petite place, l'église San Lucas (1750), classée au Patrimoine national, possède une représentation de Dieu avec son fils, ce qui est rare, et un joli clocher blanc séparé. De part et d'autre de la porte, noter les bas-reliefs d'âne et de lama (voir l'encadré à ce sujet). À l'intérieur, charpente en *chañar* et caroubier, et plafond en bois de cactus. À Toconao, on travaille la laine d'alpaga et de lama sur des métiers à tisser traditionnels, ainsi que la « pierre de Toconao », une pierre ponce. Autour de la place, quelques modestes boutiques. Les habitants sont employés pour la plupart à l'extraction du lithium dans le salar d'Atacama (40 % de la production mondiale).

Residencial El Valle de Toconao : *Lascar, 236B. ☎ 973-77-03-72. Doubles sans ou avec sdb env 30 000-40 000 $Ch.* Agréable maison qui offre une poignée de chambres très propres et simples, au calme, à 1 mn de la place centrale. Elles s'organisent autour d'un modeste patio équipé d'un kiosque.

Quebrada de Jere : *à 1,5 km à l'est de Toconao (fléché). Tlj 8h-17h30 (dernière admission). Entrée : env 2 000 $Ch.* Dévalant de la cordillère, les eaux du maigre río Jere ont permis la naissance en plein désert d'un verger niché au fond d'un petit canyon : cognassiers, grenadiers, pruniers, poiriers, etc. Quelques chenaux amènent l'eau aux différentes parcelles. On y produit aussi le vin blanc *Ayllu* (moscatel). Un endroit tranquille, ombragé et frais, idéal pour un pique-nique aux heures les plus chaudes de la journée (tables et emplacement pour barbecue). Un petit sentier circulant dans les éboulis mène à quelques pétroglyphes.

– En allant vers Socaire, un panneau indique le ***passage du tropique du Capricorne.*** Petit arrêt aux points cardinaux. Ici passait le chemin des Incas, fréquenté par les caravaniers.

Socaire (alt. 3 218 m) **:** *à 51 km au sud de Toconao, par la route bitumée du Paso Sico.* Perdu au milieu de nulle part, au hasard d'une route déroulant à l'infini des paysages grandioses de steppe jaunie grimpant à l'assaut des volcans, ce petit village-oasis possède 2 églises en pierre taillée, coiffées de chaume, et s'entoure de petites parcelles organisées en terrasses et plantées de maïs, quinoa, fèves et pommes de terre bleues.

POURQUOI LES CONCRÉTIONS SALINES SONT-ELLES EN POINTE ET NON PAS PLATES ?

À la fonte des glaciers, l'eau accumulée au fil des millénaires s'évapora. La force de l'évaporation fut telle que les particules de sel subirent elles aussi une attraction vers le haut, et conservèrent leur forme en pointe quand elles séchèrent. On les appela des « évaporites ».

Lagunas Miscanti-Miñiques (ou lagunas Altiplanicas ; alt. max 4 200 m) **:** *à 30 mn env (26 km) de Socaire, direction Paso Sico. Après 21 km de bitume, piste à gauche un peu pierreuse pour les derniers km, accessible aux voitures de tourisme. On est à 115 km de San Pedro. Tlj 9h-16h (dernière entrée).* ***Achat du ticket d'entrée en ligne seulement,*** *sur • socairechile.cl • Coût : env 10 000 $Ch.* On s'y rend par une piste qui grimpe à travers une étendue sauvage piquetée de jaune par les touffes de *paja brava,* une graminée épineuse, et ce, jusqu'à plus de 4 500 m d'altitude, au pied des volcans. C'est l'ultime végétal résistant à une telle altitude. Et soudain surgissent un, puis 2 sublimes lacs couleur bleu lagon, devant lesquels paissent des vigognes. Sensation d'espace à donner le tournis. Un sentier suit le 1er lac à distance pour rejoindre le 2e un peu plus loin. Bien se couvrir, même en été, car ça caille là-haut ! Ces 2 lagunes abritent une espèce d'oiseau rare et protégé, le *tagua cornuda*, dont il ne reste que 1 200 individus sur l'ensemble de l'altiplano.

👣👣 Ceux qui n'ont pas eu leur quota de paysages pourront encore pousser 50 km de plus par la superbe route du Paso Sico jusqu'au ***salar de Talar,*** puis plus loin la solitaire ***laguna Tuyacto*** aux eaux émeraude (alt. 4 090 m). Si vous comptez aller jusque-là, partez tôt le matin. On est à 150 km de San Pedro. Méfiez-vous, on est en altitude, le temps peut vite tourner à l'orage.

👣👣 ***Salar de Talar et les piedras Rojas :*** *à 60 km au sud-est de Socaire. Même ticket* ***(à acheter en ligne)*** *que les lagunas Miscanti-Miñiques.* Un *salar* qui témoigne bien des caprices de la nature, créatrice de compositions de paysages surprenantes. Il étonne par la blancheur éclatante due à l'accumulation de sel, ainsi que par la clarté des eaux turquoise de sa lagune. Quant aux *Piedras Rojas,* les pierres rouges, ce sont d'anciennes coulées de lave, chargées d'oxyde de fer, qui leur donnent cette tonalité particulière.

👣 ***Laguna Tuyacto :*** *env 10 km après le salar de Talar.* Belle lagune laiteuse, dans les tonalités de jade où affleure le blanc du sel sur le bleu du ciel. Belle vue depuis un promontoire.

Vers l'est

👣👣👣 ***Salar de Tara*** *(alt. max 4 830 m)* ***:*** *à env 100 km à l'est de San Pedro par la route qui mène au Paso Jama (frontière argentine), ce site est en principe fermé à la visite... mais certaines agences s'y aventurent encore un peu, dans le cadre d'une excursion baptisée* « ruta de los salares ». *En tt état de cause,* ***ne pas s'y rendre seul*** *(pas de piste, aucun repère visuel, pas de réseau téléphonique...).* Un coin splendide qui, hélas, ne peut plus se visiter comme avant, officiellement pour préserver l'environnement, mais plutôt en réalité à cause de l'exploitation du lithium. Certaines agences y pénètrent toutefois encore, jusqu'aux *Monjes de la Pacana,* qui sont des concrétions fantastiques formées par de la lave en fusion figée par l'eau des glaciers présents à l'époque et ciselées ensuite par le vent au cours des millénaires. En chemin, on admire la zone humide de Quipiaco et la *laguna de Cristal,* où se mire le volcan Pili (6 046 m). Puis le tour se poursuit vers d'autres *salares* plus à l'est : celui d'*Aguas Calientes* et celui de *Quisquiro,* près de la frontière argentine. Au final, paysages superbes avec flamants roses et des dizaines d'espèces d'oiseaux à observer. L'altiplano dans toute sa splendeur !

Vers le nord

De nombreuses agences de San Pedro proposent un circuit vers les *geysers du Tatio.* Mais on peut parfaitement effectuer cet itinéraire seul en voiture de location. C'est d'ailleurs notre conseil. Une journée bien remplie en perspective, même si le trajet est long. Toujours se renseigner sur l'état des pistes auprès des *carabineros* de San Pedro *(plan B1-2,* ***2****),* surtout après les pluies de l'hiver altiplanique. Si vous partez de Calama, ne lézardez pas trop en chemin, au risque d'arriver trop tard à Puritama pour vous baigner.

👣👣 ***Yerbas Buenas et la valle Arcoiris (vallée Arc-en-Ciel) :*** *sur la route de Calama, faire env 43 km, puis prendre à droite la bonne piste vers Río Grande et parcourir encore 25 km jusqu'à la vallée. À faire avec une voiture haute car il faut traverser plusieurs gués. Tlj 9h-17h. Entrée : 5 000 $Ch... pour chacun des 2 sites. On conseille d'avoir un guide pour cette excursion, car sans explications on reste sur sa faim.* On s'arrête d'abord aux pétroglyphes de Yerbas Buenas.

Les plus beaux se trouvent dans la partie haute. Ceux du bas sont beaucoup plus récents... On peut même y voir un singe (voir l'encadré ci-dessus) ! Ensuite, tournez avant le pont pour la vallée Arcoiris, sinon vous vous retrouverez au village de Río Grande. Après avoir croisé quelques ânes et lamas, on découvre la vallée et son incroyable palette de coloris : la pierre est verte, bleue, rouge, orangée... Bref, il y en a pour tous les goûts. Sans compter la forme des concrétions rocheuses, érodées par le vent. Magnifique. Possibilité de visiter ensuite le village de Río Grande avec son canyon et ses cultures en terrasses.

UN SINGE DANS LA PIERRE

Sur le site de Yerbas Buenas, on peut observer un pétroglyphe représentant un singe. Comment est-il arrivé là ? Ce sont des caravaniers venant de Bolivie qui lui firent traverser l'Amazonie lointaine jusqu'au désert d'Atacama, un peu à la manière des montreurs d'ours d'autrefois. Les locaux découvrirent ainsi avec curiosité cet étonnant animal inconnu qu'ils voulurent immortaliser. Dans l'impossibilité de le photographier, l'animal fut gravé dans la pierre. On ne peut pas l'envoyer aux copains par Facebook, mais ça passe mieux les siècles !

Vers le nord, en direction des geysers du Tatio
(env 80 km de San Pedro)

– ***Conseils importants :*** l'excursion vers les geysers du Tatio peut se réaliser par soi-même, mais de préférence avec une voiture type SUV ou pick-up car certains tronçons de la piste qui y mène sont souvent en assez mauvais état (cela dépend du temps qu'il a fait et du délai d'intervention des tractopelles réparatrices !). Sinon, toutes les agences proposent l'excursion : départ très tôt le matin (vers 4h30), et de nuit, pour arriver sur le site à l'aube, qui est le moment privilégié pour admirer les fumeroles des geysers. Vers 8h, celles-ci se font déjà plus discrètes et le spectacle n'est plus le même. Si vous partez, vous aussi, très tôt (ce qu'on vous conseille) avec votre véhicule, soyez bien prudent sur la route... d'autant que l'on passe de 2 400 m à 4 300 m d'altitude en 1h30, ce qui n'est pas nécessairement sans effet sur l'organisme... et ses réflexes !

– ***Pour s'y rendre :*** *sortir de San Pedro par le nord, faire env 20 km, puis prendre à gauche juste avt Guatin, la route vers Machuca et El Tatio (bien fléché). Puis c'est tt droit.*

Termas de Puritama *(alt. 3 500 m)* **:** *à 28 km au nord de San Pedro, par une bonne route. On suit la route vers Guatin sur env 22 km puis, au lieu de tourner à gauche vers Machuca et El Tatio, on poursuit tt droit sur env 6 km (bien indiqué). Tlj 9h30-12h30, 14h-17h.* ***Achat du ticket d'entrée en ligne seulement,*** *sur • termasdepuritama.cl • Coût : env 30 000 $Ch.* Dans un canyon agréable, une rivière d'eau tiède formant, au creux des roches et des *colas de zorro* (roseaux), des piscines naturelles. Un site géré par la fondation *Explora,* le grand hôtel de luxe de San Pedro, qui y a installé une passerelle serpentant au fond du canyon ainsi que des sanitaires... C'est vraiment (très) cher, sans que la baignade mérite un tel prix. Par ailleurs, le week-end, il y a tellement de monde qu'il faut parfois attendre son tour. Pas beaucoup d'intérêt.

Vado Machuca *(alt. 4 000 m)* **:** *à env 40 km de San Pedro, un peu avt le village du même nom. Pour y aller, à l'embranchement de Guatin, prendre à gauche vers Machuca et El Tatio, c'est un peu plus loin sur la droite.* Il s'agit d'une jolie zone humide qui permet d'observer quelques grappes de flamants roses et des vigognes qui pataugent sur un bout de lagune. Un peu plus loin, le village.

Le village de Machuca *(alt. 4 000 m)* **:** *sur la route des geysers du Tatio, 2 km après le vado Machuca.* On ne s'y arrête plus guère depuis que la communauté fait... payer l'entrée au village. Contentez-vous, si vous allez vers les geysers (ou si vous en revenez), d'admirer, depuis la route, la jolie église au toit de chaume.

Vado Putana *(alt. 4 000 m)* **:** *env 10 km après le village de Machuca.* Une autre zone humide jolie comme tout, où vigognes et lamas paissent gentiment. Un ravissement.

Les geysers du Tatio *(alt. 4 320 m)* **:** *à env 25 km après le village de Machuca (et 80 km de San Pedro ; compter 1h30 de route sans les arrêts). Avec une agence, le départ se fait vers 4h30 du mat (lire précédemment).* ***On peut y aller par soi-même, mais plutôt avec un véhicule haut qu'avec une voiture de tourisme standard, car l'état de la piste qui y mène est généralement assez mauvais.*** *Site ouv dès l'aube. Entrée : env 15 000 $Ch ; réduc. Plusieurs petits parkings disséminés sur le site. Ne pas oublier maillot et serviette car on peut se baigner dans un bassin d'eau chaude.*
Tatio Mallku, « l'ancêtre qui pleure » en langue atacamène. L'arrivée est spectaculaire avec l'aube qui baigne d'une lumière rose les volcans et montagnes aux cimes enneigées, plus les fumerolles des geysers au 1er plan... Sur un vaste plateau cerné de montagnes verdoyantes, voici une quarantaine de petits geysers bien visibles (plus de 300 en comptant les minuscules), soit 11 % des geysers de la planète, et 60 sources chaudes. Les geysers les plus grands atteignent 3-4 m et les fumerolles une dizaine de mètres, voire plus. Du moins au petit matin car, l'écart thermique entre la température de l'eau chaude et la température extérieure se réduisant rapidement à mesure que le jour avance, les fumerolles diminuent dans les mêmes proportions. Après 8h-9h du matin, elles ne sont déjà plus guère visibles. Raison pour laquelle il est important de partir très tôt de San Pedro. Les fumerolles réapparaissent ensuite en fin de journée, lorsque la température redescend. Au cœur de la journée, les geysers dorment et le site est presque désert, mais les vigognes sont plus nombreuses.
– ***Conseils malins*** **:** couvrez-vous, car il fait horriblement froid à l'aube (- 5 ou - 10 °C en été, - 15 voire - 20 °C en juillet-août !). Ne touchez surtout pas l'eau des geysers et ne sortez pas des sentiers balisés : les abords des geysers sont dangereux, et on déplore régulièrement des ***accidents, parfois mortels.***

Caspana *(alt. 3 260 m)* **:** *à 45 km env à l'ouest des geysers du Tatio. En descendant du Tatio, prenez la piste à droite à env 10 km ; attention, si vous y allez de San Pedro sans passer par Tatio, prenez à gauche, mais le panneau n'est visible qu'à la descente... Piste roulante, puis goudron et à nouveau une bonne piste alternant avec des portions un peu moins bonnes.* Petit village-oasis de 250 âmes, habité par une communauté autochtone qui tient à sa tranquillité. La plupart des maisons, en pierre, sont encore recouvertes d'un toit de chaume. Notez l'énorme rocher-champignon, fendu en deux, à l'arrière du village... Cultures en terrasses en bord de canyon, où poussent primeurs, maïs, fruits et fleurs. On y trouve aussi un petit ***museo etnográfico*** *(prendre à droite en arrivant ; mar-ven 10h-13h, 15h-18h ; entrée modique).* Il présente une belle collection de crânes étudiés sous l'angle anthropologique, certains étant plus allongés que d'autres, suivant les rites de la tradition chamane. Joli bric-à-brac aussi de *tabletas de rapé, espatuladas* en bois, pelvis féminins et masculins, machines à coudre et tourne-disques ! Tout en haut de la colline, l'*église San Lucas,* du XVIe s. Fête de la Candelaría le 2 février.

Chiu-Chiu *(alt. 2 525 m)* **:** *à 70 km à l'ouest du Tatio et 33 km à l'est de Calama par une route plus facile que celle depuis San Pedro.* Ce petit village de 300 âmes a été fondé en 1611. Avant l'arrivée des Espagnols, c'était une étape du *camino del Inca.* Pendant la guerre du Pacifique, il connut de nombreux combats et escarmouches entre troupes boliviennes et chiliennes. Son église San Francisco (ouverture aléatoire), l'une des plus anciennes du Chili (autour de 1650), vaut à elle seule le détour. Elle présente une magnifique architecture coloniale, d'aspect massif, avec d'épais murs en adobe blanchis à la chaux, des contreforts, un plafond et des portes en bois de cactus, maintenues par des lanières de cuir de lama et constellées de minuscules petits trous de lumière. Comme un ciel étoilé ou après une fusillade de bande dessinée à la Lucky Luke... Fête patronale le 4 octobre.

La vallée de Lasana *(alt. 2 590 m)* **:** *embranchement sur la gauche à la sortie nord de Chiu-Chiu.* Paisible petite vallée verdoyante du río Loa, parsemée de maisonnettes et de cultures. L'électricité n'y est arrivée qu'en 2009... On s'y enfonce le long d'une jolie piste étroite, passant devant un musée local avec son étonnant « homme de cuivre » naturellement momifié (il s'agit en fait d'une réplique, l'original se trouvant au musée des sciences naturelles de New York). Près du panneau signalant les pétroglyphes, on peut voir 2 beaux lamas gravés sur un gros rocher surplombant la route, juste avant le panneau « élargissement de chaussée ». Après environ 9 km, on atteint le ***pukara de Lasana,*** vieille forteresse du XIIe s en ruine plantée sur une crête *(en principe tlj 10h-18h ; entrée payante).* En poursuivant la piste jusqu'au bout, on débouche sur le grand rien. À gauche, la route repart vers Chiu-Chiu et Calama.

À 5-6 km de Chiu-Chiu, en direction de Caspana et Ayquina, la ***laguna Inca Coya,*** étrange lac tout rond, lieu de culte des Aymaras et des Incas.

L'ascension des volcans

Contrairement à ce qu'on pourrait penser, l'ascension de certains volcans ne présente pas de difficulté technique particulière. Le défi, comme souvent, est plutôt celui de l'altitude.

Volcán Toco *(5 604 m)* **:** *à 35 km à l'est de San Pedro. Ascension obligatoirement accompagnée par un guide de haute montagne (voir les agences de San Pedro). Excursion à la journée. Départ de San Pedro vers 6h et retour vers 13h. Du camp de base, montée en 2h30 et descente en 1h30.* Surnommé « le volcan école », il se caractérise par une ascension facile, ce qui le rend accessible à un large public, notamment aux débutants de la montagne. Attention toutefois, les problèmes d'altitude sont les mêmes qu'ailleurs. Au sommet, vue remarquable sur le majestueux Lincancabur et sur le Chanjnantor qui abrite les antennes du radiotéléscope ALMA.

Volcán Lascar *(5 592 m)* **:** *à 100 km au sud-est de San Pedro. Accès en 3h de voiture depuis San Pedro, via Toconao, Talabre et la laguna Lejia, jusqu'au camp de base situé à 4 800 m d'altitude. Compter env 3h de montée et 2h30 de descente. Ascension obligatoirement accompagnée par un guide spécialisé d'une agence.* Ce volcan est l'un des plus actifs du Chili : il a connu plus de 30 éruptions depuis les années 1850 ! La plus impressionnante date de 1993, avant celles, plus modestes de 2015, 2017 et... fin 2022. Des fumerolles soufrées s'en échappent en permanence. Certaines agences proposent l'ascension du volcan (sans difficulté particulière), quand le climat est stable et que les vents soufflent du bon côté. Prévoir des paliers d'acclimatation. En effet, soyez conscient qu'il y a toujours un risque à gravir un volcan actif, quelles que soient les précautions que vous preniez.

Volcán Licancabur *(5 916 m)* **:** *à 35 km à l'est de San Pedro. Plusieurs agences proposent la grimpette sur 2 j. au départ de San Pedro, généralement par la voie bolivienne. Guide obligatoire. On passe une 1re nuit au refuge situé sur le bord de la laguna Verde, au pied du volcan, puis on repart vers 4h le lendemain mat, de 4 600 m d'altitude, après un transfert de 30 mn en 4x4 jusqu'au départ du sentier. Compter 8-10h de marche A/R, à la lampe frontale, puis en pataugeant dans le pierrier du sommet.* Planté sur la frontière chilo-bolivienne, dominant toute la région, le « volcan du peuple » (en *kunza,* la langue atacamène) est un cône parfait et majestueux, auréolé de neige en hiver. Attention, l'ascension côté chilien est totalement déconseillée : il y a des mines sur le chemin, elles sont déplacées par les pluies et à chaque mouvement sismique ! Inutile de préciser qu'il est impératif d'être dans une bonne condition physique et déjà acclimaté à l'altitude. De là-haut, vue spectaculaire sur le cratère et son lac gelé, sur la *laguna Verde* et le tout proche volcan Juriques (5 653 m). Ce dernier dépassait autrefois les 7 000 m, mais une éruption l'a privé du sommet de son cône.

Excursion en Bolivie

Plusieurs agences boliviennes implantées à San Pedro proposent des excursions en Bolivie, avec en point d'orgue le ***salar de Uyuni.*** Les agences chiliennes n'y vont pas, histoire d'éviter les tracasseries administratives auxquelles elles seraient confrontées dans le pays... *Au programme : 3 j. (2 nuits) avec fin à Uyuni, ou 4 j. (3 nuits) avec retour à San Pedro – en fait, on y revient plutôt vers 13h-14h le 4e j. Prévoir env 220 US$ dans le 1er cas et 270 US$ dans le 2d, entrées aux parcs boliviens non comprises.* Altitude maximale durant le voyage : 4 900 m, aux geysers Sol de Mañana. Pensez à prendre de l'eau en plus, des snacks, du papier toilette et au moins 300-400 *bolivianos* chez les changeurs de San Pedro pour l'accès aux sites côté bolivien, notamment.

Attention, en période de carnaval en Bolivie (dates variables), et vers la fin de l'année, les agences à San Pedro n'arrivent pas à trouver des chauffeurs boliviens, et les excursions vers Uyuni sont annulées.

Il faut faire attention de bien choisir son agence. Les kilomètres de piste, l'altitude et les nuits en refuge avec des agences boliviennes un peu hasardeuses (et il y en a !) pourraient vous laisser quelques souvenirs amers : crevaison sans cric, panne d'essence (si, si), course folle dans le désert, arrêts photos zappés pour arriver plus tôt au refuge, chauffeurs et guides ne parlant pas un mot d'anglais... tout est possible, même si, certes, ces mésaventures relèvent plutôt de l'exception. N'hésitez pas à questionner les routards qui reviennent d'excursion. Faites-vous bien préciser aussi ce qui est compris ou pas dans le prix annoncé et assurez-vous que le guide possède un téléphone satellite, en cas de souci.

Une bonne agence :

■ ***Estrella del Sur*** *(plan B2,* ***13****) : Caracoles, 238A. ☐ 931-71-20-72. • travelestrelladelsur.com • Tlj 10h-20h (ou 21h).* En principe, départs quotidiens pour des excursions de 3 jours/2 nuits ou 4 jours/3 nuits. Ils fournissent un programme détaillé du périple avant le départ. Bonne organisation, bons repas, guides sympas et chauffeurs prudents, qui s'arrêtent quand on le demande.

L'EXTRÊME NORD

• Carte *p. 225*

L'extrême nord du pays, frontalier du Pérou et de la Bolivie, a été annexé par le Chili en 1880 à la suite de la guerre du Pacifique, privant ainsi la Bolivie de tout accès direct à la mer... Nous voici bien loin de Santiago ! La capitale est à plus de 1 850 km d'Iquique et plus de 2 000 km d'Arica. Ce vaste territoire est marqué par une sécheresse proverbiale : il tombe moins de 1 mm de précipitations annuelles par endroits, un record mondial ! En dehors de quelques ports nés de l'exportation du minerai extrait de la montagne, les rivages du Pacifique n'échappent pas à cette désolation minérale. Quelques rares *ríos* descendus des Andes dessinent des vallées et des oasis presque verdoyantes, où poussent les fruits tropicaux. Plus haut dans les terres, l'altiplano est parsemé de *salares* peuplés de flamants roses, de lacs vert et bleu dans lesquels se reflètent des volcans majestueux aux sommets enneigés. Partout gambadent des vigognes, des lamas, des alpagas. Des communautés autochtones vivent ici, riches d'une culture millénaire fondée sur le respect et la réciprocité entre l'homme et la *Pachamama,* la Terre Mère...

– Pour ceux qui voudraient éviter la monotonie de la ruta 5 (Panamericana), une alternative plus attrayante pour rejoindre Iquique depuis San Pedro de Atacama consiste à rallier Tocopilla en bord de mer, puis longer la côte Pacifique vers le nord sur la ruta 1, assez spectaculaire avec ses longues lignes droites coincées entre la mer et de hauts versants arides, le tout ponctué de plages et de villages de pêcheurs.

IQUIQUE

env 220 000 hab.

• Plan *p. 226-227*

Capitale de la Première Région, Iquique occupe une étroite langue de terre coincée entre le Pacifique, une énorme falaise aride de 500-600 m de haut en arrière-plan et une colossale dune qui semble prête à engloutir les quartiers sud ! L'arrivée par la route, plongeant depuis les hauteurs, permet d'apprécier combien la ville est prisonnière de ce site original. Enrichie par l'exportation du salpêtre, Iquique, même si elle ne fait pas chavirer les cœurs au 1er abord, conserve en son centre de séduisants témoignages de son âge d'or : un théâtre où se produisit Sarah Bernhardt, un *casino español* au charme

mauresque, et la *calle Baquedano,* aux trottoirs de bois réservés aux piétons, avec une intéressante enfilade de maisons colorées des années 1900, méticuleusement restaurées pour certaines. Et, dans le ciel, des escadrilles de parapentistes. Iquique peut constituer une courte escale avant de repartir explorer les mystérieux géoglyphes et les villages fantômes du salpêtre... tel Humberstone, le plus important d'entre eux, classé au Patrimoine mondial de l'Unesco.

UN PEU D'HISTOIRE

Ce territoire des Changos, un peuple vivant de la pêche et du guano échangés avec les tribus de l'altiplano, éveille très tôt l'intérêt des Espagnols, qui y exploitent la mine d'argent de Huantajaya déjà utilisée par les Incas pour la fabrication de bijoux... 2 siècles plus tard, en 1828, l'exploitation du salpêtre est entamée par le Pérou, auquel appartient alors la région. Cette industrie connaît son âge d'or entre 1880 et 1920, parant Iquique de monuments pittoresques, comme le casino espagnol, le théâtre et le palais Astoreca. Entre-temps, la région est devenue chilienne à la faveur de la guerre du Pacifique, dont les principales batailles navales se sont déroulées au large d'Iquique... À partir de 1920, c'est la crise du salpêtre. La pêche industrielle, les conserveries et les usines de farine de poisson prennent le relais. En 1975, Iquique reçoit le statut de zone franche, initiative qui donne un coup de fouet au commerce et aux exportations. On vient de loin pour dépenser ici son maigre salaire dans des centres commerciaux qui débordent de produits... qui viennent de loin eux aussi !

LE MASSACRE DE SANTA MARÍA

En 1907, plusieurs milliers de mineurs convergèrent vers Iquique pour une grande grève, à laquelle se joignirent les dockers. L'État fit donner l'assaut, attaquant à la mitrailleuse l'école Santa María dans laquelle hommes et femmes s'étaient regroupés. Les morts se comptèrent par centaines. Jusqu'au coup d'État de Pinochet, cette tragédie constituait la page la plus noire de l'histoire chilienne.

L'EXTRÊME NORD

Arriver – Quitter

Avion

✈ ***Aéroport international Diego Aracena*** *(hors plan par B3)* **:** *à 35-40 km au sud d'Iquique.* • *aeropuertodiegoaracena.cl* • Services de transfert qui vous déposent (ou viennent vous chercher) à votre hôtel. Les minibus (*Florentinos* et *Manquehue*) assurant ce transfert se situent sur la rue à l'extérieur du terminal (pas de bureau). Compter 8 000 $Ch/pers. En taxi, compter plus de 20 000 $Ch.

– ***Location de voiture :*** tous les grands loueurs sont représentés dans le hall de l'aéroport.

■ Vols quotidiens de/vers Santiago (et quelques autres villes comme Antofagasta) avec *LATAM, Sky Airline* et *JetSmart.*

Bus

🚌 ***Terminal des bus Rodoviário*** *(plan B1,* ***1****)* **:** *à l'extrémité nord de la rue Patricio Lynch.* La plupart des compagnies partent d'ici, sauf *TurBus* qui a son propre terminal (voir ci-dessous). Sur place, change et consigne *(tlj 8h-20h).*

🚌 ***Terminal de TurBus*** *(plan B1,* ***2****)* **:** *à l'angle d'Esmeralda et Ramírez.* ☎ *57-273-66-52.* • *new.turbus.cl* • *Guichets ouv 7h30-2h du mat.* On y trouve une consigne et un distributeur d'argent.

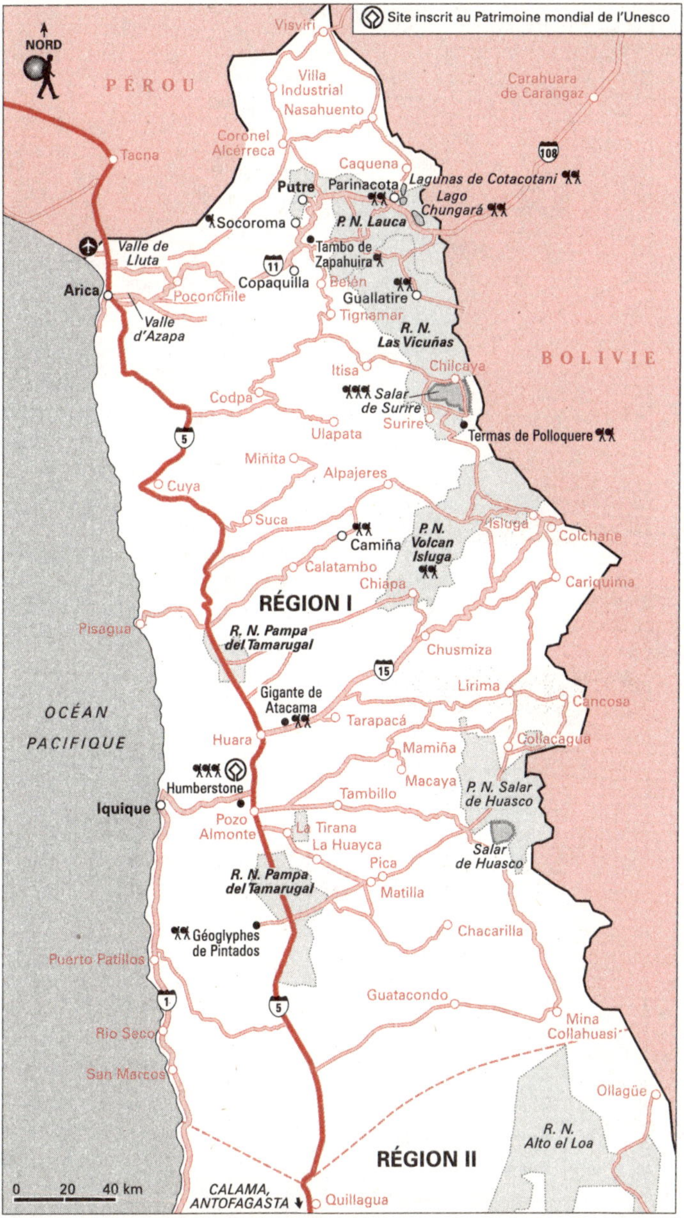

L'EXTRÊME NORD DU CHILI

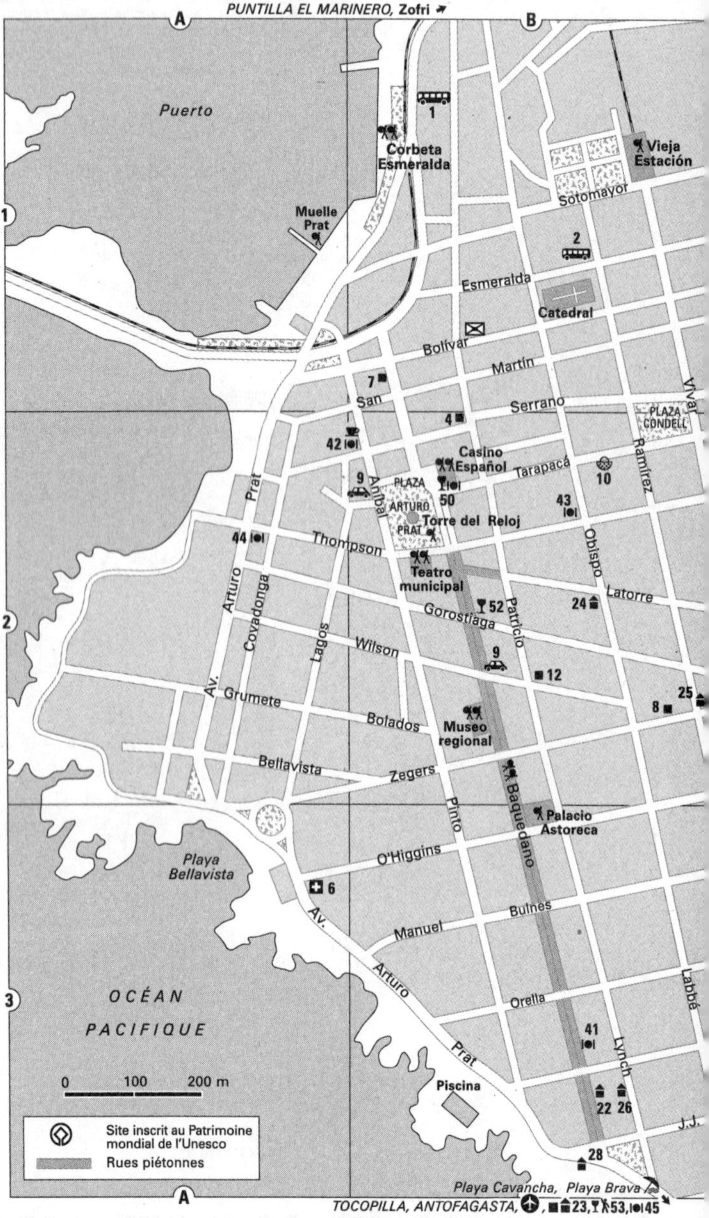
PUNTILLA EL MARINERO, Zofri
A
B
1
2
3
Puerto
Corbeta Esmeralda
Muelle Prat
Vieja Estación
Sotomayor
Esmeralda
Catedral
Bolívar
Martín
San
Serrano
Vivar
PLAZA CONDELL
Casino Español
Tarapacá
10
Ramírez
9
Aníbal
PLAZA ARTURO PRAT
50
43
Torre del Reloj
Prat
44
Thompson
Teatro municipal
Obispo
Latorre
Arturo
Covadonga
52
24
Gorostiaga
Patricio
Wilson
Lagos
12
Av.
25
8
Grumete
Bolados
Museo regional
Bellavista
Zegers
Baquedano
Pinto
Palacio Astoreca
O'Higgins
Playa Bellavista
6
Av.
Buines
Manuel
Arturo
Labbé
Orella
OCÉAN PACIFIQUE
41
Lynch
Prat
0
100
200 m
Piscina
22
26
J.J.
28
Site inscrit au Patrimoine mondial de l'Unesco
Rues piétonnes
Playa Cavancha, Playa Brava
TOCOPILLA, ANTOFAGASTA, , 23, 53, 45
1
2
4
7
9
42

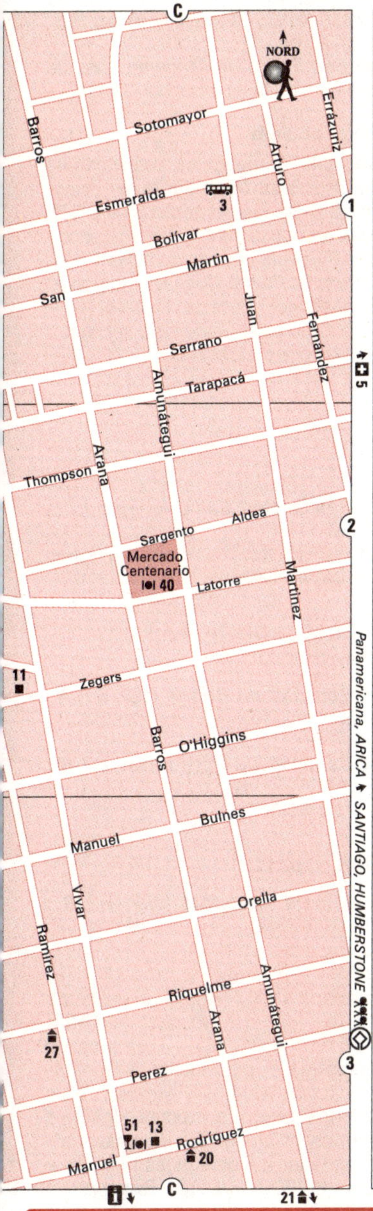

IQUIQUE

Adresses utiles

- Sernatur (B2)
- 1 Terminal des bus Rodoviario (B1)
- 2 Terminal des bus TurBus (B1)
- 3 Bureaux des compagnies de bus pour la Bolivie (C1)
- 4 Bureaux de change et de transfert d'argent (B1-2)
- 5 Hospital regional Dr Torres (hors plan par C1)
- 6 Clínica Red Salud Iquique (A3)
- 7 Consulat de Bolivie (B1)
- 8 Consulat du Pérou (B2)
- 9 Taxis Aéroport (B2)
- 10 Supermarchés Unimarc (B2)
- 11 Lavandería Express (C2)
- 12 American Rent a car (B2)
- 13 Avis et Budget (C3)
- 23 Altazor (école de parapente ; hors plan par B3)

Où dormir ?

- 20 Aotea Hostel (C3)
- 21 Auberge de jeunesse (hors plan par C3)
- 22 Aloha Inn (B3)
- 23 Altazor et Holiday Inn Express (hors plan par B3)
- 24 Hotel Inti-Llanka (B2)
- 25 Hotel Cano (B-C2)
- 26 Hostal Alem do Horizonte (B3)
- 27 Hotel El Camino (C3)
- 28 Gavina Costamar Hotel (B3)

Où manger ?

- 40 Mercado Centenario (C2)
- 41 Borboleta (B3)
- 42 Cioccolata (A-B2)
- 43 La Picada del Ramesh (B2)
- 44 Liverpool (A2)
- 45 La Traviata, la Mulata et Santorini Restaurant (hors plan par B3)

Où faire une pause sucrée ? Où boire un verre ? Où sortir ?

- 42 Cioccolata (A-B2)
- 50 Casino Español (B2)
- 51 La Fábrica (C3)
- 52 Bars-restos de la rue Baquedano (B2)
- 53 Bars nocturnes de la playa Brava (hors plan par B3)

➢ ***Antofagasta*** *(trajet : 6-7h)* **:** env 10 bus/j. avec *Pullman Bus* (9h-minuit) et 7-8 bus/j. (12h-22h30) avec *TurBus.* Également avec *Kenny, Pullman Carmelita, Tocopilla...*
➢ ***Santiago*** *(24h)* ***et les villes du Sud :*** 6-7 bus/j. (12h-22h30) avec *TurBus,* 5 bus/j. avec *Pullman Bus* et encore d'autres avec *Ciktur, Ramos Cholele...* La plupart des bus font halte à ***Copiapó*** et ***La Serena.***
➢ ***Valparaíso*** *(24h)* **:** 1 bus/j. avec *TurBus* (vers 15h) et 1 avec *Pullman Bus* (vers 10h).
➢ ***Arica*** *(4-5h)* **:** nombreux départs, avec *Pullman, TurBus, Ramos Cholele, Ciktur...*
➢ ***Calama*** *(env 6h)* **:** min 8-10 bus/j., avec *Pullman, Tarapaca* et *Kenny Bus,* entre autres.
➢ ***San Pedro de Atacama :*** pas de bus direct, il faut passer par Calama.

Pour la Bolivie

Les compagnies (boliviennes) vendent leurs billets sur la rue Esmeralda, angle Juan Martínez *(plan C1,* ***3****)*, mais les bus partent du terminal principal. Plusieurs départs quotidiens pour **Oruro, La Paz** et **Cochabamba,** avec *Santiagonor, Pullman Palomo, Pullman Candelaria, Trans Luja, Jet Nort...* Faites votre marché !

Adresses et infos utiles

Infos touristiques

Sernatur *(hors plan par C3)* **:** *Céspedes y Gonzales, 735. ☎ 600-600-6066 (numéro central).* ***Attention, retour possible du bureau au 436 Aníbal Pinto*** *(en face du Cioccolata ; plan B2,* ***42****) courant 2024. Lun-ven 9h-18h ; fermé w-e.* Plan de la ville et bonnes infos pratiques sur Iquique et la région... Accueil dynamique.

Argent, change

■ Nombreux ***distributeurs automatiques*** dans les banques situées autour de la place Arturo Prat *(plan B2)* et dans les rues voisines.
■ ***Change :*** *plusieurs bureaux de change à l'angle de Patricio Lynch et Serrano (plan B1-2,* ***4****). Généralement ouv lun-ven de 8h30-9h à 17h30-18h, et le sam de 9-10h à 14h.* Taux quasi identiques. Également, à ce carrefour, plusieurs ***Western Union*** (transfert d'argent).

Urgences

Hospital regional Dr Torres *(hors plan par C1,* ***5****)* **:** *Heroes de la Concepción. ☎ 57-240-57-00 ou 131 (Samu). Au bout de la rue Tarapaca.* Hôpital public.

Clínica Red Salud Iquique *(plan A3,* ***6****)* **:** *Bernardo O'Higgins, 103. ☎ 600-718-60-00.* Hôpital privé très central, avec service d'urgence et tout.

Représentations diplomatiques

■ ***Consulat de Bolivie*** *(plan B1,* ***7****)* **:** *Luis Uribe, 355. ☎ 57-252-74-72. Lun-ven 8h30-16h30.*
■ ***Consulat du Pérou*** *(plan B2,* ***8****)* **:** *Zegers, 570. ☎ 57-241-14-66. Lun-ven 9h-12h30.*

Transports

Taxis Aéroport *(plan B2,* ***9****)* **:** ***kiosque Tarapacá*** *(à l'angle des rues Baquedano et Wilson ; ☎ 57-241-90-04 ; • taxistarapaca.cl •)* et ***kiosque Diego Aracena*** *(à l'angle de Tarapacá et Pinto ; ☎ 57-241-33-68). Également plaza Prat.* Pas de compteur, on paie à la course *(compter 20 000 $Ch pour l'aéroport).* Plus économique, les mêmes kiosques proposent un service de « navette » à partager à 3 personnes max, pour env 8 000 $Ch/pers. Réserver à l'avance. Possibilité aussi de louer un taxi pour une excursion à Humberstone *(env 70 000 $Ch A/R avec 2-3h sur place).*

■ ***Location de voitures :*** ***American Rent a car*** *(plan B2,* ***12****), Patricio Lynch, 898. 981-99-51-41. • americanrentacar.cl • Lun-ven 8h30-19h30 ; sam 9h-14h.* ***Avis*** *et* ***Budget*** *(plan C3,* ***13****), Manuel Rodríguez, 730. 998-27-51-61. • avis.cl • budget.cl • Lun-ven 9h-19h ; sam 9h-14h.* Ces compagnies, et d'autres, sont présentes à l'aéroport.

Divers

Supermarchés Unimarc *(plan B2,* ***10****) : Tarapacá, 577. Tlj 8h30-21h30. Succursales à l'angle de Vivar et Sargento Aldea (plan C2), à l'angle de Latorre.*

■ ***Lavandería Express*** *(plan C2,* ***11****) : Zegers 650. 977-57-63-01. Lun-ven 9h30-18h30, sam 9h-14h.*

Où dormir ?

Avec la pandémie de Covid, de nombreux hôtels d'Iquique ont fermé au public, préférant louer leur établissement pour une période de 1 ou 2 ans, voire plus, aux travailleurs de l'industrie minière de la région.

Bon marché (30 000-45 000 $Ch / env 33-50 €)

Aotea Hostel *(plan C3,* ***20****) : Manuel Rodríguez, 745. ☎ 57-272-95-78. • aoteahosteliquique@gmail.com • Lits en dortoir 15 000-20 000 $Ch ; pas de petit déj.* Assez central, cet *hostel* est l'un des plus sympas de la ville. Pas vraiment de chambres privées (juste une quadruple) mais 2 vastes dortoirs bien tenus et climatisés de 15 lits disposés sur... 3 niveaux (les lits supérieurs sont haut perchés !), avec lampes, prises individuelles et de bons matelas. Également 2 « bunkers » pour couples, sortes de renfoncement avec rideau et lit double dans un autre dortoir de 6 lits. Le tout distribué par un couloir orné d'une mappemonde menant à un espace extérieur flanqué d'une vaste cuisine commune et d'un coin où se poser, avec tables sous parasols. Petit bassin pour se tremper aussi, tout au bout. Accueil souriant. On s'y sent bien.

Auberge de jeunesse *(Backpackers Hostel Iquique ; hors plan par C3,* ***21****) : Amunátegui, 2075. ☎ 57-232-02-23. • hosteliquique.com • Lits en dortoir 13 000-14 000 $Ch ; doubles 35 000-45 000 $Ch sans ou avec sdb ; pas de petit déj.* À 150 m de la plage la plus populaire, une agréable AJ aussi, bien tenue. Dortoirs (mixtes ou non) de 5 à 10 lits (bien espacés) et une petite vingtaine de chambres, dont certaines avec sanitaires privés. Bonne idée que d'avoir aménagé des petites terrasses en bois sur le toit pour contempler la mer. Et pour socialiser, espaces communs au rez-de-chaussée, garnis de tables en bois. Grande cuisine à disposition, billard et ping-pong. Petit café attenant (avec remise pour les clients de l'*hostel*). Location de vélos. Travaille aussi avec une école de parapente, de surf et de *sandboarding.*

Hotel Inti-Llanka *(plan B2,* ***24****) : Obispo Labbé, 825. ☎ 57-231-11-04 ou 05. Double env 35 000 $Ch, petit déj inclus.* Certes, la façade ocre est dénuée de tout charme, mais l'endroit est scrupuleusement tenu et les petites chambres, bien pratiques, sont lumineuses et confortables (salle de bains). Un bon rapport qualité-prix dans cette catégorie. Éviter seulement celles côté rue, assez bruyantes. Laverie et cafétéria.

Altazor *(hors plan par B3,* ***23****) : via 6, sitio 3, dans le quartier de Bajo Molle. 954-04-00-12. • altazor.cl • À env 9 km au sud du centre. Suivre l'avenue du bord de mer jusqu'au rond-point de Bajo Molle pour remonter direction Alto Hospico, puis prendre la 1re à droite. Doubles sans ou avec sdb privée 30 000-36 000 $Ch ; pas de petit déj. Appart pour 5 pers : 50 000 $Ch. Emplacement de camping ou de motor homes : 10 000 $Ch/pers (incluant l'utilisation des sanitaires).* Si vous n'êtes pas parapentiste (aspirant ou chevronné), cette adresse n'est pas pour vous. Monté par un fondu de parapente, ce drôle d'*hostal* estampillé écologique, associé à une école de vol (lire plus loin « À faire »), s'est installé dans une vingtaine de conteneurs tout blancs empilés sur 2 niveaux, sur un promontoire dominant l'océan. Les chambres sont toutes simples mais propres, avec une bonne literie. Cuisine commune, terrasse ombragée avec hamacs, barbecue et bassin-piscine. Atmosphère relax entre passionnés de vol. Laverie et 4x4 à louer.

Prix moyens (50 000-80 000 $Ch / env 55-90 €)

Aloha Inn *(plan B3, **22**) : Baquedano, 1408. ☎ 57-221-41-17. 997-87-25-68. Doubles sans ou avec sdb env 40 000-55 000 $Ch, petit déj inclus.* Une petite adresse de charme... et pas chère ! Plantée dans la rue historique de la ville, cette belle maison centenaire (et classée), bâtie pour un marchand péruvien, abrite une quinzaine de petites chambres. Presque stylées, avec parquet et mobilier à l'ancienne un peu kitsch et des dessus-de-lit fleuris. 3 d'entre elles partagent une salle de bains, les autres avec sanitaires privés. Vaste terrasse à l'étage, avec balancelle et coin salon, et espaces communs chargés d'antiquités. Alexandra chouchoute ses hôtes avec bonne humeur. N'hésitez pas !

Hotel Cano *(plan B-C2, **25**) : Ramírez, 996. ☎ 57-231-55-80. • cano.hotelsiquique.com • Double env 62 000 $Ch, petit déj continental et parking inclus.* Dans un gros bloc rouge, de petites chambres sur 3 niveaux assez classiques, avec salle de bains, pas bien grandes non plus. Quelques-unes pour familles. Bonne literie. Demander à en voir plusieurs et préférer les étages pour la lumière. Jolis tableaux aux murs. Ensemble bien tenu mais sans charme particulier.

Hostal Alem do Horizonte *(plan B3, **26**) : Patricio Lynch, 1433. 958-53-85-55. • hotel.alemdohorizonte@gmail.com • Double env 80 000 $Ch, avec petit déj.* Un minihotel familial, niché dans un petit édifice cubique blanc « en saillie » par rapport aux autres maisons de la rue, à 2 pas du bord de mer. 8 chambres à peine, très correctes et très propres, bref, parfait pour passer une nuit (ou 2) à Iquique. Ce qui fait la différence, ici, c'est l'accueil personnalisé et vraiment chaleureux du couple de proprios. Petit déj continental servi en face de la réception.

Hotel El Camino *(plan C3, **27**) : Ramírez, 1411. 957-92-68-19. • elcaminohoteliqq@gmail.com • Double env 75 000 $Ch, avec petit déj.* Petit bâtiment d'angle en béton blanc et en verre. Il abrite une douzaine de chambres de bon aloi, à la déco colorée et plutôt moderne. Bon équipement aussi (clim, TV, frigo) et excellente tenue générale. Personnel accueillant et aux petits soins. Un bémol toutefois : les chambres pourraient être mieux isolées du bruit.

De chic à très chic (à partir de 90 €)

Holiday Inn Express *(hors plan par B3, **23**) : av. Arturo Prat, 1690. ☎ 57-243-33-00 ou 998-21-45-36. • ihg.com • Doubles env 85-125 US$, petit déj-buffet et parking inclus.* Certes, cette chaîne réserve peu de surprises mais, au moins, la qualité des prestations est au rendez-vous. Quelque 115 chambres à la déco classique et standardisée, bien finies et équipées. Zones communes plaisantes et aérées, donnant sur une partie ouverte avec piscine. Bonne situation aussi, presque face à la mer. En fin de compte, un bon choix dans cette catégorie.

Gavina Costamar Hotel *(plan B3, **28**) : av. Arturo Prat, 1497. ☎ 57-239-30-30. • gavina.cl • Doubles env 170-200 US$, petit déj-buffet (très complet) et parking inclus. Parfois des promos sur Internet.* Directement face à l'océan, cet édifice d'une dizaine d'étages présente un bel aménagement. Très belles chambres tout confort et vraiment agréables, la plupart tournées vers le large. Excellents services. La vaste salle de petit déjeuner, avec ses tables en bois rustique et d'immenses baies vitrées, offre aussi un beau spectacle sur la mer, de même que la terrasse avec piscine qui la prolonge. Salle de gym.

Où manger ?

Très bon marché (moins de 5 000 $Ch / env 5,50 €)

🍽 ***Mercado Centenario*** *(plan C2, **40**)* **:** *tlj 7h-18h.* On y trouve tous les produits frais du cru et, autour, quelques petits bouis-bouis de cuisine populaire *(menu env 4 000 $Ch).* Racolage assuré à tous les stands, mais regardez ce qui se trouve dans les assiettes avant de vous asseoir. En entrant par la rue Sargento Aldea, on accède au *marché aux poissons* où l'on pourra acheter des barquettes de fruits de mer à emporter (crabe, poulpe et *ceviche*). Mais vérifiez tout de même la fraîcheur, il fait chaud par ici, et les odeurs sont parfois assez fortes !

De bon marché à prix moyens (5 000-20 000 $Ch / env 5,50-22 €)

🍽 ***Borboleta*** *(plan B3, **41**)* **:** *Baquedano, 1378. 📱 976-58-96-63. Fermé dim soir et mar. Menu midi en sem 9 000 $Ch ; à la carte, sandwichs et plats 8 000-17 000 $Ch.* Un agréable resto parfaitement situé dans le bas de la rue piétonne, à 2 pas de la mer. On aime autant le cadre (un patio au sol en faux gazon et aux tables bien espacées, à l'arrière d'une maison ancienne), que la cuisine, soignée et savoureuse, proposant des associations de produits assez originales. Le menu déj (en semaine seulement) est d'un bon rapport qualité-prix ! À la carte, mention spéciale pour le *filete de Jaimito,* sur risotto d'épinards. Le tout dans une bonne atmosphère musicale (également des concerts en fin de semaine dès 22h30 !).

🍽 ☕ ***Cioccolata*** *(plan A-B2, **42**)* **:** *Aníbal Pinto, 487. ☎ 57-253-22-90. Lun-ven 8h30-22h30 ; sam 11h-22h30. Menu env 8 000 $Ch, servi 13h-15h30.* Un décor de bistrot à l'ancienne pris d'assaut à midi par les employés du quartier pour son menu du jour. Également une longue liste de sandwichs (froids et chauds) à la carte. Bien aussi pour une pause-café ou un jus de fruits frais, accompagné d'une bonne pâtisserie qu'on déguste déjà du regard dans les vitrines. Le samedi, on s'y rue pour venir chercher son gros gâteau familial...

🍽 ***La Picada del Ramesh*** *(plan B2, **43**)* **:** *Obispo Labbe, 689. 📱 992-63-78-73. Tlj 12h-21h (17h30 dim). Menu midi en sem 5 000 $Ch (un peu plus cher le w-e) ; plats à la carte 10 000-15 000 $Ch.* Salle claire et proprette pour une cuisine péruvienne simple, pas chère (si l'on profite du menu à midi) et bien réalisée, servie de manière élégante par des serveurs en tenue. Quelques tables aussi sur le trottoir.

🍽 ***Liverpool*** *(plan A2, **44**)* **:** *Thompson, 85. 📱 953-91-18-35. Tlj sauf dim 13h-16h, 19h-minuit. Menu du jour 4 500 $Ch ; plats 10 000-14 000 $Ch.* Les opposants à la dictature se retrouvaient dans cette belle maison ancienne aux vieilles tables en bois et murs orange, couverts de photos d'Iquique et de la région datant de l'ère du salpêtre. Le plat du jour, servi avec une limonade de céleri, est une affaire. Sinon, nombreuses et bonnes spécialités typiques du coin, mitonnées notamment avec des poissons et fruits de mer très frais. Prévoir un peu d'attente pour certains plats. Un resto historique.

🍽 ***La Traviata*** *(hors plan par B3, **45**)* **:** *Tomás Bonilla, 825. 📱 962-82-11-15. Tlj 13h-23h. Pizzas pour 1-2 pers et pâtes 10 000-15 000 $Ch.* Très propre sur elle, cette traviata, et agréable salle pour engouffrer une bonne pizza cuite sur pierre, sous de grandes photos de l'Italie.

De prix moyens à plus chic (15 000-30 000 $Ch / env 17-33 €)

🍽 ***La Mulata*** *(hors plan par B3, **45**)* **:** *Arturo Prat, 902. ☎ 57-247-37-27. Fermé dim soir. Plats 10 000-25 000 $Ch.* Le cadre de ce resto est un peu passe-partout (salle vitrée au sol en béton et murs végétalisés) mais la cuisine péruvienne-japonaise (avec une grosse touche italienne) vaut le détour ! Grand choix à la carte, impossible de ne pas y trouver son bonheur, entre les *tiraditos* de poisson cru, les risottos façon andine, *ceviches*, sashimi, poulet *teryiaki, lomo a lo macho* (steak sauce fruits de mer)... et pas mal d'options végétariennes. Le tout dans une atmosphère rugissante, animée par des serveurs virevoltants. Tables à l'extérieur aussi. Tout simplement l'une des coqueluches d'Iquique !

Santorini Restaurant *(hors plan par B3, **45**)* **:** *Aeropuerto, 2808. ☎ 57-222-53-92. À env 3 km au sud du centre. Tlj sauf lun 13h-23h. Plats 10 000-25 000 $Ch.* Avec un nom pareil, ne pas s'attendre à un resto typiquement chilien. De fait, la carte, variée, est méditerranéenne-fusion, avec des plats allant des succulentes lasagnes de Saint-Jacques aux souvlaki-falafel, en passant par le burger « gréco-allemand » (au pain pita) et l'agneau cuit 15h dans un four d'argile, ou encore les beaux poissons grillés. À déguster dans un patio fleuri aux tables et chaises en bois, comme en Grèce. Accueil souriant et service itou. Une des bonnes adresses de la ville dans cette catégorie.

Où faire une pause sucrée ?
Où boire un verre ? Où sortir ?

Les pâtisseries de la ***Cioccolata*** *(plan A-B2, **42**)* sont plébiscitées par les locaux. Faut dire qu'il y a du choix et que toutes sont alléchantes !

Casino Español *(plan B2, **50**)* **:** *plaza Arturo Prat, 584. Tlj sauf dim 8h30-18h (2h du mat ven).* N'hésitez pas à pousser la porte de ce magnifique resto chic au cadre néo-mauresque vraiment spectaculaire, pour y boire un verre dans l'un des vieux fauteuils en cuir noir (lire aussi la rubrique « À voir »). Belle carte de sangrias (les meilleures d'Iquique) et de cocktails, à peu près abordables.

La Fábrica *(plan C3, **51**)* **:** *Manuel Rodriguez, 708. 979-93-14-82. Tlj sauf lun 13h-3h.* Plus de 50 bières au fût, ce qui en fait le 1er bar à bières du pays ! La plupart viennent du sud du Chili : *Loa* (une blonde rafraîchissante), *Kross 5* (brune de caractère), *Cuello negro* (l'une des plus primées du pays, au goût de café et caramel)... à siroter dans un espace brut, qui sied bien à ce type de breuvages. Musique un peu en fonction du public, et DJ le week-end. On peut aussi y manger. Diablement sympa !

Les bars-restos de la rue Baquedano *(plan B2, **52**)* **:** entre Latorre et Gorostiga, la rue piétonne aligne les bars-restos, tous prolongés d'une terrasse. Parfait pour boire une mousse en profitant de l'animation. D'autres bars vibrants le soir plus loin dans la rue, jusqu'au front de mer.

Les bars nocturnes de la playa Brava *(hors plan par B3, **53**)* **:** *Arturo Prat, playa Brava, au sud de la ville. À 4-5 km au sud du centre.* Dans cette partie de la ville, le large boulevard de bord de mer abrite quelques bars-boîtes imposants, blindés le week-end. Les noms changent souvent, y aller au feeling !

Achats

Zona Franca *(Mall Zofri ; hors plan par B1)* **:** *à 2 km au nord du centre-ville. • zofri.cl • Pour s'y rendre, prendre un micro indiquant « Zofri » sur Tarapacá. Tlj (sauf dim) 11h-20h.* Le temple du consumérisme *iquiqueño.* On trouve de tout dans ce gigantesque centre commercial, où les articles (de moins de 1 375 US$) sont en principe détaxés : de l'informatique au rasoir électrique, en passant par les pneus et les ordinateurs.

À voir

Plaza Arturo Prat *(plan B2)* **:** le cœur de la ville, où se dresse une *clock tower* (horloge) blanche très british construite en 1877. On y trouve aussi les beaux édifices du théâtre municipal et du Casino Español (voir ci-après).

Teatro municipal *(plan B2)* **:** *Thompson, 269.* ***Fermé pour restauration jusqu'en 2025.*** Voici l'ancien opéra, construit en pin d'Oregon, en 1889, en plein âge d'or du salpêtre – et donc à la démesure de cette époque. Façade de style néo-Renaissance, hall ovale au plafond peint (on y voit Monteverdi, Beethoven, Mozart et Verdi), fauteuils en fer forgé et... décor de scène représentant une usine de salpêtre. On imagine mal Sarah Bernhardt venant jouer dans ce désert, pourtant elle l'a fait ! La machinerie de scène en bois est d'origine. On peut l'observer en passant par la petite porte à gauche de la fosse d'orchestre. Magnifique, rien n'a bougé, comme si le temps s'était arrêté à l'orée du XXe s. Quelques spectacles de temps en temps.

Casino Español : *plaza Arturo Prat, 584. Tlj sauf dim 8h30-18h (2h du mat ven).* Autre « folie » de l'époque du salpêtre, édifiée en 1904 par la colonie espagnole de la ville, ce club – anciennement privé – se distingue par un cadre intérieur grandiose de style mauresque, avec coupole, panneaux de bois sculptés, arcades, céramiques, stucs polychromes et mosaïques. Don Quichotte et son acolyte Sancho Pança y sont statufiés à côté du grand escalier. Venez y boire un coup et demandez à monter à l'étage. S'y trouvent aussi de belles toiles monumentales très représentatives de la vision des conquistadores (les Espagnols débarquant dans leurs galions accompagnés du curé et, face à eux, des autochtones nus sous leurs parures de plumes !). Voir aussi « Où boire un verre ? Où sortir ? ».

Les demeures en bois de la calle Baquedano *(plan B2-3)* **:** datant de la grande époque du salpêtre, superbement restaurées, elles composent un remarquable alignement de façades et vérandas aux tons pastel, comme tout droit sorties d'un western. Si on en trouve autant à Iquique, c'est que les bateaux, lourdement chargés pour les États-Unis, rentabilisaient toujours leur voyage retour avec du fret, comme le pin d'Oregon qui se revendait ici à bon prix pour la construction. On a même utilisé le bois pour garnir les trottoirs. Jusqu'au début du XXe s, les trains empruntaient cet axe, comme en témoignent les rails encore existants.

Museo regional *(plan B2)* **:** *Baquedano, 951. ☎ 57-252-36-55. Mar-jeu 9h-17h ; ven 9h-16h ; sam 10h-15h. Fermé dim-lun. GRATUIT.* Dans ce bel édifice qui fut le tribunal de justice (1910), vous découvrirez l'histoire naturelle et humaine de la région à travers des collections un peu pêle-mêle mais intéressantes.
On commence par une section paléontologie avec des fossiles du monde entier et 2-3 reconstitutions d'animaux préhistoriques, puis on aborde l'histoire des Chinchorros, ce peuple très ancien qui occupa la région comprise entre le sud du Pérou et Antofagasta entre 5000 et 1500 av. J.-C. Comme au musée San Miguel de Azapa, dans les environs d'Arica, on peut voir quelques-unes de ces étonnantes ***momies,*** plus

ON SE FICHAIT DU MONDE...

Le Museo regional d'Iquique rassemble une importante collection de fichas salitreras, *jadis utilisées par la plupart des compagnies minières pour payer leurs ouvriers. Pas de monnaie sonnante et trébuchante, mais de simples jetons en plastique, parfois des billets imprimés sur tissu ou des tickets en carton, qui valaient uniquement pour des achats à la pulpería (le magasin) de l'usine – où tout se vendait à prix d'or... De quoi survivre, mais certainement pas de quoi échapper à cette vie de forçat.*

anciennes que celles d'Égypte, comme celles d'une mère et de son nouveau-né... et même quelques « momies » de fœtus, modelés dans de l'argile, comme s'ils étaient venus à la vie. Impressionnant (voir plus loin l'encadré consacré à la préparation de ces momies à Arica).
Suivent chasse, pêche, nature et traditions, avec les 1res céramiques, le rituel des hallucinogènes, puis la vannerie et les tissages. Ne pas manquer non plus les ***crânes déformés,*** suivant une pratique très répandue dans cette culture : on déformait les crânes dès le plus jeune âge, pour des raisons esthétiques, magico-religieuses ou tout simplement pour se distinguer d'autres groupes ethniques... Apparemment cela n'altérait pas l'intelligence ! Observez les différents couvre-chefs et surtout l'étonnant crâne de dignitaire de la région de Pica (on le sait grâce aux couleurs choisies pour sa sépulture), digne d'un « Dark Vador » de l'an 1000. Noter encore cet intrigant carquois en peau (et poils)... de chien. On poursuit par la section consacrée à l'***histoire de la ville*** et du salpêtre : vieux phonographes, outils de mineurs, lampes, photographies anciennes, collection de *fichas salitreras* (jetons) et même une machine à faire des glaces et un rasoir mécanique orné de la photo de M. Gillette (c'est donc lui ! Belle moustache...).
Enfin, à l'étage, salle consacrée aux ***textiles d'Isluga*** (aymara), un « artisanat » qui se poursuit de nos jours. Voir les belles *fajas,* ces bandelettes finement tissées aux couleurs particulièrement harmonieuses ; mais aussi les sacoches, habits traditionnels et étoffes cérémoniales.
Dans le *patio,* 2 petites maisons aymaras de l'altiplano.

Palacio Astoreca *(plan B2-3) : O'Higgins, 350. 988-07-14-06. À l'angle de Baquedano. Lun-ven 10h-14h. Fermé le w-e. GRATUIT.* En 1903, Don Astoreca, commerçant espagnol marié à l'héritière d'une riche famille du salpêtre, fit bâtir cette demeure couleur crème, de 27 pièces et 1 100 m^2, en pin d'Oregon. Malheureusement pour lui, il n'eut pas le temps de voir l'œuvre achevée, puisqu'il mourut la même année. Fin 1904, la famille déménagea à Valparaíso et la maison fut vendue au fisc en 1909, qui en fit ses bureaux. L'entrée, avec son double escalier en acajou, sa galerie et sa verrière, est vraiment superbe. Voir le miroir en cerisier de Chine aux « pieds tortues » et, dans le fumoir, les 2 belles vitrines Art nouveau d'origine française. Dans la salle à manger, mobilier néo-Renaissance en noyer plutôt massif. L'immense billard, signé *Burroughes & Watts (London),* provient de l'administration des chemins de fer. À l'étage, quelques textiles contemporains aymaras. La maison abrite le centre culturel de l'université Arturo Prat.

Vieja Estación *(plan B1) : à l'angle des rues Sotomayor et Vivar.* Les amateurs de vieille architecture coloniale apprécieront cette vieille gare, fermée en 1976, avec, en face, le vénérable bâtiment de l'administration des chemins de fer de couleur jaune poussin.

Corbeta Esmeralda *(plan B1) : paseo Almirante Llynch. ☎ 57-253-08-12. • museoesmeralda.cl • Tlj sauf lun 10h-13h30, 15h-17h (tlj 10h-18h en janv-fév). Entrée : env 4 000 $Ch ; réduc. Audioguides (espagnol-anglais) : 1 500 $Ch ; visite guidée possible.*

TOUCHÉ COULÉ

Le 21 mai 1879, la flotte péruvienne attaqua la corvette chilienne Esmeralda *qui assurait le blocus d'Iquique, alors en territoire péruvien. On s'échangea des bordées, jusqu'à ce qu'Arturo Prat, le commandant chilien, sentant la défaite inévitable, se lance à l'abordage d'un cuirassé péruvien... accompagné d'un seul sergent. Dans la foulée, le cuirassé péruvien éperonna la corvette qui coula corps et biens... Prat ne survécut pas à son exploit, qui fit cependant de lui un héros national. Voilà pourquoi toutes les villes du pays ont une rue qui porte son nom.*

Soucieux de bien célébrer le bicentenaire du Chili, les Iquiqueños, financés par une compagnie minière, ont entrepris de construire une ***réplique*** de la corvette *Esmeralda,* coulée par le cuirassé péruvien *Huascar* lors de la bataille navale d'Iquique du 20 mai 1879, durant la guerre du Pacifique.
Petit rappel historique : le 5 avril 1879, les Chiliens décident de bloquer le port d'Iquique, alors péruvien, pour forcer l'ennemi à un affrontement naval. Celui-ci ne venant pas, la majeure partie de la flotte chilienne se dirigea vers le nord, ne laissant à Iquique que 2 navires : la *corbeta Esmeralda* et un autre bateau peu résistant... lesquels durent finalement affronter, pour leur perte (voir l'encadré), les navires de guerre péruviens qui avaient profité de l'abandon du port pour attaquer. La *corbeta,* qui n'était déjà plus qu'un bateau-école à l'époque, ne fit pas le poids face au *Huascar,* dont les boulets étaient presque 10 fois plus lourds que ceux de l'*Esmeralda* !
Lors de la ***visite,*** on découvre l'intérieur reconstitué du bateau, avec la cabine d'Arturo Prat (et sa baignoire en cuivre), les quartiers des officiers avec la cuisine et le coin à manger, puis le réfectoire destiné au reste de l'équipage (qui se transformait en dortoir-hamacs la nuit !), la cabine du chirurgien de bord et sa panoplie d'instruments (brrr !)... avant de découvrir l'impressionnant pont, avec tous ses canons. Au bout de celui-ci, voir aussi l'hélice, qu'un dispositif permettait de sortir de l'eau lorsqu'on hissait les voiles. Enfin, un peu plus haut, le poste de commandement, d'où Arturo Prat dirigea les opérations pendant le combat. Une visite passionnante à bien des égards, à ne pas manquer si la mer et les navires ne vous laissent pas de marbre !

Muelle Prat *(plan A1)* **:** *non loin de la corvette.* Petit port de pêche où s'entassent les barques colorées, avec les piles de conteneurs pour toile de fond. Au pied du quai se pressent parfois quelques phoques, surveillés du coin de l'œil par les pélicans. Quelques gargotes proposent des fruits de mer, mais le lieu est un peu glauque.

À faire

La ville compte quelques plages, notamment la jolie ***playa Cavancha*** *(hors plan par B3),* bordée par l'avenida Arturo Prat, au sud immédiat du centre-ville. Propice à la baignade, elle est souvent bondée en fin de semaine. Grappes de surfeurs, espaces gazonnés, promenade en bois avec piste cyclable. Pas désagréable. La grande ***playa Brava*** *(hors plan par B3),* toujours le long de l'avenida Arturo Prat, plus au sud, est moins fréquentée mais les vagues y sont dangereuses et il n'y a pas de surveillance. Sinon, d'autres plages encore plus au sud d'Iquique (voiture nécessaire), le long de la jolie route littorale menant à Antofagasta, entre le désert mordoré et l'azur du Pacifique : ***playa Blanca, caleta Los Verdes, Chanavallita...*** où l'on déconseille toutefois très vivement de se baigner (mer dangereuse !).

– ***Vol en parapente :*** l'une des activités phares d'Iquique. La plate-forme d'envol se trouve au sommet des falaises qui surplombent la ville. Compter 55 000-60 000 $Ch pour un vol d'env 20 mn. Plusieurs écoles : ***Altazor*** *(hors plan par B3,* ***23*** *; via 6, sitio 3, dans le quartier de Bajo Molle ; ☎ 57-238-01-10 ; 977-64-28-91 ; ● altazor.cl ●). Hostal* sur place (lire précédemment « Où dormir ? »). Également ***Termica*** : *passage Solimar, 2290, Playa Brava. 998-81-81-75.*

DANS LES ENVIRONS D'IQUIQUE

Vers l'est

Humberstone : *à 47 km à l'est d'Iquique, juste avt la bifurcation avec la Panamericana (ruta 5). ☎ 57-276-06-26. ● museodelsalitre.cl ● Pour y aller, prendre un bus en direction de Pica (sur Barros Arana, juste en face au marché* *municipal ; passage ttes les 30 mn ; billet : 3 000 $Ch), qui vous dépose au pied de la passerelle enjambant l'autoroute, à 5 mn à pied du site. Pour le retour, pas de problème, nombreux bus jusqu'à 20h30 ou 21h. Site ouv tlj 9h-18h (19h en été). Entrée : 6 000 $Ch ; réduc. Compter 1-2h de visite. Guide (hispanophone) sur place mais pas toujours disponible.*

C'est ***LA visite à ne pas manquer*** si vous passez par Iquique. La construction de cette cité débuta en 1862 autour d'un gisement de salpêtre, sous l'impulsion d'un certain James Humberstone, ingénieur britannique et « père du salpêtre », qui lui donna son nom. Au plus fort de son activité, avant la crise des années 1930, Humberstone compta jusqu'à 5 000 habitants et produisait 142 t de salpêtre par jour. Aujourd'hui, la cité n'est plus qu'une ville fantôme, la mine ayant fermé dans les années 1960. Cependant, le climat sec de la région a contribué à préserver les bâtiments, désormais restaurés, sous l'égide de l'Unesco, par une corporation d'anciens ouvriers. Avec un peu d'imagination, on croirait voir ressusciter de la rouille et de la poussière l'activité frénétique qui régnait ici autrefois. Entouré de désert, le site dégage une atmosphère prenante, à l'incroyable photogénie. Avec un peu de vent, ça siffle, ça grince, ça craque de partout. Sergio Leone n'est pas bien loin...

La visite commence par une ***grande allée*** dont les baraquements servent à montrer l'habitat de l'époque et à exposer de vieux objets en tout genre. Ne pas manquer la maison du médecin-chef, avec son matériel médical et ses illustrations du corps humain. En face, une salle abrite d'émouvants jouets bricolés (formes en fil de fer, animaux miniatures, wagons en boîtes de sardines, etc.). Une autre avec de vieilles cuisinières au charbon, une salle de l'électricité ou encore une maison typique occupée par une famille d'employés, à l'intérieur très dépouillé.

En poursuivant vers le fond du site, sur la gauche d'abord, juste après le petit croisement, on pénètre dans l'impressionnant ***secteur industriel*** (dirigez-vous vers la grande cheminée). Partout entre les bâtiments, des centaines de machines et objets rouillés sont posés là, donnant de la force à ce décor irréel. On rencontre plusieurs ateliers mécaniques, qui sentent encore l'huile de vidange. Explorez ces vastes hangars le nez en l'air, avant d'atteindre la *casa de fuerza,* la centrale électrique et ses énormes turbines maculées de rouille, comme sortie de la palette d'un peintre. Imaginez un peu le fracas, la chaleur, quand les machines fonctionnaient. On se croirait revenu aux *Temps modernes,* le film de Chaplin. Ici et là une *bodega,* une grange de tôle et de bois, percée de centaines de trous qui diffusent une lumière étrange. À côté, un atelier de maintenance.

Plus loin, passé l'immense cheminée de tôle, voilà les ***entrepôts,*** où trônent encore des machines-outils encrassées. Plus à l'arrière encore, d'improbables et émouvantes locomotives qui ressemblent à de gros jouets rouillés. Elles disent toute l'histoire d'un monde révolu.

En revenant vers le « centre », détour vers l'élégant bâtiment administratif, de style colonial. À l'intérieur, une salle d'accouchement, un siège de dentiste... Dans la grande salle, une ***exposition*** étonnante de vieilles affiches publicitaires vantant dans toutes les langues (même en arabe et en chinois !) les bienfaits du nitrate chilien exporté vers tous les continents. Voir la maquette du site d'exploitation.

Puis, après la ***bottilería*** (le magasin d'alcools : 70 % des ouvriers étaient alcooliques !), on tombe sur la ***grande place,*** avec son marché occupé par quelques stands de souvenirs, puis l'adorable ***église*** en bois presque intacte, le ***théâtre*** de 1935 (le gros cube en bois) aux parquets cirés et aux vieux fauteuils, et l'***hôtel*** à la façade Art déco. Derrière se cache une grande et curieuse piscine aux plaques de tôle rivetées, avec ses gradins et son plongeoir... Le bâtiment situé sous les arcades de la place principale abritait la ***pulpería,*** le magasin général. Mais l'endroit le plus émouvant est certainement l'***école*** avec ses pupitres à jamais désertés.

– De l'autre côté de la route, 2 km plus loin, se dressent les vestiges de l'***usine Santa Laura*** *(mêmes horaires que Humberstone et entrée avec le même billet ; si vous êtes à pied, compter 25 mn depuis Humberstone – et 5 mn en voiture).*

La haute cheminée de cette usine cracha ses fumées entre 1872 et 1960. On y verra notamment le musée dans la maison de l'ex-maître des lieux. Au-dessus, la grande usine et, en contrebas, un lavoir à mules...

Géoglyphes de Pintados : *à 96 km au sud-est d'Iquique par la Panamericana ; panneau sur la droite (piste) face à l'embranchement pour Pica et Matilla, par la route A700 ; le site est à 5 km. Tlj sauf lun 9h30-17h. Entrée : env 4 000 $Ch.* En plein *salar de Pintados,* voici plus de 400 représentations couvrant les versants de plusieurs collines et seulement visibles de la plaine. Bien entendu, il est interdit de les approcher. D'Antofagasta à Arica, au moins 700 ou 800 sites de pétroglyphes ou de géoglyphes ont été recensés. Celui de Pintados est le plus important du Chili en nombre de figures. Elles dateraient de 1000 à 1400 et représentent animaux, humains, figures géométriques ou symboliques. Musée et parcours balisé.

Vers le nord

– ***IMPORTANT : n'oubliez pas de faire le plein de carburant avant de partir !*** La dernière station-service entre Iquique et Arica est à Pozo Almonte, à côté d'Humberstone, à plus de 260 km d'Arica.

El Gigante de Tara Paca : *à 90 km au nord-est d'Iquique. Sur la Panamericana (ruta 5), au niveau de Huara, prendre la route vers l'est en direction de Colchane ; faire env 14 km et c'est fléché sur la gauche. Faire encore 2 km par une bonne piste (fléché). En arrivant au pied de la butte, la contourner par la gauche sur env 300 m pour voir* el gigante. *Accès libre.*
Gigantesque représentation humaine sur le flanc ouest du cerro Unita, haute de 86 m et couvrant 3 000 m². Contrairement aux images géantes de Nazca au Pérou, le géant d'Atacama est visible du sol. Ce n'est autre que ***le plus grand géoglyphe anthropomorphe au monde !*** Son origine est inconnue, on suppose qu'il représenterait une autorité autochtone, jambes légèrement écartées, bras en V et coiffée d'une parure, avec un oiseau dans sa main gauche. À noter qu'on le voit mieux le matin ou en fin de journée, comme toutes les figures gravées sur le flanc des collines.
En montant vers Arica, on peut voir d'autres géoglyphes représentant des figures humaines au débouché de la spectaculaire descente de la *cueva de Chiza* (Km 1947,5). En arrivant sur Arica, c'est un immense sigle Coca-Cola (apparemment le plus grand du monde aussi !) qui couvre le flanc d'une colline. Un autre genre de géoglyphe évidemment...

Camiña : *à 194 km au nord-est d'Iquique. Prendre la Panamericana (ruta 5) vers le nord, puis à droite au carrefour de Pisagua (fléché) ; aucune difficulté d'accès en voiture de loc, mais attention, pas de pompe à essence.* Niché à 2 400 m d'altitude, un village pittoresque de quelque 400 âmes, avec des maisons et une très vieille église (XVIIe s) construites en adobe. Beaucoup de charme et tranquillité absolue. Belles balades.

ARICA

env 222 000 hab.

• Plan *p. 240-241*

Arica, capitale de la XVe région, est une ville sans intérêt touristique majeur mais assez vivante et plutôt agréable en fin de compte. C'est avant tout la porte d'accès privilégiée vers Tacna et le Pérou voisin, et vers la Bolivie

L'EXTRÊME NORD

via une route qui passe par un col à 4 680 m. Son climat chaud et sec lui a valu le surnom de « cité du printemps éternel », et ses plages sont baignées par des eaux appréciées des surfeurs, un peu moins froides qu'ailleurs. Nous, on ne l'a pas trouvée bien chaude quand même. De quoi parer la ville de faux airs de station balnéaire, surtout lorsque l'on arpente la rue piétonne 21 de Mayo, encombrée le soir de familles qui mangent une glace, de chanteurs de rue et, le week-end, d'une foule aussi dense que sympathique. Dans la proche vallée d'Azapa, on découvre l'un des plus intéressants musées archéologiques du Chili. Et au-delà, vers Putre, on gagne le parc national Lauca, domaine des vigognes, où se loge le *lac Chungará,* l'un des plus hauts du monde, aux superbes tonalités. Ceux qui ne craignent pas l'altitude poursuivront l'expédition vers le magnifique *salar de Surire...*

ARICA OU « ARIDA » !

Arica est en effet la ville la plus aride au monde. Entre 1903 et 1916, soit pendant 14 années d'affilée, il n'a pas plu une goutte d'eau !

UN PEU D'HISTOIRE

Dès 6000 av. J.-C., les tribus chinchorros occupent les côtes de l'actuelle Arica. Ils sont pêcheurs et commercent déjà intensément avec les peuplades de l'altiplano, bien avant l'arrivée des Incas. Ils échangent poissons et maïs contre laine, viande et pommes de terre. La ville est fondée en 1541 par les Espagnols ; elle fait alors partie du vice-royaume du Pérou. Elle devient vite une cité importante et prospère, confortée par sa position de port d'exportation pour le minerai des mines d'argent de Potosí (Bolivie). Le précieux métal y transite alors que les vallées de Lluta et d'Azapa nourrissent une population croissante. En butte aux attaques des pirates et corsaires aux XVIe et XVIIe s, la ville décline à la fin du XVIIIe s, quand le trafic est détourné sur Buenos Aires, meilleure porte maritime vers l'Europe.
Rattachée au Pérou après l'indépendance, Arica connaît un regain d'activité avec la construction du chemin de fer vers Tacna en 1855 mais est détruite par un séisme en 1877, puis annexée à la suite du siège du fort d'El Morro (ainsi que toute la province péruvienne de Tarapacá) par le Chili en 1880, au cours de la guerre du Pacifique. En 1913, l'inauguration du chemin de fer Arica-La Paz fournit à la Bolivie un débouché sur la mer, tout en stimulant les échanges commerciaux, maritimes et culturels de la région. Plus près de nous, en 1956, la création d'une zone franche redonne un coup de fouet à l'économie locale. De nombreuses usines de construction de voitures s'installent ; on fabrique à la chaîne des 2 CV, appelées « citronnettes »... Lors du régime de Pinochet, la région devient une zone militaire stratégique. Aujourd'hui, le port d'Arica est l'un des plus importants de la côte occidentale sud-américaine et alimente un flot continu de camions boliviens.

Arriver – Quitter

Avion

✈ ***Aéroport international Chacalluta*** *(hors plan par C1)* **:** *av. John Wall, à env 17 km (20-30 mn) au nord d'Arica.* • *aeropuertoarica.cl* • Service de transfert qui vous dépose (ou vient vous chercher) à votre hôtel : *Arica Services (☎ 58-222-28-99).* Tarif : env 6 000 $Ch/pers. En taxi, compter 17 000 $Ch pour le centre d'Arica (8 000 $Ch/pers si vous partagez le taxi) et env 50 000 $Ch pour aller directement à Tacna (Pérou). Sur place : distributeur et comptoirs d'agences de location de voitures.

■ Vols quotidiens de/vers Santiago (et Iquique) avec *LATAM, Sky Airline* et *JetSmart.*

Bus

Terminal national *(hors plan par D1,* ***1****) : Diego Portales, 948 ; à l'angle de Santa María. Pour s'y rendre depuis le centre, colectivo nos 4, 5 ou 8 dans la rue Maipú ou San Marcos ; un taxi coûte env 2 500 $Ch. Attention aux pickpockets.* Avant de monter dans le bus, il faut s'acquitter d'un *derecho de embarque* (droit d'embarquement) d'environ 200 $Ch, à payer au guichet situé au milieu du terminal. Consigne *(ouv 6h-21h30)* et distributeurs sur place (bureau de change – qui change les euros – au terminal international juste à côté, voir plus bas).

➢ **Putre** *(trajet : env 3h)* **:** 1 seul bus/j., vers 6h50, avec *La Paloma*. Retour vers 14h de Putre. Acheter le billet sur place la veille.

➢ **Iquique** *(4h-4h30)* **:** env 5 bus/j. (7h30-21h30) avec *TurBus,* 7 bus/j. avec *Pullman Bus,* 6 bus/j. avec *San Antonio...* et on en passe.

➢ **Calama** *(env 11h)* **:** plusieurs bus avec *Pullman Bus, Kenny Bus, Frontera del Norte...* Presque tous les départs se font le soir, 20h-22h30.

➢ **San Pedro de Atacama :** pas de direct, passer par Calama.

➢ **Antofagasta** *(env 11h)* **:** même nombre de bus (et mêmes compagnies), en gros, que pour Iquique.

➢ **Santiago** *(env 30h)* **:** env 4 bus/j. (7h30-21h30) avec *TurBus,* 2 bus/j. avec *Pullman Bus* (le matin) et quelques autres encore avec *San Antonio, Ramos Cholele...* Compter 16h de trajet pour ***Chañaral,*** 18h pour ***Copiapó,*** 24h pour **La Serena.**

➢ **Valparaíso** *(env 30h)* **:** 1 bus/j. (vers 10h) avec *TurBus.*

Terminal international *(hors plan par D1,* ***1****) : Diego Portales, 1002. Juste à côté du terminal national.*

➢ **Tacna** *(Pérou)* **:** départs ttes les 40 mn env, 7h-21h, avec le consortium chilien *Aritac*. Le poste-frontière est ouvert dim-jeu 8h-22h, ven-sam 24h/24. Compter env 30 mn pour le passage. On peut aussi y aller en *colectivo* (plus cher que le bus), partant du même endroit.

➢ **Pour la Bolivie :** plusieurs compagnies *(Cali International, Trans Salvador, Nordic Bus, Santiagonors...)* assurent 1 ou 2 départs quotidiens pour **La Paz, Oruro** et **Cochabamba.** Venir de préférence la veille pour faire son marché et réserver.

Colectivos ***pour la vallée d'Azapa*** *(plan C1,* ***2****) : station sur Chacabuco, 494, à l'angle de Patricio Lynch.* Compter 1 700 $Ch pour le musée archéologique. Départs en permanence.

Bus pour la vallée de Lluta *(plan D2,* ***3****) : sur Chacabuco, à l'angle de l'av. Vicuña Mackenna.* En principe, une dizaine de départs/j. (6h-19h30).

Train vers Tacna (Pérou)

Estación de ferrocarril *(gare ferroviaire ; plan B1) : av. Chile. Départ en principe tlj vers 10h30 (8h20 depuis Tacna). Durée : 1h20. Prix : 4 200 $Ch. On conseille d'acheter son billet la veille (guichet ouv 9h-15h).* Petit train faisant l'aller-retour quotidiennement entre Tacna et Arica. Le contrôle des passeports et de l'émigration se fait à l'embarquement, donc pas d'attente à la frontière. Folklo comme tout.

L'EXTRÊME NORD

Adresses et infos utiles

Sernatur *(plan B2) : San Marcos, 101. ☎ 58-225-20-54. • sernatur.cl • Lun-ven 9h (10h ven)-14h, 15h-18h. Fermé le w-e.* Plan de la ville et infos sur la région.

– ***Infos touristiques :*** *• parinacotaturismo.cl •*

■ ***Argent, change :*** concentration de distributeurs sur le paseo 21 de Mayo *(plan B-C2).* Également des bureaux

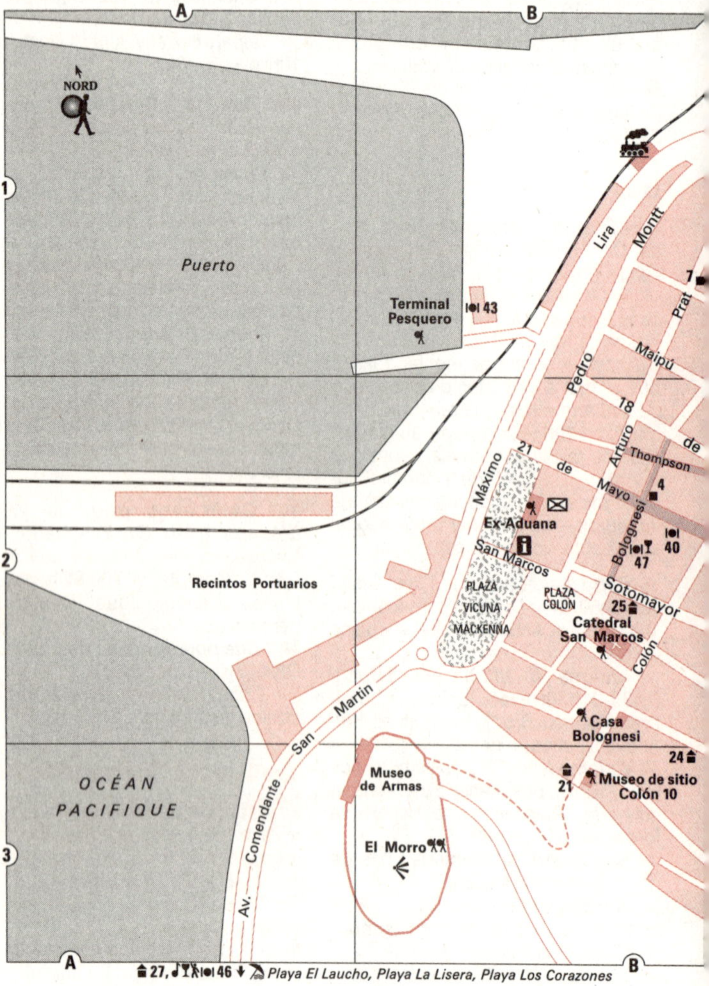

Adresses utiles

- Sernatur (B2)
- 1 Terminaux national et international (hors plan par D1)
- 2 Colectivos pour la vallée d'Azapa (C1)
- 3 Bus pour la vallée de Lluta (D2)
- 4 Casas de cambio (B2)
- 5 Chilexpress (C2)
- 6 Clínica San José (hors plan par D2)
- 7 Consulat de Bolivie (B-C1)
- 8 Consulat du Pérou (C2)
- 9 Location de voitures Mitta (C1)
- 10 Laverie La Moderna (C2)

Où dormir ?

- 20 Sunny Days et Hostelling International Doña Ines (hors plan par C1)
- 21 Hostal Le Petit Clos (B3)
- 22 Hotel Samaña (C2)

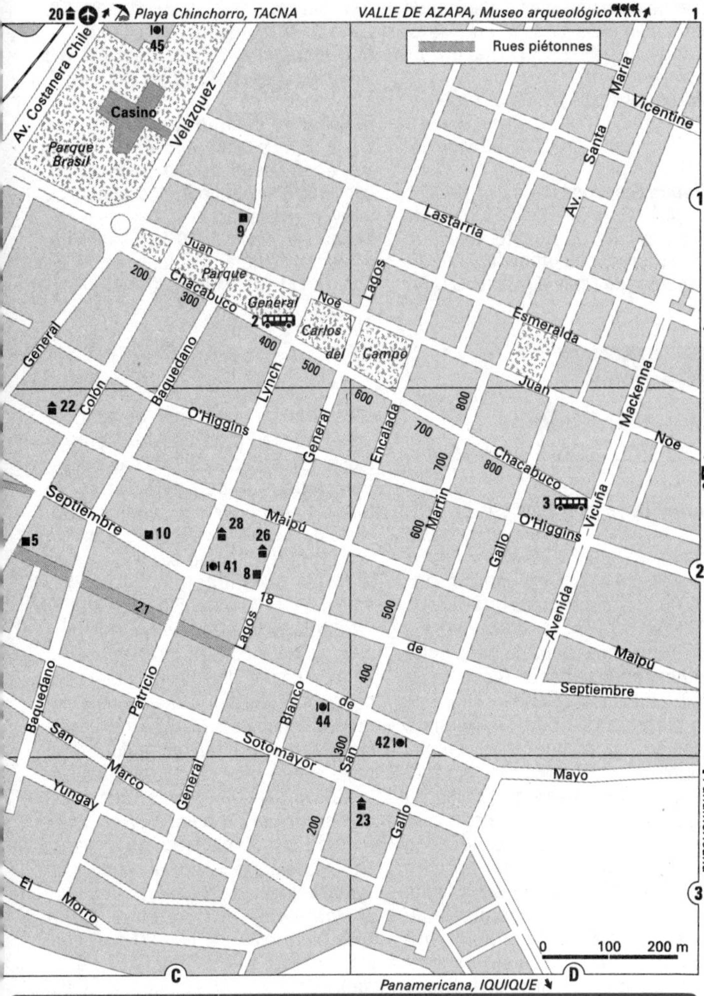

ARICA

23 Hostal Jardín del Sol (D3)
24 Hotel Savona (B-C3)
25 Casa Beltrán (B2)
26 Hotel Americano (C2)
27 Hotel Arica et Hotel Apacheta (hors plan par A3)
28 Hotel Aruma (C2)

Où manger ?

40 Café del Mar (B2)
41 El Patrón (C2)
42 Salon de Té El 890 (D2)
43 Mata Rangi (B1)
44 Los Aleros de 21 (C2)
45 Muelle Sur (C1)
46 Restaurant Maracuyá et Tuto Beach (hors plan par A3)
47 Boulevard Vereda (B2)

Où boire un verre ? Où sortir ?

46 Tuto Beach (hors plan par A3)

de change dans une galerie marchande de cette même rue *(paseo 21 de Mayo, 211 ; plan B2, **4**). Ouv en général tlj sauf dim 8h30-18h.*

■ ***Chilexpress*** *(plan C2, **5**) : 21 de Mayo, 335. ☎ 800-200-102. Lun-ven 9h-14h, 16h-19h ; sam 10h-13h.* Service de transfert d'argent.

✚ ***Clínica San José*** *(hors plan par D2, **6**) : Juan Noé, 1370. ☎ 58-259-30-00.* Clinique privée de qualité, avec un service d'urgences efficace 24h/24.

■ ***Consulat de Bolivie*** *(plan B-C1, **7**) : Arturo Prat, 714. ☎ 58-258-33-90. Lun-ven 8h30-16h30.*

■ ***Consulat du Pérou*** *(plan C2, **8**) : General Lagos, 509. ☎ 58-223-10-20. Lun-ven 9h-14h.*

■ ***Location de voitures : Mitta*** *(plan C1, **9**), Baquedano, 999. 📱 999-19-25-32. ● hertz.cl ● Lun-ven 8h30-19h30, sam 9h-13h.* La plupart des loueurs se trouvent à l'aéroport.

■ ***Laverie*** *(plan C2, **10**) : **La Moderna,** 18 de Septiembre, 457. Lun-ven 9h30-14h, 16h30-19h ; sam 9h30-13h.*

Où dormir ?

Bon marché (moins de 50 000 $Ch / env 55 €)

🏠 ***Sunny Days*** *(hors plan par C1, **20**) : Tomás Aravena, 161 ; angle Pedro de Valdivia. ☎ 58-224-10-38. ● sunny-days-arica.cl ● Lit en dortoir env 15 000 $Ch ; doubles sans ou avec sdb 32 000-38 000 $Ch ; excellent petit déj inclus.* Ambiance routarde dans cette *guesthouse* tenue par un respectable couple chilo-néo-zélandais, à 2 pas de la plage et des bus. Une grande maison sympa comme tout, remplie de bibelots et de souvenirs, qui ressemble à une maison de famille où l'on ne compterait plus les chambres d'amis. En chambre double avec ou sans salle de bains ou dortoirs (4-5 lits), la propreté est sans faille, et, à part quelques chambres au rez-de-chaussée, la luminosité au rendez-vous. 2 cuisines, serviettes de plage, surfs et *frisbees* en prêt. Laverie. Une bonne adresse pour rencontrer des voyageurs du monde entier.

🏠 ***Hostal Le Petit Clos*** *(plan B3, **21**) : Colón, 7. ☎ 58-232-37-46. 📱 977-02-39-62. ● lepetitclos.cl ● Doubles avec sdb 32 000-33 000 $Ch, petit déj inclus.* Cette petite adresse sur le flanc de la colline du Morro est gérée par Gwenaël (un Breton), Glenda, leur chat Pomponette et leur chien Luna. Les 5 chambres sont propres, bien ventilées et assez coquettes. 2 d'entre elles donnent sur la mer, demandez-les ! Également un appartement de 3 chambres pour les petits groupes. Pour tous, cuisine commune sur le toit, s'ouvrant sur une terrasse couverte dominant la ville et l'océan. Un bon rapport qualité-prix.

🏠 ***Hotel Samaña*** *(plan C2, **22**) : Maipu, 271. ☎ 58-225-54-53. 📱 965-02-22-95. ● hotelsamana.cl ● Double avec sdb 45 000 $Ch, petit déj inclus.* En plein centre, un bon petit hôtel pour budgets modestes, offrant une trentaine de chambres plutôt agréables et surtout très bien tenues, autour d'un patio planté d'un palmier et garni de quelques bancs et tables. Bon équipement (salle de bains, TV et clim). Petit déj pris au *comedor* du 3e étage. *Samaña* signifie « lieu de repos » en aymara. Vrai !

🏠 ***Hostelling International Doña Ines*** *(hors plan par C1, **20**) : Manuel Rojas, 2862. 📱 973-63-03-28. ● casadehuespedes@hotmail.com ● À env 2,5 km au nord-est de la gare routière et 4 km du centre. Lit en dortoir env 15 000 $Ch ; double avec sdb env 35 000 $Ch.* Un lieu un peu foutraque, qui s'organise autour d'une cour où s'entassent pêle-mêle un billard, des tables où se poser, un barbecue et... la Pontiac du proprio, le tout bordé d'un bar avec canapés, des piles de bouquins et des murs graffités. Ouf ! À dire vrai, on vient plus ici pour l'accueil de Roberto, qui adore discuter avec ses hôtes, pour l'ambiance ou pour faire des rencontres que pour le confort, même si les 3 dortoirs (4-6 lits) et les 2 chambres doubles sont bien tenus (et pas chers). Pas de petit déj mais thé, café et biscuits offerts, et possibilité de cuisiner (supermarché à proximité). Situation un peu excentrée, mieux vaut donc être motorisé.

🏠 ***Hostal Jardín del Sol*** *(plan D3,* ***23****) : Sotomayor, 848. ☎ 58-223-27-95. 📱 962-11-78-94. • hostaljardin delsol.cl • Double env 55 000 $Ch, mais moins cher (parfois 40 000 $Ch) si résa en direct ; petit déj inclus.* Populaire auprès des voyageurs, cet *hostal* classique propose des chambres assez petites et sans grande déco mais propres et équipées de salle de bains et ventilos. Certaines pour 4 personnes. Préférer celles en mezzanine, un peu plus tranquilles (moins de passage). Petite terrasse au niveau supérieur pour buller. Cuisine bien équipée, échange de livres. L'atmosphère est paisible et l'accueil aimable.

🏠 ***Hotel Savona*** *(plan B-C3,* ***24****) : Yungay, 380. ☎ 58-223-10-00. • hotel savona.cl • Double env 45 000 $Ch, petit déj et parking inclus.* L'hôtel est agréablement accroché aux pentes du Moro, juste au-dessus du centre-ville. Sa façade très seventies dissimule un agréable patio verdoyant et lumineux, avec ses chaises en fer forgé, au fond duquel se trouvent les chambres. Elles sont propres et confortables, mais assez petites et certaines un peu sombres. Toutes avec salle de bains et clim. Loue des VTT.

De prix moyens à un peu plus chic (50 000-90 000 $Ch / env 55-100 €)

🏠 ***Casa Beltrán*** *(plan B2,* ***25****) : Sotomayor, 266. ☎ 58-225-78-98. • hotel casabeltran.cl • Double env 80 US$, petit déj et parking inclus.* Certes, on ne s'attend pas forcément à trouver un boutique-hôtel à Arica, mais voilà, il est là, alors on vous en parle ! D'autant qu'il est très central et pas mal du tout. Déco à base de bois et de lignes design. 16 chambres pas toutes bien grandes, mais contemporaines et fraîches, chics et élégantes, certaines – côté rue – avec un balcon bienvenu, et toutes avec la clim. Évitez peut-être juste les n°s 201 et 202 (à cause des fils électriques de la rue qui passent devant la fenêtre). Petit déj déposé la veille dans le frigo de la chambre. Également 2 beaux apparts, loués à la semaine. Fait aussi resto (bonne qualité) et *coffee-shop*, au rez-de-chaussée. L'ensemble est géré par Fanny, une Française très accueillante !

🏠 ***Hotel Aruma*** *(plan C2,* ***28****) : Patricia Lynch, 530. ☎ 58-225-00-00. 📱 977-06-04-82. • aruma.cl • Doubles env 70 000-90 000 $Ch, avec petit déj. Parking gratuit (dans une rue voisine).* Autre bel hôtel à la déco contemporaine, design même, qui allie le chic-*arty* à un excellent degré de confort (rideaux en lin et literie douillette dans chaque chambre, sèche-cheveux dans les salles de bains...). Atout supplémentaire : le beau toit-terrasse avec un coin lounge et un bassin bien agréable pour faire trempette. Prêt de vélos. Service impeccable. Un très bon choix.

🏠 ***Hotel Arica*** *(hors plan par A3,* ***27****) : av. Comandante San Martín, 599. ☎ 58-225-45-40. • panamericana hoteles.cl • Doubles env 60 000-85 000 $Ch, petit déj inclus. Parfois des promos sur Internet.* Planté en bord de mer, à environ 2 km au sud du centre. Il s'agit d'une grosse structure, bien digne des années 1960, mais dont la plupart des chambres ont été rénovées (couvre-lit coloré et mobilier moderne) et sont désormais fort plaisantes, surtout celles tournées vers la mer (pas nécessairement plus chères que les autres) ! Clim et bonne literie. En prime, piscine, pataugeoire pour les mômes, bar-resto et terrasse avec vue sur les grandes vagues qui déferlent.

🏠 ***Hotel Apacheta*** *(hors plan par A3,* ***27****) : av. Comandante San Martín, 661. ☎ 58-252-01-50. 📱 942-96-94-72. • hotelapacheta.com • Double* *env 80 000 $Ch, petit déj inclus.* Voisin de l'hôtel Arica, en voilà un hôtel original : 2 structures basses et parallélépipédiques, abritant des chambres en bois du sol au plafond, toutes face à l'océan. Vraiment agréable ! Pas de clim mais pas besoin non plus, il suffit de ventiler les chambres en laissant la porte du balcon ouverte... ce qui permet au passage de s'endormir (bonne literie) au rythme du ressac. Espaces communs itou, tout en bois, où l'on prend le petit déj (continental), avec toujours cette vue sur les rochers battus par les vagues. Petite plage à côté. On se sent déjà bien loin de la ville...

Hotel Americano (plan C2, **26**) : *General Lagos, 571. ☎ 58-225-77-52. • hotelamericano.cl • Doubles et suites env 57 000-82 000 $Ch, avec petit déj continental. Parking gratuit.* Retour dans le centre-ville avec cet hôtel de bon standing, aux chambres (de taille variable) confortables, fraîches et propres, disposées façon motel, autour du parking intérieur. Salle de bains avec baignoire pour certaines. Clim dans toutes. Agréable terrasse au dernier étage.

Où manger ?

Attention, très peu de restaurants sont ouverts le dimanche soir.

De bon marché à prix moyens (5 000-15 000 $Ch / env 5,50-17 €)

Café del Mar (plan B2, **40**) : *21 de Mayo, 260. ☎ 58-223-19-36. Tlj sauf dim 9h30-21h30 (plus tard en été). Menu midi en sem 6 000 $Ch ; plats 6 000-12 000 $Ch.* L'une des adresses les plus populaires d'Arica. Au choix, la terrasse sur la rue piétonne ou la salle, aux tables bien espacées, parfaite pour se reposer un peu du soleil. Outre l'avantageux menu du jour, la carte affiche une longue liste de sandwichs bons et frais (pain de mie ou baguette), de salades, burgers, pizzas, steaks, crêpes salées (au crabe-béchamel, poulet-curry, végétarienne...), plats à partager, etc. Difficile de ne pas trouver son bonheur ! Petits déj aussi, et jolis gâteaux pour le goûter.

El Patrón (plan C2, **41**) : *18 de Septiembre, 511 (angle avec Patricio Lynch). 📱 950-91-08-23. Tlj sauf dim 12h-16h30. Assiette au poids : env 10 000 $Ch/kg.* On aime bien ce petit resto qui permet de se sustenter en fonction de son appétit. On passe au buffet (une vingtaine de plats en tout), on garnit son assiette et on la paie selon son poids. Pas cher et c'est bon. Salle et terrasse couverte bien agréables.

Salon de Té El 890 (plan D2, **42**) : *21 de Mayo, 890. ☎ 58-225-68-43. Tlj sauf dim 9h-22h30. Plats env 5 000-7 000 $Ch.* Peu importe que la maison soit un peu excentrée et le local d'une grande banalité. En fin de semaine, les familles s'y entassent en grandes tablées bruyantes. Les sandwichs sont excellents tout comme les tartes et pâtisseries – certains ne viennent d'ailleurs que pour ça. Spécialité : le gâteau aux 7 saveurs. Sans oublier la grande variété de salades et burgers. En revanche, pizzas pas terribles. Bon accueil.

Mata Rangi (plan B1, **43**) : *terminal Pesquero (sur la droite du port industriel). 📱 988-90-79-36. Ouv 12h30-17h. Fermé mer-jeu. Plats 10 000-12 000 $Ch.* Cette cahute en bois, amarrée au port de pêche, à la déco plaisante, a son petit charme. De la petite terrasse au ras des flots, on contemple les barques colorées qui dodelinent, le ballet des pélicans et les lions de mer qui batifolent sous nos yeux. Spécialité de poissons (produits ultrafrais), comme ce bon *ceviche*, les *empanadas* de crevettes, la *sopa marina* ou le *caldillo de pescado*. Arriver tôt, car c'est vite plein. Pas d'alcool... mais si vous demandez *una taza de té frio,* on vous servira une tasse de vin blanc !

De prix moyens à plus chic (10 000-25 000 $Ch / env 11-28 €)

Los Aleros de 21 (plan C2, **44**) : *21 de Mayo, 736. ☎ 58-225-46-41. Fermé dim soir et lun. Plats env 13 000-19 000 $Ch.* Cadre un peu bistrot, avec sol en brique, tables en bois, serveurs en nœud pap' et, aux murs, des croûtes ancrant le lieu dans la tradition. Les carnivores ne louperont pas l'adresse : c'est ici que l'on déguste les meilleures viandes de la ville, *a la brasa* pour la plupart. Il y a aussi de beaux poissons, des *mariscos* et des plats de pâtes. Très copieux mais pas donné.

Muelle Sur (plan C1, **45**) : *Chile, 1204 ; dans le mall « Boulevard ». 954-04-41-34. Tlj sauf dim soir, 13h-minuit (1h30 ven-sam). Plats env 12 000-17 000 $Ch.* Au fond d'un centre commercial clinquant, un restaurant au cadre un peu chic prolongé d'une vaste terrasse. Le va-et-vient est continu, pas l'endroit idéal donc pour un tête-à-tête romantique mais, au moins, il y a de l'ambiance ! Dans l'assiette, du péruvien surtout, bien ficelé et joliment présenté, en plus d'être copieux. Un resto « tendance » qui soigne son image mais qui assure aussi côté cuisine. Service courtois et efficace.

Restaurant Maracuyá (hors plan par A3, **46**) : *av. Comandante San Martín, 321. 983-58-44-42. Fermé dim soir et lun. Plats env 15 000-17 000 $Ch.* Installez-vous en salle ou sur la terrasse couverte en bois mais, où que vous soyez, vous serez face au grand large ! Bonne cuisine, assez élaborée, faisant la part belle tant aux produits de la mer que de la terre : pas mal de poissons et de viandes en sauce, certains plats montrant une belle touche d'originalité. À fréquenter de préférence de jour, pour la vue presque plongeante sur l'océan !

Boulevard Vereda (plan B2, **47**) : *Bolognesi, 340. ☎ 58-223-12-73. Tlj sauf dim 9h-minuit (1h ven-sam). Plats env 9 000-15 000 $Ch.* En plein centre-ville, un concept attrayant, sorte de petit *food-court* moderne niché dans un passage couvert. Plusieurs restos-bars partagent les mêmes tables d'un petit patio central, on peut donc s'installer et faire son choix une fois assis. Au programme, cuisines italienne, péruvienne et japonaise, à des tarifs qui ne dérivent pas trop. Une formule sympa.

Tuto Beach (hors plan par A3, **46**) : *av. Comandante San Martín, 545. 963-72-27-53. Tlj jusqu'à 2h (4h ven-sam et 22h dim). Plats 11 000-20 000 $Ch.* Même si on recommande plutôt le lieu pour prendre un verre (voir « Où boire un verre ? Où sortir ?») au bord de la *playa El Laucho,* on y déjeune ou dîne avec plaisir. Bonnes salades mais aussi *parillada* de qualité. Celle pour 1 personne peut très bien convenir pour 2 !

L'EXTRÊME NORD

Où boire un verre ? Où sortir ?

De nombreux bars-restos étalent leur terrasse le long de la rue piétonne, le paseo 21 de Mayo. Mais c'est surtout dans l'étroite ruelle perpendiculaire, le ***paseo Bolognesi*** *(plan B2),* que se presse la faune nocturne. Une vraie petite rue de la soif les soirs de week-end, où on ne peut plus différencier la terrasse d'un rade de celle du voisin. Bonne ambiance, musique et discussions animées. Pour choisir son troquet, on y va au feeling, c'est le mieux, car les enseignes changent souvent.

Autre secteur bien animé le soir, en fin de semaine surtout, ***la partie sud de la playa Chinchorro*** *(hors plan par C1),* le long de la promenade. Plusieurs bars et boîtes y sont alignés. Plutôt pour ceux qui sont véhiculés.

Tuto Beach (hors plan par A3, **46**) : *av. Comandante San Martín, 545.*

☐ *963-72-27-53. Tlj jusqu'à 2h (4h ven-sam).* Bar-resto prolongé d'une chouette terrasse avec ses tables posées en lisière de la *playa El Laucho.* Petite piste de danse. Concerts à partir de minuit en fin de semaine, puis DJ !

À voir

Catedral San Marcos *(plan B2)* **:** *plaza Colón. Ouv en général 9h-16h.* Commandée par le président péruvien, fabriquée en France dans les ateliers Gustave Eiffel puis transportée par bateau en pièces détachées, elle a été assemblée ici en 1876, à l'emplacement de l'église précédente, détruite par un tremblement de terre suivi d'un tsunami. Façade néogothique asymétrique, rouge et blanc, clocher octogonal et, à l'intérieur, piliers et arcades en fer forgé qui lui donnent une certaine élégance.

Ex-Aduana *(plan B2)* **:** *plaza Colón. Lun-ven 9h-18h. GRATUIT.* Encore une œuvre de la société de Gustave Eiffel parvenue ici en pièces détachées ! Ce joli bâtiment fut édifié en 1874 sur le front de mer pour abriter le bureau des douanes, et la vieille horloge, encore active, indique « E. Beignet-Paris ». À l'intérieur, magnifique escalier en colimaçon en fer forgé et petites expos temporaires. Sur la plaza languit une vieille locomotive allemande de 1926, qui roulait jadis à toute vapeur sur la ligne Arica-La Paz. L'ancienne gare, inaugurée en 1913, se trouve juste en face.

Terminal Pesquero *(plan B1)* **:** *sur la droite du port industriel.* Les barcasses colorées se balancent sous le regard des pélicans, à l'ombre des piles de conteneurs. Le matin, les pêcheurs vendent et découpent les prises du jour à même le quai, en jetant les restes aux voraces lions de mer, dans une atmosphère chaotique, poisseuse et populaire, nimbée de l'odeur âcre du poisson plus bien frais. Des bateaux proposent des balades dans la baie *(env 40 mn).*

Casa Bolognesi *(plan B2)* **:** *à l'angle de Colón et de Yungai.* Située au pied du Morro, cette belle maison en bois, bleu et blanc, avec colonnettes et grand balcon, a abrité longtemps le consulat péruvien. C'est ici que, le 5 juin 1880, à l'issue de la guerre du Pacifique, le colonel péruvien Francesco Bolognesi fut sommé par un émissaire chilien de se rendre. Comme il refusa la reddition, non sans un certain panache d'ailleurs, il fut tué 2 jours plus tard par l'armée chilienne avec 1 000 de ses hommes.

Museo de Sitio Colón 10 *(plan B3)* **:** *Colón, 10. ☎ 58-220-50-41. Mar-dim 10h-18h (19h en été). Entrée : env 2 000 $Ch ; réduc. Livret-guide en anglais sur demande.* Ce musée est en fait la mise en valeur d'un ancien cimetière chinchorro découvert, au cours de travaux de construction, sur les pentes du Morro. Une trentaine des 48 squelettes mis au jour sont exposés *in situ,* côte à côte, la plupart tournés vers le sud, encore garnis de quelques fibres végétales tressées. Ils auraient environ 6 000 ans. Un sol de verre permet de les observer de près. Si vous avez le temps.

El Morro *(plan B3)* **:** *au sommet de la grosse colline juste au sud du centre. Accès libre, soit à pied, soit en voiture.* Cette drôle de colline pelée, perchée en sentinelle au-dessus du centre-ville et aisément repérable à l'immense drapeau chilien qui y flotte, permet d'admirer la côte et toute la ville. Au sommet, un monument commémoratif de la guerre du Pacifique, sur lequel est encore vissée une plaque inaugurée par Pinochet... À noter que, depuis le belvédère, on peut observer précisément le virage que dessine l'Amérique du Sud vers le nord-ouest dans la baie d'Arica, comme si on lisait une carte. S'y trouve aussi un musée militaire, gardé par des troufions *(**Museo Historía de las Armas** ; tlj sauf lun 10h-20h ; GRATUIT).* Le 7 juin 1880, le Morro fut en effet l'enjeu d'une âpre bataille entre Chiliens et Péruviens, qui s'y étaient retranchés. Textes (en espagnol) explicatifs de l'événement, armes, canons... baigné par une musique militaire.

À faire

Les plages d'Arica ne sont pas les plus belles du pays, loin de là, mais l'eau du Pacifique est réputée afficher ici quelques degrés en plus. Voici plusieurs spots.

À 1,5 km environ au sud de la ville en longeant le bord de mer, on aime bien la petite ***playa El Laucho*** *(hors plan par A3),* juste avant d'arriver à l'*Hotel Arica*. Quelques centaines de mètres plus loin, ***playa La Lisera,*** populaire et recommandée pour les enfants, noire de monde en été.

Plus loin, à environ 8 km au sud de la ville, on atteint la ***playa Corazones,*** jonchée de récifs battus par les flots, coincée contre des falaises tombant dru dans l'océan. La baignade y est TRÈS dangereuse. Un sentier aménagé entre les rochers y mène à une succession de criques et de grottes peuplées d'otaries et de cormorans.

De l'autre côté de la ville, à 3 km environ au nord du centre, la ***playa Chinchorro*** *(hors plan par C1),* très longue (plusieurs km), large et écrasée de soleil, avec en toile de fond ses rangées de vilains buildings. Franchement pas terrible. Encore plus au nord, ***playa Las Machas,*** peu protégée, aux vagues brutales... On ne s'y baigne pas, c'est un spot de surf.

■ ***Akua Surf Arica :*** *Raúl Pey Casado,* *3300-3348.* *993-72-07-06.* • *akuasurfarica.cl* • Une école sérieuse, qui accueille les surfeurs dans une maisonnette en bois sur la plage. Sinon, il y a d'autres écoles de surf sur la playa Las Machas.

Fête

– ***Carnaval andin Con la Fuerza del Sol :*** *mi-fév.* 3 jours (et surtout 2 nuits !) durant, toute la ville descend dans la rue pour applaudir des dizaines et des dizaines de groupes folkloriques issus de communautés andines du Chili, de Bolivie et du Pérou. Défilé ininterrompu de danseurs en costumes chatoyants, rythmé par les fanfares de flûtes de pan et de cuivres. Beaucoup de monde en ville et tous les hôtels sont complets.

DANS LES ENVIRONS D'ARICA

LA VALLÉE D'AZAPA

S'étirant à l'est d'Arica, cette vallée est réputée pour son huile d'olive (plusieurs vendeurs sur le bord de la route). Mais si on fait le détour, c'est surtout pour son riche musée (lire ci-après). Ceux qui sont en voiture pourront aussi apercevoir quelques pétroglyphes sur le flanc d'une colline : en revenant du musée, tourner à gauche au panneau « Biofertilizantes Rosario » ; les pétroglyphes (surtout des lamas) sont sur la gauche. On débouche ensuite sur la Panamericana, à env 3 km d'Arica. Pour les autres, des *colectivos* desservent la vallée depuis Arica (*plan C1,* **2** ; lire précédemment « Arriver – Quitter »).

Museo arqueológico San Miguel de Azapa *(hors plan par D1) : à 12 km à l'est d'Arica, dans la vallée d'Azapa. ☎ 58-220-55-55. • museouta.cl • En colectivo jaune (1 700 $Ch/pers), demandez qu'on vous dépose devant le musée ; en taxi, 7 000-10 000 $Ch. Tlj sauf lun 10h-18h. Fermé 1er janv, 1er mai, 18 sept et 25 déc. Entrée : env 2 000 $Ch ; réduc.*

Ce remarquable musée, dépendance de l'institut d'anthropologie de l'université de Tarapacá, est dédié aux ***cultures précolombiennes*** ayant habité la région, avec en point d'orgue une importante collection de ***momies chinchorros.***

PLUS ANCIENNES QUE LES MOMIES ÉGYPTIENNES

La plus ancienne technique de momification des Chinchorros était celle des « momies noires » (dès 6000 av. J.-C., soit 2 000 ans avant les Égyptiens). Le défunt était complètement désarticulé, désossé, sa peau retirée et conservée, ses organes et ses muscles retirés. Puis le corps était recomposé à l'aide de branches, de fibres végétales, de résine et/ou de cendres, et recouvert d'argile. On le réemmaillotait dans sa peau, avant de le recoudre, puis on ornait le crâne d'une perruque... Touche finale : traits du visage et attributs sexuels étaient redessinés à l'aide d'une fine couche de peinture.

Salles chronologiques

– ***Les 1ers habitants (11000 à 500 av. J.-C.) :*** la section démarre (vitrine 3) par quelques-unes des fameuses momies chinchorros (mais un bâtiment entier leur est consacré ; voir plus loin). Elles étaient placées dans des tombes collectives. La momification est peu à peu abandonnée avec l'apparition de l'agriculture. Suivent des tissus anciens, coiffes, objets domestiques, pointes de flèche, hameçons...

– ***Culture tihuanaco (ou tiwanaku ; 500 à 1000 apr. J.-C.) :*** on note que le style des objets quotidiens évolue – du fait notamment des relations commerciales nouées avec les tribus de l'altiplano (vitrine 7). Poteries décorées de motifs géométriques, belles coiffures traditionnelles (certaines à plumes), superbes couvre-chefs en laine à 4 pointes (vitrine 9), magnifiques tissages. Voir le petit crâne d'enfant.

– ***Période intermédiaire (1000-1470) :*** à la chute de Tihuanaco, des seigneuries régionales émergent dans tout le nord du Chili. Les échanges se développent. Un culte est rendu aux félins (voir notamment les masques de pumas), aux lamas, au condor et au grand soleil (vitrine 10). Les rites et les cérémonies sont alors dirigés par un chaman, qui établit un pont entre les hommes et les dieux, en consommant des substances hallucinogènes. D'autres objets témoignent du travail dans les villages. Également de jolies figures féminines en céramique, symboles de fertilité (vitrine 11). Superbes poteries.

– ***Civilisation inca (1470-1532) :*** vitrine 13 et suivantes. En dehors des hautes terres, l'influence est surtout indirecte. Bijoux (voir l'énorme collier en malachite, pas évident à porter en soirée !), ponchos, assiettes aux jolis motifs, sacs d'une grande finesse, jolies coiffes, peignes, outils agricoles. Ne pas manquer le bel habit funéraire du pêcheur en position accroupie, comme emballé dans une grande étoffe, dont on pourrait penser que G. Lucas a pu s'inspirer pour ses Ewoks. Noter encore la momie du nourrisson sur son brancard (vitrine 17). Les 1ers contacts avec les Européens sont évoqués (vitrine 18).

– ***La section Vida en las alturas*** explore la vie en altitude. Les méthodes d'agriculture andine, l'art du textile et, plus largement, la vie quotidienne,

sociale et politique des Aymaras d'hier et d'aujourd'hui (vitrines 19-20). Beau métier à tisser (vitrine 21) et étoffes diverses. Notez les billets de banque accrochés à la veste du marié (vitrine 24), offerts par les invités pour financer la cérémonie de mariage, les instruments de musique du carnaval ou encore, en suspension, les habits et instruments de groupes *lakita* et *sikuri* (coiffes en plumes d'autruche et flûtes de pan).
- Dans la dernière salle trône un ***énorme pressoir espagnol...*** qui se trouvait là bien avant le musée (il daterait au moins du du XVIIIe s). Les 1ers plants furent introduits au XVIe s : seuls 3 survécurent au voyage depuis l'Espagne ! Aujourd'hui, la vallée d'Azapa assure une partie non négligeable de la production chilienne d'olives.

Salles des momies chinchorros

Dans un bâtiment situé en face, de l'autre côté du jardin. Ce sont probablement les ***plus vieilles momies au monde*** à avoir été exhumées. La plus ancienne retrouvée daterait du VIIIe millénaire av. J.-C., mais la majorité des momies exposées remontent à une période comprise entre 6 000 et 2 000 ans av. J.-C. Il semblerait qu'à cette époque, les vallées de Lluta et de Camarones étaient fertiles. On se nourrissait de poisson d'eau douce, on y trouvait déjà des petits camélidés et des *vizcachas* (sorte de lièvre), et on utilisait abondamment la plante *totora.* Bref, on avait les moyens de pratiquer de nouveaux rites funéraires.
Passé l'entrée, après avoir descendu la rampe, on entre dans le vif du sujet avec le *depósito* (sur la droite), où sont rassemblées une quinzaine de momies dans des caissons métalliques. Impressionnant.
Puis on pénètre dans la salle principale, qui présente de belles vitrines bien éclairées abritant des outils de pêche (harpons, flèches, hameçons), des pagnes de cordes tressées, des colliers et de superbes amulettes en bois représentant les défunts momifiés. Voir aussi les coquillages avec lesquels on fabriquait les couleurs. Dans la salle suivante, d'autres momies, exposées comme des divinités. Voir les 3 crânes qui ont conservé leur dentition quasiment intacte. Un grand panneau détaille les différentes époques et techniques de momification, de 6000 à 1500 av. J.-C. (voir l'encadré plus haut).

LA ROUTE D'ARICA À PUTRE

Au départ d'Arica, l'excursion permet de découvrir une grande diversité de paysages qui évoluent avec l'altitude. La route grimpe d'abord au cœur de montagnes arides et brûlées par le soleil, sur les flancs desquelles apparaissent de-ci de-là, à partir de 2 200 m, des cactus candélabres atteignant parfois 5 m de haut. Au-delà de 2 800 m, le désert laisse place aux antichambres de l'altiplano. Quelques villages aymaras sont entourés de cultures en terrasses. Bientôt apparaissent les 1res vigognes, puis les volcans enneigés se mirant dans des lacs imperturbables...
- 2 possibilités pour vous rendre à Putre si vous disposez d'un véhicule : la route 11 qui passe par Poconchile et draine la majorité du trafic vers la Bolivie. Elle est souvent encombrée de camions qui se traînent dès que la pente s'accentue, autant en montant qu'en descendant.
- On peut aussi emprunter, sur environ 40 km, une route parallèle, l'A 19, du moins pour la 1re partie, que l'on aborde en prenant la route de la vallée d'Azapa (l'occasion de visiter le *Museo arquelógico San Miguel de Azapa*). Peu après San Miguel de Azapa, elle part sur la gauche et grimpe dans

la montagne, avant de finalement rejoindre la route 11. Quelques nids-de-poule, mais c'est une route bitumée, accessible aux voitures de tourisme. Elle n'est déconseillée que la nuit ou lorsque les conditions météo sont défavorables.

– **AVERTISSEMENT :** rejoindre l'altiplano suppose de prendre le temps de s'acclimater à l'altitude. Faire l'aller-retour le même jour entre Arica (0 m) et le lac Chungara (4 500 m d'altitude) est très malsain. C'est même strictement déconseillé pour les femmes enceintes et les personnes ayant des problèmes de santé (diabète, hypertension, épilepsie, migraines, asthme, etc.), au risque de vivre au retour une très mauvaise descente, dans tous les sens du terme, avec maux de tête, voire malaise à la clé.
De plus, faire l'aller-retour le même jour suppose de consacrer la quasi-totalité de la journée au transport, soit être une dizaine d'heures vissé dans le bus ou au volant. On vous conseille donc de passer au minimum une nuit à Putre, avant de faire l'excursion vers les parcs le lendemain matin, tranquillement. Une 2e nuit peut se révéler utile, après l'excursion et avant de redescendre vers Arica. Lire aussi nos conseils dans le chapitre du *parque nacional Lauca,* paragraphe « Climat et précautions ».

***Géoglyphes de la vallée de Lluta** (par la route 11) : à 10 km d'Arica, 2-3 km après la bifurcation vers la vallée (panneau vert).* Sur les collines délimitant le flanc droit de la vallée se dessinent nettement des figures humaines et des lamas. Ils dateraient du XIVe s.

***Pueblo de Mallku :** en bord de route (Km 88), du côté gauche. 966-74-54-34.* Bienvenue dans le drôle de troquet, convivial et insolite, d'Andrea et Alexis, grands voyageurs installés en bord de route, dans ce désert intégral, depuis plus de 3 décennies. On grignote en fonction de l'approvisionnement du moment : pain maison, sandwichs, *pizzeta* et jus de *tuna* frais (figues de Barbarie, plutôt en mars-avril), généreux *mate de coca,* etc. Anticonformistes, Andrea et Alex sont très causants (ils parlent bien l'anglais), dissertent volontiers sur la cosmogonie andine et ses rapports avec les étoiles. Ils s'alimentent à l'énergie solaire et éolienne. Une halte sympathique sur la route de Putre. Leurs 3 enfants sont guides certifiés dans la région et possèdent une agence de tourisme (à Arica) : • *mallku adventure.cl* •

***Pukara de Copaquilla :** env 800 m après le Km 89 (panneau sur la droite). Accès libre.* Belvédère et ruines d'une forteresse de la période *gentilar* (XIIe s). *Cañón* de 150 m de profondeur ; tout en bas, on distingue les terrasses de cultures.

***Tambo de Zapahuira :** un peu après le Km 95 (3 000 m).* Ruines très modestes d'un ancien relais inca destiné aux caravanes de lamas, datant des années 1200-1400. Servait aussi de « grenier » pour entreposer des marchandises.

***Socoroma :** au Km 108, bifurquer à gauche (fléché) ; puis 4 km.* Petit village de 130 habitants, entouré de terrasses, à 3 000 m d'altitude. L'*iglesia San Francisco* (1560, restaurée en 1873), en pierre recouverte d'adobe, s'adosse à un mignon clocher. À l'entrée du village, un petit sentier de 350 m aménagé à flanc de colline mène vers un point de vue sur la vallée.

PUTRE

2 000 hab.

Perché à 3 500 m, à environ 140 km d'Arica, ce village aymara repose dans une petite cuvette aux portes du parc national de Lauca. Jadis étape pour le transport du minerai d'argent de Potosí vers la côte, il l'est aujourd'hui pour les voyageurs soucieux de s'acclimater à l'altitude. Le village est tout simple et plutôt sympathique, avec sa place centrale et ses modestes maisons tout autour. On y trouve une imposante caserne militaire (frontière bolivienne oblige), mais elle sait rester discrète et son côté station d'altitude lui donne un petit vernis attachant. Et puis, sait-on jamais, peut-être que, comme le caporal Valdez en avril 1977, vous rencontrerez vous aussi l'un de ces ovnis réputés fréquents dans le ciel de la région... Nous, on n'a rien vu !

C'est à partir de Putre que l'on part en excursion vers le *Parque Nacional Lauca* et le *lago Chungará*. Et pourquoi pas vers la *Reserva Nacional Las Vicunãs* et plus loin le *salar de Surire* ? La plupart des hébergements proposent ces excursions à leurs clients, mais on recommande d'aller en voir plusieurs pour comparer les prix et les prestations.

– ***Conseils :*** si vous êtes montés avec votre véhicule, venez avec le plein de carburant (voire un jerrican si vous comptez rouler beaucoup ; par sécurité) et avec de l'argent liquide. Sachez aussi que la nuit, il fait froid, voire très froid, à Putre. Donc, même si vous quittez Arica sous une chaleur torride, pensez à emporter des vêtements bien chauds. D'autant que certains hôtels n'ont pas de chauffage.

RENCONTRE DU 3e TYPE

En 1977, une patrouille de 8 militaires se trouvait à 5 km de Putre. Vers 4h du matin, une lueur intense apparut dans le ciel et se posa à proximité. Intrigués, les soldats l'entourèrent et le caporal Valdès s'en approcha en demandant à l'engin de s'identifier. Le caporal disparut aussitôt aux yeux de ses camarades, mais réapparut 15 mn plus tard, un peu hébété. On remarqua que son visage portait une barbe, alors qu'il était rasé de près un peu avant. En outre, sa montre numérique indiquait une date ultérieure de 5 jours... Valdez aurait-il fait un saut dans le temps ? Le mystère reste total.

Arriver – Quitter

➢ ***Arica :*** 1 bus quotidien dessert Putre depuis Arica, avec la compagnie *La Paloma.* Départ d'Arica du terminal national à 6h50, et retour de Putre vers 14h sur *Baquedano,* la rue principale. Compter env 6 000 $Ch.

➢ ***Bolivie :*** tous les bus venant d'Arica passent au croisement *Alto Putre,* à 4 km du centre de Putre, la plupart entre 11h et 14h. Certains *hostales* peuvent vous transférer jusqu'au carrefour (payant).

Adresses et info utiles

ℹ ***Oficina de información turística :*** *sur Arturo Prat, la place principale, juste à droite de l'église. Lun-jeu 8h30-13h30 et 14h30-17h30 ; ven 8h-16h (horaires théoriques).*

■ ***Argent, change :*** *une seule banque, la* ***Banco del Estado,*** *sur la plaza Prat. Lun-ven 9h-14h.* Change dollars et euros, mais pas les bolivianos (en venant de Bolivie, changez à la frontière). Également un distributeur acceptant les cartes *Visa* et *MasterCard*, mais parfois à court de billets. Par mesure de précaution, venez avec du liquide... Certains hôtels acceptent les euros.

Urgences médicales : *petite clinique à l'entrée du village, Baquedano, 261, dans le* ***Consultorio General Rural.*** *979-96-92-56 ou ☎ 131. Consultations : lun-ven 8h30-17h45, w-e (8h-20h). Urgences : 24h/24.* N'hésitez pas à vous y rendre en cas de symptômes importants liés à l'altitude (besoin d'oxygène ou autre). Tous les soins y sont gratuits.

■ **Conaf :** *Teniente del Campo, 301. ☎ 58-258-57-04 ou 05.* • *conaf.cl* • *Descendre Baquedano et prendre à droite, c'est en face de la caserne. Lun-ven 8h30-13h, 14h-17h30 (16h30 le jeu).* Quelques infos sur le parc national Lauca et sur la réserve nationale Las Vicuñas.

– **Pas de station-service.** Faire le plein à Arica ! En dépannage, on peut en principe acheter des bidons de 20 l de carburant (essence et diesel) au supermarché et dans certains hôtels. Bien sûr, c'est plus cher qu'à Arica.

Où dormir ?

De bon marché à prix moyens (30 000-50 000 $Ch / env 33-55 €)

Hostal Pachamama : *Los Atisanos, à 2 pas du centre. 963-53-51-87.* • *hostalpachamama@gmail.com* • *Lit en dortoir 15 000 $Ch ; double 50 000 $Ch ; appart pour 5 pers env 75 000 $Ch.* L'adresse la plus routarde du patelin. Organisée autour d'un patio coloré, on y trouve des chambres doubles privées ou triples à partager, toutes avec salle de bains communes. Confort simple et tenue correcte. Espace salon avec bar et billard. Cuisine commune bien équipée. Table de ping-pong et coin pour se relaxer. Ambiance conviviale.

Hotel Kukuli : *Baquedano, 301 (à l'entrée du village). 991-61-47-09.* • *hotelkukuli.putre@gmail.com* • *Double env 40 000 $Ch, avec petit déj.* À l'arrière d'une épicerie, un hôtel proposant 24 chambres standard mais confortables. Toutes assez agréables et bien nettes, dotées d'une très petite salle de bains et d'une terrasse donnant sur la cour du parking intérieur. Bonne literie. Également des appartements bien équipés pour 6. Chauffage sur demande. Un bon rapport qualité-prix.

Vientos del Altiplano : *Lynch, 120. ☎ 57-241-84-07. 941-88-13-36.* • *hostalvientosdelaltiplano@gmail.com* • *Doubles env 40 000-45 000 $Ch, petit déj en sus.* À quelques minutes à pied de la place, on apprécie cet *hostal* familial offrant des chambres plaisantes et soignées, dans 2 annexes séparées de la maison principale par un jardin abondamment fleuri. Toutes avec murs en grosses briques et peinture andine, pour la touche de déco. Salle à manger prolongée d'une cuisine d'un côté et d'un coin canapé de l'autre. Bon accueil de la propriétaire ou de ses parents, qui vivent sur place.

Hostal Cali : *à l'entrée du village, Baquedano, 399. 985-43-87-16.* • *calitours.cl* • *Doubles sans ou avec sdb env 32 000-40 000 $Ch, petit déj inclus.* Petites chambres toutes simples mais propres, réparties le long d'une cour. Pas de chauffage mais de grosses couvertures et de l'eau chaude. Organise des tours. Accueil familial. Repas possibles.

Residencial La Paloma : *Bernardo O'Higgins, 353. 991-97-93-19. ☎ 58-222-27-10 à Arica.* • *lapalomaputre@hotmail.com* • *Compter 25 000 $Ch/pers, avec sdb et petit déj ; repas 5 000 $Ch.* Un hôtel à 2 faces. Côté pile, au fond de la structure, des chambres correctes agencées autour d'une cour. Côté face, des piaules basiques (mais avec salle de bains aussi) reléguées sous un hangar. On évitera plutôt ces dernières... Fait aussi resto.

Prix moyens (jusqu'à 70 €)

Terrace Lodge : *Circunvalación, 25. ☎ 58-223-04-99. 971-39-81-34. • terracelodge.com • Prendre à gauche en entrant dans le village. Double env 70 US$, avec solide petit déj.* À l'entrée du village, ce petit hôtel est posé sur le bord d'un versant, avec les montagnes pour toile de fond. Les 5 chambres, joliment arrangées et de bon confort (salle de bains, eau chaude 24h/24, gros duvets et chauffage), donnent toutes sur la vallée. Salle commune très agréable. Un bon rapport qualité-prix. Organise aussi des tours dans la région.

Chakana Mountain Lodge : *un peu à l'écart du centre, à 10 mn à pied. 940-21-75-08. • hospedajeenputre.com • Descendre Boquedano tt au bout, prendre à droite puis la 1re à gauche et c'est tt droit à env 400 m. Doubles 50 000-65 000 $Ch ; cabañas 4 pers 75 000 $Ch ; petit déj compris.* Une sympathique structure, isolée et au calme, au milieu de la nature, sur un petit promontoire avec quelques alpagas bien poilus... Elle abrite 6 bungalows plaisants et chauffés, bordés d'un parterre fleuri, tous avec vue sur la vallée ou la montagne. Parfois aussi, selon l'affluence, un dortoir de 6 lits. Dans la salle du petit déj et la cuisine commune règne une atmosphère de refuge de montagne. Dîner sur demande et excursions possibles.

Où manger ?

À peine 2-3 restos dans le village, le choix sera vite fait ! Sinon, il est possible de dîner dans certains hébergements si on prévient à l'avance. Se renseigner sur place.
La spécialité locale, c'est le steak d'alpaga (*alpaca*, en espagnol), mais pas toujours dispo. Pour s'acclimater à l'altitude, les repas légers sont plutôt recommandés.

De bon marché à prix moyens (5 000-15 000 $Ch / env 5,50-17 €)

Casona del Rey : *sur la plaza Prat (place principale). Tlj 12h30-15h, 18h-22h. Plats 7 000-12 000 $Ch.* 2 salles simples et typiques, avec des tissus colorés sur les tables. On y sert de bons plats qui tiennent au corps, comme le ragoût d'alpaga, à accompagner par exemple de purée andine. Sinon, steaks, poisson frit, cordon bleu, salades, pizzas et sandwichs. La meilleure option pour le dîner.

Restaurant Rosamel : *sur la plaza Prat (place principale). Tlj 8h-22h. Menu 5 000 $Ch (servi tt le temps) ; plats 8 000-12 000 $Ch.* Le lieu est un peu kitsch, décoré de toiles andines. Dans l'assiette, du classique de base : *sopas*, plats de viande... Rien d'inoubliable.

PARQUE NACIONAL LAUCA

À la frontière de la Bolivie, sur l'altiplano, s'étend l'un des plus beaux parcs nationaux du nord du Chili, classé réserve de la biosphère par l'Unesco. Créé en 1965 et couvrant 137 883 ha, il englobe le grand lac Chungará, l'un des plus hauts du monde (4 518 m), dans lequel se reflète le cône enneigé,

presque parfait, du volcan Parinacota (6 342 m) et son « petit » voisin le *Pomerape* (6 282 m). Sur les *bofedales* (zones humides d'altitude), on croise de nombreuses vigognes, des alpagas et des lamas.
Entrée du parc gratuite.

CLIMAT ET PRÉCAUTIONS

La neige tombe drue en hiver (juillet-août) et il peut pleuvoir abondamment en été (janvier-février). L'amplitude thermique est importante : de 12 à 20 °C la journée à la belle saison, la température descend entre 0 et - 10 °C la nuit. Le climat peut aussi changer rapidement, passant du brouillard et des giboulées de neige fondue portées par un vent fort à un ciel bleu resplendissant !
Le parc est splendide, mais son altitude ne simplifie pas les choses : le *soroche* (mal de l'altitude) menace.
– ***Quelques conseils pour atténuer les effets du mal d'altitude :*** mesurez vos gestes, ne courez pas, bien sûr, respirez à fond, mangez modérément et évitez alcool, thé et café. Le *mate de coca* (feuilles de coca infusées) est réputé en alléger les effets, de même que les tisanes d'herbes locales comme la *rica-rica* et la *chachacoma.* Buvez un litre d'eau par tranche de 1 000 m. Et si vraiment vous êtes pris de maux de tête violents, de vomissements ou de syncopes à répétition, redescendez tout de suite à 3 000 m, voire à 2 000 m. Sans vouloir dramatiser, il y a des risques d'œdèmes pulmonaires et même cérébraux pour les gens qui ne sont pas en bonne santé. Le *diamox* peut servir, mais il comporte des effets secondaires. Consultez avant d'en prendre. N'oubliez pas de bien vous couvrir la tête et de vous enduire d'écran total. Les UV à cette altitude sont redoutables.

FLORE ET FAUNE

Dans la zone de la précordillère (de 3 200 à 3 800 m) poussent des arbres et arbustes : *pingo-pingo, alcaparra, romero, chilca, tola,* etc. À partir de 4 000 m, on trouve surtout le *queñoa de altura* qui fournit un bois très dur, imputrescible, servant à la construction des maisons et des églises. Également typique du coin, la *llaréta,* énorme lichen pouvant atteindre 1 m de large et vivre plus de 100 ans. Les autochtones s'en servaient comme combustible...
On dénombre une soixantaine d'espèces animales dans le parc. Parmi celles-ci, les incontournables lamas, alpagas *(alpacas)* au poil long et graciles vigognes *(vicuñas).* Au bord des cours d'eau, on peut voir les curieuses viscaches *(vizcachas),* qui ressemblent au lièvre mais dont les oreilles sont plus courtes et qui possèdent une queue d'écureuil. Également pas mal d'oiseaux : vous verrez le plus sûrement des *nandus* ou *suris* (petites autruches), des canards, des flamants roses *(flamenco chileno),* bécasses, oies sauvages, perdrix, *gaviota andina,* etc., jusqu'à ce petit moineau joueur et peu farouche appelé *plomillo* (« gris plomb »), qui vient faire le clown devant les visiteurs. Et peut-être aussi des condors planant très haut.

Comment y aller depuis Putre ?

➢ ***Avec une agence :*** certainement la formule la plus pratique mais pas la moins chère. De nombreuses agences proposent l'excursion en une journée, d'Arica jusqu'au lac Chungará et retour le soir à Arica. ***On déconseille*** vraiment cette formule qui consiste à partir tôt le matin et revenir le soir, ce qui n'a guère de sens. On passe la journée dans la voiture, avec une dénivelée de 4 600 m dans les 2 sens ! Préférez faire l'excursion à partir de Putre, en y passant une nuit à l'arrivée le 1er soir, pour vous acclimater à l'altitude. À Putre, la plupart des hôtels proposent l'excursion à la journée. Se renseigner sur place. Quant au prix, il varie selon l'organisateur... et surtout le nombre de participants. S'il y a 4 personnes par exemple, attendez-vous à payer environ 40 000 $Ch/pers pour l'excursion au *lago Chungará*, lunch inclus. On part en 4x4 ou en minibus vers 9h, retour vers 17h.

➢ ***En voiture de location :*** un bon moyen pour découvrir le coin dans sa solitude la plus totale. La route de Putre à la frontière bolivienne est totalement asphaltée. Attention quand même : le manque d'oxygène réduit la puissance du moteur et augmente la consommation d'essence. Pensez donc à faire le plein avant de partir car il n'y a aucune station là-haut !

DE PUTRE AU LAGO CHUNGARÁ (52 km)

Las Cuevas : *à env 20 km de Putre.* Elles marquent l'entrée du *Parque Nacional Lauca* et le début de l'altiplano. Petit sentier pédestre de 1,5 km en boucle (compter env 30 mn) pour une « mise en bouche ». Près de là, sources d'eau chaude. On y trouve aussi un refuge de la *Conaf.*

- 2 km plus loin, on trouve l'embranchement sur la droite vers la *Reserva Nacional las Vicunãs* et le *salar de Surire.* Mais pour l'heure, on poursuit tout droit.

Bofedal de Parinacota : *à env 26 km de Putre.* Des lamas, des *vicuñas* et des *alpacas* y pâturent en liberté, autour de plans d'eau dans lesquels se reflètent les sommets environnants : incontournable cône auréolé de neiges du Parinacota (6 342 m) avec le Pomerape (6 282 m) à sa gauche. Pas mal d'oiseaux, notamment des flamants roses. Splendide ! Les pompons colorés qui pendouillent aux oreilles des lamas et des *alpacas* permettent à leurs propriétaires de les reconnaître.

Parinacota (alt. 4 400 m) ***:*** *à env 36 km de Putre, bifurquer à gauche sur une piste (praticable en voiture normale s'il n'a pas plu, sinon mieux vaut un SUV, voire un 4x4, surtout s'il a neigé...), puis poursuivre encore sur 4 km.* Son nom vient de *parina,* « flamant rose » en aymara, ce qui donne *parinacota,* l'« endroit des flamants ». Ce village traditionnel, classé Monument historique et habité seulement par 3 familles, fut jadis une étape lors de la transhumance des troupeaux entre Arica et Potosí. Une partie de la population a déserté, et les hommes sont souvent en montagne avec les troupeaux.

- L'attachante ***église,*** blanchie à la chaux et entourée d'une enceinte à l'angle de laquelle se dresse un clocher indépendant, date du XVIIe s mais a été reconstruite en 1789. Noter

L'INCROYABLE MYSTÈRE DE LA TABLE FANTÔME !

Dans l'église de Parinacota se trouve une mystérieuse table en bois près du chœur. La légende raconte que jusqu'au XVIIIe s, cette petite table, d'aspect pourtant si inoffensif, terrorisa les habitants du village. La nuit, elle parcourait les rues de Parinacota, flanquée de 4 bougies, et arrêtait sa course devant la porte d'une maison. Funeste présage qui annonçait une mort imminente. Pour mettre un terme à ces virées nocturnes, on attacha la table par une corde. Observez celle qui entaille le mur... Il paraît que certaines nuits, la table tenterait toujours de s'en libérer !

L'EXTRÊME NORD

les imposants contreforts composés de grosses pierres. L'église est rarement ouverte, mais si c'est le cas, vous pourrez observer sa charpente, en bois de *queñua* et réalisée sans le moindre clou. Beau pavage. Sur les remarquables fresques de l'école de Cuzco, notez que ce sont les Espagnols et non les Romains, qui torturent le Christ ! À droite de l'entrée, intéressante *Scène de l'Enfer.* Les femmes y sont tenues pour responsables de tous les maux : elles seules subissent le châtiment suprême ! Dans la sacristie est conservé le registre des gens du village par état civil : célibataire, marié, veuf. À chaque fois que l'un d'eux mourait, on plaçait un fil de laine de couleur à côté de son nom. À noter également, un missel du XVIIe s.
Sur la petite place, quelques modestes kiosques parfois ouverts, où l'on peut acheter de beaux lainages en alpaga, fabriqués sur place (bonnets, écharpes, ponchos).
– Entre les 5 et 8 septembre, *fête de la Saint-Dominique.*

Hostel Uta Kala de Don Leo *(Casa de Piedra)* **:** *à l'entrée du village. 988-95-33-73. • leonel_parinacota@hotmail.com • Double sans sdb env 15 000 $Ch/pers, dîner compris (mais sans petit déj).* Petite auberge en pierre qui propose des chambres plutôt bien tenues, avec eau chaude et couvertures épaisses. Malheureusement assez rarement ouvert. Mieux vaut appeler avant et réserver si vous comptez passer la nuit dans le secteur.

Lagunas de Cotacotani : *à env 45 km de Putre.* Leur caractéristique principale est le grand nombre d'îles et d'îlots qui les parsèment. Ceux-ci sont des protubérances de lave créées par le volcanisme actif de la région. Sur 600 ha, leurs eaux bleu électrique sont entourées de *bofedales* d'un vert profond.

Lago Chungará (alt. 4 518 m) **:** *env 55 km de Putre.* Un des lacs les plus hauts du monde, aux eaux d'un bleu intense dominées par les sommets enneigés des volcans Parinacota, Sajama et Guayatire. Vraiment une belle vision, en fonction des lumières évidemment. Un sentier de 1 km permet d'observer la riche avifaune. Quand il fait mauvais, ou par temps gris, le paysage devient âpre, poignant, particulièrement mélancolique. Après Chungará, la route mène en quelques km à la frontière bolivienne.

RESERVA NACIONAL LAS VICUÑAS

Contiguë au parc Lauca, cette réserve peu fréquentée, mais pas inintéressante, couvre quelque 209 131 ha et le prolonge vers le sud. Surtout destinée à protéger la vigogne et le nandou, elle fait elle aussi partie de la réserve de la biosphère classée par l'Unesco.

➢ ***Pour y aller en voiture de location :*** prendre la route A235 qui débute env 22 km après Putre, sur la droite. De mars à décembre, on peut y accéder en voiture de tourisme ; en revanche, en janvier et février, SUV, pick-up ou 4x4 conseillés en raison des pluies. Si vous y allez avec votre véhicule, se renseigner impérativement sur l'état de la route avant d'entreprendre l'excursion.

➢ ***Avec une agence à partir de Putre :*** l'excursion peut aussi être organisée par la plupart des hôtels du village, mais elle est plus longue et donc plus chère que pour le *Parque Nacional Lauca.* Là encore, prix selon l'organisateur et le nombre de participants. En général, le départ se fait vers 8h, retour vers 18h-19h. On couvre plus de 300 km pour cette grande virée.

Parque Nacional Las Vicunãs : *à env 25 km de l'embranchement.* On traverse d'immenses étendues désertiques où s'ébattent des bouquets de vigognes en toute liberté. Personne sur des km et puis d'un seul coup, ça gambade à tour de bras. Bon à savoir, si vous venez par ici par vos propres moyens, autant pousser jusqu'au *salar de Surire,* non ? Sinon, l'intérêt est assez limité.

Guallatire : *à env 56 km de l'embranchement, petit village au pied du volcan du même nom, à 60 km de Parinacota.* Superbe église du XVIIe s et campanile, encerclés d'un mur bas. Bureau de la *Conaf* sur place.
Resto rustique dans le village.

Salar de Surire : *à env 50 km de Guallatire.* Son nom vient de *suri* ou *ñandu* (« nandou »), la petite autruche américaine. *Salar* magnifique, situé à 125 km de Putre et perché à 4 245 m d'altitude. On y voit, le plus souvent entre décembre et avril, de nombreux flamants roses (dont le rare flamant de James), des oies et quantité d'autres oiseaux. Paysage minéral très pur. Bureau de la *Conaf* sur place.

Termas de Polloquere : encore 30 km plus loin, à l'extrémité sud-est du *salar,* une énorme étendue d'eau dégageant des volutes de vapeur. Source d'eau chaude (certains endroits sont même brûlants !) dans un cadre vraiment extraordinaire (après ça, on trouvera sa salle de bains plus que banale !).

Pour ceux qui le désirent, possibilité de continuer plus au sud, vers le ***parc national du volcan Isluga,*** et de redescendre vers Iquique par **Colchane** où l'on retrouve la route bitumée.

LE SUD DU CHILI

• Carte Régions de la Araucanía, Los Ríos et Los Lagos *p. 259*

Du sud de Santiago jusqu'à Puerto Montt – qui marque l'entrée de la Patagonie –, on découvre une très grande variété de paysages, avec des terres couvertes de forêts d'araucarias et parsemées de lagunes, comme dans la région de Temuco (La Araucanía), des fleuves ou des lacs autour desquels se sont développées de petites stations balnéaires très courues en été (Pucón, Puerto Varas). Ces mêmes fleuves et lacs ont d'ailleurs donné leur nom aux 2 régions les plus au sud : Los Ríos (Valdivia) et Los Lagos (Puerto Montt).

Ici et là, de magnifiques volcans encore actifs attirent les amateurs de grands espaces, de randos et autres activités de montagne (rafting, VTT, vélo de descente, ski). Sans oublier les thermes aux sources d'eau chaude, qui parsèment l'ensemble de ce territoire, comme dans les environs de Pucón ou à l'entrée du beau parc national Puyehue.

À partir de Villarica et Pucón, en bien des endroits, exception faite des volcans encore actifs et des forêts d'araucarias, la campagne rappelle un peu la Suisse ou l'Autriche, d'autant plus qu'un grand nombre d'Allemands sont venus s'y installer au milieu du XIXe s. Certains villages, avec leurs chalets bavarois et leurs habitants blonds aux yeux bleus, ressemblent étonnamment à ceux de nos voisins européens.

UN PEU D'HISTOIRE

À l'origine : le peuple mapuche

Il existe de nombreuses hypothèses quant à l'origine des Mapuches. Pendant longtemps, on a cru qu'ils venaient du versant oriental de la cordillère des Andes. Aujourd'hui, on serait plus enclin à penser que le territoire chilien fut occupé très tôt par des groupes humains vivant de la chasse, de la pêche et de la cueillette. Dans tous les cas, aux environs de 500 à 600 ans avant notre ère, il existait déjà une culture que l'on peut qualifier de mapuche.

> **MAPUCHE, KÉZAKO ?**
>
> *Le terme* Mapuche *vient de* mapu *(la terre) et de* che *(les gens), signifiant donc « gens de la terre ». Il est utilisé par les autochtones pour se qualifier eux-mêmes. En revanche, le nom Araucaniens est d'origine quechua et signifie « guerriers braves », terme que les Espagnols utilisaient pour les désigner.*

L'invasion inca et l'arrivée des Espagnols

À l'arrivée des Espagnols, on estime à un million la population mapuche, qui pratique alors l'élevage et un peu d'horticulture.

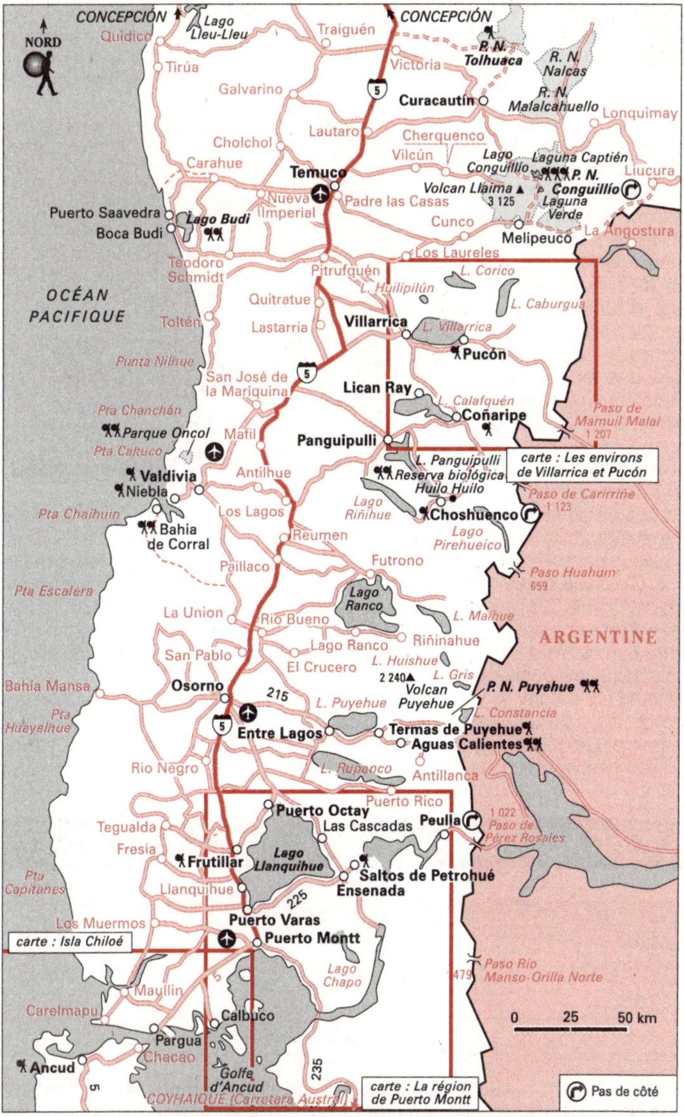

RÉGIONS DE LA ARAUCANÍA, LOS RÍOS ET LOS LAGOS

Le 1er affrontement entre armées espagnole et mapuche a lieu en mars 1546, à Quilicura, et se solde par la victoire des Mapuches. C'est le début d'une guerre qui va durer plusieurs siècles. En janvier 1550, Pedro de Valdivia redescend à l'attaque et remporte la bataille d'Andalien. Il en profite pour traverser le río Bío Bío et fonder plusieurs villes.

En 1868, une nouvelle guerre éclate. Commence alors une véritable campagne d'extermination du peuple mapuche, qui fera des milliers de morts. Mais l'armée chilienne ne parvient pas à soumettre la rébellion autochtone. En 1871, le conflit s'apaise pour une dizaine d'années. Seul le territoire jusqu'au río Malleco est colonisé. L'État devient propriétaire des terrains non occupés, et commence alors la vente des terres. C'est un succès : de nombreux Chiliens viennent s'installer, augmentant ainsi la pression sur les terres voisines.

UN ROI POUR LA NOUVELLE FRANCE !

Nueva Francia : c'est ainsi qu'Orélie Antoine de Tounens, originaire du Périgord, nomma les territoires de l'Araucanie, qu'il déclara monarchie indépendante. Et il se proclama roi ! Les Mapuches l'aidèrent dans sa lutte contre les Chiliens. Il fut cependant arrêté en 1862, comme ennemi de la nation. La France le fit libérer, mais il n'eut de cesse de revendiquer son royaume... sans succès !

La victoire de la guerre du Pacifique par le Chili déclenche une vague de nationalisme et attise la soif d'expansion territoriale. La presse chilienne et l'opinion publique poussent à une occupation rapide des terres de tout le territoire mapuche. C'est une armée organisée et décidée qui s'avance cette fois-ci, construisant plusieurs forts et villages. Cette nouvelle incursion chilienne sera, en 1881, à l'origine d'un vaste soulèvement qui reste encore aujourd'hui un événement mémorable dans la résistance mapuche. Cette page de l'histoire chilienne a souvent été volontairement oubliée par l'histoire officielle...

Aujourd'hui encore, le grand mouvement de protestation autochtone continue, à travers les actions politiques, les occupations de terrains, les affrontements avec la police. Les Mapuches poursuivent la lutte, occupant régulièrement des terres qu'ils revendiquent, gens de la terre sans terres.

LA ARAUCANÍA

TEMUCO

300 000 hab.

• Plan *p. 262-263*

Située à 680 km au sud de Santiago, Temuco est une grande ville nichée dans une large cuvette, animée et moderne, sans grand charme, avouons-le. Son principal intérêt : c'est le point de départ des excursions dans l'Araucanie, les régions des Fleuves et des Lacs et vers les parcs nationaux proches de la cordillère. On croise dans cette ville de nombreux Mapuches, estimés à 20 000 environ dans la région. Fiers et rebelles, ils s'opposèrent plus que toute autre ethnie aux envahisseurs successifs, des Incas aux Espagnols. La ville fut d'ailleurs fondée en 1881 comme forteresse destinée à résister aux attaques mapuches. Elle s'est transformée rapidement avec l'arrivée des colons puis la jonction en tram et l'installation du télégraphe.

Arriver – Quitter

Avion

✈ ***Aeropuerto Araucanía*** *(hors plan par A3)* **:** *à 20 km au sud de la ville.* • *aeropuertoaraucania.cl* •

➢ ***Liaison aéroport-ville* :** ☎ *45-233-40-33.* • *transaraucania.cl* • Transfert en minibus depuis l'aéroport à chaque arrivée. Pour le retour, il faut réserver la veille. On vient vous chercher à votre hôtel. *Compter 6 000-10 000 $Ch/pers.*

➢ ***Santiago* :** plusieurs vols quotidiens avec *LATAM, Sky Airline* et *JetSmart.*

Bus

🚌 ***Terminal Rodoviário de la Araucanía*** *(hors plan par C1,* ***1****)* **:** *Vicente Pérez Rosales, 1609.* ☎ *45-222-50-05. À env 3 km du centre ; accès par une petite rue sur la gauche (fléché). Pour y aller :* colectivo *n° 11P dans la rue Solar ou Aldunate, ou bien* micro *n° 7 dans la rue Portales.* C'est le terminal pour les longues distances.

– Les principales compagnies ont en général un bureau dans le centre de Temuco, mais aussi leur propre terminal pour certaines *(Jac, Bío Bío).*

■ ***TurBus* :** *à la gare routière.* • *turbus.cl* •

■ ***Pullman* :** *à la gare routière.* • *pullmanbus.cl* •

■ ***Cruz del Sur*** *(plan B2,* ***5****)* **:** *Lagos, 598.* ☎ *45-273-03-20.* • *webcds.cl/es* •

■ ***Jac*** *(plan C1,* ***3****)* **:** *Balmaceda, 1005 ; à l'angle d'Aldunate (terminal de la compagnie).* ☎ *45-246-54-65.* • *jac.cl* •

■ ***Igi Llaima*** *(plan C1,* ***3****)* **:** *Balmaceda 997.* ☎ *45-240-77-00.* • *igillaima.cl* •

➢ ***Santiago*** *(7-10h selon trajet)* **:** nombreux départs tte la journée avec *TurBus* et *Igi Llaima.* Moins nombreux avec *Pullman, Cruz del Sur* et *Jac.*

➢ ***Valparaíso et Viña del Mar*** *(env 10-11h)* **:** 2-4 bus en soirée avec *Pullman* et *TurBus.*

➢ ***Valdivia*** *(2h30-3h)* **:** bus réguliers avec *TurBus, Jac, Cruz del Sur* et *Igi Llaima.*

➢ ***Villarrica et Pucón*** *(1h30-2h)* **:** avec *Jac,* ttes les 15-30 mn, 6h30-21h40. Avec *TurBus,* tôt le mat et en fin de journée.

➢ ***Osorno et Puerto Montt*** *(4-6h)* **:** env ttes les heures avec *Jac* et *Cruz del Sur* ; 4 bus/j. avec *TurBus.*

➢ ***Lican Ray*** *(2h),* ***Coñaripe*** *(2h30)* **:** ttes les 2h avec *Jac,* 9h-17h.

🚌 ***Terminal des bus ruraux*** *(plan C1,* ***6****)* **:** *Balmaceda, entrée dans une rue entre Matta et Pinto.* Pour les destinations à l'intérieur de la région de *Temuco.*

➢ ***Lago Budi, Puerto Saavedra, Puerto Dominguez* :** bus *Nar Bus* env ttes les heures, 6h30-20h30.

➢ ***Curacautín* :** env ttes les 30 mn (moins fréquents w-e) 6h15-20h (8h-19h30 w-e) avec *Curacautín Express* et 4-6 bus/j. le mat et en fin d'ap-m avec *Bío Bío.*

Train

🚂 ***Gare ferroviaire*** *(plan C1)* **:** *av. B. Arana.* ☎ *45-233-416.* • *efe.cl* • Seulement 3 trains/j. pour Victoria (à 9h30, 17h et 20h). Trajet : 1h30. Peu intéressant.

LE SUD

Adresses et infos utiles

ℹ ***Sernatur*** *(plan C2)* **:** *Antonio Varas, 989.* ☎ *45-240-62-00.* • *araucania.cl* • *Tlj en été, fermé le w-e hors saison.* Plan de la ville, bonnes cartes et renseignements sur toute la région de La Araucanía.

■ ***Change*** *(plan B2,* ***7****)* **:** plusieurs bureaux autour de la plaza de Armas, proches les uns des autres. Parmi eux : ***Cambios Global,*** *galería Arauco, Bulnes, 655, local n° 1, et* ***Christopher,*** *Bulnes, 667 (au fond de la galerie). En général, lun-ven 9h-19h, sam 10h-13h. Fermé dim.*

Adresses utiles

- i Sernatur (C2)
- 1 Terminal Rodoviário de la Araucanía (hors plan par C1)
- 3 Bus Jac et Igi Llaima (C1)
- 5 Cruz del Sur (B2)
- 6 Terminal des bus ruraux (C1)
- 7 Change (B2)

Où dormir ?

- 20 Hostal Mackay (B1)
- 21 Hospedaje Klickmann (B2)
- 23 Hostal Aldunate (C1)
- 25 Hostal Casa de Toya (B3)
- 26 KU Turismo Hotel (B2)
- 27 Hotel Aitué (C2)

Où manger ?

- 40 Feria Pinto (C1)
- 41 Panadería Lican-Ray (B2)
- 42 El Corralero (B3)
- 43 La Pampa (A3)
- 44 La Casera Café (B2)

Où boire un verre ?

- 50 Boca de Lobos et Beermania (A2)
- 51 Infame (A2)

Où dormir ?

Très bon marché (moins de 30 000 $Ch / env 33 €)

Hostal Aldunate *(plan C1, **23**)* **:** *Aldunate, 187. ☎ 45-227-00-57. Double env 25 000 $Ch sans ou avec sdb.* Vieille et grande maison accueillante, aux planchers bien cirés. Ambiance très tranquille et hospitalière, un peu hors du temps. Chambres simples, à la déco un brin désuète, mais propres. Dans la cour, quelques chambres avec douche privée (plus lumineuses mais plus chaudes en été). Possibilité d'utiliser la cuisine pour se préparer le petit déjeuner.

Bon marché (jusqu'à 50 000 $Ch / env 55 €)

Hostal Mackay *(plan B1, **20**)* **:** *Bulnes,*

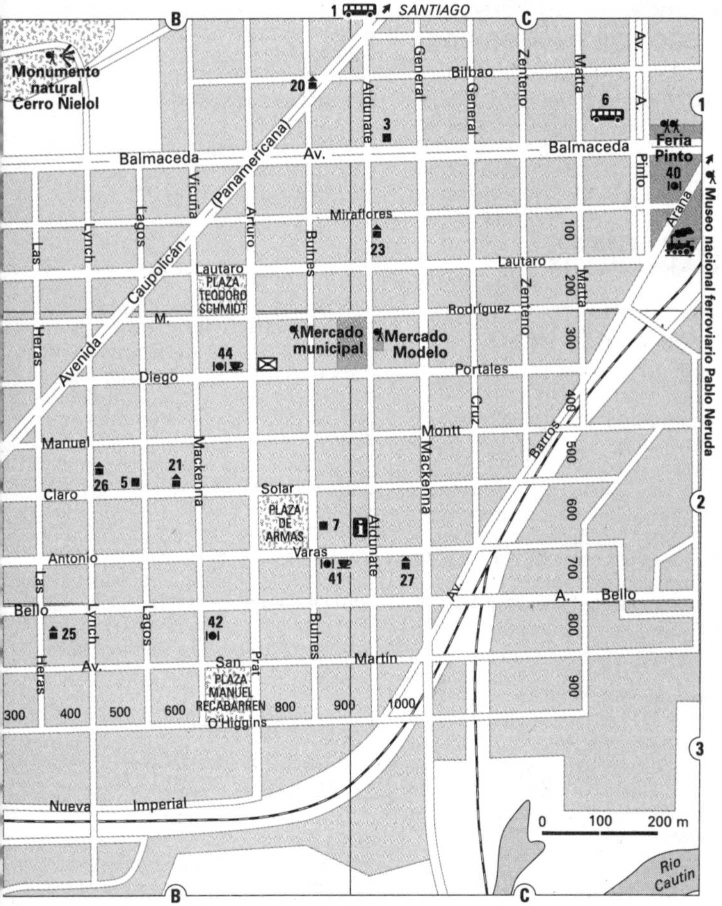

TEMUCO

095. ☎ *45-248-25-50. Doubles 40 000-45 000 $Ch, petit déj compris.* Un *hostal* proposant une poignée de jolies petites chambres, décorées d'objets de collection ou mapuche. Et pour se poser, un salon confortable avec cheminée.

Hospedaje Klickmann (plan B2, **21**) **:** *Claro Solar, 647.* ☎ *45-274-82-92. Doubles sans ou avec sdb env 35 000-40 000 $Ch, petit déj compris.* Cette *hospedaje* aux murs colorés constitue un bon point de chute. Bien sûr, il y a quelques chambres sans fenêtre, mais d'autres ont de petites baies vitrées, et l'ensemble, confortable, est vraiment nickel. Petit bout de terrasse à l'étage.

Hostal Casa de Toya (plan B3, **25**) **:** *Las Heras, 831.* ☎ *45-232-91-63.* • *hostalcasadetoya.831@gmail.com* • *Double avec sdb env 40 000 $Ch.* Des chambres fonctionnelles, impeccables, toutes avec fenêtre, soit dans la résidence principale, soit dans l'annexe dans la cour à l'arrière. Proprios dynamiques et accueillants.

Prix moyens (50 000-80 000 $Ch / env 55-90 €)

KU Turismo Hotel (plan B2, **26**) : *Lynch, 563. ☎ 45-295-10-90. • kuhotel.cl • Doubles 75-85 US$, petit déj inclus.* Dans un quartier calme, un hôtel confortable et standard, sans mauvaises surprises. On peut y aller d'un pas sûr en tirant sa valise à roulettes.

Hotel Aitué (plan C2, **27**) : *A. Varas, 1048. ☎ 45-221-25-12. • hotelaitue.cl • Double env 65 000 $Ch, petit déj inclus.* Enfin un hôtel à la déco agréablement personnalisée ! Quant aux chambres, dans l'ensemble, elles sont plutôt lumineuses et pimpantes.

Où manger ?

Bon marché (5 000-10 000 $Ch / env 5,50-11 €)

Feria Pinto (plan C1, **40**) : c'est le grand marché couvert. On y trouve quelques échoppes où manger pas cher et les poissonniers vendent aussi dans des gobelets des *ceviches* à petits prix. Le mieux cependant, si votre logement offre une cuisine à disposition, c'est d'y faire vos courses !

Panadería Lican-Ray (plan B2, **41**) : *Varas, 940. Tlj sauf dim 9h-17h.* Difficile ici de résister à la croûte dorée et moelleuse des *empanadas* cuites au four. Propose également des sandwichs variés et un bon choix de gâteaux à déguster sur place ou, mieux, sur un banc de la plaza de Armas. Parfait pour caler un petit creux ou déjeuner sur le pouce. 2 autres adresses en ville.

De bon marché à prix moyens (moins de 20 000 $Ch / env 22 €)

La Casera Café (plan B2, **44**) : *Portales, 785. ☎ 45-274-01-50. Lun-ven 9h-17h30. Fermé w-e.* Une adresse certes plutôt bourgeoise, tant par l'ambiance que pour les prix, mais quand l'envie d'un café digne de ce nom vous tient... Cela dit, le midi, l'endroit propose un menu du jour bon marché. On peut aussi se contenter d'une salade copieuse, d'un *smoothie* ou d'une part de gâteau...

El Corralero (plan B3, **42**) : *Vicuña Mackenna, 811. ☎ 45-240-13-55. Tlj sauf dim soir.* Agréable salle tout en boiserie avec jambons tombant du plafond pour une cuisine généreuse, principalement axée sur la viande grillée à la braise.

De prix moyens à plus chic (15 000-30 000 $Ch / env 17-33 €)

La Pampa (plan A3, **43**) : *San Martín, 137. ☎ 45-232-99-99. Tlj sauf dim soir.* Une excellente adresse pour les amateurs de viande, avec une jolie carte des vins pour faire glisser le tout. Déco à la fois élégante et chaleureuse dans un univers tout en bois doucement éclairé par des luminaires colorés.

Où boire un verre ?

Rien de mieux que le quartier universitaire pour aller boire des coups jusqu'à pas d'heure, particulièrement en *fin de semana* !

Boca de Lobos et Beermania (plan A2, **50**) : *sur l'av. Alemania, entre Thiers et Philippi.* Une poignée de bars peuplés d'étudiants. Ici, la tendance est autant aux cocktails qu'à la bière, et l'ambiance parfois très animée en fin de semaine !

Infame (plan A2, **51**) : *sur l'av. Alemania, à l'angle de Philippi.* En face, autre abreuvoir local, très fréquentable pour un verre en soirée. Quelques options pour grignoter.

À voir. À faire

Museo regional de la Araucanía (plan A2) : *Alemania, 084. ☎ 45-274-79-48. • museoregionalaraucania.gob.cl • Mar-ven 9h30-15h30. Fermé sam-lun. GRATUIT.* Petit musée installé dans une ancienne maison coloniale entourée d'un jardin. Au sous-sol, belles collections de ***pièces archéologiques*** et objets d'usage courant mapuches (tissus, orfèvrerie, poterie, pierres taillées, pipes de plus de 1 000 ans, etc.). Canoë mapuche creusé dans un tronc d'arbre de plus de 7 m, daté de 1650. Évocation des conquistadores des XVIe et XVIIe s et une intéressante collection d'objets de la fin du XIXe s. Le tout mis en valeur par un éclairage bien pensé. Expos temporaires également au rez-de-chaussée et dans un bâtiment annexe.

Museo nacional ferroviario Pablo Neruda (hors plan par C1) : *Barros Arana, 0565. ☎ 45-297-39-41. • museoferroviariodetemuco.cl • Colectivo n° 20 à l'angle de Portales et Barros Arana ; ou microbus nos 1, 6 ou 4B dans Barros Arana. Mar-ven 9h-18h ; le w-e 10h-18h (11h-17h dim avr-sept). Fermé lun. Entrée : 1 000 $Ch ; réduc.* Ce vaste musée se situe sur une ancienne aire de réparation des ***locomotives.*** On y expose quelques dizaines de locos de plusieurs pays, de 1908 aux années 1950, disposées en étoile sous une vaste rotonde. Nombreux modèles allemands, américains, anglais et quelques locos japonaises. Peu de chiliennes finalement. Également une petite section consacrée à Pablo Neruda, qui a grandi à Temuco, ainsi qu'une autre, plus importante, dédiée aux expos temporaires.

PINOCHET EST UN TROUILLARD !

Le Museo nacional ferroviario Pablo Neruda contient de fort belles pièces, comme ce wagon présidentiel, un modèle allemand de 1923, qui le fut véritablement (présidentiel) entre 1954 et 1992. Intérieur plaqué en noisetier et bois de rose, accessoires en bronze. Chambre à coucher présidentielle jouxtant celle de madame, avec petite porte secrète pour les désirs aussi soudains que nocturnes. Mais Pinochet fut le seul à ne jamais utiliser ce train... jugé trop dangereux !

Feria Pinto (plan C1) : *s'étend sur plusieurs pâtés de maison entre Lautaro et Bamalceda, Pinto et Barros Arana. Tlj jusqu'à 17h (15h dim).* Un grand marché couvert, coloré et très animé où les Mapuches de la région viennent vendre tous leurs fruits et légumes.

Mercado municipal (plan B-C2) : *Portales ; entre Bulnes, Aldunate et Rodríguez.* Le *mercado municipal* était l'un des plus grands marchés d'artisanat du Sud. Il a malheureusement brûlé en 2016. ***En attendant sa réouverture (des travaux sont en cours),*** les boutiques ont été transférées au ***mercado Modelo*** (juste en face, sur Aldunate). Artisanat en majorité mapuche (bijoux, instruments de musique, textiles et antiquités), mais de qualité inégale.

Monumento natural Cerro Ñielol (plan A-B1) : *entrée du parc par Prat, sortie par Lynch. Résa du billet sur • aspticket.cl • Tlj sauf lun 8h30-17h (dernière entrée). Entrée : 3 000 $Ch.* Si vous disposez de temps, vous pouvez toujours arpenter un des 3 sentiers escarpés (d'environ 1 km chacun) de ce parc ombragé de 89 ha. Là-haut, quelques miradors offrent une vue panoramique sur la ville et ses environs.

LAGO BUDI

Le lac Budi, à 85 km au sud-ouest de Temuco, est le seul lac salé d'Amérique latine. En pleine région mapuche, cette escapade hors des circuits classiques réserve de jolies surprises : beaux paysages de douces collines, vallons verdoyants, quantité de péninsules et d'îlots, plus de 130 espèces d'oiseaux différentes, dont les cygnes à col noir...
Cette région fut victime d'un terrible tsunami en 1960. Puerto Saavedra fut entièrement détruite et reconstruite un peu plus à l'intérieur.
Le seul village véritablement en bord de lac est Puerto Dominguez, mais le plus fréquenté est Puerto Saavedra, au nord du lac, devant une sorte de lagune. Très animé l'été, le village retrouve son ambiance tranquille le reste de l'année. À 2 km de là, la plage de Maule attire les familles, ainsi que celle de Boca Budi. On y trouve quelques hébergements et restos.

Arriver – Quitter

➢ ***En bus :*** bus réguliers tte la journée avec *Nar Bus* depuis le terminal des bus ruraux de Temuco (voir la rubrique « Arriver – Quitter » à Temuco).
➢ ***En voiture :*** accessible par la S-40 depuis Temuco, en passant par Nueve Imperial et Carahue. À partir de cette surprenante petite ville, les paysages auparavant mornes s'embellissent, surtout au printemps et en été, quand les vallons sont tapissés de fleurs multicolores et de cyprès, et que les forêts de conifères ou d'eucalyptus s'épanouissent.

Adresse utile

Turismo Lewfu Budi : *998-08-15-59. • lagobudi.cl •* Association mapuche qui propose des logements ruraux en camping, chez l'habitant ou en *ruca* (habitat traditionnel mapuche) dans les communautés autour du lac, ainsi que des activités touristiques : balades à cheval, en barque, atelier d'artisanat, de gastronomie, tour d'observation de la flore et de la faune...

Où dormir ? Où manger ?

À Puerto Saavedra

Budihuapi : *18 de Septiembre, 772. 922-44-48-28. • posadasbudihuapi.cl • À l'entrée du village, au bord de la petite lagune. Ouv tte l'année. Pour 2 pers, env 30 000-40 000 $Ch ; possibilité de petit déj.* 5 bungalows en bois cubiques, dotés de larges baies vitrées, bien équipés et agencés avec intelligence (coin salon, mezzanine) ; ils peuvent accueillir jusqu'à 6 personnes.

Autour de Playa Maule

Cabañas Miramar : *à l'entrée de la rue qui mène à la plage, à gauche. ☎ 45-263-42-90. 998-46-65-08. Ouv tte l'année. Pour 2 pers, 25 000-40 000 $Ch selon confort.* Une dizaine de *cabañas* en rondins autour d'une petite cour. Toutes disposent d'une salle de bains et d'une cuisine. Les moins chères, pour 2 personnes, manquent un peu de charme et de place ; ce sont plutôt des petites chambres doubles avec une kitchenette, mais pas de véritable espace où manger (si ce n'est le lit). Les vraies *cabañas* sont plus spacieuses, plus originales et beaucoup plus agréables à vivre.

À la sortie du « centre-ville » de Puerto Saavedra, en direction de Playa Maule, sur la droite, de nombreuses ***cahutes*** vendant des *empanadas* ont élu domicile sur une pointe de terre.

Fourrées au fromage, au poisson ou aux fruits de mer, elles sont préparées sur l'instant. Une bonne manière de se restaurer (et de s'en mettre plein les doigts !) pour pas très cher et ce, dans une sympathique ambiance populaire.

À Boca Budi

Restaurante Boca-Budi : *au bout de la route, face à la mer. ☎ 45-267-57-58. Tlj 12h30-18h30 (20h30 w-e). Repas env 15 000-20 000 $Ch.* La grande salle tout en baies vitrées n'a en soi rien d'exceptionnel, si ce n'est qu'elle donne sur une mer souvent déchaînée. On ne sera donc pas surpris que la carte fasse la part belle aux poissons et aux fruits de mer... Cuisine correcte, mais il faut reconnaître qu'on vient ici avant tout pour le cadre.

CURACAUTÍN

18 200 hab.

À 85 km au nord-est de Temuco, en allant vers la cordillère. Rien d'extraordinaire à Curacautín, mais c'est une bourgade pas désagréable, particulièrement tranquille, aux larges rues tirées au cordeau. Un point de chute d'où l'on peut explorer les 2 parcs nationaux de Tolhuaca et Conguillío.

Arriver – Quitter

En bus

Terminal TurBus : *Serrano, 101 ; angle Manuel Rodriguez. • turbus.cl • À 200 m de la plaza de Armas. Lun-ven 9h-13h30, 15h-19h30 ; sam mat.*

➢ **Santiago** *(env 9h)* **:** 2-3 bus/j. en soirée.

Terminal des bus ruraux : *Manuel Rodriguez, s/n. ☎ 45-288-11-23. À l'entrée de la ville.*

➢ **Conguillío :** le parc n'est desservi par aucun bus. Il faut prendre un taxi.

➢ **Temuco** *(env 2h)* **:** bus ttes les 30 mn env, 5h45 (8h w-e)-19h30, avec *Curacautín Express,* plus quelques trajets avec *Bío Bío.*

Adresse utile

Office de tourisme municipal : *av. Manuel Rodríguez, à l'angle de Miraflores, en face de la plaza de Armas. ☎ 45-252-45-61. • turismocuracautin@yahoo.com • Lun-sam 8h30 (9h sam)-18h, dim 9h30-13h45.* Bonnes infos sur les parcs nationaux des environs. Cartes, liste des hébergements et plein de bons conseils.

Où dormir ? Où manger ?

Hostal Epu Pewen : *Manuel Rodríguez, 705. 📱 994-01-85-02. • epupewen.cl • Face à l'office de tourisme. Doubles env 35 000-45 000 $Ch, petit déj inclus.* On aime beaucoup cette adresse tenue par un couple de proprios chaleureux et dynamiques. Chambres pimpantes et salles de bains impeccables. Ambiance détendue et sportive, où l'on pourra réviser ses prises sur le mur d'escalade de la salle commune. Cuisine commune à disposition. Proposent également des treks à un tarif abordable dans les parcs de Conguillío et Tolhuaca, ainsi qu'autour du volcan Lonquimay et du cratère Navidad (en activité) dans la réserve de Malalcahuello-Nalcas, au nord, accessible seulement en 4x4 et avec un guide. Possèdent de bonnes connaissances de la faune et de la flore et savent les communiquer. Bref, un vrai coup de cœur !

Tu Gusto Express : *Yungay, 270. ☎ 45-288-28-31. Tlj sauf lun. Bon marché.* Petit resto en bois à 2 pas de la place principale, proposant des petits plats classiques et vraiment pas chers (*churrasco, lomo,* saumon, poulet grillé, sandwichs...). Personnel avenant.

Où dormir ? Où manger dans les environs ?

Cabañas del Bosque Nativo : *à 7 km de Curacautín, sur la route de Tolhuaca, fléché sur la droite. 957-78-05-06. • cabanasbosquenativo.cl • Résa obligatoire. Double env 80 000 $Ch, petit déj compris ; pour 2 pers cabañas 55 000-70 000 $Ch.* Disposées sur un vaste espace vert, un vrai parc de 7 ha en vérité, quelques maisonnettes de luxe, bien espacées les unes des autres, mêlant le bois et la pierre, architecture moderne et confort (cuisine, douche et bains, cheminée...). Quelques chambres doubles également dans la maison principale, à l'atmosphère chaleureuse et design à la fois : couleurs originales, couettes douillettes, salles de bains soignées, avec le souci du détail... Et puis, au centre du parc, une jolie piscine qui troue de bleu ce vaste espace vert. Très bon resto également *(ouv seulement le soir en été et sur résa).* De la belle adresse, ma foi !

PARQUE NACIONAL TOLHUACA

Ce superbe parc national (6 374 ha), à 130 km au nord-est de Temuco et à 40 km de Curacautín, est encore relativement épargné par le tourisme (sauf peut-être les week-ends de janvier et février) en raison de son accès difficile. Pour ceux qui aiment marcher, Tolhuaca recèle quelques trésors. Forêts d'araucarias, cascades, lagunes foisonnantes de truites et de saumons (pêche sportive autorisée uniquement avec permis), bois de *tineo, coigüe, olivillo, tepa, raulí* et chênes, *nalcas, coirón...*

LE SUD

Comment y aller ?

➢ ***Depuis Temuco :*** le plus simple, en voiture, est de rejoindre Victoria (par la ruta 5). À 5 km au nord de Victoria, prendre la route à droite qui passe par Inspector Fernández et San Gregorio (c'est indiqué). Compter une cinquantaine de kilomètres depuis Inspector Fernández.

➢ ***En bus, puis à pied :*** de Victoria (terminal des bus ruraux) à San Gregorio, tte l'année lun-ven, départ à 16h. Il reste 20 km à parcourir (à pied ou en stop !) de San Gregorio jusqu'à l'entrée du parc. Bon courage !

➢ ***Depuis Curacautín :*** près de 40 km par une route caillouteuse mais correcte.

Infos pratiques

– Infos : • conaf.cl/parques/parque-nacional-tolhuaca • Ouv tte l'année (selon météo), tlj sauf lun 8h30-16h (dernière entrée). Entrée : 7 400 $Ch.

– Départ des différents sentiers de balade près de l'entrée officielle. Pas moins de 70 km de sentiers balisés sillonnent le parc. Pour ceux qui le désirent, des guides accompagnent les randonneurs.

Où dormir ?

⛺ Le ***camping Inalafquén*** de la *Conaf* (dans le parc même) est la seule possibilité de logement *(10 000-20 000 $Ch le site).* Douches avec eau froide uniquement. Agréable petit camping ombragé au bord d'un ruisseau aux eaux limpides.

Randonnées

➢ ***Sendero Lagunillas :*** 12 km jusqu'aux *lagunillas (env 6h A/R),* 3 petites lagunes circulaires. Chemin bordé d'araucarias.
➢ ***Sendero Laguna Verde :*** 8 km au départ du camping *(compter 6h A/R).* Conduit à la laguna Verde.
➢ ***Sendero El Salto Malleco :*** sentier de 4 km aller-retour *(compter 1h)* jusqu'à la magnifique cascade Salto Malleco en suivant les rives du lac.
➢ Il existe de nombreuses autres variantes de ces différents sentiers.

DANS LES ENVIRONS DU PARQUE NACIONAL TOLHUACA

Termas Malleco : *9 km avt d'arriver au parc. Piste correcte. ☎ 45-232-48-00. • termasmalleco.cl • Tlj 9h-22h. Entrée : 25 000-30 000 $Ch selon saison ; réduc.* L'eau thermale jaillit des entrailles de la terre à une température de 98 °C ! Pour les visiteurs, possibilité de profiter d'une piscine à l'écart de l'hôtel, mais celle-ci ne présente qu'un intérêt relatif dans la mesure où l'eau est ramenée à 38 °C, et puis c'est tout de même très cher pour faire trempette. Les résidents de l'hôtel, en revanche, peuvent profiter gratuitement d'un bassin plus petit, aux eaux plus chaudes, situé dans un cadre bien plus charmant, juste derrière l'hôtel, au pied d'une falaise d'où jaillissent quelques beaux araucarias. Bon, si vous n'êtes qu'un visiteur de passage et qu'il n'y a pas trop de monde, demandez l'autorisation d'utiliser l'autre bassin. Possibilité également de fréquenter les baignoires intérieures du pavillon. Ambiance familiale de station thermale.

FUMAROLA...

Tout le monde peut profiter de l'étonnante grotte de laquelle sourdent l'eau chaude et les vapeurs brûlantes. La fumarola est une sorte de hammam en plein air, avec quelques bancs de bois bricolés à l'entrée de la grotte, où la vapeur est canalisée et ressort par de petites ouvertures au niveau du visage. Odeur d'œuf pourri garantie. Tout a un prix.

⛺ ***Camping :*** *ouv déc-fév. Compter 18 000 $Ch/pers, accès aux thermes inclus.* Douche chaude. Dans les sous-bois, le lieu a pas mal de charme.
Hotel Termas Malleco : *en pens complète, compter 90 000-100 000 $Ch/pers.* Dans une grande maison, façon hôtel du début du XXe s, abritant des chambres tout en bois, correctes, plutôt chaleureuses, avec salle de bains. Reste très cher pour le confort proposé. Au resto, *menú* moyen... à prix moyens.

LE SUD

PARQUE NACIONAL CONGUILLÍO

Appelé aussi *parque Los Paraguas* (« Les Parapluies »), allusion faite à la forme des araucarias, les arbres symboles de l'Araucanie, c'est l'un des parcs

les plus appréciés de la région. Il couvre une surface de 60 832 ha et s'échelonne entre 700 et 3 125 m d'altitude. Il faut dire que les paysages sont spectaculaires : le volcan actif Llaima (3 125 m) coiffé de ses fumerolles, la Sierra Nevada (2 100 m), le magnifique lac Conguillío (750 ha), les lagunes Captrén, Arco Iris et Verde. Mais surtout de superbes forêts d'araucarias et d'impressionnantes coulées de lave, dessinées par la grosse éruption de 1957, puis celle de 2008, comme autant de longues cicatrices noires dans le paysage.

Comment y aller ?

Plusieurs accès possibles, mais aucun bus ne vous dépose aux portes du parc. Dommage ! Il ne vous reste plus qu'à tenter le stop.

➢ ***Par le nord :*** de Curacautín au lago Conguillío, 42 km dont 32 de piste caillouteuse (sans difficulté majeure). Reste env 12 km jusqu'au lago Conguillío.

➢ ***Par le sud :*** Temuco-Cunco-Melipeuco. Une dizaine de bus tlj (8h-18h30) depuis Temuco avec *Nar Bus.* Également 1 bus de nuit tlj pour Santiago avec *Nar Bus.* De Melipeuco, il reste 12 km à parcourir à pied jusqu'au poste de contrôle « Truful » et 18 km jusqu'au lago Conguillío. Autant dire que ce n'est pas pratique. En voiture, piste globalement très correcte mais non recommandable en cas de pluie. Dans ce cas, il est préférable d'accéder au *lago* par le nord (ça descend et on évite les montées escarpées qui ravinent !). Il est possible de négocier un forfait avec des taxis depuis Melipeuco jusqu'à l'intérieur du parc.

➢ ***Par le secteur Los Paraguas (à l'ouest) :*** du terminal des bus ruraux de Temuco, avec *Erbuc,* bus tlj jusqu'à Cherquenco. De là, il reste 17 km escarpés jusqu'au refuge. Pas pratique du tout.

Adresse et info utiles

ℹ ***Centro de informaciones Ambiental :*** *dans le secteur du lago Conguillío, à proximité du lac.* C'est le centre d'informations du parc. Carte en relief, infos sur la géologie, photos et informations sur la faune et la flore du parc. En été, tous les jours (sauf le dimanche), des guides accompagnent les randonnées (2-6h A/R). Le soir, conférence (en espagnol) de 45 mn.

– ***Accès au parc :*** *tlj sauf lun 8h30-18h (dernière entrée 14h).* ***Résa et achat de billet obligatoire*** *sur • aspticket.cl • Entrée : 9 300 $Ch/pers ; réduc.*

LE SUD

Où dormir ? Où manger ?

Secteur du lago Conguillío

Les campings et *cabañas* à l'intérieur même du parc sont gérés par *Sendas Conguillío* : *☎ 227-60-52-15. 📱 976-56-81-98. • sendasconguillio.cl •*

⛺ **Camping :** *ouv de nov à mi-mars. Site (jusqu'à 6 pers) 29 000-47 000 $Ch selon saison. Douche avec eau chaude quelques heures par jour.*

🏠 **Cabañas :** *pour 3 pers, 90 000-135 000 $Ch, selon saison ; pour 7 pers, 100 000-190 000 $Ch.* Chouettes *cabañas* avec kitchenette, construites autour d'un araucaria ! Plutôt bien équipées, et on s'y sent bien.

Dans le secteur sud, sur la route de Melipeuco

Ceux qui passent par ce secteur emprunteront ce morceau de piste qui suit l'immense et impressionnante coulée de lave, due à l'éruption de 1957 et qui a bouleversé le paysage.

🏠 **La Baita (Centro de Ecoturismo) :** *Castilla, Correo Melipeuco. 📱 997-33-24-42. • labaitaconguillio.cl • Ouv tte l'année. À mi-chemin entre le lago Conguillío et Melipeuco, à 200 m de la grande coulée de lave mais sous les bois. Fléché. Doubles dans le lodge 110 000-120 000 $Ch, petit déj inclus.*

Cabañas 3-9 pers 60 000-180 000 $Ch. La belle bâtisse tout en bois et vitres qui se fond admirablement dans le paysage abrite le restaurant et le « *lodge* », soit de belles chambres tout confort au style épuré. Plus économiques, quelques ravissants chalets avec cuisine équipée, poêle pour se chauffer et volcan en toile de fond. Après 23h, on met en route le générateur. Une très belle adresse dans un site agréable et boisé. Il y a même quelques hamacs pour se relaxer et un spa. Possibilité de louer un kayak. L'hiver, raquettes à disposition.

Cabañas Vista Hermosa : *3 km après La Baita, sur la piste qui mène à Melipeuco. Fléché sur la gauche et faire env 2 km. 994-44-16-30. • vistahermosaconguillio.cl • Ouv tte l'année. Cabañas pour 2 pers 85 000-100 000 $Ch, petit déj inclus.* Dominant légèrement la vallée, de jolies *cabañas* aménagées avec simplicité, toutes avec une jolie vue sur la vallée et le volcan au loin. En revanche, seules les grandes pour 6 à 10 personnes disposent d'une cuisine. Fait resto (salle chaleureuse avec trophées aux murs, cheminée en pierre et nappes à carreaux), mais pas donné. Le proprio propose également des balades à cheval de 2h dans la vallée et les sous-bois.

Juste après la sortie du parc, en allant vers Melipeuco, plusieurs ***campings,*** bien fléchés depuis la piste.

À Melipeuco

Sympathique petit village de 4 *cuadras* traversé par une rue centrale qui conduit au *parque.* On y trouve une station-service (chère !) et des supérettes ou marchands de primeurs pour faire ses emplettes si on loge en *cabaña.* À l'entrée du village, le *Parador Turistico Melipeuco* mérite une petite visite (lire plus bas « À voir. À faire »).

Hospedaje Icalma : *Pedro Aguirre Cerda, 729. 992-80-82-10. Dans la rue principale de Melipeuco, proche de l'arrêt de bus. Double env 30 000 $Ch, petit déj inclus.* Une adresse fraîche, plutôt coquette. Chambres avec salle de bains, nickel et sans chichis, mais agréables. Les plus récentes, installées dans le jardin, sont même vraiment confortables ! Possibilité de faire sa popote dans la grande cuisine familiale. Très bon accueil. Propose aussi des tours dans le parc à prix raisonnables.

Ruka Melilef : *à 10 km du village de Melipeuco, sur la route de Temuco, prendre à gauche en direction de « Santa Maria de Llaima – Termas de Balboa – Molulco », puis à droite après le pont et continuer le chemin sur env 2 km. 972-19-02-32. Résa conseillée. Compter 15 000 $Ch/pers.* Une adresse originale, tenue par Carlos, mapuche francophone revenu au Chili après 25 ans passés dans le sud de la France. Il propose une immersion dans la culture mapuche avec camping dans son jardin face au volcan Llaima, repas de plats traditionnels (à base d'algues pour certains) et rencontre avec la communauté. Des promenades dans la cordillère avec présentation de la faune et la flore sont également au programme. Une expérience enrichissante dans une atmosphère sereine.

À voir. À faire

Parador Turístico Melipeuco : *à l'entrée de **Melipeuco,** en venant de Temuco. Tlj 10h-19h, en principe. GRATUIT.* La bâtisse de bois à la silhouette contemporaine abrite une cafétéria, un office de tourisme et le *Museo histórico Melipeuco.* Celui-ci, tout petit, est néanmoins bien fait. Il présente les arbres du parc et raconte l'histoire des nombreuses scieries de la région : dans les années 1950, la seule commune de Melipeuco en comptait quelque 40 ! Résultat : la forêt primitive a pratiquement disparu, d'où la nécessité de la protéger (en 1976). Décision qui, elle, entraînera la fermeture de nombreuses scieries.

Randonnées

Nombreuses randonnées de tous niveaux, de 20 mn à 8h de marche, voire plus. Toutes les infos au bureau du parc.

Au départ de chaque sentier, panneau détaillé avec distance, durée, dénivelée et difficulté. Infos également sur l'activité volcanique du *Llaima* aux entrées du parc.

➢ ***Sentiers*** de 1 ou 2 km, en boucle, à faire à partir du lac. Bien fléchés et faciles.

➢ ***Sendero Sierra Nevada :*** départ à 4 km de l'administration centrale, du secteur appelé *playa Linda.* De là, sentier de 20 km A/R (montée en 3h et descente en 2h) qui monte à travers la forêt jusqu'à 1 650 m d'altitude. Notre balade préférée dans le parc. 2 miradors sur la route, offrant de superbes vues sur le lago Conguillío. Arrivée au pied des neiges éternelles et des nombreuses cascades.

➢ ***Sendero Los Carpinteros :*** 8 km à travers la forêt, du lago Conguillío à la laguna Captrén. Sur la route, l'*araucaria madre,* le plus ancien du parc ; estimé à 1 300 ans, il mesure 47 m.

➢ ***Sendero Captrén Truful-Truful :*** à partir de la *laguna Captrén.* Une longue rando de 22 km.

➢ ***Ascension du volcan Llaima*** *(alt. 3 125 m)* **:** demander l'autorisation au préalable à la *Conaf.* Se munir de crampons, piolet, cordes. Compter près de 8h en tout depuis le secteur *Los Paraguas,* où il y a un refuge (accès par Cherquenco). Ascension autorisée uniquement en hiver.

Autres activités

Pêche sportive autorisée dans la laguna Verde et le lago Conguillío mais strictement contrôlée. Le mieux est de passer par une agence. Sinon, location de barques à la cabane au bord du lac, pour ramer sur les eaux du lago Conguillío. L'été, on peut également s'y baigner sur fond de cimes enneigées (superbe !). Domaine skiable dans le secteur *Los Paraguas* de juin à septembre.

LE SUD

VILLARRICA

60 000 hab.

• Plan *p. 273*

Fondée durant la 2de moitié du XVIe s, en raison des mines d'or et d'argent que recelait la région, Villarrica fut rapidement détruite par les Mapuches, qui en gardèrent le contrôle jusqu'à la fin du XIXe s.
Située à 86 km au sud-est de Temuco, la petite station installée au bord du lac du même nom accueille aujourd'hui un tourisme familial. 2 mondes s'y côtoient : les citadins aux allures européennes et les paysans au visage buriné qui descendent au marché en carriole à cheval. La vue sur le volcan Villarrica est imprenable, et la plage de sable noir qui ourle le lac devient quasi féerique la nuit, lorsque le feu s'échappe du cratère, dessinant une tache rouge sur le ciel. Moins touristique que Pucón (mais aussi moins pratique pour ceux qui souhaiteraient faire l'ascension du volcan), Villarrica constitue une base agréable.

Arriver – Quitter

Bus

Il existe plusieurs terminaux de bus, mais tous dans le même secteur.

Terminal TurBus *(plan A2,* ***1****)* **:** *Muñoz, 657.* • *turbus.cl* • Consigne *(custodia ; tlj 7h-22h30).*

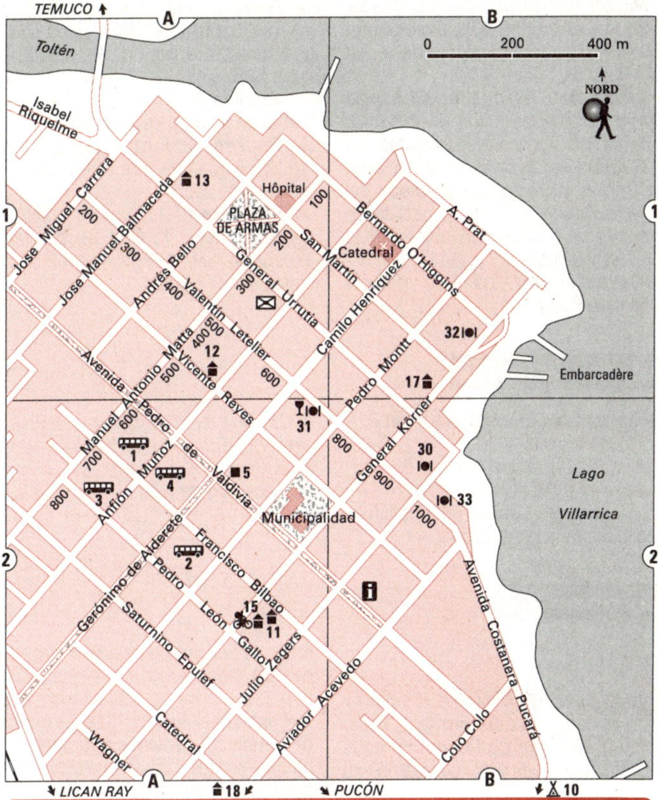

VILLARRICA

Adresses utiles

- Informations touristiques (B2)
- 1 TurBus et Pullman (A2)
- 2 Terminal Jac (A2)
- 3 Terminal Vipu Ray (A2)
- 4 Terminal Coñaripe (A2)
- 5 Bureaux de change (A2)
- 15 Location de vélos (Don Juan ; A2)

Où dormir ?

- 10 Camping du Lac (hors plan par B2)
- 11 Hostal Cuatro Estaciones (A2)
- 12 Hospedaje Nicolas (A1)
- 13 Hostería Alemaña (A1)
- 15 Don Juan (A2)
- 17 Hotel El Ciervo (B1)
- 18 Hostería de la Colina (hors plan par A2)

Où manger ? Où boire un verre ?

- 30 El Sabio (B2)
- 31 The Travellers (A2)
- 32 Restaurante Brazas Barlovento (B1)
- 33 El Rey del Marisco (B2)

Terminal Pullman Bus *(plan A2, **1**) : Bilbao, 598. ● pullmanbus.cl ●*
Terminal Jac *(plan A2, **2**) : Bilbao, 629. ● jac.cl ●*
Terminal Vipu Ray *(plan A2, **3**) : Muñoz, 745. 968-35-57-98.*
Terminal Coñaripe *(plan A2, **4**) : Muñoz, 616. ● Facebook ●*

➢ ***Pucón*** *(env 30 mn)* **:** départs ttes les 15-20 mn, env 6h30-23h, avec *Jac* et *Vipu Ray,* plus quelques départs le mat avec *Pullman.*
➢ ***Lican Ray*** *(20 mn)* ***et Coñaripe*** *(40 mn)* **:** bus ttes les 20 mn, 8h-21h, avec *Coñaripe.* Un bus en soirée avec *Jac.*
➢ ***Caburgua* :** en saison, 2 bus/j. avec la compagnie *Jac,* mais le mieux est d'aller à Pucón, d'où il est plus facile de se rendre à Caburgua (voir « Arriver – Quitter » à Pucón).
➢ ***Curarrehue* :** les bus directs partent de Pucón.
➢ ***Temuco*** *(env 1h30)* **:** départs ttes les 15-30 mn, 6h-21h45, avec *Jac* et une quinzaine de bus (9h30-22h15) avec *TurBus.*
➢ ***Valdivia*** *(env 2h30)* **:** 4-6 bus/j. le mat et en fin d'ap-m avec *Jac.*
➢ ***Osorno*** *(3h)* ***et Puerto Montt*** *(4h30)* **:** 8 bus/j. le mat et en début de soirée avec *Jac.*
➢ ***Santiago*** *(9-11h)* **:** une quinzaine de bus/j. avec *TurBus* et *Jac* (seulement de nuit), et également 2 bus en soirée avec *Pullman.*

Adresses utiles

Informations touristiques *(plan B2)* **:** *Pedro de Valdivia, 1070. ☎ 45-220-66-18. • visitvillarrica.cl • En été, tlj 8h-23h ; le reste de l'année, lun-ven 9h-13h, 14h-18h.* Bonnes infos sur ce qu'il y a à faire en ville ou dans les environs.

■ **Change** *(plan A2,* ***5****)* **:** *vous trouverez plusieurs bureaux de change à l'angle de Valdivia et Henríquez.*

Location de vélos* :** *chez* **Don Juan** *(plan A2,* ***15*). Voir « Où dormir ? ».*

Où dormir ?

Camping

Si vous avez un véhicule, n'hésitez pas à pousser un peu plus loin, sur la route en direction de Pucón, où vous trouverez quelques autres campings au bord du lac.

Camping du Lac *(hors plan par B2,* ***10****)* **:** *au bout de l'av. Costanera Pucará, à proximité de la plage, juste avt le début de la montée, sur la droite. 963-86-50-75. Ouv seulement de fin déc à mi-mars. Env 10 000 $Ch/pers.* En bordure d'un petit ruisseau, site agréable avec emplacements un peu poussiéreux, ombragés par des arbres fruitiers et séparés par de petites haies. Barbecue et tables en bois. Sanitaires basiques et défraîchis mais assez propres, avec douches chaudes.

Bon marché (jusqu'à 50 000 $Ch / env 55 €)

Hostal Cuatro Estaciones *(plan A2,* ***11****)* **:** *Francisco Bilbao, 969. 975-99-93-19. Doubles 30 000-45 000 $Ch, petit déj inclus.* Cette grande maison rouge et noir, tout en hauteur et bardée de bois, domine la rue. Il règne à l'intérieur une ambiance chaleureuse, oscillant entre chalet de montagne et cabine de bateau. Si certaines chambres sont un rien étroites, l'ensemble s'avère propre et vraiment agréable, avec cuisine et salon commun à disposition.

Hospedaje Nicolas *(plan A1,* ***12****)* **:** *A. Muñoz, 477. ☎ 45-241-26-37. • hospedajenicolas.cl • Doubles sans ou avec sdb 30 000-50 000 $Ch.* En plein centre mais dans une rue tranquille, une demi-douzaine de chambres simples, en lambris peint ou verni. Également des bungalows d'une capacité de 2 à 8 personnes. Le petit déjeuner est servi dans le salon familial. L'ensemble est un peu sombre mais propre et l'accueil souriant. Cuisine à disposition.

Hostería Alemaña *(plan A1,* ***13****)* **:** *Balmaceda, 260. 945-13-86-00. • arminbrelenthin@gmail.com • Ouv tte l'année. Doubles sans ou avec sdb env 25 000-40 000 $Ch, petit déj inclus.* Dans un coin tranquille, une jolie maison en bois précédée de son petit jardin. Intérieur tout de lambris

LE SUD

blanc au format maison de poupée qui ne conviendra probablement pas à ceux qui aiment prendre leurs aises. Mais c'est propre et non dénué de charme, malgré la simplicité des lieux. Les chambres avec salle de bains se trouvent dans la maisonnette dans le jardin.

De prix moyens à plus chic (60 000-140 000 $Ch / env 65-130 €)

Don Juan *(plan A2,* ***15****) : General Körner, 770. ☎ 45-241-18-33. 983-54-79-68. • hostaldonjuan.cl • Doubles sans ou avec sdb env 40 000-50 000 $Ch, petit déj en sus. Bungalows 4-5 pers env 70 000-100 000 $Ch. Promos régulières sur le site.* Une quinzaine de chambres confortables (dont 2 avec jacuzzi), réparties dans plusieurs bâtiments, assez petites (voire vraiment petites et sombres pour quelques-unes) mais calmes et donnant sur le jardin. Également une demi-douzaine de bungalows. Grande cuisine et barbecue dans le jardin à disposition des hôtes. Chauffage central. Juan, le maître des lieux, organise des excursions dans les environs et loue aussi des VTT.

Hotel El Ciervo *(plan B1,* ***17****) : General Körner, 241. ☎ 45-241-12-15. • hotelelciervo.cl • Doubles 80 000-140 000 $Ch, petit déj-buffet inclus.* Hôtel à dimension humaine, idéalement placé à proximité du lac et du centre. Il y règne une belle ambiance, intime et feutrée, proche de celle de la maison d'hôtes. Si les chambres dans la bâtisse principale ont même un certain cachet, les standard, situées dans la cour, sont plus anonymes. Petite bibliothèque, terrasse pour siroter une mousse ou taper le carton. Petite piscine pour les Vikings en goguette, chauffage central pour les autres... Et certainement l'un des plus beaux petits déj-buffets qu'on ait vus dans le coin.

Plus chic (jusqu'à 150 000 $Ch / env 167 €)

Hostería de la Colina *(hors plan par A2,* ***18****) : Las Colinas, 115. ☎ 45-241-15-03. • hosteriadelacolina.com • À env 1,5 km du centre, sur les hauteurs de la ville ; au bout d'Acevedo, prendre à gauche sur Ríos, puis à droite sur Las Industrias. Doubles 130 000-150 000 $Ch, petit déj compris.* Avouons-le, le véritable atout de cette grande maison perchée sur la colline, c'est le calme environnant, et surtout, le jardin et la terrasse offrant une vue magnifique sur le lac et les 2 volcans. Quant aux chambres, elles sont un brin désuètes, mais confortables et spacieuses.

Où manger ? Où boire un verre ?

Nombreux petits restaurants et cafés le long de Henríquez, mais la ville ne brille pas vraiment par la qualité de son offre gastronomique...

De bon marché à prix moyens (5 000-20 000 $Ch / env 5,50-22 €)

El Sabio *(plan B2,* ***30****) : Julio Zegers, 393. 971-25-89-57. Lun-sam 13h-22h30, fermé dim.* On vous prévient : la cuisine ici ne vous fera peut-être pas sauter au plafond de bonheur, mais la petite carte propose des plats du jour et des pizzas maison qui se tiennent. Et puis la petite salle pimpante et sa miniterrasse sont plutôt séduisantes.

The Travellers *(plan A2,* ***31****) : V. Letelier, 753. ☎ 45-241-36-17. Ts les soirs sauf dim, à partir de 17h ou 18h et jusque tard.* Un bar à l'intérieur chaleureux avec des murs de couleurs vives et quelques *Stetson* gentiment customisés au-dessus du bar. Cuisine plutôt éclectique, moitié *ethnic-food,* moitié végétarienne, copieusement arrosée de décibels et servie par un staff plutôt dynamique. Grande terrasse dans la rue aux beaux jours.

De prix moyens à plus chic (15 000-30 000 $Ch / env 17-33 €)

Restaurante Brazas Barlovento *(plan B1, **32**) : General Körner, 145. 996-44-23-10. Tlj sauf dim soir. Fermé aussi lun en basse saison et mar en hte saison.* Le seuil à peine franchi, on éprouve un certain bien-être : la salle est jolie, soignée, avec un mur tapissé de bouteilles de vin et quelques peaux de vaches en guise de déco. Les baies offrent en outre une jolie vue sur le lac et le volcan. La grande terrasse également. Et bonne nouvelle : la cuisine, elle aussi, se tient. La spécialité du lieu, c'est plutôt les viandes à la *parrilla,* mais la carte propose aussi quelques poissons cuits de la même façon, ainsi que des plats de pâtes ou végétariens, tous bien préparés.

El Rey del Marisco *(plan B2, **33**) : V. Letelier, 1030. ☎ 45-241-20-93. Fermé dim soir en hiver.* « Le roi des fruits de mer »... Tout est dit ! Service un peu empesé et, malgré la petite vue sur le lac, salle à la déco colorée un peu sombre et étouffante. Mieux vaut se concentrer sur son assiette qui elle, en revanche, réserve plutôt de bonnes surprises.

À voir. À faire

Le ***centre-ville*** est très animé en saison, lorsque les familles chiliennes se baladent d'un magasin à l'autre au retour de la plage. Certes moins branchée que Pucón, Villarrica n'est pas sans intérêt.

Si le ***front de lac*** ne casse pas trois pattes à un canard, il n'est pas non plus désagréable avec sa petite plage. Et puis, par temps dégagé, la vue sur le volcan est superbe !

– ***Artisanat en bois :*** la grande spécialité de Villarrica est le travail du bois. Nombreuses galeries d'artisanat, magasins, stands dans le centre-ville. On y trouve de tout : meubles, ustensiles de cuisine, objets de décoration, sans oublier les nombreuses babioles bien kitsch pour touristes.

Petite exposition-vente d'objets artisanaux à la ***feria artesanal*** *(plan B2 ; juste à côté de l'office de tourisme et de la bibliothèque ; tlj en été).* L'une des plus intéressantes de la ville mais tout de même très touristique. On y voit aussi la reconstitution d'une *ruca,* l'habitat traditionnel en chaume des Mapuches.

LE SUD

Fête

– ***Muestra cultural Mapuche :*** *en janv et fév. Infos à l'office de tourisme.* Manifestations culturelles. Permet de découvrir la culture des Mapuches, au travers de la musique et des danses traditionnelles.

PUCÓN

30 000 hab.

• Plan *p. 279*

Petite ville très touristique à 25 km de Villarrica, à l'autre bout du lac du même nom, Pucón s'anime surtout l'été, quand les Chiliens débarquent en nombre pour se dorer la pilule sur les plages des lacs. Le reste de l'année, c'est plutôt pépère. Haut lieu des voyageurs en quête de sensations, Pucón s'est

toutefois spécialisée dans les sports de pleine nature et, à ce titre, attire des quatre coins du monde les inconditionnels du tourisme actif et écolo. Il faut dire qu'avec ses forêts d'araucarias, ses rivières tumultueuses et ses volcans aux neiges éternelles, la région, accessible hiver comme été, a de quoi satisfaire son monde. Et c'est sans compter les thermes ! Bref, de quoi se refaire une santé au vert (même si l'urbanisation et les immeubles modernes prolifèrent de façon inquiétante autour du lac et de la ville).
Enfin, pour ce qui est de la vie nocturne, à part l'été pendant lequel les « curistes » pourront à loisir se ressourcer au *pisco* jusqu'à l'aube, le reste de l'année, il faudra se contenter du houblon. Car à Pucón, y a pas que les torrents qui font de la mousse... Les brasseurs locaux s'en chargent aussi, avec leur *Pillán* !

Arriver – Quitter

Bus

Plusieurs gares routières ou points de départ et d'arrivée des bus. Attention, leur fréquence est réduite en hiver !

Terminal TurBus (hors plan par B2, **1**) **:** O'Higgins, 910. • turbus.cl • À 1 km env du centre, direction Caburgua.
Terminal des bus Jac (plan B2, **2**) **:** à l'angle de Uruguay et de Palguín. • jac.cl •
Terminal Pullman (plan B2, **3**) **:** Palguín, 555. • pullmanbus.cl •
Terminal rural (plan B2, **4**) **:** Palguín ; en face du terminal Pullman. Compagnies *Vipu Ray* et *Curarrehue*. Les bus *Caburgua* partent en face du terminal *Jac*.

➢ **Caburgua** (env 50 mn) **:** minibus ttes les 30 mn du terminal rural 9h-21h, plus un à 7h45.
➢ **Villarrica** (env 30 mn) **:** départs ttes les 15-20 mn, 6h-21h45, avec *Jac*.
➢ **Valdivia** (3h-3h30) **:** env 4 bus/j. à 7h20, 9h20, 16h20 et 18h25, avec *Jac*.
➢ **Temuco** (1h30-2h) **:** départs ttes les 15 mn, 6h-21h, avec *Jac*. Quelques départs supplémentaires avec *TurBus*.
➢ **Concepción** (env 5h) **:** en été seulement, 1-2 bus de nuit/j. avec *TurBus*.
➢ **Osorno** (3h30) **et Puerto Montt** (5h) **:** 8 bus/j. 7h-17h30, avec *Jac*.
➢ **Santiago** (10h30) **:** nombreux bus avec *TurBus* et *Jac*, plus quelques départs avec *Pullman*.

Liaisons avec l'Argentine

– ***Formalités* :** les documents exigés à la frontière sont : passeport en cours de validité, carte grise du véhicule au nom du proprio (sinon, il faut une procuration), carte verte d'assurance + assurance complémentaire pour l'Argentine. Pour les voitures de location, bien se renseigner avant le départ auprès de son loueur.
➢ ***San Martín de los Andes*** *(3-4h de trajet)*, 3-4 départs/sem vers 11h, avec *Igi Llaima*. De là, on peut rejoindre ***Bariloche.***
➢ Autre solution, combinant le bus et le bateau : se rendre à Panguipulli via Lican Ray ou Coñaripe (avec *Jac* ou une compagnie locale), puis, de là, prendre un bus pour Puerto Fuy. À ***Puerto Fuy,*** un petit ferry qui fonctionne tte l'année (sauf Noël et Jour de l'an) part à 10h et 13h mar-jeu et w-e, et à 7h, 12h et 17h les lun et ven (5-6 départs en tout en janv-mars, répartis sur la journée). Il vous débarque à ***Puerto Pirehueico*** après 2h de navigation. De là, encore 13 km pour atteindre la douane argentine, d'où partent des bus pour ***San Martín*** (en principe, à 11h et 18h).
– ***Résas* :** 942-77-34-50. • barcaza huahum.com • Arriver au moins 30 mn avant le départ, sous peine de perdre sa résa.

LE SUD

Adresses utiles

Oficina de turismo (plan B2) **:** à l'angle d'O'Higgins et de Palguín. ☎ 45-288-80-01. • puconchile.travel • Tlj 9h-14h, 15h-18h. Infos et brochures diverses.
■ ***Change et distributeurs* :** nombreux

distributeurs et quelques bureaux de change sur O'Higgins.

Hospital San Francisco *(plan B2) : Uruguay, 325. ☎ 45-229-04-00.*

Pharmacies : *sur O'Higgins.*

Travel Aid *(plan B2, **5**) : Ansorena, 425. ☎ 45-244-40-40. • travelaid.cl •* On y trouve des cartes routières et des topoguides de bonne qualité.

Aguaventura Expediciones *(plan B2, **6**) : Palguín, 336. ☎ 45-244-42-46. • aguaventura.com • Tlj 9h-19h30.* L'agence, tenue par 2 Français, s'adresse aussi bien aux néophytes qu'aux férus de trekking, de sports de glisse ou aux amateurs de sports en eaux vives. Ici, c'est du sérieux ! L'hiver, location et vente de snowboards, ski et randonnées à raquettes ; l'été, une trentaine d'activités comme le trekking, canoë, kayak, raft, hydrospeed, rando équestre, VTT, etc. Excursions aux thermes et, bien sûr, ascension toute l'année des différents volcans des environs. Location de voitures. Foi de routard, ces gars-là connaissent bien la région !

Où dormir ?

Pucón étant très touristique, il est vivement conseillé de réserver pour un séjour de décembre à février.

Campings

Camping Parque La Poza *(plan A3, **20**) : av. C. R. Geiss, 769. ☎ 45-244-49-82. Ouv tte l'année. Env 15 000 $Ch/pers.* Grand camping boisé situé le long d'une rivière. Beaucoup de monde l'été, mais globalement agréable, bien qu'assez bruyant à cause de la grande route, trop proche. Douches chaudes (en principe !). Chaque site possède son coin barbecue, de la lumière, une table. Grand refuge couvert avec feu de bois pour faire sa popote, ou la causette quand il pleut.

Camping Ainoha *(hors plan par B1, **29**) : calle Ramon Quezada, 01065. 📱 985-90-06-74. Ouv seulement l'été. Env 12 000 $Ch/pers.* À 1 km du centre, au bord de la playa Grande, un camping agréable et ombragé, dont on apprécie beaucoup la situation et le cadre, même si l'ensemble reste très rustique (et les douches chaudes plus qu'aléatoires). Et puis, faites très attention à vos affaires...

Bon marché (jusqu'à 50 000 $Ch / env 55 €)

Chili Kiwi Hostel *(plan A2, **25**) : O'Higgins, 20. ☎ 45-244-95-40. • chilikiwihostel.wixsite.com/chilikiwi • Lits en dortoir (4-9 lits) à partir de 16 000 $Ch ; double env 50 000 $Ch.* Un Néerlandais marié à une Chilienne et un Néo-Zélandais ayant beaucoup voyagé sac au dos décidèrent un jour de s'associer et de créer le lieu qu'ils auraient rêvé trouver lors de leurs pérégrinations. Résultat : un véritable *hostel* où tout est pensé pour que les routards du monde entier lient contact et disposent de toutes les bonnes infos pour explorer au mieux les environs. Posée face au lac, la vieille maison abrite des dortoirs à l'étage, un bar bien sympathique (réservé aux hôtes) servant de bonnes bières locales et, dans le jardin, 2 autres dortoirs dans une maisonnette. Quant aux doubles, ce sont soit d'adorables cabanes dans les arbres soit de petites structures de bois entre la maison de Schtroumpfs et la tente. Pour tout ce beau monde, plusieurs cuisines à disposition (dont une extérieure), des sanitaires partagés et une superbe petite terrasse pour contempler le lac et prendre de la hauteur.

Hostal Donde Egidio *(plan B2, **22**) : Palguín, 720. 📱 936-60-02-93. • hostaldondeegidio.com • Doubles avec sdb 38 000-50 000 $Ch, petit déj compris.* Cette maison en bois orange, qui ne paie pas de mine, abrite en fait une sympathique petite pension. Chambres en lambris assez exiguës mais impeccables. Cuisinette mignonnette pour prendre le petit déj. Accueil charmant et discret de la propriétaire qui soigne sa maison et ses hôtes avec beaucoup de gentillesse.

PUCÓN

Adresses utiles

- Oficina de turismo (B2)
- 1 Terminal des bus TurBus (hors plan par B2)
- 2 Terminal Jac (B2)
- 3 Terminal Pullman (B2)
- 4 Terminal rural (B2)
- 5 Travel Aid (B2)
- 6 Aguaventura Expediciones (B2)

Où dormir ?

- 20 Camping Parque La Poza (A3)
- 21 Espacio École (B1)
- 22 Hostal Donde Egidio (B2)
- 23 Hostal Victor (B2)
- 24 La Maison (A2)
- 25 Chili Kiwi Hostel (A2)
- 26 La Tetera (B1)
- 27 Hostal French Andes 1 (B1)
- 28 Aldea Naukana (B1)
- 29 Camping Ainoha (hors plan par B1)
- 30 Hostal French Andes 2 (B1)
- 31 Bambu Lodge et Refugio Skichili (hors plan par A3)

Où manger ?

- 21 Espacio École (B1)
- 40 Le Lutin – Panadería Artesanal (B2)
- 41 La Maga (A2)
- 42 Café Luthier (A1)
- 43 Trawen (A-B2)
- 44 Pizza Cala (A2)
- 46 Sundar (B2)
- 47 El Almacén (A2)
- 48 Restaurant de l'Hotel Antumalal (hors plan par A2)

Où prendre un petit déj ou un café ? Où faire une pause sucrée ?

- 40 Le Lutin – Panadería Artesanal (B2)
- 50 Cassis (A2)
- 51 Café de la P. (A2)

Où boire un verre ? Où sortir ?

- 48 Hotel Antumalal (hors plan par A2)
- 60 Mamas & Tapas (B2)
- 61 La Vieja Escuela (B2)
- 62 Black Forest (B2)

De bon marché à prix moyens (35 000-80 000 $Ch / env 40-90 €)

Hostal French Andes 1 (plan B1, **27**) : pasaje Tinquilco, 3. ☎ 45-244-33-09. **Hostal French Andes 2** (plan B1, **30**) : pasaje Luck, 795. ☎ 45-244-33-24. • french-andes.com • Doubles 30 000-70 000 $Ch. À 2 pas du centre mais dans un joli quartier résidentiel, au calme, ces 2 *hostals* (appartenant à Vincent, un des 2 gérants de l'agence *Aguaventura*) offrent des studios pour 2 à 4 personnes avec cuisine et salle de bains. Dans l'une et l'autre des maisons, une ambiance chaleureuse et paisible, un cadre vraiment soigné et bien pensé, et des extérieurs très appréciables.

Espacio École (plan B1, **21**) : General Urrutia, 592. 968-34-02-72. Doubles 50 000-80 000 $Ch avec sdb, petit déj compris. Mis en place par un groupe de Chiliens et de Canadiens soucieux de la protection des forêts du Sud. Cet *hostal* offre de jolies chambres en lambris peint, avec salles de bains. Beaucoup de passage l'été, grand rendez-vous cosmopolite des écolos à l'âme baroudeuse. Échange de livres, marché, boutiques, et treks intéressants dans la région. Soirées à thème sur l'écotourisme, l'Amérique du Sud, etc. En prime, très bon resto végétarien (voir plus loin « Où manger ? ») et bar ouvert le soir. Un vrai lieu de vie.

Hostal Victor (plan B2, **23**) : Palguín, 705. ☎ 45-244-35-25. • hostalvictor.cl • Doubles avec sdb 40 000-60 000 $Ch. Maison familiale sans grand charme mais proprette, offrant chambres en lambris, pas bien grandes mais impeccablement tenues. Possibilité de préparer son frichti dans les 2 petites cuisines à disposition.

La Maison (plan A2, **24**) : Lincoyán, 261. ☎ 45-244-31-38. • hostallamaison.com • Doubles sans ou avec sdb privée 30 000-60 000 $Ch, sans petit déj. *La Maison*, on ne pouvait trouver un nom plus simple, mais il prend ici tout son sens, puisque c'est là qu'Étienne, le propriétaire, a grandi avec sa famille franco-chilienne. 2 maisons plus exactement, dans un joli jardin, chacune avec sa petite cuisine à disposition des hôtes. L'une dispose de 4 chambres. L'autre est idéale en famille ou entre copains. Le lieu est paisible, avec ses habitations simples, en bois évidemment, restées inchangées depuis les années 1960. Étienne, parfaitement francophone et adorable, aime son pays et ça se sent ! Il vous aidera dans l'organisation de vos excursions et activités diverses.

La Tetera (plan B1, **26**) : General Urrutia, 580. ☎ 45-246-41-26. • tetera.cl • Doubles sans ou avec sdb env 39 000-77 000 $Ch, petit déj compris. Petit hôtel d'une demi-douzaine de chambres sans superflu, dont 2 avec salle de bains privée, entièrement en bois et bien chauffées. Jardinet paisible sur l'arrière, planté de quelques tables. *Book exchange*, infos sur les excursions à faire dans la région, organisation de balades à cheval et de treks. Possibilité de petit déj matinal pour ceux qui partent en balade. Une bonne adresse.

Plus chic (jusqu'à 150 000 $Ch / env 167 €)

Aldea Naukana (plan B1, **28**) : Gerónimo Alderete, 656. ☎ 45-244-35-08. • aldeanaukana.com • Doubles 110 000-150 000 $Ch, petit déj et sauna compris. Quelle merveille ! Une architecture contemporaine superbe, utilisant le bois comme partout mais traité ici de différentes manières, avec une belle créativité. Bardeaux épousant de jolies courbes, volige brute sur les murs intérieurs, écorces diverses... Puis, par endroits, la pierre volcanique noire s'harmonisant parfaitement à l'ensemble. Petits salons charmants, avec cheminée pour les soirées fraîches. Partout, une atmosphère sereine accentuée par des passages remplis de végétation exotique. Seulement 9 chambres, assez exiguës au regard du prix mais très plaisantes par leur simplicité, équipées de belles salles. Sauna, jacuzzi, salle de massage.

LE SUD

Où dormir dans les environs ?

Camping

▲ ⛺ ***Refugio Skichili*** *(hors plan par A3,* ***31****) : camino al Volcán Villarrica, Km 14. 📱 998-47-41-52. À env 15 km du centre-ville, en direction du centre de ski (accès par une piste carrossable en été). Au refuge, 15 000-25 000 $Ch/pers selon saison, petit déj inclus ; au camping, 5 000-8 000 $Ch/pers, avec accès aux douches et à un coin barbecue.* ***Attention, le refuge est fermé en cas d'activité volcanique.*** Envie de simplicité, d'exercice et de pleine nature ? Au cœur d'une forêt native de coigues et lengas centenaires, sous le volcan et au pied d'une piste de vélo de descente, c'est l'endroit ! Au rez-de-chaussée, le bureau de l'agence Skichili propose les activités (vélo de descente, tour du volcan en 4x4 en été, location de skis, balades à raquettes, motoneige ou ski de rando en hiver – à Pucón, mais aussi dans toute la région et la cordillère), et la cafétéria, pour boire un café ou un chocolat chaud. À l'étage, le dortoir de 15 lits superposés, la cuisine, le salon, ainsi qu'un appart pour 2 à 4 personnes sous les combles. Possibilité aussi de camper au pied du refuge.

Plus chic (jusqu'à 140 000 $Ch / env 155 €)

▲ ⇐ ***Bambu Lodge*** *(hors plan par A3,* ***31****) : camino al Volcán Villarrica, Km 4,2. 📱 996-44-85-57 ou 958-73-34-22. • bambulodge.com • De Pucón, prendre la route du volcan ; la maison se trouve à 4,2 km de l'embranchement, sur la gauche. Doubles env 100 000-140 000 $Ch, petit déj compris.* Les grandes fenêtres du salon et des chambres de cet élégant *lodge* posé dans un écrin de verdure superbe et isolé offrent une vue lointaine sur le lac ou le volcan. Les chambres, spacieuses, confortables et lumineuses sont en prise directe avec ce cadre naturel de toute beauté. Déco épurée et ensemble très plaisant, de ces lieux qui invitent au repos et à la contemplation.

Où manger ?

Étant donné l'effervescence touristique, beaucoup de restos et de bars ouvrent pour disparaître l'année suivante. En dehors des mois d'été, plus de la moitié des bars et restos sont fermés. Mais le centre est petit et les routards nombreux : vous aurez tôt fait d'entendre parler des dernières *picadas* !

Bon marché (5 000-10 000 $Ch / env 5,50-11 €)

|●| ☕ ***Le Lutin – Panadería Artesanal*** *(plan B2,* ***40****) : O'Higgins, 717, local 9. ☎ 45-244-3459. Tlj sauf sam ap-m et dim, 9h30-15h, 16h-19h.* Vous cherchez du très bon pain pour faire vos sandwichs ? Rien qu'à l'odeur qui, le matin, flotte aux abords de cette toute petite boulangerie, les papilles frétillent. Selon l'heure de la journée, le choix peut être relativement restreint, mais les variétés proposées sortent de l'ordinaire et sont délicieuses. Pareil pour les quelques viennoiseries qui sortent des fours de la maison.

|●| ⛱ ***Espacio École*** *(plan B1,* ***21****) : tlj midi et soir jusqu'à 23h (16h30 dim). Voir « Où dormir ? ».* Excellent et chaleureux petit resto végétarien, prolongé d'une adorable terrasse à l'ombre d'une treille. Menu savoureux et belles grandes salades. L'endroit de rencontre par excellence, convivial comme on aime, pour récolter des tuyaux sur les excursions ou autres. Une de nos adresses préférées, toutes catégories confondues.

|●| ***Sundar*** *(plan B2,* ***46****) : Ansorena 438, local G. 📱 992-81-09-09. Lun-ven*

12h45-17h. Fermé le w-e. On fait, certes, plus glamour comme environnement que ce petit resto tenu par des adeptes de Hare Krishna et situé au fond d'une galerie. Mais le plat du jour, végétarien et bien épicé, s'avère copieux et goûteux. En plus, il est servi accompagné d'une salade fraîche et d'un jus de fruits.

El Almacén (plan A2, **47**) : *Urrutia, 123, local 1. 993-18-04-83. Tlj sauf lun 10h-18h.* Ouvrez l'œil, cette adresse est discrète. Sa spécialité : les pâtes maison. Que l'on peut déguster sur place, dans la petite salle, ou prendre à emporter.

Prix moyens (10 000-20 000 $Ch / env 11-22 €)

Trawen (plan A-B2, **43**) : *O'Higgins, 311, local 5. ☎ 45-244-20-24. Tlj 10h-23h.* Un resto sur 2 niveaux, largement ouvert sur la rue. Intérieur bois – comme il se doit – et pleine vue sur le marmiton qui s'active sur ses « aventures gastronomiques ». Pâtes maison, ravioles de crevettes, quelques belles salades. La cuisine est inventive et leur *pisco sour* mérite à lui seul un détour.

Pizza Cala (plan A2, **44**) : *Lincoyán, 361. 935-74-37-32. Tlj 9h-minuit.* La petite salle, serrée autour de son four, affiche vite complet. On s'installe alors sur la terrasse qui prend ses aises jusqu'à la rue. Le choix entre une bonne trentaine de pizzas – c'est dire s'il y en a pour tous les goûts – servies en 2 tailles. Pas de précipitation, les affamés, la *chica* est déjà très généreuse ! Sauce tomate faite maison, pâte fine et cuisson impeccable. Également quelques belles salades.

LE SUD

Café Luthier (plan A1, **42**) : *Fresia, 124. ☎ 45-244-32-14. Tlj 13h-23h.* Dans une jolie salle où le bois domine, on vient ici se sustenter de hamburgers, sandwichs, salades, ainsi que de petits plats frais, variés et soigneusement présentés... Bien aussi pour boire un verre.

Chic (jusqu'à 30 000 $Ch / env 33 €)

La Maga (plan A2, **41**) : *Gerónimo de Alderete, 276. ☎ 45-244-42-77. Tlj sauf lun en hiver. En été, résa conseillée le soir.* Un resto uruguayen que les carnivores ne négligeront pas ! Belle gamme de viandes grillées généreuses et fondantes ; c'est d'ailleurs LA spécialité de la maison. Cadre chaleureux avec ses murs entièrement recouverts de planches en bois (ben tiens, manquait plus qu'ça !).

Restaurant de l'Hotel Antumalal (hors plan par A2, **48**) : *camino Pucón-Villarrica, Km 2. ☎ 45-244-10-11. Prendre la route de Villarrica ; l'hôtel se trouve sur la droite, à 2 km. Tlj 12h30-22h. Résa impérative.* Quel site ! Certainement le plus majestueux de Pucón. Des terrasses de ce superbe et luxueux hôtel posé dans un magnifique parc de 5 ha, vue époustouflante sur le lac et les montagnes. Si le prix des chambres est pour le moins dissuasif, le resto, lui, reste abordable pour la qualité proposée. À défaut d'y manger, on peut aussi simplement venir y boire un verre. Étonnamment, cela ne vous reviendra pas beaucoup plus cher qu'ailleurs.

Où prendre un petit déj ou un café ?
Où faire une pause sucrée ?

Cassis (plan A2, **50**) : *Fresia, 223. ☎ 45-244-90-88. Tlj 8h-minuit.* Un salon de thé chaleureux, en bois du sol au plafond, avec des troncs d'arbre en guise d'étais, et feu de cheminée en hiver. Habitués et touristes sont attirés ici comme des mouches sur un pot de miel par les petits déj gargantuesques (à défaut d'être très fins), pâtisseries, confitures et glaces maison, crêpes et même fondue au chocolat. Il y en a pour tous les vices... Très animé.

Café de la P. (plan A2, **51**) : *Lincoyán, 395. ☎ 45-244-35-77. Tlj 9h-23h.* Tables et chaises de bistrot style « parisien ». Vitrine réfrigérée où tourne une montagne d'outrageux gâteaux à la crème. Grande effervescence à l'heure du petit déj. Il faut dire que les cafés sont bons. Également des plats simples servis à toute heure de la journée.

Où boire un verre ? Où sortir ?

Pucón ne cède en rien aux standards de la mondialisation : mêmes musiques, même boutiques, même ambiance mille fois vécue. Au cœur de l'été, on pourrait se croire à Val-d'Isère ou à La Baule ! Pas mal de discothèques ouvrent leurs portes aux abords de la ville pour faire danser les vacanciers jusqu'au petit matin. Mais dès le dernier Santiaguinien de retour au bercail, la petite ville retombe dans une gentille torpeur. Déboulent alors à Pucón ceux qui, à l'issue d'une rando, préfèrent se réhydrater plus au *Vital* (l'eau minérale locale) qu'au *pisco-soda.* Cela dit, il y a quand même des adresses qui marchent à plein temps.

Mamas & Tapas *(plan B2,* ***60****)* ***:*** *O'Higgins ; à l'angle d'Arauco. En été, tlj du début de l'ap-m au petit mat.* Bar sombre mais chaleureux, très branché et cosmopolite. Musique un peu forte : pour favoriser les échanges, misez plutôt sur le langage du corps ! L'un des rares endroits à Pucón où l'on rencontre aussi du monde à l'heure de l'apéro hors saison. L'été, la terrasse est pleine !

Hotel Antumalal *(hors plan par A2,* ***48****)* ***:*** *voir « Où manger ? ».*

Black Forest *(plan B2,* ***62****)* ***:*** *O'Higgins 524. • blackforest.cl • Tlj à partir de 17h30 jusque tard.* Un bar où boire une bière artisanale ou un cocktail en profitant d'un des concerts (jazz, blues...) régulièrement organisés.

La Vieja Escuela *(plan B2,* ***61****)* ***:*** *Colo Colo, 450. • laviejaescuela.cl •* Un bar culturel dédié à la musique en particulier, qui propose aussi bien des expos que des concerts (plutôt rock et musique électro) ou des soirées DJ.

À voir. À faire

Tout dépend de la saison. Aux beaux jours, c'est plutôt *playa,* balades dans les parcs avec les enfants et shopping en fin de journée. Le reste de l'année, c'est le domaine des avaleurs de cordes, des marteaux du piolet, des virtuoses du dérailleur et des petits Mozart des rapides ou de la poudreuse. Bref, des amateurs de sensations, qui viennent à Pucón pour se tailler une bonne tranche de nature et en découdre avec les éléments...

Playa Grande *(plan A1)* ***:*** à la hauteur du casino, sur les bords du lac Villarrica (possibilité de louer des planches à voile). Bondée en été, mais en marchant suffisamment au-delà du camping *Ainoha* pendant une trentaine de minutes, la plage devient déserte et calme. Mais ça ne vaut pas la plage blanche de Caburgua !

Excursions et activités sportives

– Les agences qui se succèdent sur O'Higgins organisent des balades plus ou moins sportives dans la région, à des prix très similaires, allant du survol du volcan dans un petit coucou aux descentes en rafting, en passant par les randonnées à cheval, le trekking, la pêche, le kayak, l'hydrospeed ou *ducky,* le VTT, l'observation d'oiseaux et, le must, l'ascension vers les cratères, en particulier du Villarrica (voir ci-après).
Toutes ces activités demeurent accessibles aux personnes en bonne condition physique, mais sachez quand même évaluer vos limites, car à Pucón, il n'y a pas de secours en montagne, pas d'hélico pour vous tirer d'une mauvaise passe...

Par ailleurs, même si vous vous considérez comme un « pro » de la montagne, renseignez-vous avant de vous lancer dans l'ascension des sommets (et des volcans), car les conditions que vous rencontrerez dans l'hémisphère sud diffèrent fortement de celles de l'hémisphère nord.

➢ ***Ascension du volcan Villarrica, trekking dans les parcs nationaux de Huerquehue, El Cañi et Villarrica :*** pour plus de détails, voir ci-après « Dans les environs de Pucón. Santuario El Cañi » et plus loin les chapitres consacrés à Huerquehue et Villarrica.

DANS LES ENVIRONS DE PUCÓN

• Carte Les environs de Villarrica et Pucón *p. 285*

– En direction de Caburgua et des thermes de Huife, vous croiserez plusieurs sites naturels, comme Los Ojos del Caburgua (une rivière souterraine qui prend sa source dans le lac Caburgua et forme un grand puits naturel) et Los Tres Saltos de Huife (des cascades). Situés sur des terrains privés, leur accès est payant et leur intérêt relativement limité. Si, éventuellement, vous êtes véhiculé et passez par là…

Lago Caburgua : *de Pucón, bus depuis le terminal régional. Départs très fréquents l'été. Arrêt à Caburgua,* playa negra *ou* playa blanca. *En saison, parkings de la* playa blanca *payants (plus vous approchez, plus les prix augmentent) ; le plus simple pour rejoindre cette plage est de longer la côte depuis la playa negra.* Vous êtes-vous jamais baigné dans de l'eau minérale à 22 °C ? Alors c'est l'occasion de le faire ! Le lac Caburgua, enserré dans son écrin de verdure, est d'une limpidité incroyable ! Né d'une coulée de lave qui empêcha l'écoulement du *río* vers l'aval, c'est l'un des plus beaux lacs de la région. La ***playa negra*** est une plage de cendres volcaniques gentiment « balnéaire » l'été, avec location de tout ce qui flotte, camping et petits restos. Très calme hors saison.
À 3 km de là, sur le coteau ouest, la ***playa blanca.*** Elle tire son nom du fruit de la désagrégation en sable d'une roche intrusive de couleur blanche, propre à la cordillère côtière. Malheureusement, plutôt noire… de monde en été. C'est néanmoins un très bel endroit pour piquer une tête.

LE SUD

Santuario El Cañi : *à 20 km de Pucón, à 7 km après l'embranchement pour les thermes (panneau à l'entrée relativement discret). De Pucón, prendre un minibus pour las termas Los Pozones et se faire déposer à Cañi. • santuariocani.cl • Accès tte l'année, tlj 8h30-12h (11h en hiver) ; sortie avt 20h (18h en hiver). Entrée : env 4 000 $Ch. Résa possible en ligne. Quota limité à 120 pers/j. Interdiction de camper et de se baigner dans les lacs.* Une réserve naturelle créée en 1990 et gérée par une ONG chilienne. Un parc de 500 ha, sorte de conservatoire des sempervirents, mais aussi pour la faune : puma, condor, pic de Magellan. C'est ici que vous trouverez les plus vieilles forêts d'araucarias du coin. Un beau trek de 5-7h (aller-retour, soit env 17 km) mène à un point de vue à 1 550 m d'altitude. Avis aux sportifs du dimanche, la rando est assez physique. Vous risquez en effet de passer les 3 premiers kilomètres à cracher vos poumons (ainsi que dans la dernière montée), mais vous serez largement récompensé ! Par temps dégagé, la vue est exceptionnelle. Elle offre le plus beau panorama de la région sur les volcans Villarrica, Quetrupillán, Llaima et Lanin. En prime, on vous remet à l'entrée une carte bien faite (en espagnol ou anglais) indiquant les différents points d'intérêt et le nom des oiseaux ou espèces végétales que vous pourrez croiser en route.

■ ***Centro Ecuestre Huepil malal :*** *à 23 km de Pucón, en direction des thermes de Huife, 3 km après le sanctuaire El Cañi, prendre à droite la piste qui monte ensuite sur 3 km (fléché). 996-43-26-73.* Un centre équestre perdu dans la montagne avec un joli petit manège sous les arbres. Rodolfo

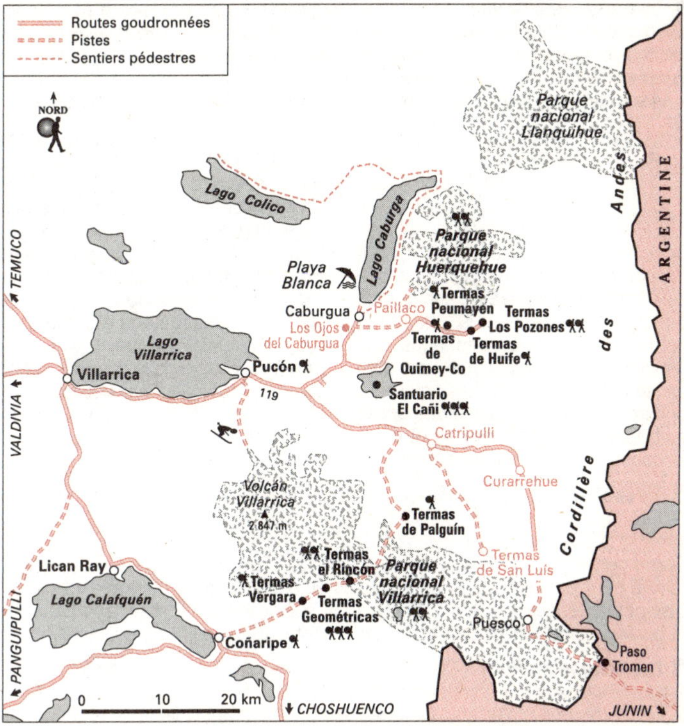

LES ENVIRONS DE VILLARRICA ET PUCÓN

et Penelope, sa fille, font tourner une quinzaine de canassons : chilenos, anglais, arabes. Ici, on est pris en main de A à Z, débutants ou confirmés, pour une rando à la journée ou sur plusieurs jours, dans la cordillère ou vers le Pacifique.

Las termas (thermes)

Génial en hiver ! En été, en revanche, mieux vaut choisir un jour de pluie ou y aller en nocturne. Se plonger dans une eau frisant les 40 °C alors que la température extérieure pousse le mercure au-delà de 30 peut vite se transformer en une épreuve... cuisante ! Prévoyez serviette et claquettes pour passer d'un bassin à l'autre !

Comment y aller ?

➢ Des minibus font la navette tte l'année entre Pucón et Los Pozones, desservant au passage Peumayen, Quimey-Co et Huife *(départ du terminal régional, en face du terminal Pullman)*. Départs de Pucón à 7h, 8h, 9h30, 10h45, 13h30, 14h30, 15h30, 17h30 et 18h30 (horaires réduits le dimanche). Se renseigner pour les horaires retour.

Las termas Peumayen : *à 27 km de Pucón, direction Huife. 940-10-35-95. Tlj 10h30-20h. Fermé en juin. Entrée : 12 000 $Ch ; réduc.* ***Fermé jusqu'à nouvel ordre, de même que le lodge et le resto (voir ci-dessous).*** Petits thermes formés de 2 bassins au bord de la rivière, dans un superbe parc de 43 ha appartenant à l'hôtel du même nom. Eau entre 32 et 39 °C. Plutôt intime et paisible.

Lodge Peumayen – Restaurant La Fleur de Sel : *dans les thermes du même nom. ☎ 2197-00-60. 977-78-02-85. • termaspeumayen.cl • Fermé en juin. Résa conseillée. Doubles env 85 000-125 000 $Ch, petit déj compris.* Dans un magnifique site de 43 ha en pleine nature, une grande bâtisse abrite quelques chambres confortables, plutôt destinées aux familles, avec un espace très bien pensé pour les enfants. Les amoureux préféreront les petits bungalows posés au bord de la rivière, largement vitrés et construits en différentes essences de bois (ça sent bon !), avec petite terrasse et jolies salles de bains. Très esthétique et douillet, on a l'impression de dormir dans une cabane perchée, version magazine de déco. Au resto, Michel – propriétaire des lieux avec sa femme chilienne – propose une cuisine remarquable, inspirée par son pays basque natal et nourrie de ses nombreuses expériences. Il choisit ses herbes fraîches dans son grand potager, privilégie les produits locaux et remet en scène les légumes oubliés. Une superbe adresse !

Las termas de Quimey-Co : *à 30 km de Pucón, direction Huife. ☎ 2444-091 (bureau de Pucón). 946-82-13-60. • termasquimeyco.com • Tte l'année, tlj 10h30-20h30 (19h30 hors saison ; fermeture 30 mn avt). Entrée : env 30 000 $Ch.* Grand centre thermal agréablement ensoleillé, au bord de la rivière. On y vient en famille pour patauger dans les 3 bassins naturels auxquels se greffent 2 petites piscines extérieures à 38 °C. Café-resto, solarium (warf !) et un spa pour une remise en forme : belle piscine, jacuzzi, hydromassage, bains de boue, etc.

Las termas de Huife : *4 km après les thermes de Quimey-Co. ☎ 45-244-12-22. • termashuife.cl • Tte l'année, tlj 9h-22h. Entrée : 30 000 $Ch ; réduc.* C'est le centre thermal le plus chic de tous. Cela dit, il faut reconnaître que l'endroit est superbe : au beau milieu des arbres, 2 belles piscines d'eau thermale à 40 °C, juste à côté de la rivière, et une piscine d'eau « froide » (27 °C) pour les plus téméraires. En plus des piscines, pavillon avec baignoires individuelles et saunas. Spa avec tout ce qu'il faut pour vous donner envie de mettre en place une nouvelle hygiène de vie !

Hotel Termas de Huife : *aux thermes de Huife. Mêmes coordonnées que pour les thermes. Résa 1 sem avt. Doubles env 150 000-190 000 $Ch, petit déj et accès aux thermes compris.* Une bonne douzaine de chambres tout confort au bord de la rivière, certaines avec terrasse. Resto.

Las termas Los Pozones : *1 bon km après Huife. ☎ 45-323-17-48. • lospozones.cl • Tte l'année, tlj 11h-20h. Entrée : 10 000-15 000 $Ch ; donne droit à barboter pdt 2h...* Thermes les plus naturels (et rustiques) de cette vallée, ils sont très plaisants, en plein air, creusés à même la roche. On passe d'un bassin à l'autre le long de la rivière. Petites plages de gazon pour faire bronzette les jours où le soleil pointe son nez.

Las termas de Palguín : *à 31 km de Pucón. En voiture, prendre la direction de Curarrehue, puis, à 20 km, panneau sur la droite (et 10 km de piste correcte). ☎ 45-244-19-68. Tte l'année, tlj sauf lun 11h-20h. Entrée : env 14 000 $Ch ; réduc.* Agréable source d'eau chaude (environ 35 °C) naturelle, riche en fer, potassium, lithium et soufre, dans une magnifique vallée et un beau site envahi de bambous. Piscine en plein air et 3 pavillons avec baignoires.

– Vous trouverez d'autres thermes (dont les fameux *Termas Geométricas*) dans les environs de Coñaripe.

PARQUE NACIONAL HUERQUEHUE

Magnifique parc national de 12 500 ha, à 35 km au nord-est de Pucón. Belles balades à faire en été, de 5h à 4 jours. Au programme : des forêts d'araucarias et de bambous, des canyons, des cascades et de nombreux lacs. En hiver, possibilité de randos à raquettes (contactez une agence de Pucón, qui pourra aussi vous proposer un guide).

– Infos et horaires : • conaf.cl/parques/parque-nacional-huerquehue • Tlj sauf lun 8h30-17h30 (dernière entrée 14h).

– Entrée : résa des entrées, à l'avance, sur • aspticket.cl •, puis à régler en espèces sur place (7 200 $Ch/pers ; réduc).

JURASSIC TREE !

L'araucaria est un arbre qui peuplait déjà les forêts voici 225 millions d'années. À cette époque, l'Amérique du Sud était encore collée à l'Afrique, formant le Gondwana, continent qui, en se séparant de la Laurasia, allait former l'hémisphère sud. Imaginez : aucun oiseau à la cime des araucarias à l'époque, pas d'herbe à leur pied non plus. Rien de tout ça n'existait. Il n'y avait que le bruissement du vent et le cri des dinosaures... Ça fout la trouille.

Comment y aller ?

➢ ***En bus :*** tlj en été, 3 bus/j. avec *Caburgua (Uruguay, 540 ; 998-38-90-47 ; • Facebook •).* Depuis Pucón, départs à 8h30, 12h, 16h ; les bus vont jusqu'à l'entrée même du parc et repartent à 9h45, 13h30, 17h. Parfois un départ supplémentaire en été.

➢ ***En voiture :*** prendre la route en direction de Caburgua, puis, 2 km avant le village, bifurquer à droite ; c'est indiqué. De là, 14 km de piste carrossable sans trop de difficultés.

Où dormir ? Où manger ?

Le parc ne se parcourt qu'à pied ; les hébergements listés ci-dessous sont normalement accessibles en voiture, mais le chemin n'est pas toujours bon, notamment en hiver ou par mauvais temps. Mieux vaut alors avoir un pick-up ou un 4x4 ou laisser son véhicule sur le parking à l'entrée du parc.

Camping de la Conaf : *au lago Tinquilco, à l'entrée du parc. En été, compter 20 000 $Ch par site (jusqu'à 6 pers).* Camping au bord du lac avec sanitaires propres, douches chaudes. Un peu trop pentu toutefois.

Camping Olga : *au bord du lago Tinquilco, à 2 km après de l'entrée du parc. 974-43-51-25. • campingolga.com • Ouv de nov à mi-avr. Nuitée à env 18 000 $Ch pour 2 pers ; douche chaude payante. Propose aussi (déc-avr) de jolies cabanes pour 2 pers avec cuisine (mais sanitaires communs) à 40 000 $Ch. Min 2 nuits.* Un beau camping, à la fois très nature, mais bien équipé et très gentiment tenu.

Refugio Tinquilco : *à 2,4 km après l'entrée du parc. 995-39-27-28. • tinquilco.cl • Ouv sept-mai. Passez un coup de fil avt d'arriver. Doubles 52 500-57 500 $Ch, petit déj compris. Camping 25 000 $Ch pour 2 pers, eau chaude comprise.* À 200 m à peine des plages du lac, ce petit gîte, isolé dans une clairière, très propre et joliment aménagé, satisfera celles et ceux qui souhaitent s'immerger en pleine nature. Bibliothèque sur la faune et la flore, mini-arboretum, sauna vitré au cœur de la forêt. Les repas sont pris en commun. Bel endroit et bon accueil de Patricio qui, soit dit en passant, essaie d'être autosuffisant côté énergie.

Lodge Huerquehue : *à 2 km avt l'entrée du parc. 957-71-91-06 ou 985-38-77-16. • parquehuerquehue.cl • Camping 15 000-20 000 $Ch/pers ; chambres avec sdb 64 000-180 000 $Ch, petit déj inclus ; également quelques grands bungalows pour 2-6 pers à partir de 90 000 $Ch.* Enfin un coin plat pour planter sa guitoune en bordure du lac ! Quant aux bungalows, si leur déco n'est pas vraiment dernier cri, ils sont néanmoins spacieux et bien équipés. Location de kayaks et de VTT. Précisons enfin que cet endroit rustique et tranquille fait également resto. On y déguste une excellente truite fumée.

À voir. À faire

Il y a 4 sentiers dans le parc, dont 3 bien balisés, tous de longueur et de difficulté variables.

Sendero Los Lagos : le plus fréquenté, mais certainement celui qui donne le meilleur aperçu de la région du point de vue de la flore : *sophora, nothofagus, chusquea* (le bambou du chili) et de majestueux araucarias, sans oublier la *gunnera* (la rhubarbe géante du Chili). Le tour classique, d'environ 19 km au total, se fait en 5h. Du 1er lac, on gagne le 2e, puis demi-tour (ou faire une boucle) vers le 3e pour pique-niquer (baignade en été), et retour à l'entrée du parc pour prendre le dernier bus. Un conseil : allez directement au 3e lac pour être plus tranquille, et finissez par les cascades si vous en avez encore dans les mollets. Les 1res forêts d'araucarias ne sont présentes qu'à partir des lacs. Si ça ne suffit pas, à partir du 3e lac, montez en direction des *lagunas Los Patos* et *Huerquehue* (2h de plus). Sublimes ! Et redescendez par le nord du 2e lac.

Sendero Los Huerquenes : *ouv seulement l'été, c'est le prolongement du précédent.* En tout (avec le sentier *Los Lagos*), 3 ou 4 jours de marche en boucle. Cela dit, les bons marcheurs mettront une bonne journée de l'entrée du parc aux ***termas de río Blanco.*** Le long du sentier s'égrènent les *lagunas* Verde, Los Patos et Angelina. Emporter sa nourriture, car il n'y a rien en chemin. Les 1re et 3e nuits, pas de refuge mais une aire de camping. En cas de pluie, des locaux vous offriront le gîte moyennant quelques pépettes. Mais vous pouvez passer la 2e nuit aux *termas de río Blanco,* tout au bout du sentier (réglez votre camping à l'entrée du parc).

Sendero Quinchol : prévoir 4h aller-retour.

Sendero San Sebastián : ouvert l'été, c'est le prolongement du précédent (ajouter 2h dans chaque sens, soit 6-8h en tout pour 20 km). Il aboutit au point culminant du parc. Le plus difficile à cause de la forte dénivellation. Belle vue panoramique sur 6 volcans, mais ça grimpe sec !

PARQUE NACIONAL VILLARRICA

Magnifique parc situé à 12 km de Pucón. À l'intérieur : le superbe volcan Villarrica (2 847 m) appelé *Rucapillán* par les Mapuches, les volcans Quetrupillán (2 300 m) et Lanín (3 760 m). Paysages de forêts, lagunes, rivières et cascades... La période idéale pour le découvrir : de novembre à avril.

– Infos : ● conaf.cl/parques/parque-nacional-villarrica ● Tlj sauf lun 8h30-17h30 (dernière entrée 14h). Entrée : 8 000 $Ch/j. ; réduc si vous restez plusieurs j.

Comment y aller ?

– Il y a ***3 voies d'accès au parc*** : par le secteur Rucapillán (le plus proche de Pucón, c'est l'entrée principale du parc – accès direct au volcan Villarrica) ; par Puesco (la plus belle entrée, à l'autre bout du parc, près de la frontière avec l'Argentine) ; et par le secteur Quetrupillán (ouv seulement déc-avr, 4x4 indispensable), sur la route Pucón-Curarrehue, 7 km après les *termas de Palguín* (ou également depuis *Coñaripe,* 5 km après les *termas Geométricas*).

Où dormir ?

Camping : il existe des zones de camping à l'intérieur du parc, dans le secteur de Quetrupillán. Le camping sauvage est autorisé.

Refugio Skichili : voir « Où dormir dans les environs ? » à Pucón.

À voir. À faire

– ***Randonnées :*** le parc est parcouru par une quinzaine de sentiers plus ou moins bien balisés. À l'entrée de chacun d'eux, panneau détaillé avec distance, durée, dénivelée et niveau de difficulté. Signalez votre présence aux gardes avant toute rando et procurez-vous la carte du parc. Bien sûr, prévoyez des vivres et de bonnes chaussures. L'eau des sources est potable. Le plus dur est le ***sendero Los Venados,*** car la dénivelée est importante. Attention au sentier ***Las Avutardas,*** qui n'est pas toujours bien visible. On peut aussi faire du ***VTT,*** mais se renseigner avant, car tous les sentiers ne sont pas adaptés. En été, un très beau trek de 5 jours part de la station de ski pour gagner la frontière argentine. Les 2 premiers jours, qui tournent autour du volcan, peuvent être shuntés en se faisant déposer dans le secteur de Palguín, car le paysage ne varie vraiment qu'à partir du 3e jour, et on évite l'ascension un peu pénible du col de Los Piños. Retour en stop de Puesco, via Curarrehue. Pas de refuge, prévoir une tente. En hiver, possibilité de ***treks*** en raquettes de la station de ski, ou vers les ***Cuevas Volcánicas.***

Ascension du volcan Villarrica (alt. 2 847 m) **:** ***le volcan manifeste des signes d'activité sismique depuis novembre 2022 (alerte jaune). Se renseigner.*** L'incontournable de Pucón (tellement incontournable que vous ne serez certainement pas tout seul) ! Une excursion qui s'effectue dans la neige et la roche volcanique. En hiver, possibilité de redescendre à ski ou snowboard. Malgré l'altitude peu élevée, les neiges éternelles permettent de goûter aux joies de la haute montagne. L'effort à fournir dépend de la période de l'année, des conditions météo et de l'humeur du volcan lui-même, qui, parfois, crachote des fumées toxiques (voire pire, puisqu'en mars 2015, il est carrément entré en éruption, entraînant l'évacuation de quelque 3 000 personnes).

Dans le meilleur des cas, compter 3h pour monter (1 050 m de dénivelée), 6h si les télésièges ne fonctionnent pas (1 650 m de dénivelée dans ce cas-là) ; pour la descente (souvent en luge), 2h suffisent en général. Si la météo est clémente, vous serez largement récompensé par une vue panoramique à 360° sur 7 volcans et plusieurs lacs. Un spectacle à couper le souffle, d'autant qu'avec de la chance, le cratère (de 200 m de diamètre !) bouillonnant de lave ajoute un intérêt supplémentaire à l'aventure.

En hiver, l'ascension demeure accessible à toute personne en bonne condition physique. Un conseil : si vous envisagez cette excursion lors d'un séjour à Pucón, rendez-vous dès votre arrivée dans une agence spécialisée, afin d'en savoir plus

sur les conditions météo. Si le *puelche* (vent chaud qui souffle de l'Argentine) s'en mêle, il vous faudra attendre 3 jours !
Les agences dignes de ce nom vous renseigneront honnêtement. Méfiez-vous de celles qui vous invitent à partir dès potron-minet, car le dernier bulletin météo – celui qui vous dira si oui ou non vous pouvez partir, n'est émis qu'à 6h30. Les bonnes agences effectuent un dernier point météo à la station de ski, juste avant d'entamer la grimpette proprement dite, et ne facturent que le déplacement si vous devez rebrousser chemin. En général, tout l'équipement est fourni. Reste à vous munir d'un pantalon long, de plusieurs couches de vêtements (la technique de l'oignon est toujours salvatrice en montagne), de bonnes lunettes solaires, d'une crème protectrice d'indice maxi, d'un pique-nique, de 2 l d'eau et d'un peu d'argent liquide si vous prenez le télésiège.
Les bonnes agences proposent un guide et un assistant-accompagnateur pour 6 personnes. Réglementairement, la *Conaf* impose un guide pour 6 et un assistant pour 15 personnes, mais c'est parfois insuffisant.

QUAND NAZCA MET LA PRESSION...

Pas moins de 2 800 volcans dans la région, dont 60 en activité rien qu'au Chili. La raison ? La plaque océanique de Nazca glisse sous la plaque continentale sud-américaine, engendrant la formation d'une zone volcanique immense, dont les volcans de la région ne sont, en somme, que les soupapes.

Si vous n'avez pas la chance de pouvoir entreprendre l'ascension du Villarrica, l'agence *Skichili* (voir le *Refugio Skichili* dans « Où dormir dans les environs ? à Pucón ») propose des ***tours du volcan en 4x4*** (en français) vraiment intéressants pour avoir une vue d'ensemble *(durée : 3h ; 30 000 $Ch pour 1 pers, mais tarif dégressif à plusieurs).*

– ***Ski snowboard :*** de fin juin à mi-octobre, 8 remontées mécaniques fonctionnent sur la station de ski Pucón-Villarrica. Voir avec les agences pour le transport et la location de matériel. Station idéale pour le snow, corniche, *pipe* naturel et barres rocheuses. Possibilité de monter au sommet du Villarrica et de redescendre à ski ou snowboard. L'agence *Aguaventura* de Pucón organise toutes ces activités.

LE SUD

Cuevas Volcánicas : *à 5 km après l'entrée dans le parc de Villarrica (secteur de Rucapillán). • cuevasvolcanicas.cl • Tte l'année, tlj 10h-17h. Entrée : 18 000 $Ch ; réduc. 1h de visite.* Un parc privé à flanc de volcan, qui exploite une curiosité géologique : une grotte tubulaire provoquée par une coulée de lave souterraine il y a de cela 1 500 ans environ. Après quelques explications d'introduction sur le phénomène volcanique de la région, on vous équipe d'un casque, et c'est parti pour un voyage « au centre de la terre ». Bon, pas très convaincant... Vaut surtout pour les informations dispensées sur la géologie (en v.o.).
Une balade de 30 mn sur le petit sentier dans la forêt toute proche donne l'occasion de voir dans leur environnement naturel des capucines grimpantes et des fuchsias.

LOS RÍOS : LA RÉGION DES FLEUVES

LICAN RAY

env 6 700 hab.

À 30 km au sud de Villarrica. Cette petite ville tranquille, dont le nom en mapuche signifie « fleur de pierre », est joliment située, au bord du lac

Calafquén. Ses belles plages de sable noir génèrent une effervescence estivale pas désagréable, sans que l'on éprouve pour autant l'envie ou le besoin de s'y attarder...
- ***Attention :*** ni banque ni *casa de cambio*.

Arriver – Quitter

Terminal des bus Jac : *rue Marichanquín.* ● *jac.cl* ●
➢ ***Villarrica et Coñaripe :*** en été, ttes les 40 mn avec les bus *Coñaripe*, plus quelques trajets avec *Jac*. Fréquence réduite en hiver.
➢ ***Panguipulli :*** ttes les heures 7h40-19h40 avec les bus *Coñaripe*.

Adresse utile

Oficina de turismo : *General Urrutia ; plaza de Armas.* *964-55-74-61.* ● *visitvillarrica.cl* ● *Tlj 8h-23h en été (horaires réduits et fermé le w-e hors saison).*

Où dormir ? Où manger ?

Bon marché

Hostal Hofmann : *camino Coñaripe, 100.* ☎ *45-243-11-09.* ● *carmenhofman@gmail.com* ● *À la sortie du village, 200 m après le pont, sur la droite en allant vers Coñaripe. Double avec sdb env 45 000 $Ch, petit déj inclus.* Un peu près de la route, mais ceinte d'un agréable jardin, cette maison verte abrite une dizaine de chambres coquettes et impeccables, équipées de bons gros lits. La proprio, d'origine allemande, prépare elle-même les confitures et gâteaux du petit déj.

Des cahutes-restos s'enchaînent sur G. Urrutia. Parmi elles, ***El Coyote*** (au n° 375) propose tous les jours, midi et soir, une cuisine correcte et bon marché.

LE SUD

COÑARIPE

3 900 hab.

À 44 km de Villarrica, cette petite station balnéaire populaire située à l'extrémité est du lac Calafquén est également le point de rassemblement des paysans et éleveurs de la région. Elle s'étale de part et d'autre de la route où se concentrent commerces et restos. Base de départ pour les termas Geométricas, Coñaripe peut constituer une bonne étape, d'autant que la plage, rarement bondée, même en été, est superbe avec sa vue sur le volcan. Par ailleurs, la nature alentour est vraiment séduisante et beaucoup moins construite qu'autour de Villarrica et Pucón.

Adresse et infos utiles

Terminal des bus Coñaripe, Liquiñe et Jac : *sur la rue principale.* Bus pour Villarrica ttes les 30-40 mn. Arrêt à Lican Ray.

Oficina de turismo : *Guido Beck de Ramberga, 1289.* ☎ *63-231-73-78.*

Où dormir ? Où manger ?

De bon marché à prix moyens (35 000-60 000 $Ch / env 40-65 €)

Hostal Chumay : *Las Tepas, 201. 942-74-45-63. • hostalchumay.cl • Derrière l'office de tourisme, en léger retrait de la place principale. Doubles sans ou avec sdb env 40 000-60 000 $Ch, petit déj compris.* Un petit *hostal* de 8 chambres en lambris vernis. Simple, net, accueillant. Les chambres donnant sur l'arrière sont particulièrement agréables avec leur grande terrasse commune. Restaurant sur place

Hotel Elizabeth : *Guido Beck de Ramberga, 496. ☎ 63-231-72-79. • hotelelizabeth.cl • À l'entrée du village, en face de l'office de tourisme. Ouv tte l'année. Doubles 45 000-60 000 $Ch, petit déj compris.* Petit hôtel familial d'une vingtaine de chambres propres et assez lumineuses (dont 5 avec un grand lit). Bon petit déjeuner. Fait lui aussi resto.

DANS LES ENVIRONS DE COÑARIPE

Las termas Vergara : *à 14 km de Coñaripe, en direction des termas Geométricas (fléché à la sortie de Coñaripe). • termasvergara.cl • Tte l'année, tlj 10h-20h. Entrée : 35 000 $Ch ; réduc.* Restaurant, aires de pique-nique avec barbecue, 6 petites piscines (dont 2 couvertes) en bordure de ruisseau, oscillant entre 38 et 45 °C. Les adultes se font cuire, façon œufs durs, dans les bassins les plus chauds, pendant que les gamins usent leurs maillots sur le toboggan aquatique. Ambiance familiale.

Las termas Geométricas : *à 19 km de Coñaripe, prendre la piste à la sortie du village (fléché). 974-77-17-08. • termasgeometricas.cl • Tte l'année, tlj 9h-21h. Entrée : 44 000-48 000 $Ch (!) selon horaire ; réduc.* Superbe réalisation de l'architecte chilien Germán del Sol. Toujours très nature, ce sont de loin les thermes les plus beaux et les plus sympa (même si le site commence à porter la marque des années). Une vingtaine de bassins se déversent les uns dans les autres. L'eau, à 35-45 °C, est légèrement soufrée mais pas désagréable. Plus on remonte le canyon, plus ça chauffe ! À l'extrémité, belle petite cascade avec un siège pour méditer sur l'avenir de la planète. Le site mêle avec bonheur une végétation exubérante et une architecture de bois et de schiste. Y aller vers midi (sauf en été !), quand le soleil arrose le canyon. Mais le soir, à la tombée du jour, quand sont allumés des dizaines de photophores, c'est carrément féerique ! Vu le prix, on est aussi beaucoup plus tranquille, même en pleine saison.
Petit resto très agréable où l'on peut déguster soupes et sandwichs.

Las termas El Rincón : *à 20 km de Coñaripe ; accès par la même piste que les termas Geométricas ; 6 km plus loin et vous arrivez à l'entrée est du parc Villarrica (à noter que le volcan est particulièrement beau vu de ce côté). • termaselrincon.cl • Janv-fév, tlj 9h-20h ; oct-déc, ven-dim 10h-18h seulement. Entrée : 22 000-25 000 $Ch ; réduc. Résa conseillée en ligne.* Bel espace où les vasques en bois *(tinajas)* sont égrenées un peu partout dans la forêt, sur différents niveaux. Cafét' sur place.

LE SUD

CHOSHUENCO

La route de Coñaripe à Panguipulli offre des points de vue de toute beauté et sur celle-ci, vous pouvez bifurquer vers Choshuenco, un petit

village du bout du monde. On y accède par une large route asphaltée qui file sur une cinquantaine de kilomètres à travers de magnifiques paysages le long du lac. Choshuenco se résume à quelques maisons en bois bordant une poignée de rues endormies et une petite plage peu fréquentée par les étrangers... Bref, l'endroit parfait pour qui rechercherait un lieu encore dans son jus, ceint d'une superbe nature. C'est aussi une bonne base pour partir explorer la réserve de Huilo Huilo à une petite quinzaine de kilomètres de là.

Arriver – Quitter

Bus et bac

➢ ***Panguipulli et Puerto Fuy :*** 2-5 bus/j. relient Panguipulli à Puerto Fuy, via Choshuenco (davantage en plein été) ; de Puerto Fuy, il est possible de traverser le lac Pirehueico pour aller en Argentine. Très beau trajet que l'on peut également effectuer dans la journée pour revenir le soir loger à Choshuenco (voir la rubrique « Liaisons avec l'Argentine » à Pucón).

Où dormir ? Où manger ?

Bon marché

La Posada : *San Martín, 335. ☎ 63-231-82-13. Ouv tte l'année. Double env 20 000 $Ch, sans petit déj ; possibilité de pens complète.* Dans l'arrière-cour, une poignée de chambres très simples et propres, équipées de lits doubles. Salles de bains communes ayant un peu vécu mais avec eau chaude. Chauffage au poêle. Une adresse dans son jus, d'un bon rapport qualité-prix.

De bon marché à prix moyens

Hotel y restaurant Rucapillán : *San Martín, 85. 942-93-15-51. • rucapillan.cl • Resto tlj midi et soir. Doubles 55 000-65 000 $Ch, petit déj compris ; cabañas à partir de 65 000 $Ch pour 2 pers en hte saison, petit déj en sus. Repas env 15 000-20 000 $Ch.* Joli hôtel proche de la plage, dans une grande maison fort bien tenue. Une douzaine de chambres dans un style montagnard, spacieuses et très propres, avec salle de bains. Préférez celles à l'étage donnant sur le lac. Cuisine honorable servie dans la grande salle à manger avec cheminée et petite terrasse. Dans le jardin, des bungalows tout équipés et plaisants pour 2 à 5 personnes. Organise aussi des activités sportives dans le coin : raft, trek, etc. Bon accueil.

DANS LES ENVIRONS DE CHOSHUENCO

Reserva biológica Huilo Huilo : *entrée de la réserve à Neltume (sur la route de Puerto Fuy), à env 13 km de Choshuenco. Desservi par les bus Panguipulli-Choshuenco-Puerto Fuy. Entrée : env 6 000 $Ch.* Encore une réserve privée qui fait très bien son boulot : en plus de préserver la faune et la flore, elle prône le développement durable et s'attache à travailler avec les communautés locales. Parmi ses faits d'armes : la réintroduction du huemul (ou cerf du Sud andin), une espèce menacée d'extinction qui est aussi un emblème national (l'animal figure sur le blason du Chili). Il y en a pour tous les mollets ici : cela va des treks de plusieurs jours (avec le *Sendero Lagunas Andinas* et le *Sendero Volcano,* de respectivement 66 km et 42 km) aux petites balades (une dizaine de sentiers en tout). Et pour ceux qui souhaiteraient y poser leurs valises, il y en a aussi pour tous les goûts et les budgets : camping, refuge, hébergements insolites (dont le fameux *Huilo Huilo Montaña Mágica Lodge*). *Rens :* ● *huilohuilo.com* ●

PANGUIPULLI

À 37 km de Coñaripe. L'influence du tourisme se fait peu ressentir dans cette petite ville active, lovée au pied des collines bordant le lac du même nom et dominée par son étonnante église. On n'y passerait pas ses vacances, mais l'endroit vaut néanmoins le détour pour la petite plage de Calafquén, à 11 km de là, sur la route de Coñaripe.

Arriver – Quitter

Terminal de bus principal : *Gabriela Mistral. ☎ 63-231-10-55.*

TurBus : *J. M. Carrera, 784 (angle P. de Valdivia).* ● *turbus.cl* ● Assure les liaisons avec Santiago.

➢ ***Temuco*** *(trajet : 2h30-3h)* **:** env 9 bus/j., 5h45-17h (réduits le w-e), avec *Regional Sur,* plus quelques départs avec *TurBus.*

➢ ***Valdivia*** *(env 2h30)* **:** ttes les 40 mn-1h, 7h-19h30 avec *Pirehueico.*

➢ ***Coñaripe*** *(env 1h)* **:** 3-5 bus/j. avec les bus *Liquiñe.*

➢ ***Lican Ray et Villarrica :*** env ttes les heures 7h40-20h30 (8h-19h w-e) avec les bus *Coñaripe.*

➢ ***Puerto Montt :*** seulement via ***Valdivia.***

➢ ***Choshuenco*** *(1h),* ***Reserva Huilo Huilo, Puerto Fuy*** *(2h)* **:** 2-5 bus/j. avec *Lafit*. De là, possibilité de prendre un ferry pour l'Argentine. Traversée en 1h30 env (voir la rubrique « Liaisons avec l'Argentine » à Pucón).

Adresse utile

Oficina de turismo : *plaza Arturo Prat. ☎ 63-231-04-35. Sur la place centrale.*

LE SUD

Où dormir ?

Camping

Camping El Bosque : *Padre Sigifredo, 241. ☎ 63-231-11-86. 983-06-10-71. Prendre la rue qui monte à droite de l'office de tourisme ; le camping se trouve sur la droite.* Petit camping à 5 mn à pied de la place centrale. Une quinzaine d'emplacements dans un petit bois, avec douches chaudes (très rustiques), tables et bancs.

De bon marché à prix moyens (40 000-60 000 $Ch / env 45-65 €)

Rucamew Hostal : *Pedro de Valdivia, 304. ☎ 63-231-17-74. 974-78-22-82.* ● *hostalrucamew.cl* ● *Dans une des rues partant en face de l'office de tourisme, en direction de la gare routière. Double env 40 000 $Ch, avec sdb et petit déj.* Derrière la maison des propriétaires, dans une jolie construction en bois donnant sur le jardin (et le supermarché voisin !), des chambres sobres et bien nettes.

Hotel Escuela : *Martinez de Rosas, 772. ☎ 63-231-09-25.* ● *info hotelphp@gmail.com* ● *Double 55 000 $Ch avec sdb et petit déj.* L'hôtel le plus séduisant de la ville, proposant une petite dizaine de chambres coquettes et plutôt plaisantes, même si un peu chères pour la taille et le confort proposés.

Où manger ?

De bon marché à prix moyens (5 000-20 000 $Ch / env 5,50-22 €)

|●| ***La Escuela :*** *Martinez de Rosas, 880. ☎ 63-231-09-25. Lun-sam 9h-23h, dim 11h-20h.* Un resto-école proposant des spécialités chiliennes mâtinées de quelques pointes d'exotisme. Surtout, ne vous fiez pas à la façade sombre, l'intérieur est plus riant, avec même une agréable arrière-cour.

|●| ***Gardylafquen :*** *M. de Rozas, 722. ☎ 63-231-09-21. Tlj 11h-23h30 (12h-20h dim).* Petit resto plaisant sur 2 étages. *Lafquen* signifie « lieu, endroit » en mapuche. Gardy, c'est le nom du patron. Sa spécialité : le bœuf au fromage avec frites et un œuf par-dessus... Roboratif ! La carte variée propose aussi des petits déjeuners.

VALDIVIA

env 170 000 hab.

• Plan *p. 296-297*

À mi-chemin entre Valparaíso et le détroit de Magellan, la capitale de Los Ríos (la région des Fleuves) fut fondée en 1552, dans le but d'écouler l'or de l'arrière-pays. 2e ville chilienne fortifiée par les Espagnols, elle fut détruite à plusieurs reprises, tantôt par des tremblements de terre, tantôt mise à sac par les rébellions aborigènes.

Aujourd'hui, au confluent de plusieurs rivières, entourée d'îles et de bras de mer, Valdivia dégage une ambiance particulière, comme un écho de son histoire bousculée. Les édifices modernes – bâtis à la va-vite après le tremblement de terre de 1960 – s'entrechoquent avec les anciennes demeures des colons allemands datant du milieu du XIXe s et les maisons délabrées qui n'ont jamais été restaurées. Des parcs superbes à proximité, l'océan à une vingtaine de kilomètres et l'animation nocturne créée par les étudiants font cependant de Valdivia une étape agréable, sur la route du Sud.

LE DERNIER BARREAU DE L'ÉCHELLE...

Le 22 mai 1960, Valdivia connut un tremblement de terre d'une magnitude de 9,5 sur l'échelle de Richter, le plus puissant jamais enregistré sur la planète ! Pas moins de 40 % des habitations furent détruites et 3 000 personnes périrent. Mais sans la remarquable réactivité des ingénieurs chiliens qui décidèrent de creuser une brèche dans un barrage formé par un glissement de terrain, il est probable que Valdivia aurait été complètement engloutie...

Arriver – Quitter

Avion

✈ ***Aeropuerto Pichoy*** *(hors plan par B1)* **:** *à 32 km au nord-ouest de Valdivia, sur la route de San José de la Mariquina. Transferts en minibus vers le centre de Valdivia : env 5 000 $Ch (résas : ☎ 63-222-55-33 ;*

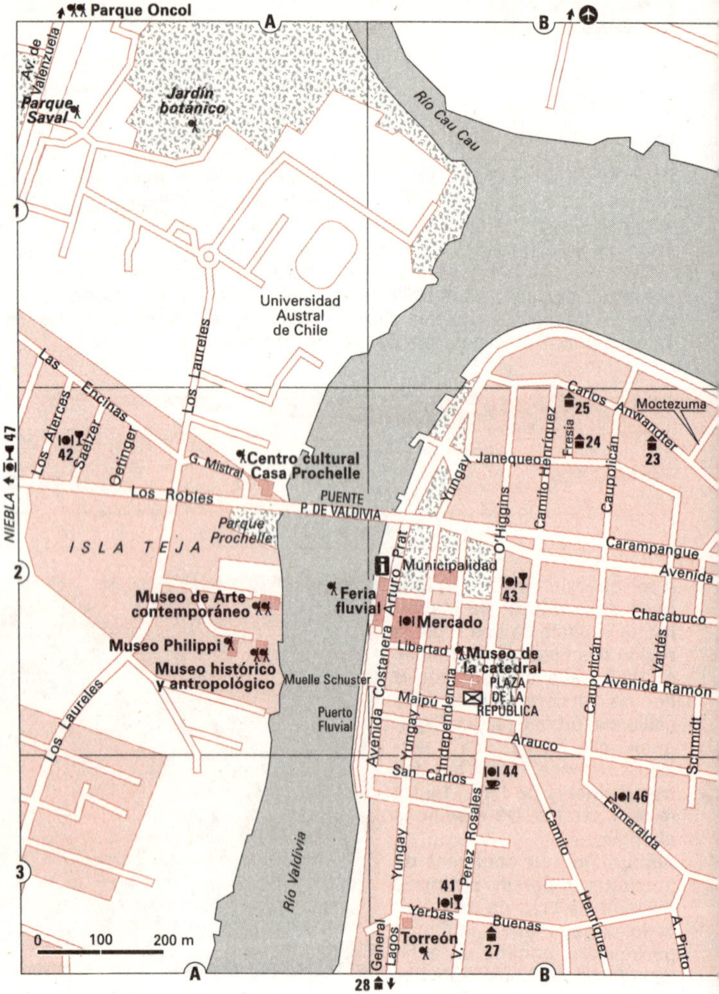

● *transfervaldivia.cl* ●). Compter *9 000 $Ch en* ***taxi.***

➢ ***Santiago :*** env 3 vols/j. avec *Sky Airline*, 2 vols/j. avec *LATAM* et 1 vol/j. avec *JetSmart*.

Bus

🚌 ***Terminal Valdivia*** *(plan C2)* ***:*** *Anfión Muñoz, 360.* ☎ *63-222-04-98.* ● *terminalvaldivia.cl* ● Tous les bus partent de cette grande gare routière, propre et bien organisée. Consigne *(custodia)* : *tlj 7h-23h.*

➢ ***Santiago*** *(11h-13h)* ***:*** nombreux départs quotidiens (mat et soir), notamment avec *TurBus* et *Pullman*.

➢ ***Villarrica*** *(2h30)* ***et Pucón*** *(3h)* ***:*** env 4 départs/j., 9h30-18h, avec *Jac*.

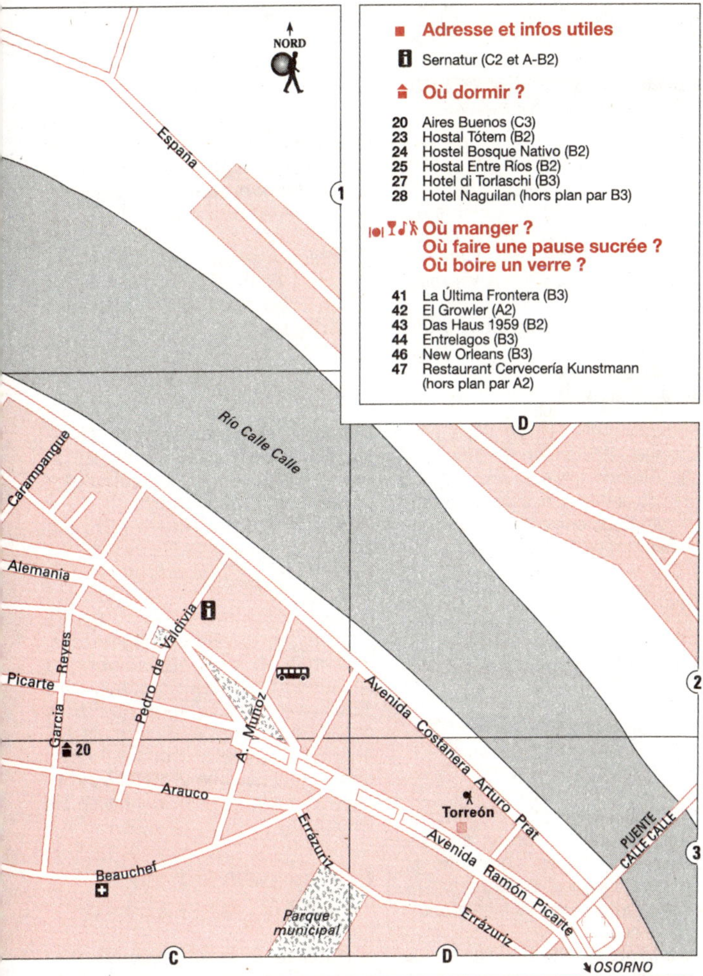

■ **Adresse et infos utiles**

Sernatur (C2 et A-B2)

Où dormir ?

20 Aires Buenos (C3)
23 Hostal Tótem (B2)
24 Hostel Bosque Nativo (B2)
25 Hostal Entre Ríos (B2)
27 Hotel di Torlaschi (B3)
28 Hotel Naguilan (hors plan par B3)

Où manger ?
Où faire une pause sucrée ?
Où boire un verre ?

41 La Última Frontera (B3)
42 El Growler (A2)
43 Das Haus 1959 (B2)
44 Entrelagos (B3)
46 New Orleans (B3)
47 Restaurant Cervecería Kunstmann (hors plan par A2)

VALDIVIA

➢ ***Temuco*** *(2h30)* **:** bus env ttes les 30 mn-1h, 6h45-22h30, avec *Bío Bío, Jac, TurBus, Pullman* et *Cruz del Sur.*
➢ ***Osorno*** *(1h30-2h)* **et *Puerto Montt*** *(3h30)* **:** une quinzaine de bus/j. répartis sur la journée, avec *Jac, Queilen Bus, Cruz del Sur, Pullman* et *TurBus,* entre autres.
➢ ***Panguipulli*** *(2h30)* **:** ttes les 30 mn-1h, 7h30-20h30, avec notamment *Pirehueico.*
➢ ***Punta Arenas*** *(env 30h)* **:** via ***Osorno*** ou ***Puerto Montt.***
➢ ***Chiloé*** *(Castro ; 7h30)* **:** 3-4 bus/j., le mat et l'ap-m, avec *Cruz del Sur* et *Queilen Bus.*
➢ ***Argentine* :** *Andesmar* propose normalement 1 bus/j. vers 7h30 pour

Bariloche *(8h de trajet).* Pour ***San Martín de Los Andes*** *(env 7h30),* 3 départs/sem avec *Igi Llaima.* Bien se renseigner, variations de jours et d'horaires selon la saison.

Adresse et infos utiles

Sernatur *(plan C2)* **:** *Pedro de Valdivia, 260. ☎ 63-223-90-60. • descubrelosrios.cl • Lun-ven 9h-18h (17h ven) ; fermé w-e.* Très bonnes infos sur la ville et la région. Donne une bonne carte de la ville. Autre point d'info sur les quais, à côté de la *Feria fluvial (plan A-B2).*

– Vous trouverez également un ***petit bureau d'informations*** dans le hall du terminal des bus *(plan C2).*

Distributeurs automatiques : *nombreux dans les rues autour de la pl. de la República.*

Clínica Alemana *(plan C3)* **:** *Beauchef, 765. ☎ 63-224-61-00 ou 63-224-63-18 (urgences 24h/24).* Médecins anglophones.

Où dormir ?

Au terminal des bus, on vous proposera peut-être des logements bon marché. Attention, ils sont souvent très éloignés du centre et pas géniaux. Plusieurs campings entre Valdivia et Niebla ; liste à l'office de tourisme.

De bon marché à prix moyens (35 000-60 000 $Ch / env 40-65 €)

Aires Buenos *(plan C3,* ***20****)* **:** *Garcia Reyes, 550. ☎ 63-222-22-02. • airesbuenos.cl • Lit en dortoir (6 lits) 20 000 $Ch ; doubles avec sdb 40 000-60 000 $Ch, petit déj compris.* Un petit *hostel* écolo et chaleureux abritant d'agréables espaces communs et même un petit jardin. Dortoirs et chambres sans fioritures et pas bien grands. Chauffage central.

Hostal Tótem *(plan B2,* ***23****)* **:** *Carlos Anwandter, 425. ☎ 63-249-28-49. • turismototem.cl • Doubles à partir de 40 000 $Ch. Pas de petit déj.* Un petit hôtel bien situé, dans une rue tranquille, offrant une dizaine de chambres réparties sur 3 étages. Parfaitement tenu, simple, assez coloré et plaisant.

Hostal Entre Ríos *(plan B2,* ***25****)* **:** *Carlos Anwandter, 337. ☎ 63-225-93-10. Doubles 45 000-65 000 $Ch, petit déj compris.* Un *hostal* d'une quinzaine de chambres dans une maison accueillante qui ressemble déjà à un petit hôtel, dans une rue calme. Les chambres ne débordent pas d'imagination – déco anonyme et passe-partout – mais elles ont le mérite d'offrir un petit confort appréciable.

Hostel Bosque Nativo *(plan B2,* ***24****)* **:** *Fresia, 290. ☎ 63-243-37-82. • hostelnativo.cl • Lit en dortoir (5-8 lits) 12 000 $Ch ; doubles sans ou avec sdb env 32 000-35 000 $Ch, petit déj inclus.* Dans une impasse, une maison de bois sombre, à l'extérieur comme à l'intérieur, mais absolument pas lugubre. Ambiance chaleureuse avec ses parquets qui grincent, son salon convivial et sa cuisine tout équipée. 2 dortoirs seulement et quelques doubles. Ensemble bien tenu.

Prix moyens (autour de 80 000 $Ch / env 90 €)

Hotel di Torlaschi *(plan B3,* ***27****)* **:** *Yerbas Buenas, 283. ☎ 63-222-41-03. • hotelditorlaschi.cl • Double 75 000 $Ch en été, petit déj inclus ; appart avec kitchenette env 80 000 $Ch.* Contrairement aux apparences, c'est une maison ancienne qui se cache derrière le bardage moderne en bois de cet hôtel de belle facture. L'intérieur, empreint d'un certain cachet, offre de grands volumes et abrite une quinzaine de chambres impeccables. On peut aussi opter pour des bungalows entièrement équipés, qui forment une sorte de minivillage plutôt plaisant. Ensemble nickel et prix corrects pour le confort proposé. Éviter toutefois les chambres donnant dans l'entrée.

Très chic (plus de 160 000 $Ch / env 175 €)

Hotel Naguilan *(hors plan par B3, **28**)* **:** *General Lagos, 1927. ☎ 63-221-28-51. • hotelnaguilan.com • À 2 km du centre-ville, sur les rives du río Valdivia. Résa conseillée l'été. Doubles 180 000-210 000 $Ch, petit déj compris.* Un hôtel de caractère, aménagé dans les anciens locaux de la compagnie maritime *Haverbeck & Skalveit.* Une trentaine de chambres tout confort, claires et spacieuses pour la plupart, réparties dans 2 bâtiments, toutes avec vue sur le *río.* Parties communes bourgeoises, dans un style Art déco. Service pro et efficace. Excellent petit déj-buffet. Petite piscine.

Où manger ? Où faire une pause sucrée ? Où boire un verre ?

Bon marché (5 000-10 000 $Ch / env 5,50-11 €)

Feria fluvial et **mercado municipal** *(plan A-B2)* **:** à la *feria fluvial* (marché), les poissonniers sont nombreux et certains d'entre eux proposent des *ceviches* pas chers et tout frais dans des gobelets en plastique (en revanche, ne pas arriver trop tard, car ils partent vite). Sinon, dans le *mercado municipal,* une dizaine de petits restos servent des plats typiques et bon marché comme la *cazuela* (sorte de pot-au-feu), poissons, fruits de mer, etc.

La Última Frontera *(plan B3, **41**)* **:** *P. Rosales, 787. ☎ 63-223-53-63. Tlj sauf dim 10h-2h.* À l'intérieur, une déco aussi colorée que décalée. Dehors, une grande terrasse sous les arbres vraiment sympa. C'est en fait la « maison » des artistes, qui s'y donnent rendez-vous en soirée après leurs spectacles, et des jeunes pour partager un repas ou boire un verre. Dans l'assiette, un menu du jour à prix doux. Service relax, très bons jus de fruits frais, tacos, soupes et toutes sortes de sandwichs végétariens (pas nécessairement de la grande cuisine, mais copieux). Ambiance jeune, tendance alternative et décontractée. Bonne musique, mais un peu envahissante par moments.

Das Haus 1959 *(Café Haussman ; plan B2, **43**)* **:** *O'Higgins, 394. ☎ 63-221-38-78. Tlj sauf dim 8h30-23h (21h en hiver).* L'un des plus vieux bars-restos de Valdivia, célèbre pour ses excellents *crudos* (steaks tartare). Sur les étagères derrière le bar se trouvent encore les chopes décorées des colons allemands (chacun avait la sienne !). L'occasion de tester la *Hausmann,* une bière blanche. Également des pâtisseries à la crème. La même maison possède un autre resto *(plan A2 ; Los Robles, 202).* Même concept, en plus moderne.

Prix moyens (10 000-20 000 $Ch / env 11-22 €)

El Growler *(plan A2, **42**)* **:** *Saelzer, 41. ☎ 63-222-95-45. Tlj 12h30-1h (23h cuisine).* En voilà une adresse comme on les aime ! Non seulement cette brasserie fabrique d'excellentes bières, mais en plus elle propose de très bons petits plats pour les accompagner. Le tout sans esbroufe, mais avec un réel souci de fraîcheur, de qualité (en privilégiant les ingrédients locaux) et un poil d'originalité. Le *fish & chips* (oui, bon, on ne vous a pas non plus dit que c'était révolutionnaire) est excellent, les *mariscos à la cerveza* (une sorte de « moules-frites » locale !) réjouissants, les *fish tacos* enthousiasmants... Alors, en plus, quand le cadre est très chaleureux, avec une terrasse abritée très sympa, on n'a qu'une envie : y revenir !

New Orleans (plan B3, **46**) : *Esmeralda, 682. ☎ 63-221-87-71. Tlj sauf dim-lun, midi et soir.* Grande maison dans le style de son nom. Intérieur cosy, avec des murs en brique, une lumière tamisée. Bonne cuisine créole et cajun, ambiance plaisante, un tantinet smart.

Entrelagos (plan B3, **44**) : *P. Rosales, 640. ☎ 63-221-20-47. Tlj 9h (10h sam, 11h dim)-21h30 (19h dim).* Salon de thé au décor bourgeois, réputé pour ses pâtisseries fines, ses glaces et ses sandwichs. Mais les foules s'y pressent également pour son menu déjeuner. La maison fait aussi chocolatier-confiseur de luxe dans la boutique voisine.

Restaurant Cervecería Kunstmann (hors plan par A2, **47**) : *à 4 km de Valdivia, sur la route de Niebla. ☎ 63-229-29-69. Prendre un taxi ou un* colectivo *indiquant « a la costa », au pied du pont Pedro-de-Valdivia ou au terminal rural (av. Alemania, à l'angle de Caupolicán). Tlj 12h-22h30.* Une véritable institution, c'est la fameuse brasserie qui fabrique la bière selon l'*edicto de la pureza*. 100 % naturelle, blonde, rousse, noire ou au miel. Sorte d'hypermarché de la mousse, un rêve secret de scout ! Grand resto sur 2 étages, avec des baies vitrées donnant sur les cuves à fermentation. Cuisine traditionnelle germano-chilienne, *crudo* (tartare sur toast), viandes (insistez si vous l'aimez rouge) et quelques solides spécialités allemandes.

À voir. À faire

Feria fluvial (plan A-B2) : *tlj 8h-16h.* Marché alimentaire sur les quais. Épices, fruits de mer et poissons en veux-tu, en voilà. Bien aussi en saison pour acheter des fruits. Ne ratez pas les otaries à fourrure *(Artocephalus australis)* qui s'ébattent en contrebas, bien vivantes dans la rivière, et qui n'hésitent pas à venir se pavaner sur le quai. Un vrai show !

Museo de la catedral (plan B2) : *entrée par Independencia, 514, derrière la cathédrale. ☎ 63-223-20-40. Lun-sam 10h-13h, 16h-19h. Fermé dim. Petit droit d'entrée.* Peintures, vitraux et objets de culte évoquant l'évangélisation de la région entre le XVIe s et le XIXe s. L'église-cathédrale, quant à elle, est le 16e édifice religieux construit à cet endroit depuis la colonisation !

LE SUD

Museo histórico y antropológico Mauricio Van de Maele (plan A2) : *Campus de la Cultura y las Artes, av. Los Laureles, sur l'isla Teja. ☎ 63-221-28-72. • museosaustral.cl • Janv-mars, tlj 10h-19h ; avr-déc, tlj sauf lun 10h-13h, 14h-18h. Entrée : 2 000 $Ch ; réduc.* Superbe maison coloniale sur les bords de la rivière. Elle abrite une très belle collection d'objets appartenant aux cultures précolombienne et mapuche, ainsi que des reconstitutions d'intérieurs de maison du XVIIIe s, de beaux meubles d'époque, des instruments de musique, de l'argenterie, des bondieuseries et d'intéressantes lithos montrant la ville à l'arrivée des colons allemands au Chili, au milieu du XIXe s.

Museo de la Exploración Philippi (plan A2) : *à côté du Museo histórico y antropológico Mauricio Van de Maele. ☎ 63-229-37-23. • museosaustral.cl • Janv-mars, tlj 10h-19h ; avr-déc, tlj sauf lun 10h-13h, 14h-18h. Entrée : 1 500 $Ch ; réduc.* Cette jolie maison datant de 1914 se situait naguère à 3 km de là. Elle a été complètement démontée et reconstruite ici, pierre par pierre... Elle abrite aujourd'hui un joli petit musée sur l'environnement et la biodiversité (seulement en espagnol), exposant également le travail de Rodolfo Amando Philippi, un éminent naturaliste du XIXe s. Très agréable petit café sur l'arrière. Aux beaux jours, quelques tables sous les arbres d'un jardin délicieusement serein, pour boire un verre.

Museo de Arte contemporáneo (plan A2) : *Los Laureles, sur l'isla Teja. ☎ 63-222-19-68. • macvaldivia.cl •* ***Fermé jusqu'à nouvel ordre pour restauration et extension du musée.*** Un beau musée aménagé dans une ancienne brasserie détruite par un incendie en 1912, puis par le grand tremblement de terre de 1960. Plusieurs espaces offrent de belles perspectives au travers de la baie vitrée donnant sur le fleuve. Expos temporaires.

Centro cultural casa Prochelle *(plan A2)* **:** *Los Robles, 04. ☎ 63-221-96-90. Lun-sam 10h-13h, 15h-19h. Fermé dim. GRATUIT.* Expos temporaires et manifestations culturelles.

Jardín botánico *(plan A1)* **:** *dans le parc de l'Universidad Austral, sur l'isla Teja (une fois entré dans l'enceinte de l'université, prendre à gauche, puis la 2e à droite). Tlj 9h-19h. GRATUIT.* Arboretum sans prétention où l'on en apprend peu sur les arbres de la région, mais la balade est agréable.

Parque Saval *(plan A1)* **:** *sur l'isla Teja. Tlj 8h-18h (22h déc-fév). Entrée : 500 $Ch ; réduc.* Un autre joli parc rassemblant une grande variété de plantes exotiques. Superbe étang recouvert de lotus. Lieu de pique-nique très apprécié des gens du coin.

Torreones españoles *(plan B3 et D3)* **:** construites en 1774, ces 2 tours sont les seuls vestiges des anciennes fortifications de Valdivia. Peu impressionnantes à vrai dire, elles servaient de points de défense et de contrôle des entrées dans la ville, entourée de remparts à l'époque. Ne valent pas les fortifications de Niebla et de l'île Mancera.

Festival

– ***Verano en Valdivia* :** différentes manifestations culturelles de décembre à février. Festival de musique, danse, théâtre, défilés de bateaux décorés, feux d'artifice... et une gigantesque bonne humeur générale ! • *vivevaldivia.cl* •

DANS LES ENVIRONS DE VALDIVIA

LE SUD

Niebla : à 17 km au sud-ouest de Valdivia, ce village de pêcheurs est devenu la station balnéaire la plus importante de Valdivia : plages, restos spécialisés en fruits de mer et poisson. Facilement accessible par la route. *De Valdivia, bus n° 20 ttes les 20 mn, 7h-22h, à prendre derrière le casino, à l'angle d'O'Higgins et de Carampangue. Les bus continuent jusqu'à Los Molinos et San Ignacio.* Les petits restaurants du bord de mer sont réputés pour être excellents, et certains doivent faire face le week-end à un véritable assaut ! Méfiez-vous des rabatteurs et dites-vous bien que si le week-end vous trouvez facilement de la place à l'heure du déjeuner dans un resto de fruits de mer, ce n'est pas bon signe !

La Bahía : *Costanera, 590, à* ***Los Molinos.*** *☎ 63-228-20-67. Tlj 10h-minuit (20h dim). Résa conseillée. Repas env 15 000-25 000 $Ch.* Sur 2 étages, face à la grande bleue (ou grise selon le temps...), un établissement très prisé des locaux. On y sert plats de poisson et crustacés dans un décor marin. Très bon *pulmay,* notamment, qui est le *curanto* (viande et coquillages mélangés) préparé à la casserole.

Fuertes de la bahia de Corral : *au sud-ouest de Valdivia.* Voilà une excursion qui mérite de prendre un peu de temps. Valdivia et l'île de Chiloé, plus au sud, furent les derniers bastions espagnols du Chili. 3 forts en témoignent, construits à la fin du XVIIe s et au XVIIIe s. Il n'en reste plus grand-chose aujourd'hui, c'est plutôt le prétexte à une superbe navigation.

➢ **Depuis Valdivia,** des bateaux de la compagnie *Marqués de Mancera* partent du quai situé devant l'office de tourisme. On arrive d'abord à Corral, où se trouve le *fort de San Sebastián,* construit en 1645. Si vous voyagez entre le 15 décembre et le 15 mars, vous y verrez, tous les jours à 16h et 18h, la « réanimation historique », un spectacle mettant en scène la prise du fort (aux Espagnols) par l'armée chilienne, en 1820, avec soldats en costume d'époque et tirs de canon. La balade se poursuit vers l'*île Mancera* où le *castillo San Pedro de Alcantara* est ouvert à la visite. Enfin, on remonte le *río de Valdivia* en passant devant le *fort de Niebla* (qui, lui, se visite depuis la terre). Un bateau, l'*Orion III,* propose une formule sympa : même itinéraire, un peu plus cher, mais on s'arrête sur l'*isla Huapi* (ce qui signifie littéralement « île, île », *huapi* voulant dire « île » en mapudungu), pour se régaler de grillades dans un superbe parc naturel.

■ ***Marqués de Mancera :*** *point de vente dans un kiosque, à côté du pont Pedro de Valdivia. ☎ 997-39-12-29. • marquesdemancera.cl • Bureau ouv tlj en été 10h-18h (l'hiver, seulement sur résa pour des groupes de 15 pers min). Départ du bateau à 14h, retour vers 19h. Également des sorties nocturnes sur résa (départ 21h). Tarifs à consulter auprès de la compagnie.* Lunch et teatime *inclus. Visite des forts à votre charge.*

Pour les budgets serrés, il est possible d'aller en bus (n° 20, à prendre à l'angle de O'Higgins et de Carampangue) jusqu'à Niebla (17 km) et, de là, de prendre un bateau.

➢ ***Depuis Niebla,*** il y a 2 embarcadères. Le plus près de Niebla (dans un virage) fonctionne de mi-déc à fin fév. Départ tlj ttes les 30 mn, 8h-22h. *Compter 2 000 $Ch/pers l'aller ; même prix dans l'autre sens.* L'autre embarcadère (le 1er en venant de Valdivia) fonctionne tte l'année et embarque les voitures. Il y a 2 ferries aux horaires différents, mais les tarifs restent les mêmes *(piéton env 800 $Ch, voiture avec chauffeur env 5 000 $Ch).* Le 1er : janv-fév, ttes les heures, 7h-23h (dernier retour de Coral à minuit) ; mars-déc 4 A/R, 7h-19h. Le 2d circule tte l'année, ttes les 2h, 7h-23h (dernier retour de Corral à minuit).

Parque natural Isla del Rey : réserve naturelle avec de nombreuses espèces d'oiseaux. Possibilité d'y faire une excursion. Renseignez-vous auprès de l'office de tourisme, qui vous conseillera une agence spécialisée dans l'observation de l'avifaune.

Santuario de la Naturaleza Carlos Anwandter : *possibilité de prendre un bateau depuis Valdivia.* Vaste zone humide qui s'étale sur 25 km de long au nord de l'*isla Teja* et abrite plus d'une centaine d'espèces d'oiseaux. Elle s'est formée naturellement après le tremblement de terre de 1960. Également ***Chaihuín*** à 27 km au sud de Corral *(accessible en bus à partir de Corra – horaires disponibles à l'office de tourisme de Valdivia – ou en 4x4).* C'est la partie du continent américain où la biodiversité est la plus grande, et à ce titre, la réserve attire les doctorants en écologie du monde entier. Très beaux arbres, notamment les fameux alerces, dont certains spécimens multicentenaires crèvent littéralement les nuages. Aussi de magnifiques champs de dunes de sable avançant vers la mer.

L'ALERCE TOUJOURS ALERTE

L'un des arbres emblématiques du coin est l'alerce (lahuén en mapuche), autrement appelé le Fitzroya cupressoïde, *un conifère apparenté au cyprès. Un géant qui peut atteindre 50 m de haut et vivre 3 000 à 4 000 ans, ce qui en fait l'une des espèces d'arbres à la longévité la plus forte du globe.*

Parque Oncol : *à 40 mn au nord de Valdivia (pour 28 km), par une alternance de route et de piste carossable. ☎ 800-370-222. • parqueoncol.cl • Tlj 9h-17h. Possibilité de navette en janv-fév, avec un départ de l'office de tourisme tlj vers 11h, retour à 18h30. Entrée : 6 000 $Ch ; réduc.* Encore un sanctuaire de la biodiversité. Forêt humide, quand tu nous tiens ! À visiter avec une petite laine et un ciré même en été, car les entrées d'air maritime sont fréquentes. Un parc où vous saurez tout sur les espèces endémiques du coin, avec notamment un petit marsupial en voie d'extinction, gros comme le pouce, appelé *monito de monte*. Également de très remarquables espèces de fleurs, lichens et une trentaine de fougères différentes. Le sentier principal se parcourt en 1h. Beau panorama sur la cordillère, la ville de Valdivia et le Pacifique. Si vous êtes véhiculé, vous pouvez ensuite pousser jusqu'à la jolie playa Pilolcura.

LOS LAGOS : LA RÉGION DES LACS

OSORNO

162 000 hab.

• Plan *p. 305*

Autoproclamée « capitale de la viande et du lait », Osorno est une ville sans intérêt touristique et pas vraiment folichonne. Mais, dotée d'un aéroport régional, elle peut constituer une porte d'entrée pour aborder la région des lacs ou servir d'étape entre Valdivia (au nord), le parc national Puyehue et les villes plus au sud (Puerto Varas, Frutillar, Puerto Octay, Petrohue, Ensenada) autour du lac Llanquihue.
Fondée en 1558, détruite et abandonnée après la révolte des Huilliches en 1598 puis reconstruite par les Espagnols en 1792, Osorno connut ensuite une importante immigration germanique au XIXe s. Il n'est pas rare d'y rencontrer des personnes portant des patronymes allemands, bien qu'ils n'aient jamais vu l'Europe de leur vie !

Arriver – Quitter

Avion

✈ ***Aeropuerto Cañal Bajo*** *(Carlos Hott Siebert ; hors plan par B2)* **:** *à 7 km à l'est d'Osorno, sur la R 215. ☎ 64-224-75-55. Petit aéroport, peu de services. Pas de transport public vers ou depuis le centre, mais tt bus qui passe sur la ruta 21 peut s'y arrêter, à 300 m de l'entrée.*
➢ Vols quotidiens directs pour ***Santiago*** avec *LATAM* et *Sky*.

Bus

🚌 ***Terminal des bus*** *(plan B1,* ***1****)* **:** *Errázuriz, 1400. ☎ 64-223-41-49.* Consigne *(tlj 7h30-22h30).*
➢ Liaisons vers le sud : ***Frutillar*** (4 bus/j. avec *Pullman*, notamment) ; ***Puerto Octay*** (ttes les 20-30 mn, avec plusieurs compagnies), ***Puerto Varas*** et ***Puerto Montt*** (nombreux départs, le mat et le soir, avec *TurBus* et *Jac*), d'où l'on peut rejoindre ***Punta Arenas.***
➢ Vers le nord : ***Valdivia*** (ttes les 1h30 env, 8h30-23h50, avec *TurBus* et *Jac*), ***Temuco*** (ttes les 1-2h, 8h30-minuit, avec *TurBus* et *Jac*) et ***Santiago*** (très nombreux bus, la plupart de nuit, notamment avec *Pullman, TurBus, Cruz del Sur* ou *Andesmar*, compter 13h de trajet).
➢ Également 2-3 bus/j. pour ***Bariloche*** *(Argentine)* avec *Andesmar*, compter 6h-6h30 de route.

🚌 ***Terminal Mercado Osorno*** *(plan B1,* ***2****)* **:** *Arturo Prat, 535 ; en face du mercado municipal.*
➢ Vers les environs proches d'Osorno, notamment ***Entre Lagos*** (ttes les 20 mn-1h, 7h-20h30), les ***termas de Puyehue*** et ***Aguas Calientes*** (6 bus/j., 7h-15h10 ; retour à 12h30 et 17h30 de Aguas Calientes), avec *Expreso Lago Puyehue*.

Adresses utiles

Sernatur (plan A1-2) : *O'Higgins, 667. ☎ 64-223-41-04. Sur la plaza de Armas, au rdc de la Gobernación provincial. Lun-ven 9h-18h ; fermé w-e.* Plan de la ville, infos sur la région et horaires des bus. Très serviable.

Nombreux ***distributeurs automatiques*** autour de la plaza de Armas.

Change : Turismo Frontera (plan A1, **3**), *E. Ramírez, 959. À l'intérieur de la galería Cuatro Vientos. Lun-ven 9h30-14h, 15h30-19h ; sam 9h30-14h30 ; fermé dim.*

Hospital Base : *Guillermo Bühler, 1765. ☎ 64-233-64-12 ou 64-233-62-00.*

Où dormir ?

De bon marché à prix moyens (jusqu'à 60 000 $Ch / env 65 €)

Hostel Chaman (plan B1, **13**) : *Juan de Dios Ángulo, 556. 954-10-12-13. • hostel-chaman.jimdosite.com • Lits en dortoir (4 pers) 15 000-20 000 $Ch ; double env 40 000 $Ch ; petit déj en sus.* Juste à côté de la gare routière, une adresse pratique pour les voyageurs en transit. Cette maison familiale décorée à l'ancienne offre des petites chambres et dortoirs avec parquet, un peu dans leur jus, mais confortables et proprets.

Hostal Riga (plan B2, **10**) : *Amthauer, 1058. ☎ 64-223-29-45. • hostalriga.cl • Double env 55 000 $ en été, petit déj compris. Parking.* Dans une maison traditionnelle au sein d'un quartier calme, une quinzaine de chambres lambrissées, comme souvent. Certaines avec salle de bains. Une petite rénovation ne lui ferait pas de mal.

Mapa Hostel (hors plan par B2, **12**) : *Hermanos Phillipi, 1351. 981-82-10-78 ou 964-06-97-21. • mapahostel.cl • Double env 60 000 $Ch ; familiales également ; petit déj compris.* Cette grande maison d'hôtes, nichée dans un quartier résidentiel tranquille mais un peu excentré, offre à peine 4 chambres simplement décorées et confortables. En revanche, la salle de bains, nickel, est à partager avec les autres hôtes. Petit jacuzzi en prime sur la terrasse. Cuisine à disposition.

De prix moyens à plus chic (env 80 000 $Ch / 90 €)

Hotel Rucaitue (plan B1, **11**) : *Freire, 546. ☎ 64-223-99-22. • hotelrucaitue.cl • Double env 80 000 $Ch, petit déj-buffet compris. Parking.* Dans une rue animée du centre, une quarantaine de petites chambres aux couleurs gaies, impeccables et agréables, bien équipées, chacune avec salle de bains. Éviter quand même celles du rez-de-chaussée. Service de qualité. Parking privé. Une bonne adresse.

Où manger ?

Osorno est réputée pour sa cuisine allemande, et c'est vrai que les *kuchen* et *strüdel* y sont excellents !

De prix moyens à plus chic (15 000-30 000 $Ch / env 17-33 €)

Parilla El Galpón (plan B2, **20**) : *Lord Cochrane 816. ☎ 64-223-40-98. Tlj sauf dim.* Décor de grange en bois avec lampadaires de zinc et tables fleuries servant d'écrin à une *parilla* centrale où grésillent les juteuses pièces de viande, servies avec différents accompagnements ou salades fraîches. *Pisco sour* bien tassé ou nectar rouge capiteux en guise de complément liquide, ça va de soi. Le bonheur à la chilienne, surtout si l'on peut profiter du soleil en terrasse.

LE SUD

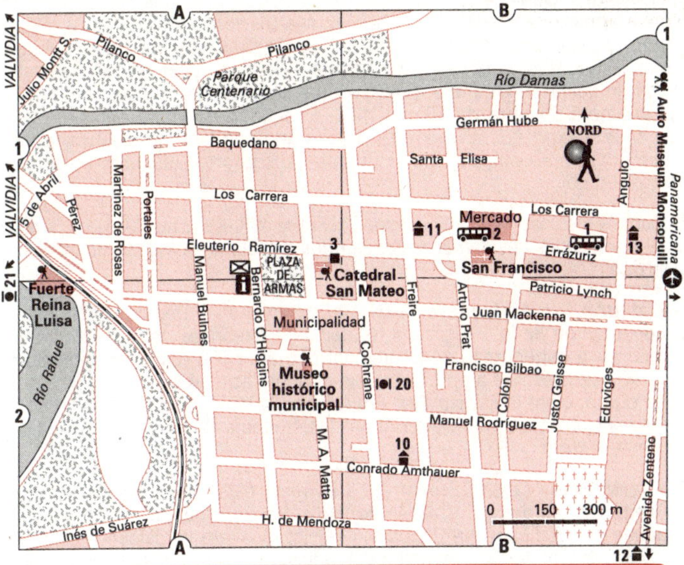

OSORNO

■ **Adresses utiles**

- ℹ Sernatur (A2)
- 1 Terminal des bus (B1)
- 2 Terminal Mercado Osorno (B1)
- 3 Turismo Frontera (change ; A1)

Où dormir ?

- 10 Hostal Riga (B2)
- 11 Hotel Rucaitue (B1)
- 12 Mapa Hostel (hors plan par B2)
- 13 Hostel Chaman (B1)

Où manger ?

- 20 Parilla El Galpón (B2)
- 21 Del Piero (hors plan par A1)

Del Piero *(hors plan par A1,* **21***)* **:** *Ejército, 395, local 4, dans le complexe du Casino et de l'hôtel Sonesta. ☎ 64-225-67-67. Tlj sauf dim soir.* Une belle salle moderne avec cadre coloré et vastes baies vitrées qui joue sur des notes contemporaines. Une carte moins italienne qu'internationale, sans les pizzas mais avec les pâtes, et des plats créatifs pour une fois. Laissez-vous tenter par leur soupe de congre, la *courbine* à la mexicaine, ou encore le pavé de saumon au *Serrano,* nappé d'une délicieuse sauce aux champignons. Large carte des vins. Quant aux desserts, certainement le plus vaste choix de la région !

À voir

Rien de palpitant à Osorno. Petite effervescence en semaine dans la calle Ramírez, aux abords de la plaza de Armas.

Museo y archivo histórico municipal *(plan A2)* **:** *A. Matta, 809. ☎ 64-223-86-15. Lun-ven 9h30-13h, 14h30-18h ; sam 14h-18h ; fermé dim. GRATUIT.* Petit musée intéressant sur l'histoire d'Osorno, qui n'oublie pas que lors de la dernière glaciation la région fut le théâtre de batailles dantesques entre mastodontes. Quelques artefacts du Paléolithique, ainsi que des ossements. Momie appartenant à la culture atacamène du nord (400-300 av. J.-C.), et dont on se demande comment elle est arrivée là ! Quelques objets cultuels, terres cuites, textiles et bijoux de facture mapuche. À l'étage, intéressantes mises en scène retraçant la genèse de la ville, photos des destructions du tremblement de terre du 22 mai 1960. Évocation de la vie sociale. Enfin, une salle d'expo sur la guerre du Pacifique, inondée d'anciennes machines à écrire ou à calculer, de vieux appareils photos, caméras et lecteurs de cassettes.

Dans la rue Juan Mackenna, entre Cochrane et Freire *(plan B2)*, jeter un coup d'œil aux façades des ***demeures anciennes*** de colons allemands, construites à la fin du XIXᵉ s.

Catedral San Mateo *(plan A-B1)* **:** *plaza de Armas.* Depuis 1577, date de la construction de la 1ʳᵉ église, il fut décidé à 5 reprises de reconstruire une cathédrale à cet endroit... régulièrement détruite par divers tremblements de terre et incendies. On a opté cette fois-ci pour l'acier. À vous de juger... Mais le fin du fin, c'est la ***iglesia San Francisco*** (3 blocs plus loin). Elle aurait pu s'appeler Notre-Dame-du-Béton-Armé ! Contre toute attente, l'intérieur est plutôt chaleureux.

Fuerte Reina Luisa *(plan A1-2)* **:** il ne reste plus que quelques ruines de ce vieux fort qui domine la vallée du fleuve Rahue. Construit en hommage à l'épouse du roi d'Espagne Carlos IV, il devint plus tard la résidence d'Ambrosio O'Higgins, le père de Bernardo O'Higgins, puis celle de Juan Mackenna. Il accueille aujourd'hui une salle muséographique modeste traitant de l'histoire coloniale de la ville *(lun-ven 9h30-13h, 14h30-18h ; sam 14h-18h ; fermé dim ; GRATUIT).*

DANS LES ENVIRONS D'OSORNO

Auto Museum Moncopulli *(hors plan par B2)* **:** *à mi-chemin entre Osorno et Entre Lagos, sur la route 215. 969-18-52-58. • moncopulli.cl • Tlj sauf lun 10h-18h. Entrée : 5 000 $Ch ; réduc. Cafétéria agréable avec plat du jour et sandwichs.* Nostalgique de l'*American way of life* des années 1950-60, de sa musique, et des objets, des appareils photo aux vieilles radios, Bernardo a rassemblé autour de lui une remarquable collection d'automobiles, surtout axée sur la marque légendaire ***Studebaker,*** dont la production a cessé dans les années 1960. Que de lignes, que de formes, que de couleurs ! Également un large choix d'américaines rutilantes, depuis la Ford T jusqu'aux extravagantes *Cadillac* larges comme des porte-avions, qui ravira tous les dingues de pare-chocs chromés et de mécanique puissante... Un voyage dans le temps.

UN RÊVE DE DESIGNER

Au début des années 1960, la marque Studebaker périclita à l'arrivée des 1ᵉʳˢ compact-cars de ses concurrents. Pour la relancer, la compagnie fit appel au prestigieux designer, Raymond Loewy, un Franco-Américain célèbre pour avoir dessiné le paquet de cigarettes Lucky Strike, la ligne des cars Greyhound et donné forme à la bouteille de Coca-Cola moderne. Il créa l'Avanti, un modèle sportif d'avant-garde en fibre de verre. Ce fut un échec, les Américains lui préférèrent la Corvette, et la firme arrêta sa production d'automobiles en 1966.

ENTRE LAGOS

4 990 hab.

Petit village au bord du lago Puyehue, à 50 km à l'est d'Osorno. Rien de spectaculaire, mais on y trouve des logements de meilleur rapport qualité-prix qu'à Osorno, avec l'avantage de se trouver près du *parque nacional Puyehue* et d'*Aguas Calientes*.
Pour s'y rendre d'Osorno, bus très fréquents du terminal rural.

Où dormir ? Où manger ?

Plusieurs ***campings*** pas chers sur General Lagos, en bordure du lac.

De bon marché à prix moyens (35 000-80 000 $Ch / env 40-90 €)

Hospedaje Panorama : *General Lagos, 687. ☎ 64-237-13-98. • cabanaspanoramapuyehue@gmail.com • Compter 30 000 $Ch/pers, petit déj compris.* Au bord du lac, 4 chambres avec sanitaires. Ce n'est pas le grand luxe, mais la literie qui remplit tout l'espace disponible est excellente (avec des housses d'édredon en laine faites par la proprio elle-même). Petit déj pris sur une terrasse couverte. Également des *cabañas* de 2 à 12 personnes, plus chères. Accueil en or.

Hostería Entre Lagos : *Ramírez, 265. ☎ 64-237-12-25. • hosteriaentrelagos.cl • Doubles 75 000-85 000 $Ch.* Réception et petits salons élégants, boiseries partout. 11 grandes chambres, toutes avec salle de bains et terrasse privée, dans leur jus. Chauffage parfois déficient. Jardin. En prime, surplombant le lac, resto accueillant avec vue et spécialité de saumon ! Pas donné toutefois...

Où dormir ? Où manger dans les environs ?

Lodge El Taique : *sector El Taique, s/n,* ***Puyehue.*** *992-13-81-05. • lodgeeltaique.cl • Entre Puyehue et Entre Lagos, au bout d'une piste de 4 km perpendiculaire à la route 215 (fléchage). Doubles 80 000-105 000 $Ch, petit déj généreux inclus.* Dans un environnement boisé et reculé, Mickael et Audrey (2 Français), ont créé cette splendide structure de 8 chambres et 2 cabanes en bois et verre, pierre et métal, plus proche de l'idée de la chambre d'hôtes que de l'hôtel. Vue idyllique sur le lac et les volcans environnants. Les chambres, dotées de noms d'oiseaux, sont décorées dans des tons sobres et offrent un confort sans faille avec salle de bains et chauffage. Les triples disposent de leur propre terrasse. Nuits tranquilles assurées sous la voûte céleste. De son passé de restaurateur, Mickael cultive le goût pour la bonne cuisine en proposant une carte soignée composée essentiellement de produits de la région. Cave à vins de près de 120 étiquettes, glaces maison et véritable expresso. Les enfants apprécieront la petite aire de jeux. Excellents conseils pour visiter la région.

TERMAS DE PUYEHUE

Dans une très belle région, à 72 km d'Osorno et 27 km d'Entre Lagos. Pas un village, uniquement des thermes. Depuis Osorno, on découvre

progressivement en toile de fond les volcans Osorno, Puntiagudo, Casablanca, et enfin le lac de Puyehue. C'est une destination qui en vaut la peine, notamment pour ceux qui souhaiteraient se rendre en Argentine. Possibilité d'y aller en bus à partir d'Osorno.

Où dormir ? Où manger ?

Hotel Termas de Puyehue : *Km 76, ruta 215. ☎ 64-233-16-00 ou 600-293-6000. • puyehue.cl • Sur la base d'une double et selon chambre, forfaits tt compris (pens complète, accès aux thermes et activités) 340-620 US$.* Vaste hôtel-spa, disposant d'un resto à la carte et d'un bar à cocktails. Leur cave est impressionnante, vous y trouverez tous les vins du Chili. Pour les amateurs, hydromassage, bains de boue *(fango terapia)* et massages. Les chambres ont été refaites. Dans la partie plus récente, celles avec vue sur le lac sont très agréables, avec lit *king size* et balconnet.

À faire

– ***Les thermes :*** *inscription auprès de l'hôtel* Termas de Puyehue. *Tte l'année, 8h-20h (21h ven-sam) ; piscines en plein air tlj 11h-19h. Selon saison, formule* « Day pass » *de 10h à 19h : 90-125 US$ et formule jour de sem ou w-e.* Une formule *all inclusive,* comprenant l'entrée aux thermes, le repas du midi avec boissons et le *teatime.* Toutes sortes d'activités : gymnase, vélo, windsurf, kayak, ski nautique, bowling, minigolf et salles de ciné et de jeux. Sans oublier 3 piscines, dont une couverte très bien paysagée où l'eau est à 36 °C. Beau bassin dit « olympique » en semi-plein air et un ensemble de pataugeoires idéales pour les marmots qui disposent aussi d'un *kid's club.* Bref, de quoi passer un bon moment.

AGUAS CALIENTES

Les 4 km de route reliant les termas de Puyehue à Aguas Calientes traversent une forêt dense de faux-hêtres *(nothafagus)* et de lauriers pour arriver dans le superbe parc national Puyehue. C'est dans cet écrin luxuriant que se trouvent les fameuses sources d'eau chaude. Un bassin en plein air avec de l'eau thermale à 40 °C côtoie la rivière Chanleufú. On peut également faire trempette dans des *pozos* naturels au bord de la rivière (et ça, c'est gratuit !). Les moins vikings d'entre vous profiteront plutôt de la grande piscine couverte.

➢ ***Pour s'y rendre :*** avec la compagnie *Expreso Lago Puyehue,* env 6 bus/j. du terminal rural d'Osorno. Parking payant pour les motorisés.

Où dormir ? Où manger ?

Il y a 2 terrains de ***camping,*** assez chers cependant.

Cabañas Aguas Calientes : *☎ 64-233-17-00. • termasaguascalientes.cl • Réception en face du bureau de la Conaf, à l'entrée du parc. Compter 345-365 US$ pour 4-5 pers, entrée aux piscines incluse ; grosses réduc entre mi-mars et fin déc.* Une trentaine de petits chalets pour 4 à 10 personnes, éparpillés dans la verdure. Impeccables et très agréables (évitez quand même ceux qui se trouvent près du parking, à cause des bus). Coin cuisine, poêle, salle de bains et terrasse. Également des dômes adossés à la rivière, mais sans cuisine ni salle de bains. Le genre d'endroit où l'on s'arrêterait volontiers quelques jours pour se régénérer les globules. Café-resto avec buffet *Los Canelos* sur place.

À faire

– **Les thermes :** ☎ 64-233-17-00. ● termasaguascalientes.cl ● *Tte l'année, tlj 8h30-20h (11h30-19h pour la piscine en plein air). Entrées, selon saison : 9 500-15 000 $Ch pour la piscine couverte ; 5 600-6 700 $Ch pour l'extérieur ; réduc. Tarifs pour 2h sur place.* Nettement moins cher que les thermes de Puyehue, mais on comprend vite pourquoi... La piscine couverte fait caisse de résonance ; quant aux bassins le long de la rivière, ils manquent de charme. Ici, l'eau sort à 75 °C, et on est obligé de la refroidir sous peine de se retrouver transformé en écrevisse !

PARQUE NACIONAL PUYEHUE

Ce parc de 107 000 ha est l'un des plus anciens du Chili. Situé à 31 km d'Entre Lagos, il recèle une importante variété d'arbres et une végétation dense de bambous, de fougères, de fuschia, de lauriers et de rhubarbes géantes. Il ne compte pas moins de 20 lacs, accessibles par plusieurs sentiers de randonnée : *rápidos del Chanleufu* (1 250 m), *El Pionero* (jusqu'au mirador, 3 600 m), *sendero Lago Bertin* (11 km, mais parfois fermé).

Le parc est habité entre autres, par le puma, le *güiña* (un mini-léopard) le *pudú* (un petit cervidé sans cornes et sans queue), le renard de Magellan et son cousin gris d'Argentine, le ragondin, la viscache des montagnes (sorte de chinchilla) et la mouffette. L'avifaune y est également très bien représentée, avec le fameux *pic de Magellan* à la tête rouge caractéristique, le plus grand pic au monde (près de 50 cm de long), mais aussi de nombreux passereaux, oiseaux pêcheurs et quelques condors.

À l'été 2011, le volcan Cordón Caulle (2 236 m), dont le Puyehue voisin est une bouche éruptive, est entré en éruption après un sommeil long de 50 ans... Une éruption modérée qui a tout de même entraîné l'évacuation de plusieurs milliers de personnes, et ce, jusqu'à Bariloche.

UN PANACHE BALADEUR

Lors de la mémorable éruption de 2011, un panache de cendres fut projeté jusqu'à 13 km d'altitude. Poussé par les vents, il se dirigea pénardement vers l'est, franchit l'Atlantique, survola l'océan Indien, l'Australie et la Nouvelle-Zélande, où il perturba le trafic aérien. Après 2 semaines d'errance, il revint au Chili par l'ouest.

Adresse et infos utiles

Centre d'informations de la Conaf : *en face des thermes.* ● conaf.cl/parques/parque-nacional-puyehue ● *Tlj 9h-13h, 14h-18h.* Expo didactique sur la géologie, la faune et la flore du parc.

– **Accès :** *tte l'année, tlj 9h-18h30. GRATUIT. Du terminal rural d'Osorno, 1 bus/h en hte saison, jusqu'à Anticura, avec* Expreso Lago Puyehue *(● Facebook ●).*

Randonnées, excursions

Antillanca : une excursion superbe, à une quinzaine de kilomètres d'Aguas Calientes, dans une extraordinaire région de lacs et de forêts. L'hiver (entre juillet et septembre), c'est une station de ski... Magnifiques panoramas sur les lacs *Puyehue et Rupanco* et sur les volcans ***Puyehue, Casablanca, Sarnoso, Osorno*** et ***Tronador.***
On peut y accéder en voiture. À pied, un sentier y conduit en ***une journée de marche*** depuis l'entrée du parc de Puyehue. D'Antillanca, possibilité de faire le tour du volcan Casablanca en poursuivant vers *Pampa de la Frutilla,* puis en redescendant sur le *salto del Indio* (compter 2 jours). Sinon, possibilité de rejoindre la rive sud du *lago Rupanco* jusqu'au petit port de *Puerto el Poncho,* puis, de là, prendre un bateau pour 3h de navigation jusqu'à *Porto Rico.* De Porto Rico, il y a 1 bus le matin et 1 bus le soir pour Osorno. Compter 2 jours pour faire la boucle entière.

Salto del Indio : compter 30 mn pour boucler ce circuit plat et sans difficulté, qui permet d'avoir un bon aperçu de la végétation du parc. Un sentier bien tracé s'enfonce dans une forêt dense de lauriers, de fougères à grandes feuilles et de *chusqueas* (bambous du Chili). Étranges voiles de lichen pendouillant des arbres, capucines grimpantes et fuchsias. Le salto en lui-même n'est pas très impressionnant, mais l'endroit est idéal pour pique-niquer.

Volcán Puyehue *(2 236 m)* **:** un peu avant *Anticura,* au lieu-dit *Caulle,* un sentier permet de gagner en 4h un refuge au pied du volcan Puyehue. Ensuite, poursuivre vers les bâches d'eau thermale à flanc de volcan *(compter 7h à partir du refuge).* Retour par le même chemin, ou en poursuivant vers le *lago Ranco* (2 à 3 jours dans ce cas). Partir en été et accompagné d'un bon guide est préférable. Faisable également entre mai et octobre, mais il faut des raquettes ou des skis.

Anticura : autre entrée du parc national. De là, sur 22 km de parcours, des sentiers bien balisés conduisent aux cascades : *salto del Indio, salto de la Princesa* (sur le río Gol-Gol en amont du précédent), *salto de los Novios, mirador El Puma* (attention, ça grimpe sévère !), ou encore le *sendero Los Derrumbes,* qui s'enfonce dans une forêt dense en longeant la rivière *(compter 1h A/R).* C'est aussi une porte d'entrée pour l'Argentine.

LA RÉGION DE PUERTO MONTT

• Carte *p. 311*

PUERTO OCTAY

Charmante bourgade un peu assoupie à une cinquantaine de km d'Osorno, blottie au bord du lac Llanquihue, elle est parsemée de chalets qui rappellent la Bavière ou la Suisse. On y découvre quelques perles d'architecture civile remontant au début de l'installation des 1ers colons allemands à l'aube du XIXe s.
À 5 km du petit centre, beau panorama sur la baie depuis la presqu'île de *Centinela.* De là, le volcan Osorno éblouissant de blancheur semble émerger des flots. Pas grand-chose à y faire, mais c'est un bon point d'ancrage pour découvrir la région, superbe !

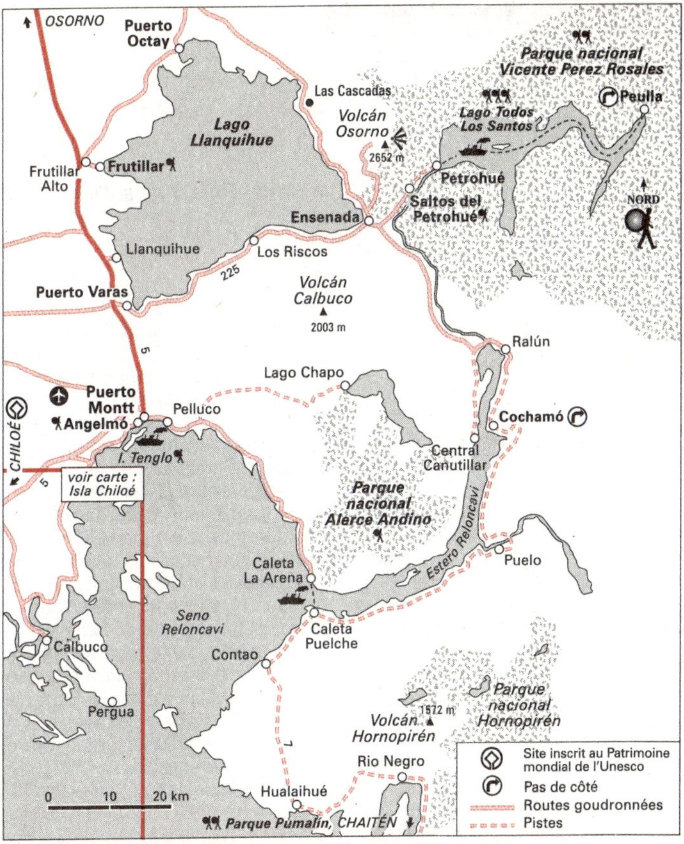

LA RÉGION DE PUERTO MONTT

Arriver – Quitter

Gare routière : *Esperanza 433.*

➢ ***Osorno*** *(durée : 1h30)* **:** une trentaine de bus/j. 6h20-19h30. Départs réduits le w-e.

➢ ***Frutillar*** *(40 mn)* ***et Puerto Varas*** *(1h30)* **:** env 5 bus/j.

Adresse et info utiles

Centro de Información turística : *dans une petite cabane, en bordure de la plaza de Armas. 979-85-78-96. • turismopuertoctay.cl • En été : tlj sauf dim, 10h (14h sam)-19h.* ***Attention, il est question que l'office déménage en bordure du lac.*** Plan du village, liste des hébergements et des restos. Infos sur les transports et les balades à faire dans la région.

– ***Oktoberfest Puerto Octay :*** tradition bavaroise oblige, on participe en octobre aux fêtes de la bière à la chilienne ! *• Facebook •*

Où dormir ? Où manger ?

Camping

Le lac offre des sites de camping agréables (liste au centre d'infos touristiques) mais ouverts l'été seulement, et un peu chers pour ceux qui ne voyagent qu'à 2, les tarifs étant ceux d'un emplacement pouvant accueillir jusqu'à 5 personnes.

Bon marché (jusqu'à 40 000 $Ch / env 45 €)

Hospedaje Lagos del Sur : *G. Wulf, 760.* *999-64-94-91. À 2 pas de la plaza de Armas. Double env 40 000 $Ch, avec petit déj copieux.* Dans une maison de bois, une pension familiale proposant 5 chambres tout en bois, pas chères et très bien tenues ; salle de bains privée ou à l'étage. Accueil discret de la *señora* Gladys. Vraiment rien à redire pour le prix.

Hostería La Baja : *sur la presqu'île de Centinela, à 5 km de la ville. 988-52-20-03. • hosterialabaja.cl • On peut y aller en taxi de Puerto Octay ou directement d'Osorno en bus. Ouv tte l'année. Compter 15 000 $Ch/pers ; petit déj inclus.* Fort bien situé, sur la partie la plus étroite de la presqu'île de Centinela, de sorte que l'on se trouve quasiment entouré d'eau. 4 chambres simples mais propres, avec salle de bains, et 2 avec sanitaires à partager, petit déj inclus. Bon accueil.

LE SUD

De bon marché à prix moyens (35 000-60 000 $Ch / env 40-65 €)

Hostal Zapato Amarillo : *à 2,5 km de la ville en direction d'Osorno, au lieu-dit la Gruta ; téléphonez, on viendra vous chercher. ☎ 64-221-07-87. 958-71-32-26. • zapatoamarillo.cl • Double env 60 000 $Ch, avec petit déj.* Une maison dans la prairie au milieu de la lavande, avec un toit couvert d'herbes folles à la manière scandinave, et un intérieur en pin, rutilant et chaleureux. Nadia est chilienne, Armin suisse ; ils se mettront en 4 pour vous accueillir. Dans leur gîte, sous forme de petites unités disséminées dans le jardin, une bonne demi-douzaine de chambres de 2 à 6 personnes charmantes et impeccables, avec ou sans salle de bains et bien chauffées. Location de VTT, d'un petit voilier *(laser)* sur le lac, d'un scooter et du matériel pour faire l'ascension du volcan Osorno. Également des excursions organisées dans le parc de *Petrohué* (voir plus loin) et même au lac peu fréquenté de *Rupanco*. Cuisine à disposition. Une de nos meilleures adresses au Chili !

El Fogón de Anita : *sur la ruta U55, à 1,5 km au nord en direction d'Osorno. 985-51-15-08. En été, tlj sauf lun 12h-21h.* Pas forcément grand monde dans cet endroit isolé, mais ne vous y fiez pas, les plats sont copieux, les viandes grillées très tendres et les prix raisonnables. Déco rustique, sous une rotonde en rondins. Service attentionné.

Où dormir ? Où manger dans les environs ?

À une quarantaine de kilomètres de Puerto Octay, en passant par l'est du *lago Llanquihue,* la route U 99 passe par le village *Las Cascadas* avant de rejoindre Ensenada. Attention, pas de station-service entre Puerto Octay et Ensenada ; si vous comptez circuler dans le coin, prenez vos précautions ! Sinon, 2-3 bus/j. Osorno-Las Cascadas, même en hiver. Demandez au chauffeur qu'il vous dépose à l'entrée du chemin.

La Posada del Colono : *à 1 km avt d'arriver à Las Cascadas en venant de Puerto Octay, sur la gauche (indiqué). 996-65-77-86. Doubles 40 000-50 000 $Ch, petit déj compris. ½ pens possible.* Maison d'un certain cachet, avec lambris, beau plancher, mobilier ancien... et les portraits des ancêtres des propriétaires (d'origine allemande, comme 80 % des habitants de la région) dans la salle à manger. Repas dans la tradition du XIXe s à partir des produits cultivés sur place. Grandes chambres avec bains, coquettes et très propres ! En plus, une cabane pour 5 personnes. Dominée par les 2 volcans, la campagne avec les pâturages aux alentours est superbe. Un endroit vraiment relaxant.

Canopy Lodge : *camino Cascadas, à env 10 mn en voiture au sud de Las Cascadas, direction Ensenada. 964-74-40-16. • canopychile.cl • Suivre l'enseigne « El Nuevo Cimarrón ». Cabanes (6 pers) 70 000-140 000 $Ch selon saison (jusqu'à 180 000 $Ch pour celles avec jacuzzi). Au resto, plats 5 000-15 000 $Ch.* En face d'une belle plage de sable noir avec vue sur les 2 volcans, une magnifique *hacienda* restaurée. 8 cabanes confortables (cuisine équipée, chauffage, terrasse), idéales pour les familles et les bandes d'amis en voyage. Excursions à cheval, balades à vélo, pêche, rafting et, surtout, le plus grand *canopy* (parcours de tyroliennes entre les arbres le long duquel on se laisse glisser) d'Amérique du Sud. Également un pub et un resto *(ouv seulement en été).*

Rancho Espantopájaros : *à 6 km de Puerto Octay, sur la route vers Frutillar. ☎ 64-233-00-49. Tlj 10h-21h30 (20h30 cuisine). Fermé le soir en sem en hiver. Formule déj-buffet env 25 000 $Ch, vin (maison) ou bière compris ; carte 20 000-25 000 $Ch.* Un resto, style chalet de montagne, posé sur les verts pâturages où gambadent quelques nandous, pile en face du volcan Osorno. Propose une formule buffet pour le déjeuner incluant une belle sélection de salades, d'entrées, de desserts et, surtout, de délicieuses viandes de mouton et de sanglier, cuites à la broche dans une énorme cheminée ! Pains maison et délicieuses pâtisseries. Boutique de produits locaux. En attraction, un sentier « pieds nus ».

FRUTILLAR

À 26 km de Puerto Octay et une trentaine de kilomètres de Puerto Varas, Frutillar se divise en 2 parties n'ayant en commun que leur nom. *Frutillar alto* est un petit bourg sans grand intérêt. *Frutillar bajo,* au bord du lac Llanquihue, est une station de villégiature un peu guindée qui rappelle les rives du lac de Constance. Depuis la rive bordée d'une plage de sable noir et agrémentée d'une élégante jetée de bois, la vue sur le volcan Osorno est superbe. Le front de lac, ourlé de vieilles demeures, n'est pas dénué de charme non plus. C'est ici que se trouve l'immense teatro del Lago, qui propose l'une des meilleures programmations artistiques d'Amérique du Sud, rien que ça ! De quoi vous laisser tenter par un ballet ou une petite pièce de Shakespeare...

– ***À savoir :*** de fin janvier à début février, la ville accueille un festival international de musique classique, les *Semanas musicales.* Pendant cette semaine, les prix flambent.

Arriver – Quitter

Bus

L'arrêt des minibus bus de et vers ***Puerto Varas*** et ***Puerto Montt*** se font sur Jorge Montt entre Bernardo Philippi et Vicente Pérez Rosales, sur la *Costanera* en bordure du lac.

Tous les autres bus ont leur terminal sur Arturo Alessandri (la route principale de Frutillar alto), au niveau de Puerto Montt (près de Carlos Richter, la route qui descend vers Frutillar bajo).

➢ ***Puerto Varas** (40 mn)* ***et Puerto Montt** (1h) :* une douzaine de bus avec *Thaebus* et 3-4 bus/j. avec *Pullman.*

➢ **Puerto Octay** *(40 mn)* **:** 5 bus/j., avec *Thaebus.*
➢ **Osorno** *(1h)* **:** 2 départs/j. avec *Pullman,* notamment. De là, on peut rejoindre ***Valdivia.***
➢ **Temuco** *(env 5h)* **:** 1 départ/j., le soir, avec *Pullman.*
➢ **Santiago** *(env 13-14h)* **:** 2-3 départs/j. avec *Pullman* et *Thaebus.*

Adresses utiles

Oficina de turismo : *Philippi, 753. ☎ 65-246-74-50. ● munifrutillar.cl ● Sur la route côtière, en face de la jetée ; entre San Martín et O'Higgins. Tlj 9h-20h.* Plan et bonnes infos.

Pas de ***bureau de change*** à Frutillar, mais vous trouverez des ***distributeurs*** sur San Martín.

Où dormir ?

Rien de très bon marché dans Frutillar bajo. Vous n'aurez aucune difficulté à vous orienter, toutes les adresses s'égrènent sur l'avenue Philippi, qui borde le lac et sa parallèle Vicente Pérez Rosales.

Bon marché (jusqu'à 50 000 $Ch / env 55 €)

Hostería Trayen : *Philippi, 963. ☎ 65-242-13-46. ● tttrayen33@hotmail.com ● Petit déj inclus.* 6 chambres dans un chalet dont les balcons donnent sur le lac. Sobre et fonctionnel. La propriétaire, une dame un peu farouche propose d'autres chambres, à Pérez-Rosales, un peu moins chères mais sans la vue. En bas, un salon de thé redoutable pour le régime (voir « Où manger ? »).

Hospedaje von Bischoffshausen : *Philippi, 1285. 📱 986-05-13-84. ● hospedajevonbisch@gmail.com ● Double 45 000 $Ch, petit déj compris. Parking gardé.* La famille von Bischoffshausen accueille les visiteurs dans une remarquable demeure coloniale. Aujourd'hui, l'intérieur garde une certaine classe même si l'ensemble a beaucoup vieilli. Propose 8 chambres, avec salle de bains, dont 3 donnent sur le lac. Bon petit déj. Fait aussi resto et salon de thé. En dépannage seulement.

Chic (80 000-120 000 $Ch / env 90-130 €)

Hotel Ayacara : *Philippi, 1215. ☎ 65-242-15-50. 📱 991-00-87-00. ● casaayacara.cl ● Doubles 75 000-120 000 $Ch.* Une maison coloniale de 1910 peinte en jaune et vert, restaurée avec soin et qui possède un charme fou : meubles aux lignes simples, couleurs harmonieuses, sobriété de la décoration, douce musique brésilienne. 8 chambres accueillantes, chacune avec une touche originale et personnelle, certaines avec vue sur le lac. Excellente literie. On se laisse séduire par la beauté et la simplicité des lieux et par l'atmosphère tranquille qui s'en dégage. Au rez-de-chaussée, bon resto avec terrasse.

Où manger ?

De bon marché à prix moyens (5 000-20 000 $Ch / env 5,50-22 €)

Salón de Té Trayen : *Philippi, 963. ☎ 65-242-13-46. Tlj 8h-20h.* On y vient surtout pour les nombreux gâteaux, pâtisseries, tartes et autres *kuchen,* mais il y a aussi des sandwichs et quelques plats assez simples.

Club Alemán : *Philippi, 747. 📱 958-08-44-63. Tlj 10h-22h (17h dim).* L'institution de Frutillar. Le plus ancien resto de la ville s'est fait une beauté ! Grande salle moderne où s'active le personnel,

LE SUD

qui tient à sa réputation. On y vient pour déguster une cuisine germano-chilienne bien ficelée et joliment présentée : viande ou un poisson, soupe au congre ou aux Saint-Jacques, *pil-pil* de crevettes servi tout bouillant dans une cassolette... Le choix est varié.

Fuga del Lago : *Philippi, 1000. 958-53-39-14. Tlj 10h30 (10h dim)-22h30 (23h30 ven-sam, 22h dim) ; fermé lun et horaires réduits hors saison. Plats 13 000-21 000 $Ch.* Logée sur le flanc gauche du théâtre, le restaurant occupe une situation privilégiée, offrant un superbe panorama sur le lac. Et c'est là son plus grand atout. Cuisine internationale qui conviendra à tous les goûts, mais au rapport qualité-prix inégal parfois. On peut se contenter d'y boire un verre en grignotant un bout, ou d'y faire une pause à l'heure du café.

Restaurant de l'hôtel Ayacara : *voir « Où dormir ? ».* Petite salle intime, avec un poêle en fonte. À peine quelques tables, théoriquement destinées aux résidents, mais, en général, on arrivera à vous trouver une table. Menu très agréable servi midi et soir, accompagné d'un bon vin. Également une poignée de plats à la carte.

À voir

Teatro del Lago : *au bout de Bernado Philippi. • teatrodellago.cl • Visites guidées de 1h : en été, tlj à 10h30, 12h, 15h et 17h ; hors saison, lun à 12h, mar-ven à 12h et 17h, w-e, mêmes horaires qu'en été. Compter 10 000 $Ch/pers ; 5 000 $Ch/pers pour un groupe de 4 pers min.* Avec ses 10 000 m², et sa capacité d'accueil de 1 200 spectateurs, c'est une des plus grandes salles au Chili. Il reçoit les plus grands orchestres symphoniques et des opéras. Coiffé d'une toiture de cuivre, sa façade rappelle celle des entrepôts revêtus de bardeaux construits par les immigrants allemands. Elle est constituée de lattes de bois de couleurs différentes pour rappeler de façon moderne le vieillissement de ces hangars.

Museo Colonial Alemán : *angle Vicente Pérez Rosales et Pratt. • museosaustral.cl • Tlj sauf lun 10h-14h, 15h-18h (19h janv-fév). Entrée : env 2 500 $Ch ; réduc.* Dans un parc de 3 ha, ce musée retrace la vie des colons allemands installés autour du lac Llanquihue à partir du milieu du XIXe s. On y découvre des reconstitutions de bâtiments traditionnels : moulin à eau, beffroi, forge, maison de campagne ainsi qu'un cimetière et de magnifiques jardins. C'est le plus complet de la région dans son genre.

Centro experimental forestal Edmundo Winkler : *prendre Philippi jusqu'au bout du goudron, puis Campolicán ; ensuite, c'est indiqué. Ouv mer-ven seulement, plus le 1er sam du mois, 9h-17h. Entrée : 3 000 $Ch ; réduc.* Comptez bien 45 mn pour faire le tour des différents sentiers, où vous apprendrez tout sur la flore du sud du Chili. Vous y découvrirez des lauriers multicentenaires ! En repartant, n'oubliez pas de visiter la pépinière. L'occasion d'une agréable promenade.

PUERTO VARAS

32 500 hab.

• Plan *p. 317*

Station balnéaire importante sur les bords du lac Llanquihue, à 23 km de Puerto Montt, Puerto Varas est née de l'arrivée des colons allemands au milieu du XIXe s. Les influences européennes y sont encore présentes, notamment dans l'architecture de certaines belles maisons, classées aux

Monuments nationaux du Chili. Le panorama sur le lac et les volcans en décor de fond est fascinant : à gauche Monseigneur *Orsono* (2 652 m) avec son petit capuchon blanc qui prend une teinte de glace à la fraise au soleil couchant et à droite, plus modeste et tout pelé, son vassal *Calbuco* (à peine 2 000 m), mais néanmoins plus teigneux puisqu'en 2015, après 43 ans de roupillon, il s'est réveillé sans crier gare en se coiffant d'un immense panache et couvrant les abords d'une pluie de cendres.

QUAND VOLCAN FÂCHÉ, VOLCAN CRACHER !

Le Calbuco était en sommeil depuis 43 ans quand brusquement, le 22 avril 2015, sans aucune activité sismique annonciatrice, il est entré en éruption en expédiant 210 millions de m³ de gaz et de cendres vers le ciel, qui ont formé un incroyable panache montant jusqu'à 17 km de haut. 6 500 personnes ont été évacuées dans un rayon de 20 km. Des toits de maisons se sont effondrés sous le poids de la cendre, mais les 3 éruptions successives n'ont fait aucune victime.

Point de départ pour le célèbre parc national *Vicente Pérez Rosales,* le plus ancien du Chili, et l'*Ultima Frontera* pour ceux qui veulent se rendre en Argentine en empruntant le bateau qui navigue sur les eaux émeraude du lago Todos los Santos. Un beau voyage en perspective.

Arriver – Quitter

Bus

Plusieurs gares routières selon les compagnies de bus. La plupart des compagnies ont leur bureau sur W. Martínez *(plan B1)* et San Francisco *(plan A2)*.

Terminal TurBus *(plan A1, **1**)* **:** Del Salvador, 1093, à 15 mn à pied du centre. • turbus.cl • Tlj 7h-22h. Cafétéria minuscule. Pas de consigne. Héberge aussi *Jac* et *Cóndor.*

Terminal Cruz del Sur *(plan A2, **2**)* **:** à la sortie de la ville, San Francisco 1317. • busescruzdelsur.cl • Tlj 7h-22h. Héberge aussi *Bus Norte.*

Terminal Pullman *(plan A2, **3**)* **:** Andrés Bello 485. • pullmanbus.cl •

Terminal ETM *(plan A2, **4**)* **:** San Francisco 1004. • etm.cl •

➢ ***Osorno*** *(1h30)* **:** près de 30 bus/j. 7h30-23h, notamment avec *ETM, TurBus, Cruz del Sur* et *Pullman.*

➢ ***Valdivia*** *(3h)* **:** une quinzaine de bus/j., 7h30-22h30, principalement avec *Cruz del Sur, Pullman et ETM.*

➢ ***Temuco*** *(4h30-5h)* **:** une quinzaine de bus/j. avec *ETM,* puis quelques départs supplémentaires avec *Pullman, Cruz del Sur* et *TurBus.*

➢ ***Bariloche*** *(7h20)* **:** 2 bus/j. vers 8h40 et 11h20 avec *Andesmar* (• andesmarchile.cl •) au départ du terminal de *Pullman.*

➢ ***Santiago*** *(12h)* **:** très nombreux bus/j., 8h-22h30, la majorité de nuit, avec *Pullman, Cruz del Sur, TurBus, ETM, Bus Norte* et *Thaebus.*

➢ ***Puerto Montt, Ensenada et Petrohué* :** microbus très fréquents, 7h-22h au départ du centre commercial, à l'angle de Martinez et San Bernardo *(plan B1).*

➢ ***Frutillar et Puerto Octay* :** microbus ttes les 20 mn avec *Varmontt,* av. San Bernardo et Gramado.

Adresses utiles

Oficina de turismo *(plan A-B1)* **:** Del Salvador 320. ☎ 65-236-11-75. • turismo.ptovaras.cl • Plans et infos touristiques.

■ ***Distributeurs* :** Banco de Chile *(plan B1)*, angle Del Salvador et Santa Rosa.

■ ***Alsur Expediciones*** *(plan B2, **5**)* **:** Aconcagua, 8. 966-19-70-92.

LE SUD

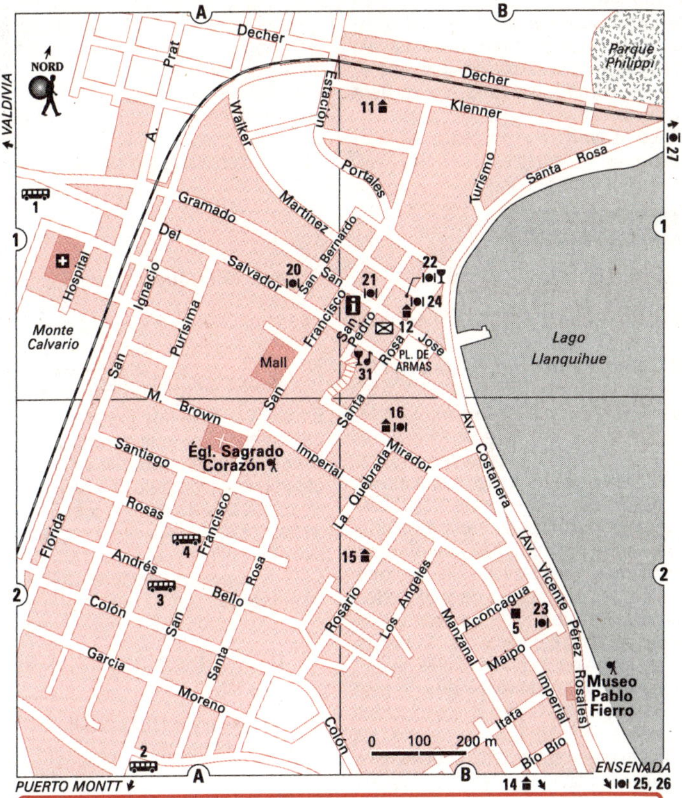

PUERTO VARAS

Adresses utiles

- Oficina de turismo (A-B1)
- 1 Terminal TurBus (A1)
- 2 Terminal Cruz del Sur (A2)
- 3 Terminal Pullman (A2)
- 4 Terminal ETM (A2)
- 5 Alsur Expediciones (B2)

Où dormir ?

- **11** Compass del Sur (B1)
- **12** Casa Margouya (B1)
- **14** Casa Kalfu (hors plan par B2)
- **15** Hostel Casa Azul (B2)
- **16** El Greco (B2)

Où manger ?

- **20** Donde El Gordito (A1)
- **21** Mamusia (B1)
- **22** El Barista (B1)
- **23** Cumbres del Lago (B2)
- **24** Paréntesis (B1)
- **25** La Olla (hors plan par B2)
- **26** Da Alessandro (hors plan par B2)
- **27** Casavaldés (hors plan par B1)

Où boire un verre ? Où sortir ?

- **22** El Barista (B1)
- **31** Club Orquidea (B1)

● *alsurexpediciones.cl* ● Outre des excursions dans le parc national Pumalín, ils organisent divers tours (kayak, trek, etc.) dans la région des lacs et dans le Grand Sud chilien. Excellent accueil.

■ ***Ko' Kayak*** **:** *ils sont basés à* ***Ensenada,*** *à 40 km de Puerto Varas.* *993-10-52-72.* ● *kokayak.cl* ● Le spécialiste des activités *outdoor* : descente en rafting sur le río Petrohue, la balade en kayak de mer dans les fjords du parc de Pumalin *(durée de ½ j. à 5 j.)* et les stages en kayak de rivière, en plus du trekking et du VTT. Encadrement très pro, débutants bienvenus.

Où dormir ?

Bon marché (jusqu'à 50 000 $Ch / env 55 €)

Compass del Sur (plan B1, **11**) **:** *Klenner, 467.* ☎ *65-223-20-44.* *976-48-67-87.* ● *compassdelsur.cl* ● *Lit en dortoir env 15 000 $Ch/pers ; doubles 30 000-50 000 $Ch ; petit déj en plus.* Au nord du centre, sur les hauteurs. Ici, l'objectif est d'orienter le voyageur ! Cette grande maison sympa comme tout offre une poignée de doubles pimpantes dont 3 avec salle de bains à partager, et 1 dortoir de 5 lits (assez larges). Possibilité de camper ou de garer un petit camping-car. Ambiance relax, joli salon commun et cuisine tout équipée. Table commune pour le petit déjeuner, toutes sortes d'info affichées dans les couloirs. Laverie, location de vélos et organisation d'excursions dans toute la région.

Hostel Casa Azul (plan B2, **15**) **:** *Manzanal, 66, à l'angle de Rosario.* ☎ *65-223-29-04.* ● *casaazul.net* ● *Un peu à l'écart du centre, dans un quartier résidentiel calme. Lits en dortoir 17 000-20 000 $Ch/pers ; doubles sans ou avec sdb 34 000-50 000 $Ch. CB refusées. Cuisine à dispo pour un petit déj à sa guise.* Une maison tout en bois, bien agréable. Elle est cernée d'un jardin japonais garni de bonsaïs et de bassins où barbotent des carpes *koïs.* Une dizaine de chambres dont 3 avec salle de bains privée, toutes impeccables, aux matelas bien fermes. Petit dortoir de 4 lits pour les fauchés. Très agréable petite salle à manger, et cuisine à disposition. Chauffage central, laverie, jeux, échange de livres, terrasse avec hamacs et bonne ambiance. Transfert de et pour l'aéroport de Puerto Montt possible.

Casa Margouya (plan B1, **12**) **:** *Santa Rosa, 318.* ☎ *65-223-76-40.* *922-00-09-55.* ● *hostalcasamargouya@gmail.com* ● *Lits en dortoir 15 000-20 000 $Ch/pers ; doubles sans sdb 30 000-40 000 $Ch, sans petit déj.* En plein centre, une petite AJ privée très centrale, qui loue au mois en hiver. Tout s'articule autour d'un espace commun surplombé d'une mezzanine. Au choix, des dortoirs de 5 et 6 lits, et 2 chambres doubles, naturellement un peu plus chères mais un peu étriquées. Cuisine à dispo, laverie et petit coin bibliothèque.

De prix moyens à plus chic (60 000-155 000 $Ch / env 65-170 €)

Casa Kalfu (hors plan par B2, **14**) **:** *Tronador, 1134.* ☎ *65-275-12-61.* ● *casakalfu.cl* ● *Doubles 65 000-90 000 $Ch, petit déj-buffet inclus.* Dans un quartier calme, à 15 mn à pied du centre, un grand chalet en bois avec tourelle, peint en bleu. Une vingtaine de chambres de bon confort sur 2 étages, toutes avec salle de bains et décorées de tissages de laine. Excellente literie. Certaines sont un peu petites, demandez à voir. Salon avec canapés confortables devant la cheminée et salle de petit déj avec véranda. Parking privé.

El Greco (plan B2, **16**) **:** *Mirador, 134.* ☎ *65-223-38-88.* ● *hotelelgreco.cl* ● *Doubles 80 000-150 000 $Ch, bon petit déj-buffet inclus.* Un hôtel agréable sur les hauteurs de la ville, à 2 pas du centre. Dans une grande maison tout en bois brut, gentiment patinée aux encoignures. Une trentaine

LE SUD

de chambres tout confort, distribuées sur 6 niveaux par des couloirs habillés de toiles, et truffées d'objets vintage. On dirait un inventaire à la Prévert. L'hôtel possède aussi son propre restaurant avec à l'entrée un authentique juke-box *Würlitzer* et au menu des plats fusion à coloration péruvienne.

Où manger ?

Bon marché (5 000-10 000 $Ch / env 5,50-11 €)

|●| ⛱ ***Mamusia*** *(plan B1, **21**) : San José, 316. Tlj 10h (12h w-e)-22h.* Une cafétéria-salon de thé proposant pâtisseries maison, glaces, chocolats, gaufres, sandwichs et grande variété de vrais cafés, bref, de quoi régaler tous les gourmands. Ambiance familiale.

Prix moyens (10 000-20 000 $Ch / env 11-22 €)

|●| ***Donde El Gordito*** *(plan A1, **20**) : mercado municipal, San Bernardo, 560. ☎ 65-223-34-25. Tlj 12h-21h (17h dim).* À l'intérieur même du marché, une cabane riquiqui, hébergeant un resto authentique et populaire qui sert à prix sages de délicieux plats de poisson sortant un peu de l'ordinaire.

|●| ⛱ ***El Barista*** *(plan B1, **22**) : Walker Martínez, 211. ☎ 65-223-31-30. Tlj 8h (9h30 sam, 10h30 dim)-1h (2h sam).* Un café vraiment agréable, toiles colorées aux murs et excellente musique de fond. À la carte, menu du jour, vrais cafés, sandwichs, salades et pâtisseries. C'est aussi le lieu de rendez-vous des Puerto Varinos à la nuit tombée, avant d'aller écumer les bars. Également de copieux petits déj et l'une des meilleures bières artisanales du coin. On y sert même du pastis !

|●| ⛱ ***Paréntesis*** *(plan B1, **24**) : Santa Rosa, 302. ☎ 65-223-29-58. Tlj 9h (12h dim, 10h lun)-23h (21h45 dim, 18h lun).* Un resto sur 2 étages, avec une vue sur le lac et le volcan Osorno. Bondé en été. Cuisine italienne avec salades, pâtes et pizzas... Un peu d'attente en haute saison, mais patience, la pizza en vaut la chandelle !

|●| ***La Olla*** *(hors plan par B2, **25**) : à l'entrée de la ruta 225 vers Ensenada. ☎ 65-223-35-40. À env 40 mn à pied du centre par la route côtière, prendre un taxi. Tlj 12h-22h (17h dim). Résa vivement conseillée.* Une grande salle à l'étage, style cantine fréquentée par les familles chiliennes et leurs marmots. Évitez d'y aller en amoureux, sauf si vous n'avez rien de spécial à vous dire ! Ici, on attend gentiment son tour pour déguster, au choix, une douzaine de délicieuses petites huîtres, des oursins, une *chupe de mariscos*, un *caldillo de congrio*, le *pulpo al pil-pil, la paila marina, les ostiones* (Saint-Jacques) *a la parmesana, corvina...* le tout d'une fraîcheur sans faille. Portions généreuses à défaut de fine cuisine. Service discret et de bon conseil.

|●| ⛱ ***Da Alessandro*** *(hors plan par B2, **26**) : sur le front du lac, angle V. P. Rosales (1156) avec Eulenterio Ramírez, à 15 mn à pied du centre. ☎ 65-231-05-83. Tlj 12h30-22h30.* Toit rouge, murs de bardeaux noirs, nappes à carreaux rouge et blanc, petite musique de là-bas, le resto italien dans toute sa splendeur. Au menu : *antipasti, bruschette, pizze* (3 tailles), *pasta fresca, gnocchi, risoti,* mais aussi salades, poissons et viandes et bien sûr *tiramisù* et *panna cotta*. En été, la terrasse avec vue sur le volcan est prise d'assaut !

De prix moyens à plus chic (15 000-30 000 $Ch / env 17-33 €)

|●| ***Casavaldés*** *(hors plan par B1, **27**) : Santa Rosa, 040. 📱 990-79-39-38. Tlj sauf dim 13h-22h. Résa conseillée. Carte en français sur demande.* En bord de route, face au lac, une salle élégante, œuvres d'art aux murs, avec tables bien dressées, les meilleures près des baies vitrées. Le vivier à l'entrée annonce la couleur : on vient ici pour déguster des produits de la mer

à la fraîcheur impeccable. Spécialité d'oursins, de délicieux *piquillos* fourrés au crabe, et pâtes à l'encre de seiche. Vins au verre disponibles choisis avec soin par un personnel pro et attentif.

Cumbres del Lago *(plan B2,* ***23****)* **:** *Imperial, 561, dans l'hôtel de luxe du même nom. ☎ 65-222-20-00. Tlj midi et soir. Résa conseillée.* Indubitablement la meilleure table de Puerto Varas... pour la vue époustouflante depuis les vastes baies vitrées sur le lac et les volcans à l'horizon, surtout au coucher du soleil. Très bonne cuisine de chef qui se targue de s'approvisionner exclusivement en produits locaux dans un rayon de 100 km autour de Puerto Varas. Prix en rapport avec le standing, vous êtes prévenu ! Vins disponibles au verre, tout de même.

Où boire un verre ? Où sortir ?

Club Orquidea *(plan B1,* ***31****)* **:** *San Pedro, 537. Tlj sauf lun. Âge requis : 23 ans pour les garçons et 21 pour les filles.* Dans une vieille maison coloniale toute bleue, au bout de San Pedro. Ambiance *arty* dans ce resto-bar où l'on paie sa consommation à l'entrée. Côté déco, c'est un mélange entre Art nouveau français et antiquités avec sculptures de bois brut et maquettes de bateaux accrochés au mur. Le week-end, une clientèle de jeunes bobos s'y retrouve pour manger, boire et danser. Allez-y le mardi soir, c'est soirée salsa !

Voir aussi **El Barista** *(plan B1,* ***22****)*, décrit plus haut dans « Où manger ? ».

À voir. À faire

Avec en son centre, un look de station de sports d'hiver des années 1970, la ville s'est développée vers les collines en quartiers résidentiels tranquilles et agréables. Son atout majeur est de servir de base idéale pour découvrir le parc national Vicente Perez Rosales et ses activités sportives et pousser jusqu'à la vallée de Cochamó.

On peut aussi profiter du lac pour faire du kayak et louer un bateau de pêche ou faire bronzette sur la large plage de sable noir, pleine de baigneurs quand le soleil darde ses rayons. On trouve aussi, dans le centre, pas mal de bons restos et quelques belles boutiques : bijoux, artisanat, prêt-à-porter et sportswear pour ceux qui partent crapahuter.

Iglesia del Sagrado Corazón de Jesús *(plan A2)* **:** Perchée sur son promontoire, l'église de principale de Puerto Varas a belle allure. Son architecture est largement inspirée de celle des églises du Bade-Würtemberg en Allemagne.

Museo Pablo Fierro *(plan B2)* **:** *sur le front de lac. Tlj sauf lun 11h-14h, 15h-19h30. GRATUIT.* Impossible de décrire cet incroyable bric-à-brac d'objets récupérés datant des débuts de l'immigration allemande, allant de la machine à affûter les lames de rasoir aux instruments de musique, en passant par toutes sortes d'ustensiles de cuisine. De belles lithos et photos aussi. Un fouillis qui ravira les collectionneurs et autres fouineurs amateurs de vieilleries. À découvrir s'il pleut.

ENSENADA

À 45 km à l'est de Puerto Varas et à 70 km de Puerto Montt. Ensenada se résume en fait à un petit ensemble d'infrastructures installé en bordure de la route 225, qui longe les plages du lac Llanquihue. On y trouve une

station-service, quelques restos et une poignée de lieux d'hébergement. Mais le panorama sur les cimes enneigées des volcans y est grandiose par beau temps. C'est surtout la porte d'entrée pour se rendre au *parque nacional Vicente Pérez Rosales,* pour s'adonner aux joies du rafting, entreprendre l'ascension du volcan Osorno ou s'engager dans la vallée de Cochamó.
Si vous envisagez l'ascension du volcan, sachez que cette escapade nécessite d'être bien entraîné, correctement équipé, et doit se faire avec un guide. De nombreux accidents ont lieu régulièrement, faute d'une préparation physique suffisante ou tout simplement provoqués par un excès de zèle. Cela dit, vous pouvez toujours rejoindre le *Centro de Montaña,* à 14 km de là, à flanc de volcan, d'où l'on profite déjà d'un panorama imprenable sur la région.

Où dormir ? Où manger ?

Attention, la plupart des hébergements et campings n'ouvrent qu'à la saison touristique : en gros, de Noël à fin février. Si vous êtes là pour le parc Petrohué, préférez loger directement dans le parc, ou à Puerto Varas.

Camping

⛺ |●| ***Camping Montaña :*** *ruta 225, Km 45.* 📱 *999-34-89-67.* Tout au bord du lac et d'une plagette, emplacements bien délimités sous la pinède, certains avec w-c privés. Douches séparées. Loue aussi une demi-douzaine de chambres pour 3 avec salle de bains. Aussi quelques *cabañas* pour 6 personnes.

Resto

|●| ***Don Salmon :*** *ruta 225, Km 42,5.* 📱 *926-19-86-02. Tlj 12h-18h. Buffet env 35 000 $Ch.* Un resto plutôt destiné à accueillir les groupes. Grande salle de rondins, ambiance bavaroise. Large choix de légumes du jardin extérieur, pâtes, lasagnes, poulet, viandes grillées ou mijotées. Le tout fort bien cuisiné. On en a largement pour son argent. Bières artisanales. Service souriant.

À faire

➢ ***Ascension du volcan Osorno*** *(2 652 m)* **:** un classique du genre. Osorno, tout comme son frère Villarrica (un peu plus au nord, à Pucón), est accessible aux néophytes, moyennant les services d'un guide et un peu d'équipement. L'accès au sommet peut être fermé pour risques d'avalanche, à vérifier en amont.

Une agence spécialiste à Ensenada :

■ ***Huella Andina :*** *en arrivant de Puerto Varas, ruta 225, Km 39,5, puis 4 km sur les flancs du volcan, direction Cruce Navarro, par un petit chemin sur la droite. • huellandina.com • Les contacter par mail à l'adresse • info@huellandina.com •* Agence expérimentée tenue par des passionnés d'andinisme, qui organisent notamment l'ascension du volcan Osorno, mais aussi pas mal de treks pour explorer la région. Tarifs sur leur site internet.

🥾 |●| ❮ ***Centro de Montaña del volcán :*** *à 14 km d'Ensenada, par la V 555, une petite route très sinueuse.* 📱 *991-58-73-37. • volcanosorno.com • Aucun bus régulier n'y mène.* La route s'élève en tournicotant à flanc de volcan, dans un paysage qui passe de la forêt au désert complet. En haut, tout n'est que tertre de cendres brun rouge, rocs acérés et champ de roches de scories basaltiques. Superbe ! Seuls quelques asphodèles, des lupins et des bruyères donnent un peu de vie au tableau.

Au terme de votre grimpée en voiture, rien ne vaut un tour en ***télésiège*** depuis la station de sports d'hiver terminus de la route, pour vous oxygéner ! La vue sur la région est imprenable. Comptez une bonne heure pour enchaîner les 2 tronçons (500 m de dénivelée) jusqu'à la *Estación Glaciar* au pied du cône. Là-haut, vous pourrez faire une bataille de boules de neige, même en plein été ! En redescendant, requinquez-vous à la cafétéria. Ah ! encore une chose, n'oubliez pas de bien vous couvrir !

Sendero El Solitario : possibilité d'effectuer, sur environ 6 km (2h), une partie de l'ascension de l'Osorno à pied, à partir d'un chemin balisé qui part sur la gauche à 1,4 km sur la route avant les *saltos del Río Petrohué* (voir plus loin). Le sentier débouche alors sur la route V 555 à 3 km de la station de ski. À noter que le sol, recouvert de poussière et de cendre, rend la progression assez pénible dans la 1re partie de la montée.

UN VOLCAN QUI NE CRACHE PAS SA LAVE

Le volcan Osorno a comme particularité d'offrir à la vue un cône parfait, toujours enneigé et qui ne se garnit pas d'un panache de fumée lors d'une éruption. Une quarantaine de petits cratères entourent sa base et c'est par là que s'écoule la lave lorsqu'il évacue son trop-plein de magma.

Saltos del río Petrohué : *à 6 km d'Ensenada, sur la route allant à Petrohué. 5 mn de marche à peine (depuis la route) et un spectacle à couper le souffle. Tte l'année, tlj 9h-18h. Entrée : 7 000 $Ch/pers. Parking payant.* Un torrent couleur émeraude franchit des rapides bouillonnants qui franchissent des blocs d'une roche volcanique noire insensible à l'érosion, le tout encaissé dans une végétation d'un vert profond. Rien à voir avec une simple cascade, comme son nom pourrait le laisser supposer. Bondé en été et largement surfait. C'est aussi le point de départ des expéditions en rafting.

PARQUE NACIONAL VICENTE PÉREZ ROSALES

Situé à 50 km de Puerto Varas, c'est le parc national le plus ancien du Chili (créé en 1926) qui couvre 2 500 km². Son attrait principal est le lac Todos los Santos (voir ci-après « Petrohué. À voir. À faire »). Il est réputé pour la qualité de son couvert végétal où prédominent les espèces persistantes comme le cannelier ou encore l'*olivillo* (*tique* en mapuche), arbre endémique de la région pouvant atteindre 20 m de haut et reconnaissable à ses grappes de petits fruits noirs (d'où son nom). On y trouve également de belles forêts d'ormes, de nothofagus, de lauriers et de cèdres du Japon *(cryptocarias)*. Les animaux caractéristiques du parc sont le puma, le *pudu*, un petit cervidé à peine plus grand qu'un lièvre, et le *kodkod (felis guigna)*, un chat sauvage vivant sur les hauteurs.

L'ORME EST UN LOUP POUR L'ORME

Au cours du siècle dernier, les ormes ont disparu de nos campagnes européennes, victimes d'un champignon ultracontagieux. Aujourd'hui, il n'y a guère que les jeunes pousses qui survivent, mais elles sont déjà condamnées. Les forêts d'ormes chiliennes, encore épargnées, pourraient bien disparaître à leur tour.

– ***Accès :*** *achat de l'entrée sur • aspticket.cl • ; compter 7 000 $Ch/pers ; réduc.*

PETROHUÉ

Un hameau minuscule au bout d'une route en partie en cendrée, regroupant seulement la *Conaf (Corporación nacional forestal)*, un hôtel (chic) et l'embarcadère. Si tant de touristes viennent ici, c'est pour faire la traversée du lac *Todos los Santos*, le plus beau de la région des Lacs. La route reliant Ensenada à Petrohué traverse une nature d'une beauté saisissante, à travers un environnement volcanique tapissé de rocailles noires et de forêts denses. Le torrent se laisse apercevoir çà et là, détourné dans sa course par des coulées de boue gris anthracite qui dévalent les versants chaque fin d'hiver.

Adresse et infos utiles

■ ***Conaf :*** *à 30 m du Petrohué Lodge.* ☎ *65-221-20-36 (à Ensenada).* 📱 *994-99-32-26. Tte l'année, tlj 8h30-17h30.* Gère les 3 secteurs du parc : Ensenada, Petrohué et Peulla. Passez les voir si vous envisagez une rando.

➢ ***Liaisons en bus avec Ensenada et Puerto Varas :*** les bus publics partent en fonction de l'affluence, plutôt en fin d'après-midi donc (vers 16h30), après le retour du bateau de Peulla. Ils passent par Ensenada avant d'arriver à Puerto Varas (trajet : 1h).

Où dormir ? Où manger ?

🏠 🍽 ***Petrohué Lodge :*** 📱 *984-64-48-70.* • *petrohue.com* • *Doubles 290-350 US$, petit déj compris ; possibilité de pens complète.* En lisière de la forêt et face au lac, superbe hôtel d'une vingtaine de chambres tout confort. Également 4 bungalows *(4-8 pers)* en bordure de lac *(compter 250-340 US$, sans petit déj).* Ensemble très confortable, avec un restaurant agrémenté d'une large cheminée. Dans les chambres, jolis meubles en bois et petite terrasse. Multi-activités et expéditions proposées par l'agence attenante à la réception. Minipiscine semi-couverte.

À voir. À faire

★ ***Museo de los Pioneros :*** *entre l'hôtel Petrohué et le rivage. Tlj en été 10h-18h. Entrée : env 2 000 $Ch.* Petit musée à visiter au petit trot en attendant l'embarquement sur le lac. Il part des origines du peuplement de la faune, à l'ère glaciaire. Il évoque ensuite le passage des 1ers voyageurs dans la région, comme le père jésuite italien Nicolás Mascardi qui fut le 1er à parcourir ces contrées au XVIIe s, en passant par Darwin en 1851, jusqu'aux familles *Roth* (Suisse) et *Reichert* (Allemagne) qui y établirent au XIXe s les 1res entreprises commerciales et hôtelières.

★★★ ***Traversée du lac Todos los Santos :*** *tte l'année sauf j. fériés. Départ à 10h30, retour à Petrohué à 18h30. Se rendre sur place min 30 mn avt le départ. 1h45 max de navigation à l'aller, 2 au retour. En catamaran, compter 35 000 $Ch/pers ; ½ tarif moins de 11 ans. Sinon, des bateaux touristiques proposent aussi des sorties (à partir de 6 000 $Ch/pers).* La raison qui pousse tant de touristes à venir jusqu'à Petrohué est d'effectuer la traversée en catamaran du lac *Todos los Santos* jusqu'à *Peulla.* Ce lac, découvert par les jésuites un 1er novembre (jour de tous les saints), est appelé par les autochtones *Esmeralda* (« Émeraude ») en raison de la couleur verte de ses eaux, peuplées de saumons et de truites. Il est entouré

de collines recouvertes d'épaisses forêts de conifères et dominé par le cône du volcan Osorno, resplendissant de blancheur.
Au nord, le volcan ***Puntiagudo*** dresse son sommet à 2 493 m et au loin à l'est on aperçoit la masse imposante du ***Tronador*** qui culmine à 3 491 m. Magnifique ! Veillez tout de même à choisir le jour de votre traversée, en fonction d'une météo dégagée car cela perd tout son charme lorsque le ciel est nuageux.

Paso de la Desolación : *une autre voie pour accéder au volcan Osorno, dans une zone protégée. Départ derrière le museo de los Pioneros. Se renseigner au bureau de la Conaf avt de partir sur les conditions d'accès. Les services d'un guide se montent à partir de 30 000 $Ch.* Attention, le sentier de 10 km est difficile à suivre en hiver à cause de la neige, mieux vaut y aller en été. Compter 5-6h pour gagner le *refugio La Picada* (une zone de camping où vit à l'année un *ranger* de la *Conaf*). Au début, la végétation est dense, puis, à mesure que l'on monte, elle s'éclaircit pour carrément se désertifier à l'approche des coulées de lave. Là-haut, c'est magnifique, surtout au printemps, quand on fait ses 1res traces dans la neige.

PEULLA

Ce village du bout du monde, très pluvieux entre avril et octobre, est accessible à pied (en 15 mn) depuis le débarcadère où accostent les bateaux qui effectuent la traversée du lac Todos los Santos. Peulla est aussi le point de départ des bus (mais seulement privés) qui vont à San Carlos de Bariloche, en Argentine. Petite plage exquise et poste de douane chilien dans le hameau.

Arriver – Quitter

Bateau et bus

➢ ***Petrohué :*** traversée du lac Todos los Santos. Départ de Peulla vers 16h45.

➢ ***San Carlos de Bariloche*** *(Argentine) :* le trajet entre Petrohué et San Carlos de Bariloche en passant par Peulla demande environ 9h. Aucun bus public direct de Peulla à San Carlos de Bariloche. La seule possibilité consiste à acheter un forfait soit à bord du bateau de la compagnie qui assure la traversée, soit auprès d'une agence de voyages – par exemple, ***Cruce Andino,*** *(934-06-28-85)* – de Puerto Varas. Ce forfait global coûte env 295 US$/pers (!) et combine le bateau et le bus. Le départ de Peulla se fait (en principe) à 15h, direction ***Puerto Frías*** pour les formalités de passage des frontières. Nouvelle traversée sur le lac *Frias* et bus encore pour Puerto Blest. Dernière navigation sur le lac Nahuel Huapi en direction de Puerto Pañuelo. Arrivée (ouf !) à San Carlos de Bariloche vers 21h le jour même.
– Sinon, la compagnie *Andesmar* propose 2 bus directs/j. au départ de Puerto Varas (voir plus haut le chapitre concerné).

Où dormir ? Où manger ?

Hôtel Natura Patagonia : *accessible par une passerelle au-delà du poste de douane. 940-20-65-42. • hotelnatura.villapeulla.cl • Doubles 150-230 US$, petit déj compris. Le wifi passe très mal.* Situé dans un cadre superbe au milieu de nulle part. Décoration tout en bois ce qui lui donne un petit côté alpestre. Une quarantaine de grandes chambres, sans fioritures, avec vue sur la vallée. Bon petit déjeuner dans une grande salle qui accueille aussi au déjeuner les passagers de bus pour Bariloche. Les petites cascadas Los Novios sont à quelques minutes de marche de l'hôtel.

COCHAMÓ

Bercé par l'estuaire Reloncavi, Cochamó est un petit village de pêcheurs sur lequel le temps n'a pas eu prise. Tout semble sommeiller... En bas du village, la vieille église de Marie l'Immaculée, aux bardeaux en tuiles d'alerce en témoigne, même si la municipalité a décidé de donner un peu plus de flambant au front de mer.
Ici, la *Pachamama* s'en est donné à cœur joie et la vallée de Cochamó, qui abrite l'une des plus belles forêts tropicales humides au monde, regorge d'arbres dinosaures, toboggans naturels et autres cascades enchantées ! Bref, de quoi satisfaire tous les amoureux de la nature ! Point de départ de nombreux sentiers de trek et autres randonnées à cheval. Ne manquez pas de monter jusqu'au site de la *Junta,* petit Yosémite chilien, véritable paradis des grimpeurs ! Une belle aventure tout le long du chemin.

Arriver – Quitter

En voiture

En partant de ***Puerto Varas,*** prendre la route en direction d'Ensenada, puis suivre la route en direction de Ralùn. Poursuivre sur une piste d'une douzaine de km jusqu'à l'entrée du village.

En bus

➢ Env 3 bus/j. des compagnies *Buses Río Puelo et Estuario Reloncavi* (vers 7h45, 12h et 15h30, mais ils changent régulièrement) en partant de ***Puerto Montt*** à l'angle de Diego Portales et Lillo. Possibilité de le prendre à ***Puerto Varas*** ; mais attention, s'il est complet, il ne s'arrête pas ! Trajet : env 2h. Se renseigner pour les horaires des retours. Les bus repartent de la rue principale de Cochamó (faire signe).

LE SUD

Adresse utile

Oficina de turismo : *dans une petite cabane au milieu de la rue principale sur la gauche en arrivant. • municochamo.cl • Ouv tte l'année ; l'été, tlj 8h30-13h, 14h30-17h30.* Fournit des plans de la vallée avec les différents sentiers de trekking. Si vous partez l'explorer en solitaire, il est nécessaire de venir vous enregistrer ici.

Où camper ? Où manger ?

Il existe quelques campings à Cochamó et dans la vallée, dont celui de ***La Junta,*** accessible après une quinzaine de km (prendre un taxi pour la partie carrossable, après il ne reste que 8 km de crapahutage *(ouv seulement oct-fin avr).*

El Faro : *maison en bois en face du petit port et de l'estuaire du Reloncavi, à droite de l'église et au-dessus d'une supérette. 956-55-45-05. Tlj 10h-19h. Plats 4 000-15 000 $Ch. Sur place ou à emporter.* Petite salle, déco banale, mais plats simples de poisson et de fruits de mer, selon la pêche du jour. En tout cas, c'est souvent plein.

PUERTO MONTT

246 000 hab.

• Plan *p. 328-329*

Ville portuaire moyenne qui se profile comme la nouvelle capitale économique du Sud chilien. Situé à 1 016 km de Santiago, c'est un lieu de transit entre la région des Lacs et l'île de Chiloé, la région australe et la Patagonie.
Fondée en 1853 par le diplomate chilien Vicente Pérez Rosales, elle garde des traces de l'influence germanique, notamment à travers l'architecture des vieilles maisons en bois et de la cathédrale, qui date de la fondation de la ville. Une nuit (en cas de besoin) suffira pour se faire une idée de la ville qui, il faut l'avouer, présente un visage plutôt hétéroclite. Si vous avez le choix, préférez Puerto Varas à seulement 20 km de là.
Si vous n'allez pas à Chiloé, veillez à goûter à la spécialité locale *el curanto,* de coquillages et de viandes, un plat à déguster à Angelmó, un quartier réputé pour sa foire artisanale.

Arriver – Quitter

Avion

✈ ***Aeropuerto El Tepual*** *(hors plan par A1,* ***1****)* **:** *à 16 km du centre-ville.* ☎ *65-229-41-61.* • *aeropuertodepuertomontt.cl* • *Suivre la direction de Chiloé ; ensuite, c'est indiqué. Compter de 30 mn à 1h selon circulation. Distributeur* (Banco de Chile). *Petit office de tourisme (tlj sauf w-e) et loueurs de voitures dans le hall de l'aéroport.*

– Les bus *Andres Tur* (📱 *996-47-22-10*) relient l'aéroport avec le terminal des bus et le centre-ville. Départs selon les vols (2h avant le vol depuis le terminal des bus, 7h-20h30). Tarif : 3 000 $Ch/pers pour le terminal ; 5 000 $Ch/pers pour le centre-ville (kiosque dans la salle de livraison des bagages). Pour Puerto Varas, compter 5 000 $Ch/pers. En taxi, compter 10 000 $Ch pour le centre et le terminal de bus.

➢ ***Santiago, Punta Arenas et Balmaceda*** *(Coyhaique)* **:** vols quotidiens avec *LATAM* et *Sky Airline.*

✈ ***Aeródromo Marcel Marchant*** *(La Paloma ; hors plan par D1,* ***2****)* **:** *à 3 km au nord-est du centre-ville.*

➢ ***Chaitén :*** tte l'année, 2 vols/j. avec *Pewen* • *pewenchile.com* • et *Aerocord* • *Facebook* •

Bus

🚌 ***Terminal des bus*** *(plan A2)* **:** *av. Diego Portales.* ☎ *65-228-30-00.* • *terminalpm.cl* • Bâtiment moderne très animé en bordure de la baie, couplé à l'hôtel Ibis. Toutes les compagnies y ont leur comptoir de vente. Consigne *(tlj 7h-22h30).* Terrasse pour pique-niquer devant la baie.

➢ ***Valparaiso, Viña del Mar*** *(durée : env 15h)* **:** 3 bus de nuit avec *TurBus, Pullman* et *Condor.*

➢ ***Liaisons avec Santiago*** *(12h-14h30)* ***et les villes intermédiaires*** *(Osorno, Valdivia, Temuco, Concepción, Pucón)* **:** très nombreux départs, la plupart des compagnies (surtout *Pullman,* le plus rapide, et *ETM*) ont plusieurs bus/j. Pour Santiago, les départs se font avant 9h et après 16h.

➢ ***Petrohué*** *(1h30)* **:** 3 bus/j.

➢ ***Río Puelo et Cochamó*** *(2-3h)* **:** 3 bus/j. (1 bus le dim) avec *buses Río Puelo-Estuario Reloncavi.*

➢ ***Chaitén et parc nacional Pumalín*** *(9h30)* **:** 1 bus/j., le mat vers 6h ou 7h, avec *Kemelbus.*

➢ ***Chiloé*** *(Ancud, 2h ; Castro, 3h30)* **:** plusieurs départs/h, 7h45-20h30 avec *Queilen Bus, Cruz del Sur* et *ETM.*

➢ ***Puerto Varas*** *(30 mn)* ***et***

LE SUD

***Frutillar** (40 mn) :* nombreux départs, 7h15-22h30.
➢ ***Bariloche** (6-8h) :* env 2 départs/j. avec *Andesmar.* Résa recommandée l'été.
➢ ***Punta Arenas** (via Bariloche, en Argentine ; env 26h !) :* env 2 bus/sem avec *Pullman.*
➢ ***Hornopirén** (3-4h) :* tlj sauf dim, 1 bus le mat avec *Kemelbus.*

Bateau

***Puerto Angelmó** (hors plan par A3, **50**) : à 2 km à l'ouest du centre-ville.* Pour les coordonnées des compagnies maritimes, voir la rubrique « Adresses utiles ».
➢ ***Île de Chiloé :*** 24h/24 ttes les 20-30 mn en journée de ***Pargua*** (à 60 km de Puerto Montt) avec *Naviera Cruz del Sur (• navieracruzdelsur.cl •)* ou *Trans Mar Chilay (• transmarchilay.cl •).* Traversée en 30 mn env. Arrivée à Chacao, à 27 km d'Ancud.
➢ ***Chaitén :*** tte l'année, départs 3-5 fois/sem avec *Naviera Austral (• navieraustral.cl •)* via Ayacara ; trajet : 8-9h (voyage de nuit). Également 5 départs/sem de Quellón (Chiloé) et 1/j. tlj sauf dim de Castro (Chiloé), mais seulement en été (janv-fév) pour ce dernier. Trajet 2 fois moins long que de Puerto Montt, mais mêmes tarifs !
➢ ***Puerto Natales :*** avec le cargo de *Navimag (• navimag.com •),* départ tte l'année en principe mar à 22h (*check-in* 17h-18h), arrivée ven (voir coordonnées dans « Adresses utiles »). Compter à partir de 420 US$/pers en cabine double, tout compris (repas et animations). Possibilité d'embarquer une voiture. Malgré le confort un peu rustique, c'est une croisière inoubliable où le personnel est épatant et les rencontres faciles. 4 jours et 3 nuits de navigation entre les canaux de Patagonie, spectacle exceptionnel par beau temps. Pendant ce long voyage, où aucun alcool n'est servi (faites vos provisions avant le départ), on a des chances d'apercevoir des baleines, des dauphins, des phoques et parfois des condors, les rapaces mythiques des Andes. Seul bémol : voyage parfois pénible pendant les 12h de traversée du *golfo de Penas,* où, soyons francs, pas mal de passagers sont malades.
Attention ! Ce voyage étant très prisé, il est impératif de réserver au moins 1 mois à l'avance en haute saison.

LE SUD

Adresses et infos utiles

Oficina municipal de turismo *(plan C2) : maison en bois au bord de la plaza de Armas. ☎ 65-222-30-16. • puertomontt.travel • Tlj 9h-18h (parfois plus tard en hte saison).* Très bon accueil.
■ **Conaf** *(plan C1, **3**) : Ochagavía, 458. ☎ 65-248-61-02. • conaf.cl • En sem seulement, 9h-17h.* Infos sur les parcs nationaux.
■ **Banques :** *nombreux distributeurs dans le centre.*
Hospital de Puerto Montt *(hors plan par A1) : à l'entrée de la ruta 5 vers le nord. ☎ 65-236-20-01. • hospitalpuertomontt.gob.cl •*
■ **Consulat d'Argentine** *(plan C1, **4**) : Pedro Montt, 160 (6e étage). ☎ 65-250-52-90. Lun-ven 9h-13h.*

Ferries

■ **Navimag** *(plan A2-3, **6**) : Diego Portales, 2000. ☎ 224-11-26-00. • navimag.com • Lun-jeu 9h-13h, 14h30-18h30 ; ven 9h-17h ; sam 15h-18h ; fermé dim.*
■ **Naviera Austral** *(hors plan par A3, **5**) : av. Angelmó, 1673. ☎ 65-227-04-31. • navieraustral.cl • En sem 9h-12h30, 16h-21h ; sam 16h-21h ; fermé dim.*
■ **Skorpios :** *☎ 65-227-56-46. • skorpios.cl •* Croisières au départ de Puerto Montt et de Punta Arenas.

Où dormir ?

Les campeurs trouveront où monter leur tente sur la route de Chinquihue. Sinon, l'hébergement n'est pas particulièrement folichon à Puerto Montt, à part quelques adresses...

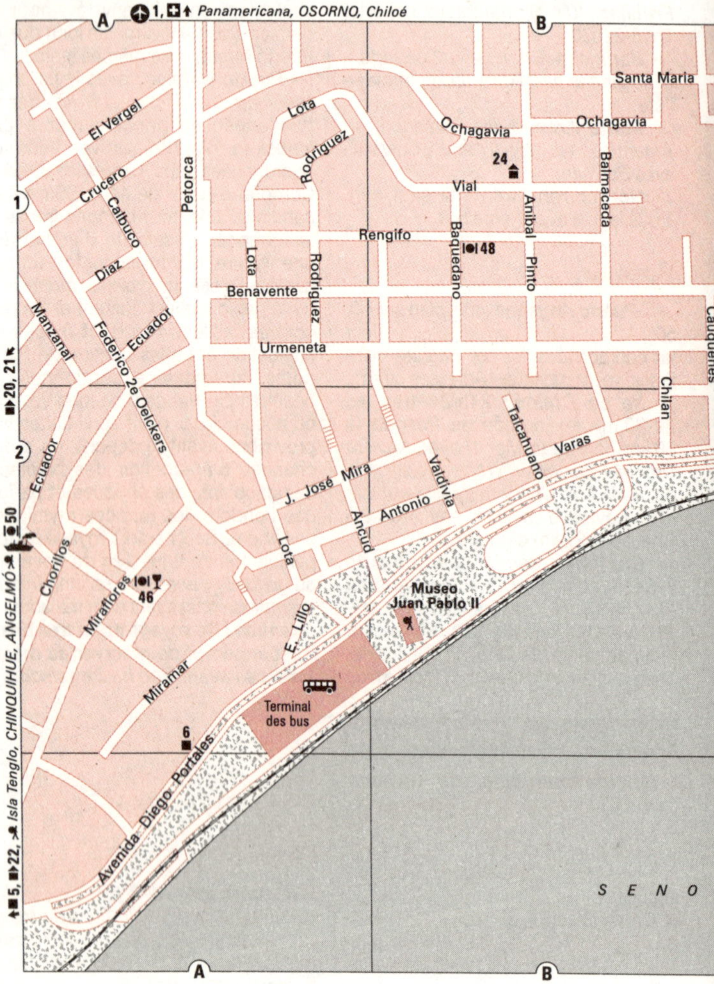

Adresses utiles

- Oficina municipal de turismo (C2)
- ✈ 1 Aeropuerto El Tepual (hors plan par A1)
- ✈ 2 Aeródromo Marcel Marchant (La Paloma ; hors plan par D1)
- 3 Conaf (C1)
- 4 Consulat d'Argentine (C1)
- 5 Naviera Austral (hors plan par A3)
- 6 Navimag (A2)
- 50 Port d'Angelmó (hors plan par A3)

Où dormir ?

- 20 Casa Perla (hors plan par A1)

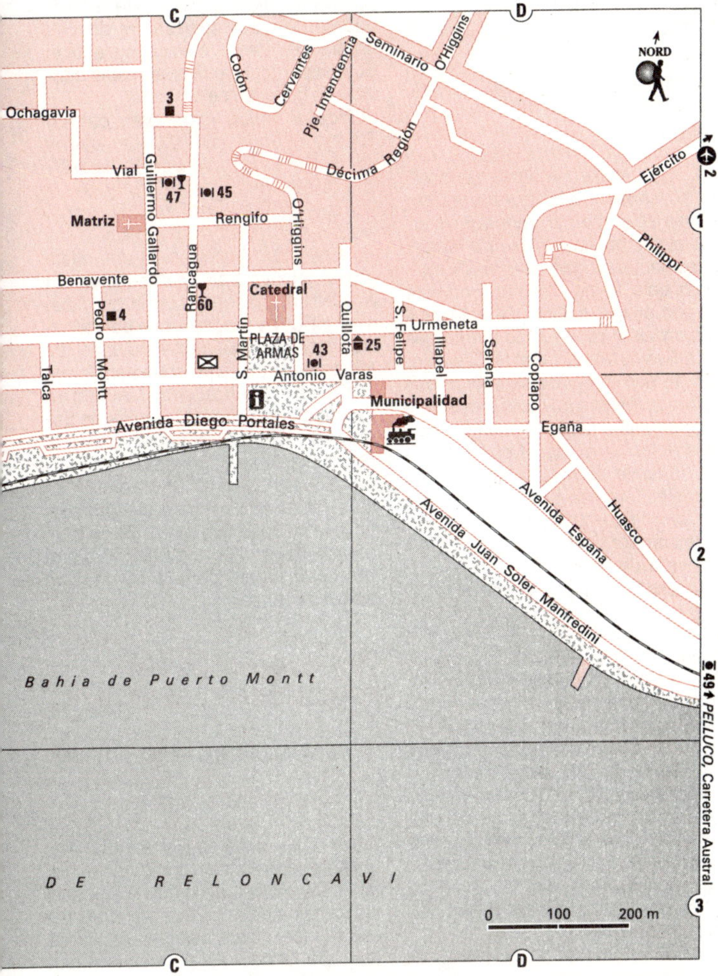

PUERTO MONTT

21 Hospedaje Corina (hors plan par A1)
22 Hostal Suizo (hors plan par A3)
24 Hospedaje Javiera (B1)
25 Hotel Don Luis (C-D1)

Où manger ?

43 El Tablón del Ancla (C1-2)
45 El Fogón del Lenador (C1)
46 Cirus Bar (A2)
47 El Bosque (C1)
48 El Fogón de Pepe (B1)
49 Cotelé (hors plan par D2)
50 Restaurants du port d'Angelmó (hors plan par A3)

Où boire un verre ?

46 Cirus Bar (A2)
60 Boulebar (C1)

Bon marché (jusqu'à 50 000 $Ch / env 55 €)

Casa Perla *(hors plan par A1,* ***20****) : Trigal, 312. ☎ 65-226-21-04. • casaperla.com • Lit en dortoir env 16 000 $Ch/pers ; double env 36 000 $Ch.* Voilà une dame qui porte bien son nom. Perla (qui parle bien l'anglais et un peu le français), énergique et sympa, connaît bien la région. Sur les hauteurs, dans une vieille maison en bois, 2 chambres et 2 dortoirs de 3 personnes (qui ne ferment pas à clé) simples et propres, de même que les 2 salles de bains. Çà et là, des peintures de son mari alternent avec des bibelots provenant de toute l'Amérique latine, un piano croulant sous les partitions et les bouquins... On prend son petit déjeuner dans la cuisine, à côté du poêle. Manque juste un espace-salon commun pour les hôtes. Possibilité de camper dans le jardin. Bref, y'a de la vie là-dedans !

Hospedaje Corina *(hors plan par A1,* ***21****) : Los Guindos, 329. ☎ 65-227-39-48. 📱 982-40-30-37. Doubles 30 000-45 000 $Ch sans ou avec sdb.* Des chambres bien proprettes, réparties entre la maison des propriétaires et une autre, à 2 pas *(Francisco Vivar 1135),* nickel et sans patine. Dans cette dernière, on est davantage indépendant et on n'a pas l'impression d'être en chambre d'hôtes. Les chambres avec bains privés sont coquettes et l'accueil chaleureux. Vraiment un bon rapport qualité-prix.

Hospedaje Javiera *(plan B1,* ***24****) : Anibal Pinto, 315, à 15 mn à pied (en montant) du terminal de bus. ☎ 65-227-34-63. Double env 30 000 $Ch avec petit déj.* Dans une maison jaune, grandes chambres cosy, propres et colorées ; bonne literie pourvue de couettes épaisses et douche commune. Petite cuisine collective. Équipe particulièrement agréable donnant de bons conseils.

Hostal Suizo *(hors plan par A3,* ***22****) : Independencia, 231, pas loin de du port d'Angelmó. ☎ 65-271-63-82. 📱 993-08-55-33. • rossyoelckers@yahoo.es • Ouv nov-mars. En saison, doubles 30 000-40 000 $Ch sans ou avec sdb ; pas de petit déj.* Vaste chalet tout en bois, particulièrement accueillant, flanqué d'un jardin fleuri avec BBQ. La proprio – une personnalité – moitié suisse, moitié chilienne, est artiste-peintre et a presque transformé son *hostal* (une *hospedaje,* en fait) en galerie d'art, tapissant les murs de ses œuvres ! Chambres impeccables et personnalisées, à l'image de l'ensemble. Certaines dans une annexe en bois. Chacun se prépare son petit déj dans une pièce commune dotée d'un micro-ondes, d'un frigidaire et d'une bouilloire (boulangerie à 50 m). Une adresse charmante.

Prix moyens (50 000-80 000 $Ch / env 55-90 €)

Hotel Don Luis *(plan D1,* ***25****) : Quillota, 146. ☎ 65-220-03-00. • hoteldonluis.cl • Doubles 65 000-75 000 $Ch, avec petit déj. Parking gratuit.* Bien situé en plein centre-ville, un hôtel logé dans un grand immeuble, qui conviendra à ceux qui recherchent un certain confort. Déco standard par excellence. Chambres bien équipées. La salle de petit déj pourrait être plus agréable et le choix des produits du buffet un peu moins industriel. Rien de plus à signaler.

Où manger ?

Bon marché (5 000-10 000 $Ch / env 5,50-11 €)

El Bosque *(plan C1,* ***47****) : Rancagua, 293. 📱 975-94-68-37. Lun-ven 13h-16h, 17h-21h ; fermé w-e.* Au 1er étage d'une grande maison, un resto-bar qui a de la personnalité avec une déco rustique-chic dans l'esprit de la région. Menu du jour à prix doux, sandwichs, burgers végétariens, gâteaux et jus de fruits frais, bières

LE SUD

artisanales. Ambiance chaleureuse et musique agréable en fond sonore.

El Tablón del Ancla (plan C1, **43**) : *Antonio Varas, 350. ☎ 65-236-75-55. Lun-sam 10h-minuit, dim 12h30-22h.* Grande taverne-brasserie populaire, mobilier en stratifié, banquettes et sièges vert pomme, sous les écrans TV. Beaucoup de monde en continu pour se sustenter à prix modique, d'une cuisine pas vraiment gastronomique mais suffisamment roborative pour se caler pour plusieurs heures, comme ce filet de porc, cuit à la bière, avec choucroute et purée. Flots de cervoise pour faire descendre tout cela.

De prix moyens à plus chic (15 000-30 000 $Ch / env 17-33 €)

Cirus Bar (plan A2, **46**) : *Miraflores, 1177. ☎ 65-225-20-16. Le soir, si vous logez loin, mieux vaut y aller en taxi ou en colectivo. Tlj sauf dim 11h-0h45.* Longue façade rose pour un resto-bar d'habitués, à la clientèle assez hétéroclite plutôt masculine : pêcheurs, artistes, étudiants, écrivains, et touristes... tout ce petit monde se retrouve accoudé au long comptoir, le temps de refaire le monde, et ce, depuis 1962 ! Déco chargée d'objets en tout genre. Menu bon marché le midi en semaine. Dans l'assiette, poisson, *parrilladas*, *pichangas*, sandwichs, salades... En principe, un chanteur folk vient tous les soirs. Atmosphère sympathique assurée par le patron qui a vécu en Bretagne. Une vraie institution.

El Fogón de Pepe (plan B1, **48**) : *Rengifo, 845, coin Baquedano. ☎ 65-239-63-86. Tlj sauf dim-lun 13h-22h (23h jeu-sam).* Dans une salle rustique et chaleureuse, on dîne sous le regard de quelques trophées de chasse, avec un saxophone ou des drapeaux au-dessus de la tête. La porte d'entrée donne sur le grand barbecue où grillent de bonnes viandes chiliennes, histoire de vous mettre l'eau à la bouche... Veau, bœuf, porc, poulet, sont servis généreusement, accompagnés de patates, légumes, riz ou salades composées. Vin chilien pour faire glisser le tout. Petite terrasse. Une très bonne adresse pour les carnassiers, souvent pleine comme un œuf !

El Fogón del Leñador (plan C1, **45**) : *Rancagua, 246. ☎ 65-248-92-99. Tlj 12h30-minuit (19h dim).* Un autre repaire de viandards, proche du centre. Salle en rondins, grandes tables, murs rouge sang (normal !), tête de cerf, poêle à bois et lustres style médiéval. Pièces de bœuf de 200 à 500 grammes, cuisson parfaite selon préférence, sauces au choix. *Ribs* de porc, Les curieux tenteront les rognons au *jérez* (petite attente). Vins au verre. Bar et terrasse en façade.

Où manger dans les environs proches ?

À Pelluco

Plusieurs bons restos à 4 km à l'est du centre de Puerto Montt, face à la plage. Taxi ou *colectivos* sur la route côtière.

Cotelé (hors plan par D2, **49**) : *av. Juan Soler Mandrefini, 1661, sur la route côtière. ☎ 65-228-80-00. Tlj 13h-minuit (18h dim). Pièces de viande facturées au poids (prix moyens). Résa impérative.* Ici, la grillade est à l'honneur ! Avec ses murs en tuiles d'alerce, ses petits hublots, sa déco de rondins et sa remarquable vue sur la baie, ce petit resto intimiste (à peine 10 tables) a de quoi vous mettre à l'aise. On vient ici entre amis saliver devant son entrecôte ou filet d'Angus, découpés sous vos yeux puis cuits sous une impressionnante *parilla* centrale, tout en dégustant un excellent ballon de rouge. En accompagnement, *sopaipillas* (galettes de potiron) et sauce *pebre* pour accompagner le tout, délicieux !

À Angelmó

Pour y aller, prendre, sur la route côtière, l'un des nombreux bus ou *colectivos* indiquant « Angelmó », ou longer la côte à pied (env 15 mn).

|●| ***Restaurants du port d'Angelmó*** *(hors plan par A3,* ***50****) : à 2 km à l'ouest du centre-ville. Tlj jusqu'à 20h env.* Y aller pour ses petits restos sympas où l'on peut savourer, au-dessus des flots, des plats délicieux de crustacés et de poisson. À côté, le marché abrite aussi des ***cocinerías,*** de petites cantines très fréquentées où l'on savoure au coude à coude, arrosées d'une tasse de vin blanc, des barquettes de crevettes ou de saumon exposés aux étalages. Si vous n'allez pas à Chiloé, goûtez le *curanto,* plat typique (et copieux !) du coin, fait de viandes et de coquillages.

Où boire un verre ?

🍷 ***Boulebar*** *(plan C1,* ***60****) : Benavente, 435. 📱 958-00-44-42. Tlj sauf dim, de 18h (20h sam) jusque tard dans la nuit.* Le bar attitré des étudiants de la ville. À l'intérieur, ambiance plutôt rock. Plusieurs petites salles éclairées à la bougie. On n'y voit rien, mais ce n'est pas bien grave, car on n'est pas venu pour ça ! Bonne playlist, le temps d'apprécier sa bière.

🍷 Voir aussi le ***Cirus Bar*** *(plan A2,* ***46****)*, décrit dans « Où manger ? ».

À voir. À faire à Puerto Montt et dans les environs

Museo Juan Pablo II – museo histórico *(plan B2) : Diego Portales, 997. ☎ 65-222-30-29. Lun-ven 10h-13h, 14h30-18h ; fermé w-e. GRATUIT.* Musée inauguré par Jean-Paul II lors de sa visite en 1987. N'a pas grand-chose à voir avec le souverain pontife, cela dit, puisque c'est un musée sur l'histoire de la région, des 1ers habitants à l'époque actuelle, en passant par les colonisations espagnole et allemande. À voir : des dioramas, maquettes de bateaux, reconstitution d'un intérieur chilote, images du tremblement de terre de 1960, photo aérienne de Puerto Montt, entre autres.

Angelmó *(hors plan par A3,* ***50,*** *et carte La région de Puerto Montt) : à 3 km à l'ouest du centre, y aller en taxi ou prendre l'un des nombreux colectivos sur la route côtière, le parking y est malaisé.* C'est le petit port pittoresque que l'on recommande dans la rubrique « Où manger dans les environs proches ? ». On y trouve le marché aux poissons, et les lions de mer, à qui on jette des restes de poisson, y assurent l'animation. Il y a aussi une *Feria artesanal,* tout au long de l'avenue Angelmó. De nombreux stands qui ouvrent petit à petit au fil de la matinée (ne pas s'y déplacer avant 11h) ; on y trouve objets en bois, pulls et ponchos en laine. Dommage que tous vendent la même chose...

Isla Tenglo *(carte La région de Puerto Montt) : petite île en face d'Angelmó.* Des bateaux de pêcheurs vous y conduisent depuis la *caleta (à côté du marché artisanal, au niveau de la pointe de l'île ; compter 500 $Ch la traversée).* Un sentier mène à une croix : de là, vue superbe sur Puerto Montt, le port, la baie et, par temps clair, sur les volcans. Sympa de pique-niquer en haut quand le temps est dégagé ; sinon, pléthore de petites gargotes pas loin de l'embarcadère.

Parque nacional Alerce Andino : *à 46 km env à l'est de Puerto Montt. Bus pour Correntoso depuis le terminal de Puerto Montt. Trajet : env 45 mn. Les billets s'achètent dans le bus. L'entrée se trouve à 2,5 km de Correntoso (une autre entrée à Lenca). Résa de l'entrée sur ● aspticket.cl ●, règlement en espèces sur place. Tarif : 6 000 $Ch. Si vous envisagez de passer la nuit sur place, prévoyez des provisions (il n'y a pas de boutique à Correntoso). Si vous êtes motorisé, un véhicule*

LE SUD

4x4 est indispensable. Le parc s'étend sur environ 400 km², dont la moitié est couverte d'alerces (sorte de cyprès). Les plus vieux spécimens du parc ont près de 3 000 ans ! Sentiers de randos, de 3 à 12 km. Un vrai dépaysement pour ceux qui n'ont pas l'occasion de continuer vers la Patagonie.

Le parc propose 2 ***refuges*** rustiques. Renseignez-vous avant à la *Conaf* de Puerto Montt (voir « Adresses et infos utiles » précédemment) ou sur le site ● *conaf.cl* ●

ISLA DE CHILOÉ (ÎLE DE CHILOÉ)

• Carte *p. 335*

La 5e plus grande île d'Amérique du Sud, longue de 200 km et large de 50 km pour un peu plus de 9 000 km², Chiloé a toujours occupé une place à part au Chili, par son isolement et sa spécificité géographique, historique et culturelle. Découverte en 1553 par les conquistadors espagnols, elle fut rapidement colonisée par les jésuites. Après la révolte mapuche en 1598 sur le continent, Chiloé connut une longue période d'isolement. Bastion important de la résistance royaliste, favorable à la couronne d'Espagne pendant la guerre d'indépendance, les Chilotes furent les derniers à accepter la rupture avec Madrid.

De cette histoire tumultueuse est issue une population atypique de marins farouchement indépendants, qui compte aujourd'hui près de 168 000 personnes. Les légendes mâtinées de divinités sylvestres et d'un soupçon de sorcellerie appartiennent au quotidien avec une évidence toute naturelle.

Par sa condition insulaire, Chiloé a pu préserver les vestiges de son passé et son attachement aux traditions : à l'origine, on ne comptait pas moins de 200 églises jésuites et de nombreuses chapelles, qui faisaient la fierté de l'île (la plus ancienne, celle d'Achao, date de 1730). Des 150 églises encore debout aujourd'hui, 16 sont inscrites au Patrimoine mondial de l'Unesco et 10 sont déclarées *Monument national* : Achao, Quinchao, Nercón, Chonchi, Villupulli, Rilán, Quilquico, Dalcahue, Curacó de Vélez et Castro. La plupart se concentrent sur la côte est et dans l'archipel au large de Dalcahue, Castro et Chonchi.

La pluie aussi fait partie de l'identité de Chiloé. Le temps y joue au yo-yo en permanence, alternant trombes d'eau et soleil radieux. Pour être clair, le parapluie y est nettement plus utile que le maillot de bain ! Il en résulte des paysages rappelant un peu l'Irlande, la Bretagne, et des atmosphères d'une photogénie extraordinaire.

La pêche, l'élevage de moutons, la culture des pommes, des fraises et de la pomme de terre (originaire d'ici), le ramassage des algues destinées au Japon et, enfin, l'exploitation du bois sont les ressources essentielles de l'île. Bien que les distances ne soient pas énormes, les déplacements prennent en général plus de temps qu'on ne l'imagine, compte tenu de l'état de certaines routes... On a donc tout le loisir d'apprécier les paysages, les petits cimetières de campagne et les maisons en bois multicolores et les nombreuses églises, qui se détachent sur le ciel tourmenté.

Comment y aller ?

➢ ***Le bac Pargua-Chacao :*** bus et voitures prennent le bac entre Pargua (à 60 km de Puerto Montt) et Chacao (à 27 km d'Ancud) avec *Naviera Cruz del Sur* (ferries jaunes) ou *Trans Mar Chilay* (ferries rouges). Fonctionne 24h/24 ;

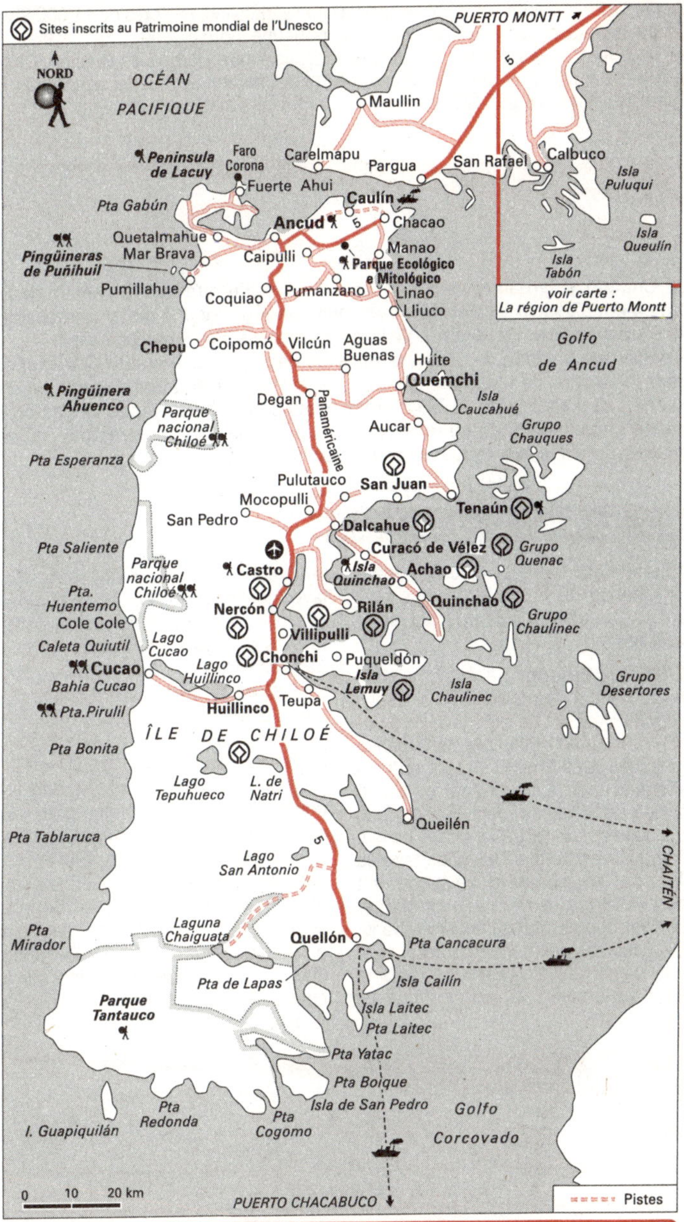

ISLA DE CHILOÉ

départs permanents en journée (pas de question à se poser, on embarque sur le 1er ferry qui est à quai ; fréquence réduite la nuit). Traversée en 30 mn. Compter env 18 000 $Ch/véhicule (passagers inclus) ; près de 11 000 $Ch pour une moto.

➢ Liaisons en ferry entre ***Quellón, Castro*** et ***Chaitén.*** Se reporter aux rubriques « Arriver – Quitter » de ces villes.

CAULÍN

De Chacao, suivre la route 5 vers Ancud, puis bifurquer sur le chemin de la côte 4 km plus loin à droite (ou possibilité de prendre une piste carrossable de 8 km au niveau de l'église). Viviers d'huîtres visibles à marée basse.
À peine une poignée de maisons, mais les habitants distinguent *Caulín alto,* dans les terres, de *Caulín bajo,* sur la plage. Pour les amateurs de nature, de pêche... et d'escargots. En effet, on recense pas mal d'élevages de gastéropodes dans le coin, qu'on retrouve aussi bien à la carte des restos... qu'en crèmes de soins aux vertus miraculeuses !

Où dormir ? Où manger ?

Attention aux marées ! Que l'on arrive de Chacao ou d'Ancud, il vous faudra passer par la plage pour traverser le village !

Caulín Lodge : *bahía de Caulin W129 St, sur la plage. 990-17-56-48. Doubles 45 000-60 000 $Ch ; petit déj en sus.* Un ensemble de *cabañas* rustiques avec chambres tout en bois alignées face à un chenal et à une armée de limicoles (petits échassiers) qui courent sur l'estran à marée basse. Tranquillité garantie. Les couettes des lits sont en plumes d'oie provenant de l'élevage des proprios. Un métier familial depuis plusieurs générations. On peut voir des cygnes à col noir et des flamants l'été. Balades dans la forêt tôt le matin, à pied ou à cheval, et location de matériel de pêche. Bar (avec cocktails bio), bon resto de poisson et fruits de mer, billard et petite piscine en prime. Vente de crèmes à base de sécrétions d'escargots.

Ostras Caulín : *sur la plage, env 200 m avt le Caulín Lodge en venant de Chacao. 996-43-70-05. Tlj 12h-19h. Repas env 25 000 $Ch. Résa conseillée dim.* Cette discrète maison en bois est connue depuis des années pour ses succulentes huîtres, à déguster sous toutes les formes, petites, moyennes, grosses, frites, en potage, en cocktail et servies par 15... Vraiment de quoi réjouir les amateurs ! Sinon, saumon, gâteau au crabe, mais pas de viande. Grande baie vitrée qui donne sur le chenal. Atmosphère posée.

ANCUD

41 600 hab.

• Plan *p. 339*

Ancud a toujours été l'agglomération la plus étendue de Chiloé, même si Castro, l'actuelle capitale, est aujourd'hui aussi peuplée. La position stratégique de la ville sur la route du cap Horn lui valut l'intérêt le plus vif

des Espagnols, qui s'empressèrent d'y construire, vers 1770, des fortifications massives encore en partie visibles aujourd'hui, comme le fort de San Antonio. Mais Ancud fut aussi une étape pour les baleiniers, les cargos de passage assurant le trafic commercial dans cette région du globe, et quelques pirates... Elle subit de gros dégâts lors du tremblement de terre de 1960. De nos jours, elle apparaît bien tranquillement installée dans sa jolie baie. Dans les rues s'alignent des maisons multicolores recouvertes de tuiles en bois d'alerce disposées en écailles de poisson.

Arriver – Quitter

Bus

Ancud compte 3 gares routières :

Terminal municipal des bus *(hors plan par B2,* ***1****)* **:** *Aníbal Pinto, à env 1,5 km à l'est de la ville. Colectivo (400-500 $Ch) depuis le centre.* Ne dessert que les villes importantes. Héberge la compagnie *Queilen Bus.*

Terminal de Buses *(plan B2,* ***2****)* **:** *Los Carrera, 850 à l'angle de Los Cavada.* Consigne *(6h30-22h)* qui fonctionne par tranche de 12h. Héberge la compagnie Cruz del Sur et dessert une majorité de liaisons avec les villes de l'île et vers le nord.

Terminal Inter-Rural *(plan B2,* ***3****)* **:** *Colo Colo, 860. Au-dessus du supermarché Unimarc.* Les billets s'achètent à bord des bus.

➢ ***Puerto Montt*** *(env 2h)* **:** bus réguliers, 6h-minuit, avec *Queilen Bus, ETM* et *Cruz del Sur.*

➢ ***Castro*** *(1h15)* **:** une vingtaine de bus/j., du mat jusqu'au soir, *avec Queilen Bus, ETM* et *Cruz del Sur.*

➢ ***Chepu*** *(45 mn)* **:** 3 fois/sem, 1 bus/j. vers 15h.

➢ ***Quellón*** *(3h)* **:** min 10 bus/j., 9h45-20h30, avec *Cruz del Sur* et *ETM.* Sinon, nombreux bus depuis Castro.

Adresses utiles

Oficina de turismo Sernatur *(plan A2)* **:** *Libertad, 663. ☎ 65-262-81-83. • ancud.cl/turismo • En été, lun-ven 8h30-17h30 (16h30 ven), fermé le w-e.* Bonne doc et excellent accueil.

Change *(plan A2,* ***5****)* **:** ***Banco del Estado,*** *Ramírez, 229. Lun-ven 9h-14h.* Change les euros. Distributeurs.

Hospital de Ancud *(plan B1)* **:** *Almirante Latorre, 301 ; à l'angle de Pedro Montt. ☎ 65-232-64-78.*

Où dormir ?

Camping

Camping Arena Gruesa *(plan B1,* ***10****)* **:** *Costanera Norte, 290. ☎ 65-262-34-28. • hotelarena gruesa.cl • Ouv tte l'année. Compter 8 000 $Ch/pers. Possibilité de commander le petit déj.* Sur une falaise, un vaste espace avec emplacements délimités par des haies qui assurent une certaine intimité. Pour chacun, table et barbecue. Jeux pour enfants, terrain de foot, plage toute proche. Ensemble bien tenu. Également des chambres dans un bâtiment récent, ainsi que des *cabañas* (voir « Prix moyens »).

De bon marché à prix moyens (35 000-60 000 $Ch / env 40-65 €)

13 Lunas *(plan B2,* ***12****)* **:** *Los Carrera, 855. ☎ 65-262-21-06. • 13lunas.cl • Lits en dortoir 6-8 lits 15 000-20 000 $Ch/pers ; doubles 30 000-40 000 $Ch avec sdb.* Un *hostel* installé

L'ÎLE DE CHILOÉ

dans une grande maison jaune et verte en face de la gare routière. Ici, le mot d'ordre est « convivialité » ! Vaste cuisine, salle à manger où peuvent s'attabler une vingtaine de personnes, coin cheminée pour des concerts improvisés, dortoirs spacieux pour la plupart, sanitaires nickel (eau chauffée par panneaux solaires), terrasse pour prendre le soleil, jardin avec 2 ou 3 hamacs, et surtout une *parilla* géante au sous-sol pour des *asados* réussis. Petite précision : les 2 chambres *matrimoniales* n'ont pas de fenêtre. Le tout, tenu par une équipe jeune et dynamique, toujours de bon conseil pour explorer la région et qui propose aussi des excursions. Une excellente adresse !

Hostal Mundo Nuevo *(plan A2,* ***14****) : Salvador Allende (Costanera), 748. ☎ 65-262-83-83. • mundonuevohostal.com • Doubles sans ou avec sdb 45 000-68 000 $Ch ; familiales également.* Face à la mer, un *hostal* vraiment plaisant, à la bonne ambiance routarde. À l'intérieur, tout est charmant, très propre. Une dizaine de chambres vous y attendent, avec bonne literie et vue sur la mer pour tout le monde. Pour les tourtereaux, il y a même une chambre spéciale, avec lit en forme de barque sous les combles ! Agréable salon donnant sur la mer. Possibilité d'utiliser la cuisine. *Hot tub* (payant), laverie, parking privé. Atmosphère conviviale. Vraiment bien. Restaurant *Indómito* sur place, géré par d'autres proprios (voir « Où manger ? »).

Hostal Austral *(hors plan par B2,* ***15****) : Aníbal Pinto, 1318. ☎ 65-262-48-47. 📱 971-55-71-11. À 200 m env du terminal des bus ; colectivo pour rejoindre le centre-ville. Doubles 30 000-35 000 $Ch sans ou avec sdb.* Une *hospedaje* aux petites chambres lambrissées, scrupuleusement entretenue par sa proprio. Avec passion, un poil de théâtralité, et sans compter son temps, elle vous contera la ville et ses environs, dans les moindres détails.

Hotel Madryn *(plan A2,* ***16****) : Bellavista, 491. ☎ 65-262-21-28. Doubles 35 000-40 000 $Ch, avec petit déj.* Intérieur tout en bois agréable et cosy. Un hôtel qui propose des *cabañas* et une dizaine de chambres bien finies, avec salle de bains, et lits moelleux. Bon rapport qualité-prix.

Hotel Arena Gruesa *(plan B1,* ***10****) : Costanera Norte, 290. ☎ 65-262-34-28. • hotelarenagruesa.cl • Double avec sdb env 60 000 $Ch, petit déj inclus.* Hôtel du camping du même nom. Niché au bord d'une falaise, propose une vingtaine de chambres confortables avec vue sur le Pacifique pour chacune d'elles. Intérieur en lambris et décoration sobre, joli salon avec fauteuils face à la cheminée, sans oublier un agréable jardin pour admirer le coucher du soleil. Une adresse au calme et à l'atmosphère douillette.

Hospedaje Marta *(hors plan par A2,* ***13****) : Lautaro, 988. ☎ 65-262-37-48. 📱 959-00-85-23. • martachiloe@hotmail.com • Doubles sans ou avec sdb env 40 000 $Ch.* 6 petites chambres simples mais parfaitement tenues. Une table et quelques chaises dans un jardin de poche pour bouquiner au grand air. Une adresse familiale fort correcte.

L'ÎLE DE CHILOÉ

Où dormir dans les environs ?

Camping

Camping Lugar de Encuentro : *à* ***Chepu,*** *à 34 km au sud-ouest d'Ancud (et à 5 km de l'océan). 📱 983-51-59-46. • alfonsovr@live.com • 100 m env avt le puente Anhuay. Env 5 000 $Ch/pers. Possibilité de commander le petit déj.* Petit camping aménagé en contrebas de la route, dans une clairière au bord du río Chepu. Cuisine à disposition, coin pour les grillades et abri au cas où... Sanitaires sommaires (douche chaude, en principe), mais le cadre est tellement serein. Les chambres dans la partie *hospedaje* sont moins

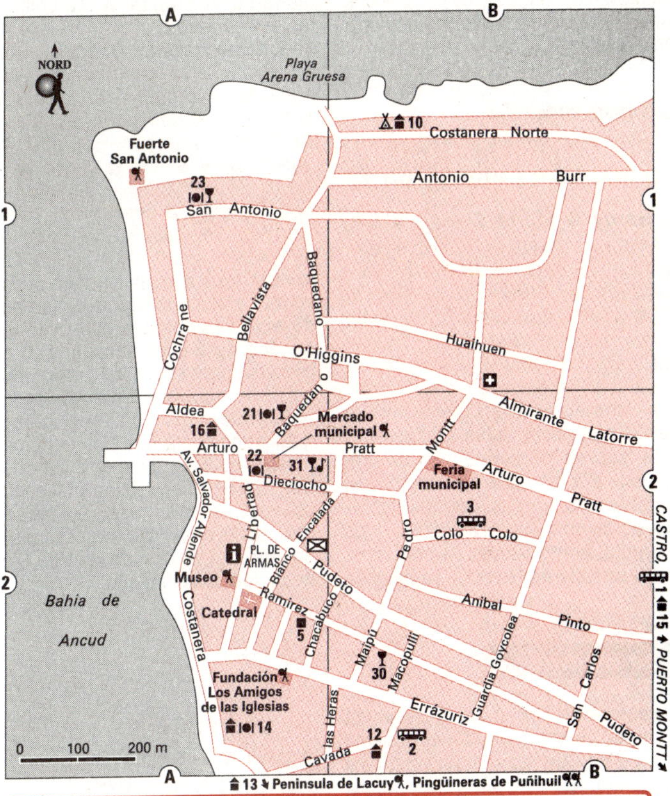

ANCUD

Adresses utiles

- Oficina de turismo (A2)
- 1 Terminal municipal des bus (hors plan par B2)
- 2 Terminal de Buses (Cruz del Sur ; B2)
- 3 Terminal Inter-Rural (B2)
- Hôpital (B1)
- 5 Banco del Estado (A2)

Où dormir ?

- **10** Camping et hotel Arena Gruesa (B1)
- **12** 13 Lunas (B2)
- **13** Hospedaje Marta (hors plan par A2)
- **14** Hostal Mundo Nuevo (A2)
- **15** Hostal Austral (hors plan par B2)
- **16** Hotel Madryn (A2)

Où manger ?

- **14** Indómito (A2)
- **21** Club social Baquedano (A2)
- **22** Los Artesanos (A2)
- **23** Resto de l'Hotel Ancud (A1)

Où boire un verre ? Où sortir ?

- **23** Resto de l'Hotel Ancud (A1)
- **30** L'Chinchel (B2)
- **31** Pub Terraza (A2)

intéressantes. Organise des excursions en bateau pour rejoindre la *pingüinera Ahuenco.*

De bon marché à prix moyens (35 000-60 000 $Ch / env 40-65 €)

Hardy & Maria Luisa : *à* ***San Antonio,*** *à 15 km au sud d'Ancud. 993-97-28-22. • hardyandmaria luisa.com • Suivre la ruta 5 sur 12 km, puis bifurquer à droite direction Chepu (juste après le puente Mechaico) ; c'est 3 km plus loin. Env 25 000 $Ch/pers avec sdb et petit déj.* Une adresse en pleine nature tenue par Maria Luisa Maldonado, une sacrée personnalité, un vrai remède à la morosité. Les chambres, en revanche, sont un peu tristounettes et, du coup, un peu chères. Dans le jardin, grand baquet en bois, dont l'eau chauffe en 1h, pour se baigner. Maria Luisa prépare à merveille le fameux *curanto.*

Turismo rural La Bahía : *à* ***Guapilacuy,*** *dans la péninsule de Lacuy, à env 32 km d'Ancud (accessible en bus depuis le terminal rural). 947-38-13-14. • turismorurallabahia@gmail.com • Suivre la route de la péninsule de Lacuy en direction du faro Corona ; à env 31 km, fléché sur la droite. Cabaña (3-4 pers) env 60 000 $Ch, petit déj compris.* Une maison face à la mer posée sur un versant et sur une langue de terre qui dessine des courbes harmonieuses ourlées de plages sauvages. C'est probablement au sein de cette beauté naturelle que Bernardita et Freddy, un couple d'ostréiculteurs, puisent quotidiennement leur bonne humeur et leurs sourires généreux. Ils louent des cabanes nickel (avec kitchenette) pouvant accueillir jusqu'à 4 personnes. Accès direct à la plage, située en contrebas. Location de kayaks. C'est beau, tout simplement.

Où manger ?

La cuisine de Chiloé est évidemment riche en produits de la mer... même s'il paraît que les Chilotes peuvent accommoder les abats de porc de 100 façons différentes ! Entre nous, on n'a rien vu de la sorte (en ce qui concerne le porc), mais ce qui est sûr, c'est que la grande spécialité de l'île est le ***curanto,*** une méthode de cuisson millénaire.

Sur le principe de la cuisson à l'étouffée, on creuse traditionnellement un trou dans la terre pour y disposer une couche de fruits de mer (coquillages et moules), une couche de pommes de terre, une couche de viande (porc, poulet), parfois des fèves ou haricots, le tout recouvert de feuilles de *nalca* (sorte de rhubarbe géante)... On trouve sa version simplifiée dans les restos, cuit à la cocotte. Pas vraiment fin, mais pas mauvais du tout et bien roboratif ! En été, on trouve aussi régulièrement de l'agneau à la broche.

De bon marché à prix moyens (5 000-20 000 $Ch / env 5,50-22 €)

Près du marché, dans une cour intérieure animée, plusieurs ***petits restos*** *(plan A2)* pas très chers, simples et bons.

Club social Baquedano *(plan A2,* ***21****) :* *Baquedano, 469. 65-262-36-33. Tlj sauf dim 13h-1h.* Pub de style victorien, chauffé par un gros poêle à bois, déco maritime. Sert des plats de poisson et de fruits de mer, mais aussi des pizzas taille XXL. Service un peu lent, mais super accueil. Bonne musique de fond et concerts quelquefois. Excellentes bières artisanales.

Indómito *(plan A2,* ***14****) :* *Salvador Allende (Costanera), 748. 945-52-45-53. Tlj 8h-23h (18h dim).* L'*hostal Mundo Nuevo* s'est agrandi d'un resto fort agréable. Petite salle de bois blond vêtue, pour une cuisine actuelle concoctée à partir de produits frais et locaux. Également des hamburgers, sandwichs et une carte pour le petit déj.

|●| ***Los Artesanos*** *(plan A2,* ***22****)* **:** *angle Arturo Pratt et Libertad, entrée par Dieciocho. ☎ 65-262-96-57. Au marché municipal, à l'étage. Tlj 12h30-20h.* Cuisine classique et correcte, un peu bourrative, et à prix raisonnables, servie dans une salle lumineuse et plaisante.

De prix moyens à plus chic (15 000-30 000 $Ch / env 17-33 €)

|●| ***Resto de l'Hotel Ancud*** *(plan A1,* ***23****)* **:** *San Antonio, 30. ☎ 65-262-23-40. Tlj midi et soir.* Une des meilleures tables de la ville, avec vue de choix sur le large, romantique en diable au coucher du soleil. Jolie salle entièrement lambrissée, à l'atmosphère chic et décontractée. On y sert des plats de terre et de mer assez sophistiqués.

Où boire un verre ? Où sortir ?

Ah ! les folles nuits d'Ancud... une vraie légende chilote ! En journée, la terrasse avec vue sur le Pacifique du ***resto de l'Hotel Ancud*** *(plan A1,* ***23****; voir « Où manger ? »)* vaut le coup.

🍷 ***L'Chinchel*** *(plan B2,* ***30****)* **:** *Ramirez, 317. Lun-sam jusqu'à 4h (5h ven-sam) ; fermé dim.* Maison verte à l'enseigne d'un coq. L'un des plus animés, avec des bières artisanales, une bonne sélection d'alcools et un cadre gentiment patiné. On peut aussi y manger un morceau, notamment des hamburgers pas chers, pour changer. Bonne ambiance, parfois tranquille, parfois plus vitaminée.

🍷 ♩ ***Pub Terraza*** *(plan A2,* ***31****)* **:** *Arturo Prat, 169. À l'étage. Tlj 12h-minuit (2h ven-sam).* Pub animé où l'on peut grignoter un sandwich, des *tablas* ou des pizzas pour accompagner sa bière. Karaoké, stand-up et concerts gratuits (en réservant une table) certains vendredis et samedis.

À voir

Museo regional de Ancud *(plan A2)* **:** *Libertad, 370. Quasi sur la plaza de Armas. • museodeancud.gob.cl • Tlj sauf lun 10h-17h (16h w-e). GRATUIT.* Un petit musée étonnamment moderne, même si les efforts pour le rendre interactif sont parfois involontairement comiques ! Il retrace l'histoire de l'île et présente ses métiers traditionnels, son patrimoine culturel et sa faune, dont un squelette complet de baleine bleue. Pas mal d'humour aussi dans l'explication des paniers chilotes. Également des expos temporaires et des boutiques d'artisanat dans la cour intérieure.

Fuerte San Antonio *(plan A1)* **:** *tlj 9h-21h. Accès libre.* Construit en 1770 par les colons pour protéger le détroit de Chacao, ce fort fut l'un des derniers bastions de la résistance espagnole lors de l'indépendance. Balade agréable sur les hauteurs, offrant une jolie vue sur l'horizon. Petite plage en contrebas.

Fundación Los Amigos de las Iglesias de Chiloé *(plan A2)* **:** *Errázuriz, 227. ☎ 65-262-10-46. • iglesiasdechiloe.cl • Lun-ven 9h30-18h, w-e et j. fériés 10h30-17h30. Donation libre.* Un ancien couvent de 1875, transformé en centre d'information sur les églises de Chiloé. L'occasion de rappeler que sur les 150 églises que compte l'île, 16 sont classées au Patrimoine de l'Unesco. Maquettes des 16 merveilles en question et organisation des visites guidées de celles-ci.

Mercado municipal *(plan A2)* **:** *Arturo Pratt. Tlj 9h30-19h.* Sur de minuscules étals, 3 kg de carottes, 5 ou 6 kg de fromages, quelques écheveaux de laine et des colliers d'huîtres ou de moules séchées... On peut aussi aller faire un tour à la *feria municipal* (plan B2 ; angle Arturo Pratt et Pedro Montt ; tlj 8h30-19h30) où l'on trouve des étals de fruits, légumes et de l'artisanat local.

Ancud compte 2 plages : ***Arena Gruesa*** (« Gros Sable » ; *plan A-B1*), au nord du centre, et ***Lechagua,*** à 4-5 km sur la route de la péninsule de Lacuy.

DANS LES ENVIRONS D'ANCUD

Parque ecológico e mitológico : *à env 15 km d'Ancud, sur la route de Chacao, juste après le puente Huicha (sur la droite). 996-37-91-25. Tlj 8h30-18h30. Visite guidée de 45 mn (en espagnol) env 2 000 $Ch/pers.* L'initiative originale de Filiberto, qui a aménagé tout un parcours pédagogique dans son jardin boisé, autour de la richesse de la flore de Chiloé et de l'importance des croyances chilotes, comme le *Trauco* ou le *basilisco,* un serpent vivant dans les grottes qui aurait la faculté de paralyser à vie les imprudents qui se feraient mordre. Le parcours est ponctué de mises en scène de personnages et d'animaux mythologiques, peints, sculptés en bois, en fil de fer... avec une bonne dose d'humour. L'une des plus fameuses légendes, celle du *Caleuche,* évoquée par Coloane, vient directement de la crainte qu'inspire la mer : le *Caleuche* est un navire fantasmagorique dont l'équipage serait formé de sorciers et de leurs captifs...

GARE AU TRAUCO !

Le Trauco est un personnage qui vit dans la forêt et ne se sépare jamais de sa hache de bois. Physiquement représenté comme un nain ignoble (il marche sur des moignons), il se mue en jeune homme qui ensorcelle les jeunes femmes pendant leur sommeil... Une histoire inventée par les femmes des marins partis parfois travailler en Argentine, enceintes à leur retour, qui accusaient ainsi l'esprit de la forêt !

Península de Lacuy : *à 35 km env d'Ancud. Pour y aller, 3 bus/j. en sem seulement avec Mar Brava, sur Aníbal Pinto ; 2-3 bus/j. en sem depuis le terminal des bus ruraux calle Colo Colo (plan B2,* ***3****) ; les uns vont au fort d'Ahui, les autres au faro Corona.* La route, en grande partie goudronnée (piste carrossable sur les derniers kilomètres), passe par le port de ***Quetalmahue,*** avec ses barques échouées et ses pêcheurs de coquillages (c'est ici que l'on récolte les algues qui finissent dans les *sushi bars* japonais), puis par la belle plage de ***Guabún.*** À la fin de la route asphaltée, la piste de droite s'achève au ***fort d'Ahui,*** restauré, et celle de gauche conduit au ***faro Corona.***

Pingüineras de Puñihuil : *à env 25 km au sud-ouest d'Ancud, par une route goudronnée, en direction de la péninsule de Lacuy puis de Puñihuil. Sinon, liaisons en bus 3 fois/sem depuis le terminal rural d'Ancud, calle Colo Colo. En taxi, négociez l'A/R (max 20 000 $Ch) et demandez au chauffeur de vous attendre. • pinguineraschiloe.cl •*

L'accès aux îlots est interdit, mais on peut les approcher en bateau. Sur la plage, départ des tours de 30 mn sur des bateaux de 20-25 pers, mais par temps clair seulement *(sorties régulières 10h45-17h30 ; env 9 000 $Ch/pers).* Des agences comme *Austral Adventures* (• austral-adventures.com •) organisent également l'excursion depuis Ancud, mais elle est un peu plus chère. Quelques restos sur la plage.

Ces îlots abritent des colonies de manchots, beaucoup moins importantes qu'à Punta Arenas, mais c'est le seul endroit au Chili où l'on peut observer (de septembre à mars, le mieux étant le mois de février) 2 espèces réunies, les manchots de Magellan et ceux de Humboldt. Superbes paysages.

Le secteur de Chepu : c'est la partie nord du ***parque nacional Chiloé*** *(accès : tlj 9h-17h30 ; résa sur ● aspticket.cl ●, compter env 6 000 $Ch/pers ; réduc).* Après avoir passé Coipomó sur la ruta 5, on traverse une vallée d'arbres morts, droits comme des « i » dans une vallée inondée. Un spectacle hallucinant, causé par le tremblement de terre de 1960. Au large du parc se trouve la ***pingüinera Ahuenco.*** Les manchots y sont moins nombreux qu'à celle de Puñihuil. Un mirador a été aménagé pour les observer. Accès en bateau depuis *Chepu* (20-30 mn de navigation sur le *río Chepu*) ; prévoir ensuite 2h-2h30 de marche dans le parc avant d'accéder à l'îlot, à pied et à marée basse seulement. S'adresser au *Camping Lugar de Encuentro,* à Chepu (voir « Où dormir dans les environs ? »).

QUEMCHI

8 700 hab.

Petit port de la côte est de l'île et, surtout, village natal de *Francisco Coloane* (voir le chapitre « Personnages » dans « Hommes, culture, environnement »), fasciné dans son enfance par les marées capricieuses, allant jusqu'à 7 m d'amplitude parfois. À marée basse, la plage faite de granit, basalte et coquillages offre un spectacle étonnant. Mais, pour être francs, le village ne nous a pas ensorcelés.
En face, l'île de Caucahué, où vit *Roberto Triviño Alvarado,* l'auteur des maquettes de bateaux que vous verrez dans certaines vitrines de Quemchi. Les marins avaient pour coutume d'offrir à l'église la réplique de leur bateau à leur retour de voyage. On peut encore en voir, suspendues dans la chapelle, au milieu de l'île. Il est possible d'aller sur l'île en barque avec les pêcheurs du coin (le secteur de *Morrolobos* est apprécié par une colonie de « *lobos marinos* »).

Où manger ?

El Chejo : *diego Bahamonde 251, face à la baie.* ☎ *65-269-14-90. Ouv tlj 9h-23h. De bon marché à prix moyens.* Ici, pas de carte, on mange ce que le chaleureux patron propose ce jour-là. Principalement du poisson mais aussi des *empanadas* au crabe. *Curanto* dominical. Parfois de la viande, histoire de... Salle lambrissée avec vue sur la mer et petite terrasse.

TENAÚN

Un minuscule village entre Quemchi et Dalcahue, paisible, au bord de l'eau, où pointent les 3 clochers bleu cobalt de la petite église de la *Nuestra Señora del Patrocinio* classée au Patrimoine mondial de l'Unesco *(ouv tlj 11h-18h).* **Pour les non-motorisés, 2 bus quotidiens au départ de Castro.**

Où dormir ? Où manger ?

Hospedaje Mirella : *c'est la 2ᵉ maison après l'église.* 📱 *996-47-67-50. ● agroturismomirella.com ● Double env 32 000 $Ch. Possibilité de repas.* Hébergement d'agritourisme avec 7 chambres simples, avec ou sans salle de bains, presque au bord de l'eau. Confitures et pain maison. Si ça vous amuse, vous pouvez mettre la main à la pâte (c'est le cas de le dire !) pour préparer le dîner. Ambiance sympa et excellent accueil de Mirella, cuisinière hors pair.

DALCAHUE

13 300 hab.

Joli village côtier situé à une vingtaine de kilomètres au nord de Castro, accessible en bus ou en *colectivo* depuis Castro. Son nom vient des longues chaloupes effilées, les *dalcas,* que fabriquaient ici les autochtones. L'église en bois d'alerce, restaurée, est l'une des plus belles de Chiloé (classée au Patrimoine mondial de l'Unesco). Elle date de 1850.

Adresse et info utiles

■ ***Bureau Cruz del Sur :*** *dans la calle San Martín (qui longe l'église sur la gauche). ☎ 65-264-10-50.* Liaisons 2 fois/j. avec Ancud et Puerto Montt. Bus de et pour Castro ttes les 15 mn avec *Buses Dalcahue* en face de la supérette Otimarc.

– Le dimanche, 7h-13h, ***marché artisanal*** animé, proche de la place principale.

Où dormir ? Où manger ?

Refugio de Navegantes, boutique hôtel et café : *San Martín, 165. ☎ 65-264-11-28. • refugiodenavegantes@gmail.com • Sur la place de l'église. Tlj sauf lun 13h-20h. De prix moyens à chic.* Dans une des plus vieilles maisons de la ville, une poignée de chambres (catégorie très chic avec petit déj) douillettes, de bon confort avec salle de bains moderne et balcon. Au rez-de-chaussée, petit café bien accueillant. Ambiance *arty* tranquillou, avec à la carte : vrais cafés, sandwichs, gâteaux ou glaces pour pas cher. On y resterait bien toute la journée !

La Cocinería Dalcahue : *sur la place de la feria artesanal ; à env 200 m de l'église. Tlj 9h-19h (16h lun). Bon marché.* Un ensemble de petites gargotes sympathiques dans un bâtiment en forme de bateau. Derrière les fourneaux, les cuisinières s'affairent pour préparer *empanadas, tortillas, curanto, cazuelas, asado de vacuno...* Parfait pour manger sur le pouce.

DANS LES ENVIRONS DE DALCAHUE

Dalcahue est le point de départ des transferts en bateau sur les ***archipels de Chauques*** (4 îles) et ***Buta Chauques*** (2 îles).
Départ des *lanchas* (selon la météo) :
– de Dalcahue, 2 fois/sem, en début d'ap-m ;
– des îles Butachauques, 2 fois/sem, tôt le mat ;
– des îles Chauques, 2 fois/sem, le mat.
Ce sont des îles magnifiques et encore authentiques, où l'on peut randonner en observant à loisir une faune abondante. À chaque « port » où l'on arrive, il est facile de trouver un hébergement en demandant aux 1res maisons près de l'embarcadère.

Isla Quinchao : *de Dalcahue, traversée de 3 mn en bac, 6h-minuit. Compter 2 500 $Ch/véhicule (2 000 $Ch/moto), passagers inclus. Des bus relient Castro* *et Dalcahue à Curacó de Vélez et Achao, les 2 principaux villages de l'île (bus ttes les 15-30 mn, 7h-20h). À Achao, le terminal de bus se trouve à 100 m au sud de l'église.*

En face de Dalcahue, l'île Quinchao où résident 9 000 insulaires, recèle quelques trésors, dont l'église du XVIIIe s, la plus grande de Chiloé, classée au Patrimoine de l'Unesco. L'occasion d'une belle balade d'une journée.

À mi-chemin entre l'embarcadère et Achao se trouve le village de ***Curacó de Vélez,*** aux habitations multicolores. Son église restaurée a été classée Monument national. Les maisons traditionnelles, avec tuiles de bois d'alerce, ont été ici extraordinairement préservées. Les façades sont vernies en couleur naturelle ou peintes en pastel. Sur le bord de mer, en face des cygnes à col noir qui barbotent, on peut déguster d'énormes huîtres avec un verre de vin blanc.

À 20 km du débarcadère, ***Achao,*** le plus gros village de l'île, que le passage du temps ne perturbe pas trop. La superbe église Santa Maria de Loreto (classée au Patrimoine de l'Unesco), construite en 1730, est la plus ancienne de Chiloé. Elle a la particularité d'être exclusivement bâtie en bardeaux de cyprès de Patagonie. L'extérieur est sobre, mais l'intérieur extrêmement coloré (superbe plafond en bois sculpté). Petit musée sur les jésuites et l'évangélisation de l'île. À Achao, quelques *hospedajes* pour passer la nuit.

CASTRO

env 54 000 hab.

• Plan *p. 347*

Capitale de l'île, Castro est une petite ville à la fois attractive et chaotique. La circulation sur la *ruta 5* qui la traverse est dantesque, et on peut poireauter 1h dans les embouteillages avant de rejoindre le centre. Le port animé, le marché artisanal, l'étonnante cathédrale jaune et les rues bordées de maisons colorées composent un ensemble assez hétéroclite.

Sa partie sud-ouest borde l'estuaire du río Gamboa soumis à l'alternance des marées et offre le spectacle d'une rangée bigarrée de maisons sur pilotis, les fameux *palafitos,* visibles aussi au nord-est du centre. Fondée en 1567, c'est la 3e ville la plus ancienne du Chili. Sa population est composée principalement d'un métissage entre les peuples autochtones, *Huilliches, Cuncos, Payos* et *Chonos* et les colons espagnols.

Arriver – Quitter

Bus

Terminal municipal des bus *(plan B1-2,* ***1****)* **:** *Monjitas, 726, à l'arrière de San Martín.* À noter que **Cruz del Sur** *(plan B2,* ***2****)* a son propre terminal, sur San Martín, 486. On peut aussi y acheter ses billets *Cruz del Sur* et *Queilen Bus.*

➢ ***Cucao*** *(parc national ; env 1h30)* **:** env 5 bus/j., 9h-19h (dernier retour vers 18h de Cucao), avec *Buses Unión Expresos.* Moins fréquent hors saison.

➢ ***Dalcahue*** *(30 mn)* **:** minibus ttes les 15 mn.

➢ ***Chonchi*** *(30 mn)* **:** une dizaine de bus/j. 7h30-19h45 avec *Queilen Bus.*

➢ ***Queilen*** *(env 1h45)* **:** une dizaine de bus/j. 7h30-19h45, avec *Queilen Bus* ; moitié moins le dim.

➢ ***Quellón*** *(1h30)* **:** une dizaine de bus/j. 11h-22h avec *ETM.*

➢ ***Quemchi*** *(env 1h30)* **:** 2-4 bus/j.

➢ ***Tenaún*** *(env 1h)* **:** bus fréquents 7h45-19h, réduits à 3/j. le dim.
➢ ***Achao*** *(env 1h30)* **:** env 10 bus/j. 7h-19h avec *Río Pudeto* et *Buses San Cristóbal.*
➢ ***Ancud*** *(env 1h15)* **:** très nombreux départs, 5h30-22h40, avec *ETM, Cruz del Sur* et *Queilen Bus.*
➢ ***Puerto Montt*** *(env 3h30)* **:** ttes les 30 mn-1h, 5h30-20h, avec *ETM,* plus quelques départs avec *Queilen Bus* et *Cruz del Sur.* De là, bus *Andesmar* pour **Bariloche** (Argentine).
➢ ***Santiago*** *(env 16h)* **:** 2-3 bus/j. (en fin d'ap-m) avec *Cruz del Sur* et *Queilen* ; 5 bus/j., 16h15-20h30, avec *ETM* et 4 bus/j. avec *Pullman* depuis le terminal municipal. Certains passent par ***Temuco*** et ***Concepción.***
➢ ***Concepción*** *(12h),* ***Osorno*** *(5h),* ***Puerto Varas*** *(4h)* et ***Valdivia*** *(7h)* **:** plusieurs bus/j. avec *Cruz del Sur* et/ou *ETM.*

Bateau

➢ ***Chaitén*** **:** en été, 1 ferry/j. sauf dim (en principe, vers 17h) avec *Naviera Austral* (traversée env 6h). Ferry retour de Chaitén, tlj sauf dim vers 8h.

Avion

✈ ***Aeródromo Mocopulli*** *(hors plan par B1)* **:** *à 20 km au nord de Castro.*
➢ ***Santiago*** **:** 4-5 vols/sem avec *JetSmart* et *LATAM* en haute saison.

Adresses et infos utiles

ℹ ***Oficina de turismo*** *(plan B2)* **:** *bâtiment sur la plaza de Armas, en face de la cathédrale. Tlj 9h-20h (10h en hiver).* Quelques infos.
■ ***Argent, change*** **:** *change possible à la* ***Banco del Estado,*** *plaza de Armas (plan B2,* ***4****).* Nombreux distributeurs dans le centre.
■ ***Conaf*** *(plan A2,* ***5****)* **:** *Gamboa, 424. ☎ 65-253-25-01. Lun-ven 9h-12h30, 14h30-17h30 (16h30 ven).* Infos sur le parc national de Chiloé.
■ ***Parque Tantauco*** *(plan B3,* ***6****)* **:** *Las Delicias, 270. ☎ 65-253-26-96. • parquetantauco.cl • Janv-fév, tlj 9h-18h ; le reste de l'année, fermé le w-e.* Centre d'infos sur le parc Tantauco (se reporter à la rubrique « À voir. À faire à Quellón et dans les environs », plus loin). Résa pour les refuges et les campings.
✚ ***Hôpital*** *(plan A1)* **:** *Freire, 852. ☎ 65-249-05-48.*
■ ***Naviera Austral*** *(plan A2,* ***9****)* **:** *représenté par* ***Turismo Pehuén,*** *Chacabuco, 498. ☎ 65-263-52-54.*
■ ***Turismo Quelcún*** *(plan B2,* ***26****)* **:** *San Martín, 581. ☎ 65-263-23-96. • quelcun.cl •* Agence de voyages qui organise des excursions d'une journée autour de Castro *(Parque nacional, isla Lemuy, isla Quinchao...).*
■ ***Chiloétnico*** **:** *📱 968-49-26-18. • chiloetnico.cl •* Agence de voyages basée dans les environs de Castro qui propose des excursions pour partir à la découverte de l'île au plus près de la nature et de la culture chilote. Au programme : trekkings, vélo, kayak ou encore balades à cheval dans les parcs nationaux. Loue aussi des vélos, kayaks et équipements de camping pour les plus aventureux.
– ***Festival de Castro*** **:** *la 3ᵉ sem de fév.*

Où dormir ?

Bon marché (jusqu'à 50 000 $Ch / env 55 €)

🏠 ***Hostal Costa Azul*** *(plan B2,* ***22****)* **:** *Lillo, 67. ☎ 65-263-24-40. • hostalcostaazul.cl • Doubles 30 000-40 000 $Ch. CB refusées.* Une douzaine de chambres lambrissées qui s'organisent sur 2 étages autour d'un toit transparent, bien agréables, équipées toutes avec salle de bains. Rien à redire, c'est plaisant et d'un bon rapport qualité-prix, mais évitez les chambres du rez-de-chaussée.
🏠 ***Hostal Bellavista*** *(plan B2,* ***21****)* **:** *Sotomayor continuación, Barros Arana,*

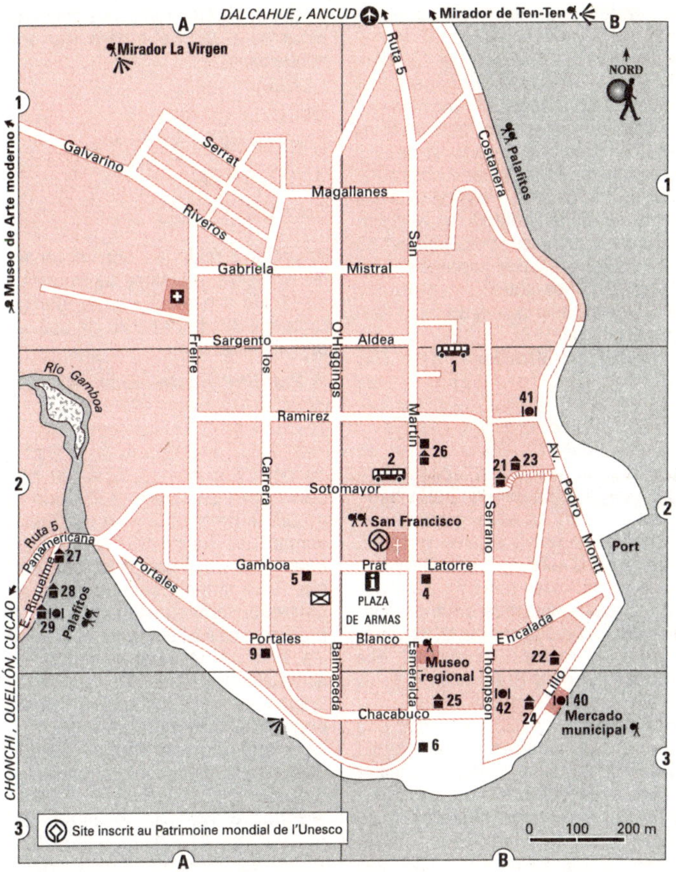

CASTRO

Adresses utiles

- Oficina de turismo (B2)
- 1 Terminal municipal des bus (B1-2)
- 2 Terminal Cruz del Sur (B2)
- 4 Banco del Estado (B2)
- Hôpital (A1)
- 5 Conaf (A2)
- 6 Parque Tantauco (B3)
- 9 Naviera Austral (A2)
- 26 Turismo Quelcún (B2)

Où dormir ?

- 21 Hostal Bellavista (B2)
- 22 Hostal Costa Azul (B2)
- 23 Hostal El Mirador I (B2)
- 24 Hostal El Mirador II (B3)
- 25 Hostal Casa-Kolping (B3)
- 26 Hostal y turismo Quelcún (B2)
- 27 Palafito Hostel (A2)
- 28 Palafito Waiwen (A2)
- 29 Palafito 1326 (A2)

Où manger ?

- 29 Palafito 1326 (A2)
- 40 Brisas del Mar (B3)
- 41 El Mercadito (B2)
- 42 El Sacho (B3)

151. ☎ 65-263-35-74. • hospedajebellavista@gmail.com • Dans une rue en escaliers (pas de voiture). Doubles 25 000-35 000 $Ch ; petit déj en sus. Ici, on ne change pas la formule qui marche, du lambris un peu partout, des chambres bien propres et des lits confortables ! Salle de bains commune pour tout le monde. Possibilité d'utiliser la cuisine familiale. On a une petite préférence pour les chambres nos 13 et 15 au 3e, avec vue imprenable sur la baie. Pour les autres, vous risquez de vous retrouver face à un mur ! Bon accueil familial.

Hostal El Mirador I *(plan B2,* ***23****) : Sotomayor continuación, Barros Arana, 127. ☎ 65-263-37-95. • maboly@yahoo.com • Doubles 25 000-45 000 $Ch.* Dans une rue en escaliers, un *hostal* à la façade blanche, à laquelle on accède par le haut, comme pour l'adresse précédente. Chambres simples et très propres, avec ou sans salle de bains. Belle vue sur le lagon, cuisine, salon confortable. Accueil très sympa de la propriétaire des lieux. À 5 mn de là, presque en face du *mercado municipal,* elle propose en plus ***El Mirador II*** *(plan B3,* ***24*** *; Lillo, 124 ; ☎ 65-253-18-08)* : un bâtiment récent comprenant une dizaine de chambres nickel, toutes avec salle de bains. Parking gratuit et cuisine à disposition dans les 2 lieux.

Hostal y turismo Quelcún *(plan B2,* ***26****) : San Martín, 581. ☎ 65-263-23-96. • quelcun.cl • Double env 45 000 $Ch avec sdb, petit déj inclus. Parking gratuit.* C'est la pension-hôtel de l'agence de voyages citée plus haut. Les chambres, toutes en bois verni, se répartissent dans un bâtiment en retrait de la rue, ce qui les met à l'écart du bruit de la circulation. Celles du rez-de-chaussée manquent de luminosité (on les trouve aussi un peu chères).

Hostal Casa-Kolping *(plan B3,* ***25****) : Chacabuco, 217. ☎ 65-263-32-73. Double env 50 000 $Ch, avec sdb, petit déj compris. Parking gratuit.* Une maison de 1925, bien située et recouverte de tuiles de bois d'alerce, qui abrite une dizaine de chambres avec vue sur la baie, à travers de larges fenêtres. Les anciennes tapisseries à fleurs donnent au lieu un charme suranné. Le salon avec sa cheminée et la salle du petit déjeuner sont accueillants.

De prix moyens à plus chic (60 000-130 000 $Ch / env 65-145 €)

Attention : pour les non-motorisés, les adresses suivantes se trouvent à 15-20 mn à pied du centre, par une route qui monte pas mal. Un taxi sera parfois nécessaire.

Palafito Hostel *(plan A2,* ***27****) : Ernesto Riquelme, 1210. ☎ 65-253-10-08. • palafitohostel.com • Doubles 70 000-90 000 $Ch selon vue.* Partout du bois, rien que du bois, du beau bois ! Voilà une belle rénovation qui assure la préservation de ce *palafito,* abritant une dizaine de chambres (avec bains). Les chambres doubles n'étant pas très lumineuses (respect des petites ouvertures existantes oblige), préférez celles à l'étage. Les 2 plus belles, avec 3 fenêtres et un petit balcon accessible aux hôtes et le salon, en fait une même pièce inondée de lumière, donnent sur une terrasse et sur l'eau. Le matin, tout le monde déjeune autour de la même table. Organise des excursions.

Palafito Waiwen *(plan A2,* ***28****) : Ernesto Riquelme, 1236. 📱 957-29-35-21. • palafitowaiwen.com • Doubles 55 000-65 000 $Ch ; petit déj en sus.* Là encore, un ancien *palafito* restauré dans les règles de l'art. Beaucoup de bois blond des parquets aux plafonds, salle du petit déj au bord de l'eau et coin salon très lumineux. Dommage toutefois que les chambres aux sanitaires un peu étriqués et aux cloisons très minces donnent sur le côté du bâtiment et n'aient pas de vue sur la mer, contrairement à la suite Gamboa. Cuisine à disposition. Petite boutique.

Palafito 1326 *(plan A2,* ***29****) : un peu plus loin, toujours dans la rue Riquelme, au no 1326. ☎ 65-253-00-53. • palafito1326.com • Doubles 85 000-125 000 $Ch selon vue.* Adresse de charme d'une douzaine de chambres alliant confort, luminosité et sobriété avec utilisation harmonieuse du bois, du verre et des lainages, effet cocoon assuré. Salles de bains nickel. Terrasse privée pour certaines chambres. Préférez celles face à la baie, bien sûr. Petit déjeuner servi autour d'une table commune. Quelques nuisances sonores venant de la terrasse du resto voisin. Propose une petite restauration, servie sur une terrasse si le temps le permet : *tablas,* sandwichs avec vins chiliens et bières artisanales.

Où manger ?

Bon marché (5 000-10 000 $Ch / env 5,50-11 €)

🍽 ***Brisas del Mar*** *(plan B3,* ***40****)* **:** *feria Campesina Lillo. ☎ 65-263-55-45. Sur le quai, derrière le* mercado municipal. *Oct-mars seulement, tlj jusqu'à 20h. Curanto à 9 000 $Ch, qu'on peut facilement partager.* Une salle sur pilotis, pleine à craquer, qui respire la friture de poisson et la bonne humeur. Pas cher et très correct, mais mieux vaut ne pas être trop pressé... ni allergique aux chants chilotes.

Prix moyens (10 000-20 000 $Ch / env 11-22 €)

🍽 ⛱ ***El Mercadito*** *(plan B2,* ***41****)* **:** *Pedro Montt, 210. 📱 983-13-98-87. Tlj 13h-22h. Résa recommandée.* Une seule pièce décorée avec fantaisie et une terrasse avec vue sur le port. Un petit bar multicolore, quelques tables en bois et chaises en plastique de couleur ici ou là. Dans l'assiette, du poisson et des fruits de mer, bien sûr, mais pas seulement. Cuisine traditionnelle pleine de saveurs mais non sans une réelle créativité. Présentation soignée. Pour passer un bon moment, vraiment.

🍽 Voir aussi ***Palafito 1326*** *(plan A2,* ***29****)*, décrit dans « Où dormir ? ».

De prix moyens à plus chic (15 000-30 000 $Ch / env 17-33 €)

🍽 ***El Sacho*** *(plan B3,* ***42****)* **:** *Thompson, 213. ☎ 65-263-20-79. Tlj sauf dim 12h-18h. Dans le haut de la fourchette.* Un resto sur 2 étages (préférer le 2e pour sa vue sur le lagon), qui propose des spécialités chilotes comme le *carapacho* (préparation à base de crabe, présentée dans sa carapace) et de bons plats de poisson. Ambiance plutôt chic mais pas guindée ; l'adresse des notables de la ville. Service diligent.

À voir

Ⓤ 👣👣 ***Iglesia San Francisco de Castro*** *(plan B2)* **:** *plaza de Armas. Souvent fermée 12h30-13h30 env.* Mélange de néogothique et de classique, l'église est la plus grande de l'île. Construit en 1910 par un architecte italien, ce monument jaune et violet a de quoi faire pâlir Walt Disney ! Elle devait être bâtie en béton, mais on opta finalement pour le bois, bien que tous les édifices qui l'ont précédée à cet endroit soient partis en fumée ! L'intérieur est d'une sobriété magnifique... tout en bois harmonieusement travaillé avec des vitraux clinquants quand le soleil est de la partie. Elle fait partie de la liste des 16 églises de Chiloé sur la liste du Patrimoine de l'Unesco.

👣👣 ***Los palafitos*** *(plan A2 et B1)* **:** maisons de pêcheurs sur pilotis situées surtout à l'entrée nord de la ville, le long de la Costanera, et à la sortie sud sur l'estuaire du río Gamboa, sur la route de Chonchi. Le tsunami consécutif au tremblement de terre de 1960 en a détruit beaucoup. Pour les voir de plus près, on peut faire un tour en chaloupe depuis le port *(sorties tlj, compter 5 000 $Ch, 40 mn A/R).*

Museo regional (plan B2) : *Esmeralda, près de la plaza de Armas. Janv-fév, lun-sam 9h30-19h ; dim 10h30-13h. En hiver, lun-ven 9h30-13h, 15h-18h ; sam 9h30-13h ; fermé dim. GRATUIT, mais donation bienvenue.* Petit musée avec des expos d'objets de la vie paysanne, instruments de musique chilotes. Maquettes de bateaux de *Roberto Triviño Alvarado* et exemples de *chalupón*, embarcation typique de Chiloé, avec proue et poupe identiques.

Mercado municipal (plan B3) : *sur le quai.* Marché couvert aux allées peu éclairées où l'on trouve fruits, légumes, poissons mais aussi de l'artisanat (objets en bois, vannerie, ponchos, lainages, chapeaux...).

Museo de Arte moderno (hors plan par A1) : *à 3 km du centre, par la calle Galvarino Riveros. • mamchiloe.cl • En été, tlj sauf lun 10h30-17h. GRATUIT.* Collection permanente de mars à novembre, expos temporaires le reste de l'année. Un petit musée intéressant, l'occasion d'entrer en contact avec l'art contemporain chilien. Les œuvres sont exposées dans les beaux espaces bien éclairés d'un bâtiment en bois.

Mirador La Virgen (plan A1) : *sur la colline Millantuy, au-dessus du cimetière. Compter 15-20 mn à pied depuis la plaza de Armas.* Non loin du centre, un bon but de balade pour jouir d'une vue superbe sur la ville.

Mirador de Ten-Ten (hors plan par B1) : *à 6 km de la ville, de l'autre côté du lagon. Prendre la Costanera vers le nord, traverser le petit pont à droite et suivre le chemin jusqu'au sommet de la colline (env 45 mn à pied). Possibilité de prendre un bus local pour Dalcahue (demander l'arrêt au chauffeur ; compter ensuite 15-20 mn de marche).* On y embrasse du regard tous les alentours de Castro.

DANS LES ENVIRONS DE CASTRO

Les ***petites îles*** du golfe à l'est de Castro sont très peu visitées. Pas de voiture, on se déplace à pied, à cheval ou en barque à rames... dépaysement assuré ! Le plus simple pour y aller est de contacter une agence. Certaines de ces îles sont également accessibles depuis les petits villages au nord de Castro. Par exemple, de Tenaún, on peut se rendre en bateau à ***Mechuque,*** pour voir un joli village sur pilotis...

Sur le trajet de Castro à Chonchi, possibilité de visiter les églises traditionnelles de ***Nercón*** (1890) et ***Villipuli,*** toutes 2 sur la liste du Patrimoine de l'Unesco. Pour cette dernière, accès par un chemin de 1 km depuis la route principale. Bel environnement car l'église domine le petit village, avec vue sur le large. On peut demander les clés au gardien qui habite la maison en amont.

CHONCHI

Petite ville de la côte, aux rues pentues et à l'atmosphère tranquille. Vous pourrez y goûter la *licor de oro,* une eau-de-vie à base de lait, au petit marché artisanal en bord de mer. L'église de San Carlos, construite par les jésuites en 1754 et transformée un siècle plus tard dans un style néoclassique, est un bel exemple de l'architecture chilote. Elle figure d'ailleurs sur la liste du Patrimoine de l'Unesco.
De l'embarcadère (Puerto Huichar) situé à 4 km de Chonchi, on peut rejoindre la *isla Lemuy,* qui bat tous les records en matière d'églises figurant sur la liste du Patrimoine de l'Unesco avec celles *Aldachildo, Ichuac* et *Detif.*

Adresses et infos utiles

Petit kiosque d'infos touristiques : *en arrivant de Castro, sur la droite, à l'angle de la rue principale avt de descendre vers le centre. • chonchiturismo.cl • Horaires variables.*
Argent : *distributeur à la* ***Banco del Estado,*** *en bas sur la droite de Centenario, la rue principale.*
– Comme à Castro, on fait la ***fête*** la 2e semaine de février : plats préparés collectivement à l'ancienne, concours, musique...
➢ De Chonchi, minibus ttes les 15 mn pour ***Castro.*** Nombreux minibus pour ***Quellón*** également.

Où dormir ? Où manger ?

Hospedaje El Mirador : *Ciriaco Álvarez, 198. ☎ 65-267-13-51. 996-76-34-54. Dans une rue près de la caserne des pompiers. Double env 30 000 $Ch.* Un petit *hospedaje* familial qui propose une poignée de chambres toutes simples à prix bas. Accueil très aimable.
Hotel Huildin : *Centenario, 102, à côté du musée. 981-90-52-04. • chonchi.h.huildin.chiloe@gmail.com • Doubles 30 000-40 000 $Ch, avec petit déj.* Chambres doubles avec salle de bains. Grande demeure aux hauts plafonds, propre et avec pas mal d'allure. Les chambres, revêtues de moquette, s'égrènent le long d'un corridor vitré qui leur enlève un peu de lumière mais les isole du bruit de la circulation. Quelques *cabañas* vieillissantes pour 4 à 6 personnes sur pilotis, avec vue sur la mer. Un peu vaste pour être chaleureux, mais un rapport qualité-prix correct.
Possibilité de manger pour pas cher dans la structure face au front de mer et autour du ***marché.***

À voir

Museo de las Tradiciones chonchinas : *Centenario, 116. ☎ 65-267-28-02. • museodechonchi.cl • En été, tlj 10h-13h30 (13h dim), 15h-19h. Hors saison, tlj sauf sam ap-m et dim-lun. Entrée : 1 000 $Ch. Quelques explications en français.* Grâce à divers meubles et objets principalement donnés par les habitants de la ville, le musée propose une reconstitution du mode de vie bourgeois au XXe s. À l'étage, des photos du tremblement de terre de 1960 ; impressionnant. Des outils de travail : métier à tisser, machine à moudre les céréales, etc.

HUILLINCO

Sur la route entre Castro et Cucao. De Castro, prendre la *ruta 5* vers le sud sur 24 km, puis bifurquer à droite vers le lac *Huillinco.* Une douzaine de km jusqu'à Huillinco, environ 20 km de plus jusqu'à Cucao. Superbe route le long des lacs Huillinco et Cucao jusqu'à la côte pacifique.

Où manger ? Où boire un verre ?

Café del Lago : *un peu avt d'arriver au village (bien fléché). 958-82-45-43. Janv-mars, tlj 13h-21h.* Voilà une petite escale coup de cœur ! Une maison construite par une bande de copains qui ont quitté Santiago il y a plus de 20 ans, pour vivre autrement... Aujourd'hui, certains d'entre eux sont repartis, mais la maison, qui offre une vue imprenable sur le lac, est toujours là. Un endroit idéal pour une pause très agréable, à midi ou en journée. Quelques sandwichs, *kuchen,* salades tartes, muffins, café, thé et de vrais jus de fruits. Un petit coin de paradis, en harmonie avec la beauté de la route qui relie Huillinco à Cucao.

CUCAO

Porte d'accès pour le *parque nacional Chiloé,* Cucao est un petit village éclaté s'étalant tranquillement le long d'une route qui mène, au bout de 3 à 4 km, à une longue plage désolée. Après le pont, on arrive au secteur de *Chanquín,* où se trouve l'entrée du parc national. Là, plusieurs sentiers parcourent une forêt pluviale « impénétrable », qui est l'une des curiosités de Chiloé. De superbes balades également à faire en bord de mer, dans une atmosphère chargée d'embruns. On y croise les descendants des Huilliches, qui vivent de pêche et d'artisanat. Le cimetière mérite aussi une visite, avec ses petites maisons ressemblant à des niches. Enfin, pour les cavaliers, possibilité de faire de jolies promenades mais uniquement en dehors du parc car les chevaux n'y sont pas admis. En outre, la région est parfois infestée de taons...

Arriver – Quitter

➢ Env 5 bus/j. 9h-19h (fréquence réduite en hiver) au départ de la gare routière de ***Castro.*** Dernier retour de Cucao vers 18h. Trajet : env 1h30. Les bus s'arrêtent devant chacune des adresses sur simple demande.

Info utile

Sur place, 3 petits ***supermarchés*** à Cucao vous permettront de vous ravitailler.

Où dormir ? Où manger ?

Campings

Il y en a 3 près de l'entrée du parc, et ce sont les mieux équipés. Plus loin, autour du lac Huelde, les aires de camping sont plus nombreuses, mais vous n'y trouverez guère d'infrastructure, ni même de douche, parfois.

El Fogón de Cucao : *200 m env après le pont. 999-46-56-85. Compter 7 000 $Ch/pers.* Emplacements pas mal du tout, au bord de l'eau. Douches chaudes. Possibilité de s'abriter en cas de pluie.

El Mirador : *à 1,5 km env après le pont et à 800 m de l'entrée du parc. 957-49-44-80. Compter 6 000 $Ch/pers.* Simple et agréable, en pleine nature, à côté des moutons au milieu de petits bosquets pour préserver l'intimité. Douches chaudes. Possibilité de s'abriter en cas de pluie. En revanche, pas de cuisine à disposition.

El Manzano : *à 2 km env après le pont. 992-95-81-51. Le bus peut s'y arrêter. Ouv janv-mars. Compter 5 000 $Ch/pers.* Joli site bien dégagé avec une table pour chaque emplacement. Bien tenu, même si les sanitaires sont peu nombreux, mais propres et avec douches chaudes. Pas de cuisine à disposition mais on peut se procurer du pain.

Bon marché

🏠 ***Hospedaje Silvia Gonzales :*** *150 m avt le pont, sur la droite. 📱 992-19-37-05. Double env 35 000 $Ch ; petit déj en sus.* Maison basse en tuiles d'alerce claires, tenue par la souriante Silvia. 4 chambres lambrissées avec de grosses couettes sur les lits. Salle de bains privée ou commune nickel. L'ambiance est sympa. Cuisine à disposition. Location de vélos et de kayaks.

De prix moyens à plus chic

🏠 ***Palafito Cucao :*** *100 m à droite, en bordure du lac, après le pont. ☎ 65-297-11-64. • palafitocucaolodge.com • Ouv tte l'année. Doubles 85 000- 95 000 $Ch, petit déj compris.* Un petit hôtel chic sur pilotis dans le même esprit que ceux de Castro. Au choix, des chambres individuelles, doubles ou matrimoniales, toutes avec salle de bains privée. Un bel espace ouvert, aux lignes simples et épurées, qui laisse entrer la lumière et vaut pour sa magnifique vue sur le lac ! Superbe terrasse pour prendre le petit déj. Cuisine à disposition. Propose des trekkings, des balades à cheval et des virées en kayak. Un bien bel endroit.

🍴 ***El Arrayán :*** *400 m env après le pont (à 100 m de l'entrée du parc). 📱 957-71-36-59. Ouv tlj 11h-20h, nov-mars seulement.* Un resto propret et bienvenu, de cuisine faite maison, dans un cadre agréable, avec *parilla* au centre, pour se caler, avec un poisson ou une viande. On a un petit faible pour le *pescado de la casa.*

À voir. À faire

👥 Créé en 1982, le ***parque nacional Chiloé*** est divisé en 2 grandes parties : la partie Chepu (7 800 ha), au nord, qui comprend la petite île et les ***pingüineras de Metalqui*** (50 ha), et le secteur *Anay* (35 000 ha), limité au sud par le lac Cucao. L'entrée du parc se trouve à 500 m environ après le pont avec un ***centre d'informations*** *(tlj 9h-17h30 ; résa des entrées sur le site • aspticket.cl • ; tarif : 6 000 $Ch).* En fait, seule cette petite partie est payante. Il s'agit d'un secteur comprenant des sentiers balisés avec panneaux d'interprétation, permettant des promenades de 10 mn à 1h, sans difficulté. Mais si vous venez à Cucao, prévoyez du temps pour des balades d'une journée dans les environs du parc : certaines nécessitent d'être accompagné par un guide habilité. Renseignez-vous auprès du centre d'informations touristiques ou de votre hébergement.

👥 Magnifique balade vers la ***punta Pirulil*** *(accès payant ; attention, fermeture parfois intempestive),* au sud de Cucao, où a été aménagée une passerelle qui surplombe l'océan. D'autres, au nord de Cucao, combinent marche à pied et kayak. Parmi celles-ci, l'excursion vers le ***lago Huelde*** permet d'admirer un fascinant cimetière de cyprès. Un peu plus au nord, la plage de ***Cole Cole.***

👥 ***Muelle de las Almas :*** *à **Punta Pirulli,** à 10 km de Cucao. Bus pour le muelle depuis Castro vers 10h30. Accès déc-fév 9h-19h ; horaires réduits le reste de l'année. Entrée : 3 000 $Ch. Pour les individuels, billet à acheter à Rahue à 7 km au sud de Cuacao, puis parcourir 2,8 km jusqu'à un parking payant (3 000 $Ch) où le billet sera contrôlé. Attention, la piste qui y mène est en mauvais état (véhicule surélevé préférable). Sentier de 2,3 km ensuite, parfois boueux.* Cette « jetée des âmes » est un ponton de bois de 17 m de long, posé dans une prairie et surplombant une falaise de 70 m de haut, comme un tremplin vers la mer. Il s'inspire d'une légende locale qui veut que, de là, les âmes des défunts doivent faire appel à un batelier pour rejoindre l'au-delà sous peine d'errance éternelle. Belle rando en tous les cas, en traversant bois et landes, à faire de préférence tôt le matin afin d'éviter l'affluence.

QUELLÓN

30 000 hab.

La ville la plus australe de Chiloé, port d'embarquement pour *Chaitén* et *Puerto Chacabuco.* Fondée en 1906 par une entreprise de distillerie, elle a subi de plein fouet la crise économique et la fermeture de la distillerie en 1952, avant de se tourner vers le commerce maritime.
C'est aujourd'hui l'un des principaux ports de pêche de Chiloé qui dispose d'une industrie performante de conservation des produits de la mer en raison de la présence d'élevages de saumon. La ville n'a rien d'extraordinaire, mais si vous devez attendre le bateau, faites un tour au *Museo Inchin Cuivi Ant,* belle vitrine de la culture huilliche.

Arriver – Quitter

Bus

Terminal Cruz del Sur : *Pedro Aguirre Cerda, rue perpendiculaire à la ruta 5, à 50 m du front de mer.*

Terminal municipal des bus : *Alonso de Ercilla, à 200 m au sud de l'office de tourisme.*

➢ Nombreux départs pour ***Castro*** et ***Ancud.***

Bateau

Embarcadère *(muelle Puerto Quellón) : à env 3 km à l'est en venant du centre. Prendre la ruta 5 ; à la sortie de la ville, au feu, bifurquer à droite (camino San Antoñio). Un bus y mène.*

➢ ***Chaitén :*** tte l'année, avec *Naviera Austral,* 1 ferry/j. tlj sauf mar et ven, à 8h (18h dim). Traversée env 6h. Compter env 25 000 $Ch/pers, 140 000 $Ch/voiture (chauffeur compris) et 65 000 $Ch/moto.

Adresses utiles

Oficina de turismo municipal : *22 de Mayo, 351. 939-51-59-34. Dans la rue qui descend vers le terminal municipal. Tlj 8h30-19h (fermé w-e hors saison).*

■ ***Banque, change :*** *distributeurs sur Ladrilleros (la rue principale sur le trajet de la ruta 5). La* ***Banco del Estado,*** *à l'angle de 22 de Mayo et de Ladrilleros, change les euros.*

■ ***Naviera Austral :*** *Costanera Pedro Montt, 277. ☎ 65-268-22-07. • navieraustral.cl • Sur le front de mer.*

Où dormir ? Où manger ? Où boire un verre ?

Bon marché

El Chico Leo : *Costanera Pedro Montt, 325. ☎ 65-268-15-67. Doubles 20 000-35 000 $Ch.* Petites chambres simples mais agréables et bien tenues, avec ou sans salle de bains. Les plus chères ont vue sur la mer. Resto de poissons au rez-de-chaussée qui propose un *curanto* très copieux, suffisant pour 2. Salle de billard.

Taberna Nos : *O'Higgins, 150. ☎ 65-268-30-46. Depuis la rue principale, prendre Independencia, puis la 1re à gauche. Tlj sauf dim 12h30-16h, 19h-minuit.* Une taverne à l'intérieur lambrissé, avec son poêle à l'entrée et ses murs recouverts de quelques affiches. Un endroit qui apporte un peu de chaleur à cette ville qui en manque singulièrement. Et, comme il n'y a pas grand-chose de très réjouissant pour manger à Quellón, autant rester ici pour des sandwichs ou des tapas à la mode espagnole.

Prix moyens

Patagonia Insular : *Ladrilleros, 1737. ☎ 65-268-16-10. • hotelpatagonia insular.cl • À la sortie de la ville en direction de Punta de Lapas, panneau sur la droite. Double env 75 000 $Ch, avec petit déj (buffet).* Bâtiment moderne d'une trentaine de chambres, tout en longueur au faîte d'une colline. Calme. Vue sur la baie pour les chambres au 1er étage. Conviendra parfaitement à ceux qui recherchent un certain confort. Resto attenant.

À voir. À faire à Quellón et dans les environs

Museo Inchin Cuivi Ant : *sur Ladrilleros (la rue principale), presque à l'angle de Pinto. Janv-fév, tlj mais horaires variables ; le reste de l'année, aller chercher la clé à* Radio Quellón FM, *située au 1er étage du bâtiment situé juste à côté, sur la gauche. GRATUIT.* Un petit musée original, sur la culture huilliche, tribu mapuche du sud de l'île. Des objets de la vie quotidienne des paysans et des pêcheurs sont exposés, dont une embarcation typiquement chilote.

Belles plages autour, dont celle de ***Punta de Lapas,*** avec vue sur le volcan Corcovado.

Parque Tantauco : *à 33 km au sud-ouest de Quellón, par la ruta 5 en direction de Castro (fléché sur la droite). • parquetan tauco.cl • Le centre d'information (et de résa) du parc se trouve à Castro (voir « Adresses et infos utiles » à Castro). Être véhiculé ou y aller avec une agence. Entrée : 4 000-5 000 $Ch selon secteur ; réduc.* Ce parc de 1 180 km² appartient à l'ancien président *Piñera,* probablement inspiré par le parque Pumalín du milliardaire américain *Douglas Tompkins.* C'est une vaste zone sauvage, aménagée pour le trekking.

LA ROUTE EST UN LONG RUBAN...

C'est à la station balnéaire de Punta de Lapa à quelques km de Quellón que se termine la route Panamericana. Une plaque marque son terminus après un parcours depuis l'Alaska, de 24 000 à 48 000 km selon le décompte ou non de sections ne faisant pas officiellement partie du réseau.

➢ 130 km de sentiers y sont tracés dont 2 principaux : le *sendero caleta Zorra* et le *sendero transversal* (compter 5 jours et 4 nuits min pour chacun d'eux). Mieux vaut être un randonneur habitué car certains passages tourbeux rendent la marche assez physique. Le long des sentiers, il existe 6 refuges avec cuisine et des aires de camping pour passer la nuit *(en été, compter 20 000 $Ch/pers en refuge, apporter son matelas car il s'agit d'un simple lit en bois, pas de douche ; 15 000 $Ch pour une tente, 1-4 pers ; ce qui fait un peu chérot...).* Également des dômes de 8 personnes. Les sentiers n'étant pas aménagés en boucle, une fois arrivé à la *caleta Zorra,* il faut rebrousser chemin ; à la *caleta Inío* (terminus du *sendero transversal*), possibilité de rentrer... en avion (pas super démocratique ni écolo !) ; il y a parfois un bateau qui rejoint Quellón, mais ne pas compter dessus, il est réservé prioritairement aux habitants.

LA PATAGONIE CHILIENNE

LA CARRETERA AUSTRAL

● Carte La province d'Aysén et la Carretera Austral *p. 359*

C'est à Puerto Montt que démarre la Carretera Austral, prolongation de la Panamericana qui naît à Anchorage, en Alaska. Sa construction, commencée en 1976, fut titanesque : il fallut tracer un chemin dans des bois impénétrables, entre de hautes falaises épousant des fjords, relier des vallées, sauter des gorges, des rivières torrentueuses, des lacs... dans un climat marqué par des pluies fréquentes !
Entrecoupée de plusieurs passages en bac ou ferry, la Carretera s'achève à Villa O'Higgins, à la frontière argentine et aux portes de l'immense calotte glaciaire du Campo de Hielo Sur – parcourant ainsi plus de 1 200 km de paysages incroyables. Voici un périple rêvé pour tous ceux qui ont le goût de l'aventure, car peu de kilomètres sont asphaltés ! Pick-up ou véhicule 4x4 sont plus que conseillés ici (même si on a vu passer des camping-cars), et la vitesse sur les pistes n'est pas très élevée : 50-60 km/h en moyenne. Depuis quelque temps, le périple attire aussi de plus en plus de cyclistes chevronnés, qui ne se laissent dissuader ni par les pentes homériques, ni par la poussière, ni par la tôle ondulée, ni par les ondées...

LA MYTHIQUE CITÉ DES CÉSARS

De vieilles légendes circulent encore dans les terres froides de la Patagonie chilienne... Toutes font écho à une mystérieuse Ciudad de los Césares, équivalent austral de l'Eldorado rêvé par les conquistadores. Qui la fonda ? S'agit-il de peuples autochtones méconnus ? Des Incas eux-mêmes ? De naufragés espagnols ? Mystère... N'empêche que plusieurs expéditions, fascinées par les récits de richesses, partirent à sa recherche.

Même si la Carretera Austral a permis de la désenclaver un peu, la région d'Aysén (108 494 km²) reste la moins peuplée du pays (environ 1 habitant au km² !). Coyhaique, la ville principale, fondée en 1929 seulement, regroupe près de la moitié de la population à elle seule. Ajoutez Puerto Aysén (33 000 habitants) et il ne vous restera plus guère que des bourgades isolées aux maisons de bois, peuplées de quelques dizaines ou centaines de personnes. C'est seulement à la fin du XIXe s que des Chiliens, venus d'abord de Chiloé, s'installèrent dans la région. Dans leur sillage, des colons incendièrent les forêts anciennes afin de libérer des terres

pour l'élevage. Dans les années 1930, on ne comptait pourtant encore que 8 700 habitants dans toute la province ! Actuellement, le nouvel enjeu consiste à préserver l'environnement face aux appétits des entreprises forestières, des constructeurs de barrage (un grand projet est en suspens depuis des années) et des pisciculteurs de plus en plus nombreux à tendre leurs filets dans les fjords. Toutefois 48 % du territoire de la région reste protégé, sous une forme ou une autre.

CHAITÉN

5 070 hab.

À un bon 200 km au sud de Puerto Montt par la Carretera Austral, Chaitén résonne avant tout dans les têtes comme le site d'une des plus graves éruptions survenues au Chili dans la dernière décennie. Si les traces du lahar de 2008 y demeurent bien visibles, la vie a peu à peu repris le dessus. Simple escale à la descente du ferry de Chiloé, la ville peut aussi servir de base pour la découverte du volcan et du parque nacional Pumalín Douglas Tompkins. De belles excursions mais coûteuses.

Arriver – Quitter

Attention ! Les transports de la Carretera Austral sont sujets à changement... Bien se renseigner sur place.

Avion

L'aérodrome se trouve à Santa Bárbara, à 18 km env au nord.

➢ ***Puerto Montt :*** tte l'année, 2-3 vols/j. avec *Pewen* (☎ 65-222-40-00 ; • pewenchile.com •) et *Aerocord* (☎ 65-226-23-00 ; • Facebook •).

Bus

Arrêt de bus : *O'Higgins, 67. S'adresser à l'agence* ***Chaitur*** *(voir « Adresses utiles »).*

➢ ***Puerto Montt*** *(via Caleta Gonzalo ; 9-11h, ferries inclus)* **:** 1-2 bus/j. tôt le mat avec *Kemelbus*.

➢ ***Futaleufú*** *(3-4h)* **:** déc-fév, 2 bus/j. en début d'ap-m, avec *Cárdenas* ; le reste de l'année, 1 bus/j.

➢ ***La Junta*** *(3h)* **:** 4 bus/sem en fin de mat avec *Terraustral*. Départ de La Junta tôt le mat. En hiver, il arrive que certains bus soient annulés. Trajet également effectué par *Becker* (• busesbecker.cl •), les mer et dim en fin de mat.

➢ ***Coyhaique*** *(via La Junta et Puerto Puyuhuapi ; env 12h)* **:** mer et dim en fin de mat avec *Becker*.

Bateau

➢ ***Puerto Montt*** *(8h-9h30)* **:** 2-3 départs/sem avec *Naviera Austral*.

➢ ***Chiloé*** *(5-7h)* **:** 2-5 départs/sem tte l'année pour Quellón et 1 départ/j. tlj sauf dim, en janv-fév seulement, pour Castro avec *Naviera Austral*.

Adresses utiles

Oficina de turismo : *O'Higgins, 65.* ☎ *65-273-10-92. • turismo@mchaiten.cl •*

■ ***Banco del Estado :*** distributeur acceptant les *MasterCard* et *Visa*, en principe. Mais mieux vaut venir avec du cash. Change les euros.

■ ***Chaitur :*** *O'Higgins, 67.* ☎ *65-273-14-29.* 📱 *974-68-56-08. • chaitur.com •* Une agence qui propose des excursions et transferts à Pumalín, au volcan Chaitén, aux thermes d'Amarillo. Programmes de rafting, kayak et canyoning à Futaleufú, treks, balades à cheval, etc. Également la résa de billets de bus, avions et ferries. Bonnes infos.

■ ***Naviera Austral :*** *Almirante Riveros, 188. ☎ 65-273-10-11. Lun-ven 9h-13h, 15h-18h ; sam 9h-12h ; dim 8h-11h, 20h-23h.*

Où dormir ?

En janvier et février, ne pas débarquer à Chaitén sans réservation.

De bon marché à prix moyens (35 000-70 000 $Ch / env 40-80 €)

Hostel Las Nalcas : *Ercilla, 342. 999-36-37-71. • hostelycampinglasn.wixsite.com/hostelycampinglasnal • Ouv tte l'année. Chambre partagée 2-3 lits 15 000 $Ch/pers, sdb commune (une seule douche) ; double env 35 000 $Ch. Pas de petit déj.* Dans cette petite maison typique aux murs recouverts d'écailles d'alerce, il règne une sympathique atmosphère d'auberge. Il n'y a que la moquette qui tire un peu la tronche. Les chambres mansardées, sous le toit, ont même un soupçon de charme. Salon commun plaisant et pratique en cas de mauvais temps. Cuisine à disposition.

Hotel Schilling : *Corcovado, 230. ☎ 65-273-12-95. En front de mer. Doubles env 45 000-55 000 $Ch. Parking privé.* Une institution à Chaitén, qui propose des chambres fonctionnelles et confortables, à défaut d'avoir du charme. Restaurant, bar.

Paraíso Patagonico : *Libertad, 80. 940-40-93-42. • tinohidalgo13@gmail.com • Doubles 50 000-65 000 $Ch, avec petit déj. Également des cabanes indépendantes, un peu plus chères.* Ce n'est peut-être pas le paradis, mais c'est déjà pas mal ! Un *hostal* blotti dans une maison familiale où le bois domine. Les chambres, toutes avec salle de bains, sont simples mais douillettes. Cuisine à dispo.

Où manger ?

El Volcán : *Juan Todesco, 153. 981-86-95-58. Tlj midi et soir. Prix moyens.* Un resto connu pour son sérieux et sa régularité. On prend place autour de lourdes tables en bois, dans une salle chaleureuse, pour commander un poisson, principalement. Bonne atmosphère et prix justifiés.

DANS LES ENVIRONS DE CHAITÉN

Playa Santa Bárbara : *à 12 km au nord de Chaitén. Prendre la route en direction de Caleta Gonzalo, puis bifurquer à gauche (juste avt le* puente Santa Bárbara*).* Balade sympa sur cette plage de sable noir.

Volcán Chaitén : *à env 24 km au nord-est de Chaitén. Prendre la route en direction de Caleta Gonzalo (se transforme en piste carrossable), puis laisser la voiture sur le parking au bord de la piste. Sinon, prendre un bus pour Puerto Montt (retour en auto-stop). Le sentier qui mène au sommet démarre du parking ; compter 3-4h A/R. L'ascension ne nécessite pas de guide, mais si vous y tenez, contactez par exemple Chaitur à Chaitén (voir « Adresses utiles »). Prévoir de bonnes chaussures, suffisamment d'eau et de la crème solaire.* Stabilisé, refroidi, le volcan qui détruisit largement Chaitén en 2008 est désormais considéré comme sans danger. Sauf contre-indication, il est possible de grimper sur la crête sud, à 1 122 m d'altitude, jusqu'au bord

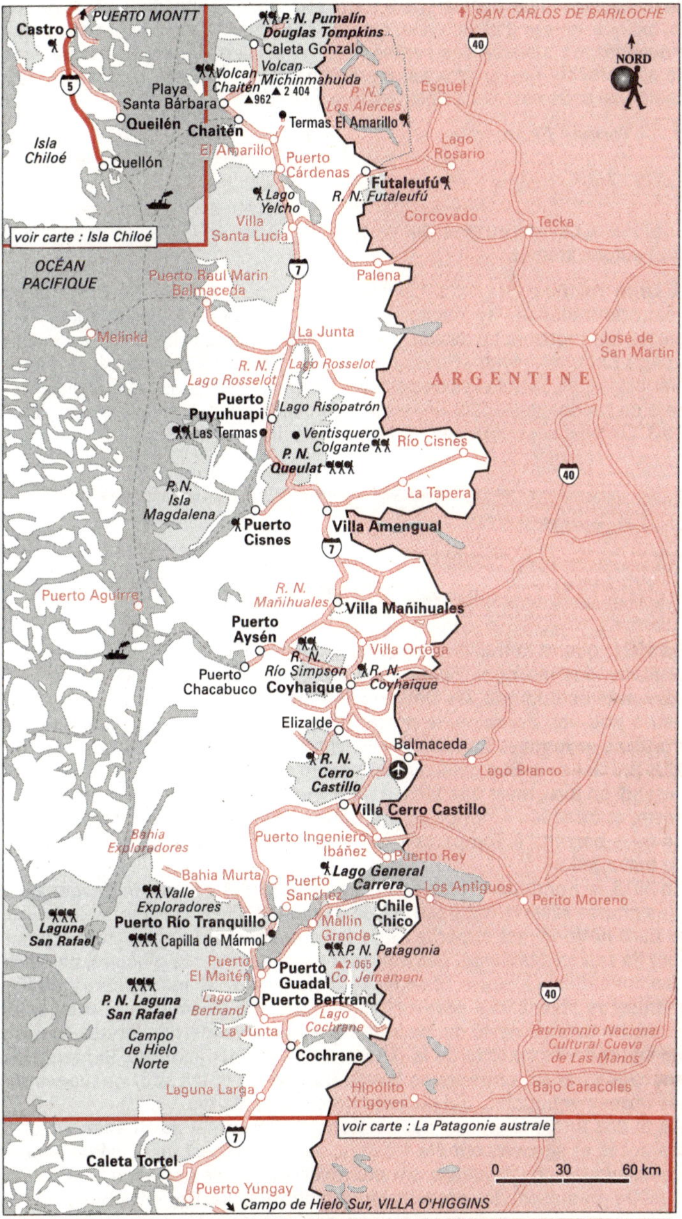

LA PROVINCE D'AYSÉN ET LA CARRETERA AUSTRAL

de sa caldeira (d'un diamètre de 3,5 km) pour observer l'énorme dôme de lave rhyolitique, bourré d'obsidienne, qui s'y est reformé. Dans un paysage un peu inquiétant, on traverse des pentes nues ou couvertes d'arbres morts, avant de s'approcher des fumerolles. En regardant vers l'arrière, la cicatrice de la coulée de boue est bien visible.

Termas El Amarillo : *à env 30 km au sud de Chaitén. Bus vers Futaleufú, La Junta ou Coyhaique et descendre au croisement (à El Amarillo, fléché sur la gauche ; demander au chauffeur) ; il reste 5 km à faire à pied (ou en voiture ; piste carrossable).* ***Temporairement fermé pour travaux de rénovation.*** Petits bassins en plein air remplis d'eau à 38-39 °C (l'eau sort à 55 °C !). Tout autour, la forêt.

Lago Yelcho : *à 45 km au sud de Chaitén, par une route bitumée.* Regorgeant de truites, le lac Yelcho (116 km²) est bien connu des adeptes de la pêche à la mouche. La saison y dure de novembre à avril. Record à battre : 17 kg ! Entre mi-février et fin avril, des saumons y passent aussi. On trouve des *lodges,* plusieurs aires de camping sur le pourtour du lac et quelques sentiers de randonnée – dont un, sur la rive ouest, conduit en 2h vers le glacier Cavi. On peut aussi se loger à Puerto Cárdenas et Puerto Ramírez.

PARQUE NACIONAL PUMALÍN DOUGLAS TOMPKINS

En 1991, quand le milliardaire américain Douglas Tompkins, ancien propriétaire des marques *Esprit* et *North Face,* rachète 17 000 ha de forêt par souci écologique, les Chiliens sont sceptiques. Ils le voient agrandir peu à peu son domaine, le porter jusqu'à 400 000 ha, du Pacifique à la frontière argentine. Sa réserve devient enclave. Les inquiétudes se font plus précises : le Sud chilien n'est pas un refuge pour écologiste illuminé, entend-on dire, mais une terre à faire fructifier – un Far West, en quelque sorte, comme les Américains ont jadis eu le leur. Des politiciens tentent de faire barrage à Tompkins – qui s'oppose à la construction des leurs, de barrages...
En 2018, la Fondation Tompkins (Rewilding Chile) a confié la gestion de la plus grande réserve naturelle privée du monde à l'État chilien. Aujourd'hui, le parc national est superbe : une forêt exubérante dégoulinant d'humidité (la *selva valdiviana*), des montagnes inviolées, des glaciers, des lacs, des cascades. Quelque 70 espèces d'oiseaux et de mammifères ailleurs menacées vivent ici – parmi elles, le rare cerf *huemul* et le minuscule *pudú,* un cervidé de 40 cm de haut ! Dès que l'on sort des limites du parc, on se rend vite compte de la différence : à maints endroits, la nature est saccagée par les entreprises forestières, et les côtes sont occupées par les fermes aquacoles, qui polluent fjords et estuaires.
Au fil des ans, malgré les destructions de l'éruption du Chaitén en 2008, les accès et services ont été facilités, dans le respect de l'environnement. Les quelques constructions ont été réalisées par des artisans locaux. Des familles produisent des produits bio, à petite échelle. Des sites de campings et des sentiers de randonnée, bien balisés, ont été aménagés. On peut aussi dormir dans des *cabañas* tout confort à Caleta Gonzalo ou à Amarillo. Sinon, on peut loger à Chaitén et se rendre au parc en voiture (4x4 de préférence), en bus ou en autostop.

Accès au parc national

Le parc s'étend du sud d'Hornopirén jusqu'aux thermes d'Amarillo, à 30 km au sud de Chaitén. Il est divisé en 2 zones inégales et non contiguës. Le petit Pumalín nord, qui comprend les sources chaudes de Cahuelmó, reste difficile d'accès, excepté par bateau charter, avec une excursion organisée ou en kayak depuis Hornopirén (1 bus/j. sauf dim depuis Puerto Montt). On y trouve très peu d'infrastructures. La zone sud, axée sur le centre névralgique de Caleta Gonzalo, à 60 km au nord de Chaitén, est, en revanche, nettement plus développée et accessible.

Bus

➢ ***Depuis Puerto Montt :*** 1-2 bus/j. selon saison, le mat, avec *Kemelbus.* Départ de Puerto Montt tôt le mat. Dessert Caleta Gonzalo en chemin (9h de trajet).

➢ ***Depuis Chaitén :*** 1-2 bus/j. selon saison, le mat, avec *Kemelbus.* Sinon, s'adresser à *Chaitur* (● *chaitur.com* ●) pour un transfert.

Voiture

➢ Ceux qui arrivent du nord devront prendre plusieurs ***ferries*** pour rejoindre le secteur sud de Pumalín. Le 1er relie *Caleta La Arena* (à 46 km au sud-est de Puerto Montt ; route goudronnée) à *Caleta Puelche* en 20 mn env, à raison d'un passage ttes les 30-40 mn env 6h-23h (6h-minuit dans l'autre sens), plus 2-3 départs de nuit. Pas de résa. Infos horaires : ● *testuario.cl* ●
Ensuite, une piste carrossable (quelques passages goudronnés) mène en 60 km env à *Hornopirén.* De là, il faut prendre un ferry pour *Leptepú* (tlj à 10h ; janv-fév et 1re quizaine de mars, 2d départ à 18h ; durée : env 3h30) puis, 9 km plus loin, un autre à *Caleta Gonzalo* (durée : 30 mn). Les 2 sont coordonnés, mais attention, les horaires peuvent changer. Dans l'autre sens, les ferries partent de Caleta Gonzalo à 12h30 (janv-fév, 2d départ à 20h). Infos et résa (essentielle en janv-fév, parfois 1 sem à l'avance !) : ● *barcazas.cl* ●

Tour organisé

■ ***Alsur Expediciones :*** *Aconcagua, 8, à* ***Puerto Varas.*** *966-19-70-92.* ● *alsurexpediciones.cl* ● Une agence très sérieuse organise transports, trekking et kayak dans le parc. Résas pour les thermes de Cahuelmó (ils en ont la concession) et leur camping. Peut également assurer la logistique des expéditions de kayak indépendantes.

Adresses et infos utiles

– ***Accès :*** *tte l'année, tlj 9h-18h30. Entrée libre.*
– ***Infos et contacts :*** ☎ *65-243-63-37.* ● *conaf.cl/parques/parque-nacional-pumalin-douglas-tompkins* ●
Centre d'infos :
– *À Caleta Gonzalo : fiordo Reñihué.* *992-56-66-24.* Centre névralgique et port d'été du Pumalín, situé dans la partie sud du parc. On y trouve un centre d'infos (doc, livres, photos), un chaleureux café, un magasin où se vend la production alimentaire et artisanale du parc, des bungalows et une aire de camping.

Où dormir ? Où manger ?

Campings : *une vingtaine d'aires de camping assez rudimentaires dans le parc, la plupart dans la zone sud. Résa vivement conseillée en été. Compter 16 000 $Ch l'emplacement (jusqu'à 6 pers) pour les sites équipés (aire de cuisine, toilettes et/ou douches froides) ; env 6 000 $Ch/pers pour les emplacements communautaires (1er arrivé, 1er servi).* Le secteur des thermes d'*El Amarillo,* à 30 km au sud-est de Chaitén, regroupe 4 campings

LA PATAGONIE CHILIENNE

à lui seul, dont le *Ventisquero* (à 1,7 km de marche), dans un environnement superbe.

Lodge Caleta Gonzalo : *à Caleta Gonzalo. 996-17-33-11. • lodge caletagonzalo.cl • Env 80 000-170 000 $Ch pour 2, 100 000-230 000 $Ch pour 4, sans petit déj.* Tournées vers le fjord, ces cabanes au style rustique, confortables et chaleureux, peuvent accueillir 2 à 5 personnes. Elles disposent d'une salle de bains (eau chaude), du chauffage et de lits en mezzanine. Le parc loue 2 autres *cabañas (tarifs semblables)* auxquelles on ne peut accéder qu'à pied (15 mn), au Fundo Río Gonzalo, à proximité. Des excursions y sont organisées.

Café Caleta Gonzalo : *ouv tte l'année ; en été, tlj 8h-23h. Prix moyens.* Beau café-resto situé près du centre d'infos. Très bon menu et petits déj à base de produits frais locaux.

À faire

➢ De **Caleta Gonzalo,** rando, visites au centre d'apiculture et excursions maritimes à une *lobería* (colonie de lions de mer).

➢ Une dizaine de ***sentiers de randonnée*** bien balisés, de 15 mn à 12-14h, sillonnent le parc. D'autres sont peu à peu tracés. Superbes, jalonnés de miradors, ponctués de cascades, à flanc de montagne ou bordant les lacs. Le plus long (12 km) s'approche du volcan Michinmahuida. Plan détaillé et régulièrement mis à jour en vente au centre d'infos du Parque Pumalín, à Caleta Gonzalo. Il recense tous les sentiers officiels et les différentes aires de camping (aménagées ou sauvages). Bonnes balades ! Et ouvrez l'œil ! Vous aurez peut-être la chance de croiser le fameux *huemul,* petit cervidé en voie de disparition.

➢ Des ***expéditions de kayak*** de 4 à 10 jours sont organisées par plusieurs agences indépendantes. Tarifs peu démocratiques...

FUTALEUFÚ

2 600 hab.

Situé au confluent des ríos Futaleufú et Espolón, dans un environnement superbe, Futaleufú est célèbre auprès des amateurs de rafting et de kayak pour ses rivières sauvages et son cadre de toute beauté. À 156 km au sud-est de Chaitén, ce gros village paisible aux larges rues se niche dans une vallée au beau milieu de la cordillère, tout près de l'Argentine. La piste y est arrivée en 1982.

Arriver – Quitter

Le poste-frontière avec l'Argentine se trouve à 8 km. *Ouv tlj 8h-20h (21h en été).*

Bus

Pas de terminal de bus. Pour Chaitén et Coyhaique, infos à l'agence *Ruta Express (Balmaceda, 501).*

➢ ***Chaitén*** *(3-4h)* **:** 1-2 bus/j. selon saison avec *Cárdenas (☎ 65-272-13-60).* Départ tôt le mat de Futaleufú ; en début d'ap-m de Chaitén.

➢ ***Puerto Montt*** *(via Osorno et l'Argentine, env 12h)* **:** 1-2 bus/sem avec *Transaustral (☎ 65-272-13-60).* Départs a priori tôt le mat mer et dim de Futaleufú, mar et sam de Puerto Montt. Départs rue Pedro Aguirre Cerda, entre Gabriela Mistral et Sargento Aldea.

➢ ***Coyhaique*** *(env 9h)* **:** 3 bus/sem avec *Buses Becker (☎ 65-272-13-60).*

Adresses utiles

Oficina de turismo : *O'Higgins, 596. ☎ 65-272-16-10. • futaleufu.cl • De mi-déc à fin mars, tlj 9h-21h ; horaires réduits le reste de l'année.* Bonnes infos sur les randos et activités dans la région.

Banco del Estado : *O'Higgins, 603.* Distributeur acceptant les *MasterCard* et *Visa.* Là encore, mieux vaut venir avec du cash. On ne sait jamais...

Change : *à l'agence* ***Patagonia Elements,*** *Pedro Aguirre Cerda (au bord de la plaza de Armas).*

Hôpital : *Balmaceda, 382. ☎ 65-232-68-05.*

Agences

Bochinche Expediciones : *Pedro Aguirre Cerda, 545. • bochinchex.com • Sur la place centrale (plaza de Armas). Ouv en été seulement.* Agence très pro tenue par un couple italo-chilien.

Alsur Expediciones : *Aconcagua, 8, à* ***Puerto Varas.*** *966-19-70-92. • alsurexpediciones.cl •* Agence spécialisée dans la Patagonie. Rafting et excursions.

Où dormir ?

Camping

Camping Los Coihues : *à 800 m du village, au bord du río Espolón. 993-26-87-77. • campingfutaleufu.cl • Compter env 10 000 $Ch/pers.* Le meilleur choix pour planter sa tente dans les environs, sous les arbres, bercé par la rivière. Sanitaires sommaires (douches avec eau chaude, 8h-12h) et *quincho* pour faire sa popote.

De bon marché à prix moyens (35 000-60 000 $Ch / env 40-65 €)

Hostal Las Natalias : *à 1 km env à l'ouest du centre (dans le prolongement de Pedro Aguirre Cerda). 998-82-46-37. • hostallasnatalias.info • Ouv nov-avr. Lit en dortoir 24 000 $Ch ; doubles sans ou avec sdb 50 000-60 000 $Ch.* Une AJ privée à l'écart du village, un genre de gros chalet en bois accroché sur le versant de la montagne, dans un cadre bucolique. De grandes ouvertures laissent entrer la lumière et la nature. On accède aux 2 chambres avec sanitaires communs par une échelle. Pas de petit déj, mais cuisine à disposition. Salon relax avec cheminée et guitare pour qui veut la gratter. Location de vélos. Une adresse routard.

Hospedaje Adolfo : *O'Higgins, 302. ☎ 65-272-12-56. 974-28-46-14. • hospedajeadolfo@gmail.com • Env 12 000-15 000 $Ch/pers, sans ou avec sdb.* Eva, prof à Futaleufú, a aménagé 5 chambres dans sa maison douillette et 2 *cabañas.* On aime bien celles mansardées du 1er étage. Petit déj cosy, auprès du gros poêle à bois.

De prix moyens à chic (60 000-120 000 $Ch / env 65-130 €)

Antigua Casona : *Manuel Rodríguez, 215. ☎ 65-272-13-11. 984-76-44-80. • antiguacasona.cl • Au bord de la plaza de Armas. Doubles 60 000-100 000 $Ch avec sdb.* Silvano et Angelica ont quitté l'Italie pour entamer une nouvelle vie, en Patagonie. Ancien architecte, Silvano a restauré cette maison, en laissant s'exprimer sa passion pour la voile. On entre dans un salon cosy, à l'atmosphère un tantinet british et marine, agrémenté de belles maquettes de bateaux. Un parfum un brin romantique aussi. À l'étage, 4 chambres confortables, meublées de quelques souvenirs d'Italie. Accueil attentionné. Possibilité d'y manger. Un très bon rapport qualité-prix.

Très chic (plus de 160 000 $Ch / env 175 €)

Hôtel El Barranco : *O'Higgins, 172. ☎ 65-272-13-14. • elbarrancochile.cl • Double env 180 000 $Ch.* Ce bel hôtel confortable, au style rustique travaillé de *lodge,* dispose de chambres reposantes et bien équipées, baignant dans une atmosphère un rien western (elles sont entièrement en bois). Resto et coin bar, détails amusants de déco, mobilier en bois brut, piscine, sauna, vélos en prêt, bon petit déj, rien ne manque pour le bonheur des clients.

Où dormir dans les environs ?

Hostería Casa de Campo : *à 6 km de Futaleufú, bifurquer à gauche ; c'est 2 km plus loin, sur les berges du lago Espolón. 932-03-11-82 ou 961-20-72-57. • lagoespolon.cl • En camping, compter 6 000 $Ch/pers ; cabaña pour 6 pers env 150 US$.* Un bel endroit nature, super pour planter la tente. Les cabanes en bois ne sont pas mal, avec douche, coin salon et petite cuisine. Restaurant. Organise des excursions, balades à cheval et sorties de pêche.

Où manger ?

La Picá de Los Colonos : *O'Higgins, 782. ☎ 65-272-13-26. Tlj 11h-23h (16h dim). Bon marché.* Voilà une petite adresse qu'on vous dévoile avec un réel plaisir, tant le nôtre fut grand ! Il y a de la simplicité, de l'attention et beaucoup de générosité dans cette *picá.* Le livre d'or parle de lui-même. Madame vous propose 3 ou 4 plats selon les arrivages. À chaque fois, le *fondo* est accompagné d'une salade et suivi d'un dessert (tous 2 inclus dans le prix). Et pour couronner le tout, le café et le thé sont offerts par la maison. Bravo !

Restaurante Martín Pescadore : *à l'angle de Balmaceda et de Rodríguez. 995-58-25-61. Tlj midi et soir en été ; ouv le soir seulement en intersaison. Fermé en hiver. De prix moyens à chic.* Un décor de vieux salon aux meubles dépareillés, quelques fauteuils devant la cheminée, tel est le cadre intime et soigné de la meilleure table de Futaleufú. Choix relativement limité, mais c'est pour assurer une plus grande qualité. Pain fait maison. Terrasse lorsque le temps le permet.

À faire

➢ **Rafting :** le río Futaleufú doit son succès auprès des rafteurs à son énorme volume d'eau et à ses rapides très puissants (degré de difficulté de 3 à 5+). Navigable de décembre à début avril. Les noms choisis pour désigner certains rapides donnent une idée de la tranquillité de la rivière : *el Infierno* (l'enfer), *la Cabalgata Salvaje* (la chevauchée sauvage), *el Terminator...* Pour les adresses d'agences, voir plus haut « Adresses utiles ».

PUERTO PUYUHUAPI

820 hab.

À mi-chemin entre Chaitén (190 km) et Coyhaique (230 km), ce charmant petit port, très tranquille, occupe le tréfonds du joli fjord de Puyuhuapi. Fondé dans les années 1930 par des Allemands originaires des Sudètes, il n'a vu

arriver la Carretera Austral qu'en 1982. Il fait une excellente base pour explorer le splendide parc national Queulat – où le glacier Ventisquero Colgante forme une cascade de près de 300 m de haut. À 2 pas, des thermes vous permettront de vous remettre de vos efforts sur les sentiers.

Arriver – Quitter

Bus

➢ ***Coyhaique :*** 1 bus/j., tte l'année, à 6h avec *Terraustral*. Billets en vente à l'*Hostería Aonikenk* *(Hamburgo, 16)*. Également avec *Buses Daniela* mar, jeu et sam vers 14h, ainsi que *Buses Becker* mer et dim vers 11h.

➢ ***Puerto Cisnes :*** lun, mer et ven vers 8h avec *Entre Verdes*. Retour le même jour de Puerto Cisnes à 16h. Les billets sont vendus à la supérette *Entre Verdes*.

➢ ***Chaitén :*** 2 fois/sem avec *Buses Becker*. Le billet se prend au resto *El Muelle*.

➢ ***Futaleufú :*** lun, mer et ven vers 14h-15h avec *Buses Daniela* (le bus arrive de Coyhaique), 2 fois/sem avec *Buses Becker*.

➢ ***La Junta :*** en plus des bus desservant Chaitén et Futaleufú, on peut prendre ceux d'*Entre Verdes* (venant de Puerto Cisnes) qui passent lun, mer et ven vers 20h, et le *Terraustral* quotidien (arrivant de Coyhaique) qui passe en fin de journée.

Adresse utile

Infos touristiques : *Otto Uebel, s/n. ☎ 67-232-52-44. Au centre du village, face à la baie. Oct ou nov-mars, tlj sauf jeu 10h-19h30.* Toutes les infos sur les hébergements à Puyuhuapi et dans le parc Queulat, les diverses activités dans la région et les liaisons en bus.

Où dormir ?

Bon marché (jusqu'à 50 000 $Ch / env 55 €)

Hostería Carretera Austral : *av. Otto Uebel. ☎ 67-232-51-19. 988-28-36-72. Double env 35 000 $Ch avec sdb.* Les chambres occupent une maison tout en bois, située à l'arrière d'une petite supérette, le long de la rue principale. Simples et plutôt petites, elles sont bien propres et seraient même presque agréables. Les 2 *cabañas*, en retrait, sont souvent occupées à la semaine en été.

Hostal Augusto Grosse : *C. Henriquez, 4. ☎ 67-232-51-50. 988-26-06-38. • hostalaugustogrosse@gmail.com • Depuis O. Uebel, en front de fjord, remonter la rue Gabriela Mistral (perpendiculaire), puis prendre la 2e à gauche. Presque en face de l'adorable église en bardeaux. Doubles et cabañas 40 000-50 000 $Ch.* L'*hostal* porte le nom de l'explorateur allemand qui aida à fonder Puerto Puyuhuapi. On choisit entre 3 chambres dont 1 familiale, qui partagent la salle de bains, et les 2 *cabañas* accolées à la maison, pas très grandes mais très accueillantes, avec 2 chambres (5 personnes maximum), une cuisine et un salon où trône un poêle à bois. En été, il arrive que le proprio ne loue que les cabanes.

Aonikenk : *Hamburgo, 16. 982-00-13-54. • turismoaonikenk.cl • Doubles avec sdb à partir de 55 000 $Ch, excellent petit déj inclus. CB refusées.* Nous avons eu un vrai coup de cœur pour cette adresse tranquille, posée au milieu d'un jardin foisonnant. La chaleureuse grande salle commune, où l'on peut manger toute la journée, est tout de suite engageante avec sa mezzanine et son grand divan. À l'arrière, les chambres, nickel, sont de style rustique mais confortables (bonne literie). Semées autour du jardin, les *cabañas* (pour 2 à 5 personnes) sont un bon plan pour les familles ou petits groupes d'amis ; celles qui ont une cuisine ne comprennent pas le petit déj (et inversement). Bonne ambiance et accueil enjoué de votre hôte, Excellentes infos sur les activités dans la région.

Où dormir dans les environs ?

Puyuhuapi Lodge & Spa : *Bahía Dorita, sur la rive ouest du fjord. Résas : ☎ 67-245-03-05. 987-68-27-72. • puyuhuapilodge.com • Accès (gratuit si on y loge) depuis un embarcadère situé 15 km au sud de Puerto Puyuhuapi, sur la route de Coyhaique. En saison, 3 traversées/j. (trajet : 10 mn). Doubles env 220-300 US$ selon saison, petit déj-buffet, accès aux piscines thermales extérieures et transfert depuis l'aéroport de Balmaceda inclus.* Luxueux et très confortable (mais sans TV), ce *lodge* tout en bois, inspiré de l'architecture de Chiloé, a été bâti dans un environnement superbe et sauvage, sur la rive ouest du fjord de Puyuhuapi. Chaque salle de bains est approvisionnée par de l'eau chaude de source (longue à venir) – que l'on retrouve dans les 3 piscines thermales en plein air, les jacuzzis et le centre de thalasso. Cela dit, une fois coincé ici, que faire ? Les excursions proposées sont hors de prix, la qualité du restaurant très variable et le *lodge* lui-même a connu des jours meilleurs. À privilégier surtout pour un tête-à-tête romantique.

Où manger ?

El Muelle : *av. Otto Uebel ; face au fjord, en plein centre. 976-54-35-98. En été, tlj sauf dim 12h-22h.* Moderne, accueillant, lumineux, bercé par un fond de musique classique, le resto s'ouvre sur le fjord par une grande baie vitrée. La carte n'est pas très fournie, mais la cuisine est bonne : merlu, saumon, *lomo* et... purée allemande (aux lardons). Belle *pie de limon* pour terminer le repas.

DANS LES ENVIRONS DE PUERTO PUYUHUAPI

Termas del Ventisquero : *à 7 km au sud de Puerto Puyuhuapi, sur la route de Coyhaique. 968-60-34-54. Tlj 9h-23h. Entrée : env 25 000 $Ch pour 3h, serviette incluse ; ½ tarif enfants.* Idéalement posés face au fjord de Puyuhuapi, ces petits thermes disposent d'un bassin principal (5 m x 3 m) et de 3 plus petits en retrait (dont un protégé de la pluie). L'eau affiche une température comprise entre 35 et 40 °C. Un endroit bien agréable avec ses planchers de bois patiné, mais qui pourrait être un peu plus propre. Le plus : on y a vu des dauphins sauter dans le fjord ! Si vous voulez les rejoindre, une rampe permet d'accéder à la mer...

Termas de Puyuhuapi : ceux qui ne logent pas au *Puyuhuapi Lodge & Spa* peuvent néanmoins accéder à ses thermes, selon disponibilité, à condition de réserver au moins 24h à l'avance. *Compter 30 000 $Ch/pers (70 US$) avec la traversée en bateau et l'accès aux piscines thermales (extérieures et celle du spa). Piscine du spa fermée mar.* Le centre thermal offre tous les soins de spa et thalassothérapie. Il comprend une piscine principale à 34 °C avec bar, une piscine froide (16 °C), une autre pour les enfants (30 °C), 2 jacuzzis et des douches de vapeur.

PARQUE NACIONAL QUEULAT

Cette magnifique réserve naturelle, créée en 1983, s'étend sur 1 541 km² de nature sauvage, du nord de Puerto Puyuhuapi jusqu'à Puerto Cisnes au sud. Au programme : lacs, torrents, forêt vierge humide et glaciers – dont le spectaculaire *Ventisquero Colgante,* suspendu, qui joue à cache-cache avec les nuages... Les montagnes culminent à un peu plus de 2 000 m pour se voir léchées, à l'ouest, par les eaux salées du fjord de Puyuhuapi. Un bien bel endroit, que l'on aborde secteur par secteur, au fil de la Carretera Austral. En dehors du belvédère du Ventisquero Colgante, facile d'accès, c'est en arpentant les sentiers de randonnée que vous profiterez vraiment de ce joli concentré de Patagonie. Soyez prévenu : il y tombe entre 3,50 et 4 m de pluie par an !

Adresse utile

ℹ ***Centro de información ambiental Conaf :*** *à l'orée du secteur du Ventisquero Colgante, à 22,5 km au sud de Puerto Puyuhuapi (Km 200), puis 1,5 km sur une piste latérale. Résa obligatoire sur le site • aspticket.cl • ; règlement sur place. Accès tlj sauf lun 9h-14h30 (16h30 dernière sortie). Entrée : 9 000 $Ch ; réduc.*

Où dormir ? Où manger ?

Au nord de Puerto Puyuhuapi

Très chic

🏠 🍴 ***El Pangue Lodge :*** *Carretera Austral, Km 240.* ☎ *67-252-69-06. • elpangue.cl • À 17 km au nord de Puerto Puyuhuapi, en direction de La Junta. Double 180 000 $Ch pour 2 nov-mars, 130 000 $Ch hors saison ; chalets pour 4-7 pers également ; petit déj inclus.* Posé dans une belle nature, à l'extrémité nord du lago Risopatrón, ce joli *lodge* se partage entre chambres classiques et belles *cabañas* tout confort, semées sur une pelouse, entre les moutons, chevaux et vaches qui paissent librement ! Dans l'*hostería,* un restaurant chaleureux et un salon au coin de la cheminée. À distance, près du *río,* une piscine chauffée sous son auvent de bois, un minisauna et 2 jacuzzis sous tonnelle. Au bout du pré, un long ponton vermoulu se lance sur les eaux (location de barques et de kayaks). Un sentier s'élance vers un mirador ; un autre, long de 3 km, longe la rivière. Balades à cheval et pêche à la mouche. Une belle adresse.

Au sud de Puerto Puyuhuapi

Camping

⛺ ***Camping Experiencia Austral :*** *juste après le centro Conaf, secteur Ventisquero Colgante.* 📱 *987-44-87-55. Pas de résa ; 1er arrivé, 1er servi. Fermé dim-lun. Compter 10 000 $Ch/pers (sans le droit d'entrée au parc). Emplacements 2-8 pers. Gardien sur place.* Les sites, entourés par la forêt, sont très espacés et bien équipés, avec table sous auvent, barbecue et eau potable. Douches avec eau chaude toute la journée. Idéal pour partir à la découverte du parc.

Très chic

🏠 🍴 ***Posada Estuario Queulat :*** *Km 192, à 31 km au sud de Puyuhuapi* *et 10 km du secteur Ventisquero Colgante. ☎ 67-223-33-02. 933-58-97-11. • posadaqueulat.cl • Ouv tte l'année sauf juil-août. Env 220 000 $Ch pour 2 avec petit déj et dîner (hors boissons). 2 nuits min.* Les prix sont très élevés mais on adore l'emplacement de ces 5 *cabañas* (pour 2 à 7 personnes), semées sous les arbres, dans la vallée, là où le río Queulat se jette dans un bras du fjord de Puyuhuapi. Elles sont plutôt simples, mais chacune dispose d'un poêle avec une grosse réserve de bois : c'est bien là l'essentiel ! On dîne dans le grand salon commun, face à la cheminée. Des excursions y sont organisées.

Balades et randonnées

Elles sont présentées ici du nord au sud.

Sendero Los Pumas : *départ du sentier à 300 m du camping Angostura, env 12 km au nord de Puerto Puyuhuapi.* Ce sentier ardu, long de 5,8 km (5-6h A/R), grimpe hardiment entre points de vue sur le lago Risopatrón et passages dans la forêt profonde, avant de déboucher sur un plateau cerné de montagnes où se trouve le lac glaciaire de Los Pumas.

Ventisquero Colgante : *à 25 km au sud de Puerto Puyuhuapi (accès au Km 200). Les sentiers débutent à 2,5 km de la Carretera Austral, une fois passé le Centro de información de la Conaf.* Point d'orgue d'une visite dans ce secteur, le glacier suspendu qui lui a donné son nom se laisse voir, à distance, au terme d'une grimpette de 10 petites mn jusqu'à un mirador, depuis le parking terminal. Pas mal, mais on reste sur sa faim.

Sendero Laguna Témpanos : long de 600 m seulement, le sentier, qui débute par un long pont suspendu franchissant le río Ventisqueros, mène en 15 mn environ au lac de Témpanos. L'été, des petits bateaux de la *Conaf* y font des ronds dans l'eau (30 mn) selon un planning assez compliqué – ils fonctionnent pendant 12 jours, puis s'arrêtent pendant 5 jours... En toile de fond, le glacier suspendu déverse ses eaux de fonte en une fantastique chute latérale au glacier, haute de 150 m, éclaboussant de toutes parts – et une 2de cascade moins fournie. Mais on reste loin. Lorsqu'il a été découvert en 1875, il atteignait presque le fjord !

Sendero Ventisquero Colgante : les plus courageux mettront leurs meilleures chaussures pour s'attaquer à cette belle rando de 3,3 km (par sens) menant, à travers la forêt *siempreverde* (« toujours verte »), jusqu'à un autre belvédère, suffisamment proche du glacier pour entendre le fracas des chutes. *Compter env 3h A/R.*

Bosque encantado : ***sentier toujours fermé début 2023, sans date de réouverture.*** On se contente de quelques points de vue (notamment sur le glacier) et/ou d'une balade en bateau sur le lac.

PUERTO CISNES

6 000 hab.

Ce charmant petit village de pêcheurs, né autour d'une scierie fondée par un colon allemand sur le flanc oriental du fjord de Puyuhuapi, invite à une étape tranquille sur la route de Coyhaique. Le site naturel (propice à la pêche à la mouche) et l'atmosphère paisible méritent le détour, d'autant que la route qui y mène depuis la Carretera Austral (32 km), longeant le río Cisnes, est très jolie.

Arriver – Quitter

Bus

➢ ***Coyhaique*** *(3h)* **:** bus quotidien avec *Terraustral* (*Piloto Pardo, 368 ;* 999-18-91-93), mais horaires variables.
➢ ***La Junta*** *(via Puerto Puyuhuapi, 4h)* **:** avec *Entre Verdes* (995-10-31-90).

Bateau

Puerto Cisnes est desservi par *Naviera Austral* (*Arturo Prat, 07 ;* ☎ *67-234-65-58 ;* • *navieraustral.cl* •) sur la *Ruta Cordillera* reliant Quellón (Chiloé) à Puerto Chacabuco – et vice versa, et sur la *Ruta Cisnes,* entre Quellón et Puerto Cisnes via Melinka (trajet plus rapide mais beaucoup plus cher). Attention, par marée très basse, les bateaux passent parfois leur chemin... jusqu'à la semaine suivante.
➢ ***Quellón*** *(Chiloé ; 12-20h)* **:** sur la *Ruta Cisnes,* mar, jeu et sam soir depuis Quellón ; mer, ven, dim mat depuis Puerto Cisnes. Sur la *Ruta Cordillera,* départs de Quellón les sam et mer soir ; ven et lun depuis Puerto Cisnes. Jusqu'à ***Puerto Chacabuco,*** compter 9h.

Où dormir ?

Bon marché

***Hospedaje Bellavista* :** *Séptimo de Línea, 112.* ☎ *67-234-64-08.* • *tour bellavista@yahoo.es* • *Env 25 000 $Ch/pers, copieux petit déj inclus.* Notre meilleure adresse à Puerto Cisnes. Cette jolie maison en bois coloré, à l'atmosphère très cosy, rehaussée de tapis et objets chinés, abrite 7 chambres doubles à l'étage (lits simples uniquement). Pas très grandes, mais agréables, elles sont d'une propreté irréprochable. Bon petit déj à déguster dans l'agréable salle à manger, lumineuse. Propose diverses excursions en bateau (pêche à la mouche, découverte des lions de mer et des dauphins, etc.) et loue des kayaks de mer. Infos sur les bus *Terraustral.* Un excellent rapport qualité-prix, doublé d'un tout aussi excellent accueil.

***Cabañas Brisas del Sur* :** *Costanera.* *995-79-92-81 ou 977-66-51-64. Cabaña 40 000 $Ch pour 2.* 4 des 6 bungalows, posés tout au bout du front de mer, ont vue sur le fjord. Pas très grands, ils sont plutôt agréables avec 2 chambres, cuisine, salle de bains (eau chaude) et un poêle à bois pour se réchauffer. Traversez la rue et vous êtes sur la plage.

VILLA AMENGUAL

Ce hameau de bûcherons cerné par la forêt ne vous retiendra que si vous cherchez un lieu d'escale sur la Carretera Austral (à 68 km au sud de Puerto Cisnes). Quelques kilomètres plus loin, on trouve le beau *lago Las Torres,* cerné par de hauts sommets enneigés et bordé de roseaux.
– Pas de poste d'essence ici !

Où dormir ? Où manger ?

***Lodge Lago Las Torres* :** *Km 130, à 2,5 km au sud de Villa Amengual.* *998-22-26-85.* • *lagolastorres.cl* • *Double 70 US$, petit déj inclus ; cabaña 70 US$.* Posé au-dessus de la route, sur un coteau grouillant de chevaux, ce *lodge* rustique abrite 5 chambres partageant 2 salles de bains dans une atmosphère familiale très, très ranch. Grand salon avec poêle et cuisine à disposition. Loue également plusieurs *cabañas* rustiques, avec poêle. Au menu : *cabalgatas* (balades équestres) et *asado patagónico* !

VILLA MAÑIHUALES

Ce gros village peut faire une escale pour les cyclistes et ceux qui se déplacent en stop. Les autres y feront quelques courses, prendront de l'essence et... passeront leur chemin pour rejoindre Puerto Aysén ou Coyhaique. La bifurcation menant à l'une ou l'autre ville se trouve 13 km au sud : route goudronnée plus longue à droite menant vers Aysén, piste plus courte et très tranquille à gauche, directe pour Coyhaique, traversant un pays de pâturages. Les cyclistes préféreront cette dernière, très peu fréquentée.

Où dormir ?

Très bon marché (moins de 30 000 $Ch / env 33 €)

Hospedaje Doña Ruth : *Eusebio Ibar, à la sortie sud du village. ☎ 67-243-20-41. 📱 997-55-76-27. Camping env 6 000 $Ch/pers ; lit en gîte 12 000 $Ch.* L'adresse est appréciée des cyclistes au long cours. Le logement (toutes petites chambres) et la salle de bains sont rustiques, le thermomètre souvent un peu bas, mais on peut laver son linge, faire sécher ses affaires devant le poêle, dévorer à pleines dents œufs et pain maison, voire ne prendre qu'une douche au passage avant de se relancer sur la route.

PUERTO AYSÉN

26 000 hab.

Amarré sur le río Aysén, en amont de son embouchure dans le fjord du Paso del Medio, Puerto Aysén est né en 1913 dans le sillage de la colonisation du territoire. Son port, qui accueillait jadis des bateaux de fort tonnage, s'est envasé à cause des incendies déclenchés par les colons dans l'intérieur des terres pour développer l'élevage. Actuellement, seuls quelques petits bateaux de pêche l'utilisent encore. Malgré sa forte décadence et son visage un peu sombre, Puerto Aysén reste la 2e ville de la province. Elle n'a pas d'intérêt en soi, et on y fait surtout escale pour rejoindre la merveilleuse laguna San Rafael (l'excursion la plus classique part de Puerto Chacabuco, à 15 km de là).

Arriver – Quitter

Bus

➢ ***Coyhaique :*** bus réguliers tlj, avec *Suray. Terminal situé Eusebio Ibar, 630, presque au carrefour de la rue principale (Sargento Aldea). ☎ 67-233-62-22.*

➢ ***Puerto Chacabuco :*** minibus fréquents, très bon marché, remontant la rue Sargento Aldea ou se prenant après le pont sur le río.

Bateau

Les bateaux arrivent et partent de ***Puerto Chacabuco,*** à 15 km de Puerto Aysén. La plupart des liaisons sont assurées par *Naviera Austral* (● navieraustral.cl ●).

➢ ***Puerto Cisnes et Quellón** (Chiloé) :* départ théorique ven à 12h et lun à 18h depuis Puerto Chacabuco. La traversée jusqu'à Quellón prend env 32h, patience ! Compter 19 200-45 000 $Ch le passage selon destination, et 85 000-300 000 $Ch pour une voiture. Les aventuriers s'intéresseront aux escales intermédiaires : Puerto Aguirre, Puerto Gaviota (accès au parc national de l'isla Magdalena), Puerto Gala, Puerto Raúl Marin Balmaceda, Melinka dans les îles Guaitecas... Autant de noms qui invitent à des voyages au long cours.

Adresse utile

■ ***Distributeurs automatiques Redbanc :*** sur la place, on trouve la *Banco de Chile*, la *BCI*, *Santander* et la *Banco del Estado* (cartes *Visa* et *MasterCard*).

Où dormir ?

Bon marché (jusqu'à 40 000 $Ch / env 45 €)

🏠 ***Hostal El Canto del Chucao :*** *Teniente Merino, 724. ☎ 67-233-01-87. 📱 953-71-39-76. ● cantochucao@gmail.com ● Doubles 30 000-35 000 $Ch avec sdb partagée ou privée, petit déj inclus.* Ne cherchez pas plus longtemps ! En plein centre, à côté de la *plaza*, cette accueillante maison abrite des chambres soignées et plutôt spacieuses. Excellent rapport qualité-prix.

De prix moyens à plus chic (60 000-130 000 $Ch / env 65-145 €)

🏠 ***Hotel Aysen Austral :*** *Michimalonco, 660. ☎ 67-233-48-52. 📱 950-07-99-83. ● hotelaysenaustral.com ● Double env 70 000 $Ch en saison, avec petit déj.* Hôtel peinard offrant des chambres plutôt confortables mais petites, avec salle de bains privative. Cafétéria-resto au rez-de-chaussée, agréable le matin lorsque le soleil brille.

🏠 ***Patagonia Green :*** *camino al Blanco, 248. 📱 983-64-61-20. ● patagoniagreen.cl ● Traverser le grand pont sur le río en direction de Puerto Chacabuco et prendre la 1re à gauche. Double env 90 000 $Ch, avec petit déj ; cabaña env 130 000 $Ch pour 2, sans petit déj. Resto ouv tlj, midi et soir.* L'hôtel forme une vraie oasis dans cette ville peu avenante, avec ses 6 chambres de très bon confort (seule l'insonorisation pèche un peu) et ses jolies *cabañas* posées au sein d'un jardin entouré de grands arbres. Les ibis gambadent dans le pré à l'arrière, les hortensias bleus prolifèrent et des jeux attendent les enfants. L'accueillant restaurant, jaune soleil, propose une bonne cuisine chilienne centrée sur les produits locaux – congre, saumon, *machas gratinadas* (sorte de praires au fromage fondu) ou excellent *lomo gaucho* de porc dans une sauce à la rhubarbe et au gingembre. Bon choix de salades aussi. Location de VTT.

Où dormir à Puerto Chacabuco ?

Le choix est ici des plus limité. Mieux vaut éviter les vieux hôtels croulants, certes peu chers mais vraiment déglingués. On peut se rabattre sur le très gros, chic et cher hôtel *Loberías del Sur* (● loberiasdelsur.cl ●).

Où manger ?

Voir aussi le restaurant ***Patagonia Green,*** décrit dans « Où dormir ? ».

Entre Amigos : *Sargento Aldea, 1077. ☎ 67-233-34-33. Fermé dim. Prix moyens.* On vient surtout ici pour les grillades, préparées sur une *parrilla* bien en vue. La salle en bois, tendance rustique chilienne typique, est plutôt agréable.

À voir

Puerto Aguas Muertas et Puerto Río Los Palos : balade aux petits ports fluviaux en suivant la rue O'Higgins vers le nord. Le 1er, le plus joli, avec ses nombreux chalutiers encombrant le lit du *río,* est à 600 m au nord de la *plaza,* le second 1,2 km plus loin. Si vous êtes à vélo ou motorisé, vous pouvez continuer au-delà, sur 8,3 km, jusqu'à la plage de gros sable ourlant le fond du fjord Aysén (prenez la piste de gauche juste après le pont). Face à vous, les parois couvertes de végétation et, au-dessus, 2 glaciers. Très populaire le week-end pour un pique-nique.

DANS LES ENVIRONS DE PUERTO AYSÉN

Cascada del León : *prendre la route de Coyhaique sur 7 km, puis à gauche la piste menant vers Valle Pangal sur 10 km.* Belle chute double dévalant dans un bassin glacé entouré de fuchsias et de vieux troncs d'arbre. Encore un endroit sympa pour casser la croûte en pleine nature.

Reserva nacional Río Simpson : *accès tlj sauf lun 10h-15h (dernière sortie 17h). Résa des entrées sur • aspticket.cl • ; règlement sur place. Entrée : env 8 200 $Ch ; réduc.* Cette grande réserve naturelle (41 620 ha) se trouve à mi-chemin entre Puerto Aysén et Coyhaique. Elle protège le cours de la rivière Simpson, qui se fraye un passage dans une superbe vallée gardée par des pics en pains de sucre (hauts de 1 500 m), comme posés sur les pâturages – rappelant certains reliefs karstiques asiatiques. Le *río* est très réputé auprès des pêcheurs à la mouche.

De la route, on voit le *Velo de la Novia* (« voile de la mariée »), diaphane, et, 8 km plus au sud, la *Cascada La Virgen,* qui déferle joliment près d'un petit sanctuaire marial. Pour le reste, on doit se contenter d'un unique sentier, *Los Pescadores,* qui longe les berges du río Simpson pendant environ 1h30 et part environ 1 km au sud du camping San Sebastián (voir ci-après).

➢ *Pour y aller :* prendre n'importe quel bus entre Puerto Aysén et Coyhaique (env ttes les 30 mn-1h).

Camping Las Torres del Simpson : *à 26 km au sud de Puerto Aysén, prendre la piste à droite (fléché) sur 1,8 km, face au Restaurante Internacional El 26. 994-93-99-45. Compter 10 000 $Ch/pers.* Nacho est espagnol et profite de la verdure et de la beauté de la vallée pour ses cultures bio. On peut planter la tente dans son jardin et se réfugier dans une sorte de salle commune (avec cuisine) s'il pleut. Nacho a aussi aménagé un genre de gîte de rando à l'étage, avec 2 lits doubles et 2 lits superposés.

Camping San Sebastián *(Conaf)* ***:*** *à 30 km de Coyhaique. Compter 7 000 $Ch par tente. Douches.* Pas désagréable mais le long de la route.

LAGUNA SAN RAFAEL

Voici un endroit de toute beauté, sans aucun doute l'un des musts du tourisme en Patagonie chilienne, avec le parc Torres del Paine. Au terme d'une longue navigation sur le fjord Estero Elefantes, on s'approche du glacier San Rafael (long de 15 km) en se frayant un passage dans la soupe de glace, entre des icebergs aux couleurs bleutées féeriques. D'énormes blocs se détachent sporadiquement avec fracas de son front large de 2 km et haut de 60 m, créant de hautes vagues – et causant quelques frayeurs aux passagers.
Déclarée réserve mondiale de la biosphère, la laguna San Rafael (en fait, un repli marin) fait partie du parc national du même nom, qui protège 17 420 km² de fjords, de forêts et d'une gigantesque masse de glaciers, étirée sur 100 km du nord au sud et 40 km d'ouest en est, le Campo de Hielo Norte. On y trouve 7 glaciers principaux. Cette immense zone sauvage, qui culmine à 4 058 m au Monte San Valentín, reste pour l'heure très difficile (et donc très chère) d'accès. Seule option : le bateau. Mais pour le prix, vous aurez sans doute droit à un whisky servi avec un authentique glaçon vieux de plusieurs milliers d'années !

Infos utiles

– Impossible de visiter la laguna San Rafael par soi-même. On ne peut s'y rendre qu'en tour organisé, par bateau. Quelques originaux s'arrangent pour passer la nuit au camping situé sur place, le temps d'explorer le secteur. Naturellement, il faut tout apporter avec soi, hormis l'eau potable.
– Ceux qui envisagent de visiter aussi le parc Torres del Paine peuvent passer leur tour : il revient moins cher de rejoindre le glacier Grey, presque aussi impressionnant.
– La *Conaf* administre le parc *(résa sur le site • aspticket.cl •, règlement sur place, compter 8 200 $Ch ; réduc).*
Du débarcadère, un sentier conduit en 6 et 6,5 km jusqu'à 2 points de vue superbes sur le glacier San Rafael.

Comment y aller ?

En bateau

➢ ***De Puerto Chacabuco :***
– *Catamaranes del Sur : ☎ 67-235-11-12. • loberiasdelsur.cl • Propose une excursion d'une journée plusieurs fois/sem sauf juin-juil ; ven, sam et lun en plein été. Résa conseillée à l'avance. Compter 180 000-250 000 $Ch, repas et balade en Zodiac inclus ; réduc moins de 12 ans et plus de 60 ans.* La Laguna est à 125 milles nautiques de Puerto Chacabuco par les fameux *canales patagónicos* (fjords), l'excursion dure donc toute la journée *(8h-20h env).* Attention, on ne débarque pas à terre. Cela dit, il est théoriquement possible de s'arranger, en s'y prenant à l'avance, pour se faire déposer et reprendre le lendemain.

➢ ***De la valle Río Exploradores :*** on l'atteint par une piste de 85 km (2h) partant de Puerto Río Tranquilo, sur la berge ouest du grand lago General Carrera (à 220 km au sud de Coyhaique). Bien plus proche de la Laguna (3h de navigation), mais aucun transport en commun au-delà de Puerto Río Tranquilo.
– *Destino Patagonia : Gilberta Flores, 208, à Puerto Tranquilo. 📱 988-22-94-91. • destinopatagonia.cl •*

Programmes de 1 et 2 j., à partir de 170 000 $Ch. Nuit en refuge. Propose aussi une sortie de 6 j. incluant une journée de kayak au plus près du glacier.

➢ ***De Puerto Montt :*** croisière chic et chère de 6 jours à bord du *Skorpios II* (*● skorpios.cl ● ; oct-avr*).

Où dormir ?

– Ceux qui partiront de Puerto Chacabuco dormiront soit là-bas (voir précédemment « Où dormir à Puerto Chacabuco ? » dans le chapitre sur Puerto Aysén), soit, de préférence, à Puerto Aysén et rejoindront le quai le matin en taxi *(avec Taxi Aysén, ☎ 67-233-47-47)*.

– Ceux qui partiront de la *valle Río Exploradores* passeront la nuit à Puerto Río Tranquilo ou, éventuellement, dans la vallée même (voir plus loin le chapitre « Lago General Carrera »).

COYHAIQUE

50 000 hab.

● Plan *p. 375*

Installée sur un plateau entouré de crêtes découpées, au confluent des ríos Simpson et Coyhaique, la ville s'est développée comme base arrière pour la colonisation de la région, avant de s'affirmer comme capitale régionale en supplantant Puerto Aysén. L'arrivée de la Carretera Austral en 1980 l'a fait sortir de son isolement. Que faire ? Que voir à Coyhaique ? Pas grand-chose, à vrai dire. On peut se balader agréablement sur la place principale pentagonale, où se déroulent l'été des concours de sculpture sur bois à la tronçonneuse, stocker vivres et essence, descendre une bonne mousse, faire ses résas de ferry ou de bus, puis repartir tranquillement explorer les sauvageries patagones – ou s'adonner à la pêche à la mouche !

Arriver – Quitter

Avion

✈ ***Aéroport :*** *à* ***Balmaceda,*** *à env 50 km au sud de Coyhaique, au milieu de nulle part. ● aeropuertodebalmaceda.cl ●*

➢ Plusieurs liaisons quotidiennes vers ***Puerto Montt*** et ***Santiago*** avec *LATAM* et *Sky Airline* ; liaisons également vers ***Punta Arenas*** (avec correspondance à Puerto Montt).

➢ Plusieurs agences (avec guichet aux arrivées) assurent les transferts, toutes au même prix : 7 000 $Ch pour Coyhaique, 10 000 $Ch pour Puerto Aysén. Pour retourner à l'aéroport, on peut contacter *Transfer T y T* (*📱 993-12-39-39*) ou *Transfer Velasquez* (*📱 985-05-08-86*).

Bus

Attention : les services le long de la Carretera Austral sont soumis à de nombreux changements, notamment en fonction des conditions

COYHAIQUE

■ **Adresses utiles**

- 1 Sernatur (B1)
- 2 Oficina de turismo (B1-2)
- 3 Banco de Chile (B1)
- 4 Santander (B1)
- 5 Naviera Austral (A2)
- 6 Figón Bicicletas (hors plan par B2)
- 7 Lavaseco All Clean (B1)
- 8 Supermarché Unimarc (A2)

Où dormir ?

- **30** Huella Patagonica (B2)
- **31** Hospedaje Los Lugareños (A2)
- **32** Hospedaje Natti (A2)
- **33** Hospedaje MarLuz (A2)
- **34** Hostal Viento Sur (A1-2)
- **36** Hotel Belisario Jara (B2)
- **37** Hotel El Reloj (B1-2)
- **38** Nómades Hotel Boutique (B1)

Où manger ?

- **37** Resto de l'Hotel El Reloj (B1-2)
- **41** Lito's (A2)
- **42** Casino de Bomberos (A1)
- **43** Mamma Gaucha (A2)
- **44** Holzer (A1-2)
- **45** El Duendecito de la Eme (B2)

climatiques et de la saison touristique. Bien vérifier les horaires sur place.

Terminal des bus *(hors plan par A2)* **:** *Norte Sur 1280, à env 2 km au sud du centre-ville.* Terminal moderne qui héberge de nombreuses compagnies. Petit point d'infos *(tlj sauf sam ap-m et dim).*

➢ ***Puerto Ibáñez*** *(Chile Chico ; env 3h)* **:** bus en correspondance avec le ferry. Soit aux dernières nouvelles : lun, mer et ven à 9h ; mar, jeu et dim depuis Chile Chico.

➢ **Cochrane** *(via Cerro Castillo, Puerto Río Tranquilo ; 8h)* **:** avec *Don Carlos* (3-4 bus/sem vers 9h30), ou *Sao Paulo* (tlj vers 8h).

➢ ***Puerto Aysén*** *(env 1h30)* **:** une dizaine de bus/j. avec *Suray* 7h-19h lun-ven, moins fréquents le w-e. Également avec *Buses Ali,* moins fréquent.

➢ ***Puerto Cisnes*** *(env 3h)* **:** lun-ven à 15h et 17h, w-e et j. fériés à 16h avec *Terraustral.*

➢ ***Puerto Puyuhuapi*** *(env 3h15)* **:** tlj à 15h, tte l'année, avec *Trans Austral* et *Terraustral* (ce dernier continue jusqu'à La Junta), et avec les bus de Futaleufú et Chaitén.

➢ ***Chaitén*** *(10h)* **:** en direct avec *Buses Becker* mar et sam vers 8h (retour les mer et dim). Sinon, en 2 étapes, en passant la nuit à La Junta, avec *Terraustral* : départ de Coyhaique tlj à 15h, puis le lendemain mat de La Junta à 6h, les lun et ven.

➢ **Puerto Montt** *(via l'Argentine ; 18-21h)* **:** lun, mer et ven vers 14h avec *Queilen Bus* en été, le jeu seulement a priori en basse saison. Également avec *Trans Austral* (ne prend pas de résa) le ven vers 14h.

➢ ***Ancud, Castro*** *(Chiloé ; 10-11h)* **:** avec *Queilen,* même fréquence que pour Puerto Montt (c'est le même bus qui continue). Souvent plein en été, réservez !

Bateau

■ ***Naviera Austral*** *(plan A2,* ***5****)* **:** *Horn, 40. ☎ 67-221-06-38. • navieraustral.cl • Lun-ven 9h-12h30, 15h-18h ; sam 10h-12h30. Fermé dim.* Liaisons en ferry vers Chaitén et Puerto Montt via l'île de Chiloé (Quellón). Voir nos infos détaillées dans la rubrique « Arriver – Quitter » de Puerto Aysén.

Voiture

– ***Location de véhicule*** **:** à moins de rendre son véhicule à l'agence de départ, la location d'un véhicule dans cette partie de la Patagonie peut s'avérer très onéreuse, car les frais d'abandon sont extrêmement élevés. Bien se renseigner sur les tarifs.

– ***Auto-stop*** **:** ultra populaire en été ! La plupart des jeunes Chiliens visitent la région sur le pouce, en ne prenant un bus que s'ils sont coincés par le temps. Cela implique 2 choses : 1) c'est très faisable sur la Carretera Austral – mais ne pas s'en éloigner ; 2) la concurrence est rude ! Bien souvent, on se retrouve chargé à l'arrière d'un pick-up. Tant pis pour la poussière et... dommage s'il pleut !

Adresses et infos utiles

Infos touristiques

ℹ ***Oficina de turismo*** *(plan B1-2,* ***2****)* **:** *kiosque sur la plaza, face à la c/ Dussen. ☎ 67-252-49-29. 📱 934-38-44-92. • turismo@coyhaique.cl • En été, lun-ven 9h-13h et 15h-18h30, sam 9h-13h, fermé dim ; hors saison, horaires réduits.* Compétent. Il s'agit du bureau de tourisme municipal.

ℹ ***Sernatur*** *(plan B1,* ***1****)* **:** *Bulnes, 35. ☎ 67-224-02-90. • aysenpatagonia.cl • Lun-ven 9h-18h30 ; sam 10h-17h ; fermé dim.* Infos sur Coyhaique et toute la Carretera Austral.

Banques, change

■ ***Banques et distributeurs*** **:** ***Banco de Chile*** *(plan B1,* ***3****), Condell, 298, à l'angle de la plaza de Armas ;* ***Santander*** *(plan B1,* ***4****), Condell, 184 ; à l'angle de 21 de Mayo.* Faire des réserves de cash avant de repartir vers le sud !

Urgences

✚ ***Hôpital*** *(plan A1)* **:** *Dr Jorge Ibar, 68. ☎ 67-226-20-79.*

Divers

Figón Bicicletas *(hors plan par B2, **6**) : Simpson, 805. ☎ 67-223-46-16. Lun-sam 10h-18h30 ; dim sur résa seulement.* Location de VTT, réparation et vente de matériel (de qualité).

Supermarché : Unimarc *(plan A2, **8**), angle Pratt et Lautaro. Tlj 8h30-21h30.*

Lavaseco All Clean *(plan B1, **7**) : General Parra, 55. ☎ 67-221-96-35. Lun-sam 9h-19h (14h sam). Fermé dim.*

Où dormir ?

Camping

Reserva nacional Coyhaique *(hors plan par B1)* : on peut camper ici, à 4 km de la ville, dans un joli cadre naturel. Voir « Dans les environs de Coyhaique ».

De bon marché à prix moyens (35 000-60 000 $Ch / env 40-65 €)

Huella Patagonica *(plan B2, **30**) : Ignacio Serrano, 621. 944-10-15-71. • huellapatagonica.cl • Doubles 50 000-65 000 $Ch, petit déj compris.* On repère de loin ce gros bâtiment moderne, égayé de quelques belles couleurs. Il faut dire qu'il détonne un peu avec le voisinage ! En passant la porte, on découvre un endroit chaleureux, offrant des chambres doubles et familiales, simples et cosy, dotées d'un confort tout à fait honorable (chauffage). Les plus économiques sont un peu étroites, cela dit. Certaines partagent leur salle de bains. Café au rez-de-chaussée servant des en-cas salés et sucrés.

Hospedaje Natti *(plan A2, **32**) : Simpson, 423. ☎ 67-223-10-47. 956-91-62-86. Double env 35 000 $Ch.* L'adresse est modeste et conviviale à la fois. Les chambres, sans salle de bains, se disséminent de part et d'autre des pièces occupées par Natti. La n° 1, à l'étage, sera la préférée des frileux, car la buse du chauffage passe au milieu (!). Cuisine à disposition. On peut parfois camper dans le jardinet, avec cuisine et douche (eau chaude) dans un cabanon, mais ce n'est pas toujours possible.

Hospedaje Los Lugareños *(plan A2, **31**) : Simpson, 198. 985-00-67-47. Double env 30 000 $Ch.* Ce n'est pas le grand luxe, mais l'accueil est sympa, et les 8 chambres sont propres. Elles sont chauffées et partagent 2 salles de bains avec eau chaude.

Hospedaje MarLuz *(plan A2, **33**) : Lord Cochrane, 510. 991-20-37-86. • hospedaje_marluz@hotmail.com • Doubles sans ou avec sdb 35 000-40 000 $Ch.* Les chambres ne sont pas très grandes, plus ou moins vieillottes, plus ou moins agréables. Demandez à voir pour faire votre choix. Les plus agréables ont un parquet et, l'hiver, Marta branche le chauffage. Salle de bains commune.

Hostal Viento Sur *(plan A1-2, **34**) : Obispo Vielmo, 71. 958-40-63-28 ou 975-29-25-35. • hostalvientosur.cl • Double env 55 000 $Ch, petit déj inclus.* Ce petit hôtel familial se pose à l'orée d'un quartier résidentiel tranquille, tout près du casino. Ses chambres sont de bon confort, toutes avec salle de bains privée, chauffage, TV et même quelques touches design. Grand salon à disposition. Bon rapport qualité-prix.

Chic (80 000-120 000 $Ch / env 90-130 €)

Hotel El Reloj *(plan B1-2, **37**) : Baquedano, 828. ☎ 67-223-11-08. • elrelojhotel.com • Doubles 60 000-90 000 $Ch, petit déj-buffet inclus.* Cet hôtel, situé en retrait du bruit de l'avenue, s'ouvre à l'arrière sur la verdure du río Coyhaique. Les chambres sont accueillantes, à la déco soignée. Demandez donc celle située tout au fond, avec sa baie vitrée donnant sur la vallée. Excellent resto tout aussi agréable et doté lui aussi de grandes baies vitrées *(fermé dim)*. Une belle adresse.

Hotel Belisario Jara (plan B2, **36**) : *Bilbao, 662. ☎ 67-223-41-50. • belisariojara.cl • Double env 110 000 $Ch, petit déj inclus.* En léger retrait de la rue, tout près la *plaza* centrale, l'hôtel occupe une belle maison coiffée d'une sorte de mirador prolongé par une girouette poisson. Passez sous les lourdes branches du pommier pour rejoindre la réception. Au-delà, vous découvrirez des chambres pas très grandes mais impeccables, claires, fraîches, accueillantes, avec des fleurs dans chacune. Le confort est au rendez-vous : chauffage central, TV, etc. Bon, malgré toutes les qualités du lieu, les prix sont quand même un peu élevés à notre goût.

Très chic (plus de 140 US$)

Nómades Hotel Boutique (plan B1, **38**) : *Baquedano, 84. ☎ 67-223-77-77. • hotelnomades.com • Doubles 140-200 US$ en été (réduc en basse saison), petit déj inclus (à base de produits locaux).* Rien ne ressemble au *Nómades* dans ce coin de Patagonie. Cet hôtel de grande classe a choisi de jouer à fond la carte locale, en concevant un décor rendant à la fois hommage aux peuples premiers (Tehuelches) et aux *huasos* (*gauchos* chiliens). Peaux de vache et de mouton, bois de cerf, matières naturelles, textiles traditionnels (alpaga), rondins composent des décors très réussis, alors que toutes les chambres, ultra-spacieuses, s'ouvrent par une baie vitrée sur la vallée du río Coyhaique. Pour une fois, le terme de « boutique-hôtel » n'est pas usurpé. Ceux qui sont en lune de miel s'offriront l'une des 2 chambres avec cheminée ! Resto.

Où manger ?

Très bon marché (moins de 5 000 $Ch / env 5,50 €)

Holzer (plan A1-2, **44**) : *Dussen, 317. 📱 996-37-18-58. Lun-sam 9h30-20h ; dim 10h-13h, 15h30-19h30.* C'est un petit chalet mignonnet, retiré de la rue derrière son araucaria, avec 3 tables devant et autant à l'intérieur pour se réchauffer au calme, bercé par la *world music,* sous les luminaires scandinaves. On y dévore un sandwich, avant de tomber le nez dans les tartes et autres *kuchen.* Notre préférée ? Ricotta-framboise. *¡ Rico !* À accompagner d'un bon *latte* ou d'une *cebada de mate* pour ceux qui n'ont pas encore eu l'occasion d'y goûter.

De bon marché à prix moyens (5 000-20 000 $Ch / env 5,50-22 €)

Lito's (plan A2, **41**) : *Lautaro, 147. 📱 984-15-49-89. Lun-mer 12h-19h ; jeu-sam 12h-16h, 19h-23h. Fermé dim.* Une bonne petite adresse qu'on se refile au creux de l'oreille, réputée auprès des amateurs de produits de la mer (surtout disponibles en fin de semaine), de première fraîcheur. Également des grillades. La petite salle est accueillante, et le service est souriant.

Casino de Bomberos (plan A1, **42**) : *General Parra, 365. ☎ 67-223-14-37. Tlj midi et soir.* On s'y bouscule au déjeuner, à l'heure de l'*almuerzo.* Et pour cause : le menu n'est pas très cher, plutôt bon et copieux. La carte présente une ribambelle de spécialités bien chiliennes, comme l'*ajiaco* (excellent potage épais de viande et pommes de terre), et des *empanadas* à emporter le dimanche et les jours fériés. Le cadre est tranquille et le service rapide. Vive les pompiers !

Mamma Gaucha (plan A2, **43**) : *Horn, 47D. ☎ 67-221-07-21. Tlj sauf dim 11h-2h env en été.* À un jet de pierre de la place centrale, dans la rue piétonne, *Mamma Gaucha* réunit tous les suffrages. Les jeunes viennent y descendre une bière maison accoudés au long bar, les familles s'y retrouvent en mezzanine autour d'une pizza sortie du four au feu de bois, et les voyageurs s'enthousiasment pour les salades fraîches de tomates. Toutes sortes de choses à picorer aussi. Bonne ambiance.

|●| ***El Duendecito de la Eme*** *(plan B2,* ***45****)* **:** *Serrano, 150. ☎ 994-99-92-91. Tlj sauf dim soir.* Ils sont partout, les lutins ! Géant en devanture, ou sur les murs, farfadets aux grandes oreilles et aux grands pieds, se reflétant dans le jaune soleil des assiettes... D'autres elfes, un rien humains, se glissent entre les tables, avec des parts de pizza toutes plus invraisemblables les unes que les autres : au maïs, aux œufs brouillés, aux chips, à la choucroute (faut aimer)... et même avec Smarties et Nutella pour terminer le repas ! Les enfants en sont fous, et même les adultes s'amusent. Les puristes s'en tiendront aux viandes, pâtes et salades.

|●| Voir aussi le restaurant de l'***Hotel El Reloj*** *(plan B1-2,* ***37****).*

À voir. À faire

Museo regional Aysen *(hors plan par B2)* **:** *Km 3, au bout de l'av. Baquedano. ● museoregionalaysen.gob.cl ● En été, mar-ven 10h-19h, w-e 15h-19h ; fermé lun. GRATUIT.* Un grand musée consacré à l'histoire régionale : peinture, photos, objets et fossiles.

Piedra del Indio *(hors plan par A2)* **:** formation rocheuse sur la rive du río Simpson, présentant le profil d'un visage autochtone, source de légendes. Point de vue depuis le pont suspendu sur le río Simpson. Sans grand intérêt.

– **Pêche :** uniquement de novembre à mars ou avril, dans les lacs et rivières environnantes, dont le fameux río Simpson. Plusieurs *lodges* spécialisés se trouvent près de la ville, mais à choisir, on préfère ceux situés vers Puerto Bertrand, plus sauvages.

DANS LES ENVIRONS DE COYHAIQUE

Reserva nacional Coyhaique : *à env 1,5 km de Coyhaique, sur la route de Puerto Aysén, bifurquer à droite (montée raide sur 1,5 km). Résa sur le site ● asp ticket.cl ●, règlement sur place. Accès tlj sauf lun 9h-14h30 (dernière sortie 16h). Entrée : 7 000 $Ch ; réduc.* Cette réserve naturelle de 2 676 ha occupe les hauteurs boisées immédiatement à l'ouest de Coyhaique. Plusieurs sentiers de randonnée (de 250 m à 6,6 km) permettent d'explorer le secteur – le plus intéressant étant celui de la jolie laguna Verde (plus bleue que verte), qui livre en chemin des points de vue dominants sur Coyhaique. On peut aussi effectuer le tour complet du Cerro Cinchao en 17 km.

2 sites de ***camping*** de la *Conaf (env 6 500 $Ch/pers).* Douches (eau froide) et barbecue, mais pas d'eau potable.

Circuit Seis Lagunas : *point de départ à 30 km au sud de Coyhaique.* On découvre notamment le ***lago Elizalde,*** joli lac de forme oblongue, long de 25 km. Les pêcheurs vont y taquiner la truite. La route qui y mène est très jolie, mais le circuit n'est pas balisé. Excursions organisées depuis Coyhaique.

Ski : possibilité de s'adonner aux sports d'hiver à ***El Fraile,*** à 29 km au sud de Coyhaique. Tout juste 5 pistes et 2 remontées, dans la forêt *(ouv pdt les vac scol et le w-e seulement).*

RESERVA NACIONAL CERRO CASTILLO

Passé la bifurcation vers l'aéroport de Balmaceda, la Carretera Austral quitte rapidement les pâturages pour s'élever en direction du massif du Cerro Castillo (2 318 m), protégé par une vaste réserve naturelle (1 795 km²). La montagne, splendide lorsqu'elle veut bien se découvrir, évoque un vrai château fort, avec ses pics acérés et ses aiguilles dardés comme autant de tourelles et de bastions. À mi-pente s'alanguit un glacier. L'occasion de quelques courtes balades et d'une belle randonnée. L'hiver, les adeptes de freeride skient sur les basses pentes.

– Poste d'essence à Villa Cerro Castillo pour se ravitailler.

Arriver – Quitter

➢ Tous les bus reliant ***Coyhaique*** et ***Cochrane*** traversent la réserve et font halte à Villa Cerro Castillo. Env 2 bus/j.

Adresse utile

ℹ ***Informaciones turísticas :*** *O'Higgins.* ● *villacerrocastillo.com* ● *À l'entrée du village. Théoriquement, tlj sauf jeu, en été 9h-16h30.*

Où dormir ? Où manger ?

Très bon marché

Les adresses suivantes sont situées à ***Villa Cerro Castillo.***

Hostería Villarrica : *O'Higgins, 592.* ☎ *966-56-01-73.* ● *hospedaje.villarica@gmail.com* ● *Doubles 24 000-28 000 $Ch sans ou avec sdb.* Au-dessus du resto, quelques chambres bien tenues se serrent autour d'un poêle à pétrole (un peu odorant). Bon choix au resto.

La Querencia : *O'Higgins, 522. En été, tlj 12h30-22h (minuit ven-sam).* Escale favorite des bus sur la route du sud, le resto propose un menu du jour, un énorme *churrasco completo* ou de simples sandwichs au fromage pour 3 fois rien. On peut juste prendre une glace. Supérette à côté. Loue aussi quelques chambres (juste correctes) mais seulement en basse saison (pas le temps en été !).

Où dormir entre Villa Cerro Castillo et Puerto Río Tranquilo ?

Camping Los Ñires : *au Km 108, env 10 km au sud de Villa Cerro Castillo.* ☎ *992-16-50-09 ou 995-08-73-94.* ● *campinglosnires.cl* ● Nous le signalons surtout pour les cyclistes. Ils y trouveront une grande étendue herbeuse, des tables pour pique-niquer et des douches (eau chaude).

Residencial Patagonia : *Km 190.* ☎ *987-25-91-86.* ● *cotimama@gmail.com* ● *Au croisement de la Carretera Austral et de la route de Puerto Murta. Compter 7 000 $Ch/pers.* Étonnante apparition que cette maison en bois proprette noyée dans les fleurs, comme évadée de la sauvagerie patagonienne

4 km avant d'atteindre le lac General Carrera (en venant du nord). On peut camper dans le jardin ou s'installer dans l'une des 5 chambres bien tenues, au plancher de bois. Elles partagent une salle de bains et un mignon petit salon aux fauteuils recouverts de peaux de moutons. Excellent rapport qualité-prix.

À voir. À faire

➢ ***Sendero Las Horquetas :*** *s'arrêter d'abord à la guardería Conaf du lago Chinguay (accès : 29 000 $Ch/pers) ; on vous donnera une carte du sentier.* • *parquenacionalcerrocastillo.cl* • ***Bien vérifier l'état du sentier et les conditions météo avant de partir.*** Si l'escalade du Cerro est réservée aux alpinistes, ce trek de 3-4 jours (53 km) permet d'aborder la réserve en prenant le temps. L'itinéraire part à 7 km à l'ouest du lago Chinguay et se prolonge jusqu'à Villa Cerro Castillo. Il est jalonné de 5 campings, mais attention, certains secteurs sont assez mal balisés. Le chemin traverse de beaux paysages de forêts natives, le long du río La Lima, avant de se hisser vers la belle *laguna Cerro Castillo,* au pied du glacier du même nom et des tourelles aiguisées de la montagne. Avec un peu de chance, vous verrez de rares cerfs *huemules.*

Monumento nacional Las Manos : *sortir du village vers le sud puis, peu après le pont, prendre la piste à gauche sur 2,5 km. La balade suit joliment le cours du río Ibáñez. Tlj sauf lun 10h-17h en été. Entrée : env 2 000 $Ch.* Un sentier grimpe en 10 mn jusqu'à un auvent rocheux couvert de peintures rupestres de mains (rouges), en négatif. Rien de spectaculaire, surtout si vous avez vu la *Cueva de las Manos* en Argentine (classée à l'Unesco).

LAGO GENERAL CARRERA

Cet immense lac aux eaux tantôt émeraude, tantôt bleu profond, s'étend sur 1 850 km² – soit plus de 3 fois le Léman ! Il est le plus grand plan d'eau du Chili et le 4e d'Amérique du Sud. Il se prolonge du côté argentin, où il prend le nom de *lago Buenos Aires.* Cerné par de hauts reliefs et d'innombrables glaciers, il offre un miroir parfait aux pâturages tranquilles qui le bordent.
La Carretera Austral longe la rive ouest sur une bonne trentaine de kilomètres, traversant le gentil village de Puerto Río Tranquilo, nouvelle porte d'accès à la *valle Exploradores.* Une autre route, courant sur la rive sud, permet de rejoindre Chile Chico, à la frontière argentine.

PUERTO RÍO TRANQUILO *(Km 220)*

C'est un village tranquille, posé sur la berge du lac, dans des tons d'aquarelle. On y fait une escale tranquille, avant de repartir vers le sud ou d'aller fouiner du côté de la belle *valle Exploradores,* sauvage en diable. Un autre must : l'excursion aux falaises de marbre de la capilla de Mármol, sculptées par l'érosion.

Arriver – Quitter

➢ ***Coyhaique et Cochrane :*** tous les bus reliant les 2 villes passent par là, mais ils sont parfois pleins. À défaut, pour Coyhaique, on peut prendre les minibus *Transportes Bellavista* (📱 981-52-85-05), env 1 transfert/j. vers 7h.

➢ **Chile Chico :** a priori lun, jeu et sam vers 16h avec *Baker* ; mer et dim dans l'ap-m avec *Transportes Acuña.*

➢ **Puerto Guadal :** les mêmes qu'au-dessus.

Adresses utiles

Informaciones turísticas : *à l'arrêt des bus, en été seulement. Tlj 10h-18h.*

El Puesto Exploradores : *Pedro Lagos, 18. 📱 951-89-31-46. • elpuesto.cl •* L'agence organise des excursions de 3h à la *capilla de Mármol* et d'autres plus longues (6h) jusqu'au glacier Exploradores, avec 2h de marche sur glace.

Où dormir ?

Très bon marché (moins de 30 000 $Ch / env 33 €)

On peut camper à la sortie sud du village, comme au *Camping Pudú,* sur un grand terrain herbeux en bord de lac avec douches chaudes – mais on est un peu loin (1,5 km).

Hostería y camping Bellavista : *c/ El Salto. 📱 981-52-85-05. • campingriotranquilo.wordpress.com • Au fin fond du village, derrière le stade, à gauche. Camping 5 000 $Ch/pers ; chambre 10 000 $Ch/pers (14 500 $Ch avec petit déj).* Pas de vue sur le lac ici, mais des prix au ras des pâquerettes qui conviendront aux campeurs comme aux petits budgets. Douche chaude et *quincho* pour les 1ers, chambrettes sommaires pour 2 à 4 personnes avec salle de bains partagée et cuisine à disposition pour les autres. Propose aussi un service de minibus bihebdomadaire pour Coyhaique et des excursions à la capilla de Mármol à très bon prix.

Prix moyens (50 000-80 000 $Ch / env 55-90 €)

Hostal El Puesto : *Pedro Lagos, 258. 📱 962-04-37-94. • contacto@elpuesto.cl • Dans une rue perpendiculaire au lac, partant au niveau de l'Hostal Costanera (que nous déconseillons). Double env 75 000 $Ch, avec petit déj.* Le lieu est charmant : imaginez un jardin incroyablement fleuri, aux relents de lavande, et de jolies chambres lumineuses, tout en bois, avec salle de bains privée. Souvent plein en saison malgré des prix qui nous ont tout de même paru bien élevés.

À voir. À faire dans les environs

Valle Exploradores : une piste permet de s'enfoncer de Puerto Río Tranquilo vers la très sauvage vallée Exploradores. Elle permettra, à terme, de rejoindre la baie du même nom et son quai (à 85 km).

En chemin, on passe le bien-nommé *Lago Tranquilo* (Km 12), puis l'impressionnante *cascada La Nutria* (Km 25). Plus de loutre, comme son nom pourrait le laisser supposer, mais un sacré panache d'eau chutant d'une trentaine de mètres. Environ 5 km après le *Campo Alacaluf* (voir ci-après), on atteint le Lago Bayo, cerné de hautes montagnes et alimenté par le río Deshielo, qui charrie de gros blocs de glace. Un kilomètre encore (Km 52) et voici l'accès au mirador du glacier Exploradores (1h aller-retour). C'est ici que l'on peut marcher sur le glacier, soit avec *El Puesto Exploradores,* soit avec *Campo Alacaluf.*

Nous vous rappelons aussi que 2 compagnies proposent des excursions vers la célèbre laguna San Rafael depuis la Bahía Exploradores. Voir le chapitre qui lui est consacré.

Hostal Campo Alacaluf : *à 44 km de Puerto Río Tranquilo. Pas de tél. • hostalcampoalacaluf@gmail.com • Doubles sans ou avec sdb env 35 000-50 000 $Ch, petit déj inclus ; possibilité de pens complète.* Ce mini-*lodge* perdu au milieu de nulle part possède 3 chambres toutes simples – dont une avec sa propre douche. Il bénéficie de l'électricité 24h/24 grâce à une turbine à eau. Le petit déj comprend vrai café, pain et confitures maison. On peut aussi camper, avec accès à une douche chaude. Katrin propose quelques plats allemands et grillades bien chiliennes, y compris à ceux qui ne font que passer le midi. Organise des sorties de 1 ou 2 jours au glacier Exploradores et le transfert retour à Puerto Río Tranquilo pour 4 personnes maximum.

Capilla de Mármol : *les excursions partent du quai central ou de la Bahía Mansa, à 5 km au sud. Contacter par exemple Excursiones Maran-Atha. 977-67-77-80. • maranatha.excursiones@gmail.com • On attend que le bateau soit plein (5-6 pers).* Un des plus beaux sites naturels du pays ! Les falaises de marbre, mangées par l'érosion, ont été polies et excavées par la puissance des eaux, formant des grottes, des arches et un îlot en forme de gros champignon rocheux flottant sur les eaux turquoise. De vraies sculptures, à voir idéalement un jour sans vent pour profiter du reflet des marbres moirés dans l'eau.

PUERTO GUADAL *(600 hab.)*

Au Km 274, une bifurcation, sur la gauche, mène vers Puerto Guadal (à 8 km) et Chile Chico (106 km). Ce gros village posé sur le bord du lac propose de bonnes options d'hébergement pour profiter des paysages lacustres, et peut servir de base pour explorer la région pendant quelques jours. Sinon, on profite de son épicerie et de son poste d'essence pour se ravitailler.

Arriver – Quitter

Les bus reliant ***Coyhaique*** à ***Cochrane,*** plus fréquents, passent à 8 km, au Cruce El Maitén. De là, vous pouvez terminer en stop (patience).

➢ ***Puerto Río Tranquilo, Chile Chico :*** 5 bus/sem avec *Baker* ou *Transportes Acuña.*

Où dormir ? Où manger ?

De bon marché à prix moyens

Turismo Kalem : *sur la Carretera Austral, 3 km au nord du Cruce El Maitén. 973-91-78-81. • turismokalempatagonia@gmail.com • Cabañas (4-7 pers) 45 000-60 000 $Ch.* Le domaine, étendu au bord du lac, s'étend sur 60 ha ! On y trouve plusieurs *cabañas* rustiques mais pleines de charme. Location de kayaks.

De chic à très chic

El Mirador de Guadal : *à 2 km à l'est de Puerto Guadal, en direction de Chile Chico. 992-34-91-30. • elmiradordeguadal.com • Ouv oct-avr.*

LA PATAGONIE CHILIENNE

Cabañas pour 2 pers env 170-195 US$, petit déj inclus. Ce *lodge* charmant compte 8 bungalows semés sur un vaste terrain en pente, partiellement boisé, dominant le lac General Carrera. Beaucoup d'intimité et de superbes baies vitrées pour profiter de la vue depuis son lit, ou depuis le salon, au coin du poêle – à moins que vous ne préfériez la grande terrasse avec canapé ! Idéal pour s'oublier loin de l'agitation du monde. Propose balades à cheval, en bateau, observation des oiseaux, etc.

Terra Luna : *à 1,5 km à l'est de Puerto Guadal, en direction de Chile Chico. 984-49-10-92. • terraluna.cl • Compter 80-180 US$ selon type d'hébergement, petit déj inclus.* Voisin du *Mirador de Guadal* et installé comme lui sur un vaste terrain en pente surplombant le lac, le *Terra Luna* est tenu par Philippe, un Français installé au Chili depuis belle lurette. On y trouve *lodges* principal et secondaire (chic mais pas luxueux), bungalows pour 2 à 6 personnes et même 2 mini-refuges de 20 m² avec douche et cuisine, prévus pour ceux qui ont moins de moyens. Ajoutez un ponton pour les excursions en *jet boat,* un parcours de canopée, un sauna, un jacuzzi en bois rond au bord du lac, des embarcations à pédales et toutes sortes d'excursions pour découvrir la région.

À faire

Les chutes de Maqui : *à 5 km à l'est de Puerto Guadal.* Dévalant à travers des bois de *coigües* et de *ñirres,* les chutes forment plusieurs paliers, dont un haut de 25 m. Balade facile à pied (1-2h) ou, pourquoi pas, à cheval – l'excursion est proposée par *El Mirador de Guadal* comme par *Terra Luna.*

CHILE CHICO *(4 440 hab.)*

Situé sur la rive sud du lac General Carrera, à 120 km à l'est de Puerto Guadal, Chile Chico bénéficie d'un microclimat suffisamment doux pour permettre de cultiver cerises, pêches et pastèques ! Les sommets andins situés à l'ouest arrêtent l'essentiel des précipitations, et il pleut ici 10 fois moins que sur la côte. Et pourtant, les arbres inclinés sur la place en témoignent, le vent souffle fort aussi... Colonisé par des Argentins à partir des années 1910, Chile Chico a été le prétexte d'une courte « guerre » entre pionniers et autorités en 1918, avant de voir s'installer, dans les années 1950, une importante colonie belge (le film *Le Rêve de Gabriel,* d'Anne Lévy-Morelle, raconte leur histoire).

Pour une vue panoramique de la ville et du lac, grimpez au ***mirador Cerro Banderas.***

Arriver – Quitter

– ***À savoir :*** pour les routards souhaitant poursuivre la route jusqu'à la pointe sud (Punta Arenas et la Terre de Feu), Chile Chico est le dernier endroit de la Carretera Austral pour passer la frontière vers l'Argentine, sans se retrouver bloqué plus loin sur la route.

Bus

➢ ***Coyhaique :*** depuis Puerto Ibáñez, en correspondance avec les ferries, soit en principe mer, jeu et dim vers 9h. Se renseigner.

➢ ***Puerto Guadal, Puerto Bertrand :*** 5 bus/sem avec *Baker* ou *Transportes Acuña.*

➢ ***Puerto Río Tranquilo :*** 5 bus/sem avec *Baker* ou *Transportes Acuña.*

➢ ***Cochrane :*** 2-3 bus/sem, le mat, avec *Baker.*

Bateau

C'est à ***Puerto General Ibáñez,*** petit hameau de 800 habitants perdu sur la rive nord du lac, que l'on prend le bateau pour rallier Chile Chico (en 2h15) en venant de Coyhaique. En été, 1-2 départs/j. Depuis Chile Chico, départs les lun-mer et ven à 8h et 17h ; jeu à 8h ; sam à 9h et dim à 16h. Depuis Puerto Ibáñez, lun, mer et ven à 12h et 20h ; mar à 11h et 20h ; jeu 20h ; sam 12h et dim 19h. Horaires susceptibles de changer. Se renseigner auprès de l'entreprise ***RVC Tehuelche*** *(● Facebook ●).*

Adresses utiles

Informaciones turísticas : *O'Higgins ; à l'angle de Lautaro. ☎ 67-241-11-23. Lun-ven 9h-17h.*

Banco del Estado : *O'Higgins et Baquedano.* Le seul distributeur du village, mais il ne prend que la *MasterCard.*

Où dormir ?

Très bon marché (moins de 30 000 $Ch / env 33 €)

Hospedaje No me Olvides : *à 500 m du centre, sur la route de Los Antiguos (Argentine). 957-92-90-93. Camping env 8 000 $Ch/pers ; double env 30 000 $Ch.* Petites chambres toutes simples et camping dans le verger, partageant des douches communes. Accès libre à la cuisine. Sympa.

Hospedaje Don Luis : *Balmaceda, 175. 984-41-49-70. Double env 30 000 $Ch.* Chambres propres, avec salle de bains commune. L'un des hébergements les plus abordables en ville.

De bon marché à prix moyens (35 000-80 000 $Ch / env 40-90 €)

Brisas del Lago : *Manuel Rodríguez, 443. ☎ 67-241-12-04. ● turismobrisasdellago.cl ● Doubles et cabañas 40 000-60 000 $Ch.* Tout près du lac, des chambres impeccables, revêtues de bois ; salles de bains communes, très propres. Bon rapport qualité-prix. Également des *cabañas.*

Hostería de la Patagonia : *Camino Internacional, Chacra 3a. 981-59-21-46. ● hosteriadelapatagonia.cl ● Camping env 8 000 $Ch/pers, petit déj en sus ; double env 75 000 $Ch, avec petit déj (pain maison).* À la sortie est de la ville, la maison, entourée d'un jardin, abrite des chambres cosy avec salle de bains et même un drôle de navire aménagé en hébergement pour 5 personnes ! Bon accueil, repas maison et excursions dans la région. On peut aussi y camper.

À voir dans les environs

Parque nacional Patagonia : *à 65 km de Chile Chico par la route X-753 pour accéder au secteur Jeinemeni. Tlj 9h-17h. Résa de l'entrée sur ● aspticket.cl ●, règlement sur place. Compter 9 000 $Ch/pers ; réduc.* Ce parc, étendu sur plus de 300 000 ha, a été créé en 2018. On y accède depuis Chile Chico ou depuis Cochrane. Il intègre les réserves de ***Lago Jeinemeni*** au nord et de ***Tamango*** au sud, ainsi que la ***vallée Chacabuco,*** cédée par la Fondation Tompkins (créateur du Parque Pumalín). Étendue sur 1 610 km^2, la réserve Lago Jeinemeni, au sud de Chile Chico, n'est accessible qu'en 4x4. Sur la route, à 20 km, la Cueva de las Manos est ornée de peintures rupestres des Tehuelches ; ces empreintes de mains humaines auraient 7 000 ans. La réserve offre un joli

paysage de forêts et lacs, dont l'un habité par des flamants roses. On peut y camper *(Conaf)* et passer plusieurs jours à explorer ses sentiers.
Du côté de Cochrane, plus au sud, la petite ***réserve Tamango*** épouse le flanc nord-ouest du long lago Cochrane, offrant de beaux panoramas depuis les 8 sentiers qui la parcourent. On peut camper près du lac et louer des kayaks (voir plus loin « Où dormir ? » à Cochrane). On peut parfois y voir des cerfs huemules.

PUERTO BERTRAND

300 hab.

C'est un hameau, guère plus, mais un bien joli hameau, aux maisons de bois patiné recroquevillées entre les arbres et les roses trémières, sur les berges du río Baker – aux eaux d'un turquoise invraisemblable. En arrière-plan, quelques sommets auréolés de blanc laissent deviner les prémices de l'immense Campo de Hielo Sur. Les pêcheurs à la mouche ont découvert l'endroit, et plusieurs *lodges* se chargent de leur permettre de ramener la plus belle prise de leur vie. D'autres préfèrent une belle séance de rafting.
– Attention, pas de poste d'essence ni de téléphone fixe ici !

Arriver – Quitter

➢ Tous les bus reliant ***Coyhaique*** et ***Cochrane*** s'arrêtent à Puerto Bertrand. Départ vers le nord le mat, vers le sud en fin d'ap-m.
➢ ***Chile Chico :*** 5 bus/sem avec *Baker* ou *Transportes Acuña.*

Où dormir ? Où manger ?

Camping

⛺ ***Camping El Parque :*** *à 10 km au sud de Puerto Bertrand. ☎ 985-28-55-84. • elparquebaker@gmail.com •* Grand terrain bordant le río Baker. Douches (eau chaude).

Bon marché

🏠 ***Cabaña ECA :*** *Costanera. ☎ 979-93-89-90. Cabaña env 48 000 $Ch (5 pers max).* La petite épicerie située face au *río*, au centre du village, loue une unique *cabaña* un peu plus haut sur la rive. Parfait pour les familles.
🍴 ***Restobaker :*** *dans le village, sur le bord de la Carretera Austral. ☎ 971-23-25-85. Tlj 12h-21h30 en été.* Resto installé dans une cahute en bois bien soignée, avec tout juste 2 tables, des nappes en toile de jute et quelques bancs de fortune à l'extérieur, face au foyer. Au menu : du saumon, bien sûr, des *empanadas*, du *cerdo*, etc. Tout dépend un peu de ce qui est disponible – on est loin de tout !

Plus chic

🏠 🍴 ***Green Baker Lodge :*** *à 3 km en aval du village, le long du río Baker. ☎ 962-30-07-64. • greenlodgebaker.com • En saison, double env 150 000 $Ch ; cabaña env 160 000 $Ch pour 2 ; petit déj compris ; réduc en basse saison.* L'emplacement est superbe : l'hôtel amarre ses jolies chambres et ses *cabañas* chaleureuses le long du *río* émeraude, au milieu des arbres. Bon chauffage, douche bien chaude, lits confortables, accueil souriant... difficile de trouver à redire, surtout lorsqu'on marine dans l'un des 2 jacuzzis posés au plus près de la rivière, la tête dans les étoiles *(sur résa)*. Nombreuses activités (chères) : location de VTT, pêche à la mouche, trekking, *canopy*, balade sur le *río* en bateau, etc.

À faire

➢ ***Rafting sur le río Baker :*** *avec* BPA Rafting, *installé sur le bord du río, au centre du village. 📱 988-17-75-25. • bakerpatagonia.cl • En plein été, en général 3 sorties/j. vers 10h, 14h et 17h. Compter 35 000 $Ch/pers à partir de 2 pers. Durée : 2h30.* Le río Baker n'est pas très méchant, mais il est très beau et très rapide. Dites-nous si vous avez déjà vu des eaux d'une telle couleur !

COCHRANE

3 490 hab.

Gros village au centre bien quadrillé, situé à 335 km de Coyhaique, Cochrane est le principal centre habité de la partie sud de la province d'Aysén. La Carretera Austral continue, au-delà, jusqu'à Villa O'Higgins.

Arriver – Quitter

Bus

🚌 ***Terminal des bus :*** *à 2 cuadras au nord de la place principale. Point d'infos touristiques, consigne et cafét'.*

➢ ***Coyhaique :*** tlj vers 6h30 avec *Buses Sao Paulo* ; 3-4 bus/sem avec *Don Carlos.*

➢ ***Chile Chico*** *(via Puerto Guadal)* **:** 2-3 bus/sem, le mat, avec *Baker* et *Transportes Acuña.*

➢ ***Puerto Bertrand et Puerto Río Tranquilo :*** avec ts les bus de Coyhaique.

➢ ***Caleta Tortel :*** en été, 1 départ/j. avec *Buses Katalina (☎ 67-239-18-45 ; 📱 944-26-20-10)*, dans les 2 sens, vers 8h de Cochrane, 17h depuis Tortel. Hors saison, 3 départs/sem avec (lun, jeu et sam vers 10h, retour de Tortel vers 16h30).

➢ ***Villa O'Higgins :*** 3 bus/sem avec *Buses Katalina*, lun, mer et sam vers 8h depuis Cochrane (retour le lendemain mat depuis Villa O'Higgins).

Adresses et info utiles

ℹ ***Oficina de información turística :*** *kiosque sur la place. Nov-mars, tlj sauf dim 10h-13h, 15h-18h. Sinon, aller à la Municipalidad, Dr Steffens et Esmeralda. ☎ 67-252-21-2156. • municochrane.cl •*

■ ***Banco del Estado :*** *sur la plaza, côté sud.* Le distributeur ne prend, en principe, que la *MasterCard.*

■ ***Lavandería Juanita :*** *Los Helechos, 336. 📱 979-83-90-31. Tlj.* C'est aussi une épicerie.

– ***Important :*** si vous poursuivez votre route vers le sud, faites impérativement le ***plein d'essence*** : la prochaine station n'est qu'à Villa O'Higgins (232 km).

LA PATAGONIE CHILIENNE

Où dormir ?

Campings

Camping Cochrane : *Dr Steffens, 451. 977-66-47-52. • pquintana13@gmail.com • En plein centre, juste à côté de la plaza. Compter 7 000 $Ch/pers.* Petit terrain gazonné et arboré à l'arrière d'une maison privée. Au menu : quelques bancs, un hamac, des poules, une cuisine et des douches (eau chaude).

Camping Tamango – Parque nacional Patagonia : *à 6 km à l'est de la ville. 976-62-28-91. Garde sur place 9h30-17h30. Compter 7 000 $Ch/pers, plus l'entrée du parc national (voir précédemment, dans les environs de Chile Chico).* Posé juste en retrait du lac Tamango, tout au bout de la piste menant dans le parc national (mieux vaut avoir un véhicule), le camping est bien agréable avec son grand terrain herbeux en pente légère. Quelques abris, douches avec eau chaude, tables et barbecues à disposition. Location de kayaks.

Bon marché (jusqu'à 40 000 $Ch / env 45 €)

Hospedaje Ana Luz : *Los Ñadis, 569 et San Valentín (au nord de la plaza). 975-79-25-45 ou 975-11-68-31. Compter 6 000 $Ch/pers ; cabaña env 25 000 $Ch.* Les chambres sont vieillottes, grandes comme des placards à chaussures et nappées de dessus-de-lit bien kitsch. Mais à ce prix... Loue aussi une *cabaña* pour 4, avec cuisine, coincée derrière la maison.

Residencial Cero a Cero : *Lago Brown, 464. ☎ 67-252-21-58. • residencialceroacero@gmail.com • Double env 40 000 $Ch avec sdb, petit déj inclus.* Les proprios vous accueillent à bras ouverts. Les chambres sont simples, pas très grandes, mais impeccables – la plupart à l'étage. Petit coin salon. Une excellente adresse, proches du centre et de la gare routière.

Chic (80 000-120 000 $Ch / env 90-130 €)

Ultimo Paraíso : *Lago Brown, 455. ☎ 67-252-23-61. • hotelultimoparaiso.cl • Doubles à partir de 110 000 $Ch, copieux petit déj inclus.* Tenu par un Espagnol de la Rioja, installé dans la région depuis des lustres, l'*Ultimo Paraíso* est le plus « chic » des hôtels de Cochrane. Chambres tout en bois, confortables, dans un bâtiment bas plaqué de rondins. Bon, ce n'est pas donné, mais l'ensemble est aménagé avec soin et chacune des chambres dispose d'un poêle avec réserve de bois. Plutôt chaleureux, à l'image du *comedor* où trône un saumon naturalisé de près de 1 m de long !

Où manger ?

Lago Brown : *Los Ñadis, 535. 988-27-45-07. Tlj 10h-23h env. Bon marché.* Bons sandwichs au pain maison ou un menu un peu basique mais d'un bon rapport qualité-prix.

Ada's : *Teniente Merino, 259. 995-00-37-02. À 2 pâtés et demi de maisons de la plaza. Prix moyens. Tlj midi et soir, en théorie.* C'est ici que viennent les habitants de Cochrane pour une soirée un peu spéciale. Au menu : de bons poissons et viandes.

À voir dans les environs

Parque nacional Patagonia : *lire « À voir dans les environs » de Chile Chico.* Depuis Cochrane, on est à proximité de l'entrée du parc, côté secteur Tamango.

LA PATAGONIE CHILIENNE

CALETA TORTEL

520 hab.

Quel endroit incroyable ! Agrippé au littoral, dans un réduit boisé du golfe des Peines, près de l'embouchure du río Baker, ce village de bûcherons n'est desservi que par un fol ensemble de passerelles en bois (8 km en tout !) suspendues au-dessus des eaux ou se hissant sur les déclivités… Une route y mène depuis 2003 seulement… Pas de poste d'essence ici. Et soyez prévenu : il pleut énormément, en particulier en été !

Arriver – Quitter

Si l'on vient ***en voiture,*** il faut se garer au parking, où se trouve un petit office de tourisme en été (● *tortel.cl* ●). Plusieurs hébergements se situent à proximité. Sinon, on rejoint le cœur du village à pied par les passerelles (10-15 mn). Ne vous chargez pas trop… À défaut, on peut prendre un « taxi » aquatique !

Bus

➢ ***Cochrane :*** en été, 1 départ/j. avec *Buses Katalina* (☎ *67-239-18-45 ;* 📱 *944-26-20-10),* dans les 2 sens, vers 8h de Cochrane, 17h depuis Tortel. Hors saison, 3 départs/sem (lun, jeu et sam vers 10h, retour de Tortel vers 16h30).

Où dormir ? Où manger ?

On peut camper sur la pointe du Sectór El Junquillo, à l'embouchure du río Baker, tout au bout du village.

Bon marché (jusqu'à 50 000 $Ch / env 55 €)

🏠 🍽 ***Residencial Brisas del Sur :*** *Sectór Playa Ancha.* 📱 *982-36-76-97.* ● *valerialanderos@hotmail.com* ● *Double env 30 000 $Ch, petit déj inclus.* Les chambres simples, mais agréables, avec chauffage, parquet et dessus-de-lit colorés, se partagent une salle de bains ; une double possède la sienne. Jolie vue et accueil sympa de Valeria. Repas sur demande.

🏠 ***Bajo Pisagua :*** *à l'entrée de Tortel, un peu avt le parking.* 📱 *993-57-61-75.* ● *tortelpisagua@gmail.com* ● *Cabañas env 40 000-50 000 $Ch pour 2-4 pers ; petit déj en option.* On choisit parmi 3 *cabañas,* toutes équipées de leurs propres cuisine et salle de bains, toutes chauffées grâce à un poêle à bois. La moins chère possède une seule chambre, les 2 autres en ont 2.

Plus chic (autour de 150 000 $Ch / env 167 €)

🏠 🍽 ***Entre Hielos Lodge :*** *Sectór Centro.* 📱 *995-79-37-79.* ● *entrehielos.cl* ● *Double env 150 000 $Ch, petit déj compris. En été, séjour de 2 nuits min.* Conçu par l'accueillante proprio, María Paz, architecte de formation, le *lodge* abrite seulement 6 très belles suites en bois de cyprès, à la fois sobres, modernes et d'un excellent confort, s'ouvrant sur la beauté de la nature alentour. Les repas, à base de produits locaux, sont chers, mais la cuisine est raffinée.

DANS LES ENVIRONS DE CALETA TORTEL

Une dizaine d'opérateurs locaux proposent des sorties à la journée aux glaciers Steffen et Jorge Montt, à l'isla de los Muertos ou sur le río Baker. L'office de tourisme vous en fournira la liste.

Ventisquero Steffen : *excursion de 6-8h env, dont 4-6h de navigation et 2-3h de balade jusqu'au glacier.* Né du Campo de Hielo Norte, le glacier fait partie du parc national Laguna San Rafael. On le rejoint via Puerto Huemules, à 2-3h de mer de Caleta Tortel. De là, le mirador est à environ 5 km, en passant le camping, puis le refuge de la *Conaf* (où l'on peut passer la nuit).

Ventisquero Jorge Montt : *excursion de 12h env.* Envie de changer de calotte glaciaire ? Qu'à cela ne tienne... Le glacier Jorge Montt est le plus septentrional du Campo de Hielo Sur et fait, lui, partie du parc national Bernardo O'Higgins. Il est particulièrement sujet au réchauffement climatique et perdait récemment près de 1 km par an (un record) ! Du lieu de débarquement, il faut donc marcher plusieurs kilomètres pour le rejoindre. Avec un peu de chance, en chemin, on verra condors et *huemules* (cerfs).

PIQUE LA GLACE !

Au printemps 2012, la police a arrêté à Coyhaique un drôle de voleur... Désireux d'approvisionner en glaçons « naturels » les bars et restaurants branchés de Santiago, il venait de dérober 5 t d'icebergs du glacier Jorge Montt... transportés vers la capitale en camion réfrigéré ! Un larcin, estimé à 5 000 € à la revente, naturellement interdit. En effet, le glacier se trouve dans le parc national Bernardo O'Higgins.

Isla de los Muertos : *à 40 mn de bateau.* Une excursion empreinte de nostalgie mène à cet îlot au cimetière oublié par le temps. Mangées par la mousse et les fougères, les croix de bois rappellent l'existence de ces bûcherons venus de l'île de Chiloé pour le compte de la *Compañía Explotadora del Baker* et morts en 1906 pour une raison restée mystérieuse. Certains murmurent qu'ils furent empoisonnés pour ne pas être payés...

VILLA O'HIGGINS

500 hab.

Le bout de la route... le voilà ! La dernière portion de la Carretera Austral n'est pas la moins spectaculaire, loin s'en faut. Elle commence, 30 km après la bifurcation pour Caleta Tortel, par la remontée en ferry du Fiordo Mitchell. S'ensuit, sur 99 km, une piste étroite et spectaculaire, veillée par de hautes montagnes et glaciers. Enfin, on découvre Villa O'Higgins, étalé sur une plaine cernée par les sommets enneigés. La fin du voyage ? Pas si sûr... lisez plutôt.

Arriver – Quitter

Bus

➢ ***Cochrane :*** 3 bus/sem avec *Buses Katalina* (☎ 67-239-18-45 ; 📱 944-26-20-10), a priori lun, mer et sam vers 8h. Retour de Villa O'Higgins les mar, jeu et dim. Résa conseillée.

Bateau

➢ ***Puerto Yungay et Río Bravo :*** la portion terminale de la Carretera Austral n'est accessible qu'après avoir pris un ferry reliant Puerto Yungay (site d'une garnison) à Río Bravo (45 mn). En été, il circule 5 fois/j., vers 10h, 12h, 14h, 16h et 18h ; retour de Río Bravo 1h plus tard. Le reste de l'année, moins de départs. *GRATUIT.* • *turismovillaohiggins.cl* •

➢ ***Vers l'Argentine :*** à la belle saison, certaines compagnies effectuent la traversée entre Bahía Bahamonde (que l'on rejoint avec un minibus) et le hameau de Candelario Mancilla.

Les départs ont a priori lieu à 8h ou 8h30 les lun, mer et ven (ou sam) en été ; lun et jeu en nov-déc et mars-avr. Pas de service mai-oct. Durée : 1h30. Une fois arrivé, tout commence ! D'abord, le passage de la douane chilienne. Puis 19 km (6h) de randonnée en direction du poste-frontière argentin de ***laguna del Desierto (Punta Norte)*** par le Paso Dos Lagunas. En général, on passe la nuit là, au camping ou à l'*hostería* de la *Gendarmería,* avant de repartir le lendemain en bateau pour la rive opposée du lac, à Punta Sur. Si on marche d'un bon pas, il est possible d'arriver à temps pour le dernier bateau (vers 18h30 ou 19h). Cela dit, certains préfèrent longer le lac à pied. De Punta Sur, des minibus mènent à ***El Chaltén,*** à 37 km, au pied du célèbre Fitzroy. Il ne vous reste plus qu'à sortir votre *Routard Argentine,* ou reprendre un bus qui vous conduira à Puerto Natales, au Chili – d'où l'on gagne aisément le parc national Torres del Paine. Ouf ! Pour ceux qui viendraient d'Argentine, le bateau quitte Candelario Mancilla vers 16h les jours cités ci-avant. Enfin, sachez que les passages sont annulés par très mauvais temps.

Adresse et infos utiles

Kiosque d'infos touristiques : *sur la place principale.* *973-98-34-70.* • *turismovillaohiggins.cl* • Infos diverses et plans.

Turismo Ruedas de la Patagonia : *966-27-88-36.* • *turismoruedasdelapatagonia.cl* • Cette agence familiale réalise la traversée entre Villa O'Higgins et Candelario Mancilla *(compter 60 000 $Ch/pers).* Propose aussi une sortie au glacier O'Higgins – né du Campo de Hielo Sur. L'agence propose aussi la location de bungalows.

– ***À noter :*** pas de banque ni de distributeur ici, mais on peut changer dollars, euros et pesos argentins.

Où dormir ? Où manger ?

Eco Camping Tsonek : *à 1 km au nord du village.* *978-92-96-95.* • *Facebook* • Mauricio a aménagé un camping 100 % écoconscient, avec 5 plates-formes en bois (d'arbres tombés d'eux-mêmes !) juste assez grandes pour poser une tente. Ainsi, pas d'humidité, de froid, ni de plantes écrasées. L'électricité est solaire, l'eau chaude chauffée au bois, la douche rustique et les w-c secs. La forêt, tout autour, bruisse du chant des oiseaux – avec un peu de chance, vous verrez les *carpinteros* (« charpentiers »), ces jolis pics à tête rouge.

Camping Los Ñires : *à l'entrée nord du village.* *990-85-73-91 ou 940-70-34-50.* • *campinglosnires@gmail.com* • *Compter 8 000 $Ch/pers.* Vaste, piqueté d'arbres, le camping est agréable et dispose de douches chaudes et d'un *quincho* pour cuisiner.

El Mosco : *à l'entrée nord du village, face au précédent.* *966-32-19-84.* • *patagoniaelmosco.com* • *Camping 9 000 $Ch/pers ; lits en dortoir (6 lits) sans ou avec petit déj 14 000-19 000 $Ch ; doubles sans ou avec sdb privée env 42 000-60 000 $Ch, petit déj compris ; cabaña pour 4 pers 65 000 $Ch.* *El Mosco* est le vrai centre névralgique du village. On y dort (en camping, dortoir, chambre ou *cabaña*), on y lave son linge, on y répare son vélo, on y change des livres et on y planifie son passage vers l'Argentine. Tout ça dans une ambiance conviviale et dans la bonne humeur. Les campeurs ont accès à tous les services (douches, wifi, cuisine, etc.). Également un espace spa et jacuzzi (payant).

Vous trouverez des ***épiceries*** en « ville ». Vous pourrez également demander à vos hôtes de vous préparer à manger. Sinon, on recommande le restaurant ***Entre Patagones.***

LA RÉGION DE MAGALLANES ET LA TIERRA DEL FUEGO

• Carte La Patagonie australe *p. 394-395*

« Quel cataclysme inconnu a ainsi pulvérisé cet immense promontoire jeté entre 2 océans ? », se demandait déjà Jules Verne. Nous sommes au bout du monde : paysages de steppes immensément vides, battus par des vents d'une incroyable violence ; côtes découpées par de nombreux fjords, glaciers, pics déchiquetés du parc national Torres del Paine.
Tout est extrême dans le sud de la Patagonie : les paysages austères, et le climat, orageux et froid sauf en été, où le soleil pointe parfois son nez. Au bout de la route on est assailli par les sentiments inoubliables qu'elle inspire. On ne pouvait rêver d'une plus belle fin pour un si grand continent !

LES *FUEGUINOS* : UN GÉNOCIDE OUBLIÉ

Les **Fueguinos** *(Fuégiens)* sont ***les peuples autochtones qui vivaient sur le continent patagonien, la Terre de Feu, les îles et canaux alentour.*** Migrant depuis le nord, leurs ancêtres seraient arrivés dans la région ***il y a environ 13 000 ans.*** On distingue 4 peuples, tous nomades : les ***Yagans*** *(Yamanas),* les ***Kawésqars*** *(Alakalufes),* les **Selk'nam** *(Onas)* et les **Haush** *(Manek'enk).* Les 2 premiers vivaient près des côtes, dans les canaux patagoniens : les *Yagans* au sud et à l'ouest de la Terre de Feu, jusqu'au cap Horn ; les *Kawésqars* plus à l'ouest, jusqu'au niveau du golfe des Peines (région d'Aysén). Alors que les *Haush* s'établirent à la pointe est de la Terre de Feu, sur la péninsule Mitre. Les uns et les autres vivaient et se déplaçaient en canoë, allumant souvent des feux pour se réchauffer – le nom de « Terre de Feu » pourrait trouver son origine dans cette pratique, observée par les Espagnols depuis leurs navires... Les *Selk'nam,* eux, occupaient plutôt l'intérieur de la Terre de Feu, où ils chassaient le guanaco (lama) et le petit gibier, sans manquer de fréquenter le littoral nord et est de l'île en quête de mammifères marins. Ils appartiennent au grand groupe des *Tehuelches (Aonikenks),* qui vivaient vers le nord, jusqu'au *río Chubut* (près de la ville moderne de Trelew, en Argentine)...
Tous ***ces peuples étaient méprisés par les explorateurs et marins européens,*** qui les tenaient pour des sauvages. Même ***Charles Darwin*** déclara que « c'étaient les créatures les plus abjectes et misérables qu'(il ait) jamais contemplées... ». Cela n'empêcha pas le capitaine du *HMS Beagle* de capturer 3 *Kawésqars* et 1 *Yagan* en 1830 pour les présenter à toutes les cours européennes...

Comme sur le reste du continent américain, ces peuples autochtones gênaient les ambitions des colons. Dès la fin du XVIIIe s, des chasseurs de phoques entamèrent un abattage sans discernement de ce qui formait la base alimentaire des natifs. Jusque-là hospitaliers, ces derniers devinrent hostiles. Mais ce n'était rien encore ! Dans la 2de moitié du XIXe s, les éleveurs d'ovins débarquèrent en Patagonie, créant d'immenses *estancias*, clôturant la région de pâtures pour leurs troupeaux. Pour les Selk'nam, le choc fut brutal. Totalement étrangers à l'idée de propriété privée, ils se mirent à chasser le mouton qu'ils appelaient « guanaco blanc », comme auparavant le guanaco... Les colons eurent tôt fait d'ajouter à leurs activités la ***chasse aux « voleurs de bétail ».*** En 1879, le gouvernement argentin lança une opération intitulée « la guerre du Désert ». La tuerie s'intensifia ! Les sociétés européennes qui contrôlaient les élevages et les mines embauchèrent alors des tueurs professionnels. Chaque tête d'autochtone (homme, femme, enfant) était rémunérée : pour une oreille coupée, les chasseurs touchaient 1 livre sterling, et 2 livres lorsqu'ils rapportaient des organes prouvant la mort de la personne !

En 1881, 11 Kawésqars, enlevés par un chasseur de phoques allemand, ***arrivèrent à Paris pour 3 semaines d'exhibition au Jardin d'acclimatation,*** avec canoë, arc et flèches. Des « cannibales », disait-on... Le zoo humain se déplaça ensuite vers Berlin, Leipzig, Munich, Stuttgart et enfin Zurich. Seuls 4 d'entre eux survécurent à cette infamie, pour être finalement ramenés chez eux. Les corps de 5 autres ne furent rapatriés de Suisse qu'en 2008 et inhumés selon la tradition, sur l'île de Karukinka (à 7h de bateau de Punta Arenas), en présence de la présidente Michelle Bachelet. Un hommage aux nombreux autres *Fueguinos* qui connurent le même sort.

Dans les musées de Punta Arenas, on découvre aussi les terribles photos de l'expédition de ***Julius Popper*** en 1886. Ce Roumain, aventurier et ingénieur des mines obtint une concession pour exploiter des mines d'or. Avec une troupe de mercenaires serbo-croates, ***il massacra les peuples autochtones.*** Il fut l'un des principaux responsables du génocide, se proclama lui-même « chasseur d'Onas » et finit par être ramené à Buenos Aires pour y être jugé non pas pour ses crimes, mais pour avoir frappé monnaie et émis des timbres à son compte !

Les quelques centaines de survivants du massacre furent parqués par les missionnaires salésiens sur l'île Dawson pour être « éduqués » – une véritable prison où on les obligea à s'habiller à l'européenne et à travailler. L'isolement, la rupture des liens sociaux et familiaux, les maladies inconnues les achevèrent. Il y eut quelques ultimes révoltes, puis ils disparurent totalement. Aujourd'hui, il n'y a plus de *Selk'nam.* La dernière *Yagana,* Cristina Calderón, est morte en 2022. Elle avait été déclarée « trésor vivant » par le gouvernement chilien !

Quant aux *Kawésqars,* ils sont à présent largement métissés. On estime leur nombre à environ 2 600 personnes, dont à peine une quinzaine de sang « pur ». La plupart vit à Puerto Eden (île Wellington), une bourgade desservie uniquement par le ferry *Navimag* reliant Puerto Montt à Puerto Natales.

– ***Conseil lectures :*** pour en savoir plus sur ce génocide, lire *El Guanaco,* un beau roman de ***Francisco Coloane.*** Quant au livre *Fueguinos,* vendu sur place (éditions Pehuén), il met en avant de belles photographies d'époque dans une approche qui questionne la mise en scène des peuples premiers. Lire enfin *Menéndez, rey de la Patagonia,* de l'historien espagnol ***José Luis Alonso Marchante*** (éditions Catalonia), sur l'histoire cachée du génocide, véritable tabou local impliquant les notables. Voir aussi la rubrique « Livres de route » dans « Chili utile ».

L'ÉPOPÉE (SANGLANTE) DU MOUTON

En 1877, quelque 300 moutons sont importés en Patagonie depuis les îles Malouines. Les immenses pampas et territoires désolés du sud du continent apparaissent soudainement comme un nouvel eldorado. Débarquant des vapeurs faisant route vers la Californie – le canal de Panamá n'existe pas encore, des immigrants

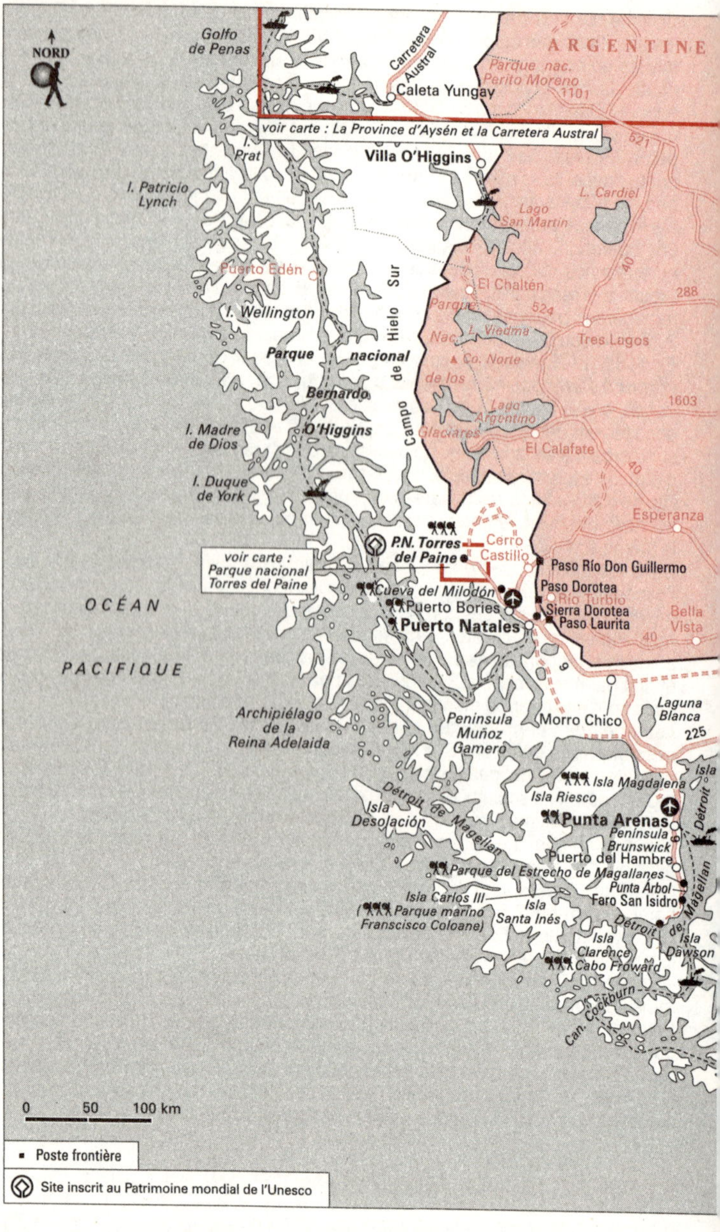
NORD
Golfo de Penas
Carretera Austral
Caleta Yungay
ARGENTINE
Parque nac. Perito Moreno
1101
voir carte : La Province d'Aysén et la Carretera Austral
521
I. Prat
Villa O'Higgins
I. Patricio Lynch
L. Cardiel
Lago San Martín
Puerto Edén
Campo de Hielo Sur
40
El Chaltén
288
Parque Nac. de los Glaciares
524
L. Viedma
I. Wellington
Tres Lagos
Parque nacional Bernardo O'Higgins
Co. Norte
1603
Lago Argentino
I. Madre de Dios
El Calafate
I. Duque de York
40
Esperanza
P.N. Torres del Paine
Cerro Castillo
Paso Río Don Guillermo
voir carte : Parque nacional Torres del Paine
Cueva del Milodón
Paso Dorotea
Río Turbio
Puerto Bories
Sierra Dorotea
OCÉAN
Paso Laurita
Puerto Natales
Bella Vista
40
PACIFIQUE
9
Laguna Blanca
Morro Chico
Archipiélago de la Reina Adelaida
Península Muñoz Gamero
225
Isla Magdalena
Isla Riesco
Isla
Isla Desolación
Détroit de Magellan
Punta Arenas
Península Brunswick
Détroit
Puerto del Hambre
Parque del Estrecho de Magallanes
Punta Árbol
Isla Carlos III
(Parque marino Franscisco Coloane)
Isla Santa Inés
Faro San Isidro
Détroit de Magellan
Isla Clarence
Isla Dawson
Cabo Froward
Can. Cockburn
0 50 100 km
Poste frontière
Site inscrit au Patrimoine mondial de l'Unesco

LA PATAGONIE AUSTRALE

tentent l'aventure. Parmi eux, le commerçant portugais ***José Nogueira*** demande – et obtient – du gouvernement chilien une concession de 1 million d'hectares en Terre de Feu. Don José meurt en 1893, mais sa veuve, ***Sara Braun*** (d'origine lettone), reprend les rênes du projet, aidée par son frère Mauricio et un nouvel associé, l'Anglais ***Pedro McClelland.*** Une entreprise voit alors le jour : la *Sociedad Explotadora de Tierra del Fuego,* à laquelle participent plusieurs hommes d'affaires locaux, sans foi ni lois. Parmi eux, l'Espagnol ***José Menéndez,*** grande fortune locale et homme le plus puissant de Patagonie au début du XXe s, surnommé « le roi de Patagonie ».

L'extermination systématique des Selk'nam (Onas) bat alors son plein et les troupeaux s'accroissent, profitant à une poignée de familles soudées par des intérêts économiques communs et des mariages, qui deviennent – de fait – propriétaires terriens de toutes la Patagonie chilienne ! La compagnie s'étend jusqu'en Argentine, n'hésitant pas à chasser les petits colons déjà installés. En 1915, elle développe à ***Puerto Bories*** (Chili) la plus grande usine de transformation du mouton de toute la Patagonie : abattoir, chambres froides alimentées par les machines anglaises les plus récentes, salles de traitement de la graisse et de la laine, conserverie et production d'extraits de viande, etc., l'échelle est véritablement industrielle et les produits sont exportés par bateaux vers l'Europe. Les employés (100 à 400 selon la saison) donnent naissance à la ville de Puerto Natales. Bientôt, la compagnie traite 150 000 à 250 000 moutons par an et gère 3 millions d'hectares de pâturages. Fermées en 1965 et transformées en hôtel de luxe, ses vieilles installations industrielles désaffectées se visitent comme un musée (lire plus bas « À voir » à Puerto Natales).

PUNTA ARENAS

124 400 hab.

• Plan *p. 398-399*

La conquête des terres bordant le mythique détroit de Magellan n'est pas bien ancienne : en 1843, une poignée d'hommes – et 2 femmes – plantent le drapeau chilien à fort Bulnes, sur le flanc occidental du détroit de Magellan. 5 ans plus tard, un endroit théoriquement plus favorable à l'installation d'un port est repéré : Punta Arenas. Plus propice, faut voir... Grands vents exacerbant les frimas hivernaux, grand isolement, il faut une solide constitution pour vivre ici toute l'année. Seuls des prisonniers et leurs geôliers occupent les lieux dans un 1er temps, suivis par des pionniers européens qui tentent l'aventure, débarqués dans le sillage des navires franchissant le cap Horn, comme ces Croates chassés par la Première Guerre mondiale... Enrichis par l'élevage du mouton et le trafic maritime, leurs descendants ont bâti de belles demeures en centre-ville et forment aujourd'hui le tiers de la population locale. Ils ont été rejoints, au fil des vagues d'émigration, par des Écossais, des Irlandais, des Allemands, des Espagnols, des Italiens et des Français.

CHAT CHOUFFLE !

À Punta Arenas, quelques scientifiques évoquent « l'effet Venturi » pour expliquer comment les immeubles bordant la place d'Armes forment un couloir étroit où les vents s'engouffrent avec violence. Des incidents s'y produisent parfois, rapportés par la presse locale. Des piétons auraient été renversés par les rafales, d'autres reçoivent sur la tête des objets arrachés aux toitures. Certains prétendent même avoir vu des chats s'envoler !

Punta Arenas est devenue de nos jours une ville moderne, dont l'économie repose sur les activités portuaires, l'exploitation des hydrocarbures, l'élevage ovin et le tourisme des croisières antarctiques ; le tout dopé par la création d'une zone franche où se sont créées de vastes galeries commerciales en *duty free.* Une fois pris le pouls du charmant vieux centre et visité les quelques musées évoquant son passé, il est temps de mettre le cap sur fort Bulnes, vers la pointe extrême de l'Amérique du Sud, puis sur les attachantes réserves de manchots. Reste, ensuite, à gagner Puerto Natales et le célèbre parc national Torres del Paine, ou la légendaire Terre de Feu.

Arriver – Quitter

Avion

✈ ***Aeropuerto Carlos Ibáñez del Campo*** *(PUQ ; hors plan par A1)* **:** *ruta 9 (Km 20,5).* • *aeropuertosaustrales.cl* • *À 21 km au nord de Punta Arenas. Compter 12 000 $ en* ***taxi*** *pour rejoindre le centre-ville.* Les bus des compagnies ***Bus-Sur*** *(• bussur.com •)* et ***Buses Fernández*** *(• busesfernandez.com •)* marquent un arrêt à l'aéroport sur la ligne Punta Arenas – Puerto Natales, où ils peuvent prendre des passagers (paiement à bord) s'ils ne sont pas pleins *(17-18 bus/j. ; résa en ligne très conseillée).* Sur place, comptoir d'infos, distributeur automatique, loueurs de voitures et cafés. L'aéroport est desservi par les compagnies ***LATAM Airlines*** *(• latamairlines.com •),* ***Sky Airline*** *(• skyairline.com •),* ***JetSmart*** *(• jetsmart.com •)* et ***Aerovias DAP*** *(• dapairline.com •).*

➢ ***Santiago*** *(3h30)* **:** en été 4-7 directs/j. avec *LATAM Airlines.* Aussi 2-7 vols/j. via ***Puerto Montt*** *(1h45)* avec *LATAM Airlines* et *Sky Airline* ; et 3-6 vols/sem, directs ou via ***Temuco*** *(1h25)* avec *JetSmart.*

➢ ***Puerto Williams*** *(1h15-1h50)* **:** 1-2 vols/j. sauf dim avec *Aerovias DAP.*

➢ ***Porvenir*** *(15 mn)* **:** env 2 vols/j. sauf w-e avec *Aerovias DAP,* qui propose aussi une formule complète avec visite de la *Reserva natsural Pingüinos Rey.*

➢ ***Cameron*** *(45 mn)* **:** env 2 vols/sem avec *Aerovias DAP.*

➢ ***Balmaceda*** *(2h30)* **:** env 2 vols/sem avec *Aerovias DAP.*

➢ ***Concepción*** *(4h)* **:** env 3 vols/sem via ***Puerto Montt*** *(1h45)* avec *JetSmart.*

➢ ***Mount Pleasant*** *(islas Malvinas – UK ; 1h40)* **:** env 1 vol/sem, le sam, avec *LATAM Airlines.* L'occasion unique de rendre visite aux manchots royaux, aux albatros, aux 3 700 insulaires farouchement britanniques et aux 500 000 moutons des îles Malouines *(Falkland Islands).* Mais attention, sur place, tout est hors de prix !

➢ ***Antártida*** *(l'Antarctique ; 2h-2h30)* **:** dans la série « spécial coup de folie », c'est possible ! Déc-mars, *Aerovias DAP* propose l'A/R dans la journée, pour la bagatelle de 6 050 US$/pers, tout compris ! Compter 1-2 départs/sem, si la météo le permet. Aussi la possibilité de passer la nuit sur place pour plus cher... Résa obligatoire, sinon demandez s'il reste des places bradées en *last minute,* ça arrive ! Au programme : visite des bases de l'île du Roi-George, navigation en Zodiac autour du *Glaciar Collins* et jusqu'à la colonie de manchots de l'*isla Ardley*. En vérité, ce n'est pas vraiment l'Antarctique, mais l'archipel des Shetlands du Sud, qui flotte juste en face du continent blanc...

Voiture

– ***Important :*** pour se rendre en Argentine, il faut le signaler au préalable au loueur de voitures et contracter une assurance supplémentaire.

Connexions avec l'Argentine

On compte ***3 postes-frontières dans la région de Punta Arenas*** *(• pasosfronterizos.gov.cl • argentina.gob.ar •).* Du nord au sud :

– ***Paso Integración Austral :*** *ruta Y-255.*

Zona franca, Ruta 9,
PUERTO NATALES
3,
PUERTO NATALES
Zona franca,
NORD
Museo del Recuerdo,
Nao Victoria
Cementerio
7
Avenida España
Avenida Bulnes
Angamos
37
Almte. Señoret
Maipú
H. Magallanes
Museo Salesiano
60
Sarmiento de Gamboa
Bories
Arauco
59
Mejicana
18
Ignacio Carrera Pinto
58
6
Avenida Colón
A. Sanhueza
Chiloe
5
8
Navarro
Lautaro
Teatro Municipal
54
36
José Menéndez
17
33
Waldo Seguel
43
19
Museo regional de Magallanes
Mirador cerro de la Cruz
42
41
Palacio Sara Braun
Club des officiers
11
Pedro Montt
Fagnano
Catedral
PLAZA DE ARMAS
44
Museo naval y marítimo
2
Résidence Blanchard
1
Municipalidad
9
53
Roca
50
81
51
38
Errazuriz
16
52
Jose Nogueira
21 de Mayo
20
Balmaceda
34
40
70
Castanera
Reserva nacional Magallanes
30
Avenida Independencia
32
Boliviana
80
A
35
FUERTE BULNES
10
B
1
2
3

Adresses utiles

1 Información turística Sernatur (B3)
2 Información turística municipal (B3)
3 Terminal Tres Puentes (hors plan par A1)
4 Terminal Arturo Prat (B-C3)
5 Bus-Sur (B2)
6 Buses Fernández, Marga-Taqsa et Tecni-Austral (A-B2)
7 Buses Barría-Ghisoni (A1)
8 Pullman Bus (B2)
9 Casas de cambio (B3)
10 Consulat d'Argentine (hors plan par B3)
11 Europcar (B-C2)
12 Emsa-Avis (C2)
13 Mitta-Hertz (C2-3)
14 Recasur (C3)
15 Turismo Ruta Club (C2)
16 Grado Zero (B3)
17 Payne (B2)
18 Mountain House et Supermarché Unimarc (B2)
19 Comapa Turismo (B2)
20 Solo Expediciones – Feel Patagonia (B3)

Où dormir ?

30 Hostal Independencia (A3)
31 Residencial Tres Hermanos (C1)
32 Hostal Aventura Austral (A3)
33 Hostal Ochen (B2)
34 Hostal Torres del Paine 2 (A3)
35 Hostal Labarca (hors plan par A3)
36 Samarce House B & B (A2)
37 Hostel Keoken (B1)
38 Hotel Albatros (A3)
39 Hostal Patagonia Mistica (C2)
40 Apart Hotel Endurance (B3)
41 Hotel Patagonia B & B (A2)
42 Hotel La Yegua Loca (A2)
43 Hotel José Nogueira (B2)
44 Hotel Cabo de Hornos (B3)

Où manger ?

42 Hotel La Yegua Loca (A2-3)
43 Taberna – Club de La Unión (B2)
50 Kiosko Roca (B3)
51 Rocamar (B3)
52 Wake Up (B3)
53 Tapiz Café (B3)
54 Lomito's (B2)
55 Café Inmigrante (C2)
56 Mesita Grande (C3)
57 La Cuisine (C3)
58 La Marmita (B2)
59 Reciclando Sabores (B2)
60 Damiana Elena (B1)

Où boire un café ? Où déguster une pâtisserie ?

52 Wake Up (B3)
53 Tapiz Café (B3)
55 Café Inmigrante (C2)

Où boire un verre ? Où sortir ?

43 Shackleton Bar et Taberna – Club de La Unión (B2)
58 Reciclando Sabores (B2)
70 Sky Bar (B3)

Achats

80 Centro artesanal municipal (B3)
81 Roca Souvenirs (B3)

PUNTA ARENAS

Tlj 8h-22h. Pour rejoindre le nord de la Patagonie argentine.
– ***Paso San Sebastián :*** *ruta Y-257. Tlj 8h-20h.* Connecté à la Terre de Feu argentine (Río Grande, Ushuaïa...).
– ***Paso Bellavista :*** *ruta Y-85. Fermé temporairement (se renseigner).*

Bus

– ***Important :*** les compagnies de bus possèdent leur propre petite gare routière en centre-ville, parfois partagée. En pleine saison, réservez bien en amont – notamment pour l'Argentine – car les bus se remplissent vite ! *Infos et résas : ● recorrido.cl ●*

Bus-Sur *(plan B2,* ***5****) :* *Colón, 842. ● bussur.com ●*
Buses Fernández, Marga-Taqsa et Tecni-Austral *(plan A-B2,* ***6****) :* *Sanhueza, 745. ● busesfernandez.com ● taqsa.com.ar ● tecniaustral.com ●*
Buses Barría-Ghisoni *(plan A1,* ***7****) :* *España, 264. ● busesbarria.cl ●*
Pullman Bus *(plan B2,* ***8****) :* *Colón, 900. ● pullmanbus.cl ●*
➢ ***Puerto Natales*** *(3h-3h15) :* 17-18 bus/j. avec *Bus-Sur* et *Buses Fernández,* via l'**aéroport de Punta Arenas.** À Puerto Natales, changement pour le **parc national Torres del Paine** et **El Calafate** (Argentine).
➢ ***Río Gallegos*** *(Argentine ; 4h) :* env 2 bus/j. avec *Marga-Taqsa* et *Buses Barría-Ghisoni.* De là, on gagne le nord de la Patagonie argentine et le reste du pays.
➢ ***Ushuaïa*** *(Terre de Feu, Argentine ; 12h) :* 1-2 bus/j. sauf dim avec *Bus-Sur, Buses Barría-Ghisoni et Tecni-Austral,* via **Río Grande** ; traversée en ferry du détroit de Magellan comprise.
➢ ***Puerto Montt*** *(25h) :* env 2 bus/sem avec *Pullman Bus.* À Puerto Montt, changement pour **Santiago** et **les villes intermédiaires** : **Osorno, Valdivia, Temuco...**

Bateau

Terminal Tres Puentes *(hors plan par A1,* ***3****) : à 6 km au nord du centre-ville. Accès en colectivo n° 15 face au museo regional de Magallanes (Magallanes, 949 ; plan B2) ; ou compter 4 000 $Ch en* ***taxi.*** Desservi par la compagnie de ferries ***Transbordadora Austral Broom*** *(● tabsa.cl ●).* Résa obligatoire pour les voitures.
➢ ***Porvenir*** *(Terre de Feu chilienne ; 2h) :* 1-2 ferries/j. sauf lun jusqu'au port de **Bahía Chilota,** à 5 km à l'ouest de Porvenir. Compter 7 400 $Ch/pers (véhicule en supplément).
➢ ***Puerto Williams*** *(32h) :* 1-2 ferries/sem. Résa longtemps en avance l'été. Compter 179-230 US$/pers, siège inclinable ou couchette et repas compris (véhicule en supplément).

Terminal Arturo Prat *(plan B-C3,* ***4****) : Costanera del Estrecho de Magallanes, 1398 ; au niveau du centre-ville.* Desservi par la compagnie de croisière ***Cruceros Australis*** *(● australis.com ●).*
➢ ***Ushuaïa et le cap Horn*** *(5 j., 4 nuits) :* 1-8 départs/mois, sept-avr. À partir de 1 590 US$/pers, tout compris. Résa obligatoire, sinon demandez s'il reste des places bradées de dernière minute ! Croisière inoubliable en petit comité (200 passagers) au cœur du mythique détroit de Magellan et des canaux de Patagonie, émaillée d'excursions fabuleuses en Zodiac (selon météo) : glaciers, otaries, manchots, forêts, fjords et le mythique cap Horn !

Punta Delgada – Bahía Azul *(Primera Angostura ; 20 mn) :* une solution qui peut être pratique pour rejoindre la Terre de Feu si vous êtes véhiculé ; allez à Punta Delgada, à 170 km au nord-est de Punta Arenas. De là, ferry ttes les 1h, 8h30-22h30, avec la compagnie ***Transbordadora Austral Broom*** *(● tabsa.cl ●).* Cette fois-ci, il n'est pas nécessaire de réserver !

Adresses utiles

Información turística Sernatur *(plan B3,* ***1****) : Fagnano, 643. ☎ 61-224-87-90. ● patagonia-chile.com ● Lun-ven 9h-12h30, 14h30-17h30 (16h30 ven).*
Información turística municipal *(plan B3,* ***2****) : kiosque sur la plaza*

Gamero (plaza de Armas). ☎ 61-220-03-03. Nov-mars, lun-sam 9h-19h (18h ven, 15h sam), ouv dim 9h-15h si navire de croisière à quai ; avr-oct, lun-ven 9h-17h (16h ven) ; en cas de fermeture s'adresser à la mairie en face (lun-ven). Leur appli gratuite pour smartphone *Apparenas* peut guider vos pas en ville.

■ ***Change*** *(plan B3,* ***9****) : plusieurs* **casas de cambio** *à l'angle de Roca et de Navarro. Tlj sauf sam ap-m et dim.*

✚ ***Hospital clínico Magallanes*** *(hors plan par A1) : Los Flamencos, 1364. ☎ 61-229-30-00. À 6 km au nord du centre-ville.*

■ ***Consulat d'Argentine*** *(hors plan par B3,* ***10****) : Serrano, 684 (angle 21 de Mayo). ☎ 61-226-15-34. • caren.cancilleria.gob.ar • Lun-ven 9h-14h.*

■ ***Location de voitures :*** *chez* **Europcar** *(plan B-C2,* ***11*** *; O'Higgins, 964 ; ☎ 61-220-27-20 ; • europcar.cl •),* **Emsa-Avis** *(plan C2,* ***12*** *; O'Higgins, 808 ; ☎ 61-261-43-81 ; • emsarentacar.com •),* **Mitta-Hertz** *(plan C2-3,* ***13*** *; O'Higgins, 931 ; ☎ 61-261-30-87 ; • mitta.cl •) et* **Recasur** *(plan C3,* ***14*** *; O'Higgins, 967 ; ☎ 61-236-31-36 ; • recasur-rac.com •). Tlj sauf sam ap-m et dim.* Aussi des comptoirs à l'aéroport.

Location de vélos : *chez* **Turismo Ruta Club** *(plan C2,* ***15*** *; Pinto, 1142 ; ☎ 61-222-90-00 ; • turismorutaclub.cl •),* **Grado Zero** *(plan B3,* ***16*** *; Errázuriz, 890 ; ☎ 61-222-74-10 ; • gradozero.cl •) et* **Payne** *(plan B2,* ***17*** *; Menéndez, 631 ; ☎ 61-224-08-52 ; • payne.cl •).* VTT et vélos électriques à partir de 24 000 $Ch/j.

Équipements de rando : *chez* **Mountain House** *(plan B2,* ***18*** *; Bories, 655 ; 953-51-19-04 ; • mountainhouse.cl •) et* **Grado Zero** *(plan B3,* ***16*** *; Errázuriz, 890 ; ☎ 61-222-74-10 ; • gradozero.cl •).* De bons magasins pour finir de s'équiper si vous partez pour de longues randonnées. Sélection de matériels (vêtements, chaussures, accessoires, etc.) relativement réduite, mais de qualité. Et, détail non négligeable, on y trouve aussi des cartes détaillées de la région.

Supermarché Unimarc *(plan B2,* ***18****) : Bories, 647.*

Agences

■ ***Comapa Turismo*** *(plan B2,* ***19****) : Magallanes, 990. ☎ 61-220-02-06. • comapa.com • Tlj sauf sam ap-m et dim.* Cette grosse agence est incontournable. On y réserve les ferries *Navimag*, les croisières *Cruceros Australis* et toutes sortes d'excursions classiques – abordables car toujours en groupe – dans la région : parc national Torres del Paine, île Magdalena, Reserva natural Pingüinos Rey, fort Bulnes, observation des baleines...

■ ***Solo Expediciones – Feel Patagonia*** *(plan B3,* ***20****) : Nogueira, 1255. ☎ 61-271-02-19. • soloexpediciones.com • feelpatagonia.com • Tlj en saison.* Voici 2 agences sérieuses et proposant notamment l'excursion des manchots aux îles Magdalena et Marta (4h30) ; plus cher que *Comapa Turismo,* mais en comité réduit. Aussi de superbes sorties « baleines et glaciers » *(déc-mars)* en catamaran dans le Parque marino Francisco Coloane (12h). Sans oublier les balades à cheval, la découverte de la vie sauvage de Patagonie et plusieurs programmes dans le parc national Torres del Paine.

Où dormir ?

Très bon marché (moins de 30 000 $Ch / env 33 €)

Hostal Independencia *(plan A3,* ***30****) : av. Independencia, 374. ☎ 61-222-75-72. 954-99-21-28. • hostalindependencia.cl • Camping 8 000 $Ch/pers ; lit en dortoir (4 pers) 15 000 $Ch.* Ce petit *hostal* décrépit mais convivial dispose d'une quinzaine de places dispatchées dans des dortoirs. Sanitaires communs propres. Les tentes s'entassent comme elles peuvent dans la courette de gravier un peu bordélique. Cuisine commune et mini-salon. Location de VTT et matériel de camping. Très *roots,* mais à ce prix-là, il n'y a pas de miracle. Et puis, Eduardo est un gisement de bonne humeur !

Residencial Tres Hermanos (plan C1, **31**) : Angamos, 1218. ☎ 61-224-41-21. 985-82-96-36. • residencialtreshnos.com • Doubles 27 000-37 000 $Ch. Une huitaine de chambres petites et sommaires, certaines mansardées, mais bien tenues et la plupart avec salle de bains privée. Cloisons minces et risque de nuisances sonores. Accueil familial authentique et sincère. On en a pour son argent !

Bon marché (30 000-50 000 $Ch / env 33-55 €)

Hostal Aventura Austral (plan A3, **32**) : Boliviana, 254. ☎ 61-225-50-15. 987-20-99-93. • hostalaventuraaustral@hotmail.com • Doubles 35 000-40 000 $Ch. À 10 mn à pied du *centro*, c'est une maison typique aux intérieurs lambrissés. Au rez-de-chaussée et à l'étage, une poignée de chambres rudimentaires mais propres, avec ou sans salle de bains. Excellent rapport qualité-prix-accueil.

Hostal Ochen (plan B2, **33**) : Magallanes, 926. 935-08-17-50. • hostalochen.com • Doubles 30 000-50 000 $Ch. En plein centre, petit établissement sans prétention et même un rien désordonné, mais propre et pratique. Parties communes largement lambrissées. À dispo, une grosse quinzaine de chambres toutes blanches et lumineuses, avec ou sans salle de bains. Une adresse simple et efficace.

Hostal Torres del Paine 2 (plan A3, **34**) : Balmaceda, 545. ☎ 61-237-12-46. 972-80-70-00. • hostaltorresdelpaine2@gmail.com • Doubles 39 000-45 000 $Ch. Passée l'austère façade Art déco, l'atmosphère se réchauffe vite avec l'accueil de Vanessa, la charmante *dueña*. Une dizaine de chambres soignées et bien équipées, avec salle de bains partagée pour les moins chères. Un bon plan à 2 pas du *centro*.

Hostal Labarca (hors plan par A3, **35**) : Chiloé, 1581. 995-64-57-69. • hostallabarca.cl • Double 45 000 $Ch. Pas si excentrée que ça, cette pension familiale a tout bon : une petite dizaine de belles chambres proprettes, et lambrissées pour certaines ; pas forcément grandes, mais pratiques et de bon confort, pour un prix raisonnable. Agréable jardinet à l'arrière. Ambiance paisible et bienveillante. Bref, un gentil coup de cœur, foncez !

Samarce House B & B (plan A2, **36**) : España, 940. 993-55-03-74. • carlosbaeriswyl@gmail.com • Doubles 45 000-50 000 $Ch. En retrait de l'avenue, précédée par 2 carrés de pelouse, cette maison blanche en bois s'ouvre sur un intérieur chaleureux et convivial, parsemé d'objets anciens. Formidable collection de bouteilles en verre la curieuse passion du *dueño* sympa ! Une petite dizaine de chambres fonctionnelles et propres, avec ou sans salle de bains. Évitez celles donnant sur le mur arrière, trop sombres. Cuisine commune. Une bonne adresse à 2 pas du centre.

Prix moyens (50 000-80 000 $Ch / env 55-88 €)

Hostel Keoken (plan B1, **37**) : Magallanes, 209. 986-44-85-87. • hostelkeoken.cl • Double 57 500 $Ch. Accueil familial en or et francophone dans ce petit *hostel* d'une dizaine de chambres douillettes, impeccables et bien équipées. Murs simplement couverts de bois clair pour une belle atmosphère chaleureuse et cosy, qui a plu au... président du Chili quand il est venu dormir ici ! Cuisine ouverte sur le superbe salon lambrissé, avec des fenêtres rectangulaires qui courent sur toute la longueur. C'est sûr, on reviendra !

Hotel Albatros (plan A3, **38**) : Sanhueza, 1248. ☎ 61-224-05-69. 981-89-30-59. • albatrospatagonia.cl • Doubles 65 000-80 000 $Ch. Installé dans 2 maisons mitoyennes, ce petit hôtel compte une huitaine de chambres claires et de bon confort, dotées d'une déco soignée. Plutôt une bonne affaire ! Organise aussi des excursions. On recommande !

Hostal Patagonia Mistica (plan C2, **39**) : Jorge Montt, 747. 961-77-43-83. • hostalpatagoniamistica@gmail.com • Double 80 000 $Ch. Derrière cette vénérable façade de caractère se cachent une dizaine de chambres plus ou moins grandes, rutilantes et bien équipées. Chaleureuse déco lambrissée d'une élégante simplicité. Mais attention, certaines n'ont qu'une fenêtre sur le couloir ; à vous de voir ! Une bonne adresse à 500 m de la plaza de Armas.

Chic (80 000-120 000 $Ch / env 88-131 €)

Apart Hotel Endurance *(plan B3,* ***40****)* **:** *21 de Mayo, 1299. ☎ 61-237-14-96. • ahendurance.com • Apparts 93-120 US$.* C'est une maison d'angle moderne et revêtue d'une couverture de tôle rouillée, façon containers maritimes. Une vingtaine de confortables apparts, spacieux et lumineux, aux aménagements sobres et fonctionnels. Préférer ceux donnant sur rue, car le patio n'est pas folichon. Rapport qualité-prix-accueil très correct pour cette belle adresse.

Hotel Patagonia B & B *(plan A2,* ***41****)* **:** *España, 1048. ☎ 61-222-72-43. • patagoniabb@gmail.com • Doubles 90 000-120 000 $Ch.* Caché au fond d'une impasse, cet édifice design – habillé de bois – offre un intérieur aéré. Une vingtaine de belles chambres spacieuses, sobres et contemporaines, mais un rien surestimées.

De chic à très chic (80 000 $Ch à plus de 160 000 $Ch / env 88 € à plus de 175 €)

Hotel La Yegua Loca *(plan A2,* ***42****)* **:** *Fagnano, 310. ☎ 61-237-17-14. 971-72-08-77. • yegualoca.com • Résa impérative bien à l'avance en été. Doubles 100-220 US$.* Coup de cœur pour cette grande maison jaune au toit rouge, perchée sous le *Mirador del Cerro de la Cruz.* Construite vers 1930, « la jument folle » restitue l'ambiance des métiers et traditions des fermes de Patagonie dans une ribambelle de vieux objets rustiques et un personnel adorable... en tenue de *gaucho* ! Une quinzaine de magnifiques chambres tout confort et très cosy, avec lit douillet, lainages, peaux de mouton et objets insolites. Vue sur la vieille ville et le mythique détroit. Un vrai charme ! Bar, boutique et LA bonne table de la ville (voir plus bas « Où manger ? »).

Hotel José Nogueira *(plan B2,* ***43****)* **:** *Bories, 967. ☎ 61-271-10-00. • hotelnogueira.com • Doubles 113-226 US$.* Au coin de la plaza de Armas, c'est d'abord un pittoresque palais de 1905, construit par un architecte français selon les canons parisiens de l'époque. Sa proprio, Sara Braun, était la riche veuve d'un pionnier portugais... Aujourd'hui, l'édifice s'ouvre sur une vingtaine de chambres confortables et classiques, mais aux tarifs surestimés en saison. Sur place, le ***Shackleton Bar*** (voir plus loin « Où boire un verre ? Où sortir ? ») livre sa belle atmosphère historique. Alors que la ***Taberna – Club de la Union*** (voir plus bas « Où manger ? ») nous entraîne dans les sous-sols rustiques du palais pour une *buena comida* !

Hotel Cabo de Hornos *(plan B3,* ***44****)* **:** *plaza Gamero, 1039 (plaza de Armas). ☎ 61-271-50-00. • hotelcabodehornos.com • Doubles 140-260 US$.* Ce n'est pas le plus beau bâtiment de la prestigieuse plaza de Armas, mais la déco intérieure joue la carte du contemporain élégant et discret. Plus d'une centaine de chambres confortables, agréables et bien dans la tonalité générale. Rapport qualité-prix vraiment intéressant en basse saison. Bar feutré et resto de qualité.

Où manger ?

– ***Important :*** si votre budget n'est pas trop serré, goûtez donc la plus célèbre des spécialités locales : la ***centolla,*** le fameux crabe royal de Patagonie !

Bon marché (5 000-10 000 $Ch / env 5,50-11 €)

Kiosko Roca (plan B3, **50**) **:** *Roca, 875. ☎ 61-222-34-36. Tlj sauf dim 7h-19h (sam 8h-13h).* Depuis 1932, le long de ce comptoir se pressent les employés du coin, cols blancs et écoliers, tout au long de la journée. La raison ? Les *choripanes,* ces minisandwichs au chorizo et fromage, régulièrement primés dans les concours gastronomiques nationaux. Bref, un vrai petit délice auquel on devient vite accro ! Et ne manquez pas non plus leur fameux *leche con plátano* (lait-banane). Quelques tabourets pour poser une fesse. On aime !

Rocamar (plan B3, **51**) **:** *Roca, 953. 953-36-47-59. Tlj sauf dim 12h30-20h.* Étonnante gargote de poche, tenue par un adorable monsieur coiffé d'une toque-béret. Dans l'assiette, quelques *empanadas* bien fraîches, 2-3 *ceviches* et 2 plats de poisson frit tout simples. *¡ No más !* Tout est frais et mitonné en un tour de main dans la cuisine ouverte sur la micro-salle, bordée de comptoirs et chaises hautes. Simple, bon et pas cher !

Wake Up (plan B3, **52**) **:** *Errázuriz, 944. ☎ 61-237-16-41. Tlj 7h30-18h30 (w-e 9h-18h).* C'est un charmant café bien dans l'air du temps, entre béton et bois brut, petit note indus' en prime. Dès l'aurore, on s'y régale des quelques formules de petit déj, du trio soupes-salades-toasts, sans oublier LE plat du jour. Aussi de délicieuses pâtisseries maison *North American style,* à dévorer avec un café. Une excellente adresse, souriante et abordable, plébiscitée par les locaux au coude à coude avec les voyageurs du bout du monde. Foncez !

Tapiz Café (plan B3, **53**) **:** *Roca, 912. 965-65-52-94. Tlj sauf w-e 10h-20h.* Belle salle chaleureuse, parsemée d'épaisses tables taillées dans des troncs d'arbres. Le lieu idéal pour caler une vilaine faim avec des sandwichs (au saumon ou au pastrami local, les iconiques !) et de copieuses salades. Aussi quelques bonnes pâtisseries maison à savourer avec un café, un thé ou un chocolat chaud, histoire de requinquer le randonneur !

Lomito's (plan B2, **54**) **:** *Menéndez, 722. 997-91-75-30. Tlj sauf dim 9h-23h.* Vaste cafétéria à l'américaine avec sa cuisine centrale, très fréquentée par les locaux à toute heure. Comme dans un fast-food, on choisit parmi les plats chiliens, sandwichs ou burgers ; à accompagner d'une bonne bière régionale. Aussi quelques pâtisseries maison. Simple, bien et pas cher ; belle ambiance fraternelle en prime, surtout quand les écrans TV diffusent le match de foot du moment.

Prix moyens (10 000-20 000 $Ch / env 11-22 €)

Café Inmigrante (plan C2, **55**) **:** *Quillota, 599. ☎ 61-222-22-05. Mar-sam 12h30-21h.* Salon de thé tout mignonnet, dont la déco rétro évoque l'histoire du *barrio Croata.* À la carte, une foule de savoureux sandwichs au pain complet, de toutes formes et de toutes tailles, végétariens ou non, à la viande ou au saumon... Aussi de délicieuses parts de tartes et de gâteaux maison, à accompagner d'un café à toute heure. Miam !

Taberna – Club de La Unión (plan B2, **43**) **:** *plaza Gamero, 716 (plaza de Armas, angle Bories). ☎ 61-222-27-77. 959-74-64-67. Au sous-sol de l'*Hotel José Nogueira. *Tlj sauf dim 18h30-1h.* C'est un pub-taverne caché dans les entrailles historiques du *Palacio Sara Braun* (1905). Si l'entrée rappelle l'intérieur d'un vieux gréement, le reste du vaste sous-sol est construit de pierre brute. Dans un chaleureux brouhaha amical on dévore sandwichs, salades, burgers, *ceviches,* etc. Aussi quelques plats locaux bien menés mais plus chers, comme l'emblématique et goûteux *chupe de Centolla* (gratin de crabe royal). Et quelques *tablas* à partager autour d'une bière *Austral,* d'un cocktail signature, d'un *pisco sour* ou d'un verre de vin. Bref, une belle adresse à dimension variable et pour toutes les bourses, bravo !

Mesita Grande (plan C3, **56**) **:** *O'Higgins, 1001. 953-78-82-00.*

Tlj 13h-23h (20h dim). Dans cette bourdonnante trattoria-pizzeria, on concocte des pizzas au feu de bois à pâte fine, des pâtes, des risottos bien goûteux et des salades fraîches. À déguster dans un cadre chaleureux : parquet, murs en brique, grandes baies vitrées et tablée commune.

Chic (20 000-30 000 $Ch / env 22-33 €)

La Cuisine (plan C3, **57**) : *O'Higgins, 1037. ☎ 61-222-86-41. 977-53-82-26. Mar-sam, midi et soir.* Surprenant de trouver au fin fond de la Patagonie ce bistrot aux couleurs bleu-blanc-rouge, largement plébiscité par les gens du cru ! Imaginée par Gloria et Éric, la carte met à l'honneur les produits du terroir local et de la marée, mitonnés avec le savoir-faire français de rigueur, pour une fusion inventive, réussie et très abordable. Aussi 1 option veg'. Mon tout servi dans une salle aux murs gris couvert de maximes toutes franchouillardes, avec un coin photos-affiches-plaques émaillées. Un vrai coup de cœur !

La Marmita (plan B2, **58**) : *plaza Sampaio, 678. ☎ 61-222-20-56. Tlj sauf dim 12h-23h. CB refusées.* Cette autre bonne table est menée par un chef talentueux qui, amoureux des produits locaux, revisite avec brio les spécialités traditionnelles chiliennes. À la carte, juste quelques plats savoureux et joliment présentés, de la mise en bouche au dessert ; portions généreuses en prime ! Chaleureuse salle lambrissée et colorée, saupoudrée de vieux objets.

Reciclando Sabores (plan B2, **59**) : *Mejicana, 617. 963-37-42-67. Tlj sauf dim, midi et soir.* À l'étage d'un petit centre commercial quelconque, ce « gastropub » – tenu par une équipe talentueuse, jeune et sympa – renouvelle la cuisine locale avec saveurs et couleurs. Présentation impeccable, bravo ! Aussi quelques classiques de la mer et de la terre pour ne pas perdre ses repères trop vite. À accompagner d'une bière locale ou d'un bon cocktail signature au *pisco*. On aime !

Damiana Elena (plan B1, **60**) : *Magallanes, 341. ☎ 61-222-28-18. Mar-sam, le soir seulement. Résa très conseillée.* Installé dans une charmante demeure aux airs victoriens, ce resto coquet affiche un charmant cadre, rétro et patiné. Dans l'assiette, cuisine de marché aux accents italiens, pâtes fraîches, viandes et poissons, servis dans de la porcelaine 100 % british ! Impec' pour une soirée en amoureux.

Plus chic (plus de 30 000 $Ch / env 33 €)

Hotel La Yegua Loca (plan A2-3, **42**) : *Fagnano, 310. ☎ 61-237-17-14. 971-72-08-77. Tlj, midi et soir. Résa obligatoire.* LA bonne table de la ville se trouve dans un hôtel de charme (voir plus haut « Où dormir ? »), dont l'atmosphère évoque les fermes rustiques de Patagonie. Plus sobre, la grande véranda offre une vue panoramique époustouflante sur la ville et le mythique détroit. Dans l'assiette, exquise cuisine de grand-mère revisitée avec talent et finesse ; déclinée sur une courte carte du moment. Aussi des options veg'. On s'est régalé !

Où boire un café ? Où déguster une pâtisserie ?

Wake Up (plan B3, **52**) : *Errázuriz, 944.* Voir précédemment « Où manger ? ».

Café Inmigrante (plan C2, **55**) : *Quillota, 599.* Voir précédemment « Où manger ? ».

Tapiz Café (plan B3, **53**) : *Roca, 912.* Voir précédemment « Où manger ? ».

Où boire un verre ? Où sortir ?

Shackleton Bar (plan B2, **43**) : *Bories, 967. Dans l'Hotel José Nogueira (voir précédemment « Où dormir ? »). Tlj 17h-minuit.* Siroter un cocktail ici permet de jeter un coup d'œil au superbe Palacio Sara Braun (1905), édifié par un architecte français pour la riche veuve d'un pionnier portugais. Véranda 1900, fauteuils club, boiseries patinées et cette série d'aquarelles évoquant le séjour sur place de Sir Ernest Shackleton en 1916. Après une incroyable traversée en chaloupe de 800 miles nautiques, entre l'Antarctique et la Géorgie du Sud, le célèbre explorateur – naufragé des glaces – vint ici chercher de l'aide pour secourir le reste de son équipage, resté coincé sur l'île de l'Éléphant... Et il les sauva tous !

Taberna – Club de La Unión *(plan B2,* ***43****)* **:** *plaza Gamero, 716 (plaza de Armas, angle Bories), au sous-sol de l'Hotel José Nogueira.* Voir précédemment « Où manger ? ».

Reciclando Sabores *(plan B2,* ***58****)* **:** *Mejicana, 617.* Voir précédemment « Où manger ? ».

Sky Bar *(plan B3,* ***70****)* **:** *O'Higgins, 1135, au 11e étage de l'Hotel Dreams del Estrecho. Tlj 19h-2h.* Niché tout au sommet d'une tour de verre qui détonne sur la Costanera, ce bar-lounge offre un panorama formidable sur le détroit de Magellan et, au loin, la Terre de Feu. Longue liste de cocktails, notamment le fameux *pisco sour* décliné en une foule de versions : au blanc d'œuf, au romarin, à la menthe, aux baies... Casino sur place.

Achats

Centro artesanal municipal *(plan B3,* ***80****)* **:** *21 de Mayo, 1463. Tlj.* Bijoux fantaisie, lainages, céramiques, etc. En fait, rien de bien original !

Roca Souvenirs *(plan B3,* ***81****)* **:** *Roca, 973. Tlj.* Bonne sélection d'artisanat local : lainages, bijoux en lapis-lazuli, peaux de mouton, statuettes en bois...

À voir. À faire

Plaza de Armas – Muñoz Gamero *(plan B2-3)* **:** cœur battant du *casco histórico,* cette place, entourée de nobles édifices à l'européenne, est plantée de superbes cyprès de Lambert vieux de plus de 150 ans ! Au centre, le pompeux ***monument à Magellan triomphant,*** orné d'une sirène et de 2 autochtones lascifs, fut érigé en 1920 à l'occasion du 400e anniversaire de la découverte du détroit (1520). Assurément un mémorial d'un autre temps !

– ***Côté sud,*** la mairie occupe le ***Palacio Montes Pello*** (1923), bâti dans un style néoclassique à l'italienne pour un pionnier espagnol arrivé à 19 ans et devenu l'une des grandes fortunes régionales grâce à l'élevage de moutons.

– ***À l'ouest,*** la ***cathédrale*** (1901) n'a rien de remarquable en dehors de son plafond couleur framboise !

– En revanche, ***au nord*** de la place, ne ratez pas le ***Club des Officiers*** (1892-1910), d'inspiration Art nouveau, ex-palais de l'Espagnol José Menéndez, pionnier le plus puissant de Patagonie au début du XXe s, surnommé « le roi de Patagonie » ! Lui aussi fit fortune dans l'élevage des moutons, mais une fortune pas vraiment propre...

– Au coin nord-ouest de la place, le ***Palacio Sara Braun*** (1905), fut bâti par un architecte français dans un style néoclassique typiquement parisien, pour la riche veuve (d'origine lettone) d'un autre grand propriétaire terrien, le Portugais José Nogueira. L'édifice abrite aujourd'hui l'***Hotel José Nogueira*** (voir « Où dormir ? ») et peut se visiter succinctement en prenant un verre au ***Shackleton Bar*** (voir « Où boire un verre ?... »), du nom de l'héroïque explorateur polaire Sir Ernest Shackleton, qui séjourna sur place en 1916... À moins que vous ne préfériez explorer ses sous-sols en dinant à la ***Taberna – Club de La Unión*** (voir « Où manger ? »).

– Enfin, sur le ***côté est*** se dresse l'élégant bâtiment blanc de la ***Résidence Blanchard*** (1907), construit par un autre architecte de l'hexagone pour le compte d'un pionnier français à la tête de la toute 1re société de pêche à la baleine de la région. Il abrite désormais le prestigieux ***Instituto Antártico Chileno*** *(● inach.cl ●)*, à 1 240 km du fameux continent blanc.

Museo regional de Magallanes – Palacio Braun Menéndez *(plan B2)* **:** *Magallanes, 949. ☎ 61-224-42-16. ● museodemagallanes.gob.cl ● Tlj sauf mar et dim 10h30-14h (dernière admission 20 mn avt). GRATUIT. Audioguide (espagnol et anglais) sur leur site Internet (accès wifi).* Entourée d'un jardin, cette superbe demeure néoclassique – parsemée d'éléments Art nouveau – fut construite par un architecte français (1906) ***pour la riche famille Braun Menéndez.*** Elle a conservé son état d'origine, avec ses meubles, tapisseries et décorations. D'abord la ***salle la manger*** qui reçut, en son temps, le gratin local. Ensuite, l'étonnant et pompeux ***salon à la française,*** inspiré des styles Louis XV et Louis XVI, était au centre des rencontres de la bonne société. Ces nouveaux riches avaient à cœur de montrer l'ampleur de leur succès ! Dans la foulée, la ***salle de billard,*** puis la ***chambre à coucher*** et sa salle de bains...
En parallèle, une ***intéressante expo présente l'histoire de la province de Magallanes.*** Quelques infos géologiques, des fossiles d'animaux préhistoriques, puis les peuples autochtones sont évoqués à travers pierres et os ciselés, et ce canoë taillé dans un gros tronc d'arbre. Le choc des cultures retentit avec l'arrivée des expéditions européennes, le détroit de Magellan est découvert en 1520, c'est le début de la colonisation. Punta Arenas se développe autour du trafic maritime. Les voyages d'explorateurs internationaux (Darwin...) sont aussi présentés à travers de beaux objets maritimes... Au sous-sol, ne manquez pas non plus les pièces des domestiques (cuisine, chaufferie, cellier, chambrettes, etc.). Le musée y accueille des expos temporaires.

Museo naval y marítimo *(plan B3)* **:** *Pedro Montt, 981. 📱 941-39-03-35. Mar-sam 10h-11h45, 14h-16h. Entrée : 2 000 $Ch ; réduc.* Dans ce vénérable bâtiment historique, un petit musée dans lequel on croise la route de ***Magellan,*** de ***Shackleton,*** de ***Bougainville*** et des nombreux autres navigateurs venus explorer les mers australes à partir de 1520. Copies de cartes anciennes, reconstitution d'un poste de pilotage avec salles météo et radio, instruments de navigation, maquettes de bateaux, combi de scaphandrier, objets provenant de navires coulés et même... un ***morceau de glace authentique rapporté d'Antarctique*** ! Bon, en fait, l'essentiel se rapporte surtout à la marine chilienne.

Mirador Cerro de la Cruz *(plan A2)* **:** *accès par les escaliers au bout de la rue Fagnano.* Vue panoramique sur le centre-ville, bordé par le détroit de Magellan. Au passage, jetez un œil à la maison du célèbre écrivain chilien ***Francisco Coloane*** *(Fagnano, 305)...*

Museo Salesiano Maggiorino Borgatello *(plan B1)* **:** *Bulnes, 336. ☎ 61-222-10-01. ● museomaggiorinoborgatello.cl ● Mar-sam 10h-12h30, 15h-17h30. Entrée : 4 000 $Ch ; réduc.* Façade austère à côté de la non moins sévère église des Salésiens. Cet intéressant musée expose – sur 4 niveaux – les ***collections de l'ordre des Salésiens,*** créé en 1893 pour « promouvoir l'éducation des jeunes ». Ces religieux furent très impliqués dans l'évangélisation des peuples autochtones à la fin du XIXe s et au début XXe s, leur imposant aussi une discipline vestimentaire ridicule, mais sans pour autant les protéger des impitoyables chasses à l'homme orchestrées par les colons européens.
– ***Le rez-de-chaussée*** ressemble à un ***véritable cabinet de curiosités*** regroupant tout ce que les missionnaires ont consciencieusement cherché à éradiquer au cours de leur sacerdoce, d'où une certaine ambiguïté de la démarche. On y croise aussi bien une faune empaillée poussiéreuse, que des têtes réduites jivaros, des ossements de baleine, des herbiers, des statuettes de l'île de Pâques et des touffes de poils du célèbre mylodon, animal préhistorique découvert en 1895 dans une grotte près de Puerto Natales (voir plus loin « Puerto Natales »).

Aussi quelques vitrines évoquant succinctement Magellan, Darwin et les expéditions scientifiques internationales dans la région...

– En vedette, ***au 1er étage,*** une ***riche section consacrée aux peuples fuégiens,*** avec canoë en écorce et branchages, bijoux et objets quotidiens, reconstitution de scènes de chasse, photos noir et blanc et documents retraçant les missions évangélisatrices des Salésiens en Patagonie. Remarquez ce drôle de porte-manteau en dents de cachalot !

– ***Le 2e étage*** navigue entre l'histoire séculaire des hommes dans le détroit de Magellan, la chasse à la baleine, les naufrages, les expéditions en Antarctique, la colonisation, l'évangélisation des autochtones et l'immigration, à travers une foule de beaux objets choisis. Voir le trône – enrobé de fausse fourrure – dans lequel Jean-Paul II a posé son auguste séant lors de sa visite dans la région en 1987 !

– ***Le 3e étage*** est consacré à l'***essor de l'aviation régionale*** et, sponsorisée par les grandes firmes, la minéralogie et l'exploitation des différentes ressources naturelles dans la région dans le plus pur respect de l'environnement !

★ ***Cementerio*** *(plan B-C1)* **:** *Bulnes, 29. ☎ 61-221-27-77. Tlj 9h-19h (18h en hiver).* Fondé en 1894 et comptant – dit-on – ***parmi les plus pittoresques cimetières d'Amérique du Sud,*** celui-ci possède une certaine théâtralité, avec ses longues allées de cyprès taillés en suppositoires et les ***mausolées ostentatoires des notables,*** ces pionniers sans foi ni loi – nouveaux riches de la fin du XIXe s – qui exterminèrent sans scrupule les peuples autochtones pour mieux accaparer leurs terres et faire grandir leurs troupeaux de moutons... Et comme un camouflet à la barbarie humaine, quasi face à l'entrée nord du cimetière, côté *calle Bilbao,* se dresse ***El Indiecito Desconocido*** (« monument à l'Indien inconnu »), figurant un garçon digne au visage doux, portant un pagne et des colliers de fleurs. La Croix-Rouge de la province l'a fait édifier en 1969 à l'endroit même où furent enterrés les derniers membres du peuple ***Selk'nam.*** Les fidèles viennent par centaines, régulièrement, caresser le gros orteil gauche de la statue en bronze et déposer des offrandes colorées. Cela porterait bonheur ; de nombreux ex-voto en témoignent !

★★ ***Museo del Recuerdo – Instituto de la Patagonia*** *(hors plan par B1)* **:** *Bulnes, 1890. ☎ 61-220-70-51. À 4,5 km au nord du centre-ville. Accès en colectivo nos 13, 14, 15, 20 ou 21, face au Museo regional de Magallanes (Magallanes, 949 ; plan B2), direction « zona franca ». Tlj (sauf w-e de mi-mars à sept) 9h-13h, 14h-17h30 (17h w-e). Entrée : 3 000 $Ch ; réduc ; gratuit moins de 15 ans.* Alimenté par des donations de familles locales, ce vaste musée en plein air évoque ***la vie des pionniers et populations de 1880 à 1950.*** D'abord une collection de vieilles machines agricoles et d'attelages, éparpillée sur la grande prairie. Puis un alignement de vénérables maisonnettes en bois, démontées et rassemblées ici. On pousse alors la porte d'une *épicerie,* d'un *horloger,* d'un *apothicaire,* d'un *couturier,* d'un *dentiste,* d'un *garage à calèches* et d'une *boulangerie.* Alors que le ***pavillon maritimo*** nous transporte au cœur du commerce local et de la chasse à la baleine, avec ses instruments de navigation, cartes marine, maquettes de bateaux, harpons... Meublée d'époque, la *casa tipica* demeure l'une des plus anciennes du site (1875-1880), attenante à un *garage à voitures anciennes,* dont une *Peugeot* ! Enfin, la ***bibliothèque*** présente de belles cartes d'autrefois (surtout des copies), notamment celles réalisées par des explorateurs français au XVIIIe s. Là, un étonnant *estereóscopo* (début XXe s) permet de visionner des photos sur plaques de verre en 3 dimensions !

★★ ***Museo Nao Victoria*** *(hors plan par B1)* **:** *à* ***Río Seco.*** *996-40-07-72. À 7,5 km au nord du centre-ville. Tlj 8h-20h (9h-17h avr-sept). Entrée : 5 000 $Ch ; réduc. Audioguide en français : 500 $Ch. Café sur place.* Un homme seul et passionné, Juan Luís Mattassi Alonso, aidé de 3 charpentiers de marine, a entrepris de bâtir une ***copie fidèle de l'un des 5 navires de l'expédition de Magellan, la Victoria.*** Ce bateau – 26 m pour 90 t et 45 hommes d'équipage – est en fait le seul à avoir effectivement bouclé le 1er tour du monde, ramené en 1522 à Séville par le marin basque Juan Sebastián Elcano après la mort de son capitaine aux Philippines. On grimpe à bord pour découvrir les espaces exigus où vivaient capitaine et équipage. Répliques de casques et ustensiles sont à dispo pour jouer à l'explorateur à son tour ! Toujours sur ce terrain, au bord du mythique détroit de Magellan, 3 autres embarcations ont également été reproduites : la ***chaloupe héroïque de Sir Ernest Shackleton,*** baptisée *James Caird ;* la **goélette Ancud**, à bord de laquelle une expédition chilienne fonda fort Bulnes en 1843 (voir « Dans les environs de Punta Arenas ») et, surtout, une réplique du **HMS Beagle,** à bord duquel le célèbre naturaliste ***Charles Darwin*** embarqua pour un tour du monde via les îles Galápagos !

LE HÉROS DE L'ANTARCTIQUE

En 1914, le Britannique Ernest Shackleton, explorateur du pôle sud chevronné, se lança comme défi de joindre la mer de Weddell à la mer de Ross à bord de l'Endurance. Son navire se retrouva coincé dans les glaces pendant plusieurs mois et les marins forcés de débarquer. Avec quelques compagnons, il parvint à rejoindre en chaloupe les îles de Géorgie du Sud, via la mer de Drake balayée par les vagues des 40e rugissants, et à trouver de l'aide pour sauver le restant de l'équipage. Tous revinrent sains et saufs !

Sorties en kayak de mer : avec **Grado Zero** *(Errázuriz, 890 ; ☎ 61-222-74-10 ; 982-63-66-27 ; • gradozero.cl •).* Propose une courte balade guidée dans la baie de Punta Arenas *(2h ; 40 000 $Ch).* Aussi d'autres sorties *(2h-1 j. ; 60 000-170 000 $Ch)* dans le sud sauvage du détroit de Magellan *(Bahía Agua Fresca, Faro San Isidro...)* où il est courant de croiser des dauphins ; et même des expéditions *(2-5 j.).*

Costanera del Estrecho *(plan B-C3) :* lieu de rencontre et de détente des familles locales, c'est une ***agréable promenade avec piste cyclable,*** longeant le détroit de Magellan et ses cargos colorés au mouillage, que la lumière rend spectaculaire en fin d'après-midi. Une balade semée de plusieurs pontons historiques en ruine et d'une foule de monuments commémoratifs, un rien ronflants mais racontant la riche histoire maritime des lieux.

DANS LES ENVIRONS DE PUNTA ARENAS

À l'ouest

Reserva nacional Magallanes : *ruta Y-570. • conaf.cl • À 7 km à l'ouest du centre-ville. Tte l'année, tlj 9h-17h (16h ven). Entrée (achat en ligne obligatoire sur • aspticket.cl •) : 8 US$; réduc.* Toute proche de Punta Arenas, cette réserve naturelle de 21 000 ha est parcourue par près de ***60 km de sentiers de randonnée*** (limités en hiver) au gré desquels on découvre de superbes forêts de lengas et coigues. On y trouve aussi le *Club Andino (• clubandino.cl •)* pour ***skier de juillet à septembre... avec vue sur mer, un luxe !***

SOUS LE SOLEIL DE SATAN...

La région de Punta Arenas est située près du trou de la couche d'ozone. Loin d'être comblé, malgré l'interdiction des CFC, celui-ci grandit chaque été austral à la faveur du rayonnement solaire continu. L'effet des rayons UVB, qui affectent la peau, les yeux et le système immunitaire, est alors à son comble. Heureusement, le climat de la région fait que, souvent, les habitants sont couverts de la tête aux pieds ! Protégez-vous donc avec attention, en utilisant crème solaire à indice élevé, chapeau et lunettes de soleil.

Un unique télésiège y dessert la dizaine de pistes. Il fonctionne aussi en été (VTT possible), aux côtés d'un parcours de *canopy.*

Au nord

Monumento natural Los Pingüinos : *réserve naturelle protégée située sur les* ***îles Magdalena et Marta,*** *dans le détroit de Magellan, à 35 km au nord-est de Punta Arenas. • conaf.cl • Ouv d'oct à mi-avr. Seuls accès autorisés : les excursions depuis le terminal Arturo Prat (plan B3) avec le gros catamaran (230 pers.) très stable de* ***Fiordos del Sur*** *(• fiordosdelsur.com •) ; ou depuis un autre port situé à 25 km au nord de Punta Arenas (plus près des îles, navigation plus courte) avec les petits bateaux (33-118 pers) de* ***Solo Expediciones*** *(voir « Adresses utiles »). Chacun propose 2 départs/j. Tarifs : 90-115 US$/pers ; réduc ; entrée au parc comprise. Durée : 5h. Attention : bien se couvrir, car le vent peut souffler très fort. D'ailleurs, si la météo est mauvaise, les excursions sont annulées et on n'en est averti que le matin même.*
Les îles Magdalena et Marta demeurent ***l'une des plus grandes pingüineras du sud du Chili et un site de reproduction majeur pour les manchots de Magellan.*** Ils arrivent des îles Malouines et de la côte du Brésil entre septembre et novembre – les mâles d'abord, les femelles ensuite. Commence alors la parade amoureuse et la préparation des nids (des terriers en fait). Pas moins de 2 œufs sont pondus, qui éclosent après environ 40 jours de couvade. La meilleure période pour l'observation s'étend d'octobre à début février, quand les petits sont nés. En mars, à part quelques plumes en bataille autour du cou, les jeunes ont déjà l'air d'adultes ; le voyage du retour se prépare. En avril, en général, ils sont tous partis... Du haut de leurs 70 cm, les manchots de Magellan peuvent atteindre l'âge de 30 ans et reviennent toujours pondre là où ils ont vu le jour. On les reconnaît facilement à leur double collier noir. La colonie de l'île Magdalena est estimée à 60 000 couples ! ***La balade sur l'île dure 1h et se réalise le long d'un sentier balisé*** (1,4 km), bordé de centaines de terriers et de manchots qui avancent de leur pas chaloupé dans une steppe aride balayée par les vents. Impressionnant ! Ne cherchez pas à les caresser ou à les déranger. Les guides recommandent de ne pas s'approcher à moins de 1 m. D'ailleurs, ils savent comment se défendre ! Le sentier se termine au vieux phare rouge et blanc (1902).
Ensuite, seule l'agence *Solo Expediciones* vous rembarque pour 20 mn de navigation jusqu'à l'île Marta (mais parfois c'est l'inverse), habitée par des ***colonies de lions de mer*** et de cormorans, que l'on observe depuis le bateau. Souvent des ***dauphins*** jouent devant l'étrave du bateau et il n'est pas rare d'apercevoir des ***baleines*** !

Au sud

Une ***jolie route longe le détroit de Magellan*** en direction du sud. À 52 km de Punta Arenas, un rond-point porte un monument symbolisant le ***Centro Geográfico del Chile,*** à savoir l'égale distance entre la ville d'Arica (au nord du pays) et le pôle sud !

Parque del Estrecho de Magallanes – Fuerte Bulnes : *ruta Y-9, à 52 km au sud de Punta Arenas. ☎ 61-272-31-95. • parquedelestrecho.cl • Du rond-point mentionné ci-dessus, une courte piste rejoint le parc. Sept-début avr, tlj 10h-18h30 (dernière admission 17h) ; horaires restreints en hiver. Entrée : 10 000 $Ch ; réduc. Café sur place. Les agences* ***Feel Patagonia*** *et* ***Comapa Turismo*** *(voir « Adresses utiles ») ou encore* ***Turismo Selkman*** *(• turismoselknam.cl •) proposent l'excursion à la ½ journée ; compter alors 25-40 US$/pers, entrée du parc en supplément.* Bâti en 1843 au bout d'une étroite péninsule, sur un promontoire dominant le détroit, le ***Fuerte Bulnes*** a permis aux Chiliens de prendre possession de ces terres australes et surtout de contrôler les 611 km qui constituent la longueur du détroit de Magellan. Une dizaine de bâtiments en bois et en tourbe, cernés par une double palissade, y ont été reconstitués. L'église est charmante, mais on imagine bien les conditions difficiles de vie de la petite garnison, composée de 20 hommes et 2 femmes...

De là, ***2 sentiers*** sillonnent le bout du cap : le ***sendero Bosque de los Vientos*** se glisse entre les arbres courbés jusqu'à la pointe de Santa Ana *(500 m A/R)* ; alors que le ***sendero de la Costa*** propose une boucle (1,5 km) sur le littoral sauvage des 250 ha du parc.

LA DÉCOUVERTE DU DÉTROIT DE MAGELLAN

Convaincu qu'il existait un chemin entre les océans permettant d'éviter le périlleux passage du cap Horn, Magellan s'engagea en 1520 dans le labyrinthe d'îles, de fjords et de chenaux qui composent la géographie complexe de la Terre de Feu. Au bout de 56 jours de navigation, l'un de ses bateaux envoyé en exploration déboucha sur le grand large à l'ouest. En l'apprenant, le navigateur pleura de joie et nomma le passage Estrecho de Todos Santos, en référence à la date de la découverte, la Toussaint.

Et puis vous découvrirez l'écosystème et toute l'histoire des lieux au ***Visitor Center,*** dont la terrasse offre aussi une superbe vue sur le détroit de Magellan, ainsi qu'une anse située juste au nord, l'historique ***Puerto del Hambre,*** 1er bastion espagnol établi en 1584. Face aux rudesses du climat, la majorité des quelque 200 colons moururent de malnutrition, d'où le nom de « port de la Faim ». Un unique survivant fut recueilli par un corsaire anglais, quelques années plus tard.

Punta Árbol, faro San Isidro et cabo Froward : partant du rond-point mentionné ci-dessus, une piste de 18 km longe le détroit pour se terminer à ***punta Árbol,*** abondamment boisé comme son nom l'indique. De là, on rejoint à pied (4 km) le ***faro San Isidro*** (1904), phare le plus austral du continent, joliment posé sur une presqu'île. Cette balade en bord de détroit ne présente aucune difficulté, si ce n'est qu'on s'enfonce dans le sable et les cailloux (2h30 A/R).

Depuis la Punta Árbol, on peut aussi entreprendre l'ascension du ***monte Tarn*** (825 m), sur les traces du naturaliste Charles Darwin, qui y grimpa en 1834 lors de son voyage à bord du *HMS Beagle.* Le sommet doit son nom au Britannique John Tarn, médecin de l'expédition de Robert Fitzroy, qui serait le 1er Européen à l'avoir escaladé en 1827. Compter 5h aller-retour d'une rando de difficulté moyenne avec superbe panorama sur le détroit de Magellan.

Enfin, les vrais aventuriers envisageront une autre escapade, autrement plus rude : la superbe randonnée de 5 jours (64 km A/R) menant jusqu'au ***cabo Froward, le point le plus au sud du continent américain*** ! C'est une incroyable envolée de falaises de 365 m de haut, couronnées d'une croix de métal géante (24 m), la fameuse ***Cruz de Los Mares,*** dressée en 1987 pour la visite du pape Jean-Paul II. L'itinéraire est entrecoupé de gués et de sections praticables seulement à marée basse ! La récompense : vous devriez apercevoir des baleines (mi-décembre à mars) en cours de route, ainsi que des lions de mer... sans parler de cette formidable impression de bout du monde, whaooo ! Il vous faudra voyager en autonomie totale, avec tente et tout ce qu'il faut pour manger. L'eau est tannique mais potable. Prévoir de bonnes chaussures de rando TRÈS étanches, en raison des gués, des passages dans les tourbières. Se procurer aussi la carte de la région auprès des magasins d'équipements de rando à Punta Arenas (voir « Adresses utiles »). L'itinéraire est aussi téléchargeable sur le site : ● *rutas.bienes.cl* ●

Parque marino Francisco Coloane : créé en 2003 et baptisé du nom du célèbre écrivain patagonien, le ***1er parc marin du Chili*** est un immense espace naturel de plus de 680 km², qui s'étend autour de l'isla Carlos III, à l'ouest du détroit de Magellan, entre la péninsule de Brunswick et la grande isla Santa Inés.

Ses eaux comptent parmi les moins polluées de la planète ! Les baleines à bosse s'y retrouvent en nombre durant l'été austral pour s'y gorger de krill et de crevettes. Un vrai bonheur que de les observer, entre fjords, montagnes, glaciers et forêts. On observe aussi pingouins de Magellan, lions de mer, cormorans, pétrels et dauphins ! Quelques agences de Punta Arenas y organisent des excursions en bateau, à la rencontre des baleines et des glaciers, comme *Solo Expediciones* (voir « Adresses utiles ») qui propose aussi une option kayak dans le parc *(12-14h ; 225-515 US$/pers).* Également l'expédition inoubliable de *Whalesound (● whalesound.com ●),* avec navigation dans le parc, nuits en éco-camp sur l'isla Carlos III, conférences scientifiques, etc. *(3 j. et 2 nuits ; 1 500 US$/pers).*

À l'est : la Terre de Feu chilienne

Porvenir : *ville située à 45 km au sud-est de Punta Arenas, de l'autre côté du détroit de Magellan. Infos touristiques : ☎ 61-258-18-00 (musée municipal). ● muniporvenir.cl ● Accès en ferry ou en avion depuis Punta Arenas (voir « Arriver – Quitter »).* Nichée au fond d'une baie allongée, c'est la ***ville principale de la Terre de Feu chilienne.*** Avec près de 6 800 âmes, l'endroit reste bien tranquille et, à vrai dire, il ne s'y passe pas grand-chose ; plutôt une ville fantôme où abonde la tôle ondulée ! Ne viennent ici que ceux qui sont véhiculés ou les routards au long cours qui ont du temps, car les bus sont rares (aucun bus pour rejoindre la Terre de Feu côté argentin). Quelques hébergements corrects tout de même et un petit ***musée municipal*** sur la culture locale avec des photos anciennes et une momie fuégienne. Autour de Porvenir, c'est une nature sauvage qui séduira les amoureux des contrées vierges et retirées. Les lacs de la région, notamment le ***lago Blanco,*** sont réputés pour la pêche. Alors que la ***laguna de los Cisnes,*** domaine des flamants roses, est englobée dans le ***parque Estromatolitos,*** bien connu pour ses étonnantes accumulations fossiles bactériennes, vieilles de plusieurs milliards d'années et appelées stromatolites. Bref, des formes de vie parmi les plus anciennes du monde !

Reserva natural Pingüinos Rey : *ruta Y-85 (Km 14,5), à* ***Bahía Inútil.*** *📱 998-31-92-11. ● pinguinorey.com ● À 120 km au sud-est de Porvenir. Sept-nov et avr-mai, jeu-dim 11h-17h ; déc-mars, tlj sauf lun 10h-17h ; dernière admission 1h avt. Fermé juin-août. Résa obligatoire. Entrée : 12 000 $Ch ; réduc ; gratuit moins de 10 ans.* Les agences *Comapa Turismo* (voir « Adresses utiles ») ou *Turismo Selkman (● turismoselknam.cl ●)* organisent l'excursion à la journée *(12h ! ; compter 85 US$/pers).* Ce site privé de 100 ha accueille ***la seule colonie reproductrice de manchots royaux de toute l'Amérique du Sud,*** installée là à l'année depuis 2010. Jusqu'alors, on ne rencontrait cette espèce que dans les îles subantarctiques...

PUERTO NATALES

21 500 hab.

● Plan *p. 414-415*

C'est dans ce petit port tranquille aux maisons colorées que débute vraiment la découverte de la Patagonie chilienne sauvage. Capitale de la province de *Última Esperanza,* nom donné au temps où cette région était très isolée, la ville devient fortement touristique durant l'été austral, baignant dans 18h de lumière quotidienne ! Puerto Natales n'a pas un grand intérêt en soi, mais elle a l'avantage d'être située au bord d'un fjord et face aux derniers

soubresauts superbes des Andes. De là, on rejoint les glaciers Balmaceda et Serrano et, surtout, le spectaculaire et mythique *parc national Torres del Paine.*

– ***Bon à savoir :*** pour ceux qui souhaitent faire des randonnées dans le coin, on conseille de se procurer *Les Andes, guide de trekking,* de John et Cathy Biggar, éditions Nevicata à Bruxelles *(● editionsnevicata.be ●).*

Arriver – Quitter

Bus

Terminal Rodoviário *(estación de autobuses ; hors plan par C3)* **:** *España, 1455. Infos et résas : ● recorrido.cl ● À 2 km à l'est du centre-ville. Compter 2 500 $ en* ***taxi.*** Desservi par les compagnies ***Bus-Sur*** *(● bussur.com ●),* ***Buses Fernández*** *(● busesfernandez.com ●),* ***Marga-Taqsa*** *(● taqsa.com.ar ●),* ***Turismo Zaahj*** *(● turismozaahj.co.cl ●),* ***Base Torres*** *(● basetorres.cl ●),* ***Buses Gómez*** *(● busesgomez.cl ●)* et ***Buses JB*** *(● busesjbpatagonia.com ●).* Certaines possèdent aussi une billetterie en centre-ville. En pleine saison, réservez bien en amont – notamment pour l'Argentine – car les bus se remplissent vite !

➢ ***Parque nacional Torres del Paine*** *(2h)* **:** sept-avr, env 7 bus/j. – invariablement vers 7h, 12h, 14h15 et 15h – avec les compagnies *Bus-Sur, Base Torres, Turismo Zaahj, Buses Gómez* et *Buses JB.* ***Très important :*** avant d'embarquer, n'oubliez pas d'acheter – seulement en ligne *(● aspticket.cl ●)* – votre billet d'accès au parc. Les bus font tous le même trajet par l'est du parc : arrêts à l'entrée de laguna Amarga *(parque nacional Torres del Paine ; plan C2),* puis Pudeto *(parque nacional Torres del Paine ; plan B2)* et centro de Visitantes *(parque nacional Torres del Paine ; plan C3). Buses JB* s'arrête à Pudeto. Et seules les compagnies *Bus-Sur* et *Turismo Zaahj* poussent jusqu'à lago Grey *(parque nacional Torres del Paine ; plan B3)* ; *Bus-Sur* marquant aussi un arrêt supplémentaire au *camping Lago Pehoé (parque nacional Torres del Paine ; plan B2).* Compter 2h30 de trajet entre laguna Amarga et lago Grey. Retour à Puerto Natales en début et fin d'après-midi avec les mêmes arrêts. ***Attention, aucun bus en hiver*** (mai-août), mais uniquement des transferts privés (voir avec votre hébergement à Puerto Natales).

➢ ***Punta Arenas*** *(3h-3h15)* **:** 17-18 bus/j. avec *Bus-Sur* et *Buses Fernández,* via l'aéroport de Punta Arenas. À Punta Arenas, changement pour ***Río Grande*** et ***Ushuaia*** (Argentine).

➢ ***El Calafate*** *(Argentine ; 5-6h)* **:** 4-7 bus/j. avec *Bus-Sur, Marga-Taqsa* et *Turismo Zaahj.* À El Calafate, changement pour ***El Chaltén*** (d'où l'on peut rejoindre la laguna del Desierto et – par bateau – la bourgade de Villa O'Higgins, à l'extrémité sud de la célèbre Carretera Austral chilienne) et ***Río Gallegos.***

Voiture

– ***Important :*** pensez à ***faire le plein*** avant de prendre la route ! Car on ne trouve qu'une seule station-service entre Punta Arenas et Puerto Natales (à 50 km au nord de Punta Arenas) et aucune jusqu'à Torres del Paine.

Connexions avec l'Argentine

On compte ***3 postes-frontières dans la région de Puerto Natales*** *(● pasosfronterizos.gov.cl ● argentina.gob.ar ●).* Du nord au sud :

– ***Paso Río Don Guillermo :*** *sur la ruta Y-205. Tlj 8h-22h.* Pratique pour se rendre à El Calafate, notamment depuis le parc national Torres del Paine.

– ***Paso Dorotea :*** *sur la ruta Y-250. Tlj 8h-22h.* Impec' pour se rendre à Río Gallegos.

– ***Paso Laurita – Casas Viejas :*** *sur la ruta Y-9.* ***Fermé temporairement (se renseigner).***

Avion

✈ ***Aeropuerto Teniente Julio Gallardo*** *(PNT ; hors plan par B1)* **:** *ruta 9,*

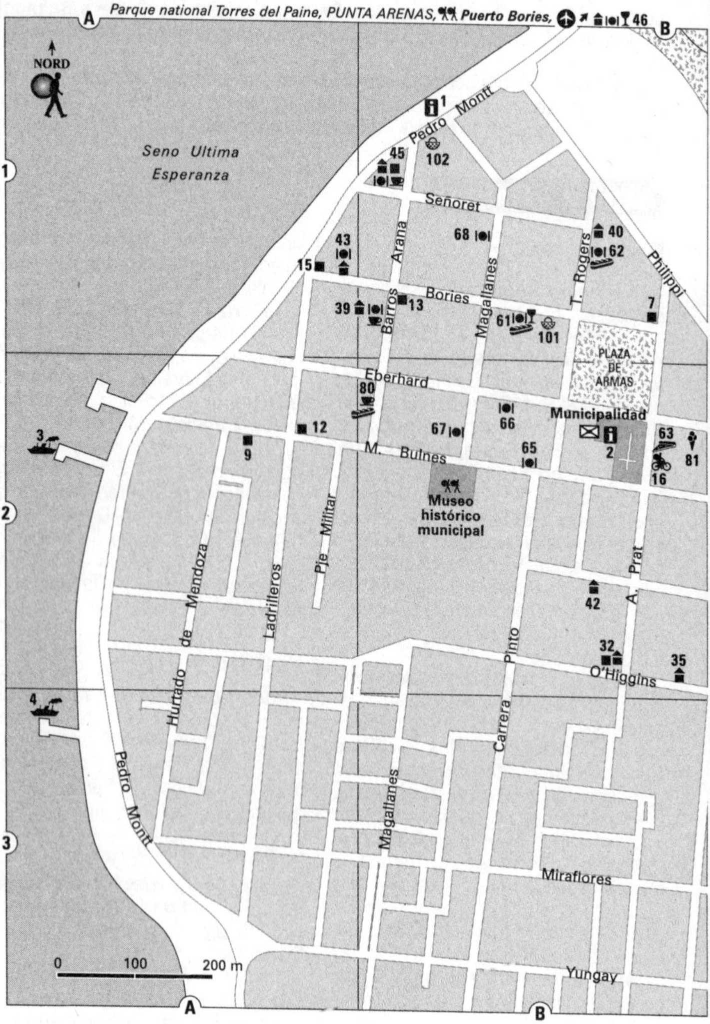

à 8 km au nord de Puerto Natales, sur la route du parc national Torres del Paine. Compter 10 000 $ en ***taxi*** *pour rejoindre le centre-ville.* Desservi par les compagnies ***LATAM Airlines*** (● *latamairlines.com* ●), ***Sky Airline*** (● *skyairline.com* ●) et ***JetSmart*** (● *jet smart.com* ●).

➢ ***Santiago*** *(3h15-4h30)* **:** en été, 3-5 directs/sem avec *LATAM Airlines*. Aussi 5-10 vols/sem via ***Puerto Montt*** *(2h)* avec *Sky Airline* et *JetSmart*.

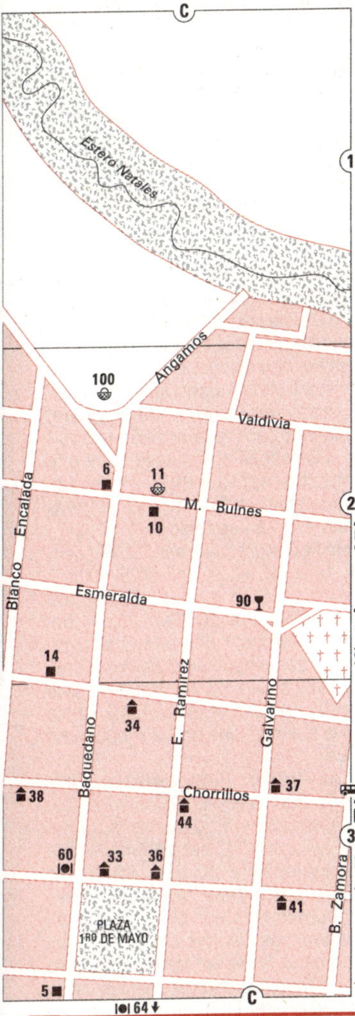

PUERTO NATALES

Adresses utiles

1 Información turística Sernatur (B1)
2 Información turística municipal (B2)
3 Terminal maritimo (A2)
4 Rampa Costanera Natales (A3)
5 Conaf (C3)
6 La Hermandad (C2)
7 Banco del Estado (B1)
8 Vertice (hors plan par C2)
9 Las Torres Patagonia (ex-Fantástico Sur ; A2)
10 Tour Express (C2)
11 Supermarché Unimarc (C2)
12 Europcar (A2)
13 Emsa-Avis (B1)
14 Mitta-Hertz (C2)
15 Recasur (A1)
16 Turismo Teresa (B2)
32 Lili Patagonicos (B2)
45 Big Foot – Antares Indómita (B1)

Où dormir ?

30 Camping Güino (hors plan par C3)
31 Camping-Hostal Josmar 2 et Pire Mapu Cottage B & B (hors plan par C2)
32 Hostal Lili Patagonicos (B2)
33 Hostal Puma House (C3)
34 Hostel El Patagónico (C3)
35 Hostel Yagan House (B2)
36 Corner Hostel (C3)
37 Hostal Chorrillos (C3)
38 Hostal Treehouse Patagonia (C3)
39 Amerindia Hostel (A-B1)
40 Hostal Patagonia Swiss House (B1)
41 Casa Lucy B & B (C3)
42 Hostal Andes Patagonia (B2)
43 Hostal Factoria Patagonia (A1)
44 Hotel Hallef (C3)
45 Kau Patagonia Lodge & Café (B1)
46 Hotel Altiplanico et Hotel Simple Patagonia (hors plan par B1)

Où manger ?

46 The Singular Patagonia Hotel (hors plan par B1)
60 Café Kaiken (C3)
61 Café Artimaña (B1)
62 Bonito's (B1)
63 Napoli Pizzeria Italiana (B2)
64 Cangrejo Rojo (hors plan par C3)
65 El Bote (B2)
66 Bahia Mansa (B2)
67 Afrigonia (B2)
68 Santolla (B1)

Où déguster une pâtisserie, une glace ?

39 Amerindia Hostel (A-B1)
80 Patagonia Dulce (B2)
81 Helados La Dorotea (B2)

Où boire un verre ? Où sortir ?

46 The Singular Patagonia Hotel (hors plan par B1)
90 Last Hope Bar Distillery (C2)

Achats

100 Pueblo artesanal Etherh Aike (C2)
101 Le Mouton Vert (B1)

Bateau

Terminal maritimo *(plan A2,* ***3****) :* *Pedro Montt.* Desservi par la compagnie ***Navimag Ferries*** *(● navimag.com ●).*

➢ ***Puerto Montt*** *(3 jours, 4 nuits) :* de fin oct à mi-mars, 1 ferry/sem (voir infos détaillées au chapitre « Puerto Montt »). Cabines doubles ou partagées (4-8 lits) à partir de 550 US$, repas compris. Superbe croisière à travers les canaux et fjords de Patagonie.

Rampa Costanera Natales *(plan A3,* ***4****) : Pedro Montt.* Desservie par la compagnie ***Transbordadora Austral Broom*** *(• tabsa.cl •).*
➢ ***Caleta Yungay*** *(Carretera Austral ; 41h) :* théoriquement tte l'année, 1 ferry/sem, via *Puerto Edén* et *Caleta Tortel.* Compter 155 US$/pers, siège inclinable et repas compris (véhicule et vélo en supplément). Une autre manière de rejoindre la mythique *Carretera Austral* chilienne en traversant les fjords de Patagonie.

Adresses et infos utiles

Informations touristiques

Información turística Sernatur *(plan B1,* ***1****) : Pedro Montt, 19. ☎ 61-241-21-25. • patagonia-chile.com • Maisonnette au bord du fjord. Tlj sauf w-e 9h-12h30, 14h30-17h (16h ven).* Infos sur Puerto Natales et toute la province d'*Ultima Esperanza,* dont le parc national Torres del Paine.

Información turística municipal *(plan B2,* ***2****) : Eberhard, 457. • destinonatales.com • Sur le côté de la mairie, plaza de Armas. Tlj sauf w-e 8h-13h, 14h-18h (17h ven).*

■ ***Conaf*** *(plan C3,* ***5****) : Baquedano, 847. ☎ 61-241-14-38. • parquetorresdelpaine.cl • Tlj sauf w-e 9h-12h30, 14h30-17h (16h ven).* Infos sur les parcs nationaux de la région, dont Torres del Paine où ils proposent plusieurs campings et refuges.

Argent, change

■ ***Change et distributeurs :*** parmi les *casas de cambio* du centre-ville, **La Hermandad** *(plan C2,* ***6*** *; Bulnes, 692 ; lun-sam).* On peut aussi changer euros ou dollars à la ***Banco del Estado*** *(plan B1,* ***7*** *; Bories, 492 ; lun-ven, le mat seulement),* équipée de distributeurs accessibles 24h/24.

Agences

De nombreuses agences de voyages proposent, selon votre budget (considérable !), des excursions de 1 à plusieurs jours dans le célèbre ***parque nacional Torres del Paine*** ; hébergement, nourriture et matériel compris si besoin.

■ ***Madre Roca :*** *📱 958-73-97-10 ou + 33-7-48-69-95-42 (France). • madreroca.com • Tte l'année. Résa obligatoire.* Aux antipodes du tourisme de masse, cette petite structure francophone, basée à Puerto Natales, propose des excursions – hors des sentiers battus – dans le parc national Torres del Paine et ses environs, encadrées par Claire et Felipe, 2 guides passionnés et engagés dans une démarche éco-durable. De belles expériences, différentes et authentiques, été comme hiver.

■ **Vertice** *(hors plan par C2,* ***8****) : Bulnes, 1202. ☎ 61-241-45-00. • vertice.travel • Ouv en saison.* Entreprise concessionnaire du parc Torres del Paine, proposant différents hébergements : campings *Paine Grande, Dickson, Grey* et *Los Perros ;* refuges *Paine Grande, Dickson* et *Grey.* Aussi toutes sortes d'excursions de 1 à 8 jours, tout inclus.

■ ***Las Torres Patagonia*** *(ex-Fantástico Sur ; plan A2,* ***9****) : Bulnes, 83. ☎ 22-898-60-43. • lastorres.com • Ouv en saison.* C'est l'autre société concessionnaire du parc Torres del Paine, possédant plusieurs types d'hébergements sur place, à savoir : les campings *Central, Chileno, Serón, Cuernos* et *Francés* ; les refuges *Central, Chileno, Cuernos* et *Francés* ; sans oublier l'*Hotel Las Torres.* Aussi une foule d'excursions de la ½ journée à 6 jours, tout compris.

■ ***Big Foot – Antares Indómita*** *(plan B1,* ***45****) : Pedro Montt, 161. ☎ 61-241-46-11. • antarespatagonia.com • bigfootpatagonia.com • Ouv en saison.* 2 agences de tourisme-aventure en une ! Organisent des treks dans les environs de Puerto Natales, mais aussi des balades en kayak de mer sur le fjord Eberhard. À Torres del Paine, ils proposent encore des sorties en kayak autour du spectaculaire Glaciar Grey, des randos sur ce même glacier...

■ **Tour Express** *(plan C2, **10**)* : *Bulnes, 769.* ☎ *61-241-16-39.* ● *tourexpress.cl* ● *Tte l'année.* Tours classiques à la journée à Torres del Paine et transferts privés jusqu'au parc.

Divers

Hôpital *(hors plan par C3)* : *España, 1650.* ☎ *61-245-20-00.*

Supermarché Unimarc *(plan C2, **11**)* : *Bulnes, 742. Lun-sam 9h-22h, dim 11h-19h.* Le plus grand supermarché de la ville, pour faire le plein de victuailles avant de partir explorer le parc Torres del Paine.

■ ***Location de voitures*** : *chez **Europcar** (plan A2, **12**), Bulnes, 100,* ☎ *61-274-65-90,* ● *europcar.cl* ● ; ***Emsa-Avis** (plan B1, **13**), Arana, 118,* ☎ *61-261-43-88,* ● *emsarentacar.com* ● ; ***Mitta-Hertz** (plan C2, **14**), O'Higgins, 632,* ☎ *61-241-45-19,* ● *mitta.cl* ● ; ***Recasur** (plan A1, **15**), Bories, 100,* 📱 *940-23-22-06,* ● *recasur-rac.com* ● *Tlj sauf sam ap-m et dim.*

Location de VTT : *chez **Turismo Teresa** (plan B2, **16**), Prat, 258.* 📱 *966-75-18-88.* ● *freepatagonia@hotmail.com* ● *Compter 15 000 $Ch/j.*

■ ***Location de matériel de camping et de rando*** : *chez **Lili Patagonicos** (plan B2, **32** ; voir plus bas « Où dormir ? »).*

Où dormir ?

– ***Important*** : en haute saison, les tarifs flambent dans cette petite ville touristique, antichambre du célèbre parc national Torres del Paine. Et si le rapport qualité-prix n'est alors plus vraiment honnête, l'offre demeure abondante. Résa bien à l'avance très conseillée. La plupart des adresses organise des excursions dans le parc.

Très bon marché (moins de 30 000 $Ch / env 33 €)

Camping Güino *(hors plan par C3, **30**)* : *21 de Mayo, 1199.* 📱 *949-25-06-62.* ● *campinguino.com* ● *Proche de la gare routière et à 1,5 km du centre-ville. Ouv en saison. Compter 9 US$/pers.* Ceinturée d'une palissade en tôle pour se protéger du vent, c'est une grande pelouse toute simple aux emplacements serrés, avec vue sur le fjord. Sanitaires propres (douches chaudes). Salle commune *(refugio)* avec cuisine équipée, laverie et consigne, où se croisent les voyageurs de tous horizons. Location de tentes, sacs de couchage, vélos, bâtons de rando...

Camping-hostal Josmar 2 *(hors plan par C2, **31**)* : *McLean, 367.* 📱 *992-69-59-82.* ● *josmar.cl* ● *Proche de la gare routière et à 1,5 km du centre-ville. Ouv en saison. Camping 8 000-10 000 $Ch/pers ; lit en dortoir 17 000 $Ch ;* cabaña *(2 pers) 46 000 $Ch.* Derrière ses tôles peintes, belle petite pelouse quadrillée d'une huitaine d'emplacements séparés par des palissades en bois. Sanitaires rustiques (douches chaudes). Aussi plusieurs chalets basiques avec sanitaires privés. Le tout un peu tassé en haute saison ! Et dans la maison principale attenante, quelques dortoirs simples mais propres. Cuisine à dispo. Bref, une bonne adresse à dimensions variables, rendez-vous des routards du monde entier.

Bon marché (30 000-50 000 $Ch / env 33-55 €)

Hostal Lili Patagonicos *(plan B2, **32**)* : *Prat, 479.* ☎ *61-241-40-63.* 📱 *978-88-62-19.* ● *lilipatagonicos.com* ● *Tte l'année. Lit en dortoir (5 pers) 16 000 $Ch/pers ; doubles 37 000-44 000 $Ch.* On recommande cet établissement d'une dizaine de chambres et dortoirs aux couleurs vives, propres mais pas toujours bien insonorisés. Chambres avec ou sans salle de bains, plus lumineuses à l'étage. Grand salon confortable avec poêle, cuisine commune, laverie, consigne et mur d'escalade. Location de vélos, de matériel de camping et de rando. Sans oublier la bonne dose de *buena* *onda* qui fait le charme des adresses routardes !

Hostal Puma House *(plan C3,* ***33****) : Miraflores, 742. ☎ 61-241-58-64. 991-35-02-60. • pumahouse.com • Tte l'année. Lit en dortoir (4-6 pers) 17 US$; double 45 US$; 2 nuits min.* Petit établissement familial chaleureux et nickel, comptant une paire de dortoirs avec sanitaires communs et des doubles impeccables avec salle de bains. Le tout aménagé sur une jolie touche rustique : bois brut, métal... Cuisine commune, salon et terrasse couverte à dispo. Location de vélos.

Hostel El Patagónico *(plan C3,* ***34****) : O'Higgins, 741. ☎ 61-241-32-90. • elpatagonicohostel.com • Ouv en saison. Lit en dortoir (5-6 lits) 22 US$; doubles 48-55 US$.* Coup de cœur pour cet *hostel* qui, derrière sa façade en tôles ondulées – façon cabane polaire –, propose une douzaine de dortoirs et de chambres avec ou sans salle de bains. C'est fonctionnel, coloré et très soigné. Grande cuisine et salon avec poêle, où s'affairent les routards dans une belle ambiance fraternelle. Jardin arboré et fleuri. Les adorables patrons sont guides de rando et distillent plein de bons conseils pour visiter le parc. Ils organisent aussi des excursions et louent du matériel. C'est sûr, on reviendra !

Hostel Yagan House *(plan B2,* ***35****) : O'Higgins, 584. ☎ 61-241-41-37. 961-06-63-37. • yaganhouse.cl • Tte l'année. Lit en dortoir (4 pers) 19 000 $Ch ; doubles 46 000-52 000 $Ch.* Chaleureux *hostel* écoresponsable, décoré tout en bois sur une jolie note vintage et récup'. En plus du dortoir, une huitaine de chambres lumineuses et nickel, avec ou sans salle de bains. Agréable salon avec cuisine commune, ouvert sur un jardinet où se retrouvent des voyageurs du monde entier dans une atmosphère zen, un rien bohème. Laverie, location de matériel de camping et de rando.

Corner Hostel *(plan C3,* ***36****) : Miraflores, 798. 934-02-26-39. • cornerhostelnatales.cl • Tte l'année. Lit en dortoir (8 pers) 20 US$; doubles 50-56 US$; appart 68 US$.* Pile à l'angle de cette paisible place verdoyante, derrière une pittoresque façade en tuiles de bois se cachent un grand dortoir et quelques doubles bien équipés, propres et largement lambrissées. Et au fond du jardin, on trouve aussi un bateau reconverti en appartement ! Grande cuisine lumineuse avec table commune en forme de chaloupe. On aime !

Hostal Chorrillos *(plan C3,* ***37****) : Galvarino, 598. ☎ 61-241-29-00. 995-66-18-77. Double 35 000 $Ch.* À 5 mn à pied de la gare routière et du centre-ville, ce petit *hostal* – planté à l'angle de 2 rues calmes – offre un très bon rapport qualité-prix. Une petite dizaine de chambres pratiques et propres, dont certaines mansardées à défaut d'avoir du charme. Salon lumineux à l'étage.

Prix moyens (50 000-80 000 $Ch / env 55-88 €)

Hostal Treehouse Patagonia *(plan C3,* ***38****) : Chorrillos, 653. 984-17-45-14. • hostal.treehouse@gmail.com • Ouv en saison. Double 60 US$.* D'abord, il y a l'accueil de Francisco, aux petits soins pour ses hôtes. Dans sa vénérable et paisible maison rouge, il propose une poignée de jolies chambres bien équipées, à la superbe déco vintage. Grande cuisine et salon communs. Jardin avec terrasse. Belle atmosphère chaleureuse. Un vrai coup de cœur !

Amerindia Hostel *(plan A-B1,* ***39****) : Arana, 135. ☎ 61-241-19-45. 968-51-93-35. • hostelamerindia.com • Tte l'année. Doubles 50-67 US$.* On est d'abord séduit par les parties communes, arrangées sur une belle note ethnique. Une atmosphère cosy jusque dans la dizaine de chambres, à la fois fonctionnelles et douillettes, réparties dans 2 bâtiments de part et d'autre du jardinet. Agréable salon et resto-café servant quelques bons petits plats simples, sans oublier les pâtisseries maison à déguster avec un café.

Pire Mapu Cottage B & B *(hors plan par C2,* ***31****) : Esmeralda, 1435. ☎ 61-241-51-76. 979-23-30-79. Tte l'année. À 5 mn à pied de la gare* *routière et du centre-ville. Doubles 50-75 US$.* Dans ce quartier résidentiel paisible, un *B & B* à l'accueil pétillant et chaleureux, bien à l'image des lieux. En tout 7 chambres confortables et cosy, dispatchées entre la jolie maison principale et les dépendances du jardin, les dernières avec terrasse et cuisine pour certaines. Une belle adresse.

Hostal Patagonia Swiss House *(plan B1, **40**) : Rogers, 60. ☎ 61-241-26-98. 📱 993-72-60-48. • patagoniasswisshouse.cl • Ouv en saison. Double 75 US$.* Tenu par Werner, un Suisse allemand, cet *hostal* accueillant livre une poignée de chambres confortables, colorées et proprettes, distribuées autour d'un patio intérieur couvert. Celles du rez-de-chaussée sont un peu sombres. Location de matos de rando.

Casa Lucy B & B *(plan C3, **41**) : Miraflores, 969. ☎ 61-241-37-92. 📱 996-31-55-61. • casalucypuertonatales.com • Tte l'année. Double 80 US$.* Précédée d'un alignement de fleurs, la maison de la sémillante María-Lucinda recèle une huitaine de chambres spacieuses, fonctionnelles et impeccables. Ici, c'est le lambris qui domine les ornements. Une bonne adresse, certes, mais un poil surestimée.

Hostal Andes Patagonicos *(plan B2, **42**) : Esmeralda, 457. 📱 977-23-97-97. • info@turismopaori.com • Tte l'année. Double 80 US$.* Bordé par une rue tranquille, cet *hostal* familial propose une quinzaine de chambres spacieuses et pratiques. Pas le charme du grand soir et tarifs qui s'envolent un peu, mais une adresse constante et bien tenue, à 2 pas du centre-ville.

Hostal Factoria Patagonia *(plan A1, **43**) : Bories, 156. ☎ 61-241-20-16. • factoriapatagonia.com • Tte l'année. Lit en dortoir (4-6 pers) 35 US$; double 90 US$.* Cette maison contemporaine en bois clair abrite une belle AJ de luxe, aux dortoirs avec sanitaires communs. Aussi des chambres confortables, également plongées dans une belle atmosphère cosy : lambris, lainages, photos d'art... Bon resto italien sur place, mitonnant pâtes, pizzas et quelques plats plus raffinés. Rapport qualité-prix intéressant.

Chic (80 000-120 000 $Ch / env 88-131 €)

Hotel Hallef *(plan C3, **44**) : Ramírez, 604. ☎ 61-261-46-79. 📱 994-49-99-12. • hallef.cl • Ouv en saison. Double 110 US$.* Ce petit hôtel moderne fait presque figure d'ovni dans ce quartier avant tout *mochilero* (routard). Lambris, lits confortables, couettes : la quinzaine de chambres plutôt jolies, mais pas très grandes, aux rangements un peu basiques, offrent un confort convenable à un tarif décent pour la région.

De plus chic à très chic (120 000 $Ch à plus de 160 000 $Ch / env 131 € à plus de 175 €)

Kau Patagonia Lodge & Café *(plan B1, **45**) : Pedro Montt, 161. ☎ 61-241-46-11. 📱 989-00-23-62. • kaulodge.com • Ouv en saison. Doubles 200-225 US$, avec lits superposés 150-185 US$.* Face au fjord, une étonnante façade moderne, bleu et bois. À l'étage, une petite dizaine de chambres spacieuses et confortables, baignées d'une belle ambiance contemporaine cosy : bois patiné, photos d'art des paysages de Patagonie, lainages... Toutes avec vue sur le fjord et les sommets enneigés au loin. Tarifs surestimés, c'est sûr, mais une adresse qui a de l'âme ! Sur place, agences d'excursion *Antares Indómita* et *Big Foot* (lire « Adresses utiles »), boutique de vêtements outdoor et café avec cheminée, sympa pour manger un bout ou boire un jus à toute heure.

Hotel Altiplanico *(hors plan par B1, **46**) : Huertos Familiares, 282. ☎ 61-241-25-25. • altiplanico.com • À 3 km au nord de Puerto Natales, direction Puerto Bories. Ouv en saison. Double 230 US$.* Fondu dans la colline dominant le fjord *Ultima Esperanza,* l'hôtel – entièrement recouvert de tourbe – s'étage imperceptiblement vers la mer en plusieurs terrasses. Étonnant ! La vingtaine de chambres s'y alignent, toutes tournées vers ce panorama grandiose. Déco design : mobilier en métal, bois brut ou béton ciré, profusion de lainages rendant l'atmosphère bien douillette (pas de TV)... Resto-bar sur place.

Hotel Simple Patagonia *(hors plan par B1, **46**) : ruta 9 (Km 4,5), **Puerto Bories.** 996-40-05-12. • simplepatagonia.cl • À 4,5 km au nord du centre-ville. Tte l'année sauf juil-août. Doubles 165-305 US$.* Dominant le fjord, petit hôtel design dont l'architecture évoque des hangars en bois traditionnels intégrés dans le paysage, avec de grandes baies vitrées pour profiter du panorama superbe. Une quinzaine de chambres confortables et cosy, toutes avec vue mer. Et une déco mêlant carrelages ciment, bois brut et béton ciré, dans une sobriété harmonieuse qui nous plaît. Salon panoramique et resto-bar.

Où manger ?

De bon marché à prix moyens (5 000-20 000 $Ch / env 5,50-22 €)

Café Kaiken *(plan C3, **60**) : Baquedano, 699. 982-95-20-36. Tlj sauf lun 13h-22h30. Résa conseillée le soir.* Ici, la maison fait dans le petit : juste quelques tables, la carte se lit vite, les portions servies en entrée ne menacent pas la suite du repas... La carte revisite avec raffinement une poignée de classiques chiliens de la terre et de la mer, Sans oublier les pâtes et raviolis maison. À dévorer dans une ambiance agréable et plutôt intime. On aime !

Café Artimaña *(plan B1, **61**) : Bories, 349. ☎ 61-241-48-56. Tlj 12h30-21h30. Résa conseillée le soir.* On est séduit par ce petit café au cadre tout simple : quelques tables et un poêle vintage. Courte carte de plats élégants, goûteux et bien maîtrisés : pâtes fraîches, risotto et petite sélection de viandes, sans oublier salades, sandwichs et burgers pour les fauchés. Miam ! À arroser de leur bière maison.

Bonito's *(plan B1, **62**) : Rogers, 26. 959-62-84-86. Tlj sauf dim, midi et soir (tard).* Excellent rapport qualité-prix pour cette gentille gargote colorée, tout en récup'. À la carte, de bonnes spécialités végétariennes et véganes, en prise directe sur le potager maison. Salades, pâtes au wok, sandwichs, *arroces*... Les amateurs de viande ne sont pas non plus oubliés. Bref, on se régale pour pas cher dans cette adresse éclectique et sans fioritures qui séduit aussi les locaux !

Napoli Pizzeria Italiana *(plan B2, **63**) : Prat, 232. 961-44-04-78. Tlj 12h (18h mer)-minuit.* Tout petit local chaleureux dont la déco fleure bon l'Italie, dont le *dueño* est originaire. Dans l'assiette, de délicieuses pizzas généreusement garnies de bons ingrédients et cuites au feu de bois en un tour de main. Bravo ! Aussi une volée de pâtes fraîches maison dont on choisit la sauce, et quelques options véganes.

Cangrejo Rojo *(hors plan par C3, **64**) : Bueras, 782. ☎ 61-241-24-36. À 1,5 km du centre-ville. Tlj sauf dim, midi et soir. Résa conseillée.* Installé dans une maison rouge, ce resto de quartier privilégie les produits de la mer, mitonnés avec soin et selon quelques recettes sortant de l'ordinaire. Aussi une poignée de spécialités de la terre savoureuses et bien menées. À déguster sous une charpente en bois blanc. Bon rapport qualité-prix-accueil.

De prix moyens à chic (10 000-30 000 $Ch / env 11-33 €)

El Bote *(plan B2, **65**) : Bulnes, 380. ☎ 61-241-00-45. Tlj sauf dim, midi et soir.* Murs lambrissés, cheminée centrale et gentille déco maritime pour ce resto familial mitonnant une *cocina casera* simple, goûteuse et copieusement servie, dont les spécialités oscillent entre la terre et la mer. Bon rapport qualité-prix-accueil (stylé) pour cette adresse plébiscitée par les locaux.

Bahia Mansa *(plan B2,* ***66****) : Eberhard, 323. ☎ 61-241-38-10. Tlj sauf mer, midi et soir.* Petite table de chef spécialisée dans les poissons et fruits de mer. Au menu, de délicieux *ceviches* et une poignée de *platos de fondo* plutôt classiques, mais bien menés et hauts en saveurs. Aussi quelques options viande et veg'. Mon tout servi dans une agréable salle lumineuse et lambrissée, décorée de tableaux graphiques et baignée d'un fond sonore jazzy. On recommande !

Afrigonia *(plan B2,* ***67****) : Magallanes, 247. ☎ 61-241-28-77. Tlj 13h-23h.* Cette table mijote – sur une base de produits frais locaux – une étonnante cuisine fusion afro-patagonienne, fine et réussie, qui fait la part belle aux épices. Bref, des plats originaux et bien présentés, à déguster dans un cadre sobre et élégant. Une belle adresse qui fait l'unanimité chez les gens du cru.

De chic à très chic (20 000 $Ch à plus de 30 000 $Ch / env 22 € à plus de 33 €)

Santolla *(plan B1,* ***68****) : Magallanes, 77. ☎ 61-241-34-93. Tlj sauf dim, midi et soir.* C'est un curieux empilement de containers maritimes, chaleureusement aménagés : poêle à bois, tables en bois brut, musique lounge... Dans l'assiette, fine cuisine de la mer, originale et travaillée avec soin, pour des saveurs exquises. Aussi *un poco de tierra* pour les amateurs. On s'est régalé !

The Singular Patagonia Hotel *(hors plan par B1,* ***46****) : ruta 9 (Km 5,5),* **Puerto Bories.** *☎ 61-272-20-30. • thesingular.com • À 5,5 km au nord du centre-ville. Ouv en saison. Tlj midi et soir (bar 15h-20h). Résa en ligne obligatoire (sauf pour le bar). Plats 17 000-49 000 $Ch (10 000-12 000 $Ch au bar). Dress code casual.* En 1915, la *Sociedad Explotadora de Tierra del Fuego* construit ici un entrepôt frigorifique et un abattoir pour débiter ses milliers de moutons et les expédier vers l'Europe sous forme de ballots de laine, tonneaux de graisse, viande congelée... Fermée en 1965, l'usine est classée Monument national en 1996, avant d'être transformée en hôtel de luxe en 2011. Si les prix des chambres sont assez fous *(445-715 US$)*, ceux du bar restent raisonnables vu la qualité des cocktails, des snacks (soupes, salades et sandwichs) et le cadre grandiose : sur 2 niveaux, dans une chaleureuse ambiance indus' avec fauteuils en cuir, cheminée et fenêtres sur fjord ! L'espace est partagé avec le resto, où le chef chilien accommode les produits du terroir et de la marée, dans des spécialités originales, gourmandes et raffinées, mais pas données.

Où déguster une pâtisserie, une glace ?

Patagonia Dulce *(plan B2,* ***80****) : Arana, 233. Tlj sauf dim 8h30-19h30.* Le petit chalet est tout mignon, le café et les gâteaux sont excellents ! Que demander de plus ? Un bon fond de musiques du monde pour se la couler douce. Aussi quelques sandwichs et bagels, sans oublier les petits chocolats maison.

Helados La Dorotea *(plan B2,* ***81****) : Eberhard, 577. Tlj.* Le climat ne favorise pas nécessairement les envies de glace. Mais quand celles-ci sont artisanales, savoureuses et les parfums variés, on se laisse forcément tenter !

Amerindia Hostel *(plan A-B1,* ***39****) : Arana, 135.* Voir précédemment « Où dormir ? ».

Où boire un verre ? Où sortir ?

Last Hope Bar Distillery *(plan C2,* ***90****) : Esmeralda, 882. Ouv en saison, mer-dim 17h-2h.* Créée par des Australiens et réputée au-delà du village, cette micro-distillerie artisanale produit de fameux gins avec des plantes et fruits de Patagonie, accommodés dans un chapelet de cocktails signature. Une mixologie étonnante qui nous envoûte ! Cadre rétro et belle ambiance fraternelle, un rien braillarde. Visite gratuite de la distillerie possible.

The Singular Patagonia Hotel *(hors plan par B1,* ***46****) :* *ruta 9 (Km 5,5),* ***Puerto Bories.*** Voir précédemment « Où manger ? ».

Achats

Pueblo artesanal Etherh Aike *(plan C2,* ***100****) :* *Valdivia, 600. Tlj sauf dim.* À la limite du centre-ville, petit village d'artisans regroupant une vingtaine de spécialistes du cuir, de la laine, de la céramique, du bois, du tissage, des bijoux fantaisie...

Le Mouton Vert *(plan B1,* ***101****) :* *Bories, 367. • lemoutonvert.org • Tlj.* La petite boutique d'une créatrice de vêtements de très belle facture, à la fois simples et élégants, tricotés en pure laine de mouton mérinos. Un peu cher, mais quel plaisir de toucher cette laine, idéale pour affronter le froid, en provenance d'une *estancia* où l'élevage des ovins est garanti 100 % bio !

À voir

Museo histórico municipal *(plan B2) :* *Bulnes, 285. • portal.muninatales.cl • Lun-ven 8h-13h, 14h30-17h (16h ven). Entrée : 1 000 $Ch ; gratuit moins de 13 ans.* Intéressant petit musée pour s'initier à ***l'histoire de la ville et de sa région,*** à travers une foule de photos anciennes, d'objets et d'outils du quotidien, donations des familles locales. D'abord, en relais des étonnantes photos noir et blanc des ***autochtones Kawésqars*** (aussi appelés Alacalufes) – Première Nation occupant la Patagonie depuis 6 000 ans et génocidée jusqu'au début du XXe s par les colons européens –, voici des peintures rupestres et autres objets préhistoriques évoquant rituels et vie quotidienne : pointes de flèche en pierre taillée, harpons en os, canoës, et puis ces *bolas,* armes de chasse constituées de 3 pierres attachées par des cordes, toujours chères aux *gauchos...* Noter aussi l'étrange barque pliante qui se transporte comme une valise, prémices de la ***section montrant la colonisation du territoire,*** son économie florissante centrée sur l'élevage ovin dans d'immenses *estancias* et l'usine de transformation des carcasses de moutons de Puerto Bories. Et quelques témoignages de la ***découverte du célèbre Mylodon*** par Hermann Eberhard à quelques kilomètres de Puerto Natales...

Rond-point du Monumento al Milodón *(hors plan par B1) :* *à l'entrée de Puerto Natales, carrefour des routes de Punta Arenas et du parque nacional Torres del Paine.* On ne peut rater cette ***statue grandeur nature du célèbre Mylodon,*** ce grand mammifère préhistorique apparenté au paresseux, qui vivait dans la région il y a 8 000-10 000 ans et dont les ossements ont été découverts à la fin du XIXe s dans une grotte des environs... À proximité, bordant le fjord, une étrange sculpture contemporaine faite de 5 doigts énormes émergeant du sol.

Puerto Bories *(hors plan par B1) :* *ruta 9 (Km 5,5). ☎ 61-272-20-30. • thesingular.com • À 5,5 km au nord du centre-ville, dans* The Singular Patagonia Hotel. *Ouv en saison, tlj 9h-18h. Entrée : 5 000 $Ch, livret de visite inclus. Plan malin : l'accès est gratuit si vous consommez au bar* (dress code casual), *implanté au milieu du « musée ».* Après avoir vu défiler plusieurs millions de moutons de 1915 à 1965, les ***abattoirs et entrepôts frigorifiques de Puerto Bories*** ont été transformés en hôtel de luxe en 2011. Classé Monument national, cet ancien pôle industriel local fut la propriété de la riche et puissante *Sociedad Explotadora de Tierra del Fuego,* à l'origine du grand développement économique de la région. Centré sur l'élevage ovin dans d'immenses *estancias,* celui-ci généra aussi l'extermination froide et systématique des autochtones...

La vieille usine se compose de bâtiments en brique typiquement anglais, alignés au bord du fjord et connectés à un quai d'embarquement par un miniréseau ferroviaire dont il subsiste plusieurs locomotives. L'intérieur ***a conservé son impressionnante machinerie anglaise*** : énormes chaudières à bois et charbon (même fabricant que celles du *Titanic* !) qui alimentaient en vapeur les gros compresseurs produisant le froid (jusqu'à - 20 °C) du *Frigorífico Bories,* les générateurs électriques... Sur place, on employait 100 à 400 travailleurs selon la saison, « traitant » 150 000 à 250 000 moutons par an.

Excursions dans les environs

Sendero Mirador Dorotea *(hors plan par B1) : ruta 9, à 7 km à l'est de Puerto Natales, direction Punta Arenas. Tte l'année, tlj sur résa. 999-52-26-59. Accès : 5 000 $Ch, avec une collation au retour.* Le sentier part du terrain de la famille Saavedra, et grimpe en 1h30 vers un ***mirador perché à 600 m d'altitude,*** d'où l'on jouit d'une vue superbe sur Puerto Natales et le fjord Ultima Esperanza. Les condors y patrouillent parfois dans le ciel. La 1re moitié du parcours traverse les pâturages, avant de pénétrer dans le *bosque nativo.* Au retour, les gentils proprios vous accueillent dans leur maison avec café, pain, confiture et biscuits ! L'occasion aussi de parler de leur vie de *ganaderos.* Une expérience authentique en tous points.

Los glaciares Balmaceda et Serrano : *excursion à la journée organisée par l'agence* ***Turismo 21 de Mayo*** *(Eberhard, 560 ; ☎ 61-261-44-20 ; • turismo 21demayo.com •). Tte l'année. Compter 125 000 $Ch/pers, apéro rafraîchi par un cube de vieille glace (affligeant !), déj et entrée au parc compris ; réduc. Se vêtir chaudement.* Situés à l'extrémité sud du ***parc national Bernardo O'Higgins*** et autrement inaccessibles, les glaciers sont atteints en ***3h d'une superbe navigation sur le fjord Ultima Esperanza.*** Le bateau longe des côtes découpées, des falaises abruptes entaillées de cascades que les vents effilochent en brume laiteuse, des paysages où culminent les sommets enneigés. On peut observer cormorans, condors, lions de mer et dauphins ! 1re escale, au ***glacier Balmaceda qui se contemple depuis le bateau,*** à distance respectable. À la fin des années 1950, il touchait la mer, mais il n'a cessé depuis de se retirer en raison du réchauffement de la planète... Pathétique ! Encore 30 mn de navigation et on arrive à Puerto Toro. De là, ***on marche 20 mn pour accéder à une plate-forme située à 150 m du glacier Serrano,*** à l'endroit même où il se jette dans un lac parsemé de blocs de glace. Plus que sa taille, ce sont les subtiles nuances de bleu de la glace et la diversité de ses formes qui en font la beauté ! Une bonne heure plus tard, le bateau repart en direction d'une *estancia* où les groupes de touristes (parfois nombreux...) se retrouvent pour déguster ensemble le barbecue avec le fameux agneau de Patagonie. L'excursion est aussi proposée avec quelques variantes par les agences *Fiordos del Sur (☎ 61-271-21-43 ; • fiordosdelsur.com •)* et *Turismo Polo Sur (989-00-68-80 ; • nauticopolosur.cl •).*

Monumento natural Cueva del Milodón : *ruta Y-290 (Km 8). • cuevadelmi lodon.cl • À 25 km au nord-ouest de Puerto Natales, sur la route du parc national de Torres del Paine (porteria Serrano). A/R en taxi : 20 000 $Ch. Tte l'année, tlj 8h-19h (8h30-17h mai-sept). Entrée (achat en ligne obligatoire sur • aspticket. cl •) : 11 US$; réduc.* C'est ici, dans cette ***immense grotte*** de 30 m de haut et 200 m de profondeur que l'explorateur allemand ***Hermann Eberhard découvrit en 1895 les restes d'un herbivore préhistorique géant,*** de la taille d'un bœuf, ***baptisé Milodón.*** On sait maintenant que ce drôle de paresseux géant, armé de griffes, vivait dans la région il y a 8 000 à 10 000 ans et qu'il se nourrissait de feuilles et de racines...

D'abord, les quelques vitrines de la billetterie, contenant une touffe épaisse de poils roux et plusieurs ossements de l'étrange animal, méritent un coup d'œil rapide. Puis, un ***sentier aménagé de 350 m mène à ladite grotte,*** traversant un joli coin de nature égrainé d'intéressants panneaux qui nous aident à remonter le temps : fouilles archéologiques, 1ers explorateurs, présence humaine séculaire, animaux préhistoriques du coin, formation géologique de la fameuse *cueva* suite à la fonte d'un glacier voici 14 500 ans... La grotte – gardée par une cocasse réplique en résine grandeur nature du *Milodón* – est vraiment impressionnante par sa forme et ses dimensions. Après sa découverte, le malheureux ***animal a été dépecé et dispersé dans 11 musées à travers le monde,*** façon puzzle ! On en trouve quelques bouts à Punta Arenas et Santiago, mais les plus beaux morceaux sont conservés à Buenos Aires et à Londres, sans oublier Berlin...
Un autre sentier balisé facile de 3 km serpente au milieu des arbustes jusqu'à 2 autres petites grottes, la *Cueva del Medio* et la *Cueva Chica,* dont la 1re a révélé les ***traces d'occupation humaine les plus anciennes de Patagonie*** ; contemporaines du brave *milodón,* mais aussi des chevaux nains, pumas et panthères patagoniennes, sans oublier les tigres à dents de sabre, brrr !

PARQUE NACIONAL TORRES DEL PAINE

• Carte *p. 426-427*

Déclaré parc national en 1959 et réserve mondiale de la biosphère par l'Unesco en 1978, le mythique Torres del Paine est sans aucun doute, l'un des plus beaux espaces sauvages d'Amérique du Sud ! La diversité de ses magnifiques paysages (181 000 ha – ou 242 000 ha selon les sources !) de steppes, de forêts, de montagnes, de lacs, de cascades et de glaciers, et la richesse de sa faune et de sa flore contribuent à sa formidable notoriété auprès des amateurs de randonnée du monde entier. Au cœur du parc se dressent les iconiques *Torres,* ce trio de montagnes granitiques en saillie, comme découpées aux ciseaux, chatouillant le ciel de leurs sommets acérés. Plus loin, une croisière sur le *Lago Grey* révèle des icebergs hauts comme des immeubles et des nuances infinies de bleu et de vert. Mais en haute saison, le randonneur en quête de communion avec la nature sauvage risque d'être un peu déçu : avec plus de 250 000 visiteurs par an, les grands sentiers de randonnée ressemblent alors à des autoroutes pédestres encombrées ! La quiétude revient en hiver, mais avec des possibilités d'hébergement et d'exploration restreintes du fait de l'enneigement, qui n'enlève rien à la beauté du site.

GÉOGRAPHIE, FAUNE, FLORE

Attenant, côté nord, au *parque nacional Los Glaciares* (Argentine), notre parc doit son nom aux 3 *Cuernos del Paine* (« cornes du Paine »), ces aiguilles granitiques s'élançant à 2 400, 2 600 et 2 200 m d'altitude ; respectivement *Cuerno Norte, Principal* et *Este.* Elles font partie d'une petite chaîne de montagnes formée voici environ 12 millions d'années, indépendante des Andes, beaucoup plus anciennes. Les paysages actuels sont le fruit du lent travail de sape de la calotte glaciaire qui régna sur la région jusqu'à il y a 14 000 ans environ. Il en reste de nombreux lacs et plusieurs glaciers, comme le magnifique *Glaciar Grey,* connecté à l'immense *Campo de Hielo Sur* et dont l'eau, découlant de sa fonte inexorable, forme le *lago Grey...*

Le parc présente une végétation qui varie selon l'altitude. Plus de 270 espèces de plantes et d'arbres y ont été recensées, appartenant à quelque 17 écosystèmes différents.

Et de son côté, la faune se montre aussi très riche, avec plus de 180 espèces d'oiseaux (condors, nandous, cygnes, flamants roses) et 23 types de mammifères. Regroupés en troupeaux, les *guanacos* (lamas) sont légion et peu farouches. Vous remarquerez toutefois qu'ils disparaissent le soir, grimpant sur les sommets pour se mettre à l'abri d'éventuelles attaques de puma ! Car le félin est bien installé dans la région, en particulier dans la partie est du parc... Il est courant aussi de croiser les 2 espèces de renard locales, et plus rarement le *gato montes* (chat sauvage) ou le tatou.

DRÔLE DE NANDOU

Oiseau coureur comme l'autruche, le nandou (ñandú en espagnol) a des mœurs inhabituelles : c'est le mâle qui couve les œufs et élève les petits nandounets. En plus, il prend la fuite en effectuant des zig zags comme un ailier au rugby.

Arriver – Quitter

En bus : voir « Arriver – Quitter » à Puerto Natales pour les liaisons avec cette ville et les différents arrêts à l'intérieur du parc.

– ***En voiture :*** depuis Puerto Natales, la ***ruta 9*** conduit aux 2 entrées de l'est du parc : *Portería Laguna Amarga (plan C2 ; empruntée par les bus)* et la *Portería Lago Sarmiento (plan C2).* Alors que la ***ruta Y-290,*** passe par la *Cueva del Milodón* et longe le *lago Toro,* avant de gagner l'entrée sud-ouest du parc, la *Portería Serrano (plan C3).* ***Attention : faites impérativement le plein d'essence à Puerto Natales car il n'existe AUCUNE station-service aux alentours du parc !***

Quand et comment visiter le parc ?

– ***Le parc est ouvert toute l'année,*** mais c'est de ***septembre à avril*** que l'activité touristique se met véritablement en branle, avec une température oscillant entre 5 et 15°C. L'intérêt de venir ***en pleine saison : on peut camper*** (la solution de loin la moins chère, sinon les tarifs sont prohibitifs !) et le ***parc est plus facile d'accès,*** car desservi par les bus publics depuis Puerto Natales. Les difficultés étant alors les précipitations, les vents parfois violents et, bien sûr, la ***surfréquentation du lieu ! En hiver*** (mai-août), ***aucun bus public ne rejoint le parc*** (prévoir un transfert privé), il fait nuit vers 17h, la piste principale qui traverse le parc est parfois enneigée (prévoir les chaînes si vous louez une voiture), ***les sentiers*** – quasi tous fermés – ***ne sont accessibles qu'avec un guide*** et seuls quelques hébergements restent ouverts... En revanche, ***les prix vertigineux dégringolent*** autant que les températures (entre 5 et - 3°C) ; alors que les vents s'apaisent, le temps s'éclaircit et la nature redevient reine !

– Des ***tours organisés*** et des ***excursions*** (un à plusieurs jours) sont proposés par les agences de Puerto Natales et Punta Arenas (voir les « Adresses utiles » respectives) ainsi que par les hôtels du parc. C'est généralement très cher ou trop rapide !

– ***Visite en voiture et à vélo :*** une piste de 50 km, carrossable et sans difficulté traverse le site de la *Portería Laguna Amarga* ou de la *Portería Lago Sarmiento (plan C2),* à l'est du parc, jusqu'à la *Portería Serrano (plan C3),* au sud-ouest, avec une branche menant au *lago Grey (plan B3).* On traverse le parc en 1h30 environ en voiture. Faisable aussi à vélo, mais préparez-vous à affronter de sacrées côtes, du vent en rafales et à manger de la poussière !

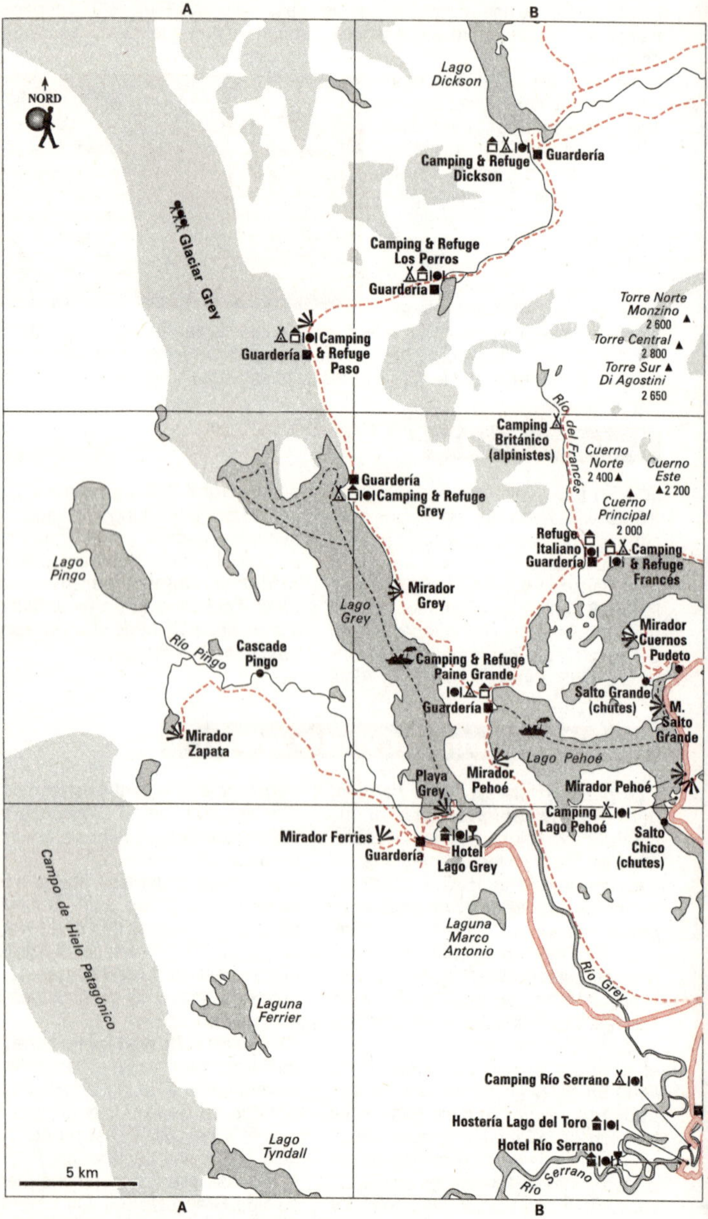
A
B
1
2
3
NORD
Lago Dickson
Guardería
Camping & Refuge Dickson
Glaciar Grey
Camping & Refuge Los Perros
Guardería
Torre Norte Monzino 2 600
Torre Central 2 800
Torre Sur Di Agostini 2 650
Camping & Refuge Paso
Guardería
Río del Francés
Camping Británico (alpinistes)
Cuerno Norte 2 400
Cuerno Este 2 200
Cuerno Principal 2 000
Guardería
Camping & Refuge Grey
Refuge Italiano
Guardería
Camping & Refuge Francés
Lago Pingo
Lago Grey
Mirador Grey
Mirador Cuernos
Pudeto
Río Pingo
Cascade Pingo
Camping & Refuge Paine Grande
Salto Grande (chutes)
Guardería
M. Salto Grande
Mirador Zapata
Lago Pehoé
Playa Grey
Mirador Pehoé
Mirador Pehoé
Camping Lago Pehoé
Mirador Ferries
Guardería
Hotel Lago Grey
Salto Chico (chutes)
Campo de Hielo Patagónico
Laguna Marco Antonio
Río Grey
Laguna Ferrier
Camping Río Serrano
Hostería Lago del Toro
Hotel Río Serrano
Lago Tyndall
Río Serrano
5 km

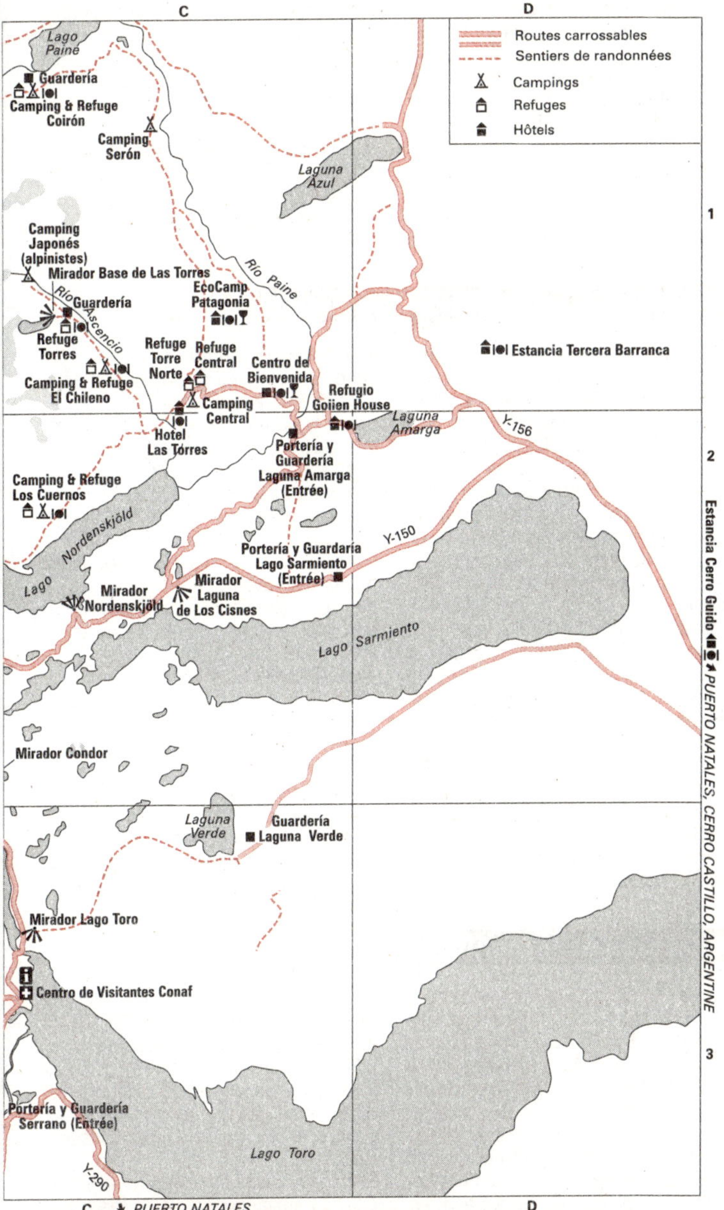

PARQUE NACIONAL TORRES DEL PAINE

– ***Déplacements en bus :*** les bus publics assurant la liaison depuis Puerto Natales font à peu près tous le même trajet par l'est du parc : arrêts ***laguna Amarga*** *(plan C2)*, puis ***Pudeto*** *(plan B2)* et ***centro de Visitantes*** *(plan C3)*. Certains marquent aussi un arrêt au ***camping Lago Pehoé*** *(plan B2)* et d'autres poussent jusqu'à ***lago Grey*** *(plan B3)*. On peut les attraper pour passer d'un secteur à l'autre du parc (compter 2h30 de trajet entre Laguna Amarga et Lago Grey). Sinon, réserver un *transfert privé* auprès des hôtels qui se sucrent allègrement au passage !

– ***Catamarán Hielos Patagónicos*** *(plan B2)* **:** traverse le *Lago Pehoé* entre *Pudeto* et *Paine Grande*. • *hipsur.com* • *Sept-avr, 1-4 liaisons/j. Compter 30 US$ l'aller simple. Durée : 30 mn. Cafétéria à Pudeto.*

Recommandations avant le départ

– ***Climat :*** extrêmement variable. En plein été *(déc-janv)*, la température varie entre 5 et 15 °C et il se peut qu'éclatent de fortes tempêtes, que la neige se mette à tomber et que des vents très violents soufflent en rafales. Le temps peut changer 10 fois par jour. Rassurez-vous, il y a aussi de magnifiques moments ensoleillés ! En hiver, les rafales de vent sont beaucoup plus rares, mais les températures sont en baisse (de 5 à - 3 °C).

– ***Ravitaillement :*** emporter ses provisions, car tout est cher dans le parc et les sources d'approvisionnement sont limitées. En pleine saison, on trouve un café-épicerie *(centro de Bienvenida)* proche de l'hôtel *Las Torres*, mais le choix y est très restreint. Pour le reste, il faut se replier sur les petites épiceries des campings et refuges qui en sont pourvus (chers) et sur les paniers-repas ou les restos des campings, refuges et hôtels (encore plus chers).

– ***Matériel de randonnée :*** tente très solide, duvet très chaud, vêtements imperméables et coupe-vent, y compris de rechange, avec manches longues pour se protéger des UV, bonnes chaussures de marche, briquet et/ou allumettes, boussole, nourriture en quantité suffisante, gourde. On trouve tout cela à l'achat ou en location à Puerto Natales et Punta Arenas, mais mieux vaut avoir son propre matériel, c'est plus sûr et moins cher. Les agences d'excursions peuvent aussi vous fournir des équipements.

– ***RÉSERVER vos nuits en refuge et camping, c'est obligatoire.*** Pour explorer le parc en très haute saison (janvier-février), ***RÉSA 4-6 MOIS À L'AVANCE*** !

– Pour des raisons de sécurité, il est obligatoire d'***informer les gardes du parc*** de chaque projet de randonnée comportant au moins une nuit sous tente ou en refuge.

Adresses et infos utiles

– ***Infos :*** • *parquetorresdelpaine.cl* •

– ***Tarifs d'entrée :*** *35 US$/pers (valable 3 j.) ; 18 US$ pour les 12-17 ans ; gratuit moins 12 ans. Aussi un autre billet à 49 US$, valable 10 j.* ***Très important :*** *avt de venir, n'oubliez pas d'acheter –* ***seulement en ligne*** *– vos billets d'accès au parc :* • *aspticket.cl* • Plan officiel à télécharger gratuitement sur votre smartphone depuis le site internet du parc.

– ***3 entrées :*** la ***Portería Laguna Amarga*** *(plan C2)* – la principale, à l'est, *tlj 7h-21h (18h en hiver)* ; la ***Portería Lago Sarmiento*** *(plan C2)*, du même côté, *tlj 7h-19h15 (8h30-18h15 en hiver)* ; et la ***Portería Serrano*** *(plan C3)*, au sud-ouest, mêmes horaires. Si vous arrivez en dehors des horaires d'ouverture, il est quand même possible d'entrer dans le parc (pas de barrière).

🅸 ***Centro de Visitantes Conaf*** *(plan C3)* **:** *à 7 km au nord de la Portería Serrano, au bord du lago del Toro.* ☎ *975-13-30-11.* • *parquetorresdelpaine.cl* • *Tlj 8h30-19h (18h15 en hiver).* C'est le siège de l'administration centrale du parc, responsable de plusieurs campings et refuges. Infos, plans, maquette du site. Intéressante présentation du parc : faune, flore, géologie, histoire... Aussi un point d'observation des oiseaux.

Infirmerie *(plan C3)* **:** *à côté du centro de Visitantes Conaf.* *995-83-88-51.* En cas d'urgence en été, quelqu'un veille 24h/24. Hors saison, en revanche, il peut n'y avoir personne.

Où dormir ?

Dans le parc

– ***Important :*** dans le parc, les quelques hôtels sont abominablement chers ! Toutefois, il est possible d'organiser ses randos – sans se ruiner – en passant la nuit en camping ou refuge, en ayant pris soin de faire le plein de victuailles à Puerto Natales. Et on le répète : résa en ligne obligatoire – très en avance – auprès de la *Conaf*, de *Vertice* ou de *Las Torres Patagonia (ex-Fantástico Sur)* pour les campings et refuges du parc.

CAMPINGS

Les campings sont ouverts généralement d'octobre à avril, tous dotés d'abris pour cuisiner et manger au sec. S'il faut transporter son propre matériel pour préparer sa popote, cela vous épargnera de vous ruiner en repas au refuge voisin, équipé d'un resto-bar-épicerie ! ***Il est interdit de faire du feu.***

Campings Conaf : *résa en ligne* • *parquetorresdelpaine.cl* • En rénovation, leur ouverture est théoriquement annoncée en 2023 à ***Coirón*** *(plan C1)* et ***Paso*** *(plan A1)* sur le sentier O. Sommaires (toilettes sèches et douches) mais en principe gratuits. Il est interdit d'y faire du feu. Mentionnons aussi les *campamentos* ***Japonés*** *(plan C1)* et ***Británico*** *(plan B2),* réservés aux seuls alpinistes munis d'un permis délivré par la *Conaf...*

Campings Vertice : *résa en ligne* • *vertice.travel* • *Aussi un bureau à Puerto Natales (voir « Adresses et infos utiles. Agences »).* Cette société concessionnaire possède les campings ***Grey*** *(plan A-B2)* et ***Paine Grande*** *(plan B2)* sur le sentier W ; ***Dickson*** *(plan B1)* et ***Los Perros*** *(plan B1)* sur le sentier O. *Emplacements 10-12 US$/pers ; loc de tente, sac de couchage et matelas possible. Douches chaudes (sauf* Los Perros*). Resto (sur résa), bar et épicerie dans le refuge attenant (sauf* Los Perros*) : petit déj 19 US$, idem déj ou* lunch box*, et dîner 32 US$ (option veg') ; pens complète possible.* Emplacements nettement moins chers que dans les campings gérés par *Las Torres Patagonia (ex-Fantástico Sur),* pour des sites globalement beaucoup mieux tenus. C'est dit !

Campings Las Torres Patagonia *(ex-Fantástico Sur)* **:** *résa en ligne* • *lastorres.com* • *Aussi un bureau à Puerto Natales (voir « Adresses et infos utiles. Agences »).* L'autre société concessionnaire du parc détient les campings ***Francés*** *(plan B2),* ***Los Cuernos*** *(plan C2),* ***Central*** *(plan C1-2)* et ***Chileno*** *(plan C1)* sur le sentier W ; et ***Serón*** *(plan C1)* sur le sentier O. *Emplacements 25 US$/pers ; loc de tente, sac de couchage et matelas possible. Forfaits emplacement + tente + sac de couchage + matelas 70-100 US$/pers. Resto-bar-épicerie dans le refuge attenant : petit déj 24 US$, déj 44 US$ (*lunch box *29 US$), et dîner 44 US$ (option veg') ; ½ pens et pens complète possibles.* Dans l'ensemble, les places sont chères pour le confort proposé. De plus, certains sites sont non seulement mal tenus, mais aussi bruyants. Et que dire des tarifs des repas ?! Bon à savoir : le camping *Central* est l'un des rares du parc à être accessible en voiture par la *Portería Laguna Amarga* (7 km).

Camping Lago Pehoé *(plan B2)* **:** *☎ 219-62-03-87.* *974-99-19-58.* • *campingpehoe.com* • *Emplacement 14 000 $Ch/pers ; dômes (2-3 pers) 100 000-135 000 $Ch.* Coincé entre la berge du superbe lac Pehoé et la piste traversant le parc, ce terrain arboré compte une cinquantaine d'emplacements, tous avec table sous auvent rustique et barbecue. Équipements sommaires et un rien vieillissants, mais plutôt bien tenus. Aussi une poignée de *domos* nichés sur un monticule verdoyant. Resto-*parilla* (accessible aux non-résidents) sur place.

REFUGES

Les refuges sont ouverts – sauf exception – d'octobre à avril. Il faut y ***réserver sa place 3 à 5 mois à l'avance,*** surtout si vous compter venir entre décembre et février. On y trouve des sanitaires communs avec douches chaudes, un resto-bar-épicerie et un espace pour faire sa popote.

⌂ **Refuges Conaf :** *résa en ligne • par quetorresdelpaine.cl •* En rénovation, leur ouverture est théoriquement annoncée en 2023 à **Grey** *(plan A-B2),* **Paine Grande** *(plan B2),* **Italiano** *(plan B2)* et **Torres** *(plan C1)* sur le sentier W ; à ***Coirón*** *(plan C1),* ***Dickson*** *(plan B1),* **Los Perros** *(plan B1)* et **Paso** *(plan A1)* sur le sentier O. Sommaires (toilettes sèches et douches) mais en principe gratuits.

⌂ 🍽 **Refuges Vertice :** *résa en ligne • vertice.travel • Aussi un bureau à Puerto Natales (voir « Adresses et infos utiles. Agences »).* Cette société concessionnaire exploite les refuges **Grey** *(plan A-B2)* et **Paine Grande** *(plan B2)* sur le sentier W ; et **Dickson** *(plan B1)* sur le sentier O. *Lits en dortoir (4-8 pers) 40-59 US$; loc de draps et couverture possible. Resto (sur résa)-bar-épicerie : petit déj 19 US$, idem déj ou lunch box, et dîner 32 US$ (option veg') ; pens complète possible. Grey* et *Dickson* font partie des refuges les plus sympas du parc.

⌂ 🍽 ***Refuges Las Torres Patagonia*** *(ex-Fantástico Sur) : résa en ligne • lastorres.com • Aussi un bureau à Puerto Natales (voir « Adresses et infos utiles. Agences »).* L'autre société concessionnaire du parc détient les refuges **Francés** *(plan B2),* **Los Cuernos** *(plan C2),* **Central** et **Torre Norte** *(plan C1)* et **Chileno** *(plan C1)* sur le sentier W. *Lit en dortoir (6 pers) 119 US$, loc de sac de couchage possible ; cabaña (seulement à Cuernos ; 2-3 pers) 200 US$/pers. Resto (sur résa)-bar-épicerie : petit déj 24 US$, déj 44 US$ (lunch box 29 US$), et dîner 44 US$ (option veg') ; ½ pens et pens complète possibles.* Basiques et tenue générale approximative, pour des prix déraisonnables. Seuls les refuges *Central* et *Torre Norte* sont accessibles en voiture par la *Portería Laguna Amarga* (7 km). À *Cuernos,* aussi une poignée de *cabañas* toutes simples, avec poêle et sanitaires communs, bien sympas mais vraiment hors de prix !

HÔTELS

Fermés en basse saison pour la plupart, ils pratiquent des tarifs exorbitants pour des prestations rarement à la hauteur. Chaque hôtel a son resto, accessible aux non-résidents.

Très chic (plus de 160 000 $Ch / env 175 €)

⌂ 🍽 🍸 ***EcoCamp Patagonia*** *(plan C1) : à l'est du parc. ☎ 229-23-59-74. • ecocamp.travel • Accès en voiture par la Portería Laguna Amarga (8 km). Ouv sept-avr. Dômes (2-4 pers) 200-400 US$.* Panneaux solaires, eau de montagne, chauffe-eau solaire, recyclage accru, potager privé, *digital detox* (pas de wifi !) et accueil adorable ; tels sont les maîtres-mots de cet établissement éco-durable et zen, ancré sur les contreforts verdoyants des fameuses *Torres.* Une trentaine de dômes desservis par un sentier en planches qui serpente dans la nature arborée. Les *standard* – petits et cosy – sont les moins chers, avec 1 ou 2 lits (grosse couette car pas de chauffage) et sanitaires communs. Plus spacieux, les *superior* et *suite domes* sont dotés de salles de bains et d'un système de chauffage. Bon resto-bar (options veg') dans une belle ambiance conviviale et rigolarde, yoga gratuit dans un grand dôme panoramique et lumineux, treks guidés dans le parc. Bref, notre hôtel préféré dans le parc !

⌂ 🍽 🍸 ***Hotel Lago Grey*** *(plan B3) : sur la berge sud du lago Grey. ☎ 61-271-21-90. • lagogrey.com • Tte l'année (le seul du parc !). Doubles 240-540 US$; petit déj 13 US$/pers.*

Menu déj 25 000 $Ch (lunch box 19 000 $Ch) ; carte le soir, plats 16 000-20 000 $Ch ; moins cher côté bar. Le *lodge,* en bois et sur pilotis, se pose au bord du lac. La terrasse, la salle à manger et le salon-bar – aux larges baies vitrées – offrent une vue imprenable sur le lago Grey et ses icebergs, détachés du glacier Grey. Une soixantaine de chambres confortables et d'une élégance contemporaine, les plus chères avec vue lac. Rapport qualité-prix honorable en hiver. Cuisine passe-partout au resto, doublé d'un bar servant de bons et copieux snacks à prix plus doux.

À l'extérieur du parc

Près de la Portería Serrano (entrée sud-ouest)

Camping

⛺ 🍽 ***Camping Río Serrano*** *(plan B3) : camino Cueva del Milodón, à* ***Río Serrano.*** *☎ 219-62-04-47 ou 48. • cajalosandes.cl • Juste avt la Portería Serrano (1 km). Ouv de mi-sept à avr. Emplacements (2 pers) 42 000-66 000 $Ch ; dômes (2-3 pers) 78 000-102 000 $Ch. Resto (ouv aux non-résidents) : plats 13 000-18 000 $Ch.* Agréable camping paisible, bien organisé et parfaitement tenu ; dispatché entre un bord de rivière boisé et une pelouse avec vue sur les fameuses *Cuernas* du parc. Une cinquantaine d'emplacements et une dizaine de dômes, chacun avec abri, table et barbecue. Resto dans un grand chalet chaleureux avec quelques fauteuils au coin du poêle à bois et des baies vitrées sur les montagnes, minimarket et jeux pour enfants. Pas mal de moustiques affamés, mais une adresse de qualité.

De chic à très chic (80 000 $Ch à plus de 160 000 $Ch / env 88 $ à plus de 175 €)

🏠 🍽 ***Hostería Lago del Toro*** *(plan B3) : face à l'Hotel Río Serrano, à* ***Río Serrano.*** *📱 996-78-93-75. • lagodeltoro.com • Avt la Portería Serrano (3 km). Ouv nov-avr. Double 170 US$; cabaña (5 pers) 280 US$. Dîner 30 US$ (sur résa ; ouv aux non-résidents).* Accueil adorable dans cette maison d'hôte familiale affichant l'un des meilleurs rapports qualité-prix du parc ! Longue maison jaune abritant une grosse quinzaine de chambres sans fioritures, plaisantes et bien tenues, ouvertes sur des prairies où paissent quelques chevaux. Aussi 1 *cabaña* très honnête, avec sanitaires complets, poêle à bois et terrasse panoramique sur les célèbres *Torres.* Mignonne salle de resto – style auberge ancienne – avec cheminée et poêle à bois.

🏠 🍽 🍷 ***Hotel Río Serrano*** *(plan B3) : à* ***Río Serrano.*** *📱 932-55-39-15. • rioserrano.com • Avt la Portería Serrano (3 km). Ouv sept-avr. Doubles 285-425 US$. Resto-bar ouv aux non-résidents.* Gros bâtiment moderne livrant plus d'une centaine de chambres spacieuses et tout confort, aménagées sur une note contemporaine chaleureuse. Vue imprenable sur les *Torres* pour les plus chères, dont certaines avec balcon. Beaux volumes et larges baies vitrées dans le salon. Superbe spa-piscine et treks guidés dans le parc.

Près de la Portería Laguna Amarga (entrée est)

Prix moyens (50 000-80 000 $Ch / env 55-88 €)

🏠 🍽 ***Refugio Goiien House*** *(plan C2) : au carrefour des routes Y-156 et Y-166. ☎ 61-241-00-94. • goiien.cl • À 1 km avt la Portería Laguna Amarga. Tte l'année. Lit en dortoir (4-6 pers) 54 000 $Ch. Repas 14 000-18 000 $Ch (ouv aux non-résidents).* À la lisière du parc, cette huitaine de dortoirs représente une bonne alternative pour les fauchés. Sommaires mais fonctionnels et propres, avec sanitaires communs. Placé sur les terres d'une vieille *estancia,* avec vue sur les *Torres.* On peut aussi y manger si on ne fait que passer.

Très chic (plus de 160 000 $Ch / env 175 €)

Estancia Tercera Barranca *(plan D1) : entrée sur la ruta 9, direction Cerro Guido. 934-10-37-68. • baqueanozamora.cl • À 40 km à l'est de la Portíera Laguna Amarga ; accès par la Y-156 vers le sud, puis la piste vers Cerro Guido. Ouv oct-avr. Double 345 US$. Resto (ouv aux non-résidents sur résa) : repas 25-42 US$.* Perdue au milieu des pampas, dans un environnement naturel magnifique et face aux célèbres *Torres* enneigées, c'est une authentique *estancia* de 7 000 ha, où l'on élève vaches et moutons. Une dizaine de belles chambres lumineuses et nickel, sobrement décorées sur une note à la fois rustique et moderne. Resto mitonnant les viandes et légumes de la ferme. Visite de l'*estancia,* randos à cheval avec les *gauchos* et démonstration de chiens de berger, treks dans le parc... Bref, une expérience peu banale pour ceux qui ont les moyens !

Estancia Cerro Guido *(hors plan par D2) : ruta 9, à* **Cerro Guido.** *956-39-64-22. • estanciacerroguido.com • À 30 km au sud-est de la Portíera Laguna Amarga. Ouv oct-avr. Doubles 300-400 US$. Resto (ouv aux non-résidents sur résa) : repas 40-55 US$ (lunch box 25 US$) ; ½ pens et pens complète possibles.* Créée au XIXe s, c'est une immense *estancia* de 100 000 ha, dédiée à l'élevage ovin et bovin. Dispatchées dans de vénérables bâtiments, une douzaine de chambres confortables, dont la belle élégance tranche avec l'ambiance agricole des lieux. Salon-resto-bar superbement lambrissé derrière ses grandes baies vitrées sur l'infini des pampas ; c'est là que sont servis légumes et viandes maison. Visite de la ferme, randos et équitation dans la campagne des environs, treks dans le parc...

Où manger ? Où boire un verre ?

On peut se restaurer dans tous les ***refuges*** du parc, dans les ***restaurants*** des campings Pehoé et Río Serrano et ceux des hôtels (les bars y sont moins chers). Si l'on campe près des refuges, on peut acheter un forfait emplacement + repas ou une *lunch-box* assez copieuse pour le midi. Sinon, rien ne vaut un bon pique-nique dans la nature avec vue sur les cimes, mais emportez vos déchets !

À voir. À faire

Glaciar Grey *(plan A1-2) :* vraiment saisissant, éblouissant, mais aussi pathétique ! Le Grey dévale du fameux *Campo de Hielo Sur,* cette gigantesque mer de glace de 16 800 km² qui s'étend à califourchon entre le Chili et l'Argentine. C'est le glacier le plus imposant du parc et aussi le plus facilement accessible si vous ne restez que 1 jour ou 2 à *Torres del Paine.* ***Un moment à la fois spectaculaire et dramatique,*** que d'observer de près, son front – haut de 30-40 m – dégringoler irrémédiablement dans les eaux bleutées du lago Grey !

Plusieurs manières d'approcher le glacier :

En croisière sur le lago Grey : *à bord du catamaran de la compagnie* **Fiordos del Sur** *(☎ 61-271-21-43 ; • fiordosdelsur.com • lagogrey.com •), au départ de l'Hotel Lago Grey (plan B3). Env 4 départs/j. oct-avr, vers 10h, 13h, 16h et 19h (check-in 1h avt). Résa min 3-4 j. à l'avance par tél ou Internet. Tarif : 85 000 $Ch/pers A/R (75 000 $Ch l'aller simple) ; réduc ; apéro rafraîchi par un cube de vieille glace compris (affligeant !). Durée : 2h45. Il est strictement interdit de se baigner dans le lac.* D'abord une petite marche de 30 mn le long de la plage *(playa Grey)* de sable noir pour rejoindre l'embarcadère ; l'occasion de contempler les ***icebergs bleutés*** qui, détachés du glacier et poussés par le vent, viennent s'échouer sur la berge sud du lago Grey en moins de 24h. Ensuite, après 1h de navigation, on observe à bonne distance le front du glacier, dont les séracs acérés pointent vers le ciel. Là, 3 langues de glace encadrent un *nunatak* (affleurement rocheux) central, ***offrant des couleurs fabuleuses et sans cesse renouvelées*** des glaces – tantôt verdâtres, tantôt bleutées, voire veinées d'un bleu d'une incroyable intensité ! Réchauffement climatique oblige, le ***glacier Grey recule inexorablement de 150 m chaque année...***

À pied : sur la section du ***sentier W,*** qui relie Paine Grande à Grey, en 11 km (soit 3h30 aller). Pour obtenir le meilleur point de vue, perché au-dessus du glacier, il faut continuer encore 1-3h au-delà... Certainement la meilleure manière de se rendre compte que cette langue de glace mesure 5 km de large sur 25 km de long !

Randonnées

Marcher est le meilleur moyen de visiter le parc. On peut se contenter de balades à la journée, ou s'attaquer au ***célébrissime trek « W »,*** le sentier emblématique du Paine – et l'un des plus réputés au monde ! La saison et la météo jouent un rôle déterminant ; et bien souvent tout est une question de chance : en été, vous pouvez avoir de la pluie plusieurs jours de suite ou pas du tout. Autre possibilité : choisir 2 ou 3 refuges comme base et de là, réaliser des excursions à la journée.

Le trek « W »

Fermé en juil-août. En été, vous ne serez pas seul sur le W et cela pourra sembler pénible aux amateurs de calme ! ***L'itinéraire le plus fréquenté du parc se parcourt en 4-5 jours et n'est pas très ardu*** en dehors de la (courte) section raide montant jusqu'au *mirador Base de Las Torres.* Pour le reste, le treck W – ainsi nommé en raison de sa forme – a plutôt tendance à longer les berges plates des lacs. Ses 2 « branches » principales (en fait, des culs-de-sac) remontent la belle *valle del Francés* (à l'ouest) et la *valle Ascencio* (à l'est). En hiver, le W retrouve sa belle quiétude avec un nombre très réduit de randonneurs, obligatoirement encadrés par un guide...
Les habitués du trek W conseillent de le réaliser d'ouest en est, car, à mesure qu'on allège son sac, le terrain grimpe ! De plus ***les randonneurs chevronnés peuvent alors enchaîner sur le circuit « O »,*** cette grande boucle qui prolonge le W en contournant intégralement le massif du Paine, obligatoirement dans le sens horaire inverse. Le O, plus éprouvant et plus long que le W, est beaucoup moins fréquenté. Bref, ***un itinéraire total (W + O) de 8 à 10 jours,*** qui comprend le passage d'un col : le *paso John-Garner* (altitude : 1 200 m)...
Une grosse vingtaine de campings et de refuges jalonnent les sentiers W et O. Leur ***réservation – très en avance – est obligatoire.*** À vous de jongler selon votre budget et le temps dont vous disposez !

➢ ***Plusieurs sentiers assez faciles et de courte durée*** (1-3h) partent des hôtels, campings et refuges du parc. Notre préféré ? Depuis l'hôtel *Lago Grey (plan B3),* ***on peut se promener sur la berge sud du lac Grey,*** jusqu'à une presqu'île qui fend les eaux turquoise. La belle forêt littorale est le domaine de l'oiseau *carpintero,* l'étonnant « pic de Magellan » à tête rouge...

➢ La branche est du ***sentier W,*** qui suit la *valle Ascencio* jusqu'au *mirador Base de Las Torres,* peut se réaliser dans la journée (7-9h de marche A/R). Mais il serait dommage de ne pas passer la nuit sur place, au *Refugio Torres (Conaf)* pour voir la belle lumière vespérale ou matinale sur les monolithes, quand ceux-ci ne sont pas entourés de nuages.

Autres activités

– ***Kayak de mer :*** *avec* ***Big Foot*** *(● bigfootpatagonia.com ●). Oct-avr. Tarif : 100 US$/pers. Durée : 2h30.* À partir de leur *Basecamp Grey* *(à côté du* Refugio

Grey de la Conaf ; *plan A-B2)*, ils organisent des balades en kayak sur le *Lago Grey*. Une navigation de 6 km dans une zone d'icebergs et à seulement 100 m de l'impressionnant *Glaciar Grey* !

– ***Marche sur glace :*** *avec* **Big Foot** *(● bigfootpatagonia.com ●). Oct-avr. Tarif : 180 US$/pers. Durée : 5h.* À partir de leur *Basecamp Grey (à côté du* Refugio Grey de la Conaf ; *plan A-B2)*, ils vous acheminent en bateau sur la petite île enchâssée dans le glacier Grey. Ensuite, il faut 1h de marche dans les cailloux pour atteindre enfin la glace bleutée...

– ***Balades à cheval :*** *avec* **Las Torres Patagonia** *(ex-Fantástico Sur ; ● lastorres.com ●). Départ près de l'hôtel* Las Torres *(plan C1-2) pour 3-8h de promenade. Tarifs : 120-195 US$/pers.* Plusieurs randonnées guidées cheminant entre vallées sauvages, forêts originelles, bords de lacs et points de vue à couper le souffle.

– ***En voiture,*** 1 journée suffit à faire la ***tournée des miradors*** proches des pistes carrossables, nichés dans des panoramas exceptionnels. D'est en ouest : ***mirador del Nordenskjöld*** (en bord de piste), ***mirador Cuernos*** (petite marche de 2h A/R), ***mirador Condor*** (gentille ascension de 1h30 A/R), pour finir sur l'étonnante ***playa Grey*** (marche facile de 2h A/R depuis l'hôtel *Lago Grey*), où viennent s'échouer les icebergs détachés du célèbre *Glaciar Grey*.

PUERTO WILLIAMS

2 500 hab.

● Plan *p. 436-437*

À Puerto Williams, un sentiment étrange de bout du monde étreint le voyageur. Le voilà, ce village le plus austral de la planète, presque oublié, à l'extrémité du continent et à 120 km à peine du cap Horn. En arrivant, on se sent un peu groggy, comme après un long voyage, sans vraiment trop y croire. Ushuaia, à quelques encablures au nord, lui a ravi la vedette. On ne peut que s'en réjouir, tant le village est préservé, comparé à sa voisine ! Ici, la vie s'écoule paisiblement. Certains diront comme le calme avant la tempête, comme un dernier refuge avant le grand saut vers le cap Horn ou l'Antarctique. Puerto Williams s'étire sur quelques centaines de mètres à peine, au bord du canal de Beagle. En face, les montagnes de la Terre de Feu argentine, nimbées d'une brume laiteuse au matin, se parent d'une couleur incandescente lorsque les rayons de soleil rasent l'horizon, en soirée.

Situation stratégique oblige, Puerto Williams est une petite base militaire navale. C'est aussi le village principal de l'*île Navarino,* une terre sauvage, parcourue par une chaîne de montagnes aux pics acérés, Los Dientes de Navarino. Enfilez vos chaussures de rando et partez pour de superbes treks de plusieurs jours, hors des sentiers battus et dans une nature totalement vierge.

Arriver – Quitter

Sachez que les liaisons en avion et en bateau peuvent être temporairement suspendues si la météo est mauvaise. Mieux vaut prévoir une marge de 1 ou 2 jours pour une correspondance internationale. Résa conseillée en hte saison (nov-mars).

Avion

✈ ***L'aérodrome*** *(hors plan par A2)* se trouve à 3 km du village. Certains hébergements peuvent venir vous chercher gratuitement si vous avez une réservation. Sinon, minibus pour rejoindre le village. *● dapairline.com ●*

➢ ***Punta Arenas :*** 1 vol/j. (sauf dim) avec *Aéra DAP.* Trajet : 1h15.
➢ ***Ushuaia :*** en principe, nov-mars, vols tlj sauf w-e avec l'*Aéro Club Ushuaia.* Rens auprès de l'agence *Turismo Shila* (voir « Adresses et infos utiles »). Trajet : 20 mn.

Bateau

➢ ***Ushuaia :*** nov-avr seulement, 1 liaison/j. (sauf dim). Infos et achat des billets auprès de l'agence *Turismo Shila* (voir « Adresses et infos utiles »). Départ de la *Gobernación (plan C1)* pour les formalités douanières avant de rejoindre en minibus Puerto Navarino, situé à 1h30 de route. Puis traversée en 30 mn en Zodiac. Attention : par mauvais temps, le Zodiac peut annuler ses traversées plusieurs jours de suite ; prévoyez large pour vos connexions internationales. Sinon, on vous conseille de tenter votre chance auprès des voiliers du yacht-club, la traversée sera plus longue, mais mémorable !
➢ ***Punta Arenas :*** voir « Arriver – Quitter. Liaisons maritimes » à Punta Arenas.

Adresses et infos utiles

Infos pratiques et touristiques sur le site : • *visitacabodehornos.cl* •
■ **Banque et distributeur** *(plan C1, **1**) :* ***Banco de Chile,*** *Yelcho. En sem, seulement 9h-14h.* Distributeur acceptant cartes *Visa* et *MasterCard.*
■ **Épiceries** *(plan D1, **3**) :* ***Temuco*** *et* ***Simon & Simon,*** *rue Piloto Pardo. En face l'une de l'autre. Tlj env 8h30-23h.* De quoi faire des provisions avant de partir en trek.

Agences, guides

■ ***Turismo Shila*** *(plan C1, **4**) : Bernardo O'Higgins, 220.* 📱 *978-97-20-05.* • *turismoshila.cl* • Une agence sérieuse. Matériel de rando (vente ou location) et de pêche. Si vous venez avec votre GPS (indispensable pour certains treks), on vous charge gratuitement le circuit désiré ; sinon, possibilité d'en louer. Vente des billets pour rejoindre Ushuaia. Loue aussi des VTT.

Où dormir ?

On peut facilement camper à Puerto Williams. Ne pas hésiter à demander auprès des hébergements. Sinon, on peut planter sa tente sur une aire publique située en bordure du village et de la rivière. Le petit déj est compris dans le prix des chambres.

De bon marché à prix moyens (35 000-60 000 $Ch / env 40-65 €)

🏠 ***El Refugio El Padrino*** *(plan D1, **10**) : Costanera, 276.* 📱 *984-38-08-43.* • *refugio-camping-elpadrino.com* • *Au refuge, 25 000 $Ch/pers, avec petit déj. Camping env 10 000 $Ch/pers.* Posée face au canal de Beagle, l'adresse routard par excellence, qui propose des chambres simples, de 2 ou 3 lits, toutes dotées de salle de bains. L'atmosphère est jeune, détendue et plutôt baba cool, à l'image d'une auberge de jeunesse. Il faut dire que Cecilia, la patronne débordante d'énergie, n'est pas avare de bonhomie communicative. Cuisine à disposition, où tout le monde met la main à la pâte pour faire la popote. Dommage que la vue sur le canal soit bouchée par un café, c'est vraiment pas d'bol, même si celui-ci mérite le détour !
🏠 ***Hostal Miramar*** *(plan C2, **12**) : Teniente Muñoz, 155.* ☎ *61-262-13-72.* • *pw.hostalmiramar@gmail.com* • *Doubles sans ou avec sdb 25 000-30 000 $Ch.* Ne vous fiez pas à sa dégaine extérieure : située en bordure du village et perchée sur les hauteurs, voici une sympathique adresse chez l'habitant. 3 chambres avec *baño compartido* ou *privado* affichent une déco un peu kitsch mais offrent un confort tout à fait honorable. Seule une chambre dispose d'une vue sur le canal de Beagle et les monts d'Argentine.

LA RÉGION DE MAGALLANES ET LA TIERRA DEL FUEGO

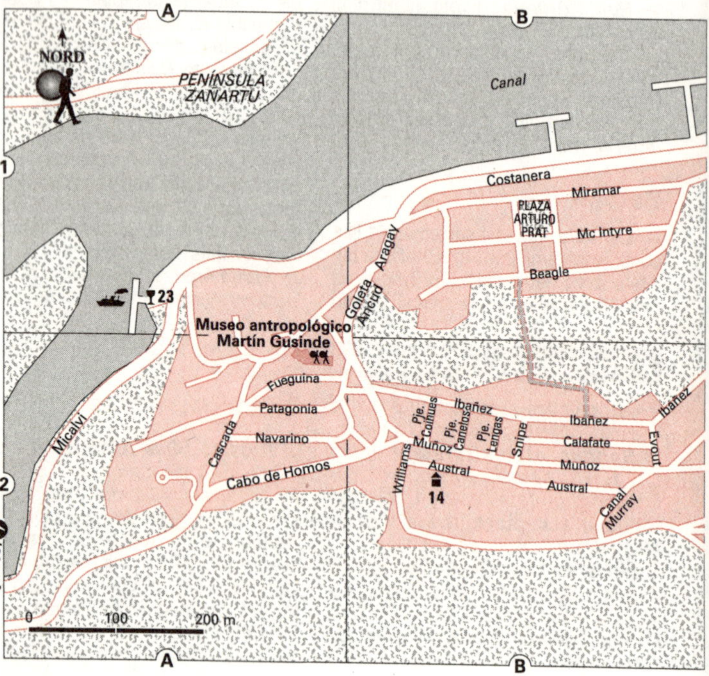

Adresses utiles	**Où dormir ?**
1 Banco de Chile (C1)	**10** El Refugio El Padrino (D1)
3 Épiceries Temuco et Simon & Simon (D1)	**12** Hostal Miramar (C2)
4 Turismo Shila (C1)	

Hostal Coirón (plan C2, **13**) : *Ricardo Maragaño, 168. 993-54-83-22. • jeannetet@simexpeditions.com • Doubles sans ou avec sdb 40 000-50 000 $Ch.* Une maison entourée d'un jardin avec une poignée de chambres simples, agréables et bien tenues. Cuisine à disposition.

Hospedaje Akainij (plan B2, **14**) : *Austral, 22. ☎ 61-262-11-73. 940-18-68-69. • turismoakainij.cl • Double env 60 000 $Ch, petit déj-buffet compris. Possibilité de repas. Transfert gratuit au port ou à l'aéroport.* Au sein de leur maison, les proprios proposent 5 chambres, toutes avec salle de bains et lits extra larges. L'ensemble est confortable et l'atmosphère un brin coquette. Thé et café à disposition dans le salon commun où l'on aime papoter autour de la grande table de salle à manger.

Très chic (plus de 250 US$)

Hotel Lakutaia (hors plan par A2, **15**) : *Sena Lauta. ☎ 61-262-17-33. • lakutaia.com • Ouv juil-avr. Compter*

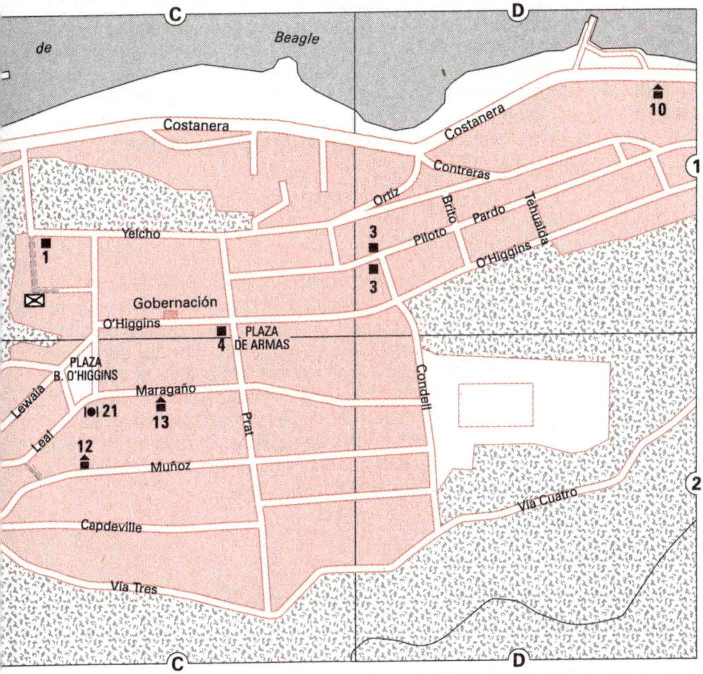

PUERTO WILLIAMS

13 Hostal Coirón (C2)	**Où manger ? Où faire une pause sucrée ? Où boire un verre ?**
14 Hospedaje Akainij (B2)	**21** El Resto del Sur (C2)
15 Hotel Lakutaía (hors plan par A2)	**23** Micalvi Club de Yates (A1)

290 US$ pour 2. ½ pens possible. À 2,5 km du village, en pleine nature, face à un chenal qui serpente jusqu'au canal de Beagle, voilà l'adresse chic et charme de Puerto Williams. Avec sa grande baie vitrée tournée vers le soleil levant, une déco à base d'éléments naturels, un intérieur lambrissé au design contemporain, l'endroit dégage un certain raffinement. Les chambres sont confortables, cela va de soi. On a apprécié également l'accueil personnalisé et attentionné. Prêt de VTT. Propose de nombreuses excursions.

Où manger ? Où faire une pause sucrée ? Où boire un verre ?

El Resto del Sur (plan C2, **21**) : *Ricardo Maragaño, 146. Tlj sauf dim, midi et soir. Bon marché.* Salle aux teintes colorées où l'on se pose avec plaisir pour goûter une cuisine fort correcte et généreuse, sur fond de musique commerciale. Une poignée de plats au choix selon l'humeur du chef, et une formule du jour copieuse ! Les locaux en ont fait leur cantine.

🍸 ***Micalvi Club de Yates*** *(plan A1,* ***23****) : Seno Lauta Costanera, au yacht-club. ☎ 61-262-10-42. Ts les soirs.* Le bar le plus austral de la planète, aménagé dans un ancien navire de l'armée ! Tous les skippers se retrouvent ici, sous le plafond recouvert de pavillons, pour débriefer les dernières virées en mer. On y fait de super rencontres.

À voir. À faire

👁👁 ***Museo antropológico Martín Gusinde*** *(plan A2)* **:** *Comandante Aragay, 1. ☎ 61-262-10-42. • museomartingusinde.gob.cl • Mar-ven 9h30-13h, 14h30-17h30 ; sam 14h30-18h30. Fermé dim-lun. GRATUIT.* Un joli musée moderne et bien fait, qui retrace l'aventure humaine de ce bout du monde, depuis les 1ers peuples jusqu'à nos jours. Une salle est consacrée à la culture et aux rituels des Yagans (ou Yamanas) qui peuplaient ces terres australes, de la Terre de Feu jusqu'au cap Horn. On y observe aussi de beaux spécimens d'oiseaux empaillés. À l'extérieur, on peut s'approcher d'ossements de baleines. En face du musée, la *casa Stirling* est l'une des maisons les plus anciennes du village, la charrette à côté date d'ailleurs de 1953 et a servi à la construction du village.

TREKKING

Rien à voir avec les sentiers très fréquentés du parc Torres del Paine. Ici, vous croiserez peu de monde, voire personne !

Infos et conseils utiles

- L'activité se pratique de novembre à avril. La meilleure période s'étend de décembre à mars, mais sachez que même en février, il peut neiger. En mars, il y a moins de vent, moins de pluie et, en principe, pas de neige.
- Le balisage des sentiers peut localement disparaître.
- Il n'y a aucune structure d'hébergement, aucun refuge, aucun lieu pour se restaurer le long des sentiers (on est en pleine nature sauvage !). Partir en autonomie complète et avec une tente. Possibilité de louer du matériel auprès de *Turismo Shila* (voir plus haut « Adresses et infos utiles »).
- On peut partir accompagné d'un guide et d'un porteur *(compter respectivement 120-220 US$/j. et 60-90 US$/j.).*
- Mieux vaut toujours prévoir un jour de plus pour le trek, car, en cas de mauvais temps (ça arrive !), on peut être coincé sur son lieu de campement.
- La veille du départ, informez la police locale de votre itinéraire, elle pourra intervenir en cas de problème. ***Carabineros,*** *rue Piloto Pardo, 253. ☎ 61-276-12-21.*

Le cerro Bandera

Littéralement, « la colline au drapeau ». Elle domine Puerto Williams, du haut de ses 610 m. Un trek court mais intense par endroits, couronné d'une vue époustouflante sur le canal de Beagle et les monts argentins. Prendre la route en direction de l'aéroport, puis suivre la piste (toujours tout droit) qui part à gauche de la statue de la Vierge (possibilité d'aller à vélo jusqu'à la retenue d'eau, mais ça grimpe sec !). Le sentier débute à gauche de la cascade et monte en lacet pendant environ 2h30. Au sommet, on se félicite en se prenant en photo au pied de l'immense drapeau chilien battu aux quatre vents. Compter 4h aller-retour.

Le circuit de Los Dientes

C'est LE trek de l'île. Compter habituellement 5 jours pour parcourir la boucle qui fait le tour du massif de Los Dientes (les plus chevronnés pourront le faire en 3-4 jours). Des Suisses l'auraient effectué en 2 jours, mais mieux vaut ne pas se frotter à ce record-là ! Journée de 6 à 8h de marche avec un niveau assez difficile. Même lieu de départ que celui du trek du cerro Bandera (voir plus haut). Si vous n'avez pas l'habitude de randonner en montagne, on vous conseille de partir avec un guide (on se répète, mais ce n'est pas le parc Torres del Paine ; là-haut, on est seul). Pour les autres, se doter impérativement de la carte-guide et du GPS qui détaillent le trek, disponibles auprès de *Turismo Shila* (voir plus haut « Adresses et infos utiles »). Même si le balisage est bon, l'un et l'autre sont indispensables. Par beau temps, la vue porte à 100 km à la ronde ! On aperçoit alors l'archipel du cap Horn, mais pas le cap Horn en lui-même, contrairement à ce que certains prétendent.

Le trek du lago Windhond

Compter 4-5 jours au départ de Puerto Williams, dont 1 jour sur place, au bord du lac. Journées de 6 à 8h de marche assez physique car le sol est tourbeux et assez spongieux. On accède au lac Windhond, au sud de l'île, en suivant un superbe fond de vallée aux verts éclatants. Retour par une autre vallée. Sentier balisé, pas de risque de se perdre. Un trek qu'apprécieront les pêcheurs !

Le trek du lago Navarino

Compter 3 jours ; départ à Punta Eugenia, situé à 1h de route environ à l'est de Puerto Williams. L'un des meilleurs spots de pêche de ce bout de planète, disent certains. Il faudra marcher 6h à 7h par jour pour l'atteindre, et se munir obligatoirement d'un GPS car le sentier n'est pas balisé. Un petit coin de paradis bien planqué et très peu visité !

EXPÉDITIONS EN MER VERS LE CAP HORN ET LES GLACIERS

Autant le savoir, s'approcher par la mer de l'Antarctique vous coûtera (très !) cher. Mais cette expérience unique mérite de casser sa tirelire.

➢ ***En voilier :*** une vingtaine de voiliers mouillent au yacht-club de Puerto Williams. Mais ceux qui embarquent des passagers vers le pôle se comptent sur les doigts d'une main.
– ***Pelagic :*** • *pelagic.co.uk* • *Navigue oct-mai selon les destinations. Compter 450-900 US$/j. selon l'expédition choisie.* Cap Horn, îles Malouines, Géorgie du Sud ou Antarctique, on monte à bord pour des expéditions de 10 jours à 1 mois avec une dizaine d'autres passagers.
– ***Vaïhéré :*** 📱 *+ 33-6-79-11-16-92.* • *info.vaihere@gmail.com* • Éric Dupuis et son équipage français peuvent embarquer une dizaine de passagers à bord de leur goélette *Vaïhéré,* dont le nom signifie « fille de l'eau » en polynésien, tout un programme !

L'ÎLE DE PÂQUES – RAPA NUI

• Carte *p. 442-443*

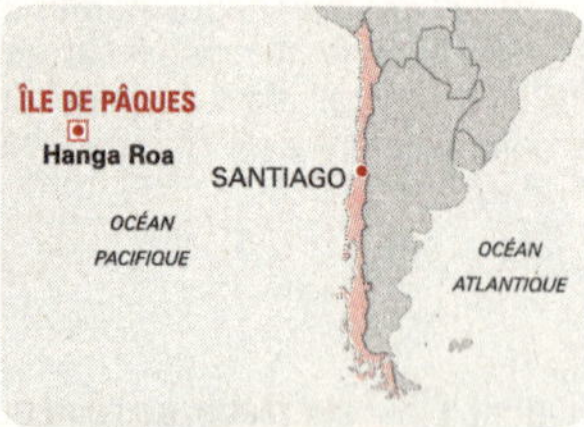

Sur la carte du Pacifique, à mi-chemin entre le continent sud-américain et la Polynésie (Tahiti), on distingue difficilement un petit point, c'est l'île de Pâques (Rapa Nui). À 4h d'avion (3 760 km) de Santiago, voici l'île la plus éloignée de toute terre habitée, avec Tristan da Cunha dans l'océan Atlantique ! Une petite île d'à peine 6 000 habitants mais une grande réputation ! Classée au Patrimoine mondial de l'Unesco en 1995, l'île de Pâques est paradoxalement l'un des sites les plus connus du monde, car ses célèbres statues de tuf volcanique au regard énigmatique, les *moaï,* ne se retrouvent nulle part ailleurs. Elles sont la particularité de l'île, son emblème, son identité. Si on fait le voyage, c'est pour admirer ces étranges et magnifiques colosses de pierre, pour questionner leur histoire.

Nombreux furent les explorateurs, les archéologues, les anthropologues qui tentèrent d'en percer les multiples mystères, et plus encore ceux qui échafaudèrent les hypothèses les plus extravagantes sur l'origine de sa population...

Peuplée par des habitants d'origine polynésienne (ils auraient émigré il y a 1 500 ans), grande comme à peu près l'île d'Oléron, l'île de Pâques dessine un vague triangle de 16 x 18 km sur 23 km.

Dans les années 1960, l'île ne recevait qu'un bateau de guerre par an, apportant vivres et matériel. Sa notoriété est avant tout basée sur ses mystères, ses légendes. C'est pour cela qu'on vient, qu'on la découvre, et sans doute qu'on en rêve... Il ne faut surtout pas l'aborder comme une île paradisiaque (on y trouve fort peu de cocotiers et seulement 2 petites plages) mais plutôt comme une terre capable de stimuler la curiosité à chaque moment. Il y a peu d'endroits au monde où l'on ressent sur une surface aussi réduite la force et la richesse d'une grande civilisation, et son combat pour survivre.

ARGENT, CHANGE

– ***Une île chère :*** en raison des difficultés d'approvisionnement, tout est cher sur l'île (hébergement, restaurants, transports). Les denrées alimentaires arrivent toutes les semaines par avion, les marchandises lourdes arrivent dans des conteneurs par cargo et le pétrole est livré seulement 3 fois par an. Un séjour sur la mythique île de Pâques implique donc d'avoir un budget considérable.
– ***Monnaies acceptées :*** le peso chilien en priorité, mais les dollars US aussi. Beaucoup de prix courants sont indiqués en pesos et en dollars.
– ***Cartes de paiement :*** on peut retirer de l'argent avec sa carte *Visa* aux distributeurs ATM des *Banco del Estado* ou *Banco Santander.* Les paiements par carte sont possibles dans certains magasins et hôtels, mais avec parfois une surtaxe de 4 à 10 %.

– ***Change :*** on peut changer les euros ou les dollars US aux guichets des *Banco del Estado* ou *Banco Santander.* Le taux de change est à peu près le même qu'à Santiago.

ACHATS

2 marchés artisanaux à Hanga Roa (lire la rubrique « À voir » de Hanga Roa). Parmi les achats les plus populaires figurent les ***statuettes de* moaï** de quelques centimètres à plus d'un mètre de haut. Les plus petites sont en pierre ponce ou en pierre volcanique. On vous conseille de comparer les prix auprès de plusieurs marchands, car on peut vite passer du simple au... quadruple ! On trouve aussi des sculptures sur bois *kava kava,* les colliers de graines, de corail ou de coquillages, les pendentifs en forme de langue (insigne de pouvoir), les reproductions de tablettes de *rongo rongo,* et encore les ornements traditionnels en plumes, les piques à cheveux en bois, parfois très réussies, les jolies boîtes en bois ornées de motifs traditionnels, les belles corbeilles à fruits, à têtes de frégates ou d'hommes-oiseaux. Tee-shirts et CD de musique traditionnelle rapa nui. Quelques boutiques de souvenirs à Hanga Roa et marché artisanal près de l'église ; aussi des marchands d'objets traditionnels près de la plage Anakena. Là encore, comparer les prix.

BAGAGES

– Sur l'île, les marchandises sont assez chères, et vous ne trouverez pas forcément tout.
– *Apporter :* lampe de poche (pour rentrer chez vous les nuits sans lune), petite pharmacie de voyage (Intétrix, Imodium, paracétamol, antibiotiques à large spectre), crème solaire (très importante car les rayons UV sont redoutables), bonnes chaussures de marche, parka (surtout pendant l'hiver austral), maillot de bain...

CLIMAT

Climat subtropical, chaud et humide (mais tempéré par les brises) toute l'année, avec peu de variations de température. Durant l'été austral (de décembre à mars), les températures excèdent rarement les 30 °C. C'est la meilleure saison pour y venir. En hiver (de juin à août), les températures descendent rarement au-dessous de 15 °C. Le mois de mai est, en principe, le plus pluvieux (153 mm). La conjugaison des pluies et des vents peut alors amener à sortir une petite laine. Attention aussi au soleil : tempéré par la brise quasi permanente, on ne perçoit pas son ardeur tout de suite, et on a vite fait de se transformer en homard ! L'indice des ultraviolets est au maximum (11+ sur une échelle de 1 à 11 !). Prévoir chapeau et crème solaire.

DÉCALAGE HORAIRE

Selon la saison, il y a 6h (printemps et été austral) ou 8h (hiver austral) de décalage horaire avec la France et 2h avec le Chili (toute l'année). En janvier, quand il est 20h en France, il est 14h à l'île de Pâques.

ÉLECTRICITÉ

Le réseau électrique marche au 220 volts. Les prises de courant sont les mêmes que sur le continent, c'est-à-dire avec 2 broches rondes.

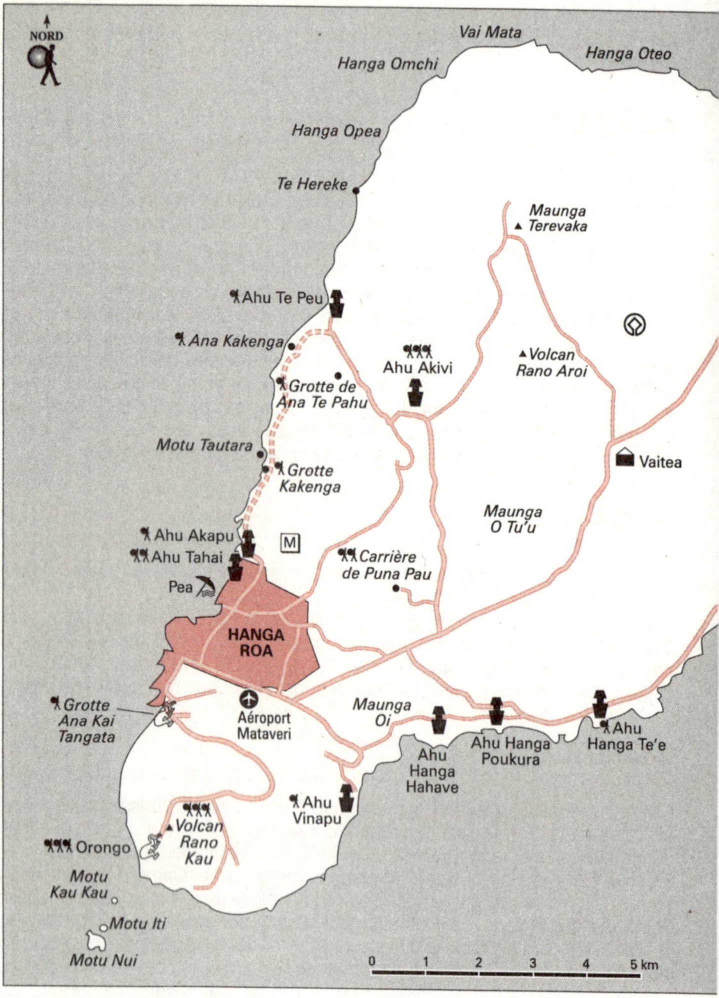

FORMALITÉS

Pour réguler la circulation touristique et préserver l'environnement de l'île, le séjour est limité à 30 jours consécutifs sur place. Il est obligatoire de réserver son logement avant l'arrivée sur l'île et de disposer d'un billet retour vers le continent.

– ***Passeport :*** l'île de Pâques fait partie du Chili. Pour les citoyens belges, français et suisses, le visa n'est pas nécessaire. En venant de Santiago, on ne

L'ÎLE DE PÂQUES

vous demande pas votre passeport, car c'est un vol intérieur. Si vous arrivez de Tahiti, il faut présenter votre passeport.
– ***Formulaire :*** remplir en ligne le *Formulario Único de Ingreso a Isla de Pascua* (FUI). Il devra être présenté à l'aéroport avant l'embarquement. ● *ingresorapanui.interior.gob.cl* ●
– ***Covid-19 :*** début 2023, il était toujours demandé aux voyageurs de présenter un schéma de vaccination complet à jour. Bien sûr, ces mesures sont susceptibles de changer.

GÉOGRAPHIE

Située à 3 760 km du Chili et à 4 100 km de Tahiti, l'île de Pâques est l'une des terres ***les plus isolées au monde.*** L'île habitée la plus proche, Pitcairn (qui compte tout juste une cinquantaine d'habitants, descendants des révoltés du *Bounty* !), flotte à près de 2 000 km vers l'ouest...

Longue d'à peine 23 km sur 12 km de large (173 km²), l'île de Pâques n'est pas plus grande que l'île d'Oléron. Elle a une vague forme de triangle isocèle. Née des profondeurs de l'océan, par une brèche de l'écorce terrestre, elle a été constituée par ***3 volcans principaux,*** aujourd'hui éteints : le Poike (3 millions d'années), le Rano Kau (2,5 millions) et le Terevaka (300 000 ans), le plus haut, culminant à 507 m. Ils se dressent à chaque angle. On compte en plus près de 70 cônes secondaires parsemant l'île.

Pour avoir vu reportages et photos, on s'attend à découvrir une île sèche, recouverte d'herbe roussie. À l'arrivée, on découvre plutôt une île verte dans son ensemble. Ainsi, à l'ouest, près de Hanga Roa, la « capitale » et unique ville, les douces collines vertes moutonnantes évoqueraient presque l'Irlande. La côte sud, toute de lave, est en revanche plus sèche et désolée. Il ne reste que ***peu d'arbres sur l'île,*** seulement des bouquets de cocotiers, de bananiers et d'eucalyptus plantés plus récemment. Les forêts ont disparu à cause de la surpopulation à certaines époques et des cultures sur brûlis. Quant aux animaux, chevaux en liberté, poules, perdrix, faucons, rats et... lézards, ils furent tous « importés ». Quelques oiseaux migrateurs nichent néanmoins sur l'île (sternes, frégates). Pas de port sinon quelques anses, ni de barrière de corail. Malgré tout, grâce à la gentillesse de ses habitants et aux jardins tropicaux de Hanga Roa, l'île de Pâques affiche des airs très polynésiens – ceux d'une Polynésie qui n'aurait pas encore été abîmée par le tourisme (contrairement à Tahiti ou Hawaii).

HISTOIRE

On ne sait pas précisément à quelle époque remonte le peuplement de l'île, ni s'il s'effectua en une ou en plusieurs fois. La mort des principaux dépositaires de la tradition et du savoir, les *Maori rongo rongo,* déportés en 1863 par des marchands d'esclaves péruviens, a marqué la perte définitive d'un pan entier de la culture et de la connaissance du passé de l'île, ce qui a d'ailleurs, par répercussion, largement contribué à son aura de mystère.

PIERRES DE ROSETTE DU PACIFIQUE ?

Les Maori rongo rongo, exterminés, étaient les seuls à connaître la signification des fameuses tablettes de rongo rongo (découvertes au XIXᵉ s), dont le déchiffrage permettra peut-être, un jour futur, d'ouvrir les portes depuis longtemps scellées de la culture pascuane. Ces tablettes attendent toujours aujourd'hui la venue d'un nouveau Champollion...

Seule forme d'écriture connue de la zone océanienne, le *rongo rongo* se présente sous la forme de lignes de signes mnémotechniques (il en existe environ 120), sans rapport avec la langue parlée. Leur lecture est très particulière : à chaque ligne, il faut retourner de haut en bas la tablette de bois sur laquelle ils sont gravés... Si des progrès ont été faits dans l'interprétation des *rongo rongo,* celle-ci reste sujette à caution, tant les opinions des spécialistes divergent.

Les 1ers Pascuans

La théorie la plus acceptée évoque ***un peuple polynésien, venu sans doute des îles Marquises*** il y a 1 500 ans environ (entre l'an 300 et 800), à bord de grands

canoës à double coque – assez semblables aux catamarans actuels. Précisons tout de suite les choses : ces bateaux étaient plutôt le genre « arche de Noé », avec hommes, femmes, enfants, bestiaux et plantes en tout genre destinés à assurer la subsistance en mer et à faciliter l'installation dans la future colonie. Leur voyage depuis la Polynésie fut une expédition difficile en raison des courants contraires.
Héritiers d'un peuple de grands navigateurs, dont les ancêtres quittèrent la lointaine Asie du Sud-Est il y a au moins 5 000 ans, les Polynésiens ont dessiné à mesure de leurs migrations, d'îles en archipels, un territoire immense formant un vaste triangle imaginaire – le « triangle polynésien », bordé par Hawaii au nord, la Nouvelle-Zélande au sud-ouest et l'île de Pâques au sud-est.

La tradition orale pascuane

Celle-ci évoque un ***roi polynésien vaincu, Hotu Matu'a,*** héros mythique parti à la recherche d'une terre d'accueil, comme c'était alors la tradition. Il débarque à Rapa Nui (nom pascuan de l'île de Pâques), sur la plage d'Anakena, avec son épouse Avareipua et sa suite, pour fonder la 1re dynastie de l'île. Chacun de ses 6 fils serait à l'origine des principales tribus *(mata).*
Hotu Matu'a aurait auparavant envoyé en éclaireurs 7 fils de chefs, ultérieurement divinisés sous la forme des 7 *moaï* (statues des ancêtres) de l'ahu Akivi – les seuls de l'île à être tournés vers la mer et les Marquises.
Aucun élément historique ne permet de comprendre précisément ce que fut la société pascuane du Ve au XVIIe s. Tout juste distingue-t-on, après le peuplement de l'île, 2 phases bien distinctes. Celle dite *ahu moaï,* qui marque l'apogée de la culture de l'île de Pâques, vit ***jusque dans les années 1680*** l'érection des fameuses statues, de plus en plus nombreuses.
L'île était alors selon toute probabilité divisée entre 10 et 12 clans (ou tribus), qui se la partagèrent sur le modèle d'un gâteau d'anniversaire (par tranches). Comme la coutume le voulait dans la plupart des îles océaniennes, cette partition assurait à tous un débouché sur la mer. Le clan le plus important dont furent issus tous les *ariki* (rois) de l'île, était le ***clan des Miru.*** On suppose qu'existaient 2 confédérations ennemies. On sait aussi que les paysans vivaient de fruits et légumes cultivés dans des jardins abrités, ainsi que de la pêche. Régulièrement, et comme presque partout dans l'ensemble polynésien, des tabous, intimement liés aux ***croyances religieuses,*** étaient posés par les chefs sur certains fruits ou poissons pour les préserver du vol, d'une consommation précoce ou d'une surconsommation qui aurait pu entraîner la disparition de certaines espèces. Le *tapu* définissait par ailleurs le rôle social de chacun, marqué par des liens de féodalité entre les chefs, porteurs de *mana* (puissance spirituelle), et le peuple.

La fin des *moaï*

La dernière phase de l'histoire ancienne des Pascuans *(huri moaï)* est la plus courte : elle s'étale des années 1680 à l'arrivée des missionnaires en 1864. Elle marque ***la fin du culte des moaï*** et leur renversement, sans doute lié à des guerres intestines pour la suprématie et à une surpopulation chronique (jusqu'à 15 000 habitants ?). Les clans se battaient entre eux pour le contrôle de la nourriture et l'approvisionnement en bois. Ils se livrèrent à de nombreux combats. Quand un clan était victorieux, il abattait les statues du clan ennemi.

Y'A UN OS !

Les Pascuans avaient quelques coutumes très... spéciales, comme le fait de tailler des hameçons dans les os de leurs ennemis, ce qui avait pour effet d'accroître leur pouvoir (puisqu'ils récupéraient de façon symbolique celui du mort) et surtout d'humilier la famille de la victime. L'anthropophagie rituelle était sans doute également présente sur l'île, comme partout, ou presque, à travers le Pacifique.

Le pouvoir unique de l'*ariki mau* en déclin, on assiste peu à peu, au XVIIe s, à l'émergence du ***culte de l'homme-oiseau,*** qui permet l'accès au pouvoir d'autres tribus que les Miru. Lié au dieu créateur Make Make, il est l'occasion de cérémonies complexes et spectaculaires qui se déroulaient au village d'Orongo, au bord du cratère du volcan Rano Kau.

« Courtes Oreilles » et « Longues Oreilles »

Toujours selon la tradition orale, il y aurait eu sur l'île 2 vagues distinctes d'immigration : celle des *Courtes Oreilles,* la plus ancienne, et celle des *Longues Oreilles.* Les Courtes Oreilles auraient eu une morphologie rappelant celle des *moaï kava kava* taillés dans le bois (minces, nez en forme de pic), et les Longues Oreilles (à cause des boucles imposantes qui les déformaient) celle des *moaï* de pierre (costauds et trapus, avec un nez large). Ainsi, les différentes formes de statuaire représenteraient en fait les groupes présents sur l'île (différences morphologiques que, dit-on, on peut retrouver aujourd'hui encore). Il semblerait que les Longues Oreilles soient à l'origine du culte des *moaï* et qu'ils aient réduit les Courtes Oreilles à l'esclavage en leur réservant les tâches les plus ingrates dans les carrières. On imagine parallèlement l'esprit de compétition qui devait animer les clans pour la fabrication et la mise en place des statues, incarnations des ancêtres protecteurs.
À cette époque, l'île était très peuplée (environ 10 000 habitants). Sur une surface aussi petite et avec des ressources assez maigres, on n'a aucun mal à imaginer les problèmes engendrés par une telle surpopulation. En outre, la vie sur l'île dépendait de la météo. Se sont succédé des cycles de sécheresse puis de mer dure et froide, rendant toute pêche impossible. Ces conditions difficiles ont sans doute favorisé des guerres fréquentes, quoique assez peu meurtrières.
La légende veut qu'après ces siècles de conflits surgît la révolte. Avec ruse, les Courtes Oreilles massacrèrent leurs ennemis. Traditionnellement, les vainqueurs renversaient face contre terre les *moaï* adverses. C'est ce que, dit-on, firent les Courtes Oreilles, qui n'eurent de cesse de mettre à bas les statues protectrices de leurs anciens ennemis, dont ils arrachèrent les yeux de corail blanc, sièges de l'énergie vitale du *mana,* la puissance spirituelle propre à chaque individu et chaque lieu sacré. Ceci explique que les 1ers navigateurs qui abordèrent l'île mirent l'accent sur le très faible nombre de *moaï* encore debout. D'ailleurs, lors de leur passage au XVIIIe s, la société pascuane était déjà largement entrée en décadence.

Les explorateurs européens

C'est par hasard qu'en 1722 Rapa Nui est découverte par un Européen, l'amiral hollandais ***Jacob Roggeveen,*** alors qu'il recherche la ***Terra Australis.*** Comme c'est le jour de Pâques, il nomme naturellement l'île *Pasqua.* 1er découvreur, 1ers coups de feu, et les 1ers Pascuans tombent, emportant avec eux un avant-goût de notre action « civilisatrice ». Puis l'île est oubliée par les Européens pendant 50 ans.
En 1770, ***Felipe González de Haedo,*** représentant le vice-roi du Pérou, prend possession de l'île au nom du roi d'Espagne et la baptise San Carlos. Les insulaires n'opposent aucune résistance et « signent » même un contrat d'annexion. Bien sûr, les Pascuans n'ont aucune idée de ce qui est écrit ! Les Espagnols tirent 21 coups de canon, qui effraient les Pascuans. Sur le papier donc, l'île appartient désormais à l'Espagne.
En 1774, à l'occasion de son 2d voyage dans le Pacifique, le célèbre capitaine anglais ***James Cook*** accoste sur l'île après 100 jours de traversée. L'équipage est malade et affamé. Son but : trouver de l'eau et des vivres. Comme il n'y en a pas ou presque pas, Cook ne s'attarde pas. Il reste quelques jours sur l'île et repart vers les îles Marquises et Tahiti. Il observe que de nombreux *moaï* ont été

renversés depuis le passage de Roggeveen. L'intéressant et court récit qu'il fait de son passage a laissé de précieuses informations sur la société de l'époque.
En 1786, c'est au tour du non moins célèbre comte ***Jean-François Galaup de Lapérouse*** de débarquer, alors qu'il accomplit un tour du monde pour Louis XVI. Il ancre au large ses 2 bateaux, *La Boussole* et *L'Astrolabe,* avec à bord près de 350 hommes. Gabiers, timoniers et matelots sont tous des Bretons. Du 3 au 10 avril 1786, les officiers supérieurs ont assez de temps pour explorer l'île. Lapérouse offre des graines, ainsi que quelques chèvres et volailles aux Pascuans. Il trouve les insulaires hospitaliers et bienveillants mais également hypocrites et voleurs. Aucun acte violent n'est cependant engagé à l'encontre des habitants ni de la part de Cook ni de celle de Lapérouse. Ce sont des explorateurs du siècle des Lumières et non des conquérants.

Navigateurs, esclavagistes et missionnaires

La 1re moitié du XIXe s est marquée par diverses expéditions d'aventuriers venus piller l'île ou capturer des esclaves pour le travail en Amérique du Sud. En 1808, un bateau américain enlève 12 hommes et 10 femmes qu'il abandonne ensuite à la mer...
L'année 1862 marque la fin de la civilisation pascuane. 6 bateaux péruviens débarquent pour réduire en esclavage la plus grande partie de la population et l'emmener dans les mines de guano au Pérou. Ceux qui résistent sont tués ; rares sont ceux qui parviennent à se dissimuler dans les grottes de l'île. Un millier de personnes sont capturées, parmi lesquelles le roi et sa famille, ainsi que l'élite de l'île (aristocratie, prêtres, etc.). Quand la nouvelle de cet abominable raid se répand, l'évêque de Tahiti pousse le gouvernement français à intervenir (il est imité par le gouvernement anglais) pour réclamer la libération des Pascuans. D'autres pressions viennent du Chili, notamment par l'action d'un missionnaire catholique, ***Eugène Eyraud.*** Quand le Pérou se décide à libérer les Pascuans, il est malheureusement trop tard : plus de 80 % d'entre eux sont déjà morts d'épuisement et de maladie dans les mines. Une centaine de survivants rembarquent pour l'île de Pâques, mais le sort les poursuit. Pendant le voyage, la variole décime les passagers, et les 15 ultimes rescapés la transmettent aux derniers habitants de l'île. En 1864, sur les 5 000 habitants que comptait Pâques avant le raid, il n'en reste plus que quelques centaines.
À la suite de la disparition des dépositaires du savoir, la tradition orale s'étiole, la mémoire de l'île est presque anéantie. Le ***père Eugène Eyraud*** (ancien ouvrier mécanicien) débarque le 2 janvier 1864 pour évangéliser la dernière poignée de Pascuans. Sa venue accentue la liquidation des derniers rituels ancestraux (comme celui de l'homme-oiseau). Une manière de « finir le travail » et de faire disparaître la culture traditionnelle pascuane. Le père Eyraud est le 1er Européen mort et enterré sur l'île.
En 1868, profitant de la faiblesse et du dénuement de l'île, les archéologues du British Museum, après avoir sévi en Grèce, viennent se servir dans l'île et s'emparent du *moaï Hoa Haka* dit « le briseur de vagues » (haut de 2,50 m). Les Anglais le transportent à bord du navire *HMS Topaze* et l'emportent en Grande-Bretagne. Le colosse se trouve aujourd'hui au British Museum à Londres.

L'île de Pâques devient chilienne

L'année 1870 est une autre année noire. Manipulée par des aventuriers, la population se divise et beaucoup de ses habitants quittent l'île. Après le missionnaire plein de bonnes intentions arrive le trafiquant. L'***aventurier français Dutroux-Bornier*** s'installe dans l'île. Violent, cupide et sans scrupules, il se proclame roi et exploite les Pascuans avant de se faire assassiner. La situation devenant intenable, près de 300 Pascuans quittent l'île pour se fixer à Tahiti où leurs descendants forment un quartier de Papeete. Bientôt, il ne reste plus en tout et pour tout que 110 habitants. Après cet autre drame, l'île est au plus bas niveau de son histoire.

Jeune aspirant de marine parti de Brest, ***Pierre Loti*** séjourne sur l'île du 3 au 8 janvier 1872. Le futur écrivain en rapporte des dessins très réalistes et des observations tragi-comiques, d'une grande lucidité. « Ils appartiennent à une humanité finissante et leur singulier destin est de bientôt disparaître... Je me crus tombé au milieu d'un peuple de fantômes. » Loti embarque une tête de *moaï* (lourde de 1,2 tonne) qui se trouve aujourd'hui au Muséum du jardin des Plantes à Paris. En échange, Pierre Loti offre au vieux chef une redingote d'amiral pour remplacer son manteau en écorce d'arbre. Loti trouve la scène pathétique...
En septembre 1888, don Policarpo Toro prend officiellement possession de l'île au nom du Chili.

De 1930 à aujourd'hui

En 1934, une mission ethnographique franco-belge, à laquelle participe ***Alfred Métraux,*** vient sur l'île. Son pouvoir d'intervention dans les affaires pascuanes, hors les études scientifiques traditionnelles, est bien sûr nul. Alfred Métraux ne peut que constater : « Il règne sur l'île une telle misère que l'on ne saurait parler de transition d'un état primitif à notre civilisation. L'île de Pâques négligée par les Chiliens, ou désastreusement influencée par les éléments qu'on y envoie, n'est pas tombée en décadence, elle a simplement pourri au milieu d'une misère sans issue. »

ON N'EST PAS DES MOUTONS !

Au début du XXᵉ s, les terres pascuanes sont louées à une compagnie britannique pour l'élevage des moutons. Les habitants sont regroupés à Hanga Roa, le village, qu'on entoure de barbelés. Toute circulation est interdite après 18h. Une situation alors invraisemblable : les Pascuans sont prisonniers sur leur propre île, tandis que quelques dizaines de milliers de moutons paissent en liberté ! En outre, tout voleur de mouton est puni de 50 jours de travail forcé.

Le contrat de location de l'île par la compagnie britannique *Williamson & Balfour* prend fin en 1953. La marine chilienne prend le contrôle de l'île. Sous prétexte de défense stratégique, les militaires chiliens renforcent leur emprise en se saisissant de 90 % du territoire, les Pascuans étant toujours confinés à Hanga Roa.
Ce n'est que dans les années 1960 que le régime se libéralise. En 1966, les Pascuans acquièrent enfin le droit de vote et obtiennent des papiers d'identité. Leur existence s'améliore : électricité, eau courante, école sont désormais disponibles. Ils sont exemptés d'impôts. Billets d'avion et combustibles sont subventionnés par le gouvernement chilien. Seuls les Pascuans peuvent être propriétaires de la terre sur l'île. En 1966 toujours, l'île fut utilisée ***par les États-Unis comme station secrète,*** destinée à espionner les navires de guerre soviétiques et surveiller les télécommunications des pays d'Amérique du Sud. Une centaine de soldats de l'US Army y résidaient mais ils furent expulsés sous le gouvernement socialiste de Salvador Allende, après qu'il eut gagné les élections de 1970. En 1967, l'aéroport de Mataveri est inauguré et le 1ᵉʳ avion se pose sur la piste.

DES PHARES DANS LA NUIT

Dans les années 1990, les coupures d'électricité étaient courantes sur l'île. Un jour le générateur de l'aéroport cessa de fonctionner. Toutes les installations électriques de la piste tombèrent en panne. Le vol de nuit de Lan Chile en provenance de Santiago ne pouvait pas faire demi-tour faute de carburant. Face à ce noir total, le gouverneur de l'île appela les habitants au secours. Les rares propriétaires de véhicule gagnèrent l'aéroport pour éclairer la piste de leurs phares afin de permettre l'atterrissage de l'avion.

Après le coup d'État militaire de septembre 1973, l'île de Pâques devint pour le ***dictateur Pinochet*** un haut lieu stratégique pour le pays, ce qui fut plutôt bien accueilli par les Pascuans.
Aujourd'hui, le tourisme est la 1re richesse de l'île et lui assure un niveau de vie supérieur à celui de la mère patrie. Les Pascuans humiliés, colonisés, ont retrouvé la fierté de leur culture unique et de leur île si belle, si fascinante.

Moaï (statues) et *ahu* (plates-formes)

Ces mystérieuses statues (*moaï* en langue locale) semblent avoir été taillées dès les environs de l'an 800 de l'ère chrétienne. On en recense actuellement près de 887 sur l'île. Rien que sur le site de Rano Raraku, il y aurait 397 statues inachevées, en partie ou entièrement enfouies sous terre. En comptant celles qui pourraient encore être enterrées, le nombre total de *moaï* approcherait alors le millier.
Élevées pour la plupart en bord de mer, les yeux tournés vers l'intérieur, ces statues personnifiaient les ancêtres fondateurs de chaque clan, protégeaient leurs descendants et transmettaient le *mana* (l'esprit du Dieu). Objets d'un culte fervent, chacune avait un nom tantôt poétique, tantôt trivial et familier comme « Cou tordu », « Le Tatoué », ou « Le Puant »... Un prestige certain s'attachait à leur réalisation, et il semble que les tribus de l'île soient entrées dans une compétition de plus en plus féroce pour produire les plus grands et les plus beaux *moaï*.
C'est dans la ***carrière du volcan Rano Raraku*** à l'est de l'île que furent sculptées 95 % des statues. Une équipe d'ouvriers, sous la direction d'un maître-sculpteur, pouvait mettre 2 ans à faire le travail. À l'aide de marteaux de basalte, ils sculptaient le *moaï* dans le ***tuf volcanique,*** une pierre tendre aussi facile à travailler que du bois. Sur le site de Rano Raraku demeurent de nombreuses statues à l'état d'ébauches plus ou moins achevées. Ce sont les plus belles de l'île du point de vue artistique. Le style et la taille de ces colosses ont évolué avec le temps. D'abord assez frustes et plus courts sur pattes, ils ont pris de la hauteur à mesure qu'ils ont été stylisés. Le plus petit jamais dressé mesure 1,13 m, le plus grand 9,80 m, pour plus de 74 t... ***Le plus imposant de tous les colosses,*** en cours de dégagement, aurait mesuré 21,60 m de long pour un poids de 160 à 180 t ! Cette démesure a provoqué évidemment les interrogations de tous les archéologues : comment les Pascuans réussirent-ils à parcourir tant de kilomètres (jusqu'à 20) avec, à l'époque, des moyens techniques aussi rudimentaires ? Pourtant, nul besoin d'extraterrestres pour effectuer de tels déplacements. Les Égyptiens, les Incas, les Aztèques l'ont prouvé. Il suffit d'un peu d'imagination, de temps, beaucoup de temps, et d'être nombreux. Le plus sérieux des anthropologues, Alfred Métraux écrit : « ... ce vertige du colossal dans un univers minuscule chez des hommes aux ressources limitées : voilà tout le miracle de l'île de Pâques ».

Construction et transport des statues

Plusieurs techniques ont été avancées. L'une des plus probables : les ouvriers faisaient glisser les *moaï,* couchés sur un traîneau en forme de radeau, sur des rondins – ou tiraient directement le traîneau, comme le suggère le Norvégien Thor Heyerdahl, grand explorateur rendu célèbre en 1948 par l'expédition du *Kon-Tiki* (et décédé en 2002). Auparavant il y avait des forêts sur l'île de Pâques et, probablement, des essences de bois dur, comme le *toromiro,* qui a aujourd'hui quasiment disparu. ***Autre hypothèse*** retenue : le *moaï* était debout et on le faisait pivoter centimètre par centimètre à l'aide de cordes et, peut-être, d'armatures en bois. Il suffisait ensuite d'être animé d'un enthousiasme inébranlable, à une époque où la notion du temps n'était pas la même qu'aujourd'hui, et, surtout, d'arriver à une parfaite coordination des efforts.
Le ***transport de ces colosses*** n'était pas une mince affaire, compte tenu de leur poids : les plus légers pèsent 5 à 6 t, les plus lourds de 50 à 88 t ! On voit à travers toute l'île un grand nombre de *moaï* cassés, abandonnés en chemin sans avoir

jamais atteint leur destination. En fait, on estime que seulement le tiers des statues y parvint. C'est peu. Quand une statue était brisée en route, elle perdait son *mana* (son esprit), et il fallait l'abandonner pour en réaliser une autre.
Ainsi, une hypothèse a été avancée selon laquelle la taille des *moaï* était peut-être un travail destiné à tuer le temps, tout simplement, épargnant ainsi aux habitants de se battre. Le transport et l'érection de la statue n'auraient alors constitué que des objectifs mineurs. Peu crédible, mais allez savoir ! Les *moaï* qui parvenaient à destination étaient selon toute probabilité redressés en accumulant peu à peu des pierres à l'arrière de la statue. Allongée, puis adossée à un monticule, elle était ensuite progressivement redressée, on ne sait comment.
À noter qu'on ignore également comment les ***cordes*** destinées à tirer ces monstres étaient confectionnées. Selon Alfred Métraux, elles étaient faites à partir de fibres des mûriers à papier (arbre qui poussait sur l'île).
Certains *moaï* portent sur la tête ***une sorte de chapeau*** rond de pierre rouge à l'aspect de scorie, le ***pukao,*** extrait de la carrière Puna Pau (près de Hanga Roa).

Les yeux des statues

Autre signe particulier : les *moaï* avaient, semble-t-il, des yeux de corail pour représenter le « visage vivant » d'un ancêtre particulier, qui pouvait ainsi projeter son *mana* sur ses descendants et leur territoire. Ces coraux blancs formaient l'iris de l'œil. La pupille devait être constituée d'un disque plus petit d'obsidienne (ou éventuellement de scories rouges). Une fois achevés, ces « yeux » étaient encastrés dans leurs grandes orbites, des cavités taillées une fois seulement que le *moaï* avait atteint sa plate-forme *(ahu).*
Les *ahu* sont les ***plates-formes cérémonielles*** qui supportaient les *moaï.* Construits pour la plupart dans l'axe de la mer, ils variaient bien sûr en formes et matériaux suivant les époques, les clans, le nombre de leurs membres, etc. Les plus grands, qui pouvaient être fort complexes, datent logiquement de la période de l'apogée, entre le XIIe et le XVIIe s. La plupart des *ahu* furent démolis par les guerres entre clans, les raz-de-marée (tsunami), etc. Certains furent remontés de façon rudimentaire, d'autres construits déjà à la période de la décadence.
Centres religieux et sociaux du clan (on en retrouve dans tout l'ensemble polynésien, où elles portaient d'autres noms), ces plates-formes ***abritaient des chambres funéraires*** où étaient entreposés les ossements. Comme à Madagascar, il y avait souvent des cérémonies de retournement et de blanchiment des os. Auparavant, les cadavres étaient exposés longtemps sur la côte. Devant le *ahu* était aménagée une pente douce composée de galets ronds. Quelques-uns possédaient même une sorte de rampe descendant vers la mer pour la remontée des canots.

De quelques théories burlesques sur l'origine de l'île de Pâques !

Voici, juste pour finir, quelques hypothèses échafaudées au fil du temps pour expliquer le peuplement de l'île de Pâques et les mystères de ses statues...
Par exemple, le ***pasteur américain William Elis déclara en 1820*** que les Pascuans venaient d'Amérique du Sud car ils ne savaient pas construire de bateaux assez solides pour venir de Polynésie en affrontant les courants et les vents contraires. Ceux qui peuplèrent l'île avaient donc dû profiter des vents favorables d'est en ouest. Doutant lui aussi des capacités nautiques des insulaires, ***Dumont d'Urville,*** imagina le peuplement de la région à pied sec, celle-ci appartenant à un grand continent englouti ensuite par les eaux (ah ! l'Atlantide !).

L'hypothèse de Thor Heyerdahl

En fait, la seule hypothèse qui aurait pu être crédible, car elle s'appuyait sur un vrai travail de recherche, fut celle du Norvégien ***Thor Heyerdahl.*** En 1947,

il organisa la fameuse expédition à bord du *Kon Tiki.* Avec quelques compagnons embarqués sur un simple radeau en bois, Heyerdhal fit la traversée du Pacifique d'est en ouest, depuis la côte péruvienne jusqu'aux lointaines îles Marquises (8 000 km en 101 jours). Puis, en 1955, il séjourna 7 mois sur l'île de Pâques. Objectif : tenter de prouver – à tort – que le peuplement de l'île se fit à partir de l'Amérique du Sud, et plus précisément, du Pérou. Il se fonda pour cela sur plusieurs points de comparaison, particulièrement sur un *ahu* présentant un appareillage de pierre parfaitement ajusté de type inca, ainsi que sur la présence de jonc *totora* dans un cratère de volcan (plante qui ne pousserait, d'après lui, qu'en Amérique du Sud) et sur la découverte de petites statues pré-*moaï* présentant des analogies avec les sculptures de la culture tiahuanaco (en Bolivie). La présence de nombreuses plantes sud-américaines sur l'île (dont la patate douce) était un indice supplémentaire.
Malgré ce voyage, les conclusions étaient fausses. Ces statues de l'île de Pâques viennent des îles Marquises (Polynésie). En effet, on y trouve des statues identiques mais plus petites *(tiki)* qui symbolisent des personnages mi-hommes mi-dieux. Depuis, l'ADN a confirmé cette origine polynésienne des populations. Comment ont-ils parcouru les 4 000 km ? En catamaran.

LANGUE

Voici un petit lexique pascuan, langue qui se perd peu à peu sous l'influence du tourisme international.

Île de Pâques, Pascuan	*Rapa Nui*
Bonjour	*Iorana*
Comment ça va ?	*Pehe koe ?*
Merci	*Maururu*
Très bien	*Riva riva*
Français	*Harani* (déformation du tahitien *farani*)
Salut !	*Ola !*
Maison	*Hare*
Homme	*Tangata*
Femme	*Vié, vahine*
Enfant	*Poki, poki tane* (garçon), *poki vahiné* (fille)
Jolie fille	*Vie tau*
Je t'aime (prendre son souffle !)	*He anga te mahatu kia koe*
Américain	*Marite*
Anglais	*Peritani*
Allemand	*Alemani*
Chinois	*Tinito*
Japonais	*Mata peri-peri*
Chilien	*Tire*
Danser	*Ori*
Fleur	*Tiare* (également un prénom)

– *Moaï :* statue des ancêtres divinisés.
– *Ahu :* plate-forme cérémonielle sur laquelle se dressent les *moaï.*
– *Pukao :* chignon (« chapeau ») des *moaï,* en pierre volcanique rouge.
– *Hare paenga :* « maison bateau », réservée aux personnages de haut rang, à proximité des *ahu,* dont on rencontre encore les fondations elliptiques.
– *Rongo rongo :* écriture pascuane pas encore déchiffrée (curieusement, les dessins de Keith Haring ressemblent à ces signes !).
– *Motu :* îlot.

TÉLÉCOMMUNICATIONS, WIFI

– ***Indicatif téléphonique de l'île :*** 32.
– Le ***wifi*** fonctionne de façon aléatoire sur l'île, les coupures de réseau étant fréquentes, notamment en cas de pluie. Et tous les hôtels et restos ne sont pas équipés. Au centre du village, plusieurs bornes de connexion wifi gratuites (pratiques, mais réception assez variable, là aussi).

TRANSPORTS

L'île ne disposant d'aucun moyen de transport collectif (bus), il vous faudra choisir, pour visiter les sites, entre une location de véhicules (4x4, quad ou 2-roues), une balade en taxi, ou une excursion en minibus pour les groupes, organisée par une agence. Autres options, plus écolos : la bicyclette ou la marche (alors là, il fait chaud !). Mais comme cela, impossible de visiter toute l'île en une journée.

➢ ***Location de voitures, motos (scooters) ou vélos :*** la location de voitures ou de motos offre l'indépendance nécessaire pour éviter les grandes chaleurs et visiter les sites archéologiques. Les agences locales proposent divers types de véhicules à des prix variés. Une petite voiture du type *Jeep Jimny Suzuki* (4 places et un peu haute sur roues) est largement suffisante.
Compter 15 000-20 000 $Ch/j. pour un vélo électrique ou non, 35 000 $Ch/j. pour un scooter, et 50 000-55 000 $Ch/j. pour un petit véhicule tout terrain type *Suzuki*. Les véhicules les plus chers (les plus gros, *Gran Vitara, Jeep Montero...*) coûtent env 120 000 $Ch/j. Il n'y a pas de compagnie d'assurances dans l'île. En cas de dommage, les agences font payer le prix fort. D'où l'intérêt de réserver son véhicule à l'avance auprès d'une agence de voyages spécialisée (avec assurance et éventuellement franchise). Dans tous les cas, soyez prudents !
– Prenez avant de partir une ***assurance voyage tous risques.***
– Les ***routes principales*** qui conduisent à la plupart des sites sont goudronnées et en assez bon état. Attention toutefois aux nids-de-poule (nombreux) et aux animaux qui se baladent en liberté (chevaux, moutons, vaches).
– On trouve des ***parkings*** gratuits à l'entrée de la plupart des sites majeurs. Parfois, certains lieux ne sont accessibles qu'à pied, au départ de certains parkings. Exemple : le site de l'ahu Tepeu via un chemin de terre, depuis le site de l'ahu Akivi.
– ***La conduite est à droite,*** comme dans le reste du Chili.
– ***Essence :*** 2 stations-services à Hanga Roa, seulement, pour toute l'île : faîtes le plein *(lleno)* !

➢ ***En taxi :*** c'est une autre option, pratique et peu coûteuse. Il existe de nombreuses compagnies. Cela dit, attention, votre chauffeur de taxi n'a rien d'un guide. Il ne pourra nullement vous donner des infos historiques, ou culturelles sur Pâques. Certains essaient de fournir quelques infos, mais, à la vérité, ce n'est pas leur travail.

➢ ***À vélo, à pied :*** à VTT, ça peut être agréable aux environs de Hanga Roa mais pas au-delà. Avec la chaleur, les pentes et les distances (50 km aller-retour jusqu'au Rano Raraku), la balade se transforme vite en corvée. Pour les randonnées, les possibilités sont nombreuses, mais sachez qu'elles ne sont faisables que dans certains secteurs et seulement sur les sentiers. Le camping sauvage est interdit.

➢ ***À cheval :*** la plupart des guides et des agences de location proposent aussi des excursions à cheval, guidées ou non. Une bonne option pour atteindre des endroits très peu fréquentés, comme Omohi ou la splendide baie de Hanga Oteo, dans le nord de l'île. *Compter en général autour de 60 US$ pour une sortie d'env 3-4h et env 90 US$ pour la journée.*

Arriver – Quitter

Avion

La compagnie *LATAM* (● *latamairlines.com* ●) possède le monopole à destination de l'île. La piste d'atterrissage de l'aéroport de Mataveri (à Hanga Roa) est l'une des plus longues du monde. Construite en 1967 et financée par les États-Unis, elle a été refaite en 2011. Elle a reçu une fois le *Concorde* et pouvait servir de piste de secours à la navette spatiale de la NASA en cas de problème. Toutefois, mieux vaut être prévenu : nombreux retards et annulations constatés sur les liaisons depuis le continent.

➢ ***Santiago :*** en été austral (janv-fév), 1-2 vols directs/j. Sinon hors saison, 1 vol/j. Au départ de Santiago, les prix oscillent considérablement d'un jour à l'autre, de 200 à 1 000 € l'aller ! Trajet : 5h20...

➢ ***Liaisons avec Papeete*** *(Tahiti)* ***:*** ***suspendues jusqu'à nouvel ordre, se renseigner.*** 1 vol/sem avec *LATAM*. Trajet : 5-6h. Éviter de voler le week-end, le voyage sera plus coûteux.

Arrivée à l'aéroport de Mataveri (Hanga Roa)

– ***Important :*** après être sorti de l'avion en marchant sur le tarmac, on trouve à l'entrée du hall de l'aéroport, à gauche, un guichet spécial du *parque nacional Rapa Nui (Conaf)*. Il vend aux visiteurs ***une carte touristique (un pass)*** qui est obligatoire et valable pour la majorité des sites de l'île. Ce *pass*, valable 10 jours, coûte 54 000 $Ch (soit 80 US$) pour les adultes, et 40 US$ pour les enfants. On vous conseille de l'acheter dès l'arrivée à l'aéroport. Paiement en espèces uniquement ! On vous remet une carte de l'île en même temps que le *pass*. Les sites peuvent se visiter plusieurs fois avec ce *pass*, à l'exception des volcans (1 fois seulement).

Autre adresse pour se le procurer : ***Bolotena Tickets,*** petit bureau de vente (bien caché) sur l'avenue principale, près de la *Farmacia Cruz Verde* et des loueurs de voitures *(ouv tlj 8h30-16h)*.

● *parquenacionalrapanui.cl* ●

HANGA ROA

3 800 hab.

● Plan *p. 455*

Seule ville et « capitale » de l'île, regroupant une grande partie de la population, Hanga Roa s'étend au sud-ouest, au pied du volcan Rano Kau et à 1 km de l'aéroport de Mataveri. Verdoyante, aérée, sans hauts immeubles modernes, la ville est constituée de demeures basses entourées de jardins où foisonnent hibiscus géants et frangipaniers, c'est une gentille bourgade plutôt agréable. Et c'est ici que vous apercevrez vos 1ers *moaï*, en bord de mer ! On peut découvrir le centre à pied, mais Hanga Roa étant assez étendue on fait vite des kilomètres. Un vélo est une bonne solution si votre hébergement est un peu loin du centre.

Orientation

Attention, on peut tourner en rond car la plupart des plans ne sont pas à jour. Les rues n'ont pas de panneaux portant leurs noms (parfois, ils sont inscrits en jaune sur les bordures de trottoir). Beaucoup de pensions, de chambres chez l'habitant et même d'hôtels ne sont pas indiqués. C'est souvent compliqué de les trouver. Les Pascuans ne savent pas toujours indiquer le chemin. Bref, mieux vaut se repérer par rapport à des endroits connus : stade, marché, magasins, hôtels.

Adresses et infos utiles

Office de tourisme Sernatur *(plan A1) : Policarpo Toro, juste en contrebas de la* Banco del Estado. *☎ 32-210-02-55. Lun-ven 8h30-17h30 (16h30 ven). Fermé le w-e.* Maigre documentation, mais bon accueil. On obtient souvent de meilleures infos auprès des hôtels et des pensions. Vous pourrez néanmoins y faire tamponner votre passeport aux couleurs de l'île (!).

■ ***Banque, change :*** **Banco del Estado** *(plan A1, **1**), sur Tu'u Maheke. ☎ 32-210-02-21. Lun-ven 9h-14h. Fermé le w-e.* Change les euros et les dollars US.

– Également ***Banco Santander*** *(plan A1, **2**), Policarpo Toro. À 300 m de* Banco del Estado. *Ouv lun-ven 9h-13h. Fermé le w-e.* Distributeur extérieur acceptant les cartes *Visa* et *Mastercard.*

■ **LATAM** (plan A2, **3**) : *Atamu Tekena ; à l'angle de Pont. ☎ 32-210-02-79. • latamairlines.com • Lun-ven 9h-16h30 ; sam jusqu'à 12h30. Fermé dim.*

■ ***Farmacia Cruz-Verde*** *(plan B1, **4**) : Atamu Tekena. ☎ 32-255-15-40. Lun-sam 8h30-22h, dim et fêtes 9h30-21h.*

Hospital Hanga Roa (plan B2) : *av. Simon Paoa. ☎ 32-257-83-60.* Le petit hôpital de campagne typique. Parfait pour les petits bobos. Y aller plutôt le matin.

Stations-service : *à proximité de l'aéroport, sur la route qui le longe.*

Marché, épiceries, *supermercados*

Pour faire ses courses, plusieurs épiceries et *supermercados* à Hanga Roa. Ils sont ouverts en général tous les jours de 9h30 à 21h. On y trouve tout ce qui peut être nécessaire pour pique-niquer ou faire sa cuisine dans une location de vacances.

Mercado Feria *(plan B1) :* on a le choix dans une vaste gamme de fruits et légumes. Par ailleurs, dans la rue autour du marché (Atamu Tekena), le matin, à l'arrière des pick-up, les petits cultivateurs vendent leur production.

Guides et excursions

– Il est désormais ***obligatoire*** d'être accompagné d'un guide pour la visite des sites les plus importants de l'île. La plupart des hôtels organisent des ***visites guidées*** (souvent en groupes). La qualité des commentaires, et donc l'intérêt de la visite, dépend entièrement du guide. Demander s'il est certifié.
Sinon, les ***guides indépendants,*** assez nombreux sur l'île, proposent des excursions plus conviviales. Parmi eux, certains parlent français (contacts auprès de l'office de tourisme).

■ ***Insular Rent-a-Car*** *(plan B1, **6**) : Atamu Tekena. ☎ 32-210-04-80 ou 08-58. • rentainsular.cl •* Loue des vélos *(35 000 $Ch/j.),* scooters ou motos *(45 000-60 000 $Ch/j.),* et voitures *(à partir de 90 000 $Ch/j.).*

Où dormir ?

On trouve de plus en plus d'hébergements chez l'habitant. C'est la manière la plus économique de se loger et l'une des plus agréables, au contact des Pascuans. Mais, quel que soit le type de logement, il faut savoir que c'est grosso modo 2 fois plus cher que sur le continent en haute saison. On accepte rarement les cartes de paiement, et quand c'est le cas, c'est avec un surcoût de 4 à 10 %.
En basse saison, n'hésitez pas à négocier. De même, le séjour moyen à Pâques étant de 3 ou 4 nuits, si vous

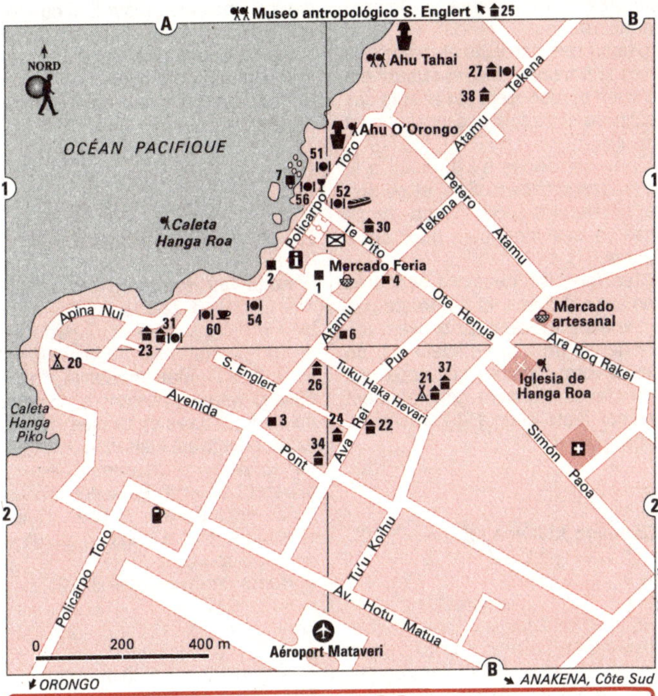

HANGA ROA

Adresses utiles

- Office de tourisme Sernatur (A1)
- **1** Banco del Estado (A1)
- **2** Banco Santander (A1)
- **3** LATAM (A2)
- **4** Farmacia Cruz-Verde (B1)
- **6** Insular Rent-a-Car (B1)
- **7** Orca Diving Center et Mike Rapu Diving Center (A1)

Où dormir ?

- **20** Camping Mihinoa (A1-2)
- **21** Camping y Hostal Tipanie Moana (B2)
- **22** Kona Tau Hostelling (B2)
- **23** Matavai (A1)
- **24** Hostal Vaihere (B2)
- **25** Cabañas Pikera Uri (hors plan par B1)
- **26** Inaki Uhi Hotel (A2)
- **27** Hôtel Vai Moana (B1)
- **30** Hotel O'Tai (B1)
- **31** Hotel Taha Tai (A1)
- **33** Cabañas Tongariki (hors plan par B2)
- **34** Chez Oscar (A2)
- **37** Hotel Gomero (B2)
- **38** Cabañas chez Mireya et Davy (B1)

Où manger ?

- **51** Te Moana (A1-B1)
- **52** Club Sandwich (B1)
- **54** Haka Honu (A1)
- **56** La Taverne du Pêcheur et La Kaleta (A1)
- **60** Polynesian Coffee & Tea (A1)

Où faire une pause sucrée ? Où boire un bon café ?

- **60** Polynesian Coffee & Tea (A1)

comptez rester une semaine, demandez une ristourne.
La plupart des pensions et des hôtels offrent le transport aller et retour vers l'aéroport et proposent par ailleurs des excursions et parfois des locations de véhicules.
Les prix demandés s'expriment à la fois en pesos chiliens ($Ch) et en dollars américains (US$), nous avons conservé ces monnaies pour cette rubrique.
– ***Attention :*** les pensions sont très rarement indiquées, et il n'existe pas de numéros de rue. Il est souvent difficile de les trouver. Le mieux est de réserver votre chambre à l'avance. Les propriétaires viennent généralement chercher leurs clients à l'arrivée de l'avion.

Campings

⛺ ***Camping Mihinoa*** *(plan A1-2,* ***20****) : av. Pont. ☎ 32-255-15-93. 📱 999-42-91-29. • camping.mihinoa@gmail.com • En bord de mer, près de la caleta Hanga Piko et proche du centre-ville. Camping sans ou avec tente et équipement 13 000-15 000 $Ch/pers ; double env 40 000 $Ch ; cabañas 4-11 pers 75 000-170 000 $Ch/nuit.* Sur un petit terrain herbeux, plat et sans ombrage, un peu en retrait de la côte rocheuse. On peut y camper (location de tentes et de sacs de couchage sur place) et loger dans des chambres doubles, triples ou quadruples, privées (avec ou sans toilettes privatives), qui donnent sur les parties communes du bâtiment principal. Enfin, on y trouve des *cabañas* (pour 6, 8 ou 11 personnes). Pas de prise électrique sur le terrain, prévoir sa lampe de poche. Cuisine, frigo à disposition. Laverie payante. Location de vélos et de scooters. Transferts aéroport gratuits.

⛺ 🏠 ***Camping y Hostal Tipanie Moana*** *(plan B2,* ***21****) : Tu'u Koihu. ☎ 32-255-21-92. 📱 967-86-16-95. • tipaniemoana@hotmail.cl • À 10 mn du centre de Hanga Roa. Camping env 12 000 $Ch/pers. Doubles 30 000-50 000 $Ch.* Les sympathiques proprios gèrent ce petit camping, ouvert toute l'année, avec soin. Le terrain est plat, abrité, couvert d'herbe, mais sans ombre. Chambres (pour 2, 3 ou 4 personnes) propres et simples avec une literie de bonne qualité, et douche et w-c. Cuisine commune bien équipée et spacieuse. De loin notre camping préféré !

De bon marché à prix moyens (35 000-80 000 $Ch / env 40-90 €)

🏠 ***Kona Tau Hostelling*** *(plan B2,* ***22****) : Avareipua. ☎ 32-210-03-21. • konatauhostelling.com • Lits en dortoir env 25 000-35 000 $Ch ; doubles 60 000-80 000 $Ch.* Maison basse enfouie dans la verdure, abritant 12 chambres colorées, propres et simples, avec toilettes privatives. Elles donnent toutes sur le jardin. Atmosphère jeune et excellent accueil. Petit déj servi aux hôtes (inclus dans le prix). Cuisine commune, laverie, transfert gratuit jusqu'à l'aéroport.

🏠 ***Hostal Vaihere*** *(plan B2,* ***24****) : Avareipua. 📱 977-64-19-20. • hostalvaihere.webnode.es • Lit en dortoir env 20 000 $Ch ; double env 40 000 $Ch.* Très bien situé, à 500 m du mercado Feria. Une petite maison sans prétention tenue en famille par des gens aimables. Dortoirs mixtes ou séparés (pour 7 personnes), dans la *cabaña compartida*, pièces très simples mais propres (avec cuisine commune, salon et toilettes au rez-de-chaussée). Les chambres privatives sont du même style, tenues comme il faut. Cuisine commune, jardin (barbecue). Imbattable rapport qualité-prix à condition de ne pas demander du luxe !

🏠 ***Chez Oscar*** *(plan A2,* ***34****) : av. Pont ; avt l'angle d'Avareipua. ☎ 32-255-12-61. 📱 995-04-39-73. Double avec sdb env 50 000 $Ch, petit déj inclus ; au-delà de 4 ou 5 j., prix négociable.* Au bout d'une allée ombragée, petite maison modeste tenue par Oscar, qui parle bien le français. Il propose des chambres sommaires et banales mais propres, avec salle de bains. Pas de ventilo ni clim, mais on peut utiliser la cuisine. Peu d'espace autour, en revanche, mais beau jardin luxuriant en guise de décor !

Cabañas Tongariki *(hors plan par B2,* ***33****) : Make Make ; dans le prolongement de Simon Paoa. 966-06-01-58. • ivan1619@hotmail.com • Doubles env 60 000-70 000 $Ch.* À 15 mn à pied du centre de Hanga Roa. Attention, seulement 2 *cabañas* (maisonnettes indépendantes) équipées. Chambres impeccables avec un lit simple et un lit superposé ou un grand lit double. Toutes avec coin cuisine et salle de bains, un petit balcon ou une terrasse donnant sur le jardin. Pas facile à trouver toutefois mais les proprios viennent vous chercher à l'aéroport (ouf !).

Cabañas chez Mireya et Davy *(plan B1,* ***38****) : Atamu Tekena. 940-93-59-58. • davyipctahiti@gmail.com • Doubles à partir de 60 000 $Ch ; également des familiales.* À 5 mn du centre, plusieurs maisons indépendantes avec terrasse, réparties dans un vaste jardin. Chambre agréable comprenant plusieurs couchages et cuisine équipée avec frigo, four et vaisselle complète. L'endroit est tenu par un couple français charmant et accueillant, Mireya et Davy, qui connaît l'île comme sa poche. Transport aéroport inclus. Location de voiture possible. Une valeur sûre !

Matavai *(plan A1,* ***23****) : sur la petite route côtière, proche du centre. 952-23-58-21. • matavai.cl • Double env 65 000 $Ch.* Notre adresse coup de cœur ! Des cabanes de Robinson, juste en face de l'océan, tenues avec soin par une Canadienne anglophone. Elle propose 3 chambres avec salle de bains et cuisinette attenante. Les 2 chambres du bas communiquent avec le petit patio intérieur. Elles sont coquettes et confortables mais sans vue. La chambre qu'on préfère (la plus chère...) se situe au 1er étage avec vue sur le bord de mer. La propriétaire n'habite pas sur place.

Plus chic (jusqu'à 150 000 $Ch / env 167 €)

Inaki Uhi Hotel *(plan A2,* ***26****) : dans la rue principale. 942-95-49-74. • inakiuhi.com • Doubles 100 000-150 000 $Ch, petit déj compris.* En plein centre, ce petit hôtel consiste en un grand patio intérieur planté d'un palmier avec des chambres de part et d'autre. Elles sont assez sommaires, sans déco particulière, mais très propres, et les baies vitrées donnent sur la pelouse agrémentée de quelques transats. Bon rapport qualité-prix. Cuisine à disposition.

Hotel Gomero *(plan B2,* ***37****) : Tu'u Koihu. ☎ 32-210-03-13. • gomero.cl • Doubles 120 000-170 000 $Ch, petit déj compris. ½ pens possible.* L'entrée est signalée par un grand portail de pierre. Au bout d'une petite allée bordée de palmiers, une demeure en dur avec des tôles ondulées sur le toit proposant des chambres confortables (avec clim), lumineuses et propres (avec salle de bains, ventilo et minibar). On aurait juste aimé un peu plus de fantaisie dans la déco. Elles sont disposées autour de la petite piscine. Parking gratuit, transferts aéroport. Propose aussi des excursions. Resto décoré de sculptures et de peintures pascuanes.

Très chic (plus de 160 000 $Ch / env 175 €)

Hotel O'Tai *(plan B1,* ***30****) : Te Pito o Te Henua. ☎ 32-210-02-50. • hotelotai.com • En face de la caserne des pompiers et de la poste. Doubles env 150 000-190 000 $Ch.* Un des plus vieux hôtels de l'île, très bien situé, à 200 m de la mer. Sur un vaste terrain à la végétation tropicale, plusieurs petits bâtiments éparpillés abritent des chambres à la déco avenante, bien équipées (douche et w-c, TV, frigobar) et toutes avec clim (ce qui est rare). La plupart ouvrent sur le jardin (calme) et certaines disposent d'une terrasse. Belle piscine extérieure et parking gratuit.

Cabañas Pikera Uri *(hors plan par B1,* ***25****) : juste en contrebas du musée, sur le bord de la piste de l'ahu Te Peu (près de l'ahu Tahai). ☎ 32-210-05-77. • pikerauri.com • Doubles à partir de 200 US$, transfert* *aéroport inclus.* Véritable havre de paix dominant le Pacifique, c'est l'une des belles adresses de l'île. Sur une grande pelouse, 3 bungalows en bois (avec balcon avec vue sur la mer) abritent 6 grandes chambres décorées avec goût et confortables (douche et w-c, bonne literie). Organise aussi des randonnées équestres *(cabalgadas).* Location de voitures. Quelques bémols : pas de clim, pas de wifi dans les chambres et personnel souvent absent.

Hôtel Vai Moana *(plan B1,* ***27****) : Atamu Tekena. ☎ 32-210-06-26. 934-23-70-70. • vaimoana.cl • Dans la rue menant au musée, indiqué sur la gauche. Doubles à partir de 190 000 $Ch, petit déj compris.* Il est le 1er hôtel d'Amérique à avoir reçu le label de l'Institut du tourisme responsable ! Dans un grand jardin luxuriant avec vue sur la mer, une quinzaine de chambres (bungalows) spacieuses, bien tenues (douche et w-c) et confortables (ventilo). Les plus chères sont dans des pavillons en forme de coque renversée, mais elles ont toutes des baies vitrées. Piscine. Laverie et cuisine équipée à dispo. Fait aussi resto (réputé). Organise tous types d'excursions et assure les services habituels (location de véhicules, transfert aéroport, etc.). Une belle adresse !

Hotel Taha Tai *(plan A1,* ***31****) : Apina Nui, Casilla, 11. ☎ 32-255-11-92. • hoteltahatai.cl • Très belle situation face à la mer, au sud de la caleta Hanga Roa O'Tai. En saison, double env 240 US$; bungalow env 315 US$.* C'est l'hôtel de luxe de l'île, l'un des préférés des tour-opérateurs haut de gamme. Grandes chambres impeccables mais sans grand caractère, réparties au choix dans l'aile principale ou dans une série de *cabañas* en dur (préférables car avec petit salon). Toute une gamme de services : clim, parking, petite piscine... Salle de petit déj avec terrasse face à la mer (sympa !). Fait aussi resto (ouvert aux non-résidents).

Où manger ?

On compte des dizaines de restaurants à Hanga Roa, auxquels il convient d'ajouter ceux des principaux hôtels, dont les prix ne sont pas forcément beaucoup plus élevés. À de rares exceptions près, la plupart affichent un cadre sans prétention et proposent la même cuisine classique de l'île.

Sur les cartes des restos, on retrouve toujours les produits de la mer : poisson du jour (du thon rouge surtout), *ceviche,* mais aussi des produits de la terre (des fermes pascuanes), soit du poulet et des steaks. On est d'ailleurs étonné du peu de variété de poissons dans les assiettes. Pourquoi ? En fait l'absence de barrière de corail (véritable garde-manger) rend la faune des petits poissons relativement rare. Si l'on veut dépenser moins, on peut se rabattre sur les salades, les sandwichs et les *empanadas.* Sachez que lorsqu'il pleut, de nombreux restos ferment leurs portes.

Bon marché (5 000-10 000 $Ch / env 5,50-11 €)

Club Sandwich *(plan B1,* ***52****) : Te Pito Ote Henua. ☎ 32-255-03-79. Ouv tlj sauf dim 12h-23h. Env 8 000 $Ch.* Dans cette île où tout est cher, voici une petite cantine en retrait de la rue principale. Le chef propose de gros sandwichs frais et copieux à prix doux. Et aussi des hamburgers, des *empanadas* et des salades. Simple, goûteux, économique et bien nourrissant. Une institution, ici !

Polynesian Coffee & Tea *(plan A1,* ***60****) : Policarpo Toro, s/n. 942-86-00-62. Ouv tlj 7h-21h. (parfois fermé dim hors saison)* Ambiance jeune et dynamique dans cette paillotte polynésienne nouvelle génération, située face à la mer et où l'on se sent comme à la maison. Menu du jour *healthy,* savoureux et gourmand pour le meilleur rapport qualité-prix de l'île. Propose aussi des salades et des soupes. Accueil sans fausse note et excellent petit déjeuner (voir plus bas « Où faire une pause sucrée ? Où boire un bon café ? »).

Prix moyens (10 000-20 000 $Ch / env 11-22 €)

Haka Honu (plan A1, **54**) : *Policarpo Toro. ☎ 32-255-22-60. Tlj sauf mer 12h-23h. Plats 12 000-18 000 $Ch.* À côté de la banque *Santander*, en bord de route, en surplomb du littoral (superbe vue sur mer). Petite auberge pascuane, discrète et bien tenue, qui sert une cuisine locale correcte : thon, salade de poulpe, *ceviche*... Service jeune et aimable.

De prix moyens à plus chic (15 000-30 000 $Ch / env 17-33 €)

La Kaleta (plan A1, **56**) : *au bout de la cale (petit port de pêche), après les clubs de plongée. ☎ 32-255-22-44. Lun-sam, midi et soir ; plus dim midi. Plats 10 000-18 000 $Ch. Euros, dollars et CB acceptés.* Une savoureuse cuisine locale assez élaborée, dans un resto merveilleusement situé. Mieux vaut réserver pour le dîner car ce n'est pas grand et les tables en terrasse face à la mer sont très demandées. Le carpaccio et le *ceviche* de thon sont exquis. Nous conseillons aussi les pâtes. Autre surprise, les desserts... et la vue sur les surfeurs qui dansent sur les vagues ! Notre spot favori pour siroter un cocktail (ah, leur *pina colada* !) en admirant le coucher du soleil. Un coup de cœur.

Te Moana (plan A-B1, **51**) : *Policarpo Toro. ☎ 32-255-15-78. Tlj sauf dim 13h-23h30. Plats 15 000-20 000 $Ch. Résa impérative en saison.* « C'est un cabanon bleu, la lala la lalala... » : après la caleta Hanga Roa O'Tai face à l'océan, le resto est prolongé par une terrasse et une pelouse bien verte. Cuisine gastronomique pour gourmets : *ceviche* au gingembre et au lait de coco, pâtes de la mer, poisson au riz sauce vanille... Le chef est inspiré, les assiettes, joliment présentées, et c'est copieux. Service efficace et attentionné. Une très belle adresse, sans doute le meilleur resto de l'île.

La Taverne du Pêcheur (plan A1, **56**) : *sur la caleta Hanga Roa O'Tai. ☎ 32-210-06-19. Tlj sauf dim soir. Plats 15 000-20 000 $Ch.* Une sorte de chalet en bois dans le style tropical et balnéaire. Sympa comme tout, ces petits compartiments évoquant le carré des bateaux ! Essayez d'avoir une table donnant sur le petit port. Bonne cuisine franco-pascuane, relevée d'épices ou plus classique, ainsi que des plats purement locaux (poisson, langouste, araignée de mer, etc.). Reste que ce n'est pas vraiment donné et que le service est parfois un peu débordé...

Où faire une pause sucrée ? Où boire un bon café ?

Polynesian Coffee & Tea (plan A1, **60**) : *Policarpo Toro, s/n. Voir précédemment « Où manger ? ».* On avait été séduit par la partie resto, nous voilà définitivement conquis par le petit déj aussi ! Pains au chocolat, croissants « à la française », brownies, muffins, etc., accompagnés du meilleur café de Hanga Roa. Les graines viennent d'Italie tout comme le percolateur. Le top, niveau qualité ! Belle sélection de thés du monde entier et excellent *açaï bowl* (grand bol avec fruits, céréales, lait ou fromage blanc). Et toujours ce service souriant et dynamique !

Achats, artisanat

Mercado artesanal (plan B1) : *juste à gauche de l'église. Tlj 9h-20h (10h-14h dim).* Entièrement dédié à l'artisanat pascuan. Assez cher, mais de bonne qualité. En particulier, vous trouverez des *kava kava* (statuettes décharnées) en *toromino* (bois rouge très dur, devenu rare). Mais aussi des tee-shirts et babioles diverses. Marchandage possible. Conseil : plus vous allez vers les stands du fond, plus les prix baissent...

Mercado feria *(plan B1)* **:** *dans une grande halle couverte. En général, tlj sauf dim ap-m 9h-20h.* Encore de l'artisanat. Statues miniatures en pierre de lave, objets en bois... Pour les fruits et légumes, stands de producteurs dans la rue principale, tous les matins.

À voir

À Hanga Roa et alentours

Il y a des balades qu'on peut aisément effectuer à pied ou à vélo de façon autonome, comme celles du cratère d'Orongo (assez long et chaud !) et vers les *ahu* proches de Hanga Roa (Tahai, Akapu, Vinapu et éventuellement, pour les plus courageux, Hanga Poukura et Hanga Te'e).
Pour tous les autres lieux (comme la carrière du Rano Raraku ou la plage d'Anakena), nous conseillons vivement de louer un véhicule à la journée (essayez de vous grouper).
En théorie, il est obligatoire d'être accompagné d'un guide pour visiter tous les sites les plus importants de l'île.

Iglesia de Hanga Roa *(plan B2)* **:** *en haut de Te Pito Ote Henua.* Édifice moderne construit en 1937, avec une façade et un intérieur décorés de motifs traditionnels : hommes-oiseaux, tortue coiffant le Christ de l'autel, arbre à pain... Quelques sculptures pascuanes en bois. Pour entendre les chants rapa nui, il faut venir à la messe de 9h ou de 11h le dimanche matin. Éviter de prendre des photos pendant les offices, ça va de soi. À l'extérieur, à droite de l'entrée, un pavillon abrite 4 tombes dont celle du père Eyraud (1820-1868), 1er missionnaire de l'île et de Sebastián Englert (1888-1969), père capucin allemand, qui fut aussi un éminent archéologue (le musée créé par lui porte son nom).

Caleta Hanga Roa *(plan A1)* **:** la caleta Hanga Roa O'Tai, ce petit port de poche, accueille une dizaine de longues barques colorées qui s'abritent des déferlantes. Très agréable au coucher du soleil, ce site consiste en une toute petite plage de sable sur le côté, un *moaï* redressé et, surtout, de longues vagues qu'apprécient les surfeurs locaux, très fervents sinon très doués... À gauche du resto *Pea* (perché sur un promontoire rocheux), une sorte de bassin d'eau de mer a été aménagé pour les locaux, protégé des vagues par de grosses roches.

Ahu O'Orongo *(plan B1)* **:** *au nord de la caleta Hanga Roa O'Tai, en longeant le littoral. À ne pas confondre avec le cratère du volcan Orongo.* Chaque année, à l'occasion du grand festival traditionnel du *Tapati,* des équipes concurrentes s'affrontent pour réaliser des sculptures dans la pierre de lave. C'est ici qu'elles sont exposées. C'est également là que se déroulent les spectacles durant les compétitions du *Tapati.* Au pied d'un bouquet de palmiers se cache une toute petite *caleta* (plagette) bien protégée par des rochers, très appréciée des familles *rapa nui* pour la baignade. Il y a d'ailleurs une piscine naturelle d'eau de mer, creusée dans les rochers.

Ahu Tahai *(plan B1)* **:** *à env 2 km au nord de la caleta Hanga Roa O'Tai, en continuant de remonter le long du littoral, après avoir passé le cimetière.* C'est le site archéologique le plus proche de Hanga Roa. Les vestiges les plus anciens remontent aux années 700. Adossé à la mer, l'ahu Tahai compte 3 séries de plates-formes, dont l'une supporte un bel ensemble de 5 statues plus ou moins tronquées (style archaïque). À côté se dressent 2 *moaï* solitaires, dont l'un, le *moaï* Ko Te Riku, a retrouvé son *pukao* (chignon rouge) et ses yeux. ***C'est la seule statue de l'île***

à avoir des yeux. Ils ne sont pas d'origine. Ce sont une réplique inspirée d'un œil de corail blanc découvert sur la plage d'Anakena en 1978 (voir encadré).
Sur l'espace cérémoniel, on a dégagé la majeure partie des lieux importants du village. 70 à 200 personnes y auraient vécu. Plus haut se dessinent les fondations d'une *hare paenga,* une « ***maison-bateau*** » de forme ovoïde, comme on peut en voir sur plusieurs sites. Remarquez les trous dans la pierre. Les Pascuans y plantaient des branches qui étaient assemblées au sommet de la structure pour former le toit. Celui-ci était couvert de joncs, de feuilles et d'herbes sèches.
Entre les 2 *moaï,* sur l'herbe, le cercle de pierre des médiums à la rencontre des esprits.
C'est aussi l'un des plus beaux spots de l'île pour observer le coucher de soleil.

LE REGARD DES STATUES

Hormis une statue (ahu Tahai), les moaï de l'île n'ont pas d'yeux, seulement une cavité vide. Les ouvriers sculptaient les orbites des statues avant qu'elles ne soient dressées sur leur socle de pierre. On y fixait ensuite les yeux. Ceux-ci étaient faits de corail blanc et d'une pierre volcanique rouge (scorie) pour les pupilles. Tailler les orbites d'un moaï signifiait lui ouvrir les yeux afin de faire revenir son mana (esprit) à la vie. Chaque moaï devenait alors Aringa Hora (visage vivant des anciens) et était baptisé.

🚶🚶 ***Museo antropológico Sebastián Englert*** *(hors plan par B1)* **:** *au nord de la ville, passé l'ahu Tahai (sur le bord de la piste de l'ahu Tepeu).* ☎ *32-255-10-21.* • *museorapanui.gob.cl* • *Tlj sauf dim-lun 10h-14h (en principe, à vérifier). GRATUIT. Livret en français à l'accueil.* Ce petit musée, admirablement situé sur un large espace en bord de mer, porte le nom d'un père capucin allemand versé dans l'étude de l'histoire de l'île. Malgré sa petite taille, il est d'un grand intérêt car il tente d'éclairer le visiteur sur certaines des énigmes de la culture pascuane. Les explications fournies sur l'histoire naturelle, à travers une succession de panneaux bien réalisés, sont excellentes. Dans l'unique et vaste salle, parmi les objets exposés, en dehors de nombreux outils, on remarque une belle petite collection d'armes (la plupart en obsidienne), quelques tablettes de *rongo rongo* (dont une originale, en forme de poisson) et diverses sortes de sculptures. Les *moaï kava kava* (décharnés) et les *moaï tangata* sont en bois de *toromiro.* On trouve aussi une belle tête de *moaï* en basalte et, le plus étonnant de tout, un ***rare moaï féminin*** (découvert par Thor Heyerdahl à Anakena en 1956), à la tête très étirée percée de 2 orbites profondes et rapprochées (rien de très féminin là-dedans...). Une douzaine de *moaï* féminins ont été retrouvés dans l'île. Il n'y avait donc pas que des statues d'hommes.
Enfin, jetez un coup d'œil (c'est le mot...) à l'œil de *moaï* découvert à la plage d'Anakena en 1978. Depuis cette date, on n'en a retrouvé qu'un seul, plus petit (mais complet) à l'ahu Tongariki. Vitrine sur l'art de la pêche (hameçons, têtes de harpons...). Une petite salle à côté abrite régulièrement des expos temporaires de peintures, photos, sculptures. Petit café.

🚶 ***Ahu Akapu*** *(carte Île de Pâques)* **:** visible depuis l'ahu Tahai, au-delà du musée, ce plus petit centre cérémoniel compte un unique *moaï* archaïque redressé, tournant, comme ses confrères, le dos à l'océan. C'est le 1er *moaï* à avoir été traité par injection de résine pour lutter contre l'érosion et l'imprégnation des champignons. Il semble avoir bien supporté l'opération.

Au sud-ouest de l'île *(carte Île de Pâques)*

En voiture, on peut facilement réaliser le tour complet de l'île et de ses principales curiosités en une journée, en partant tôt le matin. La route principale fait le tour de

l'île en décrivant une boucle d'environ 50 km. Elle est goudronnée en quasi-totalité et en assez bon état (attention aux trous et aux nids-de-poule surtout). En revanche, les chemins d'accès à certains *ahu* nécessitent un véhicule tout terrain. Tous les sites sont accessibles plusieurs fois avec le *pass,* à l'exception des volcans.
– ***Rappel :*** il est strictement interdit de monter ou grimper sur les *moaï* (les gardiens veillent !).

Ana Kai Tangata *(grotte de Kai Tangata ; carte Île de Pâques)* **:** *au sud de Hanga Roa, 100 m env après avoir passé l'entrée de l'hôtel Iorana.* Grotte de lave béante s'ouvrant sur la mer, qu'on atteint par un sentier court mais raide. Aussi appelée « la grotte des cannibales » (autres temps, autres mœurs !). Vestiges de peintures rupestres. Peu à peu, la voûte de la grotte (de nature schisteuse) s'effrite et les dessins disparaissent. Des motifs d'oiseaux ont été tracés avec des pigments blancs et ocre (survivront-ils au temps et à l'érosion ?).

Volcán Rano Kau, son cratère et le village d'Orongo : *pour ceux qui viendront à pied depuis le village, compter 1h30. En voiture, c'est facile : suivre une route goudronnée (env 5 km) au départ de Hanga Roa. Panneaux indicateurs. Une carte du site est fournie à l'entrée. La balade à pied dure env 25 mn. On marche sur un sentier d'env 1 km. Le parcours est balisé par une dizaine de panneaux informatifs. On reste sur le rebord du cratère car on ne peut plus accéder au fond, ni aux pétroglyphes (extrémité sud).*
Intéressant d'y venir à pied, à travers les sentiers forestiers : ça grimpe mais la balade est agréable et vivifiante ! Par la route, on accède à l'entrée par le versant nord du volcan et on parvient à un petit parking. Juste à côté, une maison abrite un bureau d'information et un petit musée exposant des documents et des photos intéressantes sur le site et son histoire. C'est de là que démarre la randonnée sur le site d'Orongo. On arrive en 10 mn au bord du cratère du volcan Rano Kau.
Sorti des entrailles de la terre il y a plus de 2,5 millions d'années, ce volcan Rano Kau a creusé un immense cratère *(caldeira)* de forme arrondie avec des pentes tapissées d'éboulis et de quelques bosquets d'arbres. D'un diamètre de 1 600 m, profond de 200 m, le cratère communique avec la mer par une brèche étroite. Voici ***l'un des sites les plus fascinants de l'île de Pâques,*** qui s'ancre au-dessus du vide. « C'est un Colisée immense et magnifique, dans lequel manœuvrerait aisément une armée », écrit Pierre Loti en 1872. Offert aux 4 vents, face à l'à-pic, le village cérémoniel est étroitement lié au culte de l'homme-oiseau.

OASIS INSOLITE

Incroyable, mais au fond du volcan Rano Kau règne un microclimat, comme dans une oasis. Jusqu'en 1973, les habitants de Hanga Roa venaient tous y chercher de l'eau. Plusieurs adultes se rappellent y avoir accompagné leurs parents, avec les chevaux et les outres. On y trouve encore quelques bananiers, plantés par la population qui y lavait son linge, y passait la journée, tranquillement. Le site est aujourd'hui protégé.

– Au fil du sentier menant au bord du cratère, on découvre des ***restes de constructions en pierre*** : c'est là que se trouvait le ***village cérémoniel d'Orongo.*** Les archéologues y ont retrouvé et restauré ***53 maisons basses*** en pierre de basalte. Les Pascuans n'y vivaient pas. Elles n'étaient occupées qu'une courte période de l'année, uniquement au printemps durant les cérémonies de l'homme-oiseau. De forme elliptique, ces maisons basses n'étaient accessibles que par une seule petite entrée latérale étroite. On craignait d'être attaqué pendant la nuit, et par ailleurs il fallait se protéger du vent qui souffle ici 5 fois plus fort qu'à Hanga Roa (vous le sentirez vous-même !). C'est sur le site du village que s'élevait le fameux *moaï Hoa Haka,* dit « le briseur de vagues » (haut de 2,50 m), qui fut emporté en 1868 par les Anglais à bord du navire *HMS Topaze* et se trouve aujourd'hui au British Museum à Londres.

– ***Le fond du cratère*** est composé de nombreuses grosses mares et de petits étangs couverts de *totora* (des joncs), le tout forme un étrange paysage humide. Tous les 7 ans, dit-on, certains lacs s'ouvrent, d'autres se ferment. Selon l'heure du jour et la luminosité, ils prennent des teintes bleu intense, vert d'eau, gris foncé...
– En contrebas du volcan, au-delà des falaises vertigineuses, 3 points sombres apparaissent dans l'océan, qui les balaie vigoureusement de ses vagues : les îlots de Motu Nui (Grande Île), Motu Iti (Petite Île) et Motu Kao Kao.

Le site des pétroglyphes : *à l'extrême pointe de l'île, juste entre le cratère du Rano Kau et la falaise qui le délimite (là où l'on trouve la brèche).* ***Site inaccessible aux visiteurs*** *pour des raisons de préservation et de sécurité.* En contrebas du site d'Orongo, sur un promontoire dominant la mer se trouve le secteur de ***Mata Ngarahu*** (interdit au public). Là, sur des rochers posés en équilibre au-dessus du vide, sont conservés ***près de 1 700 pétroglyphes.*** Le plus grand nombre représente logiquement l'homme-oiseau, dépeint sous la forme d'un personnage recroquevillé à corps humain mais avec une tête d'oiseau à gros œil, terminée par un grand bec crochu. En raison de l'érosion et des rigueurs du climat, c'est un des 100 sites historiques les plus menacés du monde.

Ahu Vinapu : *sur la côte est, à 4 km de Hanga Roa, près de l'extrémité de la piste de l'aéroport. Pas loin des grands réservoirs d'essence.* Cet *ahu* tient une place à part grâce à son appareillage de pierre ressemblant aux murailles du Machu Picchu. Blocs cyclopéens parfaitement ajustés sur 2 rangées. Ce sont eux qui firent fantasmer Thor Heyerdahl (et d'autres archéologues) et lui suggérèrent que les ancêtres des Pascuans pourraient être originaires d'Amérique du Sud. En tout cas, le clan qui éleva cet *ahu* était le plus puissant de l'île : il profitait de la bonne terre pour les cultures (l'actuel terrain d'aviation), d'eau fraîche proche (dans le volcan), d'accès aux 2 côtés de l'île (pratique pour la pêche quand les courants changeaient). Les *moaï,* renversés face contre terre, n'ont pas été redressés. Ils ont été couchés durant les guerres tribales du XVIIe s. Ceux-ci datent de la période historique *moaï.*
Derrière la statue principale, on trouve un mur énigmatique, sans doute l'une des plus belles œuvres de l'architecture rapanui. Il est constitué de gros blocs de pierre (pesant plusieurs tonnes) : elles ont été assemblées sans mortier ! Remarquez la grande précision et le sens esthétique de l'ensemble.

À l'ouest de l'île (carte Île de Pâques)

La carrière de Puna Pau : *à 7 km au nord-ouest de Hanga Roa. Sur la piste de l'ahu Akivi, prendre à gauche au 1er embranchement. Facilement accessible en voiture.* L'endroit ressemble à un coin d'Irlande mâtiné d'Auvergne, par le velouté des collines et la variété des verts. Une balade bien agréable. On vous conseille de venir visiter ce site pour comprendre comment étaient fabriqués les grands cylindres rouges ornant les statues. C'est de ce petit cratère de scories que l'on extrayait justement cette curieuse roche rouge ressemblant à un conglomérat de mâchefer, utilisé par les anciens Pascuans pour réaliser le *pukao* (chignon ou chapeau qui ornait les *moaï*). Une vingtaine de *pukao* sont restés sur place plus ou moins bien conservés, sur les bords du court sentier grimpant au sommet de la colline verdoyante. Taillés grossièrement sur place, les *pukao* perdaient un tiers de leur volume durant le transport, simplement par frottement. Ils étaient retaillés définitivement sur le site final, près des *moaï* au sommet desquels on les fixait enfin. Cela explique l'importance des volumes qu'on voit ici.
Avec la partie du cylindre encore enlevé, on complétait le décor de bordure du *ahu.* Remarquez les cavités creusées dans la base de certains, ainsi que les quelques pétroglyphes qui les ornent encore malgré le passage du temps (dessins de canoës et signes tribaux).

– Au sommet, belle vue sur la région. Plusieurs petites bornes explicatives sur le sentier, qui évoquent la taille, le transfert et la mise en place de ces curieux chapeaux.

Ahu Akivi *(ou ahu Atiu) : à 9,5 km au nord de Hanga Roa.* Akivi est le 1er site à avoir été restauré scientifiquement en 1960 par l'Américain William Mulloy et Gonzalo Figueroa. Le lieu est superbe, particulièrement sous les rayons du soleil déclinant. En toile de fond, le moutonnement des vertes collines centrales.
Situé presque au centre géographique de l'île, cet *ahu* tient une place à part dans son histoire. Une hypothèse le décrit comme un site commémoratif plus que dédié aux ancêtres. C'est le seul dont l'alignement de statues soit tourné vers la mer, en un lieu où n'existait autrefois aucun village. Ces 7 superbes *moaï*, hauts de 4 m et redressés, personnifient, dit-on, les 7 envoyés du roi Hotu Matu'a venus explorer l'île. La tradition orale affirme d'ailleurs qu'ils ne l'apprécièrent pas du tout. Ils se plaignaient du vent qui emportait les graines semées, selon eux ! Parmi les 7, 5 frères venaient des Marquises (la langue pascuane est d'ailleurs une sorte de dialecte marquisien).
Une autre version, plus récente, toujours issue de la tradition orale, indique que l'*ahu* serait un site comme les autres, regardant le village (dont on ne retrouvera rien), mais celui-ci aurait été situé dans l'axe de la mer, d'où le fait qu'il soit face à l'océan. Ce site aurait été utilisé par les prêtres pour fixer le calendrier de l'année.

Ana Te Pahu *(grotte de Te Pahu) : à 1 km après l'ahu Akivi, sur la gauche de la route qui conduit vers la mer. Faire attention les jours de pluie car les chemins sont glissants.* C'est la plus grande caverne de l'île, étendue sur plusieurs kilomètres. Les Pascuans pouvaient y vivre et y dormir. Elle fut utilisée comme abri provisoire par un clan, puis devint cimetière bien plus tard. Elle fut habitée jusqu'en 1938. Tout en longueur (plusieurs centaines de mètres), cette grotte a été formée lors de l'une des éruptions de l'île : elle ressemble à un grand tambour de lave pétrifiée. Lorsque le magma, en partie déjà refroidi, se mit à se figer en surface, il continua à s'écouler de manière souterraine par ce large boyau. En plusieurs endroits, la voûte s'est effondrée, formant des cavités à ciel ouvert et autant de puits de lumière pour ceux qui auraient oublié leur torche... Il vaut mieux cependant en prévoir une.

Ahu Te Peu : *accessible à pied par un sentier (500 m) qui commence au petit parking (terminus de la route praticable, y laisser son véhicule).* Dans un site remarquable et étendu face à la mer, on arrive à une plate-forme non restaurée avec quelques têtes de *moaï* brisées, et leurs chapeaux en tuf rouge en piteux état. Les statues ont été renversées dans le passé. La base de la plate-forme contient encore quelques ossements humains. Tout autour, les vestiges d'un ancien village, avec ses cercles de pierre *(manavai)* qui protégeaient les cultures, et les ruines de quelques « maisons-bateaux ».

Ana Kakenga *(grotte aux 2 fenêtres) : à env 1 km au sud de l'ahu Te Peu, par un sentier pédestre longeant la côte.* Étonnante grotte-abri ! Un étroit boyau permet d'accéder à une caverne longue d'une trentaine de mètres. Il s'agit d'un tunnel de lave formé par une coulée volcanique peu visqueuse qui s'est refroidie en surface. La lave s'est écoulée jusqu'à la mer, en creusant 2 bouches ou « fenêtres », d'où le nom populaire de la grotte. Au bout du tunnel, 2 ouvertures rondes à flanc de falaise conduisent à la vision de l'écume blanche sur la roche noire et toute l'étendue du Pacifique pour horizon. 2 conseils : apporter une lampe et y aller avec un guide.

La côte nord de l'île *(carte Île de Pâques)*

Ahu Anakena et sa plage : voici **la plus belle plage de l'île,** frangée de sable et de quelques dunettes, avec la seule cocoteraie existant sur l'île, plantée

dans les années 1960 et importée de Tahiti (attention d'ailleurs aux noix de coco qui tombent des arbres sans prévenir !). Site très fréquenté certains jours par les touristes et les Pascuans. C'est là qu'aurait débarqué le roi Hotu Matu'a, venu de Polynésie il y a plus de 700 ans (selon les archéologues), là aussi que les anciens *ariki* installèrent leur résidence et que se situait l'école des *maori,* les chefs rapa nui.
On y découvre un bel ***ensemble de 7 statues*** : l'*ahu Nau Nau* dominant la petite baie et la plage. Un décor de carte postale ! Des 7 statues, 5 sont intactes et 4 possèdent encore leur *pukao* (leur chapeau de pierre rouge). Plus qu'intactes, elles sont même superbement conservées, car, après avoir été jetées à terre, elles restèrent longtemps enfouies dans le sable de la plage.
On distingue avec une facilité incroyable leurs longues oreilles et, dans leur dos, des symboles évoquant les éléments naturels. Ces statues furent redressées en 1978 par Sergio Rapu, archéologue pascuan de renommée internationale.
À l'arrière de l'*ahu,* on peut aussi voir 2 pétroglyphes d'hommes-lézards (au pied de la 4e statue). Plus loin, sur l'***ahu Ature Huki,*** l'un des 1ers *moaï* qui furent redressés sur l'île, en 1956, par l'équipe pascuane de Thor Heyerdahl. On utilisa la technique dite des petits cailloux, qui fut probablement aussi celle de l'époque où l'on éleva les 1res statues. Technique très simple qui consiste à lever centimètre par centimètre le *moaï* à l'aide de leviers et de cordes. Chaque fois qu'il bouge, on glisse des petits cailloux dans le vide créé, et ainsi de suite. Une dizaine de jours ont suffi à 12 hommes pour parvenir à le redresser. C'est ici que l'on découvrit que les *moaï* portaient des yeux de corail, car on en découvrit un enfoui dans le sable. Fallait avoir l'œil !

Café-resto Anakena Hopu : *à 100 m de la plage, dans la cocoteraie. Tlj 9h-20h. CB refusées.* Ce pavillon en bois style paillote sert à boire et à manger. Tendance *eco-friendly* côté cuisine (salades top !) et cocktails maison, savoureux. Belle vue depuis la terrasse. Toilettes payantes.

Playa de Ovahe : *à 1 km à l'est d'Anakena.* Moins étendue et moins propice à la baignade que sa voisine Anakena, cette plage est aussi plus sauvage pour les amateurs de grosses vagues (mais attention aux dangereux courants !). À l'extrémité ouest de la plage, petit sentier raide qui mène à une pointe de lave dissimulant, derrière ses gros rochers (escalade obligatoire !), une série de beaux bassins translucides. ***Soyez prudent,*** ce sentier peut être très dangereux car souvent glissant. Quant aux bassins, ne pas s'y baigner en cas de mer forte.

Ahu Te Pito Kura et la baie de Hanga Ho'onu *(ou baie Lapérouse)* ***:*** *après la guérite du gardien, faire 5 mn de marche.* En surplomb, sur la dune au-dessus de la crique rocheuse, ce site possède le *moaï* le plus grand (9,80 m sans son chapeau) jamais érigé sur un *ahu.* La statue colossale s'appelle ***Paro*** et pèse dans les 70 t, son chapeau près de 10 t. Ce monstre est brisé par le milieu et repose couché face contre terre. Les guerres tribales (dites « guerres de renversement des statues ») l'ont jeté à terre il y a plus de 200 ans (vers la fin du XVIIIe s). L'hypothèse qu'il fut un jour dressé est confirmée par la présence d'orbites oculaires (qu'on ne creusait qu'une fois à la verticale). Son chapeau a roulé à côté.
À quelque 20 m, on découvre une enceinte de pierres volcaniques qui entoure un étrange œuf de pierre polie. Il évoque certainement un rituel en rapport avec la naissance (œuf). Dans la tradition, il représente « le nombril du monde ».
Plus loin, la ***baie de Lapérouse*** a été nommée ainsi en l'honneur de l'explorateur français Jean-François Galaup, comte de Lapérouse.

Petroglífos de Papa Vaka : *à env 3 km à l'est d'Anakena. Sur le côté droit de la route.* Un panneau indique à 100 m le petit champ de pétroglyphes de Papa Vaka, le plus important de l'île. Le site fait face à la côte nord, rocheuse et sauvage, avec ses chevaux en liberté. Il s'agit d'un ensemble de grandes dalles de pierre couvertes de pétroglyphes, c'est-à-dire des dessins gravés. Ils sont difficiles à distinguer, tout dépend de la luminosité. Les thèmes représentés sont liés à la pêche et à la mer. On y reconnaît aisément un crabe, un grand thon, un requin, une tortue et, moins sûrement, des hameçons et des canoës. Sur un autre rocher, on reconnaît un poulpe...

La côte sud de l'île (carte Île de Pâques)

On l'appelle communément côte sud, mais en fait, elle est axée sud-ouest-nord-est. Sur 16 km, entre la base du Rano Kau (sud-ouest) et le volcan du Poike (nord-est), près de ***92 sites archéologiques*** ont été recensés (rien de moins !), signes d'une intense activité sociale et religieuse : lieux d'habitation, *ahu* avec *moaï* renversés, poulaillers, etc. Cette côte est aujourd'hui la plus désolée de l'île, la plus sèche, soulignée par une côte de lave omniprésente, sur laquelle s'éclatent avec force les rouleaux du Pacifique. L'océan avec ses eaux turquoise est d'une grande beauté. Chevaux et vaches paissent en relative liberté, entre plusieurs points d'eau et sous l'œil attentif des cow-boys pascuans, fiers cavaliers.

Volcan et carrière de Rano Raraku : *la route aboutit à un parking, à proximité d'un café-resto où l'on vend des empañadas et des boissons fraîches. Toilettes payantes. La visite du site demande au moins une bonne heure. Tout se fait à pied. Env 200 m après la billetterie, le chemin se divise en 2 branches : à gauche, le sentier menant au cratère, à droite, celui qui mène au versant sud du volcan semé de nombreuses statues. Aire de pique-nique.*
L'un des sites les plus majestueux de l'île... mais très fréquenté aussi (y venir tôt le matin). C'est le volcan Rano Raraku qui servit de ***carrière*** à presque tous les *moaï* de l'île (95 %). Bien que fragile et poreuse, sa roche faite de tuf volcanique et de cendres compressées procure un excellent matériau pour la sculpture. Elle était travaillée avec des pics et des haches polies de basalte et n'était pas plus difficile à sculpter que du bois.
– ***Le cratère et la carrière*** *(chemin de gauche)* **:** le sentier rocailleux et pentu (parfois glissant) aboutit (env 20 mn) au cratère. Au fond de celui-ci, un petit lac s'est formé, frangé de *totora* (joncs). Le sentier s'arrête près d'un bouquet d'arbres. Des bancs à l'ombre attendent le visiteur. Coin très agréable pour piquer un petit roupillon ! On ne peut aller plus loin, ni s'approcher des statues du flanc est. L'accès en est interdit au public. On peut les admirer de loin (à environ 400 m). On remarque ces étranges colosses de pierre sans regard à moitié enfouis, qui seraient environ 70.
Durant le festival annuel de Tapati, ce cratère est le cadre du triathlon de l'île de Pâques : le ***Tau'a Rapa Nui,*** plus ou moins inspiré de la compétition de l'oiseau qui avait lieu à Orongo.
– ***Les statues du versant sud du volcan :*** un site exceptionnel. « Une des créations les plus grandioses et énigmatiques de l'humanité », selon Thor Heyerdahl. Pour l'anthropologue français Alfred Métraux (son livre sur l'île de Pâques publié en 1941 fait encore autorité) : « du point de vue artistique, les bustes du volcan Rano Raraku sont les plus parfaits ». Ce site est composé de 397 statues inachevées, abandonnées en cours de transport, cassées... Elles sont partout, sentinelles droites fixant l'horizon. Les glissements de terrain qui se sont produits au fil des années le long des pentes du volcan, ont déraciné quelques statues (les bustes), les entraînant vers le pied de la montagne. D'autres colosses ont été entièrement ensevelis par ces éboulis. De certaines statues n'apparaît que la tête au-dessus du sol. Pour d'autres, seulement le front émerge.
– ***Origine et mystère des statues de Rano Raraku :*** comment expliquer que toutes ces statues soient restées en l'état, comme figées dans le temps ? L'hypothèse la plus plausible reste celle d'une révolte et du renversement du pouvoir royal des Miru, qui aurait conduit au culte sur lequel ils appuyaient leur hégémonie. Mais on parle aussi d'une longue série de cataclysmes naturels : tsunami lié à un séisme sous-marin au large du Chili ? Sécheresses à répétition qui auraient

poussé les tribus pascuanes à délaisser ces ancêtres protecteurs inefficaces ? D'autres facteurs s'ajoutent peut-être : surexploitation des ressources, manque de bois pour faire glisser les *moaï* vers leur lieu de destination, guerres tribales ayant dépeuplé l'île, épidémies, etc. La tradition orale, quant à elle, s'en remet à l'histoire d'une sorcière à qui l'on aurait volé une langouste. Grâce à son *mana* (force spirituelle) très puissant, elle aurait ordonné et obtenu que tout s'arrête...

– ***Techniques de fabrication :*** la sculpture de la statue était faite directement dans la masse ou bien à l'intérieur d'une grotte que l'on créait artificiellement. On taillait d'abord des fosses pour isoler le bloc qui allait être travaillé. Un labeur colossal ! On commençait par sculpter la face (le plus souvent tournée vers le ciel), puis progressivement le dos, par-dessous, laissant ainsi au milieu un axe rocheux soutenant la statue (comme une quille de navire). Une sorte de « rampe de lancement » était parallèlement aménagée. Quand le *moaï* était terminé, en équilibre sur son axe, les derniers coups faisaient sauter celui-ci (durant l'opération, il arrivait que le *moaï* se brisât).

– ***Visite à pied du site :*** pour essayer de ne rien rater, prenez votre temps. Déambulez sans but précis sur les hauteurs mais ne ratez pas, dans l'axe du parking, comme couché sur la paroi, la tête vers le haut, ***le Géant*** (c'est son surnom), pris encore dans sa gangue de pierre. C'est ***le plus grand moaï jamais sculpté,*** il mesure 21,60 m et pèserait autour de 200 t. Il aurait sans doute été intransportable.

En bas, à droite du volcan, un autre curieux *moaï* : une statue d'homme à genoux, appelée *tukuturi,* dont le visage usé par le temps laisse encore deviner une barbe... Une hypothèse évoque un *moaï* très ancien, une autre au contraire prétend qu'il est récent. Il est très proche d'autres modèles plus petits mis au jour aux îles Marquises : jambes repliées sous lui, barbe, grosse tête. À observer attentivement. Partout à l'ouest, des dizaines d'autres *moaï* hiératiques se dressent, regard tourné vers l'horizon. Balayant un peu plus de 180°, ils devaient être investis d'une mission de protection ou d'observation. La légende rapporte que chacun scrutait une partie du monde dont il détenait le pouvoir. Ces *moaï* gardiens sont de stature imposante, plantés en terre et sans orbites oculaires (les orifices n'étaient sculptés qu'à la fin, au moment où la statue était dressée et fixée sur son *ahu*). On en trouve autant sur les pentes extérieures qu'à l'intérieur du cratère, à l'état d'ébauche.

Dès que l'on monte un peu sur les pentes se dessinent les ***1res carrières.*** Certains *moaï* sont presque achevés, d'autres à peine dessinés : seul leur nez énorme dépasse du rocher.

Ahu Tongariki : *sur la côte sud-est, vers la presqu'île de Poike, au pied du Rano Raraku.* Comme dans les autres sites, après le parking, on passe par la guérite d'accueil, on y montre son *pass* (carte touristique) et on découvre le site en contrebas, et à pied. Tongariki est le plus important site de *moaï* de l'île. Il réunit 15 statues géantes (de différentes tailles) sur un même *ahu* long de 200 m et surélevé en son centre de près de 3 m. Un seul conserve son *pukao (chapeau),* les autres sont regroupés à proximité. Le plus grand *moaï* pèse 88 t ! La plate-forme avec sa rangée de statues se découpe aujourd'hui dans le ciel infini avec la mer turquoise en arrière-fond. Un paysage remarquable !

Cet *ahu* fut mis à terre, victime comme tant d'autres, des guerres tribales. Longtemps après, en mai 1960, un ***tremblement de terre*** d'une magnitude de 9,5 sur l'échelle de Richter (l'épicentre était à Valdivia sur le continent chilien, à 3 600 km à l'est) provoqua un ***violent tsunami*** avec des vagues de 11 m de haut ! Elles déferlèrent sur toutes les côtes du Pacifique et sur l'île de Pâques (côte est) où elles emportèrent certaines statues jusqu'à 100 m à l'intérieur des terres.

Le site de Tongariki endommagé a été restauré en 1960-1961 grâce à l'aide du gouvernement japonais et de la société privée de construction Tadano. Le projet de restauration a coûté 2 millions de dollars US. Expert en tsunami, le Japon fit don à l'île de Pâques d'une grue capable de lever les colosses arrachés de leur socle. En 2006, le Japon offrit une nouvelle grue aux Pascuans, pour remplacer l'ancienne qui était cassée. Solidaires jusqu'au bout, les Nippons !

– Tongariki est intéressant également pour ses ***pétroglyphes.*** On peut notamment voir, à l'entrée du site, presque au pied des *moaï,* en contrebas de l'entrée, une roche plate avec une figure d'espadon et, à sa droite, une tortue (protégées par un cercle de pierre). Plus loin, à gauche du petit chemin en retrait, un homme-oiseau, un poisson, etc.
– ***À l'aube ou au crépuscule ?*** Le site est particulièrement envoûtant en fin de journée, au soleil couchant, lorsque les chevaux se baladent en liberté. Que dire de la splendeur du lever du soleil, lorsque l'astre sort de mer et dessine d'immenses ombres à contre-jour ! Amoureux de moments rares, mettez le réveil et filez à la rencontre de cet instant, de cet éphémère plein et puissant.

Ahu Akahanga et ahu Ura Uranga Te Mahina : *à une dizaine de km au sud de l'ahu Tongariki, en direction de Hanga Roa.* La côte rocheuse, les vagues puissantes et écumantes, l'océan bleu turquoise, le ciel immense, les collines vertes ondulantes, l'absence d'urbanisme, que dire de ce paysage remarquable sinon qu'il n'a pas changé depuis des siècles... Aux alentours, dans les champs d'herbe gambadent des chevaux en liberté. Plate-forme non restaurée, l'ahu Akahanga n'est pas le plus impressionnant qui soit. Les statues sont renversées et brisées. À une époque, le site comportait 12 *moaï.*
On y voit une petite grotte (abri antérieur aux cases-bateaux qui apparaissent au IVe s) et des ruines de sites d'habitation *(hare paenga).* On peut encore voir les alvéoles dans les structures de pierre, destinées à recevoir l'armature en bois de la case. Les formes elliptiques sont encore très visibles. La légende dit que le 1er roi Hotu Matu'a vint passer la fin de sa vie à Akahanga. À sa mort, on l'enterra sur le site, mais les archéologues n'ont jamais retrouvé sa tombe.
Plus loin, à 150 m à l'ouest, l'***ahu Ura Uranga Te Mahina*** conserve 4 statues en bon état mais couchées.

***Ahu Hanga Te'e** (Vaihu) :* *sur le versant est de la caleta Vaihu (qui signifie eau tiède), à 8 km de Hanga Roa.* Le site fut élevé près d'un point d'eau pour vaches et chevaux. C'est d'ailleurs pour cela que les Pascuans y installèrent un village et un cimetière. James Cook débarqua dans cette baie en 1774. Lors de son passage, il nota que les *moaï* étaient encore debout, ainsi que le cercle de pierres sacrées. Au nombre de 8, ils s'alignent aujourd'hui face contre terre, les uns à côté des autres, en rang d'oignons. Quelques chapeaux ont roulé sur le côté. Cette réunion de famille en fait un site évocateur. Devant les *moaï,* un cercle où l'on se rassemblait pour les cérémonies.

Randonnées vers les volcans

➢ ***Ascension du mont Maunga Terevaka :*** le mont Terevaka est le point culminant (507 m) de l'île. C'est aussi le plus jeune volcan de l'île (300 000 ans). L'ascension se fait à pied ou à cheval seulement, car les véhicules à moteur sont interdits. Compter une demi-journée : 4h minimum au total (soit 8 km), 1h30 de montée et autant pour la descente. Du sommet, on jouit d'une vue superbe sur Pâques et l'océan sur 360°. De l'ahu Akivi, point de départ pour gagner le sommet, il ne faut pas prendre la piste qui part tout contre le site, mais celle qui démarre environ 50 m plus loin (attention à ne pas vous tromper) ; le Terevaka est à 4,8 km de là.
Si vous parvenez en haut, vous pourrez redescendre sur Vaitea (lieu-dit sur la route Hanga Roa-Anakena) via le Rano Aroi (5,1 km), dont le cratère contient un petit lac. Il vaut mieux s'y rendre en taxi et donner rendez-vous au chauffeur au point d'arrivée, environ 4h plus tard. Si on a son propre véhicule, mieux vaut alors redescendre par le même chemin pour le retrouver.

➢ ***Ascension du volcan Poike :*** compter 5h, pour un circuit pédestre de 11 km, difficulté moyenne. À la pointe est de l'île, c'est le plus vieux volcan de l'île, avec près de 3 millions d'années. Il forme une forte péninsule conique. C'est ici que les légendes situent l'endroit de résidence des « Longues Oreilles ». Randonnée à faire à pied, de préférence avec un guide car aucun sentier n'est balisé.

Balades à cheval et autres activités

➢ ***Randonnées à cheval :*** la promenade équestre est devenue une activité classique sur l'île pour les touristes. On vous conseille d'en faire une, même si vous n'êtes jamais monté sur un cheval (guide recommandé). Un lever de soleil, l'ombre gigantesque des *moaï* qui dessine des lignes fuyantes sur les espaces herbeux, et tout autour des chevaux gracieux qui paissent tranquillement. Rares sont les images d'harmonie aussi douces et fortes à la fois.
Plusieurs loueurs d'hébergements proposent des balades. *Autour de 40 000 $Ch/pers (61 US$) les 4h et 60 000 $Ch/pers (90 US$) pour la journée. Des excursions de 2 j. et 1 nuit, voire plus, sont possibles. Réserver à l'avance.*

Plongée : encore confidentielle, la plongée est néanmoins pratiquée à l'île de Pâques, renommée pour ses multiples grottes marines et pour ses eaux limpides (pas de pollution, pas de plancton). Mais attention, on a beau être dans le Pacifique, la faune est en fait assez pauvre autour de l'île (pas de barrière de corail). Ceux qui viennent de Tahiti risquent donc d'être déçus sur ce plan-là. Ici, c'est surtout la géologie sous-marine qui présente un intérêt : grottes, tombants, passages sous voûte... et même un *moaï* englouti au fond de la mer ! On trouve toutefois la plus grande espèce de corail du monde, au large du Ahu Tahai.
Les clubs ont leur bureau à Hanga Roa.

■ ***Orca Diving Center*** *(plan A1,* ***7****)* **:** *sur la caleta Hanga Roa O'Tai.* 📱 *942-94-45-98. • info@orcadivingcenter.cl • 50 000 $Ch/pers l'initiation, 40 000 $Ch/pers (61 US$) la plongée (pour non-débutants).* Club de plongée fondé en 1980 par 2 frères français, Henri et Michel Garcia. Après avoir participé comme plongeur à une expédition du commandant Cousteau, Henri décida en 1976 de rester vivre sur l'île de Pâques où son frère le rejoignit en 1978. Grande compétence et très bon matériel. Organise des plongées de nuit. Propose aussi des excursions en bateau, location de matériel de snorkeling mais aussi surf, bodyboard et kayak.

■ ***Mike Rapu Diving Center*** *(plan A1,* ***7****)* **:** *à côté du précédent.* ☎ *32-255-10-55. • mikerapu.cl • 50 000 $Ch/pers l'initiation, 35 000 $Ch/pers (53 US$) la plongée (pour non-débutants).* Club réputé pour son sérieux fondé par Mike Rapu, un plongeur pascuan de haut niveau (champion sud-américain de plongée en apnée). Une des plongées permet de voir une statue immergée dans la baie de Hanga Roa (le *moaï sumergido*), une vision d'une grande beauté. Plusieurs sites sont proposés : Mana Vai, Papa Haoa (8-18 m de profondeur), Vai a Heva (12 m), la Catedral (15 m), et les îles du sud-ouest (Motu Iti, Motu Nui, et Motu Kau Kau, profondeur plus importante, de 45 à 90 m).

– ***Surf et kayak :*** le surf est l'un des sports traditionnels de Polynésie. Et l'île de Pâques ne déroge pas à la règle. 2 endroits réputés : la plage Pea, au cœur de Hanga Roa, et Papa Tangaroa, de l'autre côté de l'île (connu des surfeurs du monde entier pour ses vagues de plus de 3 m). Attention, ce sport ne s'adresse pas à des débutants. Bien observer d'abord les Pascuans pour ne pas vous fracasser sur un rocher. On peut louer des planches de surf, ainsi que des kayaks, à *Orca Diving Center* (voir plus haut).

– ***Assister au Tapati :*** *2 sem début fév.* Festival traditionnel haut en couleur, le Tapati est considéré comme la plus grande manifestation culturelle du Pacifique. Nombreux spectacles et activités : concours de sculpture, de tressage, de chant, de langue rapa nui, de danse traditionnelle bien sûr, mais aussi courses de chevaux, courses de porter de régimes de bananes (!), descente sur tronc d'arbre des pentes du volcan Maunga Pu'i, traversée à la nage du lac de cratère du Rano Raraku... Le tout en costumes traditionnels. Vous n'aurez guère de peine à vous faire inviter aux répétitions ou à suivre les épreuves. Mais sachez bien qu'il ne s'agit en rien d'un spectacle pour les touristes : le Tapati, c'est l'occasion pour les Pascuans de renouer une fois l'an avec leurs traditions, coutumes et savoirs ancestraux.

HOMMES, CULTURE, ENVIRONNEMENT

BOISSONS

– ***Eau :*** celle de la *llave* (du robinet) est en théorie potable. Mais c'est loin d'être toujours le cas. Par mesure de sécurité, buvez de l'eau en bouteille, on en trouve partout, *con* et *sin gas* – gazeuse et plate. Mais elle est assez chère. Et encore plus dans les restos.

– ***Jus de fruits :*** délicieux jus pressés *(jugos naturales),* surtout dans le nord et le centre du pays. Il y en a pour tous les goûts : pastèque, mangue, goyave, ananas, fraise, orange, etc. Se déclinent aussi en milk-shake, avec du lait ou en *smoothies.* Dans chaque ville des petits kiosques proposent ces savoureuses boissons.

– ***Bebidas :*** ce sont les boissons gazeuses sucrées. Le *Coca* règne en maître, malgré quelques inventions chiliennes comme le *Pap* (goût papaye) et le *Bilz* (tout rouge), hyper sucrés, fluo et malheureusement moins chers que l'eau minérale ! Cet engouement pour les boissons sucrées est devenu un véritable problème de santé publique.

– ***Leche con platano :*** le milk-shake le plus courant, avec lait et banane. Savoureux et idéal pour se caler l'estomac.

– ***Mote con huesillo :*** c'est une spécialité de la région centrale. Il s'agit de grains de blé germés faisant trempette dans une décoction de pêches séchées. Assez peu ragoûtant mais délicieux.

– ***Thé :*** plus consommé que le café mais vraiment pas terrible. En revanche, les ***agüitas*** (infusions) sont excellentes.

– ***Café :*** en général, c'est du café soluble, sauf dans les cafés des villes touristiques, où l'on trouve de vrais *espresso* et *cappuccino.* Si vous voulez un café au lait, demandez un *cortado* et non un *cafe con leche* (café soluble noyé dans une grande tasse de lait).

– ***Mate :*** moins répandu qu'en Argentine, en Uruguay et au Brésil, on en trouve cependant dans le sud du Chili. C'est une infusion que l'on boit traditionnellement dans une calebasse, avec une *bombilla* (paille de métal à l'extrémité écrasée). Tonique (contient de la caféine) et coupe-faim, il était consommé à l'origine par les *gauchos.*

– ***Mate de coca :*** à ne pas confondre avec le précédent, c'est une tisane de feuilles de coca. Très agréable et réputé pour ses vertus énergisantes. On en trouve facilement dans la région de San Pedro de Atacama car il aide à supporter le mal de l'altitude.

– ***Bière :*** la moins chère est la pression, appelée *Schop.* Si vous en voulez une petite, demandez *una chica* ; sinon, c'est *una mediana.* En bouteille, les plus courantes sont l'*Escudo*, la *Cristal,* la *Royal Guard* ou encore la *Kunstmann,* qui a plus de personnalité. Cette dernière peut être blonde (*lager,* filtrée ou non), ambrée (*Torobayo* ou *Gran Torobayo*), noire *(Bock),* fruitée *(Arándano)* ou encore au miel. L'*Austral* est très répandue aussi dans tout le pays. On aime bien l'*Austral Calafate,* ambrée. Mais le mieux reste de demander les bières du coin, car chaque région a ses petits brasseurs locaux. Souvent plus chères mais de qualité. Citons parmi elles la *Guayacán,* une bière artisanale brassée dans la vallée de l'Elquí (région de La Serana). Côté import, on trouve la bonne *Paceña* bolivienne et les inévitables *Corona* et bières nord-américaines.

– ***Pisco :*** boisson nationale du Chili, mais que le Pérou revendique également, c'est une eau-de-vie de raisin blanc, vieillie dans des barriques de bois neutre qui n'altèrent pas son goût. Un bon *pisco* se sirote pur (ou mélangé à du *tonic*). Pas de glace non plus ; pour le rafraîchir, placez plutôt la bouteille au frais. Le « piscola » (mélangé à du coca) est très populaire chez les jeunes, bien que vraiment pas terrible ! Ne manquez sous aucun prétexte de tester le ***pisco sour,*** un cocktail préparé avec 3 mesures de *pisco,* une de jus de citron, 2 cuillerées à café de sucre glace, ou sirop de canne et éventuellement un doigt de blanc d'œuf, le tout sur un lit de glace pilée. Attention, ça monte vite à la tête, surtout en version *rica rica* ! À éviter la veille d'une ascension en haute montagne... Dans le Sud, on fait volontiers le *pisco* à la rhubarbe. La différence entre le péruvien et le chilien vient de l'utilisation du citron, vert au Pérou et jaune au Chili.

– ***Cola de mono*** *(queue de singe !)* **:** mélange étrange d'eau-de-vie, café, lait, vanille, le tout servi glacé. Se prépare uniquement à la période de Noël.

– ***Chicha* :** jus de fruits fermenté et alcoolisé, très populaire. Méfiez-vous : c'est traître ! À ne pas confondre avec la *chicha* andine, à base de maïs fermenté.

– ***Araucano* :** liqueur produite à Valparaíso, composée d'une vingtaine d'herbes et consommée tel un médicament. D'ailleurs, ça en a le goût !

Les vins chiliens

Tout a commencé en 1524 quand le conquistador Hernán Cortes autorisa la culture de la vigne au Mexique. Celle-ci gagna ensuite le Pérou puis le Chili en 1551. Cette année-là, à La Serena, le conquistador espagnol ***Francisco de Aguirre*** planta la 1re vigne du Chili. Objectif : produire du vin de messe ! Passent les siècles et les prêtres. Les vignobles s'étendent au cours du XIXe s, au point de concurrencer le vin d'Espagne. Un dénommé ***Silvestre Ochagavia*** importe alors des cépages du Bordelais et de la vallée de la Loire, et les acclimate dans la ***vallée du Maipo*** (au sud de Santiago).

Le sol est bon, le climat ensoleillé et sec en été, et le savoir-faire est là.

La grande majorité des cépages chiliens, non greffés, ont une longévité bien supérieure à celle d'un vignoble greffé (en Europe). Mais il faut attendre le milieu des années 1980 pour que la viticulture se développe fortement. De grands noms comme *Torres* et *Rothschild* investissent dans le pays et orientent la production vers des vins de meilleure qualité, destinés à l'exportation. La superficie des vignobles a d'ailleurs plus que doublé entre 1994 et 2018, atteignant aujourd'hui près de 210 000 ha. Avec env 5 % de la production, le Chili se hisse au ***6e rang mondial.***

GARE AU *TERREMOTO* !

Le terremoto est un étrange cocktail né à Santiago en 1985, au moment d'un tremblement de terre. C'est l'histoire d'un journaliste qui pénètre dans un bar, juste après une forte secousse. Le patron n'a plus rien à proposer... toutes ses bouteilles sont cassées ! Il reste bien un fond de mauvais vin blanc, du sirop de grenadine et de la glace à l'ananas... À la guerre comme à la guerre, il mélange l'ensemble et la boisson, baptisée « tremblement de terre », devient vite populaire. Si vous remettez ça, demandez una réplica ! Le 3e prend le nom de tsunami ou maremoto *(raz-de-marée)...*

¡ GRACIAS CHILE !

À la fin du XIXe s, catastrophe ! Le phylloxéra ravage les vignobles français. Juste retour de l'histoire, les vins du Chili volent au secours de ceux à qui ils doivent leur existence. D'urgence, les pieds atteints sont remplacés par ceux de la vallée du Maipo (ainsi que par des cépages nord-américains). Isolé géographiquement et préservé des maladies comme le mildiou et le phylloxéra, le Chili sort sain et sauf de cette période terrible. Ouf !

– Il existe ***10 grandes régions viticoles*** avec chacune une ou plusieurs vallées de production. Au nord, la région de Coquimbo comprend la ***vallée de l'Elquí*** (aux environs de La Serena), où la spécialité est le raisin blanc servant à faire le pisco, et la ***vallée de Limari.*** En allant vers le sud, la ***vallée de l'Aconcagua.*** Autour de Santiago, la ***vallée de Maipo*** est la plus ancienne et la plus célèbre zone de production du pays, plantée en cabernet sauvignon. À 100 km au sud de Santiago, la ***vallée de Rapel*** et la ***vallée de Curicó*** où l'Espagnol Miguel Torres fut le 1er étranger à acheter des vignes au Chili. Plus au sud encore, près de Talca, la ***vallée de Maule*** est la plus grande région viticole du pays, concentrant près de la moitié de la production totale du Chili (surtout du vin de table pas toujours terrible).
Citons encore quelques régions moins réputées : la ***vallée de Casablanca*** (entre Santiago et la mer), la vallée de ***Colchagua*** (autour de la ville de Santa Cruz), la vallée de l'Itata, celle du ***Bío Bío,*** au sud de Concepción, et les rives du fleuve Puelo en Patagonie, où un microclimat (et le réchauffement climatique) permet de cultiver les vignes les plus australes du Chili.
– ***Les domaines les plus emblématiques :*** on dénombre plus d'une centaine de domaines, mais 5 grandes compagnies produisent 60 % du vin du pays : *Concha y Toro, Santa Rita, San Pedro, Santa Carolina* et *Emiliana.* On trouve aussi des vignobles franco-chiliens : *Casa Lapostolle, Los Boldos, Las Casas del Toqui, Baron Philippe de Rothschild...* De nombreuses exploitations viticoles sont ouvertes à la visite. Pour plus de détails, voir à Santiago la rubrique « Les vignobles autour de Santiago ».
– ***Un cépage rare et oublié :*** le *carménère* est un cépage originaire du Bordelais, cousin lointain du cabernet franc. Après les ravages du phylloxéra au XIXe s, il disparut de la carte viticole de France, mais est toujours présent au Chili sur une dizaine d'hectares.

CINÉMA

Petite filmographie de cinéastes chiliens

– ***Alejandro Jodorowsky*** *(1929)* **:** né à Tocopilla près d'Iquique, il quitte le Chili en 1953 pour Paris. Figure de proue de l'ésotérisme, « Jodo » a une filmographie très particulière. *El Topo* (1971), sorte de western métaphysique, et *La Montagne sacrée* (1973) sont ses films les plus célèbres, quasiment cultes. Après un long silence, il reprend la caméra pour délivrer *La Danza de la Realidad* (2013) et *Poesía Sin Fin* (2016), 2 films librement inspirés de son enfance au Chili. Mais il est surtout connu pour ses scénarios de bandes dessinées, avec notamment les séries de l'*Incal* ou de la *Caste des Méta-Barons* (éd. Humanoïdes associés).
– ***Miguel Littín*** *(1942)* **:** cet écrivain chilien d'origine palestinienne est aussi un réalisateur (et scénariste et acteur) engagé. On lui doit notamment *Compañero Président* (1971), *Actas de Marusia* (1975), sur la rébellion de travailleurs dans le nord du pays, *La Viuda de Montiel* (1979), adapté de García Márquez, *Alsino y el Condor* (1982), *La Última Luna* (2005) ou encore *Dawson Isla 10* (2009).
– ***Raoul Ruiz*** *(1941-2011)* **:** cinéaste franco-chilien né à Puerto Montt, Raoul Ruiz s'est exilé en France en 1973, où il vécut jusqu'à sa mort. Ce passionné de littérature, marqué par le surréalisme, a réalisé au total plus d'une centaine de films. On peut citer *Trois Tristes Tigres* (1968), *Fado majeur et mineur* (1993), *Trois vies et une seule mort* (1995), *Les Âmes fortes* (2001), *Dias de Campo* (2003) ou encore le magistral *Mystères de Lisbonne* (2010).
– ***Silvio Caiozzi*** *(1944)* **:** *Julio comienza en Julio* (1979), *La Luna en el espero* (1990), *Coronación* (2000). Considéré comme un cinéaste « esthétisant », il est aussi producteur et fait partie depuis 2004 de l'Académie chilienne des beaux-arts.
– ***Patricio Guzmán*** *(1941)* **:** ce proche d'Allende, contraint à l'exil après le coup d'État de Pinochet, est un grand documentariste qui creuse encore et encore

l'histoire du Chili, et plus particulièrement celle des années noires de la dictature. Sa trilogie *La Bataille du Chili* (1975-1979), commencée 9 mois après la mort d'Allende, est considérée par beaucoup comme l'un des meilleurs films politiques qui soient. Dans *Salvador Allende* (2004), il témoigne des rêves d'égalité et de justice d'un Chili trop vite disparu. La lucidité de son regard n'empêche pas la poésie, comme en témoigne *Nostalgie de la lumière* (2010) où, tandis que les astronomes venus du monde entier scrutent les cieux, les familles des victimes de l'ère Pinochet soulèvent les cailloux du désert d'Atacama pour tenter de retrouver leurs ossements... Avec *Le Bouton de nacre* (2015), il remporte l'Ours d'argent au festival de Berlin. Plus récemment, citons : *La Cordillère des songes* (2019) et, dans un autre registre, *Mon pays imaginaire* (2022), inspiré des manifestations qui ont eu lieu à Santiago en octobre 2019.

– ***Andrés Wood*** *(1965) : Historias de Fútbol* (1997), *La Fiebre del loco* (2001) et surtout *Machuca* (2004), sur l'amitié entre 2 enfants de milieux diamétralement opposés, témoins impuissants du coup d'État de 1973 et de l'installation de la dictature. *La Buena Vida* (2008) est le portrait croisé de quelques habitants de Santiago et de leur quotidien, tandis que *Violeta* (2011) retrace la vie de la chanteuse Violeta Parra.

– ***Pablo Larrain*** *(1976) : Tony Manero* (2008). Fin des années 1970, alors que sévit le régime de plomb de Pinochet, Raúl se passionne jusqu'à l'obsession pour *La Fièvre du samedi soir* et le personnage de Tony Manero, interprété par Travolta. Dans le puissant et kafkaïen *Santiago 73, Post Mortem* (2010), le coup d'État de Pinochet et la mort d'Allende sont vus par Mario, un employé de la morgue de Santiago, timide amoureux d'une danseuse de cabaret proche des communistes. En 2012, son film *No !* sur le référendum anti-Pinochet de 1988, qui clôt sa trilogie sur la dictature chilienne, est nominé aux oscars. En 2016, dans *Neruda,* il raconte une période tourmentée de la vie du poète, mais c'est avec *Jackie* (biopic de *Jackie Kennedy*) qu'il surprend le public et la critique. Dernière pépite à son actif : son film *Ema* (2020), tourné dans les rues de Valparaíso, dresse le portrait à la fois intime et brûlant d'une danseuse en quête de reconstruction.

NO !

Ce film de Pablo Larrain évoque le référendum de 1988. Un publicitaire comprend que pour chasser Pinochet du pouvoir, il suffit de le ringardiser. Le marketing devient une arme démocratique contre la dictature. Pinochet, défait, mourut toutefois impuni et millionnaire.

– ***Emilio Pacull*** *(1950) :* cet ancien assistant de Rossellini, Truffaut et Costa-Gavras a vu son film *Terre sacrée* (sur le thème de l'exil et la difficulté du retour) sélectionné à Cannes en 1988. Il a ensuite réalisé beaucoup de documentaires, notamment *Héros fragiles* (2007).

– ***Sebastián Silva Irarrázabal*** *(1979) : La Nana* (2009), récompensé au festival de Sundance et à Paris Cinéma. Depuis, il a réalisé *Gatos viejos*, *Crystal Fairy, Magic Magic, Nasty Baby* (2015).

CUISINE

À dire vrai, la table chilienne est davantage réputée pour la qualité et la fraîcheur de ses produits – poissons et fruits de mer en particulier – que pour sa finesse. Dans l'assiette, on retrouve toutes sortes d'influences reflétant son histoire (mais rien qui la transcende vraiment) : autochtones, espagnoles, bien sûr, mais aussi anglaises et, surtout, allemandes. C'est une cuisine peu relevée, dans laquelle les herbes aromatiques n'ont que peu de place. De même que les épices, *ají* (piment) en tête, qui sont toujours servies à part. En revanche, on ne lésine pas sur le sel et le sucre !

Même si l'incontournable poulet-frites et les burgers sont plébiscités par la population, les *comedores* ou *cocinerías* des marchés offrent encore des plats typiques, fraîchement préparés et bon marché. Les *fuentes de soda* servent sandwichs et boissons non alcoolisées. Dans beaucoup de restos-bars, on peut commander des *tablas,* sortes de planches garnies à partager pour accompagner l'apéro. Au fait, inutile d'ennuyer les Chiliens en commandant du *chili con carne...* C'est un plat tex-mex, pas chilien !

– ***Desayuno :*** le petit déjeuner. Les 2 pains les plus couramment servis sont la *hallula* (pain non levé) et la *marraqueta.* Pas évident à tartiner. On trouve du pain gris ou complet dans les supermarchés. Le *pan de Pascua* est un cake aux fruits, préparé à la période de Noël. Les Chiliens font grande consommation d'œufs : *fritos* (sur le plat), *revueltos* (brouillés), *a la copa* (à la coque mais souvent trop cuits). Mais la plupart du temps, dans les *hostales,* le petit déj compris est à l'économie : pain, beurre et confiture, café soluble et jus de fruit industriel bien sucré.

– ***Almuerzo :*** c'est le déjeuner, le repas le plus important. Dans bon nombre de restos, on trouve un ***menú*** complet comprenant le plus souvent une entrée et un plat, parfois aussi un dessert, ceci au meilleur rapport qualité-prix. Dans les petits restos familiaux, l'un des plats est souvent une *cazuela,* copieuse et nourrissante (voir plus loin). Certains restos assez chics proposent aussi un menu à midi, plus abordable que les plats à la carte.

– ***Tomar once :*** « prendre le goûter ». C'est une institution au Chili. Équivalent du quatre-heures ou du thé à l'anglaise, il fait aussi office de repas du soir pour beaucoup de familles.

– ***Cena :*** c'est le dîner. Le plus souvent à la carte dans les restos, mais quelques établissements proposent aussi un menu fixe, plus avantageux.

– ***Sandwichs et en-cas :*** la traditionnelle ***empanada*** est un chausson farci avec de la viande hachée, des oignons et des olives, mais on en trouve des dizaines de versions différentes (fromage, légumes, fruits de mer...). Elle existe en version frite ou cuite au four *(al horno),* ce qui est beaucoup moins gras.

Le populaire ***completo*** est un pain allongé où se niche une saucisse viennoise, recouverte de tomates pilées, avocat écrasé, mayonnaise... avec parfois un supplément de fromage chaud et fondu ou de choucroute, de moutarde, de *pickles* ou d'*ají* (piment) ! Inutile de préciser qu'il faut un estomac en béton pour digérer tout ça. Ajoutez-y de la viande et vous avez un *churrasco.* Sinon, pas d'affolement, on trouve toute une série de sandwichs plus légers, tels l'*aliado* (jambon-fromage froid), le *chacarero* (viande-légumes), le *barros luco* (viande-fromage chaud) et le *barros Jarpa* (jambon-fromage chaud, sorte de croque-monsieur). C'est de fait le déjeuner le plus prisé des employés des villes qui dévorent leur *completo* dans la rue sur un banc.

– ***Mariscos :*** les fruits de mer. C'est l'un des points forts de la cuisine chilienne. Grand choix de produits souvent très frais, à commencer par les *ostras* (huîtres), *camarones* (crevettes), *almejas* (palourdes), *cholgas* (grosses moules) et *choritos* (plus petites mais déjà énormes !). Puis il y a le crabe *(jaiba),* l'araignée de mer *(centolla)* dans le Sud, les oursins *(erizos),* le homard *(langosta) et* les noix de Saint-Jacques *(ostiones).* Parmi les plus recherchés et les plus savoureux, on goûtera aux *machas* (tellines, à déguster en salade ou frites à l'ail), que l'on trouve sur les tables de Valparaíso et aux *locos,* une sorte d'ormeaux (assez rares). Ces derniers, qui suscitent toutes les convoitises, se fixent sur les fonds rocheux où les plongeurs viennent les décrocher.

– ***Poissons :*** là encore, un vaste éventail s'offre à vous. Hélas, ils sont le plus souvent congelés, même en bord de mer, par souci de conservation (ils sont pêchés très loin des côtes) mais aussi par facilité. La surpêche est passée par là ! Demandez-les *a la plancha* (grillés), délicieux, plutôt que *fritos* (frits), beaucoup plus gras et souvent trop cuits. Se méfier des sauces, qui ne sont vraiment pas un atout de la cuisine chilienne. La liste des poissons est longue : *cojinova* (colin espagnol), *corvina* (rappelle la courbine), *corvinilla* (bar), *reineta* (castagnole australe), *lenguado* (sole), *congrio* (plus fin que le congre européen), *albacora* (thon), *merluza* (lieu jaune), *trucha* (truite) et *salmón* (saumon), toujours d'élevage, donc plus gras que le saumon sauvage. On trouve aussi quelques variétés d'algues : *cochayuyo, luche, ulte.*

– ***Viandes :*** dans la région des Lacs, la viande produite ne le cède en rien à la qualité argentine. Dès le retour du beau temps, tout prétexte est bon pour organiser un *asado,* un barbecue. Dans le Sud, l'agneau règne en maître et les gibiers font parfois leur apparition (lièvre, oie, guanaco, etc.). Incontournable : l'*asado (cordero) patagónico* est une sorte de méchoui qui met en scène un agneau entier de 8-10 kg « aplati » et éventré, posé au-dessus des braises. C'est délicieux. Partout dans le pays, on trouve de nombreux restos spécialisés dans la viande. Leur grand truc : les *parilladas,* plusieurs morceaux de viande à partager (bœuf, porc, agneau et poulet), servis sur un gros poêlon dans lequel ils continuent de cuire à même la table. À propos de cuisson d'ailleurs, les Chiliens ont une préférence pour la viande très cuite. Pour la laisser saigner un peu, demander « *medio* ».

– ***Légumes :*** tomates et avocats (appelés *palta* au Chili) sont les plus répandus. Les derniers sont beaucoup consommés au petit déjeuner, sur du pain notamment (le « *pan con palta* »). C'est divin car ils sont parfaitement mûrs et fondants. La coriandre fraîche parfume parfois les plats. La ***cuisine végétarienne*** se développe aussi dans les restos, qui proposent souvent au moins 2-3 plats sans viande, notamment des salades. La *ensalada chilena* est composée de tomates et d'oignons, la *surtida* offre un mélange de légumes cuits et crus. Le délicieux *pebre,* servi en guise d'apéritif ou en accompagnement, est une sorte de minisalade comprenant tomates pilées, oignon, coriandre, ail, piments, le tout haché menu. Le *chancho en piedra* reprend les mêmes ingrédients, le tout haché plus gros.

– ***Desserts :*** nombre d'entre eux sont à base de *manjar,* du lait concentré cuit jusqu'à obtention d'un caramel épais et très sucré. On le retrouve au fond du fameux *suspiro limeño,* ou *suspiro de limeña,* sous une couche de crème meringuée, dans une recette importée du Pérou. C'est une sorte de blanc-manger, qui rappelle le *dulce de leche* des autres pays d'Amérique du Sud. Délicieux quand il est préparé avec soin, mais écœurant quand il est trop sucré et noyé dans la crème... Parmi les nombreux fruits de saison (excellents !), au nord, ne manquez pas le *tuna,* la figue de Barbarie. On en fait d'excellents jus. L'astringent *copao,* fruit d'un cactus local, est plus... comment dire... difficile à apprécier. On trouve également de plus en plus des glaciers artisanaux qui élaborent leurs produits à partir des fruits locaux. La glace au *chañar* vaut en général le détour. Sinon, nombreux *kuchen* (gâteaux), l'un des héritages les plus visibles de l'immigration allemande au Chili.

Quelques plats typiques

– ***Ceviche :*** ce plat délicieux originaire du Pérou est à base de poisson cru (colin, merlan, saumon, etc.) coupé en dés et mariné dans du citron vert, de la coriandre et des oignons rouges. Servi bien frais, c'est l'un des hors-d'œuvre les plus fameux de la gastronomie chilienne. On peut même en faire tout un plat, dans tous les sens du terme. D'ailleurs, il est toujours facturé au prix d'un plat... Et pour une fois, c'est léger.

– ***Cazuela :*** généralement servi en entrée dans les menus complets des restos populaires, c'est un bouillon ou un consommé dans lequel flotte un morceau de bœuf ou de poulet bouilli, au milieu de pommes de terre, maïs, légumes, potiron. Ce n'est pas lourd mais pas toujours goûteux non plus, ça dépend du cuisinier... L'*ajiaco* est une soupe contenant de la viande grillée.

– ***Humitas :*** une purée de maïs emballée dans la feuille de maïs et cuite à l'eau.

– ***Chorrillana :*** spécialité culinaire de Valparaíso. Ce plat on ne peut plus roboratif est constitué d'une montagne de frites, recouverte d'une montagne d'oignons et de viande grillée, sans oublier des œufs frits pour ajouter de la couleur... et des calories !

– ***Lomo a lo pobre :*** échine de porc ou de bœuf, accompagnée d'oignons et surmontée d'un ou 2 œufs sur le plat. Ce plat est souvent servi dans les menus au déjeuner. Un petit côté étouffe-chrétien (d'autant que c'est souvent accompagné de frites !).
– ***Pastel de choclo :*** viande hachée de bœuf ou de poulet préalablement cuite avec des raisins et des oignons, couverte de purée semi-moulue de maïs et gratinée. À essayer au moins une fois.
– ***Porotos granados :*** plat populaire à base de haricots, avec potiron, maïs, ail et oignons. Bon et revigorant.
– ***Chupe de mariscos :*** une soupe de fruits de mer épaisse et gratinée, avec mie de pain, oignons et œufs durs. Excellente quand elle est bien préparée.
– ***Paila marina :*** soupe de poisson et fruits de mer (moules, *machas,* crevettes, palourdes et quelquefois des *locos*), traditionnellement servie dans un bol en terre cuite. Attention toutefois à la fraîcheur des produits dans les petits restos.
– ***Curanto :*** spécialité de l'île de Chiloé. Des pierres sont chauffées et déposées au fond d'un trou creusé dans la terre. On y empile en couches séparées par des feuilles de *nalcas,* des coquillages, de la viande (porc, poulet, saucisses) et des pommes de terre. On recouvre le tout et on laisse mijoter. On raconte que le jus de cuisson a des effets aphrodisiaques... On le trouve aussi préparé en casserole dans les petits restos de la région de Puerto Montt et Puerto Varas ainsi que dans les villes patagoniennes. Très nourrissant.

CURIEUX, NON ?

– La 1re curiosité du Chili, c'est ***sa géographie.*** Il s'étire sur 4 300 km du nord au sud, de la frontière du Pérou au cap Horn, l'équivalent de la distance entre Paris et Téhéran. Sa largeur varie en moyenne entre 150 et 200 km. Coincé entre les Andes et le Pacifique, aucun autre pays au monde n'a cette silhouette longiligne, ciselée et hérissée. À cela s'ajoutent les extrêmes climatiques : le très très sec au nord, et le très très humide au sud.
– Le 5 août 2010, un groupe de ***mineurs chiliens*** de la mine San José (près de Copiapó, province d'Atacama) fut bloqué dans une galerie à 600 m sous terre. Ils y restèrent enfermés pendant 69 jours (plus de 2 mois) et furent libérés grâce à un orifice étroit (63 cm) percé depuis la surface. Jamais hommes n'étaient restés aussi longtemps dans les entrailles de la terre !
– Les Yagans, du sud du Chili, ont inventé le terme « ***Mamihlapinatapai*** ». Il révèle la complexité de la psychologie humaine. Si on tente de le traduire, cela donne : « 2 personnes se regardent, chacune d'elle attend que l'autre commence une action. Les 2 individus souhaitent voir se concrétiser cette action mais aucun ne se décide à agir en 1er. »
– L'avocat chilien Jenaro Gajardo était aussi poète, peintre et astronome. En 1954, il se déclara ***propriétaire de la Lune.*** Il signa son acte de propriété devant notaire. En 1969, Richard Nixon, président des États-Unis, lui demanda officiellement l'autorisation au nom de la NASA d'atterrir sur la Lune. Don Jenaro donna son accord ! Ainsi purent alunir les astronautes Armstrong et Aldrin, de la mission Apollo 11...
– Le 31 décembre au soir, un grand nombre de Chiliennes et de Chiliens portent de beaux habits. Normal, direz-vous ! Mais avec un petit détail en plus, que vous ne verrez sans doute pas. La tradition veut que l'on mette un ***sous-vêtement couleur jaune citron,*** censé apporter la – bonne – fortune pour l'année à venir... Ainsi ce jour-là, dans tout le pays, les rues sont pleines de vendeurs de rue proposant boxers, caleçons, slips kangourou, strings et culottes de cette couleur !
– Les Chiliens adorent s'appeler par des ***diminutifs affectueux,*** en rapport avec leur prénom. Ainsi Santiago devient Chago, Francisco est appelé Pancho, José est affublé du surnom de Pepe (prononcez « Pépé »), Ignacio doit répondre au doux nom de Nacho et Antonio à celui de Yayo !

– Dans le nord du Chili, en particulier la Deuxième Région autour d'Antofagasta et de San Pedro de Atacama, n'allez pas faire une pause pipi n'importe où... vous risqueriez de ***mettre le pied sur une mine*** ! Lors de tensions avec l'Argentine sous Pinochet, l'armée chilienne avait semé des petites surprises pour les éventuels attaquants. Alors ne vous éloignez pas trop de la route !

DROITS HUMAINS

En 1973, le Chili voyait son nom se confondre tristement avec celui de Pinochet. Et avec lui, pour de longues années, son cortège d'horreurs, de tortures, de détentions arbitraires, de disparitions forcées... Le dictateur incarnait à lui seul une caricature des violations des Droits humains perpétrées en Amérique latine. Plus de 50 ans après, on retient du pays l'image plus discrète de ***Michelle Bachelet.*** Par 2 fois à la tête du pays, elle s'attacha à la ***lutte contre la torture*** ainsi qu'au jugement des anciens dirigeants et tortionnaires de la dictature Pinochet. Le pays lui doit aussi de s'être attaqué à la loi anti-avortement, même si les modalités demeurent encore très strictes. Toujours à son actif, des mesures sociales, comme les allocations-retraites pour les mères de famille et le mariage pour les personnes de même sexe. Mais le nom de l'ex-présidente est aussi associé à celui de l'ONU comme secrétaire générale adjointe à l'égalité des sexes et l'autonomisation des femmes puis comme haut-commissaire aux Droits de l'homme (2018-2022).
Dans cet élan impulsé par Michelle Bachelet, les ***droits des personnes LGBTI*** ont été renforcés au Chili. Par ailleurs, la justice a condamné l'Église chilienne à indemniser des victimes d'abus sexuels. Il y a encore peu, nul n'aurait imaginé l'institution être ainsi rattrapée par le droit commun.
Pas de doute donc, le Chili du XXIe s a renoncé à ses démons pour s'ancrer définitivement dans les valeurs de la Déclaration universelle des droits de l'homme et l'État de droit. On en veut aussi pour preuve la création en 2020 de l'*Instituto nacional de Derechos humanos* qui s'inquiète dès sa création de la lenteur des enquêtes menées sur les violences policières. Pourtant avérées et nombreuses, lors du soulèvement social de 2019, le gouvernement les a longtemps niées, créant un sentiment d'***impunité des forces de l'ordre.*** Les ONG déplorent la loi « anti-barricades » visant à criminaliser les manifestants (un millier arrêté en 2020) et l'usage de lois antiterroristes pour entraver l'action des militants de la cause autochtone. Car, en dépit de nombreuses avancées des ***droits des peuples autochtones*** au Chili, la communauté mapuche continue d'être victime d'expropriations de la part de propriétaires terriens et d'entreprises. Parallèlement, si le tout nouveau pouvoir s'est engagé à poursuivre la vaste réforme de la police, la tâche s'avère difficile.
Mais, depuis 2020, c'est du côté de la nouvelle Constitution que les regards sont braqués. Si sa révision a été souhaitée par presque 80 % de la population, elle a été rejetée à 62 % dans sa version présentée en septembre 2022. Ce texte faisait la part belle aux ***droits fondamentaux des minorités*** dont les autochtones, les handicapés et même les femmes (le texte aurait été le 1er au monde à rendre l'avortement constitutionnel). Il renforçait aussi les ***droits civils et politiques*** comme la liberté d'expression et les ***droits économiques, sociaux et culturels*** dont l'accès à la santé, à l'éducation, à l'eau, aux ressources naturelles... Plus symboliquement, il marquait la rupture définitive avec les années noires de la dictature. Le jeune chef de l'État, ***Gabriel Boric,*** s'est engagé à la relance du processus constitutionnel.
Une nouvelle page vers l'avancée des Droits reste à écrire.

N'oublions pas qu'en France aussi les organisations de défense des Droits humains continuent de se battre contre les discriminations, le racisme et en faveur de l'intégration des plus démunis.

Pour plus d'infos :
- **Amnesty International France :** • amnesty.fr •
- **Fédération internationale des Droits de l'homme** (FIDH) : • fidh.org •

ÉCONOMIE

Une économie dynamique

L'économie chilienne reste ***l'une des plus dynamiques*** d'Amérique latine, classée au 5e rang sur ce continent. Les causes de ce dynamisme, que certains nomment « l'exception chilienne », remontent en partie aux années 1970, quand ***le pays s'est lancé dans une politique ultralibérale,*** privatisant à tour de bras et ouvrant le pays à la concurrence internationale. La fin de la période militaire n'a pas modifié cette politique, le gouvernement octroyant des concessions aux secteurs privés de l'énergie, du téléphone, des banques, des routes et transports...
Mais après des décennies d'une croissance soutenue (autour de 8 % par an, soit le double des autres pays du continent), 2022 marque un net ralentissement à 1,6 % ; alors que 2021 avait été une année record à 11,7 %, dopée par les aides publiques (90 milliards US$) pour contrer les conséquences de la pandémie de Covid-19. En cause, le ralentissement mondial et la persistance d'une ***forte inflation*** (autour de 13 %, au plus haut depuis 30 ans), aggravée par les effets de la guerre en Ukraine sur les prix des carburants et des denrées alimentaires. Sans compter la prudence des investisseurs suscitée par l'incertitude politique autour de la nouvelle constitution qui tarde à voir le jour. Après une chute historique de 23 % du peso, celui-ci, soutenu par la banque centrale, retrouve son cours habituel début 2023.

Libre-échange, la clé du succès commercial

Le Chili, 1er producteur mondial de cuivre, a aussi bénéficié d'une conjoncture très favorable, avec la forte augmentation de la demande mondiale en minerai et la flambée des cours. Parallèlement, le pays a développé une politique d'« entente commerciale tous azimuts ». Entre 2000 et 2010, des ***accords de libre-échange*** ont été signés avec plus de 65 pays, dont la Chine, l'Inde et les États-Unis, avec lesquels le Chili réalise plus de 90 % des échanges. Le Chili est d'ailleurs le 1er pays d'Amérique latine à avoir intégré l'OCDE, en 2010.

Économie dépendante aux minerais stratégiques

L'économie chilienne affiche une forte dépendance structurelle aux exportations minières, qui représentent à elles seules près de 70 % des échanges commerciaux en 2021, tirées par l'envolée des cours du ***cuivre*** (60 % des exportations minières) et la forte demande de la Chine (1er partenaire commercial du Chili avec 34 % des échanges commerciaux). Une position instable permanente, car ce sont la demande extérieure et les prix du marché qui dictent la loi. Depuis quelques années, il faut compter sur la percée fracassante dans le jeu économique du nouvel « or blanc », le ***lithium,*** dont le Chili dispose de 50 % des réserves mondiales ! Le lithium demeure le composant indispensable à la fabrication des batteries d'ordinateurs, de téléphones et de tablettes ;

L'AUBERGE ESPAGNOLE !

Eldorado économique dans la tourmente mondiale, le Chili attire de plus en plus d'immigrés d'Amérique latine, mais aussi d'Europe et particulièrement d'Espagne. Au Chili, un jeune Espagnol peut espérer un salaire de 4 à 5 fois plus élevé que dans son pays, où le chômage touche 40 % de la jeunesse...

sans oublier les voitures électriques, dont la demande planétaire explose. De gros investisseurs nationaux et surtout internationaux sont depuis longtemps sur ce coup, achetant des concessions et passant des contrats juteux en vue d'extraire et de traiter le minéral. Au-delà de la manne économique qu'il est encore difficile de mesurer, l'extraction du lithium, notamment dans le célèbre *salar* de l'Atacama, pose d'importantes questions écologiques (voir la rubrique « Environnement »).
Si les belles années de croissance économique ont permis de réduire le chômage et la grande pauvreté, elles ***ne se sont accompagnées d'aucune réduction des inégalités sociales.*** Bien au contraire, le taux de répartition des revenus au Chili est parmi les plus mauvais des pays émergents.
Paradoxe chilien, ***le pays est riche, mais ses habitants ne le sont pas.*** Selon une étude menée par des chercheurs de l'université de Santiago, 1 % de la population accaparerait à lui seul 30 % de la richesse du pays ! Ultralibéralisme oblige, la redistribution est minime. ***Au Chili, tout est privé,*** ou presque : l'éducation, le système de santé, les retraites, obligeant ménages et étudiants à s'endetter lourdement. Les compagnies minières étrangères, qui assurent l'essentiel de l'extraction, paient en général peu d'impôts. Les ***zones d'habitat misérables*** (frôlant le bidonville) sont légion autour d'agglomérations par ailleurs prospères, augmentées par l'exode rural, la pandémie de Covid-19 et la récente crise migratoire. En 2021, près de 11 % de la population vit au-dessous du seuil de pauvreté et plusieurs millions de Chiliens sont juste au-dessus. Quant à la durée légale du travail, elle grimpe jusqu'à 45h par semaine.
Une situation explosive qui a provoqué – en 2019-2020 – ***un soulèvement contre les inégalités sociales sans précédent depuis la fin de l'ère Pinochet*** ; à grand renfort de manifestations, grèves, flambées de violence et affrontements mortels avec les forces de l'ordre. Pour calmer cette fronde nationale, le président Piñera (droite libérale) a annoncé la révision de la constitution, carcan libéral hérité de la dictature et pointé comme source des déséquilibres sociaux. Une mission reprise avec cœur par le nouveau président ***Gabriel Boric,*** homme de gauche, élu fin 2021. En rupture avec le modèle néolibéral chilien, il entend instaurer un État-providence financé par une grande réforme fiscale visant les plus riches et les compagnies minières. Boric veut un meilleur accès à la santé, à l'éducation et la création d'un système de retraites digne de ce nom. Mais la rédaction de la nouvelle constitution traîne, une 1re version ayant été retoquée par référendum fin 2022. Aussi le Chili demeure-t-il encore le pays de l'OCDE le plus inégalitaire !

Les piliers de l'économie

– ***L'industrie minière*** est le pilier de l'économie. Le Chili produit plus de 6 millions de tonnes de ***cuivre*** par an, soit presque le ***tiers de la production mondiale*** en 2022. Le minerai est essentiellement extrait des mines de *La Escondida* (la plus grande au monde), *Chuquicamata* (voir la rubrique « Calama »), *El Teniente, Andina* et *Salvador.* Le Chili est aussi devenu le 1er producteur mondial de nitrates naturels, d'iode et surtout de ***lithium,*** minerai stratégique pour la fabrication des batteries électriques, dont la demande explose. Le pays compte aussi parmi les grands producteurs mondiaux de molybdène et d'argent.
– ***L'agriculture et l'agro-industrie*** (surtout) arrivent en 2e position dans l'économie chilienne, avec les fruits, les céréales (maïs, blé) et les légumes frais, dont le pays est le 1er exportateur de l'hémisphère sud. Une sacrée réussite, si l'on considère que seuls 7,3 % des terres du pays sont cultivables ! Bien sûr, il ne faut pas oublier le vin, qui est largement exporté et dont la production a considérablement augmenté ces dernières décennies (voir « Boissons. Les vins chiliens »).
– ***La pêche et la pisciculture :*** si les eaux chiliennes comptent parmi les plus riches au monde, le pays est surtout le champion de l'élevage, en particulier du ***saumon,*** dont il est le ***2d producteur mondial*** après la Norvège (lire aussi

la rubrique « Environnement »). Le Chili est également bien placé dans la transformation du poisson, notamment dans la fabrication de farines (nourriture à bétail).

– ***Le bois et la cellulose :*** c'est le 3e secteur d'exportation du Chili après les minerais et les produits agricoles. Des 15,6 millions d'hectares du domaine forestier (20,7 % du territoire), près de 15 % sont considérés comme potentiellement exploitables. Les plantations industrielles sont constituées de pins et d'eucalyptus, qu'on peut voir s'étendre sur des milliers d'hectares dans le centre du pays – celles-là même qui ont chassé les autochtones Mapuches de leurs terres. Au sud du chili, un pin croit en 15 ans, alors qu'il faut 70 ans en Suède ou en 90 ans en Sibérie ! La forêt naturelle est aussi exploitée, sans véritable politique de développement durable.

ENVIRONNEMENT

Quand on pense au Chili, on imagine des paysages de cartes postales, impressionnants, grandioses. Et c'est vrai ! Le désert, la montagne, la mer, les lacs, les fjords, les volcans, les forêts, les glaciers... il y a tout. Les écosystèmes sont diversifiés et, par voie de conséquence, la biodiversité élevée. Pour préserver ce ***riche patrimoine naturel,*** le pays compte ***42 parcs nationaux, 46 réserves naturelles*** et encore **18 monumentos naturales** – couvrant au total près de 20 % du territoire.

La déforestation et l'extraction du lithium : l'industrie contre les écologistes

« Qui ne connaît pas la forêt chilienne, ne connaît pas la planète », disait Neruda. Malheureusement, il faut bien aborder les sujets qui fâchent, et il y en a ! À commencer par l'un des plus importants : la ***déforestation.*** Celle-ci s'est en effet considérablement développée durant les années 1980. On a abattu ou incendié des milliers d'hectares de forêt primaire pour développer des ***plantations industrielles de pins et d'eucalyptus,*** entraînant une dégradation des sols et l'appauvrissement des écosystèmes. Gourmand en eau (environ 300 l/jour), l'eucalyptus épuise rapidement les sols et est à l'origine de nombreux conflits avec les populations locales, que l'arbre en question prive de terres fertiles. Les Mapuches qualifient les plantations d'eucalyptus de « désert vert ». Sans parler du fait que la plupart des terres sur lesquelles les plantations ont été réalisées ont été confisquées aux Mapuches, qui réclament toujours leurs droits.

À cela s'ajoute la déforestation liée au besoin de bois utilisé aujourd'hui pour le chauffage et la cuisine par une bonne moitié de la population rurale – un problème accru dans les régions semi-désertiques.

Par ailleurs, l'***extraction du lithium*** dans le désert d'Atacama, relativement récente mais en pleine expansion, commence à avoir des conséquences environnementales notables. Le traitement de ce métal exige une grande quantité d'eau, denrée rare dans cette région. L'industrie minière puise dans les lacs à proximité, où vivent des colonies de flamants roses. La diminution du niveau des eaux, aujourd'hui visible, devient un véritable enjeu écologique. Industrie hautement rémunératrice contre protection de l'environnement, le nouveau gouvernement a d'ores et déjà choisi son camp.

La question du saumon chilien

La protection du milieu marin est également l'un des enjeux majeurs en matière d'environnement. Depuis 1985, les élevages intensifs de saumon ont connu un développement considérable : aujourd'hui, le Chili est le ***2e producteur mondial*** après la Norvège, avec plus d'un quart de la production globale. Mais cela n'est pas sans soulever des questions environnementales. D'abord celle de l'impact des nutriments et déjections des saumons sur la flore et l'écosystème marin, comme la croissance incontrôlée d'une algue dite « bloom », qui en 2016 fut à l'origine de l'asphyxie de 25 millions de saumons d'élevage dans la région de Chiloé. Puis il y a les quantités d'antibiotiques injectées dans les poissons, très supérieures à celles administrées aux saumons norvégiens, ce qui peut présenter des risques pour la santé humaine. Enfin, un grand nombre de saumons s'échappent aussi des élevages (plus de 4,5 millions entre 2010 et 2019), non sans impact sur la faune aquatique sauvage.

Lâcher de saumons...

En juillet 2018, dans la région de Los Lagos, près de 700 000 saumons (vous avez bien lu) s'échappent d'une ferme d'élevage appartenant à une multinationale norvégienne *(Marine Harvest)*, après une tempête. Les animaux, ayant été traités avec des antibiotiques à usage exclusivement vétérinaire, sont considérés comme impropres à la consommation. Après « l'évasion » des saumons, des biologistes affirment que des résidus de ces médicaments risquent d'affecter l'écosystème marin de manière significative et durable, en délivrant des germes pathogènes à d'autres espèces. Ces poissons appartiennent par ailleurs à une espèce invasive et prédatrice. Les organisations écologiques sont vent debout.

Les mines polluantes et la couche d'ozone

L'extraction minière n'est pas une industrie propre, elle rejette d'importantes quantités de dioxyde de soufre et de métaux lourds comme l'arsenic, entraînant la pollution des nappes phréatiques.
Le trou dans la ***couche d'ozone*** affecte de manière épisodique le Chili, en particulier le sud du pays, plus proche de l'Antarctique où se forme le trou. Rappelons que l'ozone de l'atmosphère protège les organismes des rayons ultraviolets, qui peuvent provoquer, entre autres, des cancers de la peau. Certes, la couche d'ozone se reconstitue depuis le protocole de Montréal de 1987 interdisant les substances (CFC notamment) responsables de sa réduction, mais le processus est lent et, certaines années, le trou est encore très important. Cela étant, c'est en fait dans le nord du pays (désert d'Atacama) que l'indice de radiation UV est le plus fort, pour des raisons qui n'ont rien à voir avec le trou dans la couche d'ozone...

Glaciers de Patagonie en péril

Sous l'effet du réchauffement climatique, quasi tous les glaciers du pays régressent. En Patagonie, on estime que la glace a perdu 1 000 km^2 de superficie en 60 ans. Le *Campo de Hielo Sur* de Patagonie est l'ensemble glaciaire le plus important d'Amérique du Sud (environ 14 000 km^2). Pour trouver une plus grande masse, il faut aller en Antarctique ! De cette masse gelée, descend le *ventisquero* Jorge Montt, un glacier qui perd près de 1 km par an ! Ce phénomène n'est visiblement pas près de s'arrêter et semble même s'accélérer plus vite que prévu... avec des risques accrus d'inondations soudaines.

L'État, la *Conaf* et les initiatives privées

Les zones protégées sont gérées par la ***Conaf,*** dépendant du ministère de l'Agriculture. Sa mascotte s'appelle ***Forestin*** et a les traits d'un castor des marais. Mais cette institution manque singulièrement de moyens et de personnel et publie peu de brochures. Les bureaux cités dans ce guide risquent régulièrement de se trouver fermés ou même d'avoir déménagé lors de votre passage. En revanche, son site peut être utile : ● *conaf.cl* ●

Dans ce registre, saluons l'initiative audacieuse de ***Douglas Tompkins,*** ce milliardaire et visionnaire nord-américain. Cofondateur des marques *The North Face* et *Esprit,* il racheta, en 1991, près de 300 000 ha de forêts patagoniennes, de lacs, de volcans et de fjords (soit le tiers de la surface de la Corse !) pour créer le *parque Pumalin* et en faire un sanctuaire de la nature. Confié à l'État chilien en 2018, le parc national porte aujourd'hui le nom de son créateur. Tompkins a été inspiré par la pensée de l'***Écologie profonde*** défendue par le Norvégien Arne Naess. Ses idées ont depuis essaimé en Patagonie et en Argentine voisine où des projets identiques ont vu le jour, à l'instar du parque nacional Patagonia, dans la province d'Aysén.

Énergies renouvelables : que le vent souffle !

Une nouvelle plutôt positive, de belles avancées ont été réalisées ces 10 dernières années au Chili en ce qui concerne le développement des énergies renouvelables, grâce notamment au programme gouvernemental ***Ruta Energética*** lancé en 2018. Ces énergies interviennent désormais pour environ ***50 % dans la production totale d'électricité du pays*** (laquelle ne représente toutefois que 20-25 % de la consommation totale d'énergie). Il faut dire que le pays ne manque pas de ressources en la matière : un ensoleillement maximal dans le désert d'Atacama pour l'énergie solaire, des vents puissants soufflant du Pacifique pour l'éolien, de nombreux lacs et cours d'eau (en Patagonie) pour l'hydroélectrique, un sol volcanique (dans les Andes) pour la géothermie et même une longueur de côtes record pour l'énergie marée motrice... Ainsi, fin 2022, ***le solaire et l'éolien dépassaient pour la 1re fois le charbon dans la production d'électricité,*** ce qui devrait conduire à la fermeture des dernières centrales à charbon à l'horizon 2030.
Parmi les grands projets réalisés ces dernières années : la centrale d'énergie solaire concentrée *Cerro Dominador* (région d'Antofagasta), inaugurée en 2021, est la plus grande du genre en Amérique latine. L'éolien, lui, ne cesse de croître, avec en 2018 plus de 60 parcs et près de 700 turbines (il n'y en avait quasi pas en 2007). Enfin, fin 2022, le 1er site de production d'hydrogène vert a également vu le jour près de Punta Arenas, et d'autres projets du même acabit sont en chantier, le Chili cherchant à se positionner comme leader dans la production de cette énergie.

GÉOGRAPHIE

Chile o una loca geografía

« Nuit, neige et sable donnent ses contours à ma mince et svelte patrie », s'exclamait Pablo Neruda. Peu de pays au monde offrent, en effet, une aussi grande ***diversité de paysages*** : sur une mince bande de terre, longue de 4 300 km et large en moyenne de 180 km, se succèdent déserts et lagunes, *salares* (lacs salés) et canyons, oasis, volcans actifs, lacs, fjords, glaciers, îles... Coincé entre l'océan Pacifique et la cordillère des Andes, le pays s'étale du Pérou à la Terre de Feu. Bordé au nord-est par la Bolivie, c'est avec l'Argentine que le Chili partage sa plus longue frontière : 3 500 km serpentant à travers la cordillère.

LE JEU DES 3 ERREURS

Le pays est divisé en 15 régions administratives. Elles sont numérotées du nord au sud, sauf la région de Santiago, appelée « région métropolitaine ». Mais en regardant une carte, vous vous rendrez compte qu'il y a 3 entorses à la règle : d'abord, il n'y a pas de région XIII (ça porte malheur !), ensuite les XIVe et XVe régions (regiónes de Los Ríos et Arica) se situent curieusement au centre et au nord du pays. Il faut dire qu'elles ont été créées récemment, en 2007. Il n'était pas alors question de renuméroter toutes les autres...

L'île de Pâques fait également partie du territoire – et le Chili revendique aussi une partie du territoire antarctique. La superficie du pays continental et insulaire (hors Antarctique) totalise ainsi 756 102 km^2.

La cordillère des Andes

Véritable épine dorsale du continent, la cordillère s'étend de la Colombie à la Terre de Feu, séparant le Chili de la Bolivie et de l'Argentine. Suivant un plan incliné, elle s'élève progressivement jusqu'aux hauts plateaux de l'altiplano (à plus de 4 000 m d'altitude), domaine de la vigogne. Elle est ourlée de ***sommets à plus de 6 000 m,*** parmi lesquels certains sont des volcans actifs. C'est le cas, par exemple, du ***Nevado Ojos del Salado,*** le point culminant du pays (6 893 m), qui est aussi le plus haut volcan du monde ! Au-delà, le Chili totalise à lui seul ***150 volcans considérés comme actifs*** (2 085 en tout), soit 10 % du total mondial. Les nombreuses sources thermales, les geysers, les fumerolles sont directement liés à cette intense activité volcanique, qui témoigne de la position du Chili sur la ceinture de feu du Pacifique. Dernier en date à s'être manifesté (fin 2022), le volcan Lascar (5 592 m) près de San Pedro de Atacama.

Plus on descend vers le sud, plus la hauteur des sommets diminue. Dans la zone patagonne, la cordillère est morcelée en massifs isolés et disloquée en d'innombrables archipels. Au cap Horn, elle disparaît dans la mer. En tout, la montagne et l'altiplano occupent 80 % de la superficie totale du pays. Ce qui explique que seulement 7,3 % du territoire est cultivable.

Tremblements de terre *(terremotos)*

Situé dans ***l'une des zones sismiques les plus actives au monde,*** à la convergence de 2 plaques tectoniques majeures (dont la fameuse plaque de Nazca), le Chili connaît en moyenne un séisme de magnitude 8 tous les 10 ans ! On fait la différence ici entre *temblor,* secousse légère, et *terremoto,* tremblement de terre de magnitude et de durée supérieures. Sur l'ensemble du territoire, on enregistre en moyenne 500 *temblores* et 7 séismes importants par an !

> **SAUT DANS LE TEMPS**
>
> *Certains sismologues estiment que le tremblement de terre de 2010 aurait décalé de 8 cm l'axe de rotation de la Terre, raccourcissant la durée du jour de 1,26 millionième de seconde !*

En 1960, la région de Valdivia connut ***le plus fort tremblement de terre jamais enregistré dans l'histoire*** (9,5 sur l'échelle de Richter). La terre trembla 225 fois, 4 volcans entrèrent en éruption, provoquant une série de tsunamis de Hawaï jusqu'au Japon. Le bilan fut lourd : 5 700 morts. Le ***dernier séisme dévastateur,*** de magnitude 8,8, date du 27 février 2010. Son épicentre était situé en mer, à 6 km des côtes et à 110 km de Concepción, la 2e ville du pays. Il a été suivi d'un tsunami meurtrier qui a ravagé les côtes, faisant 562 morts et disparus. Près de 200 000 logements ont été détruits et les secousses ont été ressenties jusqu'à Buenos Aires...

5 grandes régions géographiques et les îles du Pacifique

Du nord au sud

– ***Norte Grande :*** d'Arica à Chañaral, cette région est dominée par le ***désert d'Atacama, le plus aride du monde.*** Les villes principales se trouvent sur la côte : Arica, Iquique et Antofagasta. Parallèle à la côte s'étend une cordillère, large en moyenne de 50 km et haute de 1 500 m, qui forme un obstacle à la *camanchaca* (brume) née au-dessus de l'océan. Vient ensuite une dépression longitudinale d'environ 2 000 m d'altitude. Dans le passé, on trouvait à cet endroit de nombreux lacs – devenus *salares* – concentrant le sel à des teneurs extrêmement élevées. Des oasis irriguées par les eaux de fonte des sommets andins parsèment cette immensité désertique, dont celle de San Pedro de Atacama, principal pôle touristique du nord du pays, point de départ des excursions dans le désert et vers les volcans.

– ***Norte Chico :*** de Chañaral à la rivière Aconcagua, c'est la région de transition entre les déserts du Nord et la zone humide du Sud. Semi-désertique et coupée par des vallées transversales, c'est une région de grands contrastes entre la cordillère, les déserts et les vallées fertiles. Épisodiquement, les pluies exceptionnelles apportées par le phénomène El Niño donnent lieu à ***un phénomène unique : le desierto florido.***

– ***Chili central :*** la vallée centrale bénéficie d'un climat méditerranéen, ce qui en fait une ***région très fertile,*** où prospèrent vignes et arbres fruitiers. On y trouve 75 % de la population totale du pays et ses plus grandes villes, dont Santiago et Valparaíso.

– ***La Araucanía et la région des Lacs :*** au sud de Santiago commence une région couverte de forêts, de prairies et... de lacs. La superbe Araucanía est la ***patrie des Mapuches.*** Au large de Puerto Montt, l'île de Chiloé, la plus grande du pays, est connue pour son climat peu clément.

– ***Patagonie et Terre de Feu :*** l'extrême sud du Chili. Ces régions magnifiques et sauvages sont soumises à des ***conditions climatiques extrêmes*** : pluie et vent en abondance. Plus on descend vers le sud, plus on trouve des grappes d'îles et d'îlots escarpés séparés par des fjords. Au bout, coupée du continent par le détroit de Magellan, la Terre de Feu, divisée entre le Chili et l'Argentine, est recouverte de neige d'avril à novembre. Au-delà flotte l'île *Navarino,* ultime étape avant l'archipel mythique du cap Horn.

– ***Les îles du Pacifique*** comprennent l'*île de Pâques* (la plus isolée du Pacifique, à 3 760 km du Chili) et l'*archipel Juan Fernández,* qui se trouve à seulement 670 km de la côte. C'est là que le vrai Robinson Crusoé (Alexander Selkirk de son nom) campa durant 4 ans au tout début du XVIIIe s...

HISTOIRE

Le peuplement originel

L'hypothèse la plus répandue soutient que les peuples premiers, d'origine asiatique, sont arrivés sur le continent américain par le détroit de Béring émergé, à la fin de la dernière ère glaciaire, voici 13 000 à 16 500 ans. Au cours des millénaires suivants, les ***1ers Américains*** seraient descendus peu à peu jusqu'à la Terre de Feu, en se scindant en un nombre considérable de peuples aux langues et coutumes différentes. Le bout du continent américain fut probablement atteint ***il y a environ 13 000 ans.***

Les peuples autochtones

Divers peuples se sont succédé et dispatchés à travers tout le Chili : les *Aymaras, Changos, Conchas, Chinchorros, Atacameños* dans le Grand Nord ; les *Diaguitas* et *El Molle* dans le Petit Nord ; les *Mapuches, Huilliches, Puelches, Pehuenchos, Picunches, Chonos, Tehuelches* dans le Sud ; les *Selk'nam, Yagans, Kawesqars, Haush et Tehuelches* en Patagonie et en Terre de Feu. Les ***Mapuches*** ont formé la communauté la plus nombreuse et ont occupé un vaste territoire, de la région centrale à Chiloé. Ils sont les seuls à avoir résisté aux Incas, puis aux Espagnols.

Les Incas

Vers 1450, l'Empire inca part de Cuzco (Pérou) à la conquête des territoires du sud. ***Les Incas rencontrent peu de résistance*** dans le nord et le centre du Chili, mais ne peuvent franchir le *río Maule* (sud de l'actuel Talca), où ils se heurtent à la ténacité des Mapuches. La frontière sud de leur empire est définie.
Renforçant la complémentarité de l'économie andine, les Incas développent les échanges commerciaux en construisant le « ***camino del Inca*** », un chemin qui traverse une partie du pays. Leur présence au Chili reste néanmoins superficielle. Elle sera brève : 70 ans, jusqu'à l'arrivée des conquistadores espagnols.

1519 : Magellan observe les côtes du Chili

Marin portugais au service de l'Espagne, Magellan serait le 1er Européen à avoir observé les terres chiliennes. Convaincu de l'existence d'un passage entre les océans Atlantique et Pacifique, il part d'Espagne en ***1519.*** Son objectif : trouver ***une nouvelle voie maritime*** plus courte que la route de l'océan Indien pour atteindre les îles aux Épices (les actuelles Moluques, en Indonésie). Les Portugais, qui ont la mainmise sur ce précieux commerce, y possèdent un comptoir. En Europe, à ce moment-là, un gramme de poivre vaut autant qu'un gramme d'or ! C'est dire l'importance de l'enjeu commercial qui se cache derrière cette expédition. Au sud du continent américain, malgré les tempêtes, Magellan trouve finalement le ***détroit*** espéré (qui porte aujourd'hui son nom). Pour se réchauffer dans leurs canoës, les autochtones allument des feux : le pays y gagne le nom de Terre de Feu. Puis voici que se dessine un océan aux eaux plus calmes : ce sera ***le Pacifique.*** Tué aux Philippines, Magellan ne rentrera pas, mais son second, Juan Sebastián Elcano, bouclera en 1522 le ***1er tour du monde*** de l'histoire. Seuls 18 des quelque 240 hommes partis d'Espagne 3 ans plus tôt ont survécu !

1536 : la conquête espagnole

Le Chili entre officiellement dans l'histoire occidentale en 1536. ***Diego de Almagro,*** l'un des lieutenants de Francisco Pizarro, le conquérant du Pérou, est envoyé vers ces mystérieuses terres du Sud que les Incas n'ont jamais réussi à soumettre et qui, dit-on, débordent d'or et de pierres précieuses. L'expédition Almagro, composée de 570 Espagnols et de 15 000 autochtones, est conduite par Almagro lui-même, accompagné de l'Inca Paulus, frère de Manco. Malgré des avertissements, Almagro n'en fait qu'à sa tête et passe directement par la cordillère. Là, les hommes sont surpris par le froid intense et la neige. Peu vêtus, mal chaussés, 150 Espagnols et 10 porteurs autochtones périssent gelés !

LE FROID TUE !

L'expédition de Diego de Almagro est un désastre. Entêté, malgré les pertes importantes du voyage aller, le conquistador reprend la route des Andes pour rentrer au Pérou. 6 mois après son 1er passage, Almagro retrouve debout sur les champs de neige des groupes de soldats pétrifiés par la glace. Ils tenaient encore entre leurs mains la bride de leurs chevaux, macabres statues équestres !

La conquête commence réellement avec ***Pedro de Valdivia*** qui finance une expédition avec grande difficulté. Les candidats à l'aventure, rebutés par les récits de terres stériles « incapables de nourrir plus de cinquante personnes » faits par les compagnons d'Almagro, sont rares. Il part finalement avec une centaine d'hommes et... son amante, *Doña Inés.*
En ***1541,*** une 1re ville est fondée, baptisée ***Santiago del Nuevo Extremo,*** en hommage à l'apôtre saint Jacques et à sa terre natale, l'Estremadura. Valdivia devient gouverneur du Chili. Les peuples autochtones de la vallée centrale sont peu à

peu soumis et d'autres cités établies : La Serena (1544), Concepción (1550), puis Valdivia (1552). Finalement, les Espagnols se heurtent à la résistance farouche des Mapuches, et Valdivia est tué, en 1553, à la bataille de Tucapel. Forts des divisions des tribus, aidés par les ravages causés par les nouvelles maladies introduites d'Europe, les Espagnols poursuivent l'invasion brutale du territoire. En quelques décennies, l'Espagne se taille un empire 2 fois plus vaste que l'Europe, qui s'étend de la Californie au cap Horn.

La période coloniale : du XVIe au XVIIIe siècle

Le Chili est rattaché à la ***vice-royauté du Pérou.*** En 1598, démarre une grande offensive mapuche. Toutes les villes au sud du *río Bío Bío* sont détruites, à l'exception de Castro, et les conquistadores sont repoussés au nord de la vallée centrale.

Le système de l'***encomienda*** créé par Pedro de Valdivia se développe, incitant les troupes à s'établir au Chili : chaque soldat reçoit une parcelle de terrain et le droit d'exploiter les autochtones qui y vivent. Dépossédés de leurs terres et réduits au travail forcé, ceux-ci tentent de se rebeller à maintes reprises. Ce système aura de grandes conséquences sur le développement agricole du pays, donnant naissance aux *latifundias.* Elles resteront intactes jusqu'aux réformes agraires de 1960. Le système de l'*encomienda* a jeté les bases des oligarchies latino-américaines.

La 2de moitié du XVIe s est marquée par de récurrentes incursions de pirates et corsaires anglais attirés par la manne. Drake, qui débarque en 1579, n'est pas le moindre d'entre eux.

1810-1818 : le Chili devient indépendant

Peu à peu, un ***sentiment nationaliste*** émerge au cœur du continent, augmentant le désir de s'émanciper de l'autorité de la Couronne d'Espagne. L'invasion de l'Espagne par les troupes napoléoniennes et l'abdication forcée du roi Ferdinand VII donne l'occasion aux *criollos* (Espagnols nés au Chili) de concrétiser leurs aspirations : plutôt que de prêter allégeance à Joseph Bonaparte, intronisé par Napoléon, ils forment le 18 septembre 1810 une ***junte de gouvernement.***

Le 1er Congrès national est mis en place l'été suivant : les modérés, autonomistes, y sont vite submergés par les plus radicaux, partisans d'une indépendance complète. Monopole commercial espagnol et esclavage sont abolis.

Les Chiliens se divisent entre royalistes (surtout au sud) et patriotes (avec leur bastion à Santiago). Les 1ers combats ont lieu en avril 1813. L'année suivante, Ferdinand VII est restauré sur le trône d'Espagne et une grande expédition royaliste dépêchée par le vice-roi du Pérou. Les révolutionnaires sont contraints à la fuite à la bataille de Rancagua et la plupart doivent se réfugier en Argentine (vers Mendoza). ***Bernardo O'Higgins*** y forme l'***armée des Andes*** avec le général San Martín. En 1817, ils envahissent le Chili avec 5 200 hommes et remportent la ***bataille de Chacabuco.*** L'indépendance est officiellement proclamée un an plus tard, le ***12 février 1818,*** mais elle n'est effective que plus tard, avec la victoire de la ***bataille de Maipú.***

La jeune république du Chili

À la tête du 1er gouvernement chilien, ***O'Higgins*** promulgue une constitution, établit un Sénat et abolit les titres aristocratiques, provoquant l'opposition violente de la noblesse terrienne. Il doit démissionner l'année suivante. Suit une période d'instabilité politique, dégénérant de guerres civiles en luttes intestines.

En 1830, Diego Portales remet le Chili sur la voie de la paix civile. Une nouvelle constitution est promulguée en 1833, faisant du pays un ***État fortement centralisé.*** Le président est tout-puissant et l'assemblée n'a qu'un pouvoir secondaire. C'est le début d'une ***ère de prospérité,*** renforcée par un 1er boom économique avec l'exportation de guano à partir des années 1840. En 1843, une expédition plante le drapeau chilien sur le bord du détroit de Magellan, au fort Bulnes, revendiquant les terres australes pour le compte du pays. La ville de Punta Arenas voit le jour 5 ans plus tard.

La guerre du Pacifique : 1879-1884

Au moment de l'indépendance, le territoire chilien s'étendait d'Antofagasta au *río Bío Bío*. Le désert d'Atacama, sans intérêt apparent, servait de « no man's land » dans les conflits latents opposant le Chili au Pérou et à la Bolivie. La découverte des ***gisements de salpêtre*** dans la région à la fin des années 1860 bouleverse la donne. Des ports voient le jour (Antofagasta), un chemin de fer est inauguré. Ces terres stériles dont personne ne voulait sont riches, très riches ! L'influence britannique se mêle aux intérêts chiliens et, en 1879, la guerre du Pacifique est déclarée. Le Chili en sort ***vainqueur*** en 1884 et annexe le territoire de l'Atacama (péruvien) et les ports du Nord (boliviens) – privant ainsi la Bolivie de tout accès à la mer.

Les nitrates et le salpêtre

Le traité de paix octroie au Chili le ***monopole mondial des nitrates naturels*** (alors principale source d'engrais pour l'agriculture) et les Britanniques en tirent les ficelles. Parmi eux, John Thomas North est vite surnommé le « ***roi du salpêtre*** » ! Les taxes sur les exportations enrichissent l'État chilien, mais le peuple, lui, ne bénéficie guère de l'embellie. Les ouvriers travaillent comme des bêtes pour des salaires dérisoires...

José Manuel Balmaceda, élu président en 1886, annonce son intention de nationaliser le salpêtre. 5 ans plus tard, la guerre civile éclate. Thomas North finance largement les rebelles, et les navires de guerre britanniques bloquent la côte. Après plusieurs mois de luttes sanglantes, Balmaceda est renversé. Entre-temps, l'île de Pâques a intégré le giron national (1888).

En Patagonie et en Terre de Feu, quelques colons européens – sans foi ni loi – fondent de vastes *estancias* entièrement dévolues à l'***élevage du mouton,*** à l'instar de la célèbre *Sociedad Explotadora de Tierra del Fuego*. Les autochtones Selk'nam sont alors exterminés pour le profit d'une poignée de familles, soudées par des intérêts économiques communs et des mariages, qui deviennent – de fait – propriétaires terriens de toutes la Patagonie chilienne !

1907-1946 : inégalités, combats sociaux et instabilité

La victoire de la faction parlementaire au terme de la guerre du Pacifique mène au pouvoir la bourgeoisie minière et les grands propriétaires terriens. L'instabilité règne et les cabinets se succèdent.

Les conditions de travail inhumaines poussent la classe ouvrière naissante à entamer une ***série de grèves*** (dont celle de 1907, très violente et meurtrière, faisant 3 000 morts à Iquique). Le mouvement syndical et ouvrier s'affirme, avec la ***fondation en 1912 du Parti des travailleurs socialistes*** (futur parti communiste). En ***1920,*** forces populaires et classe moyenne parviennent à porter à la présidence ***Arturo Alessandri.*** Il fait adopter des lois sociales avancées, mais les conflits avec le Sénat et les militaires se poursuivent. Une ***nouvelle Constitution*** est adoptée en 1925, qui renforce le pouvoir présidentiel. La fin de l'industrie du salpêtre et, en 1929, le krach de Wall Street et la crise mondiale qui s'ensuit plongent le Chili dans la récession. Le PIB diminue de 50 % en 3 ans ! Le chômage, l'agitation sociale et politique atteignent leur paroxysme. Gouvernements issus de ***coups et contre-coups d'État*** se succèdent, dont une éphémère République socialiste qui dure 12 jours ! En 1936, partis de gauche et mouvements syndicaux s'unissent pour former un Front populaire. ***Des réformes sont engagées,*** qui font du Chili un des pays les plus avancés du point de vue de la législation de la protection sociale.

Mainmise nord-américaine, chasse aux communistes et guerre froide

Le ***cuivre*** prend la place du salpêtre dans l'économie chilienne, et l'hégémonie britannique cède la place à celle des États-Unis – les principaux gisements de cuivre étant passés aux mains de compagnies américaines. Le minerai exporté contribue à nourrir les besoins alliés durant la Seconde Guerre mondiale, même si le pays reste officiellement neutre.

Le Front populaire éclate en 1946. Gabriel González Videla est élu président grâce au soutien des communistes mais, sous la pression des États-Unis, il déclare leur parti illégal. Le ***début de la guerre froide*** s'impose ici aussi. Plusieurs milliers de militants du parti communiste sont rayés des listes électorales et leurs dirigeants sont déportés au camp de Pisagua, dans le Nord. Les communistes doivent s'exiler (c'est le cas notamment du poète et sénateur Pablo Neruda).

1964 : le retour de la gauche

La fin des années 1950 et les années 1960 sont marquées par une division presque égale de l'électorat entre droite, gauche et démocratie chrétienne (DC). Ce sont ces derniers qui s'imposent finalement en 1964, avec l'élection d'Eduardo Frei. Moins modéré qu'il ne le laissait paraître à ses alliés de droite, il entreprend des réformes agraires et sociales, et procède à la ***« chilénisation » du cuivre,*** rendant l'État majoritaire dans les mines.

Comme tous les pays d'Amérique latine, le Chili des années 1960 est marqué par la révolution cubaine. À l'approche des ***élections présidentielles de 1970,*** le climat social est agité et le clivage gauche-droite très marqué. Les partis de gauche et des dissidents de la DC forment l'***Unité populaire.*** Ils choisissent comme représentant ***Salvador Allende,*** qui se veut porteur d'un Chili « indépendant », par une « révolution dans la loi ». Le 4 septembre, les électeurs élisent pour la 1re fois Allende, candidat battu à 3 reprises auparavant. Il met aussitôt en garde : « La victoire n'a pas été facile. Mais il sera plus difficile encore de consolider notre triomphe. »

Les 50 jours les plus longs

Selon la Constitution, si un candidat n'a pas la majorité absolue, le Congrès doit départager les 2 concurrents les mieux placés dans un délai maximum de 50 jours. La tradition veut que le candidat arrivé en tête soit désigné par les parlementaires, mais la droite met ses espoirs dans un ralliement de la DC à sa cause, contre Allende. Tout un plan est mis en place, avec l'appui américain, pour créer des ***mouvements de panique.*** De riches propriétaires quittent le pays en emportant tous leurs biens. Henry Kissinger, secrétaire d'État de l'administration Nixon, déclare alors : « Je ne vois pas pourquoi nous nous croisons les bras sans agir en regardant un pays devenir communiste à cause de l'irresponsabilité de son peuple. » Mais rien n'y fait. Le représentant de la DC, Radomiro Tomic, fort d'avoir obtenu d'Allende une garantie de respect total de la Constitution, les députés DC approuvent sa désignation, le 24 octobre 1970, 2 jours après un attentat contre le commandant de l'armée, le général Schneider.

Le « socialisme dans la démocratie »

Salvador Allende met en œuvre la ***réforme agraire*** : 6 600 000 ha sont redistribués au profit de plus de 100 000 familles paysannes, mais les affrontements avec certains propriétaires terriens se multiplient, débouchant parfois sur des drames.

En 1971, le principe de la ***nationalisation des grands gisements de cuivre*** est acquis. Les compagnies vont recevoir des indemnisations, amputées des profits jugés « excessifs » réalisés au cours des années précédentes... Les États-Unis suppriment brutalement tous les crédits (sauf ceux accordés aux militaires !) et tentent d'imposer un embargo mondial sur le cuivre chilien.
Le gouvernement veut ***mettre fin aux grands monopoles*** : il prend le contrôle de l'industrie textile, des cimenteries, de la Compagnie des téléphones (propriété du trust américain *ITT*) et des banques les plus importantes du pays. Des mesures sont prises pour diminuer le chômage et améliorer le logement. Mais les ***problèmes économiques*** surgissent : la production agricole diminue, le PNB chute de 25 % et l'inflation explose. Problèmes de ravitaillement et marché noir se développent de concert. L'Unité populaire, qui n'a la majorité ni à la Chambre des députés ni au Sénat, se fissure. Le propre parti d'Allende est divisé et les positions se radicalisent dans la société entre jusqu'au-boutistes et opposants forcenés. L'opposition garde le contrôle de l'administration, de l'appareil législatif, du système judiciaire et des médias.
En ***octobre 1972,*** une grève des camionneurs, soutenue par les États-Unis, paralyse tout le pays. Le Chili est au bord de la guerre civile. Pour préserver l'unité du pays, Allende opère un remaniement ministériel et confie le ministère de l'Intérieur au légaliste ***Prats,*** le chef des armées. Les tensions diminuent. Malgré la crise économique, les résultats des élections de mars 1973 au Congrès démontrent que le soutien populaire à Allende a augmenté depuis 1970. Mais avec 44,09 %, l'Union populaire reste minoritaire, et les réformes sont bloquées. Une tentative de coup d'État a lieu en juin 1973. En août, Prats démissionne et est remplacé par le général Pinochet, qui assure sa loyauté au gouvernement constitutionnel.

1973 : le coup d'État de Pinochet

Le ***11 septembre 1973*** à l'aube, l'armée, en connivence avec la CIA, déclenche un coup d'État. La junte exige la reddition d'Allende, retranché au palais présidentiel de La Moneda. Le président refuse et le palais, bombardé par l'armée de l'air, est ravagé par le feu. Allende, juste avant de se suicider, donne une ultime allocution, qui s'achève par ces mots : « Ce sont mes dernières paroles, j'ai la certitude que le sacrifice ne sera pas vain. J'ai la conviction, du moins, qu'il y aura une sanction morale qui châtiera la félonie, la lâcheté et la trahison. »
Une ***junte militaire dirigée par Pinochet,*** comprenant les commandants en chef des 3 armées et le chef de la police, prend la direction de l'État. Le Congrès national est rapidement dissous, les partis de l'Unité populaire et les syndicats sont mis hors la loi, leurs chefs emprisonnés au secret ; même les partis de droite et la Démocratie chrétienne sont mis « en sommeil ».
La répression est brutale et féroce. La junte militaire fait arrêter quelque 300 000 sympathisants de gauche. Environ 38 000 d'entre eux seront torturés, plus de 3 000 exécutés. Des colonies pénitentiaires politiques voient le jour dans des endroits isolés, comme l'ancienne ville du salpêtre de Chacabuco, en plein désert d'Atacama, et l'île Dawson, en Patagonie.
La commission Church a démontré, en 1975, la complicité du gouvernement nord-américain dans le coup d'État et dans la répression qui s'est ensuivie.

Les Chicago Boys

Sur le plan économique, un ***système ultralibéral*** inspiré de la doctrine de Milton Friedman est adopté sous la conduite des désormais célèbres *Chicago Boys,* formés aux États-Unis. Les dépenses publiques sont réduites de 20 %, le tiers des fonctionnaires est mis à pied et la TVA augmentée. Les résultats ne se font pas attendre : entre septembre et décembre 1973, l'inflation passe du taux déjà alarmant de 300 % à celui, surréaliste, de 750 % ! Quant aux dénationalisations, elles livrent des pans entiers de l'économie aux appétits des ***investisseurs étrangers.***

Seule l'industrie du cuivre échappe au processus. Et 30 % des terres saisies par l'Union populaire sont rendues aux anciens propriétaires. Le coût social est énorme : le chômage passe de 3,7 % en 1972 à 18,7 % en 1975. Le PNB chute de 12 %. L'enseignement et le système de santé publique, qui étaient les plus progressistes d'Amérique latine, sont laissés pour compte. Environ ***la moitié de la population vit en dessous du seuil de pauvreté.***

Le cas Pinochet

Très tôt, le général Pinochet (voir notre rubrique « Personnages ») affirme son autorité sur les autres membres de la junte militaire. Il est nommé « ***chef suprême de la nation*** » en juin 1974, puis s'autoproclame ***président*** en décembre. Il se dote dès sa prise du pouvoir d'une police secrète (la DINA), commandée par son beau-frère. Le 11 septembre 1980, une nouvelle Constitution est approuvée par un référendum truqué. Elle garantit, entre autres, l'inamovibilité de Pinochet à la tête de l'armée de terre jusqu'en 1997. Malgré l'aide d'une partie de l'Église catholique, l'opposition, décimée, emprisonnée, exilée, a du mal à se faire entendre. Le 11 mai 1983 marque une 1re journée nationale de ***protestation.*** Beaucoup d'autres suivent, mais la répression est sévère : plus de 70 personnes sont tuées et l'état de siège est rétabli. En 1987, la visite de Jean-Paul II est marquée par des manifestations hostiles au régime : de violents affrontements font 600 blessés pendant la célébration de la messe dans la capitale. Après 15 ans de clandestinité, les partis politiques recommencent à fonctionner et une partie des exilés peut rentrer. ***L'étau de la censure se desserre.***
Soucieux de re-légitimer sa position présidentielle, Pinochet, sûr de lui, décide d'un ***référendum.*** Mais le 5 octobre 1988, il sort perdant du plébiscite, avec 55 % de *no* (et quand même 43 % de *sí*). Il accepte difficilement le résultat, mais la constitution de 1980 lui permet de garder la tête de l'armée. Un tiers du Sénat est désigné par lui et bloque toute réforme de la Constitution. Le régime se voit obligé de tenir sa parole et doit organiser des ***élections présidentielles*** 1 an plus tard.

1989 : la transition démocratique

Les ***élections du 14 décembre 1989*** sont remportées par Patricio Aylwin, de la Démocratie chrétienne. Pinochet reste chef des armées et la Constitution demeure entachée d'articles antidémocratiques. Toute tentative de démocratisation des institutions chiliennes est étouffée. Le pouvoir judiciaire et la Cour suprême sont les mêmes que durant la dictature, ce qui explique l'amnistie systématique des militaires ou des policiers accusés d'atteintes aux Droits de l'homme.
Face aux pressions de l'opinion publique, choquée par la découverte de charniers, Aylwin met sur pied une ***commission d'investigation*** sur les crimes et les exactions commis pendant la dictature. Elle publie un rapport accablant en mars 1991. Le 11 mars 1994, ***Eduardo Frei*** (fils de Frei, président en 1964) est largement élu comme ***candidat de la Concertation,*** une coalition regroupant socialistes, radicaux et DC. La Concertation dispose d'une majorité solide à la chambre mais elle ne peut encore imposer ses vues au Sénat, à cause des 9 sénateurs nommés par Pinochet. Impossible donc de réformer la Constitution. Le malaise est grandissant et tout est fait pour éviter les conflits, afin de ne pas troubler le consensus.

L'arrestation de Pinochet

En octobre 1998, grande 1re dans l'histoire des dictateurs, Augusto ***Pinochet est arrêté*** dans la clinique londonienne où il est hospitalisé. La justice espagnole l'accuse d'être responsable de la mort de citoyens espagnols sous la dictature. Au terme d'une bataille juridique complexe, le dictateur est finalement libéré pour « raisons humanitaires » et, eu égard à son état de santé, rapatrié au Chili le 3 mars 2000, après 17 mois passés à Londres. Pinochet perd symboliquement

son invincibilité. Le ton de la presse et des conversations change au Chili : le sujet n'est plus tabou et de véritables débats s'engagent.
Le 9 juillet 2001, la 6e cour d'appel de Santiago suspend les poursuites judiciaires à son encontre pour « raisons de santé ». On croit alors que les procès tant attendus n'auront jamais lieu. Mais fin 2004, coup de théâtre ! Les juges de la Cour suprême lèvent son immunité d'ancien président, pour le renvoyer devant la justice. Pinochet est gardé en ***résidence surveillée,*** poursuivi par ses milliers de victimes, mais aussi pour corruption, enrichissement illicite et fraude fiscale. En août 2005, après la mise en détention de sa femme et de son fils cadet suspectés de complicité de fraude fiscale, Pinochet déclare publiquement assumer l'entière responsabilité de cette affaire.

Le devoir de mémoire

Le 16 janvier 2000, le ***socialiste Ricardo Lagos*** est élu de justesse à la présidence, face à Joaquin Levin, descendant spirituel de Pinochet et membre de l'Opus Dei. Prisonnier politique sous la dictature, Lagos est célèbre pour son attitude courageuse lors d'une émission TV en 1988, quand il pointa du doigt une caméra pour dire à Pinochet de quitter le pouvoir. Si son élection marque la fin d'une longue période de transition démocratique, on retiendra de son quinquennat qu'il met le Chili face à sa mémoire historique en reconnaissant – une bonne fois pour toutes – la responsabilité de l'État dans les crimes commis sous la dictature militaire. « ***Le pays est mûr pour juger Pinochet*** », déclare-t-il.

COLONIA DIGNIDAD, L'INDIGNE

Paul Schäfer, un ancien nazi, ouvrit en 1961 un établissement agricole vers Parral, à 320 km au sud de Santiago. S'il était prétendument destiné aux orphelins, abus sexuels et esclavagisme y étaient de mise. Du temps de Pinochet, l'endroit servit de prison et de centre de torture, en toute impunité.

Michelle Bachelet, une femme au pouvoir

Le ***15 janvier 2006, Michelle Bachelet*** est élue à la présidence de la République. Depuis la fin de la dictature militaire en 1990, c'est la 4e victoire consécutive à la présidentielle de la *Concertación Democrática,* coalition de centre-gauche réunissant socialistes, démocrates-chrétiens et radicaux. Elle devient la ***1re femme présidente*** de son pays et la 6e de l'histoire de l'Amérique latine. Médecin pédiatre, ex-ministre de la Santé et de la Défense, fille d'un général mort dans les prisons de la dictature, durant laquelle elle fut elle-même torturée, tout comme son compagnon d'alors, porté depuis disparu. Agnostique, mère de 3 enfants, son profil marque un tournant dans l'histoire du pays et reflète bien les bouleversements sociologiques survenus depuis la période sombre. De fait, considéré comme un modèle économique en Amérique latine, le Chili est en retard en matière de droits des femmes. L'avortement y est toujours interdit, et c'est même le dernier pays occidental à avoir autorisé le divorce, en... 2004 !

Suite et fin du dictateur Pinochet

Le général Pinochet meurt le 10 décembre 2006, à 91 ans. Suivant la décision de la présidente Bachelet, le deuil national n'est pas décrété, mais des funérailles militaires sont organisées. Un climat tendu règne le jour des obsèques devant l'Académie militaire de Santiago. Plus de 10 000 partisans de l'ancien dictateur sont venus lui rendre un dernier hommage. Celui qui domina la vie politique chilienne pendant 30 ans continue de ***diviser la société en 2 camps.*** D'un côté, la famille Pinochet et les sympathisants du général qui estiment « qu'il a sauvé le Chili du communisme » et le considèrent comme « le père du miracle économique ».

De l'autre, ses adversaires farouches qui lui reprochent les crimes sanglants de la dictature. Malgré des dizaines d'inculpations de violations des Droits de l'homme et de corruption, le général est mort sans jamais avoir été condamné, ni au Chili ni à l'étranger. Il n'est pas le seul ; de nombreuses voix continuent à dénoncer ***l'impunité dont bénéficient les ex-responsables du régime.*** Si près de 300 civils et militaires ont été condamnés pour leur collaboration active, moins de 80 ont été effectivement incarcérés. Une paille, en comparaison du nombre de victimes et de disparus. Toutefois, sporadiquement, des condamnations lourdes de symboles tombent.
En 2014, 2 colonels à la retraite sont condamnés pour avoir torturé à mort le général Bachelet, père de la présidente. En 2015, un général, déjà emprisonné pour violations des Droits de l'homme, voit sa peine alourdie pour le meurtre de 2 journalistes américains au moment du coup d'État. Un meurtre dont s'était inspiré Costa-Gavras pour réaliser son film *Missing,* primé à Hollywood.

La droite à nouveau au pouvoir

Lors des présidentielles de 2010, le ***milliardaire Sebastián Piñera*** (488e fortune mondiale), partisan d'une droite moderne et libérale, s'impose face à l'ancien président Eduardo Frei. Piñera est le 1er président de droite à accéder au pouvoir depuis la fin de la dictature. Michelle Bachelet, forte d'un excellent bilan économique mais empêchée par la Constitution de briguer un 2d mandat consécutif, quitte le pouvoir avec un taux de popularité record de 84 % !
En février 2010, quelques jours avant la prise de pouvoir de Sebastián Piñera, un ***séisme de magnitude 8,8*** survient, suivi d'un tsunami. Plus d'un million de logements (les plus pauvres) sont détruits, 562 personnes trouvent la mort ou sont considérées disparues. Dans les 2 premières années de la présidence Piñera, 700 000 emplois et 100 000 entreprises sont créés.
Politiquement parlant, l'ère Piñera marque un certain ***durcissement de la politique nationale envers les minorités*** et s'oppose aux évolutions sociales (avortement) et tend à occulter le passé pinochétiste des partis de droite chiliens. Socialement parlant, les ***inégalités*** n'ont jamais été aussi criantes.
Tout au long de 2011, les ***mouvements étudiants,*** soutenus par une grande majorité de la population, manifestent en faveur d'une réforme en profondeur de l'enseignement supérieur – aujourd'hui largement privatisé. De fait, l'éducation au Chili est la plus chère au monde, juste derrière les États-Unis, contraignant 70 % des étudiants à s'endetter.

Le retour de Michelle Bachelet

Les élections présidentielles de 2013 marquent le retour au pouvoir de Michelle Bachelet, élue sur un score certes confortable de 62 %, mais en réalité très relatif.
Dans le même temps, une part importante de l'électorat de Michelle Bachelet exige la convocation d'une assemblée constituante pour enterrer définitivement ***la constitution adoptée sous Pinochet, et toujours en vigueur sur bien des points.*** La présidente fait adopter la loi d'union civile pour les couples homosexuels et dépose un ***projet de loi autorisant l'avortement thérapeutique,*** mais

LA 2E MORT DE VICTOR JARA

Juste après le coup d'État de 1973, après avoir été torturé et criblé de balles, le chanteur Victor Jara fut enterré clandestinement. Ses funérailles officielles n'ont eu lieu qu'en... 2009. On a arrêté les auteurs présumés de son exécution en... 2013, soit 40 ans après les faits, tout en demandant l'extradition du principal responsable supposé, domicilié en Floride.

uniquement en cas de viol, de risque pour la vie de la mère ou de malformation du fœtus. Il reste encore du chemin à parcourir vers la libéralisation totale de l'avortement.
Au début 2017, le pays connaît les pires incendies de son histoire. 500 000 ha (50 fois la surface de Paris) et de nombreux vignobles du centre du pays sont détruits.

Encore la droite...

L'année 2018 est marquée par la victoire aux élections présidentielles de ***Sebastián Piñera,*** qui retrouve son siège. Les observateurs y voient un mouvement de balancier plutôt sain dans une démocratie apaisée. Ce retour de la droite dure et libérale est surtout salué par les détenteurs des cordons de la bourse chilienne et les grandes entreprises, bien moins par la partie de la population la plus pauvre et les minorités autochtones.

Soulèvement historique contre l'inégalité sociale

Fin 2019, la hausse du prix du ticket de métro dans la capitale provoque un ***mouvement de protestation sociale sans précédent*** depuis la fin de l'ère Pinochet. Une nouveauté dans ce pays, après des décennies de stabilité politique et économique. De manifestations en grèves, de pillages en flambées de violence et affrontements avec les forces de l'ordre (26 morts côté manifestants), la fronde grossit à travers le pays, alimentée par la rancœur sociale envers les inégalités, dans un contexte économique prospère. Excluant de démissionner, le président Piñera annonce la révision de la Constitution, héritée de la dictature et considérée à l'origine des déséquilibres qui touchent aussi les classes moyennes endettées.
Alors que les manifestations faiblissent au printemps 2020 sur fond de Covid-19, la ***révision constitutionnelle*** est actée par référendum en octobre. Pour redorer son image, le président Piñera autorise le mariage entre personnes de même sexe, contre toute attente, fin 2021. Mais il tombe sous le coup d'une procédure de destitution, car soupçonné de conflit d'intérêt dans la vente d'une compagnie minière en 2010, réalisée dans un paradis fiscal et révélée par les « Pandora Papers ». Sans succès.

Et la gauche revient !

Dans ces conditions et face à la poussée de l'extrême droite pinochétiste, un nouveau président – rassemblant les gauches – sort des urnes fin 2021. ***Gabriel Boric*** – 36 ans et « sans cravate » – est investi dans sa fonction en mars 2022. Le plus jeune dirigeant de l'histoire du pays se veut « président de tous les peuples chiliens », référence aux peuples autochtones, notamment Mapuches. Boric entend instaurer un État-providence et promet une grande réforme fiscale visant les plus riches et les compagnies minières, pour financer un meilleur accès à la santé, à l'éducation et aux retraites. Bref, une rupture radicale dans le modèle néolibéral chilien, à réaliser avec un parlement non acquis et un fort ralentissement économique attendu pour 2023 en Amérique latine.

Nouveaux défis

Dans un contexte d'inflation générale élevée, le pays doit aussi faire face à une ***crise migratoire*** sans précédent, qui suscite de vives tensions dans les villes du Nord et jusqu'à Santiago, où les *clandestinos* sont rendus responsables de la hausse de la criminalité. Le gouvernement a voté l'état d'urgence, faisant notamment creuser un fossé à la frontière bolivienne. Cet afflux massif de migrants (ils seraient 2 millions) du Venezuela, de Colombie et de Haïti, nourrit la montée de l'extrême droite.

Tout comme la persistance des violences dans les régions de *Bío Bío* et de l'*Araucania* (à 600 km au sud de Santiago), liées aux revendications des Mapuches pour la restitution de leurs terres ancestrales. Le jeune président de gauche y a d'ailleurs déployé l'armée en mai 2022. La rédaction de la nouvelle constitution demeure, quant à elle, toujours en cours, après qu'une version pourtant ambitieuse a été rejetée à une large majorité par référendum en septembre 2022. Mais Boric est résigné à « construire un nouveau processus constitutionnel », cherchant à tout prix un consensus avec d'autres factions politiques et sa population.

MÉDIAS

Votre TV en français : TV5MONDE, la 1re chaîne culturelle francophone mondiale

Avec ses 8 chaînes généralistes, ses 2 chaînes thématiques et sa plateforme numérique TV5MONDEplus, TV5MONDE est disponible dans 211 pays et offre le meilleur de la production francophone, sous-titré en 13 langues : information internationale, cinéma et séries, sport, documentaires et magazines découvertes, programmes jeunesse...
Préparez votre séjour et trouvez l'inspiration grâce à son site Voyage • *voyage.tv5monde.com* • et restez connecté avec ses applications et le site • *tv5monde.com* •

Presse

La presse écrite chilienne, disponible en format numérique, est marquée par sa forte concentration. À tel point que certains Chiliens parlent de « duopole ». Les groupes El Mercurio et Consorcio Periodístico de Chile (Copesa) se partagent l'essentiel du marché. Les quotidiens *El Mercurio, La Segunda* et *Las Ultimas Noticias* font partie du 1er, alors que *La Tercera, La Cuarta, La Hora* et la revue *Qué pasa* appartiennent à Copesa. Proches des milieux économiques, ces journaux se caractérisent le plus souvent par une ligne conservatrice.
El Mercurio (• *elmercurio.com* •) est le plus important des quotidiens et aussi le vétéran de la presse chilienne (il a été fondé en 1827). Opposé au gouvernement du président Allende, il a soutenu le coup d'État du général Pinochet en septembre 1973. Aujourd'hui, il est reconnu pour ses pages économiques et financières. *La Tercera* (• *latercera.com* •), plutôt populaire auprès des classes moyennes, vient juste derrière par le tirage. Le quotidien *La Nación* (• *lanacion.cl* •) complète ce panorama. Que l'État en soit l'actionnaire majoritaire ne l'empêche pas d'être critique...
Si vous êtes plus intéressé par la presse populaire, achetez *La Cuarta* (• *lacuarta.cl* •). Si la presse de gauche vous manque, consultez les archives de *Punto Final*, dont le dernier numéro est paru en 2018 (• *puntofinal.la* •). En matière de presse satirique, la palme revient à *The Clinic* (• *theclinic.cl* •), qui sort le jeudi et se rapproche de l'esprit du *Canard enchaîné*. Enfin, à signaler, le mensuel *Le Monde diplomatique* version chilienne (• *lemondediplomatique.cl* •). Pour être au courant de l'actualité, des balades, des petites annonces à Santiago, consulter (en ligne seulement) : • *lepetitjournal.com/santiago* • Le tout en français.

Télévision

À la télévision, le pluralisme est plus respecté. La principale chaîne, *Televisión Nacional de Chile* (Canal 7), appartient à l'État. Sa direction est composée à la fois de personnalités liées au gouvernement et proches de l'opposition. Généraliste, elle montre ainsi une véritable indépendance à l'égard du gouvernement. Elle dispose d'une chaîne d'information continue : *24 Horas*. Les autres grandes chaînes

hertziennes sont, par ordre d'importance, *Canal 13, Mega* (Canal 9) et *Chilevisión* (Canal 11). Contrairement à ce que son nom indique, cette dernière appartient au groupe nord-américain Paramount Networks Americas. Elle est connue pour ses talk-shows au ton très libre.
Canal 13, la 2e station par l'audience, a longtemps appartenu à l'université catholique. Sur cette chaîne généraliste, le ton est plutôt conservateur. De même sur *Mega,* fondé par l'homme d'affaires Ricardo Claro. Vous trouverez néanmoins sur cette chaîne les fameuses *telenovelas* latino-américaines. Pour finir, signalons *CNN Chile,* la chaîne d'info continue à dimension internationale.

Radio

La 1re des radios, en audience, est *Radio Cooperativa* *(93.3 ; ● cooperativa.cl ●).* Elle a acquis une forte influence à l'époque de la dictature militaire alors qu'elle était pratiquement la seule à tenter de rompre le silence imposé par le gouvernement. Elle appartient à un groupe d'investisseurs privés proches de la Démocratie chrétienne.
Vient ensuite *Radio Bío Bío* *(● biobiochile.cl ●),* une radio d'info avec musique. Citons aussi la radio universitaire *Radio Universidad de Santiago* *(Usach ; 94,5 ; ● diariousach.cl ●).*

Liberté de la presse

Malgré une relative stabilité démocratique, le Chili reste en proie à des problèmes de corruption et souffre encore des relents de la dictature militaire. Les médias indépendants peinent à assurer leur survie économique, dans la mesure où le pays ***ne dispose toujours pas d'un cadre législatif garantissant la diversité des informations.*** Dans un contexte de forte concentration de la presse, le pluralisme y fait défaut et les médias communautaires ne parviennent pas à assurer la pérennité de leurs activités, limitant gravement le débat démocratique dans le pays.
Les reporters qui couvrent les manifestations sont fréquemment pris à partie et manquent de protection. En 2022, la journaliste Francisca Sandoval est morte après avoir reçu une balle alors qu'elle couvrait les manifestations du 1er mai.
La couverture de sujets comme les violations des Droits humains sous la dictature et la corruption au sein des forces armées et de sécurité reste très sensible. Plusieurs journalistes d'investigation ont été victimes de harcèlement, de vols et de menaces. Ces dernières années, le secret des sources est régulièrement mis à mal.
Reporters sans frontières déplore de nombreux cas de poursuites judiciaires abusives contre des journalistes abordant des thèmes sensibles tels que la corruption de la classe politique et les revendications historiques des communautés mapuches. Le recours abusif aux procès pour « diffamation et calomnie » est notamment un moyen courant de chercher à faire taire la presse.
La circulation des informations sur Internet est libre, mais les attaques croissantes contre les femmes journalistes sur les réseaux sociaux en ligne sont particulièrement préoccupantes.
Ce texte a été réalisé en collaboration avec ***Reporters sans frontières.*** Pour plus d'informations sur les atteintes aux libertés de la presse, n'hésitez pas à les contacter : *● rsf.org ●*

MUSIQUE

La chanson chilienne se veut un chant libre (*Canto libre,* comme l'a chanté Victor Jara), puissant, engagé, contestataire, inspiré par les difficultés sociales et des années de répression et de dictature militaires, mais aussi fortement poétique. Sa force est d'avoir puisé dans les racines populaires, voire folkloriques, du pays, à l'image du répertoire des artistes les plus connus, comme Violeta Parra, Victor Jara, Quilapayún, Inti Illimani ou encore Illapu.

Petite chronologie musicale

D'un point de vue historique, avant l'arrivée des Espagnols, il existait surtout 2 pôles de culture musicale : celui des Atacamènes du Nord, avec une musique cousine de celle des Incas et des Aymaras, et celui des Mapuches du Centre et du Sud. Les Mapuches ont leurs propres instruments, notamment la *trutruca* (trompe de 1,50 à 4 m de long), la *pifilca* (sifflet en bois), les *cascahuillas* (cloches) et le *kultrún* (tambour), mais leur tradition fut moins diffusée. Dans la musique andine du Nord, les instruments traditionnels sont la *zampoña,* soit la flûte de pan, et la *quena,* une flûte dont on dit qu'elle symbolise le souffle du vent sur l'*altiplano*... Le *charango* est une espèce de petite guitare, qui était autrefois faite d'une carapace de tatou. La musique andine est toujours représentée par des groupes comme Illapu, Inti Illimani ou Quilapayún...

– La *zamacueca,* dérivée du *fandango* espagnol, apparaît au XIXe s. Elle se transforme ensuite en *cueca,* aujourd'hui danse folklorique nationale.

– Après la Seconde Guerre mondiale, un Chilien s'impose au niveau international : Claudio Arrau (1903-1991), considéré comme l'un des meilleurs pianistes classiques du monde.

– Les années 1960 voient éclore la *Nueva Canción Chilena,* avec, entre autres, Victor Jara, Patricio Manns et la famille Parra.

Silence sous la dictature

Le 11 septembre 1973, lors du coup d'État, plusieurs des représentants de la « nouvelle chanson chilienne » sont en tournée à l'étranger, comme Quilapayún, en concert à la fête de l'Humanité, en France, ou Inti Illimani, alors contraint à l'exil en Italie. Mais pas Victor Jara, qui est torturé et assassiné par les militaires. Violeta Parra, elle, s'est donné la mort en 1967. Pendant la dictature, la seule musique folklorique autorisée est celle dépouillée de toute critique sociale. Les instruments de musique tels que la *quena* et le *charango* sont même interdits, car considérés comme révolutionnaires. La censure règne à la télévision ainsi que dans les théâtres et festivals. Beaucoup d'artistes sont en exil ou vont devoir partir (comme Illapu, à partir de 1981, en France puis au Mexique). Les cassettes circulent sous le manteau. On écoute donc en douce la musique de *protesta* et les chanteurs à texte : Victor Jara, Violeta Parra, Inti Illimani, Patricio Manns, Quilapayun, Santiago del Nuevo Extremo, Sol y Lluvia, Los Jaivas, Los Blobs, Eduardo Gatti ou encore le chanteur cubain Silvio Rodriguez.

Quelques « monuments » de la musique chilienne

– ***Violeta Parra*** *(1917-1967)* **:** Violeta del Carmen Parra Sandoval, née à San Fabián de Alico (région de Chillan, dans le Sud), ressuscita la musique folk « avant même Bob Dylan ». Fille d'une paysanne et d'un prof guitariste, elle compose dès l'âge de 12 ans. À 35 ans, elle parcourt le pays pour recueillir textes et musiques enfouis dans la mémoire collective, qu'elle fera revivre à travers son œuvre. En 1954, elle rencontre l'amour de sa vie, le

PLUS FORTE QUE LÉONARD !

Artiste complète et autodidacte, Violeta Parra n'était pas seulement une chanteuse exceptionnelle. Elle peignait, sculptait et tissait également avec tout ce qui l'inspirait. Ses tapisseries finiront par être exposées au Louvre de son vivant, une 1re pour une artiste sud-américaine ! À l'époque, en 1964, Le Figaro *osa même écrire : « Léonard de Vinci a fini au Louvre, Violeta Parra y débute. »*

musicien et anthropologue suisse Gilbert Favre. Mais de retour à Santiago, celui-ci la quitte. Elle ne s'en remettra pas et compose son dernier album où figure sa chanson-testament, *Gracias a la vida,* reprise plus tard par Joan Baez, Mercedes Sosa, Herbert Pagani ou encore U2. Elle se suicide en février 1967. Un musée lui est désormais consacré à Santiago.
– ***Victor Jara** (1932-1973)* **:** fils de paysans, Victor apprend la guitare puis se lance dans un inventaire de la musique traditionnelle. Comme Violeta Parra, qu'il rencontre à la fin des années 1950 et qui le pousse vers la chanson. Il sera à la fois chanteur contestataire (contre la bourgeoisie, la guerre du Vietnam...), comédien, metteur en scène et professeur de théâtre, ou encore directeur artistique du collectif Quilapayún. Reconnu internationalement à la fin des années 1960, membre du Parti communiste, il s'engage derrière Salvador Allende et privilégie la chanson comme vecteur politique. Devenu ambassadeur culturel du gouvernement Allende, il fait des tournées en Amérique latine, en URSS et à Cuba. Mais, le jour du coup d'État, il est arrêté, torturé et exécuté. En 2013, coup de théâtre : la justice chilienne arrête les auteurs de son assassinat et réclame l'extradition du principal responsable, qui vit en Floride... L'histoire de Jara sera évoquée par de nombreux artistes comme Jean Ferrat, Julos Beaucarne, Bernard Lavilliers, The Clash, ou encore U2. À écouter, entre autres, *Canto libre.*
– ***Quilapayún** (1965)* **:** ce groupe (dont le nom, en mapuche, signifie « les 3 barbes ») était en tournée en France lors du coup d'État. Contraint à l'exil pendant une quinzaine d'années, il s'est produit dans de nombreux pays et a enregistré une quarantaine d'albums. *El pueblo unido jamás será vencido* est devenu l'hymne du groupe. Parmi la flopée d'albums, on peut écouter la *Cantata Santa María de Iquique,* qui a lancé l'aventure du groupe, *El reecuentro* ou encore tous les albums *en vivo.*
– Citons aussi les groupes traditionnels ***Inti Illimani*** (qui s'est scindé en 2 groupes) et ***Illapu,*** tous 2 longtemps contraints à l'exil par le gouvernement de Pinochet.

Musiques actuelles

Évidemment, les « anciens » restent très présents dans le cœur des Chiliens et inspirent toujours certains groupes et chanteurs d'aujourd'hui. Mais aujourd'hui, on entend beaucoup de musique anglophone. Cependant, les artistes nationaux continuent de se frayer un petit chemin. Entre autres : Joe Vasconcellos, Los Tres, La Ley, Javiera y Los Imposibles, Lucybell, Chinoy. Sans oublier Manuel García, le chanteur de folk le plus populaire au Chili, et Ángel Parra, fils de Violeta, dont la longue carrière a débuté en 1965. On écoute aussi beaucoup de groupes d'autres pays latinos ou européens. La salsa a fait son entrée, et plusieurs *salsotecas* ont ouvertes leurs portes. Dans les fêtes populaires, on danse souvent la *cumbia* (colombienne). Il reste tout de même quelques *peñas* au Chili, sortes de cafés-concerts où se produisent des chanteurs accompagnés à la guitare.

PERSONNAGES

Personnages politiques

– ***Salvador Allende** (1908-1973)* **:** surnommé avec affection « el Chicho », il est le fondateur du Parti socialiste chilien dans les années 1930. Franc-maçon et fidèle compagnon des communistes, il défendra toujours une attitude ouverte et unitaire. Élu président de la République en 1970 par une coalition de plusieurs partis, l'Unité populaire, il entreprend une série de réformes sociales et économiques qui provoquent l'affolement de la droite et de la bourgeoisie. Président de gauche élu démocratiquement, Allende devient un véritable symbole et incarne l'espoir de changement en Amérique latine et dans le monde entier. Ami du Che et de Fidel Castro, il se plaît à montrer la dédicace que le Che a rédigée pour lui sur un exemplaire de son livre *La Guerre de guérillas* : « À Salvador Allende, qui par d'autres moyens cherche à faire la même chose... » Le putsch militaire du 11 septembre 1973, dirigé par le général Pinochet et soutenu par les États-Unis, le renverse. Il se donne la mort durant le bombardement de La Moneda. Une enquête a toutefois été lancée début 2011 pour élucider les circonstances exactes de son décès (voir aussi notre rubrique « Histoire » précédemment).

– ***Augusto Pinochet*** *(1915-2006)* **:** né à Viña del Mar en 1915, Pinochet est le descendant d'une famille d'origine bretonne (région de Lamballe), arrivée au Chili à la fin du XVIIIe s. Il poursuit ses études chez les pères français (Sacré-Cœur) et entre à l'École militaire, d'où il sort au grade de lieutenant dans l'infanterie. Une carrière terne, sans lustre, mais qui l'amène en 1970 au corps des généraux. En 1973, commandant en chef des forces armées, il dirige la junte militaire lors du coup d'État et prend quelques mois plus tard le pouvoir, jusqu'en 1990. Il reste toutefois à la tête de l'armée jusqu'en 1997. Le sinistre bilan du régime dictatorial qu'il a imposé (voir notre rubrique « Histoire ») lui vaut de nombreuses plaintes et accusations. Mais il meurt à l'âge de 91 ans, le 10 décembre 2006, sans avoir été jugé pour ses crimes.

– ***Michelle Bachelet*** *(née en 1951)* **:** née à Santiago, « La Michelle » est la digne fille d'Alberto Bachelet, général d'aviation d'origine française, mort sous la torture pour être resté fidèle au président Allende. Michelle Bachelet est elle-même arrêtée et torturée en 1975, avec sa mère, à Villa Grimaldi, sinistre camp de torture à Santiago. Elles partent toutes 2 en exil en Australie, puis à Berlin-Est, où Michelle poursuit ses études de médecine. De retour au Chili en 1979, elle obtient son diplôme de chirurgien. Elle part favorite et a été élue avec 73 % des suffrages aux primaires de son parti. 3 ans plus tard, cela ne l'empêche pas de se voir refuser un poste dans le secteur public pour « raisons politiques ». Au retour de la démocratie en 1990, elle devient membre de la Commission nationale de lutte contre le sida et consultante à l'OMS. Militante au parti socialiste, elle étudie également la stratégie militaire à partir de 1996 ! En 2000, le président Ricardo Lago la nomme ministre de la Santé, et en 2002, elle devient la 1re femme d'Amérique latine nommée ministre de la Défense. Élue présidente du Chili en janvier 2006, elle quitte le pouvoir en mars 2010 avec une cote de popularité atteignant 84 % ! Après 3 ans à la tête d'ONU-Femmes, l'organisme des Nations unies consacré à l'amélioration de la condition des femmes à travers le monde, elle est réélue présidente fin 2013.

– ***Gabriel Boric*** *(né en 1986)* **:** né à Punta Arenas, Gabriel Boric poursuit un cursus de droit à l'université de Santiago. Très vite, il s'engage dans plusieurs mouvements politiques universitaires et préside la Fédération des étudiants de l'Université du Chili. Élu député en 2014, il rejoint la coalition de gauche Frente Amplio dès sa création en 2017 et soutient activement les manifestations citoyennes de 2019-2020. Investi président du Chili en mars 2022, le plus jeune dirigeant de l'histoire du pays entend instaurer un État-providence et promet d'augmenter le budget des secteurs de la santé, de l'éducation et des retraites au moyen d'une grande réforme fiscale.

– ***Sebastián Piñera*** *(né en 1949)* **:** cet homme d'affaires, né à Santiago, est issu d'une riche famille d'origine espagnole. Il a d'abord commencé sa carrière politique comme sénateur, membre du parti de centre-droit Rénovation nationale. Battu aux élections de 2005-2006 face à Michelle Bachelet, il se représente en tant que candidat du parti de la coalition de droite et remporte les élections présidentielles en 2010. Après un 1er mandat exécuté jusqu'en 2014, c'est Bachelet qui gouverne le pays, jusqu'aux élections de 2017-2018, où Piñera est à nouveau réélu face à Alejandro Guillier.

Écrivains et artistes

– ***Francisco Coloane*** *(1910-2002)* **:** fils d'un capitaine baleinier, né sur l'île de Chiloé, il passa ses jeunes années à Quemchi, un port à bois sur la côte est.

La mer déchaînée, les vents violents, les orages impitoyables bercèrent son enfance. Le Grand Sud chilien, terre de désolation, fut son école de solitude et sa source d'inspiration. Il a écrit des récits, à mi-chemin entre le recueil de nouvelles et le roman « éclaté » : *Cap Horn* (1941), *Tierra del Fuego* (1956), *El Guanaco* (1981), *Le Dernier Mousse, Le Golfe des peines, Le Sillage de la baleine.* Il navigua longtemps avant de se lancer en littérature. Dans son univers romanesque, on retrouve les gens de la mer, les marins, les pêcheurs, les baleiniers, les chasseurs de phoques, les chercheurs de trésor, et aussi les derniers autochtones de Patagonie, dont il fut le fervent défenseur. Il reste l'un des plus grands écrivains chiliens.

– ***Pablo Neruda*** *(1904-1973)* **:** le poète d'Amérique latine sans doute le plus connu dans le monde. De son vrai nom Neftali Reyes Basualto, il a emprunté son nom de plume à un poète pragois (Jan Neruda) qu'il admirait. Très jeune, il se voit confier des mandats consulaires en Asie puis en Europe. Sa carrière diplomatique lui fait faire le tour du monde. Rappelé au Chili, il est élu sénateur et s'inscrit au parti communiste. En 1947, le président González Videla ordonne son arrestation, le contraignant ainsi à l'exil en Europe. Il en profite pour écrire le *Chant général.* Voyages de partisan à Moscou, Pékin, La Havane, Budapest... Une fois González Videla parti, il revient au Chili et continue son travail politique. Candidat du Parti communiste aux élections présidentielles de 1969, il renonce en faveur d'Allende, et devient son ambassadeur en France. Il reçoit le ***prix Nobel de littérature en 1971,*** alors qu'il est en poste à Paris.

Terriblement affecté par le coup d'État de septembre 1973, il meurt dans les semaines qui suivent, officiellement d'un cancer de la prostate. Mais en avril 2013, 40 ans après, la dépouille du poète est exhumée afin de vérifier les causes de sa mort... Certains suspectent une injection létale. Plus d'une douzaine de spécialistes en médecine légale ont travaillé pendant des mois sur la dépouille. En novembre 2014, la sentence est tombée : aucun agent chimique retrouvé sur le corps ne permet d'étayer la thèse de l'empoisonnement. Mais une partie de la famille du poète demeure convaincue qu'il a été assassiné et une nouvelle enquête a été ouverte.

Les 1res œuvres de Neruda sont romantiques, avec notamment *Vingt poèmes d'amour et une chanson désespérée* (1924). Le *Chant général* (1950) retrace l'histoire de l'Amérique latine et de l'oppression des peuples. Neruda publie aussi, en 1950, *Les Vers du capitaine,* et, en 1959, *La Centaine d'amour.* Il écrit ses mémoires, publiées en 1974 : *J'avoue que j'ai vécu.*

– ***Gabriela Mistral*** *(1889-1957)* **:** d'abord institutrice rurale, elle est appelée à participer à la réforme de l'éducation des révolutionnaires mexicains, avant de devenir consul de son pays dans plusieurs villes européennes, dont Nice et Paris. Sa vie privée est marquée par des événements douloureux : suicide de son compagnon en 1909 et de son fils adoptif en 1943. Militante féministe, Prix Nobel de littérature en 1945, la poétesse jouit d'une immense popularité lors de sa mort en 1957.

– ***Violeta Parra*** *(1917-1967)* **et *Victor Jara*** *(1932-1973)* **:** voir la rubrique « Musique ».

– ***Roberto Matta*** *(1911-2002)* **:** peintre surréaliste né à Santiago. Il quitte le Chili à l'âge de 22 ans pour s'installer en France où il côtoie André Breton. Il fonde la revue *Instead* avec Patricia Kane Matta (qui deviendra l'épouse de Matisse). En 1948, il retourne au Chili après son exclusion du groupe surréaliste, pour en repartir définitivement avec l'arrivée de Pinochet au pouvoir en 1973. Il utilise plusieurs médiums, comme la sculpture et la gravure. Mais ce sont surtout ses toiles immenses – souvent plusieurs mètres de long – qui ont fait sa renommée mondiale. À sa mort, le Chili décrète 3 jours de deuil national.

– ***Antonio Skármeta*** *(né en 1940)* **:** écrivain chilien d'origine croate, collaborateur d'Allende en matière culturelle, il doit se réfugier en Argentine puis en Allemagne après le coup d'État. Son 1er livre, *El Entusiasmo,* est publié en 1967. *Ardiente Paciencia* (1985) a été mis à l'écran sous le titre *Il Postino (Le Facteur),* film dans lequel Philippe Noiret interprète le rôle de Pablo Neruda. En France, il obtient en 2001 le prix Médicis du roman étranger pour *La Noce du poète.*

– ***Pedro Lemebel** (1955-2015)* **:** écrivain et artiste « multisupports » (vidéo, photo, arts plastiques), Pedro Lemebel est aussi militant de gauche et défenseur des Droits de l'homme. Homosexuel, il est un grand défenseur de la cause gay. Ses livres *Loco Afán, De perlas y cicatrices, Tengo miedo torero* ont un énorme succès au Chili, montrant le besoin de la société d'accéder à une expression enfin non censurée. Écriture haute en couleur et en émotions, mêlant biographie, manifeste politique et chroniques. Il est mort en 2015, emporté par un cancer.

– ***Luis Sepúlveda** (1949-2020)* **:** dans le gouvernement d'Allende, il travaille au département de la culture. Après le coup d'État, il connaît la prison, puis entre en clandestinité et, grâce à Amnesty International, peut s'exiler en Équateur. Il s'installe ensuite en Allemagne. Journaliste, il travaille pour Greenpeace pendant plusieurs années. Ses romans sont tous remarquables, certains devenus des best-sellers : *Le vieux qui lisait des romans d'amour* (1989), *Le Monde du bout du monde* (1994), *Un nom de torero* (1994), *Patagonia express* (1996), *Les Roses d'Atacama* (2001), *L'Ombre de ce que nous avons été* (2010)... La plupart de ses titres sont traduits en français. Il meurt à l'âge de 70 ans à Oviedo, des suites de la Covid-19.

– ***Roberto Bolaño** (1953-2003)* **:** l'un des poètes et romanciers les plus admirés de sa génération, mêlant l'imaginaire à la cruauté du monde réel. Il s'exile en 1974 et émigre au Mexique, puis dans plusieurs pays d'Europe, avant de s'installer à Barcelone. Il reçoit le prix Herralde en 1998 et le prix Romulo Gallegos en 1999. La plupart de ses œuvres sont traduites chez Christian Bourgois et disponibles en poche. Parmi ses romans et recueil de nouvelles : *Étoile distante* (1996), *Les Détectives sauvages* (1998), *Nocturne du Chili* (2000), *Des putains meurtrières* (2001), *Le Gaucho insupportable* (2003) et *2666* (2004).

POPULATION

La population était estimée, en 2022, à environ 19,5 millions d'habitants pour un territoire grand comme une fois et demie la France. La densité est donc assez faible, d'autant que le fort taux d'urbanisation (89 %) voit la majeure partie de la population regroupée dans la région centrale. L'agglomération de Santiago compte à elle seule 6,5 millions d'habitants, soit un tiers de la population du pays.

On rencontre 3 groupes ***autochtones principaux*** : les Aymaras et Atacamènes dans le Nord, Mapuches dans le Sud (voir ci-dessous). Tous les 3 se sont métissés avec les Espagnols, assez rapidement d'ailleurs, l'essentiel de l'immigration espagnole ayant été masculine durant la période coloniale. Les autres ethnies ont été soit assimilées, soit décimées de manière systématique, comme en Patagonie.

Les Mapuches

Peuple autochtone qui vit majoritairement en Araucanie, au centre sud du Chili, les Mapuches (env 600 000 âmes), ont lutté sans relâche et depuis des siècles contre les humiliations et la confiscation de leurs terres. Les oppresseurs prirent différents visages au fil du temps : d'abord les conquistadors espagnols (qui hésitaient d'ailleurs à s'aventurer sur leur territoire), puis les grands propriétaires terriens qui les déportèrent sans vergogne pour libérer les terres, et enfin différents commandants en chef de l'État depuis la période Pinochet. Celui-ci redoutait plus que tout les mouvements revendicatifs de cette minorité turbulente, osant réclamer ses droits. Malgré les programmes d'acculturation, les tentatives d'assimilation et les confiscations de terre, le peuple mapuche a toujours résisté face au pouvoir central.

Le président Piñera est le dernier avatar en date de la sanguinaire répression qu'ils doivent subir. De leur côté, ils n'ont jamais abandonné l'objectif de réappropriation de leurs terres ancestrales. Les Mapuches s'inscrivent dans la frange la plus pauvre de la population chilienne.

Immigration européenne

Après l'indépendance du Chili (1810), les différents gouvernements chiliens ont encouragé la ***venue d'immigrants,*** principalement pour peupler les zones méridionales du pays. Les ***Allemands*** formèrent le plus gros contingent et s'établirent surtout dans la région des Lacs. Les ***Yougoslaves*** (Croates) s'installèrent dans l'extrême sud (Punta Arenas) et à Antofagasta. Français, Italiens, Suisses et Anglais se répartirent tout au long du territoire. Cette immigration fut faible et échelonnée dans le temps. La guerre d'Espagne et la Seconde Guerre mondiale amenèrent un nouveau flux d'émigrants : Espagnols fuyant le régime de Franco, juifs d'Europe centrale, Palestiniens, Libanais... Dans les années 1990-2000, les Péruviens sont venus en nombre, attirés par le miracle économique chilien. La population actuelle est donc extrêmement métissée. D'ailleurs, selon les statistiques, 89 % des Chiliens seraient « Européens ou métis ».

SITES INSCRITS AU PATRIMOINE MONDIAL DE L'UNESCO

UNESCO
Organisation des Nations Unies pour l'éducation, la science et la culture
En coopération avec le Centre du patrimoine mondial

Pour figurer sur la liste du Patrimoine mondial, les sites doivent avoir une valeur universelle exceptionnelle et satisfaire à au moins un des 10 critères de sélection. La protection, la gestion, l'authenticité et l'intégrité des biens sont également des considérations importantes.
Le patrimoine est l'héritage du passé dont nous profitons aujourd'hui et que nous transmettons aux générations à venir. Nos patrimoines culturel et naturel sont 2 sources irremplaçables de vie et d'inspiration. Ces sites appartiennent à tous les peuples du monde, sans tenir compte du territoire sur lequel ils sont situés. Pour plus d'informations : • *whc.unesco.org* •
Les 7 sites chiliens inscrits au Patrimoine de l'Unesco sont : le parc national de ***Rapa Nui*** (1995) sur l'île de Pâques ; les églises en bois de l'île de ***Chiloé*** (2000) ; le quartier historique de la ville portuaire de ***Valparaíso*** (2003) ; les usines de salpêtre de ***Humberstone*** et ***Santa Laura*** (2005), près d'Iquique ; ***Qhapaq Ñan*** (2014), près de 30 000 km de routes andines qui parcourent l'Argentine, la Bolivie, le Chili, la Colombie, l'Équateur et le Pérou ; et, enfin, ***le peuplement et la momification artificielle de la culture chinchorro*** dans la région d'Arica et de Parinacota (2021).

SPORTS ET LOISIRS

Fútbol

1re passion du pays, le foot est arrivé au Chili dans les années 1880 avec les expatriés anglais. Les 1ers clubs sont apparus dans les années 1920. Aujourd'hui, il serait impensable de ne pas être fan d'un club ou d'un autre ! Entre hommes, c'est presque un enjeu d'intégration. Le choix de l'équipe supportée est en corrélation avec l'appartenance sociale. Les préférences s'affichent : tee-shirts, autocollants, déco dans les voitures... Un match important prévu pour le week-end se commente dès le lundi précédent !

Randonnée

Il y a de quoi faire dans ce domaine ! Cependant, si la plupart des parcs nationaux et réserves disposent de sentiers, ceux-ci sont en général assez courts et relativement peu nombreux comparés à la superficie de ces espaces naturels protégés. Ils permettent néanmoins de découvrir déserts, forêts sèches ou humides, vallées isolées, côtes et fjords, jusqu'aux glaciers du Grand Sud. Force est de constater, par ailleurs, qu'un certain nombre de réserves privées (Huilo Huilo dans la région des Fleuves, le sanctuaire d'El Cañi près de Pucón...) sont mieux organisées que les parcs nationaux gérés par la *Conaf,* dont il s'avère souvent difficile de trouver ne serait-ce qu'une carte.

Le site de randonnée le plus connu se trouve au ***Torres del Paine.*** Le fameux circuit du W (4-5 jours) donne à voir de superbes paysages. Ceux qui rêvent d'isolement et de grands vents mettront plutôt le cap, au-delà, sur le cabo Froward, à l'extrémité sud de l'Amérique (5 jours aller-retour), ou sur l'isla Navarino, aux portes du cap Horn. Précisions tout de même : une bonne condition physique, une tente très résistante, des chaussures imperméables (voire des bottes) et une capacité à l'autonomie complète sont souvent nécessaires. En dehors des refuges du W, les installations sont sommaires. Par ailleurs, ceux qui souhaitent sortir des sentiers battus auront intérêt à préparer leur trek en amont, car il est souvent assez difficile une fois sur place de trouver cartes et topo-guides.

Autre secteur de randonnée qui se développe, ***la région des volcans bordant l'Atacama.*** Certains de ces sommets se gravissent sans difficulté technique, une fois géré le problème de l'altitude. À San Pedro de Atacama, plusieurs agences spécialisées peuvent vous organiser l'ascension du volcan Toco (surnommé « le volcan école » car il est réputé facile), du Lascar ou du célèbre Licancabur. À entreprendre obligatoirement avec un guide.

On ne peut s'empêcher de rêver qu'un jour les tronçons isolés du *Sendero de Chile* forment un tout continu. Sur près de 8 500 km de sentiers, on pourrait alors relier l'extrémité nord du pays à son extrémité sud.

Rafting

Avec ses rivières qui dévalent de la cordillère, le Chili offre de magnifiques sites propices au rafting. Les adeptes aiment à descendre le río Futaleufú, à 340 km au sud de Puerto Montt. Le cours d'eau traverse des paysages spectaculaires et présente différents niveaux de difficultés. D'autres rivières également réputées : le río Trancura (région de Pucón), le río Petrohué (région de Puerto Varas) et le río Maipo (à 60 km de Santiago).

Dans les zones les plus populaires, les opérateurs se sont peu à peu professionnalisés. Sachez tout de même que le tourisme d'aventure n'est pas encore très réglementé dans le pays. Quelques accidents mortels sont à déplorer, qui incitent à bien faire le tri entre les agences.

Ski

La saison de ski s'étend de fin juin à septembre ou octobre (hiver austral) selon l'endroit et l'année. Les stations disposant des plus beaux domaines skiables se trouvent à côté de Santiago. Ainsi Valle Nevado (44 km de pistes) et surtout Portillo, où les championnats du monde ont déjà été organisés. Ne vous attendez pas, toutefois, à des stations de la taille de celles des Alpes ! Les fanas de glisse apprécient aussi la région des Lacs, comme à Pucón, où le *free ride* se développe sur les flancs des volcans. Pour en savoir plus, reportez-vous aux chapitres sur Santiago et Pucón.

Glisse et parapente

Pour les amateurs de ***surf,*** le Chili, avec ses milliers de kilomètres de côtes, est un véritable paradis. Près des meilleurs spots, répartis sur la côte nord, vers

Arica, Iquique et Antofagasta, on trouve de nombreuses écoles et/ou de loueurs de matériel. On surfe aussi au sud du pays, dans la VIe région (Pichilemu) et la VIIIe région (Lebu), ainsi qu'à l'île de Pâques (un spot à découvrir). Prudence toutefois, car le Pacifique n'a de tranquille que le nom... Et puis, mieux vaut prévoir la combi car, courant de Humboldt oblige, l'eau est très froide !
La glisse se pratique aussi en plein désert... Autour de San Pedro de Atacama, le ***sandboarding*** sur les dunes en séduit certains. À Iquique, les fous de ***parapente*** se donnent rendez-vous. Il faut dire que la falaise qui domine la ville offre une vision assez spectaculaire une fois dans les airs...

Rodéo

Le mot « rodéo » vient de *rodear,* qui signifie « entourer, encercler ». Parti d'une pratique qui consistait une fois l'an à rassembler le bétail épars pour le compter et le marquer, il s'est transformé en sport – très vivant dans le sud du Chili, mais peu médiatisé.

Volantín (cerf-volant)

Le cerf-volant est un jeu très ancien, dont les adultes font des compétitions. Au Chili, septembre est le mois du cerf-volant, et si vous y êtes durant cette période, vous en verrez partout ! Le grand sport consiste à enduire le fil de morceaux de verre ou d'éléments coupants, de lancer le cerf-volant et d'essayer de décapiter celui de son voisin !

les ROUTARDS sur la FRANCE 2023-2024

(dates de parution sur • routard.com •)

Découpage de la FRANCE par le ROUTARD

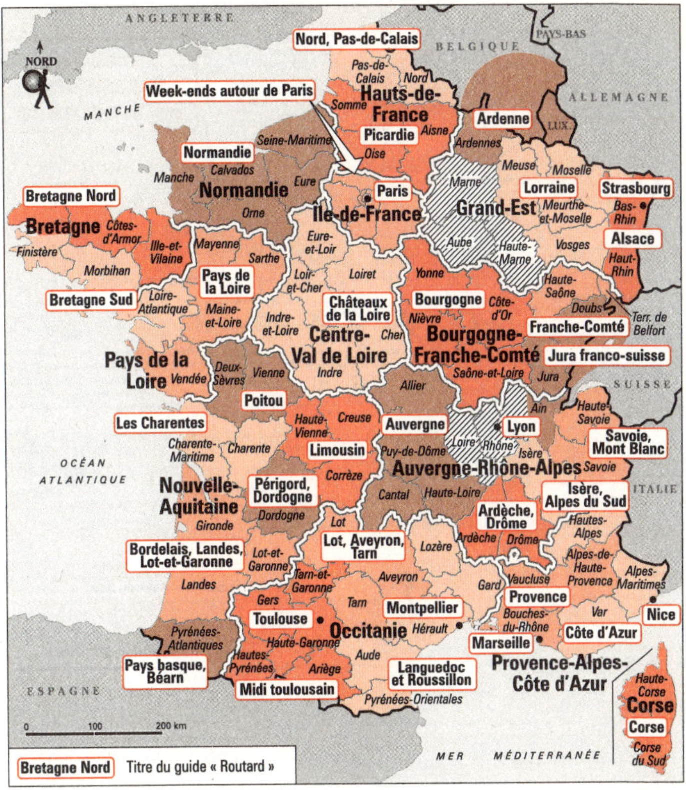

Autres guides sur la France

- Nos meilleurs campings en France
- Nos meilleures chambres d'hôtes en France

Autres guides sur Paris

- Paris
- Paris balades
- Restos et bistrots de Paris
- Le Routard des amoureux à Paris
- Week-ends autour de Paris

Le Routard à vélo

- EuroVelo6
- La Bourgogne du Sud à vélo
- La Flow Vélo
- La Loire à Vélo
- La Vélo Francette
- La Vélodyssée (Roscoff-Hendaye)
- Le Canal des 2 mers à vélo
- Paris Île-de-France à vélo
- ViaRhôna
- Les plus belles escapades à vélo en France

les ROUTARDS sur l'ÉTRANGER 2023-2024

(dates de parution sur • **routard.com** •)

Découpage de l'ESPAGNE par le ROUTARD

Découpage de l'ITALIE par le ROUTARD

Autres pays européens

- Allemagne
- Angleterre, Pays de Galles
- Autriche
- Belgique
- Bulgarie
- Crète
- Croatie
- Danemark, Suède
- Écosse
- Finlande
- Grèce continentale
- Hongrie
- Îles grecques et Athènes
- Irlande
- Islande
- Madère
- Malte
- Norvège
- Pays baltes : Tallinn, Riga, Vilnius
- Pologne
- Portugal
- République tchèque, Slovaquie
- Roumanie
- Suisse

Villes européennes

- Amsterdam
- Berlin
- Bruxelles
- Budapest
- Copenhague
- Dublin
- Lisbonne
- Londres
- Moscou
- Naples
- Porto
- Prague
- Saint-Pétersbourg
- Stockholm
- Vienne

les ROUTARDS sur l'ÉTRANGER 2023-2024

(dates de parution sur • *routard.com* •)

Découpage des ÉTATS-UNIS par le ROUTARD

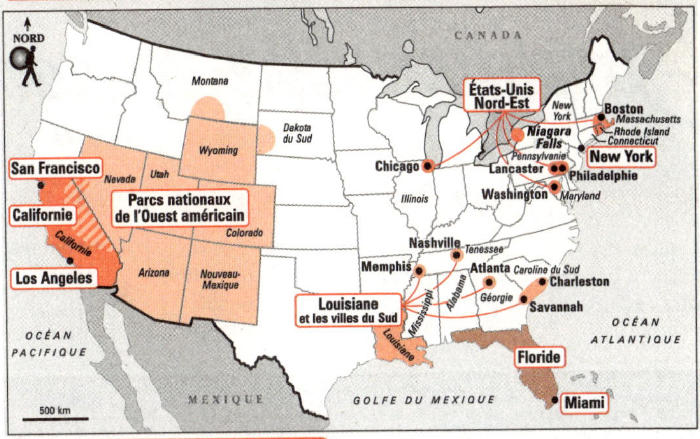

Autres pays d'Amérique

- Argentine
- Brésil
- Canada Ouest
- Chili et île de Pâques
- Colombie
- Costa Rica
- Équateur et les îles Galápagos
- Guatemala, Belize
- Mexique
- Montréal
- Pérou, Bolivie
- Québec et Ontario

Asie et Océanie

- Australie côtes est et nord + Red Centre
- Bali, Lombok
- Bangkok
- Birmanie (Myanmar)
- Cambodge, Laos
- Chine
- Hong Kong, Macao, Canton
- Inde du Nord
- Inde du Sud
- Israël et Palestine
- Istanbul
- Jordanie
- Malaisie, Singapour
- Népal
- Shanghai
- Sri Lanka (Ceylan)
- Thaïlande
- Tokyo, Kyoto et environs
- Turquie
- Vietnam

Afrique

- Afrique du Sud
- Égypte
- Kenya, Tanzanie et Zanzibar
- Maroc
- Marrakech
- Sénégal
- Tunisie

Îles Caraïbes et océan Indien

- Cuba
- Guadeloupe, Saint-Martin, Saint-Barth
- Île Maurice, Rodrigues
- Madagascar
- Martinique
- République dominicaine (Saint-Domingue)
- Réunion

Guides de conversation

- Allemand
- Anglais
- Arabe du Maghreb
- Arabe du Proche-Orient
- Chinois
- Croate
- Espagnol
- Grec
- Italien
- Japonais
- Portugais
- Russe
- G'palémo (conversation par l'image)

Livres-photos/Livres-cadeaux

- 50 voyages à faire dans sa vie (**nouveauté**)
- 52 escapades nature en France
- 52 villes coups de cœur en Europe (city trips)
- 52 week-ends coups de cœur en France
- 120 coins secrets en Europe
- 1 200 coups de cœur en France
- 1 200 coups de cœur dans le monde
- Cahier de vacances du Routard
- Expériences et micro-aventures en France (**nouveauté**)
- La France de Stéphane Bern
- La France à vélo (**nouveauté**)
- Nos plus belles balades et randos en France
- Road Trips Monde
- Road Trips en France
- Sacré : les 100 plus beaux sites de la planète
- Voyages
- Voyages : États-Unis
- Voyages : France
- Voyages : Italie

INDEX GÉNÉRAL

INDEX GÉNÉRAL

INDEX GÉNÉRAL

LISTE DES CARTES ET PLANS

IMPORTANT : DERNIÈRE MINUTE

Entre 2 parutions du *Routard,* des événements fortuits (conditions sanitaires, catastrophes naturelles, mais aussi formalités, taux de change, conditions d'accès aux sites, fermetures inopinées, etc.) peuvent modifier vos projets de voyage. Pour éviter les déconvenues, nous vous recommandons de consulter la rubrique « Guide » par pays de notre site • *routard.com* • et plus particulièrement les dernières ***Actus voyageurs.***

« OSONS LE PAS DE CÔTÉ »

Le surtourisme ? Tous concernés. Et pourtant, à l'écart des grands flux touristiques, il existe plein de pépites méconnues, souvent oubliées des circuits trop encombrés. Ici un site ignoré ; là un quartier secret ; plus loin un village caché au charme discret, avec un troquet d'une autre époque... Il existe une infinité de lieux peinards que l'on a envie de mettre en avant avec ce pictogramme. Un vagabondage enfin calme favorisé aussi par les **visites aux heures creuses.** Vive le *slow trip* !

#osonslepasdecote

Remarque importante aux hôteliers et restaurateurs

Les enquêteurs du *Routard* travaillent dans le plus strict anonymat. Aucune réduction, aucun avantage quelconque, aucune rétribution n'est jamais demandé en contrepartie. Face aux aigrefins, la loi autorise les hôteliers et restaurateurs à porter plainte.

Avis aux lecteurs

Le Routard, ce n'est pas comme le bon vin, il vieillit mal. On ne veut pas pousser à la consommation, mais évitez de partir avec une édition ancienne. Les modifications sont souvent importantes.

Les réductions accordées à nos lecteurs ne sont jamais demandées par nos rédacteurs afin de préserver leur indépendance. Les hôteliers et restaurateurs sont sollicités par une société de mailing, totalement indépendante de la rédaction, qui reste donc libre de ses choix. De même pour les autocollants et plaques émaillées.

Avec routard.com, choisissez, organisez, réservez et partagez vos voyages !

✓ Rejoignez la plus grande communauté francophone de voyageurs : **plusieurs millions d'internautes.**

✓ Échangez avec les routarnautes : forums, photos, avis d'hôtels.

✓ Retrouvez aussi toutes les informations actualisées pour choisir et préparer vos voyages : près de 300 guides destinations, une centaine de dossiers pratiques et un magazine en ligne pour découvrir tous les secrets de votre destination.

✓ Enfin, comparez les offres pour organiser et réserver votre voyage au meilleur prix.

Les Routards *parlent aux* Routards

Faites-nous part de vos expériences, de vos découvertes, de vos tuyaux et de vos coups de cœur. Aidez-nous à remettre l'ouvrage à jour. Indiquez-nous les renseignements périmés. Faites profiter les autres de vos adresses nouvelles, combines géniales... On adresse un exemplaire gratuit de la prochaine édition à ceux qui nous envoient les meilleurs courriers, pour la qualité et la pertinence des informations.

Quelques conseils cependant :

– Envoyez-nous votre courrier le plus tôt possible afin que l'on puisse insérer vos tuyaux sur la prochaine édition.

– N'oubliez pas de préciser l'ouvrage que vous désirez recevoir, ainsi que votre adresse postale.

– Vérifiez que vos remarques concernent l'édition en cours et notez les pages du guide concernées par vos observations.

– Quand vous indiquez des hôtels ou des restaurants, pensez à signaler leur adresse précise et, pour les grandes villes, les moyens de transport pour y aller.

Si vous le pouvez, joignez la carte de visite de l'hôtel ou du resto décrit.

En tout état de cause, merci pour vos nombreux mails.

122, rue du Moulin-des-Prés, 75013 Paris

• *guide@routard.com* • *routard.com* •

Routard Assurance *2023*

Enrichie au fil des années par les retours des lecteurs, *Routard Assurance* reste l'assurance voyage référence des globe-trotters. Tout y est inclus, même la **Covid** : frais médicaux, assistance rapatriement, bagages, responsabilité civile... Avant votre départ, contactez *AVI* pour un conseil personnalisé. À la recherche d'une attestation Covid ? Vous la recevrez automatiquement après chaque souscription. Besoin d'un avis médical, d'une prise en charge dans un hôpital ? Le plateau d'Assistance *AVI* dispose d'un vaste réseau médical à travers le monde disponible 24h/24 pour une réponse en temps réel. De simples frais de santé en voyage ? Téléchargez vos factures depuis l'espace assuré *AVI*, ils vous remboursent sous une semaine. *Le Colisée Gardens, 10, av. de l'Arche, CS 70126, 92419 Courbevoie Cedex.* ☎ *01-44-63-51-00.* • *avi-international.com* • Ⓜ *La Défense.*

Édité par Hachette Livre (58, rue Jean-Bleuzen, CS 70007, 92178 Vanves Cedex, France)
Photocomposé par Luminess SAS (561, rue Saint-Léonard – CS 40003 – 53101 Mayenne Cedex, France)
Imprimé par Lego SPA Plant (via Galileo Galilei, 11, 38015 Lavis, Italie)
Achevé d'imprimer : juin 2023
Collection n° 13 - Édition n° 01
46/1871/7
I.S.B.N. 978-2-01-718820-9
Dépôt légal : juillet 2023

PAPIER CERTIFIÉ